1 MONTH OF
FREE
READING

at

www.ForgottenBooks.com

By purchasing this book you are eligible for one month membership to ForgottenBooks.com, giving you unlimited access to our entire collection of over 1,000,000 titles via our web site and mobile apps.

To claim your free month visit:

www.forgottenbooks.com/free696525

ISBN 978-0-332-57638-1
PIBN 10696525

Die Stellung der Israeliten und der Juden zu den Fremden.

Die Stellung

der

sraeliten und der Juden

zu den Fremden.

Von

Lic. **Alfred Bertholet**
in Basel,

Freiburg i. B. und Leipzig, 1896.
Akademische Verlagsbuchhandlung von J. C. B. Mohr
(Paul Siebeck).

Druck von C. A. Wagner in Freiburg i. B.

Meinem Vater

Herrn **Felix Bertholet**
Konrektor am Gymnasium zu Basel

ein Zeichen des Dankes und der Liebe.

Vorwort.

Das gegenwärtige Buch ist aus der Umarbeitung einer Licentiaten-
dissertation hervorgegangen, die ich im Mai verflossenen Jahres der
hochwürdigen theologischen Fakultät in Basel vorgelegt habe. Zum
Thema meiner Arbeit war ich veranlasst worden durch ein ähnlich
lautendes, das dieselbe Fakultät im Winter 1893/94 als Preisaufgabe
ausgeschrieben hatte. Auf den ersten Blick möchte es vielleicht scheinen,
als gelte es eher einem Juristen als einem Theologen. Ich bin aber
nicht Jurist, und wenn ich mich auch bemüht habe, aus der Geschichte
des Rechtes hin und wieder Analogieen zu dem, was sich auf alttestamentlichem Boden abspielt, aufzusuchen und ausdrücklich hervorzuheben, so durfte ich doch nicht im mindesten daran denken, der juristischen Seite der zu behandelnden Frage völlig gerecht werden zu
können. Wenn mein Buch Juristen dennoch in etwas dienlich sein
kann, so ist es vielleicht nur, dass es die israelitische Fremdengesetzgebung in der Entwickelung vorzuführen sucht, wie sie sich nach der
Anschauung einer neueren Theologie vollzogen haben dürfte, während
die übliche Darstellung des israelitischen Rechtes in juristischen Werken
die genügende Rücksicht auf die verschiedene Entstehungszeit der einzelnen Gesetze fast völlig vermissen lässt. Aber das ist nur ein mehr
zufälliger Nebenzweck meines Buches. Im übrigen dürfte es seinen theologischen Charakter kaum verleugnen. Worauf wir ja als Theologen
bei all unserer Arbeit, selbst auf entlegeneren Gebieten, im tiefsten
Grunde unser Absehen richten, ist das Christentum dem wissen-
schaftlichen Verständnis um etwas näher zu bringen. Das ist auch
der letzte Zweck, der mir bei der vorliegenden Untersuchung vor-
geschwebt hat. Es gilt als etwas Selbstverständliches vom Universalismus des Christentums zu reden. In wiefern ist nach dieser Seite hin
die israelitische und die jüdische Religion die Vorbereitung auf dasselbe gewesen? Und wenn im Judentum selber Keime zum Universalismus lagen, warum ist es nicht ihm, sondern doch erst dem Christentum gelungen, sich die Welt zu erobern? Gerade aus diesem Unter-

schiede muss ein helles Licht auf das Wesen des Christentums fallen
— aber zugleich freilich auch auf das Wesen des Judentums; und
das ist der nächste Zweck, der mich bei meiner Arbeit geleitet hat.
Ja, es dürfte sich vielleicht zeigen, dass nicht leicht etwas in gleichem
Masse dazu geeignet ist, den Charakter der nomistischen Religion
scharf hervortreten zu lassen, wie eben eine Untersuchung der Frage
nach der Stellung der Israeliten und der Juden zu den Fremden,
macht doch gerade hier der Anbruch der theokratischen Periode mit
der Einführung der deuteronomischen Verfassung einen besonders tiefen
Einschnitt; denn während in der alten Zeit, (wie der erste Abschnitt
zeigen möchte), die Stellung der Israeliten zu den Fremden keine wesentlich andere ist als die aller anderen Völker, bahnt sich mit dem allmählichen Aufkommen des Gesetzes auf einmal eine merkwürdige Umwandlung an. Aus den ausländischen Fremden, den „Völkern“, werden „Heiden“; aus dem inländischen Fremden, dem „Ger“, wird der „Proselyt“.
Die Auffassung, die sich darin kundgiebt, ist die, dass Religion sich in
einer Verfassung darstelle. Sie kommt zur Herrschaft durch den Sieg
der Sache Esras und Nehemias, und der Verlauf der weiteren Geschichte auf palästinensischem wie auf hellenistischem Boden führt uns
schliesslich nur zur Erkenntnis, dass die Juden allen zeitweiligen universalistischen Motiven zum Trotz unfähig waren, mit dieser physisch
beschränkten Auffassung zu brechen: darum fiel ihnen auch die Welt
nicht zu.

Ueber die äussere Form meines Buches habe ich kaum etwas
hinzuzufügen. In die Anmerkungen habe ich so viel als möglich das
gelehrte Material zu verweisen gesucht. Der kleinere Druck im Text
für einzelne Detailausführungen wird sich von selbst rechtfertigen. Ich
habe, zumal als Anfänger in meinem Fache, keinen Nachteil darin
gesehen, des öfteren Andere zu Wort kommen zu lassen, wo ich der
Ueberzeugung war, dass ich selber keinen richtigeren Ausdruck hätte
finden können für das, was ich zu sagen hatte. Nur dafür habe ich
um Entschuldigung zu bitten, dass ich mir nicht überall die neuesten
Auflagen citierter Werke habe verschaffen können. Dagegen bin ich
mir keiner Abhängigkeit bewusst, die ich nicht eingestanden hätte. Ich
erkenne sie auch an dieser Stelle gerne an, um einer Pflicht des Dankes
zu genügen gegen Männer, aus deren Schriften mir reiche Belehrung
geworden ist. Ich nenne hier unter ihnen insonderheit die Namen von
W. Rob. Smith, Wellhausen, Stade und Schürer.

Vor allem aber treibt es mich, ehe ich die Feder aus der Hand
lege, ein Wort tiefgefühlten Dankes meinem vielverehrten Lehrer,
Herrn Professor D. Bernhard Duhm, auszusprechen. Auf die An-

regung, die ich schon in studentischen Semestern von ihm empfangen habe, glaube ich zu einem grossen Teil den Entschluss zurückführen zu dürfen, mich überhaupt mit alttestamentlichen Studien einlässlicher zu befassen. Es ist mir um so wertvoller geworden, unter seinen Auspicien eine Arbeit zu unternehmen und bis zu Ende führen zu dürfen, zu der er wiederum selber den Anstoss gegeben hatte. Bei aller Selbständigkeit im Einzelnen verdanke ich seinem weisen Rate und namentlich der eingehenden Kritik, der er einen ersten Entwurf meiner Arbeit unterzogen hat, vor allem einen Hinweis auf die wichtigsten Gesichtspunkte, von denen aus die Fülle des Stoffes in zweckentsprechender Weise zu durchdringen sein sollte.

Es ist ein Erstlingswerk, das ich heute der Oeffentlichkeit übergebe. Für eine Kritik, die dies berücksichtigen will, werde ich um so dankbarer sein, als ich aus einer solchen zu lernen mich gerne werde bereit finden lassen.

Basel, den 16. Februar 1896.

A. Bertholet.

Inhaltsverzeichnis.

———

Erster Abschnitt.
Die Stellung der Fremden in Israel in der ethnischen Periode.

Kapitel I.
Vorläufige Orientierung: Das Vorhandensein von Fremden in Alt-Israel.

Um für unsere Untersuchung einen bestimmten Ausgangspunkt zu gewinnen, setzen wir uns einmal in der älteren Königszeit fest, welcher unsere ältesten Quellen entstammen. Sie sind alle in der allgemeinen Tatsache einig, dass es in Israel Fremde gab. Wer sie aber eigentlich waren, d. h. so viel als welches im Allgemeinen die Objekte unserer Behandlung sind, ist die erste Frage, die sich daran anzuschliessen hat.

Hier lesen wir von einem Gathiter Ithai, zu dem David spricht: „Kehre zurück und bleibe beim König; denn fremd (נָכְרִי) bist du und bist ausgewandert aus deinem Wohnort[1]. Gestern bist du gekommen, und heute sollte ich dich mit uns nehmen auf die Irrfahrt, muss ich ja doch hingehen, wo ich eben kann? Kehre um und führe auch deine Brüder mit dir zurück" (II Sam 15 19 f.). Dort finden wir den Boten von Sauls Tod, der auf die Frage Davids, wer er sei, die Antwort giebt, er sei der Sohn eines amalekitischen Fremdlings (גֵר; II Sam 1 13). Auf den ersten Blick fällt uns auf, dass der hebräische Ausdruck für „fremd" oder „Fremdling" hier und dort ein verschiedener ist. Welches der Unterschied sei, zeigen schon die angeführten Beispiele mit der erwünschten Deutlichkeit: Ithai, der „Nokhri" ist „gestern" gekommen und soll heute oder morgen wieder zurückziehen. Der Bote, der vor David steht, würde sich nicht gerade für den Sohn eines „Ger" ausgeben, wenn seinem Vater die Eigenschaft eines „Ger" nicht irgendwie dauernd zukäme und seine ganze (für eine Zeit wenigstens gültige)

---

[1] l. mit LXX מִמְּקוֹמְךָ (GESENIUS, Handwörterbuch [12], s. voce גלה).

Stellung bezeichnete. Es darf gleich hinzugefügt und ein für allemal festgestellt werden, dass der Unterschied, der aus den genannten Beispielen zu Tage tritt, im ganzen späteren Sprachgebrauch festgehalten wird, wenn gleich eine unserer Hauptaufgaben gerade darin liegt, dem nachzugehen, wie der Begriff „Ger" mit der Zeit einen völligen Wandel der Bedeutung durchmacht. נָכְרִי ist also der Fremde, der in keine dauernde Beziehung zum Lande (oder zum Volke) getréten ist. Es entspricht zuweilen unserem „Passanten". So wird beispielsweise נכרי der Fremde genannt, „der aus fernem Lande kommt" und dabei im Vorbeigehen die Verwüstung Kanaans sieht (Dt 29 21); so der Fremde, „der aus fernem Lande kommt", um im Tempel in Jerusalem einmal zu Gott zu beten (I Reg 8 41 ff.). נכרי heisst auch der fremde Feind, der zum Plünderungs- und Verheerungszuge gelegentlich in das Land kommt (Ob 1 11 Thr 5 2). Wenn ein deuteronomisches Gebot vom Verkaufe des Gefallenen an den נכרי spricht (Dt 14 21), so denken wir an den fremden Händler oder an ganze Karawanen, die das Land durchziehen (vgl. Ex 21 8). Jedenfalls ist gerade in dieser Stelle wieder der נכרי entgegengesetzt dem גר, „der in deinen Thoren wohnt". גר ist eben der Fremde, der sich aufhält und verweilt im Lande[1] und Volke — oder, wir sagen für die alte Zeit richtiger, in einem Stamme oder in einem Geschlechte; denn es ist genug, dass er einem dieser kleineren Verbände fremd sei, in dessen Mitte er sich aufhält; er braucht noch kein Nichtisraelit zu sein. Im Gegenteil, so wenig schliesst גור israelitische Abstammung aus, dass es beispielsweise von Leviten ausgesagt wird (Dt 18 6 Jud 17 7—9 19 1).

Vorübergehend und ansässig finden wir denn schon in Alt-Israel Fremde. Was Erstere betrifft, so müssen wir uns vergegenwärtigen, dass zum Vergnügen nicht leicht Einer reiste. Zumeist durchzogen Fremde das Land Geschäfte halber. Sowohl סחר als רכל bedeuten ursprünglich „herumziehen". Eine späte Stelle (Prv 31 24) führt uns geradezu den Hausierer vor Augen, der, von Ort zu Ort gehend, den Frauen Hemden und Gürtel abkauft, die sie gearbeitet haben (vgl. Tob 2 11). Sie gerade nennt ihn כְּנַעֲנִי. Dass das Gentilicium allmählich zum Appellativum[2] geworden ist, beweist, dass von Alters her die bei den Israeliten herumziehenden Krämer nicht selber

---

[1] Wohl gilt, dass der Ger das Land, worin er sich aufhält, אֶרֶץ נָכְרִיָּה nennen kann (Ex 2 22 18 3, auch Dt 31 16 ψ 137 4); er selber aber ist durch die Niederlassung in demselben aus einem נכרי ein גר geworden.

[2] Es sind freilich lauter nachexilische Stellen, wo das der Fall ist (Hi 40 30 Jes 23 8 (s. Duhm z. St.) Sach 14 21; doch vgl. Hos 12 8 Seph 1 11).

Israeliten, sondern Kanaaniter waren. Aber gewöhnlich begegnen wir nicht einzelnen Händlern; die Umständlichkeit und Gefährlichkeit des Reisens, namentlich in älterer Zeit (vgl. Jud 5 6), trieb zu gemeinsamem Anschluss: Zu allen Zeiten vermitteln Karawanen den Handel; und nun war ja Palästina von den wichtigsten Handelsstrassen durchschnitten. „Zwei Strassen führten über Damaskus, welche hier von Süden her zusammentrafen; die eine vom diesseitigen, die andere vom jenseitigen Jordanlande aus. Die transjordanische durch Ammoniter- und Moabitergebiet, die „Königsstrasse". Ein Nebenarm dieser Strasse, den noch heutigen Tages die Pilgerkarawanen von Damaskus nach Mekka bis im Süden des toten Meeres einhalten, führte bei Jericho über den Jordan und durchschnitt in südlicher, dann in südwestlicher Richtung Samaria und Judäa. Die gewöhnliche Heer- und Handelsstrasse nach Phönizien lief aber von Damaskus in südwestlicher Richtung zum Mittelmeere, erreichte bei Paneas, dem alten Dan, das israelitische Gebiet und wandte sich von da mit einem Hauptarme nach Tyrus, während der andere in südlicher Richtung durch Galiläa, Samaria und Judäa sich nach Aegypten hinzog"[1]. Diese letztere scheint beispielsweise die aus der Josephsgeschichte wohlbekannte ismaelitische Karawane eingeschlagen zu haben, welche, von Gilead kommend (Gen 37 25), in der Nähe Sichems (37 12) vorüber zieht, um Tragakanth, Balsam und Ladanum, sowie auch Sklaven nach Aegypten zu bringen; an Stelle der Ismaeliter setzt der Elohist bekanntlich Midianiter (Gen 37 28 36). Midianiter wie der ihnen zugehörige Stamm Epha werden auch Jes 60 6 als heranziehende Karawanen gedacht, ebenda auch Sabäer (vgl. Hi 6 19 Jer 6 20) mit Gold und Weihrauch beladen[2] (vgl. I Reg 10 2), Kedarener und Nabatäer mit Schafen und Widdern (Jes 60 7). Nicht minder durchzogen palästinensisches Gebiet die Ez 27 genannten Südvölker wie Dedaniter (vgl. Jes 21 13) u. a., die ihre Waren auf den Markt nach Tyrus brachten. Namentlich im Gedanken an sie nennt Ezechiel (26 2) Jerusalem als den notwendigen Durchgangspunkt, durch welchen der nach Tyrus hin sich bewegende Handelsstrom führte, die „Thüre der Völker". Diese Bedeutung Jerusalems hat Salomo besonders zu verstehen gewusst und sie noch erhöht, wenn des Josephus Aussage[3] über ihn Glauben verdienen sollte, er habe die Strassen nicht unbebaut gelassen und die nach Jeru-

---

[1] MOVERS, Die Phönicier II 3 p. 244; eine dritte Strasse gieng doch wohl etwa von Akko an dem Meere nach (כֹּה דֶּרֶךְ Jes 8 23).

[2] Ob das Letztere Glosse sei, wie DUHM will (Kommentar z. St.), thut zur Sache hier nichts.

[3] Ant. VIII 7 4.

salem führenden mit schwarzem Steine gepflastert. Dagegen weist es
wiederum auf Handelszüge aus dem Norden hin, wenn Jos 7 21 ein
„Sinearmantel" namhaft gemacht wird (vgl. Ez 27 24). Diese positiven
Angaben lassen sich noch erweitern durch Schlüsse, die wir aus ver-
einzelten Notizen ziehen können. Wir lesen I Reg 5 25, Salomo habe
dem Hiram Jahr für Jahr 20 000 Kor Weizen geben müssen. Der
von Juda und Israel nach Tyrus gelieferte Weizen wird Ez 27 17
Minnithweizen genannt; Minnith aber ist eine ammonitische Stadt
(vgl. Jud 11 33)[1]. Noch II Chron 27 5 werden unter der Kriegs-
entschädigung, welche die Ammoniter König Jotham nach ihrer Niederlage zu bezahlen haben, 10 000 Kor Weizen genannt (vgl. II Sam
17 28); darnach liegt die Vermutung auf der Hand, dass Salomo von
den Ammonitern Weizen erst habe bekommen müssen, um die nötige
Menge an Hiram abliefern zu können. Wenn es ferner Jes 16 8 heisst,
dass Sibmas Edeltrauben die Herrn der Völker erschlugen, so müssen
Moabiter ihren Wein über die Grenzen ihres Landes hinaus geliefert
haben, und auch diesen Handel werden Karawanen vermittelt haben.
Nun versetzen uns freilich die erwähnten Stellen in sehr verschiedene
Zeiten; aber sicher sind gerade hierin die Verhältnisse stabile gewesen. Dass wir jedenfalls schon in sehr alte Zeit hinaufgeführt
werden, dafür zeugt, dass die Namen, welche gewisse Stämme in der
Vätersage erhalten, von den Produkten, mit deren Handel sie in den
Gesichtskreis der Israeliten eintraten, abstrahiert erscheinen. Wir
nennen Qetura, aus deren Verbindung mit Abraham die arabischen
Stämme abgeleitet werden, welche den Handel mit arabischem und
äthiopischem Rauchwerk (קטרת) von Alters her betrieben: die Midianiter, die Sabäer, die Dedaniter und andere in Troglodytika, einem
Hauptsitz dieses Handels; ferner Basemath, die Tochter Ismaels und
Schwester Nebajoths, des Stammvaters der gleichfalls mit den Aromen
(בשמים) des arabischen Handels verkehrenden Nabatäer[2].

Das Gesagte mag schon genügen zur Beleuchtung eines Wortes
von NAVILLE, das unserer Untersuchung überhaupt einen wichtigen Gesichtspunkt eröffnet: „L'idée encore en vogue dans notre enfance que.
les peuples anciens étaient parqués dans des territoires entourés de
barrières, sans relation avec leurs contemporains, même ceux qui les
touchaient de plus prés, et qu'ils se développaient spontanément
par leur génie propre, sans secours ou sans influence de l'extérieur,
cette idée a fait son temps; nous avons changé tout cela. Il est clair

---

[1] Euscb. Hier. „villa Mannith (Μαανίθ) in quarto lapide Esbus (Hesbon)
pergentibus Philadelphiam"; s. SMEND, Komment. z. Ez. z. St.
[2] MOVERS, l. c. p. 274.

que si les rapports entre nations étaient tels que nous les connaissons aujourd'hui, il a dû s'exercer une influence de l'une à l'autre"[1].

Ungleich mehr werden uns beschäftigen die Fremden, die in Israel ansässig waren. Selbstverständlich ist es hier in diesem Kapitel einer vorläufigen Uebersicht nicht darauf abgesehen, eine vollständige Aufzählung jener Einzelnen zu geben; wir würden damit in unnötiger Weise veranlasst, ganze Reihen von Namen zu nennen, an die später ein Weiteres zu knüpfen sein wird. Aber nicht nur einzeln finden wir Fremde in Israel ansässig; wir begegnen solchen auch in grösseren Verbänden. Unter diese Kategorie fallen vor allem die Ueberreste der alten Landeseinwohner. Die Tatsache, dass es solche in Israel bis tief in die Königszeit hinab giebt, liegt so offen zu Tage, dass die alten Schriftsteller nur in der Art von einander abweichen, wie sie sich dieselbe zurecht zu legen suchen, ob nämlich Jahwe die Ureinwohner noch im Lande lasse, damit das Wild darin nicht zu sehr überhand nehme (Ex 23 29 = Dt 7 22), oder damit Israel durch sie das Kriegshandwerk erlerne (Jud 2 23ᵃ 3 1ᵇ 2 3 = J)², oder endlich um es zu prüfen, ob es in seinen Geboten wandle (Jud 2 22 23ᵇ 3 1ᵃ 4 5 6 = E)². Wenn spätere Schriftsteller im Vorhandensein solcher fremder Elemente ein Zeichen des Ungehorsames Israels sehen, das sie nicht ausgerottet habe, wie es hätte tun sollen, so anerkennen sie immerhin stillschweigend die Tatsache. Diese klaren Zeugnisse erhalten aber noch eine unzweifelhafte Bestätigung durch einige vereinzelte bestimmte historische Notizen. Sichem ist wenigstens noch zu Abimelekhs Zeit kanaanitisch (Jud 9). Jerusalem bleibt in den Händen der Jebusiter bis zu Davids Eroberung (II Sam 5 vgl. Jos 15 63 Jud 1 21), und bekanntlich hat Aravna noch während Davids Regierung eigenen Grund und Boden (II Sam 24). Der kanaanitischen Bevölkerung in Geser inmitten Ephraims macht erst Pharao, Salomos Schwiegervater, ein Ende (I Reg 9 16 vgl. Jos 16 10 Jud 1 29). In Benjamin lebt das Geschlecht der Rahab „bis auf diesen Tag" (Jos 6 25 : JE); hier leben die Heviten von Gibeon (Jos 11 19), mit denen schon Josua einen Friedensvertrag geschlossen haben soll, und Beeroth; „denn auch Beeroth wird zu Benjamin gerechnet, und es flohen die Beerothiter nach Githaim und hielten sich daselbst auf bis auf diesen Tag" (II Sam 4 2ᵇ 3); Githaim ist nämlich eine Ortschaft in Benjamin (Neh 11 33)³. Von Juda heisst es ausdrücklich, es habe nur das Gebirge

---

[1] Eröffnungsrede des Genfer Orientalistenkongresses (1894).

[2] ED. MEYER, Kritik der Berichte über die Eroberung Palästinas ZATW. I p. 145.

[3] Ganz grundlos will THENIUS (Komm. z. St.) גַּת יְמָה lesen: westlich von

in Besitz genommen; „denn die Bewohner der Ebene konnte es nicht vertreiben, weil sie eiserne Wagen hatten" (Jud 1 19). Kanaanitisch sind im Stammgebiet Manasses:'Beth-Sean, Thaanach, Dor, Jibleam, Megiddo samt den umliegenden Ortschaften (Jud 1 27 vgl. Jos 17 12); im Stammgebiet Sebulons: Kitron und Nahalol (Jud 1 30); in demjenigen Assers: Akko, Sidon, Ahlab, Achsib, Helba, Aphik und Rehob (Jud 1 31); in demjenigen Naphthalis: Beth-Semes und Beth-Anath (Jud 1 33); in demjenigen Dans: Har-Heres, Ajalon, Saalbim (Jud 1 35); in Gilead: die Gesuriter und die Maachatiter (Jos 13 13). Von Asser und Naphthali heisst es sogar charakteristischer Weise: „sie (sc. die Israeliten) wohnten inmitten der Kanaaniter" (Jud 1 32 33); und in Issaschar kam es sogar so weit, dass die Israeliten den Kanaanitern frohnpflichtig wurden (Gen 49 14f.)[1]. — Aber nicht nur kanaa-

---

Gath; dem liegt eine doppelte falsche Voraussetzung zu Grunde: 1) die Beerothiter seien richtige Israeliten gewesen. 2) גּוּר, von einem Israeliten ausgesagt, verlange einen ausserisraelitischen Zufluchtsort; vgl. oben p. 2.

[1] Uebrigens nötigt uns diese Stelle, einen Augenblick bei ihr zu verweilen: der samaritanische Text liest nämlich statt חֲמֹר גָּרֶם, Issaschar sei ein „knochiger Esel": חֲמֹר גֵּרִים, ein Esel der „Fremden". Ist diese Lesart richtig, so würden wir hier wohl zum ersten Mal in der alttestamentlichen Litteratur dem Begriff גֵּר begegnen. Es ist nicht ganz uninteressant, gerade an dieser Stelle den Entscheid der Exegeten zu vergleichen. DELITZSCH sagt von der zweiten Lesart, sie „verwische das Bild", und Geiger (Urschrift p. 361) findet in der ersten eine „Verwischung des kräftigen ursprünglichen Textes". Er glaubt nämlich, Spätere hätten den Ausdruck „Lastesel der Fremden" als eine Schmähung Issaschars empfunden, die ihr eigenes Nationalgefühl schwer verletzt habe (l. c. p. 360). Nun ist ihm freilich zuzugeben, dass bei Spätern das Bestreben, den gegen Issaschar erhobenen Vorwurf zu lindern, zu den verschiedensten textlichen Veränderungen Anlass gegeben hat, wie er solche selber namhaft macht (l. c.). LXX machen ihn statt zinspflichtig zum Landmanne: „ἐγενήθη ἀνὴρ γεωργός", Symmachus zum dienenden Landmann: γεωργὸς ὑπηρετεῖν; die jerusalemischen Thargume lassen im Gegenteil seine Brüder ihm Geschenke bringen, weil er seine Schulter neigt, sich in der Lehre zu bemühen. Onkelos dreht sogar das Verhältnis vollständig um: er wird bezwingen die Provinzen der Völker, vernichten ihre Einwohner, und die Uebrigbleibenden werden ihm dienen und ihm Tribut bringen. An sich also stünde der Annahme der Milderung eines ursprünglichen verletzenden Ausdruckes gerade in diesem Zusammenhange nichts im Wege. Auch haben V. 14 unzweifelhaft unsern gegenwärtigen massorethischen Text erst Aquila und Hieronymus gelesen, während z. B. LXX übersetzen: „τὸ καλὸν ἐπεθύμησεν", das alte palästinensische Thargum: „er hat Verlangen nach Lehre", der Syrer: „ein starker Mann", Onkelos: „reich an Gütern" etc. Das würde aber Alles noch nichts für die von GEIGER adoptierte Lesart beweisen, sondern höchstens zeigen, dass der Text überhaupt unsicher war. Was nun aber allerdings gegen GEIGERS Annahme beweisend ist, ist der durchgängige Sprachgebrauch von „Gerim", nach welchem גֵּר sonst nie und nimmer den Fremden schlechthin bezeichnet, sondern diesen immer in Beziehung zum Lande oder Volke, in dem er sich gerade aufhält. Siehe oben p. 2 und die

nitischen Geschlechtern oder Geschlechtsverbänden begegnen wir in Israel. Jud 5 14 scheint amalekitische Ueberreste zu kennen. Namentlich aber gab es nicht geringe midianitische resp. kenitische Elemente in Alt-Israel. Ohne der Jael zu vergessen (Jud 5 24), entnehmen wir dem Jahwisten wie dem Elohisten, welche Bedeutung denselben noch in späterer Zeit beigemessen wurde. Nicht nur, dass sie beide Mose ein midianitisches Weib zuschreiben. Dieser führt auf die Eingebung von Mosis Schwiegervater die bekannte zweckmässige Gerichtsorganisation zurück (Ex 18 13—27), und jener legt Mose die Bitte an Hobab in den Mund, er möchte ihn doch ja nicht verlassen: „Du weisst ja, wo wir in der Wüste lagern sollen, so sei du unser Auge" [1] (Num 10 31 vgl. noch I Sam 15 6). Wie Midian resp. Kain ein arabischer Volksstamm war, so gehörte den Arabern vielleicht auch der Clan Jerahmeel an, der in Juda wohnte (I Sam 30 29 vgl. mit V 26), wenn er nicht möglicherweise edomitisch ist [2]. Edomitische Clans in Juda sind jedenfalls Kaleb, Othniel und Qenaz; es kehren denn auch zahlreiche judäische Geschlechtsnamen bei den Edomitern (aber auch bei den Midianitern) wieder. Vielleicht besteht ferner ein Zusammenhang zwischen dem edomitischen Clan Bilhan (Gen 36 27) und Bilha, der Mutter Dans und Naphthalis. Endlich ist Simeon, der sich, wie es scheint, früher abgezweigt hat, halb edomitisch [3].

So wenig richtig ist also nach dem Angeführten die Geschichtskonstruktion der Spätern, welche dann für Jahrhunderte die traditionelle Auffassung geworden ist, es sei, eine Folge des gemeinsamen Vorgehens aller Israeliten, bei ihrer Ansiedelung das Land tabula rasa gewesen (z. B. Jos 11 23). Vielmehr muss mit dem Gedanken völlig aufgeräumt werden, als sei das israelitische Volk von Anfang an gänzlich für sich (לְבָדָד Num 23 9), abgesondert von allen Völkern und unvermischt mit Fremden gewesen. Als solches ist es nur künstlich von Späteren dargestellt worden nach

---

ganze folgende Geschichte dieses Begriffes. Wir halten also die massorethische Lesart für die richtigere.

[1] Wenn man aber von hier zur Annahme weiter gehen wollte, die Israeliten hätten sogar ihren Gott Jahwe von den Kenitern übernommen, so kann sich diese mindestens nicht auf biblisches Zeugnis berufen (Ex 18 11 I Chron 4 10) und ist in sich unwahrscheinlich (Ed. König, Die Hauptprobleme der altisraelitischen Religionsgeschichte, 1884 p. 32). Höchstens, dass sie auch Jahwe als ihren Gott verehrten, lässt sich vermuten; es erschiene dann ihre Vermischung mit den Israeliten um so natürlicher.

[2] Stade, Geschichte Israels[1] I p. 159.

[3] Wellhausen, Skizzen und Vorarbeiten III p. 217.

Massgabe ihres eigenen Ideals; aber tatsächlich hat es so in alter
Zeit nie bestanden; denn es wohnte nicht an Stelle der Kanaaniter,
sondern neben und mitten unter ihnen, zuerst selber wie ein Gast und
Fremdling in ihrem Lande. Ja, so sehr war den alten Erzählern die
Berührung mit Fremden zum Selbstverständlichen geworden, dass Jah-
wist wie Elohist sich den Auszug aus Aegypten nicht denken können
ohne des Anschlusses fremder Elemente zu erwähnen. Jener spricht
(Num 11 4) von einem אֲסַפְסֻף „Sammelsurium", das sich inmitten der
Ausziehenden befunden habe, dieser [1] (Ex 12 38) von עֵרֶב רַב [2], (falls nicht
nach der ansprechenden Konjektur GEIGERS [3] ערברב in Einem Worte zu
lesen ist, wie es der samaritanische Text bietet, ganz entsprechend der
Numeristelle, die das Thargum eben mit ערברב wiedergiebt).

Was dieses Kapitel uns also lehrt, ist jedenfalls, dass
es an Fremden in Alt-Israel nicht gefehlt hat.

Kapitel II.

Die allgemeine Stimmung den Fremden gegenüber.

Steht uns das Vorhandensein von Fremden in Israel fest, so fragt
sich weiter, welches die allgemeine Stimmung war, auf die sie trafen.
Daraus wird sich dann im weitern als natürliche Folge ergeben, welchen
Ausdruck sich diese Stimmung schafft in der sozialen-ökonomischen
und der religiösen Lage, die man den Fremden bereitet.

Wir haben uns von vorn herein Eines zu vergegenwärtigen: „Was
uns heutzutage in der Natur des Rechtes selbst zu liegen scheint (sc.
dass auch der Fremde den Rechtsschutz des Staates in Anspruch
nehmen könne), ist zum grossen Teil nichts weniger als eine dem
Menschengeschlecht von vorn herein mitgegebene Anschauung und
verdankt seine praktische Realität nicht der Macht der rechtlichen
Ueberzeugung, der Idee der Gerechtigkeit, sondern es ist das Werk
einer durch materielle Gründe, durch die Not des Lebens und den
Drang der Umstände in Bewegung gesetzten und erhaltenen und durch
die Motive der Zweckmässigkeit geleiteten menschlichen Tätigkeit.
Erst wenn diese Faktoren die schwerste Arbeit verrichtet haben, zieht

---

[1] Ihm wenigstens teilt KITTEL 12 38 zu, während JÜLICHER, CORNILL und
BUDDE ihn J. zuweisen und DILLMANN zwischen beiden schwankt.

[2] In entsprechender Bedeutung nur noch Neh 13 3 ohne Artikel und so
punktiert, wo es die nicht zur Gola gehörigen, von ihr sich abtrennenden Elemente bezeichnet, sonst הָעֵרֶב I Reg 10 15 Jer 25 20 24 50 37 Ez 30 5.

[3] Urschrift p. 71.

die Idee der Gerechtigkeit ein und nimmt das Werk als ein ihr gebührendes Eigentum in Besitz und unter ihren Schutz“ [1]. Es gilt eben,
dass der vorchristliche Mensch sich überhaupt im Kriegszustand dem Fremden gegenüber befindet, sofern ihm nicht durch
Vertrag bestimmte Rechte bewilligt sind [2]. „Cum alienigenis, cum
barbaris, aeternum omnibus Graecis bellum est“, sagt Livius [3] von
den Griechen; für römische Verhältnisse ist bezeichnend genug, dass
„hostis“ sowohl den Feind bezeichnet als den Gast, Fremdling; und
hostis ist wiederum dasselbe Wort mit dem gothischen gasts und dem
mittelhochdeutschen gast, und beide haben dieselbe Doppelbedeutung [4].
Der Historiker MEGINHARD sagt: „Peregrinum, qui patronum non habebat, vendebant Saxones“ [5]; das entspricht durchaus dem angelsächsischen Gesetze: „Si peregrinus vel advena devius vagetur, et tunc nec
vociferavit nec cornu insonuerit, pro fure comprobandus est vel occidendus vel redimendus“ [6]. Es ist auf alttestamentlichem Boden
nicht anders gewesen. „Es wird mich totschlagen, wer mich antrifft“ (Gen 4 14) — das ist die Aussicht, die den Nomaden auf seinen
Irrfahrten (ausserhalb der „Adama“) überallhin begleitet, wenn er nicht
gefeit ist durch das (Totem-) Zeichen, an dem er als Stammgenosse von
Stammgenossen erkannt wird, und das ihn vor Beleidigung schützt,
bzw. dem Beleidiger die vom betreffenden Stamme ihm drohende Blutrache schreckend ins Gedächtnis bringt [7].

Im übrigen kommt bei den alten Israeliten diese allgemeine Stimmung gegen die Fremden, wie ganz natürlich, am Schroffsten zum
Ausdruck, wo es sich um das Verhalten gegen den Kriegsfeind
handelt. Feinde des Volkes sind ja von vorn herein auch Feinde seines
Gottes (Jud 5 31 I Sam 30 26). Das klingt sehr vernehmlich schon aus
der ältesten hebräischen Urkunde, die wir kennen, dem Deborahliede.
Wir erinnern blos an den Fluch über die, die dem Kampfe fern geblieben sind (Jud 5 23), an die Anschaulichkeit, mit welcher der Moment
vergegenwärtigt wird, in dem Sisera zusammenbricht (V. 27), an den
Hohn, mit dem seiner unglücklichen Mutter gedacht wird (V. 28 ff.).

---

[1] IHERING, Geist des röm. Rechts auf den verschiedenen Stufen seiner Entwickelung 1878 I p. 235.

[2] STADE, Gesch. Isr. [1] I 510.

[3] Hist. XXXI 29.

[4] IHERING, l. c. p. 227 Anm. 126.

[5] Translatio Sancti Vit. c. 13.

[6] Leges Withraedi c. 20; beides cit. bei PAPPAFAVA: über die bürgerl. Rechtsstellung der Fremden, aus d. Ital. übers. von Leesberg, Pola 1884 p. 13 Anm. 6. 1.

[7] W. ROB. SMITH, Kinship and Marriage in early Arabia 1885 p. 215; WELL
HAUSEN, Komposition des Hexateuch JdTh. XXI (76) p. 399.

Was der Besiegten wartete, war, wo es nicht zu anderer Grausamkeit kam (Jud 16 7), die Vollstreckung des Blutbannes, des „Cherem" (Jud 9), und wo der König davon Umgang nahm, da fehlte der Prophet nicht, der ihn eigenhändig nachholte (I Sam 15 33). Gelegentlich wusste ihn die Barbarei der Zeit sogar noch zu verschärfen (II Sam 8 2 12 31). Die bekannte und beliebte abschwächende Uebersetzung, als hätte David die Ammoniter nicht unter Sägen gelegt und in Ziegelöfen gesteckt, sondern nur zum Holzsägen und Ziegelbrennen verurteilt[1], steht, dünkt mich, auf einer Stufe mit der Exegese, die das Opfer der Tochter Jephthas dahin versteht, als wäre sie gleichsam ins Kloster geschickt worden, „zu einem ehelosen Jahwedienst geweiht"[2]. Wir dürfen eben in keinem Falle unsere Massstäbe an eine Zeit legen, in der beispielsweise ein Nachbarkönig gewillt ist mit den Bewohnern einer sich übergebenden Stadt einen Bund zu schliessen unter der Bedingung, allen das rechte Auge auszustechen (I Sam 11 2), oder in der ein israelitischer König von seinem Schwiegersohne die Vorhäute von 100 Philistern als Kaufpreis für seine Tochter fordert (I Sam 18 25).

Dies Letztere ist beiläufig lehrreich als Ausdruck der Stimmung, die Alt-Israel im Besonderen gegen die Philister beseelte. Von keinem andern Volke der Umgebung wusste es sich mehr unterschieden; das deutet schon der Name an, mit dem es die Philister bezeichnet: ערלים[3], und hat sich bis auf die LXX hinab erhalten als gute alte, israelitisch-palästinensische Tradition (und nicht etwa alexandrinische, wie J. G. Müller[4] glaubhaft machen wollte). LXX nämlich gebrauchen Φιλιστείμ nur im Hexateuch und übersetzen sonst an 153 Stellen ohne Unterbrechung: ἀλλόφυλοι.

Aber nicht allein dem Kriegsfeinde, dem Fremden überhaupt gegenüber gilt, dass man sich nicht der gleichen sittlichen Verpflichtungen bewusst ist wie gegen die eigenen Leute. „Es ist einer

---

[1] So namentlich noch G. Hoffmann: Lexicalisches III § 14 ZATW. II p. 66 f. Er muss z. B. statt העביר lesen העביד und I Chron 20 3 וַיָּשֶׂם statt וישר, welche Stelle überhaupt nur Verschlechterung sei; die mildernde Uebersetzung beider Stellen findet sich neuerdings in Kautzsch: Die h. Schrift d. A. T.

[2] So z. B. König, l. c. p. 74 f.; auch Köhler, Lehrbuch d. bibl. Geschichte. Merkwürdig zutreffend hat Josephus (Ant. V 7 10) davon gesagt, Jephtha habe sein Kind zum Brandopfer dargebracht, ohne sich über die Zukunft Gedanken zu machen, was man von seiner Tat etwa halten werde, wenn man einmal davon höre!

[3] Jud 14 3 15 18 I Sam 14 6 17 26 36 31 4 II Sam 1 20.

[4] Die Semiten in ihrem Verhältnis zu Chamiten und Japhetiten p. 200, „es sei nämlich Ueberlieferung der alten Aegypter, die das Joch der Hyksosphilister ein halbes Jahrtausend zu tragen hatten!"

Gott verantwortlich für Unrecht, das er einem Gliede seines eigenen Geschlechtes oder des politischen Gemeinwesens antut; aber einen Fremden mag er betrügen, berauben, töten, ohne sich gegen die Religion zu vergehen; die Gottheit kümmert sich nur um ihre eigenen Leute" [1]. Auch im A. T. fehlt es nicht an Belegen hiefür. Dem alten Erzvater Abraham wird es vom Jahwisten nicht zum Vorwurfe nacherzählt, dass er dem Aegypterkönig in Betreff seines Weibes die Unwahrheit gesagt habe, so wenig als Isaak, der sich ein Gleiches gegen Abimelekh hat zu Schulden kommen lassen (Gen 12 26). Jakob macht sich keine Bedenken, den Aramäer Laban zu überlisten (Gen 30 37 ff.). Und im Leben Davids begegnet uns folgender erbaulicher Zug: Wenn David von seinen Beutezügen zurückgekehrt ist und seinem königlichen Patron Achis darüber Rechenschaft erteilen soll, berichtet er ihm von seinen Einfällen „in den Süden von Juda und in den Süden der Jerahmeeliter und in den Süden der Keniter" (I Sam 27 10), und der König freut sich darüber, dass sich David auf diese Weise „stinkend" gemacht habe bei seinem Volke und sein Knecht sein werde ewiglich (V. 12). In Wahrheit aber hat sich David, wie ganz zuversichtlich behauptet werden darf, wohl davor gehütet, auch nur ein einziges Mal diese Gebiete feindlich zu berühren; im Gegenteil, nach seinem Rachezug gegen Amalek (Kap. 30) schickt er von der Beute Geschenke den Aeltesten Judas (V. 26), „seinen Freunden", und denen in den Städten der Jerahmeeliter und der Keniter (V. 29). Seine Raubzüge unternimmt er dagegen, wie 27 8 deutlich aussagt, gegen Gesuriter, Gisriter und Amalekiter. Dabei tötet er wohlweislich Alles, was Leben und Sprache hat, um ja keinen übrig zu lassen, der Achis über den wahren Sachverhalt aufklären könnte (27 11). Dass dies der tatsächliche Verlauf war, hat Josephus [2] klar eingesehen, und so zeigen sich die anderen Philisterfürsten, die David misstrauen, als es zum Kampfe gegen Israel geht, viel feiner als Achis, der sich von ihm einfach hinter das Licht führen lässt (29 3). Wir fügen hinzu, dass David selber an Anderen einen Betrug streng zu bestrafen weiss (II Sam 1 16). Unter den gleichen Gesichtspunkt fällt endlich, was uns im Berichte vom Auszuge aus Aegypten mitgeteilt wird: „Es verlange ein jedes Weib von seiner Nachbarin und Hausgenossin silberne und goldene Geräte und Mäntel; die sollt ihr auf eure Söhne und Töchter legen und so die Aegypter berauben" (Ex 3 22 vgl. 11 2 f. 12 35 f.) H. SCHULTZ [3] sucht zwar eine Ehrenrettung der durch

---

[1] W. Rob. Smith, Lectures on the religion of the Semites, first series [2] 1894 p. 53 f.

[2] Ant. VI 13 10.

[3] Atl. Theologie [3] p. 506 f.

diese Stellen gefährdeten Reinheit der alttestamentlichen Idee von
Gottes Gerechtigkeit und macht zu diesem Zwecke auf zwei Punkte
aufmerksam:

1. Das Gewicht falle darauf, dass Gott in seiner Lenkung der
Weltgeschicke es so füge, dass Israel aus dem Lande ungerechter
Frohnarbeit nicht ohne einen Arbeitslohn entlassen werde, also auf
Gottes Gerechtigkeit, die mit seiner Bundesliebe hier eins sei.

2. Der Vorgang als unmittelbar sittlicher gefasst, beschränke sich
auf eine einfache Forderung Israels, welche zu gewähren die Aegypter
durch göttliche Veranstaltung sich bewogen fühlten, in Furcht vor den
Wundern, welche geschehen seien. Der Friedensbruch aber gehe von
den Aegyptern aus. — Es will aber fast scheinen, als höre man in diesen
Worten mehr den christlichen Ethiker als den unbefangenen Historiker
sprechen. WELLHAUSEN[1] sagt dagegen einfacher: „Die armen israelitischen Weiber, die selbst nichts besassen, liehen sich zum Feste Zeug
und Schmuck von ihren ägyptischen Nachbarinnen; hinterher konnten
sie es nicht zurückgeben wegen der perfiden Verfolgung durch Pharao“.
WELLHAUSEN hätte gerade sagen können, sie hätten es nicht zurückgeben
wollen, weil sie sich kein Gewissen daraus machten, die Aegypter als
Fremde zu bestehlen. Es ist nicht anders, als wenn wir lesen[2], noch
heute sei beispielsweise bei den Zeltzigeunern Siebenbürgens Diebstahl
und Betrug gegen „weisse Leute“ straffrei, während sie innerhalb desselben Stammes natürlich bestraft werden. Unter solchen Umständen
heisst eben „als fremd gelten“ (vgl. נָכְרִיּוֹת נֶחְשַׁבְנוּ Gen 31 15 Hi 19 15)
geradezu so viel als: einer inferioren Beurteilung und Behandlungs-
weise ausgesetzt sein. Es darf auch zuversichtlich behauptet werden:
hätte sich eine solche Stimmung in der tatsächlichen Behandlung der
Fremden nicht immer wieder geäussert, so wären uns im A. T. nicht
so viele Gebote zum Schutze der Fremden überliefert worden.

Die Fremden, denen diese Schutzgebote einzig gelten, sind nun
freilich von denen, die zu den Israeliten in einem bestimmten Vertrags-
verhältnisse standen. Gerade das Vorhandensein solcher Verträge aber
und der Sinn all dieser Uebereinkünfte mit Fremden, die späterhin
noch des Näheren zu untersuchen sein werden, weist uns darauf hin,
dass sich die allgemeine Stimmung gegen sie nicht in dem erschöpfen
kann, was wir bisher auszuführen suchten. Vielmehr ist gerade die
Tatsache, dass unseren bisherigen Ausführungen zufolge das Los der
Fremden im Allgemeinen ein so wenig beneidenswertes war, in hohem

---

[1] Skizzen V p. 100 Anm. 1.

[2] v. WLISLOCKI, Vom wandernden Zigeunervolk p. 78, cit. v. POST, Grundriss
der ethnologischen Jurisprudenz p. 449 Anm. 1.

Grade dazu angethan, eine andere scheinbar entgegengesetzte Stimmung gegen sie hervorzurufen. Ihre Lage musste ja auch Mitleid und Erbarmen wecken und in ihrer Hülflosigkeit zu ihrer Beschützung und Unterstützung herausfordern. Und nach alter Anschauungsweise war diese Lage noch um so viel härter und elender, als der, der sein Land verlassen musste, zugleich den Gott seines Landes verliess. Wenn David aus der Heimat vertrieben wird, so heisst das so viel, als dass er anderen Göttern dienen soll (I Sam 26 19 vgl. Gen 4 14), die seinem Volke und Lande ebenso fremd sind, wie er dem neuen Volke und Lande, in das er sich begiebt, selber fremd ist. Darnach ist nicht zu verwundern, dass für gewöhnlich seine Heimat nur verliess, um in der Fremde sich anzusiedeln, wen die bittere Notwendigkeit daraus vertrieb; sei es eine Hungersnot, sei es die Furcht vor der Blutrache oder überhaupt einer Verfolgung. Jenes ist uns bekannt aus der Geschichte Abrahams (Gen 12 10) und Isaaks (26 1), Jakobs und seiner Söhne (47 4), der Ruth (Rt 1 1) und der Wirtin Elisas (II Reg 8 1 ff.); dieses aus derjenigen Cains (Gen 4 16), Mosis (Ex 2 15), Absaloms (II Sam 13 34 38), Jerobeams (I Reg 11 40), des Edomiters Hadad (I Reg 11 17 [1]), entlaufener Sklaven (Dt 23 17). Für Alle bedeutete der Aufenthalt in fremdem Lande in einem Worte ein Exil, und das will richtig verstanden sein: „Das Exil der heutigen Zeit ist nicht ein Schatten von dem des Altertums; es besteht nur in einem Wechsel des Wohnortes, dem Verlust der Heimat. Eine solche Strafe raubt nicht das Glück selbst, sondern nur die lokale Form, in der man es bisher genoss. Ganz anders die ursprüngliche Gestalt des Exils im Altertum. Der Fremde ist rechtlos; wer daher ausgestossen ist aus der Gemeinschaft seiner Genossen oder wegen Verbrechen sich flüchtet, dessen harrt, möchte ich sagen, das Los des Wildes auf dem Felde, das unstät, ruhelos umherirrt und gejagt wird, wo es sich blicken lässt. Alles, was ihm teuer ist, lässt der Verbannte daheim, seinen Herd, seine Genossen, den Frieden des Rechts und die gemeinsame Verehrung der Götter, und was er mit sich nimmt, ist das Gefühl des unsäglichen Elends, die Aussicht auf ein dem Zufall, der Verfolgung, Entbehrung u. s. w. preisgegebenes Leben, auf Knechtschaft oder eine von der Willkür und Gnade seiner Schutzherrn abhängige und durch Demütigungen aller Art erkaufte Freiheit. Wird er angegriffen und verfolgt, so stehen ihm keine Genossen zur Seite; fällt er im Kampfe, so giebt es für ihn keine Freunde, die ihn rächen, ihm daheim ein Totenopfer bereiten und seinem unstät irrenden Schatten Ruhe ver-

---

[1] l. statt אָדָד wie V. 14 17 b 19 ff.: הֲדַד.

schaffen; die Manen schweben heimatlos in der Fremde umher"[1]. Unter diesen Umständen ist es wirklich ein seltsames Spiel des Zufalls, dass bei den Römern egens gerade das Los des ex-gens ausdrückt, wie sie denn auch tatsächlich egens von gens ableiteten (so Festus, sub voc. egens „velut exgens, cui ne gens quidem sit reliqua"), eine Ableitung, der unsere deutsche Sprache mit mehr Recht Elend — Ausland entgegenstellen kann[2]. Eine solche Lage der Fremden war aber in der Tat dazu geschaffen, Gefühlen des Mitleides und Erbarmens zu rufen.

Und nun tritt uns in Alt-Israel überhaupt ein Zug von Humanität entgegen — in starkem Gegensatz zur späteren Zeit. Mit vollem Rechte hat DUHM[3] darauf aufmerksam gemacht, wie Menschenfreundlichkeit und Tierfreundlichkeit in der Geschichte der Völker stets Schritt mit einander halten. Das alte Israel ist nun aber ganz entschieden tierfreundlich (vgl. Ex 20 10 23 5 11 12 19 34 26 Dt 14 21 22 4 6 7 25 4 u. o.). Wir müssen uns freilich erinnern, dass die Alten überhaupt noch nicht dazu gekommen sind, die Grenze zwischen Tier und Mensch so scharf zu ziehen, wie sie uns wohl als selbstverständlich gegebene erscheint[4]. Der Tierfreundlichkeit Alt-Israels entspricht aber wirklich eine Menschenfreundlichkeit, in der Israel es anderen Völkern zuvor thut. Einer der hervorragendsten Kenner der Geschichte des Rechtes[5] weist der israelitischen Fremdengesetzgebung eine Ausnahmestellung zu, insofern sie einer „milderen Auffassung" huldige als sämtliche andere. Jedenfalls lässt sich der Grundsatz Renans nicht halten, Intoleranz sei ein Kennzeichen des Semiten als solchen. Die Abschliessung gegen Fremde lag den Israeliten so wenig in der Natur, dass, wo sie von einer solchen hörten, wie bei den Aegyptern, sie sich höchlichst befremdet fühlten (Gen 43 32 46 34 Ex 8 22 Jos 5 9). Die angeführten Stellen gehören wahrscheinlich alle dem Jahwisten an. Es kann geradezu ein Charakteristikum seiner Geschichtsdarstellung genannt werden, dass er die fremden Stämme, die wenigstens in seinem näheren Gesichtskreise liegen, mit einem besonderen Interesse und selbst einer gewissen Vorliebe behandelt. Es zeigt sich, dass er als Judäer nicht vergebens neben und unter Fremden

---

[1] IHERING, l. c. I p. 228.

[2] l. c. p. 227 und Anm. 125.

[3] Komment. zu Jes 11 8.

[4] Vgl. W. ROB. SMITH, Kinship p. 203 ff.; Lectures[2] p. 87: „The kinship between gods and men is only one part of a larger kinship which embraces the lower creation".

[5] POST, l. c. p. 448.

gewohnt hat[1]. Die Art ferner, in der er sich die Tatsache zurecht
legt, dass Jahwe noch Ureinwohner im Lande belassen hat[2], verrät,
dass er im Vorhandensein fremder Elemente unter dem Volke nicht im
Mindesten eine unglückliche Fügung sieht.

Noch ein Anderes müssen wir hinzunehmen. Man kannte auch
die Anschauung, dass im letzten Grunde die Gottheit selber Mund-
walt der Fremden war. Der Fremde, der Schutz suchend in ein
Land kam, konnte ja seine Zuflucht statt bei einem mächtigen menschlichen Beschützer bei dessen Gott selbst suchen; denn schon frühe nahm
die Gottheit Partei für die Bedrängten und Hülfsbedürftigen, und allerorts wurden ihre Tempel und Altäre zu Asylen[3]. Geht aber der Wille
der Gottheit dahin, den rechtlosen Fremden zu schützen, so heisst
„Gotteserkenntnis" (דַּעַת אֱלֹהִים), die Jahwe als unbedingte Forderung
an alle Bewohner des Landes stellt (Hos 4 1), unter anderem auch
diesen Willen anerkennen. Dem entspricht, dass bei den alten Arabern
zuweilen die schützende Aufnahme eines Fremden bestätigt wurde durch
einen Eid am Altar und verpflichtend blieb, bis das eingegangene Verhältnis durch einen neuen feierlichen Eid an gleicher Stätte gelöst
wurde[4]. Wer diesen Willen seines Gottes nicht respektiert, der hat ihn
als gestrengen obersten Richter zu fürchten. So wird die יִרְאַת אֱלֹהִים
schliesslich ein nicht unwesentliches Motiv zur guten Behandlung der
Fremden. Joseph macht seinen Brüdern, zu denen er spricht als
Fremder zu Fremden, beispielsweise den Vorschlag, einen als Geisel bei
ihm zu lassen, während die Anderen den Jüngsten zu Hause holen
sollten; so würden sie am Leben bleiben, „denn", fügt er hinzu, „ich
bin einer, der Gott fürchtet" (Gen 42 18); und Abraham setzt voraus,
er werde in Gerar keine „Gottesfurcht" finden (Gen 20 11) und um
seines Weibes willen umgebracht werden. Aber freilich Abimelekh er-
wiese sich alsdann als Barbar, und dies ist für Abraham Grund genug,
sich der Handlungsweise zu begeben, die unter Menschen üblich ist,
die sich achten.

Es konnte ferner nicht ohne pädagogische Bedeutung für die
Israeliten bleiben, dass, während die anderen Götter Götter aus der
Nähe waren, ihr Gott für sie ein Gott aus der Ferne blieb (Jer
23 23 Jes 30 27)[5]. Sie hatten ja, selber weiterziehend, ihn einst am

---

[1] s. oben p. 5 ff.   [2] s. oben p. 5.
[3] Ex 21 14 I Kön 1 50f. 2 28 ff. I Makk 10 43, vgl. W. Rob. Smith, Lectures[2]
p. 148.
[4] s. W. Rob. Smith, Lectures[2] p. 76; Kinship p. 43; er beruft sich namentlich auf Ibn Hišâm, p. 243 ff.
[5] s. Duhm im Komment. z. St.

Sinai zurückgelassen (Jud 5 4f. vgl. mit ψ 68 8f. Hab 3 3 Dt 33 2
Sach 9 14); so blieb er bis tief in die Königszeit hinein für sie ein Ausländer, und es dehnte sich auch ihr Blick allmählich über das Eigene
hinaus in die räumliche Ferne. —

Die Verhältnisse des mehr und mehr sesshaft gewordenen Volkes
mussten dazu beitragen, die Keime seiner allgemeinen Gesinnung gegen
die Fremden zur Entwickelung zu bringen, — und nicht zum Mindesten
das Land, in welchem man sesshaft geworden war, so wahr Geo-
graphie „gebundene Geschichte" bedeutet und das „Wo" bei den
Völkern massgebend ist für das „Was und das Wie" [1]). Dies Letztere
hat schon Josephus richtig erkannt, indem er spricht: „Wir wohnen
nicht an dem Meere und vergnügen uns nicht am Handel und Verkehr,
der Anderen infolge davon erblüht; sondern unsere Städte liegen weit
ab vom Meer, und weil wir ein gutes Land besitzen, liegen wir seiner
Bebauung ob . . . Da nun aus dem Gesagten auch die Abgeschlossen-
heit unserer Lebensart folgt, so hatten wir in den alten Zeiten uns
nicht einzulassen mit den Hellenen wie die Aegypter, die Waren von
sich aus- und zu sich einführten" [2]. Und in der Tat „schwer zugänglich durch Wüsten und Meere, gesichert zwischen Klippen, Schluchten
und Bergen, ohne Reiz, ohne Reichtümer, ohne Anziehungskraft für
das Ausland . . . ohne schiffbare Stromgebiete oder andere Natur-
begünstigungen", wie es war, musste es allerdings einerseits eine nach
aussen sich abschliessende „heimatliche" Entwickelung begünstigen [3].
Aber freilich auch andererseits neben dieser Isoliertheit die „Begünsti-
gung allseitiger Weltverbindung mit der zu seiner Zeit vorherrschen-
den Kultursphäre der alten Welt, durch Handels- und Sprachenverkehr,
zu Wasser wie zu Lande, mit der arabischen, indischen, ägyptischen
wie mit der syrischen, armenischen, griechischen wie römischen Kultur-
welt, in deren gemeinsamen räumlichen und historischen Mitte" [4] —
das musste es Israel erleichtern, sich der Welt zu erschliessen und mit
Fremden in nähere Beziehungen zu treten.

Allmählich führt der eigene wachsende Handel Israeliten
immer mehr über die Grenzen ihres Landes hinaus. Wir haben nicht
allein an Karawanen von ihnen zu denken, welche ihre Handelsartikel
auf den Markt nach Tyrus bringen (Ez 27 17 vgl. Gen 43 11) oder an
die Ophirfahrten Salomos (I Reg 9 28 10 11), die Josaphat zu erneuern
versucht (22 49). Aus einer gelegentlichen Notiz I Reg 20 34 erfahren

---

[1] IHERING, Vorgeschichte der Indoeuropäer p. 97.
[2] c. Ap. I § 12.
[3] RITTER, Erdkunde 15. Theil, 1. Abteilung p. 10.
[4] RITTER, l. c. p. 11.

wir, dass Israeliten in Damaskus schon ihr eigenes Quartier hatten
(שם חצות), worin sie ihre Bazare werden aufgeschlagen haben (ob auch
in Elat? H Reg 16 6) [1]. Damit aber fangen sie an, Fremde in ihrem
eigenen Lande kennen zu lernen, und das pflegt schon fremdenfreund-
licher zu stimmen; man lernt auch fühlen, „wie einem Fremdling zu
Mute ist", und wird wie von selbst dazu geführt, einem Fremden in
der eigenen Mitte zu gönnen, was man in der Fremde sich selbst ge-
gönnt wissen möchte.

Von nicht geringerem Einfluss auf die allgemeine Stimmung gegen
die Fremden müssen die wiederholten politischen Bündnisse
gewesen sein, welche Israel sowohl als Juda eingehen. Wir erinnern
an die folgenden: Asa erkauft den Ben Hadad gegen Israel. Usia erscheint im Bunde mit Hamath (ob auch die Ammoniter dazu gehörten?
H Chron 26 8 [2]); Pekah mit Resin gegen Ahas von Juda, wogegen dieser
bei Tiglath Pileser Hülfe sucht. Hosea unterhandelt mit Sabako [3] von
Aegypten; auch Tyrus und Philistäa werden seine Bundesgenossen.
Hiskia tritt in ein Bündnis mit den Aegyptern, den Königen von Sidon
und Askalon, den Bewohnern von Ekron, die sogar ihren assyrisch
gesinnten Fürsten nach Jerusalem in Gewahrsam bringen, und dem
assyrischen Unterkönig in Samarien (Ez 23 5 6 12). Vielleicht ist es
zum Teil Freundschaft für Assur, was Josia bewegt, dem Pharao
Necho bei Megiddo entgegenzutreten; wenigstens möchte Jer 2 36 dafür
sprechen, und als man ob derselben zu Schanden geworden ist, wird
sie unmittelbar abgelöst durch die Freundschaft mit Aegypten (l. c.
vgl. 2 18), die unter Zedekia wieder zu einem förmlichen Bunde führt
(Ez 17 15). Ist die nächstliegende Folge solcher Bündnisse, dass Israeliten wiederholt Schulter an Schulter kämpfen mit Fremden, so können
sie hernach eine so enge Verbindung auf Leben und Tod nicht mehr
ganz verleugnen, und umgekehrt dürfen Fremde, die für Israeliten ihr
eigen Blut aufs Spiel gesetzt haben, wohl verlangen, gelegentlich keine
schlechte Aufnahme bei ihnen zu finden. Es wird nicht anders gewesen sein, als wenn Rom ein „foedus" schloss. „Dass dann nämlich die Angehörigen des einen Staates in dem anderen mindestens
der Rechte wie die eines befreundeten und mit dem öffentlichen Gastrecht geehrten Volkes teilhaftig waren, versteht sich von selbst [4]." Wir
müssen aber hinzunehmen, dass allerorts politische Bündnisse der
Religionsmengerei Vorschub leisten; der Bund zweier Völker be-

---

[1] l. statt מְאִילוֹת, wie unmittelbar vorher und nachher: מְאִילַת.

[2] s. Duhm, Theologie der Propheten p. 66.

[3] סוֹא II Kön 17 4.

[4] Walter, Gesch. des röm. Rechts bis auf Justinian [3] I p. 119 f.

Bertholet, Stellung.   2

deutet zumeist die Verbindung ihrer Götter. An ihrem Heiligtume
wird er beschworen, und im Kampfe steht man unter den gleichen
Zeichen der beiderseitigen Gottheiten. Spuren davon sind uns auch
in Israel erhalten. Unter den Stellen, wo Jesaja fremden Gottesdienst
bekämpft, greifen wir heraus 10 4 und 17 10. Israel ergiebt sich nach
der letzteren Stelle dem Adoniskult, dies ohne Zweifel, weil er der
Gott des verbündeten Volkes ist (vgl. Ez 8 14f.). Ebenso werden wir
an jener Stelle (bei der Lesart, der wir folgen: בלתי כרעת חת אוסיר)[1]
die Entstehung des Osiris-Isiskultes auf die politischen Verbindungen
Israels mit Aegypten zurückführen, welche Hosea wiederholt bezeugt
(7 11 12 2). Es handelt sich dabei vielleicht gar um Mysterien, in die
sich zunächst die Gesandten und ihre Sender hätten einweihen lassen,
wie DUHM[2] unter Vergleichung von Jes 28 15 vermutet. Noch Ez 8 7—13
wird auf ägyptische Götzen zurückzuführen sein (vgl. 16 26 23 19 21 27).
Es kann aber auch sonst vorkommen, dass Israeliten fremde Gottheiten in ihre Verehrung hineinziehen (Zeph 1 5 Ez 8 16 23 5 6); denn
die Volksmeinung schliesst auf die Macht eines Gottes aus dem Wohlergehen seiner Verehrer (vgl. Jes 36 18ff.). Nun hat Jabwe hin und
wieder sein Volk im Stiche gelassen; da nimmt man zu fremden Göttern
seine Zuflucht. König Ahas spricht nach den Worten, die der Chronist
ihm in den Mund legt: „Die Götter der Könige Arams helfen ihnen;
ihnen will ich opfern, dass sie mir helfen" (II 28 23). Das wird keine
ganz unrichtige Interpretation sein von dem, was uns das Königs-
buch erzählt (II 16 10ff.) von einem Altar, den er in Jerusalem nach
damascenischem Muster habe verfertigen lassen. Dieser wachsende
Synkretismus, der unter Manasse den Gipfelpunkt erreicht und unter
Amon kaum zurückgeht (vgl. noch Ez 8), wirkt auf die Stimmung
gegen die Fremden notwendig zurück. Das Band, das die Gottheit
mit ihren Verehrern verknüpft, wird nach antiker Auffassung noch
durchaus als physisches gedacht; ein gleiches verbindet ihre Verehrer
untereinander. Um so näher fühlt man sich also Fremden gebracht,
wenn man sich im Dienste des gleichen Gottes mit ihnen vereinigt
weiss. Daneben ist es noch von besonderer und weittragender Bedeutung, dass das Aufwuchern dieser fremden Kulte das erste Erscheinen
einer Tendenz bedeutet, religiöse Gemeinschaften auf freiwillige Verbindung und mystische Weihen zu gründen statt auf natürliche Ge-
schlechtsverwandtschaft und auf Nationalität[3].

Aber schliesslich spielt der persönliche Vorteil bei der Stim-

---

[1] Konjektur von DE LAGARDE und EUTING.
[2] DUHM, Komment. zu Jes 10 4.
[3] Vgl. ROB. SMITH, Lectures[2] p. 358.

mung gegen die Fremden nicht die letzte Rolle, und hier scheiden sich
die Interessen: Die beiden widerstrebenden Mächte der älteren Königszeit in Israel sind Geschlecht und Königtum. Das Geschlecht
gründet sich auf Einheit des Blutes. Es liegt in seiner Natur konservativ zu sein, und so wird es mit aller Macht darnach streben, sich
dieses Blut möglichst rein zu erhalten und vor allem auch im un-
geschmälerten Besitze des Gutes zu bleiben, das sich von Vater auf
Sohn vererbt hat seit der Zeit, da es den Vätern geworden; denn an
Grund und Boden scheint der Name des Besitzers gehaftet zu haben,
und dieser Name durfte nicht erlöschen (vgl. ψ 49 12)[1]. Wie zähe der
israelitische Bauer am ererbten Grundstücke hieng, zeigt uns ja zur
Genüge die Nabothsgeschichte. Darnach dürfen wir bestimmt annehmen, dass er sich in der Regel fremden Eindringlingen gegenüber
misstrauisch und spröde verhielt und, wo er ihnen aus Gnade und
Barmherzigkeit oder selber fremde Arbeitskräfte benötigend auch die
Aufenthaltsbewilligung nicht verweigerte, es wohl zu verhüten wusste,
dass sie es bei ihm zu weit bringen möchten.

Ganz anders lagen die Interessen des Königs. Sie sind
weniger bestimmt durch Rücksichten auf irgend eine Gemeinschaft,
sondern durchaus persönlicher, wir möchten fast sagen egoistischer
Art. Er wird, zumal unter orientalischen Verhältnissen und in der
ersten Zeit eines Königtums überhaupt, in erster Linie darauf ausgehen, seine eigene Macht zu sichern. Zu diesem Behufe kommt es
für ihn vor Allem darauf an, sich Untertanen zu werben, auf die er
unbedingt zählen kann. Der Liebste wird ihm sein, wer ihm der Treueste
und Ergebenste ist. Wenn ein Doeg, der Oberhirte[2] Sauls, sich zu
einem Geschäfte willig finden lässt, dessen sich die anderen Knechte
weigern (I Sam 22 17ff.), so wird Saul nicht lange gefragt haben, ob
israelitisches oder edomitisches[3] Blut in seinen Adern fliesse. Wenn
es ferner von Saul heisst, dass, wo er nur einen kriegstüchtigen und
tapferen Mann gesehen, er ihn an sich gezogen habe (I Sam 14 52), so
ist auch hier natürlich genug, dass ihm die persönliche Hülfe, die er
von einem solchen erwarten konnte, über seine Nationalität gieng.

---

[1] Vgl. BÄTHGEN, Komment. z. St.

[2] אֲבִיר הָרֹעִים I Sam 21 8. I Sam 22 9 heisst es von ihm: נִצָּב עַל עַבְדֵי שׁ״.
Stade sieht darin einen offenbaren Widerspruch, indem er sagt: „er gehörte nicht
zu den Dienern Sauls, die Benjaminiten sind, sondern steht zufällig bei (עַל) diesen.
Ich vermag mich dieser Erklärung nicht anzuschliessen, sondern fasse נצב על:
wie Rt 2 5 6 gesetzt über.

[3] LXX und Josephus (Ant. VI 12 4) nennen ihn fälschlich Σύρος, indem sie
statt אדמי lasen: ארמי, wie denn Beides z. B. auch II Reg 16 6 II Chron 20 2 mit
einander verwechselt ist. — Auf Doeg bezieht bekanntlich die Tradition ψ 52.

Es ist sehr leicht verständlich, dass für einen König Fremde geradezu die besser brauchbaren Ausrichter seines Willens sein konnten, weil sie selber durch weniger Rücksichten auf ihre Umgebung gebunden waren, zu der sie in keinerlei verwandtschaftlichen Beziehungen standen, und wenn sie nicht einmal eigene Familie hatten, auch ihr persönliches Leben um so unbedenklicher dem König zur Verfügung stellen konnten. Das haben sich die israelitischen Könige denn auch reichlich zu Nutzen gemacht. Am Weitesten geht darin Salomo. Bei ihm erscheint die Fremdenfreundlichkeit geradezu als bewusste Regierungsmaxime zur Verherrlichung seines eigenen despotischen Königtums; es charakterisiert ihn überhaupt ein kosmopolitischer Zug. Schon die ihm nachgerühmte Weisheit trägt sozusagen internationalen Charakter. Wenn sie zu hören die Königin von Saba nach Jerusalem kommt, so will die Schilderung des glänzenden Empfanges, der ihr bereitet wird, offenbar nur im grossen Styl ein Bild entwerfen von der Art, wie man am Hofe Salomos Fremden entgegenkam: sie sollten alle bis zum Gipfel der Bewunderung des Glanzes salomonischer Herrschaft gebracht werden und diesen dadurch selber noch erhöhen helfen. Nach innen dient diesem absolutistischen Zweck als Mittel, dass Salomo Israel bewusst allem fremden Einflusse eröffnet und Jerusalem zur kosmopolitischen Metropole ausbaut. Aber ob mehr oder ob weniger Fremdenfreundlichkeit, jedenfalls erwarten wir vom Könige als das Naturgemässe, dass seine Stimmung gegen die Fremden irgendwie fremdenfreundlich sei. Das gilt ganz allgemein und hat sich später gerade auch den Juden gegenüber bewahrheitet. „Zu allen Zeiten fanden sie mehr Gunst bei den Königen als bei dem Volk[1]."

Schon nach unseren obigen Ausführungen dürfte klar werden, dass der zu Anfang unseres Kapitels angeführte Satz IHERINGS[2] in beschränkterer Weise seine Anwendung findet in Bezug auf den König. Denn auch hier gilt: Der Schutz, den der König dem Fremden entgegenbringt, verdankt seine praktische Realität nicht der Macht der rechtlichen Ueberzeugung, der Idee der Gerechtigkeit, sondern dem Drang der Umstände. Aber auch hier zieht nachträglich die Idee der Gerechtigkeit ein und nimmt das Werk als ein ihr gebührendes Eigentum in Besitz und unter ihren Schutz. Es wird zur allgemein gültigen Rechtsregel: „Wo sich ein Häuptling- oder Königtum stärker entwickelt, tritt überall auf Erden der König als Schützer der Fremden auf"[3]. Er wird — wie bei den Germanen — der „Mund-

---

[1] J. DA COSTA, Israel und die Völker, übers. von K. MANN 1885 p. 32.
[2] s. oben p. 8 f.
[3] POST, l. c. p. 450.

walt" der Fremden, wie er derjenige der Waisen, der Unmündigen und der Frauen war. Darum vertraut z. B. David seine hülflosen Eltern dem Schutze des Königs von Moab an, als er, vor Saul flüchtig, zur Einsicht gelangt, wie unstät sich für die nächste Zeit sein und der Seinen Leben gestalten müsse[1].

Der Unterschied, der in der allgemeinen Stimmung gegen die Fremden hervortritt, je nachdem wir uns an das Geschlecht oder an den König halten, dürfte nicht leicht zu hoch angeschlagen werden. Jedenfalls kann er uns daran mahnen, was im Folgenden nicht übersehen werden darf, dass **zeitlich zusammenlebende Klassen der Bevölkerung in kulturellen Dingen durch grosse kulturgeschichtliche Zeiträume von einander getrennt sein können.**

Kapitel III.

Die soziale und ökonomische Lage der Fremden in Alt-Israel.

Die allgemeine Stimmung gegen die Fremden schafft sich Ausdruck in der Lage, die man ihnen bereitet. Wir haben in unserem ersten Kapitel unterschieden zwischen den vorübergehenden und den angesiedelten Fremden. Dieser Unterschied geht auch durch dieses Kapitel hindurch und ist so entscheidend, dass ihn NÖLDEKE gegensätzlich geradezu so ausdrückt: „Der Reisende wird geehrt, der fremde Ansiedler höchstens geduldet"[2].

1. Die Aufnahme der durchreisenden Fremden.

Wesentlich verschieden ist, ob man einzeln reist oder in grösseren Karawanenzügen. Den Karawanen kommt man ent-

---

[1] Man hat zwar die Richtigkeit dieser Episode in Frage gestellt. STADE (Gesch. Isr.[1] p. 236 Anm. 2) hält I Sam 22 3 4 für einen Einschub, der in Widerspruch stehe zu V. 1, wo der Ausdruck: „das ganze Haus seines Vaters" den Tod der Eltern voraussetzen soll. WELLHAUSEN (Text d. Bücher Sam p. 124) weist hin auf I Sam 20 29, wo allerdings in etwas auffallender Weise nur von den Brüdern Davids die Rede ist. (Es ist nämlich nach ihm mit LXX zu lesen: הֵא צִוּוּ לִי אֶחָי.) Indessen hat ROB. SMITH (Lect.[2] p. 276 Anm. 1) richtig gesehen: „It was not David's brother, but his brethren, that is his clansmen, that enjoined his presence". Aber auch STADES Grund ist so wenig zwingend, zusammengehalten mit dem klaren Wortlaut von 22 3 4, der doch schwerlich etwas frei Erfundenes wiedergiebt, dass den Eltern Davids, mochten sie auch schon in vorgerücktem Alter stehen, die paar Jahre mehr wohl zu gönnen sind. Uebrigens thut die Richtigkeit der Episode für uns nichts zur Sache, da selbst eine Fiktion nur die Bräuche der Wirklichkeit wiederspiegelt.

[2] SCHENKEL, Bibellex. Art. Fremde (II, p. 299).

gegen durch die Anlegung und den Unterhalt von Cisternen an den
Strassen, wo sie durchziehen. So werden die Bewohner des Landes
Themas aufgefordert, die flüchtigen Züge der Dedaniter mit Wasser
zu unterstützen (Jes 21 13f.); man sorgt wohl auch für steinerne Säulen
als Wegweiser (vgl. Jer 31 21). Aber dafür wird eine Abgabe erhoben.
Von den fremden Karawanen wird jedenfalls nicht weniger verlangt,
als wozu sich die Israeliten selber dem König von Edom gegenüber
verpflichten, um von ihm die Erlaubnis freien Durchzuges durch sein
Land zu erhalten: „Auf der Landstrasse wollen wir ziehen, und wo
wir dein Wasser trinken, ich und mein Vieh, will ich Zahlung dafür
geben" (Num 20 19). Auf solche Bedingungen hin den Durchzug verweigern, gilt als offene Kriegserklärung. Mit den Karawanen tritt nun
Israel in Handelsgeschäfte. Wüssten wir dies nicht aus der Josephsgeschichte (vgl. Ex 21 8) und dem schon angeführten deuteronomischen
Gebot (14 21), so bewiese es uns die Annahme des Zahlungsmodus der
Fremden, an den sich die Israeliten gewöhnten: כֶּסֶף עֹבֵר erscheint
als terminus technicus für kurrente Münze (II Reg 12 5; vollständiger
עֹבֵר לַסֹּחֵר Gen 23 16).

Schon viel hülfsbedürftiger sind die einzelnen Fremden, die
ins Land kommen. Wir müssen im Auge behalten, dass, was sie in
alter Zeit gewöhnlich in die Fremde trieb, das Bedürfnis war, eine
Zuflucht zu finden vor irgend einem Uebel, das über ihrem Haupte
schwebte. Es ist zwar nicht immer der Fall (vgl. Gen 18 19 24 H Sam
12 4), aber doch oft genug, um die Wohltat der Gastfreundschaft
in ihr hellstes Licht zu rücken. Und nun ist ja Gastfreundschaft eine
der schönsten Tugenden antiker Völker überhaupt. Selbst den sonst
am wenigsten fremdenfreundlich gesinnten Germanen darf sie bis auf
einen gewissen Grad nachgerühmt werden. Das burgundische Gesetz
befahl bei Strafe einer Geldbusse von 3 Solidi, dass niemand Obdach
und Feuer einem Reisenden versagen dürfe[1], und Rothar bestimmte,
dass niemand dem Wanderer „berbam" verweigern solle[2]. Vollends
aber ist die arabische Gastfreundschaft in aller Leute Mund. Es wird
uns erzählt, wie die Araber in der Nähe ihrer Wohnungen Feuer auf
Höhen anzünden liessen, um die Fremden ihre Häuser finden zu
lassen[3]. Etwas davon zeigt sich auch unter ihren Nachbarn. Hiob
kann sich rühmen: „Auf der Strasse übernachtete nicht der Fremd-

---

[1] Lex Burgund. XXXVIII 1.

[2] Edict. 363; beides cit. bei Pappafava, l. c. p. 14; daselbst auch weitere
Beispiele.

[3] Vgl. Quatremère, Mémoire sur les asiles chez les Arabes. Mémoires de
l'Institut de France XV (1842) p. 341.

ling[1] und meine Thür öffnete ich dem Wanderer"[2] (31 32). Und das veranschaulichen uns auch die allbekannten Beispiele aus Gen 18 19 24 43 Jud 13 19 II Sam 12 4 I Reg 17. Wo sich Fremde nahen, da geht man ihnen entgegen, sie zu sich einzuladen. Wasser wird ihnen gebracht zum Waschen der Füsse. Während der Mann das Ziegenböcklein bereitet oder das Schaf oder junge Rind, backt die Frau Kuchen; dazu stellt sie Wein oder Milch oder Sahne auf. Selbst die ärmste Witwe verweigert dem Fremdling nicht den letzten Rest ihres Oeles und Mehles. Für die Nacht wird ein gutes Lager bereitet; und den Tieren streut man Stroh und setzt ihnen Futter und Wasser vor. Häufig geschieht die Begegnung am Brunnen am Fusse des Hügels, auf dessen halber Höhe nach üblicher Sitte der Ort gebaut ist (I Sam 9 11). Am Brunnen treten die Frauen in ihre Rechte; entgegen heutiger orientalischer Sitte fällt uns auf, welch hervorragende Rolle ihnen beim Empfang der Fremden zufällt (Gen 24 15ff. 29 10ff. Ex 2 16 20), indem sie die gastfreundlichen Beziehungen zum Hause vermitteln. Den Weg dazu eröffnen sich die Fremden zuweilen mit Geschenken (Gen 24 22 vgl. 32 14 43 11). Im übrigen wird für Gastfreundschaft keine Zahlung geleistet. Josephus[3] bereichert die Geschichte Gen 24 in der Weise, dass Elieser, als er Rebekka um Gastfreundschaft für die Nacht bittet, verspricht, er wolle die Herberge bezahlen, worauf sie ihn aber tadelt, dass er ihre Leute für so karg (μικρολόγους) halte. Hat bei nordafrikanischen Völkern der Fremde keinen Schutzherrn, unter den er sich und sein Eigentum stellen kann, so begiebt er sich auf den Markt oder Ratplatz, wo er alsdann bald die Einladung eines Einwohners in sein schützendes Haus erhält; dieser hat ihn darauf nach den Grundsätzen der Gastfreundschaft zu schützen[4]. Etwas ganz Entsprechendem begegnen wir offenbar Jud 19 15: der fremde Levit wartet בִּרְחוֹב הָעִיר, ob ihn jemand aufnehme; die Sitte verlangt unbedingt, dass es geschehe. Dass es nicht geschah[5], beweist nur für die

---

[1] Nur zögernd geben wir hier גֵּר mit „Fremdling" wieder, was hier so viel hiesse als „Passant" oder „Reisender". Es stünde in dieser Bedeutung an dieser Stelle ganz vereinzelt (vgl. oben p. 2). Wir möchten viel eher annehmen, es habe gerade hier den vollen Sinn des arabischen ǧâr = Schutzflehender, wovon noch zu sprechen sein wird, ist es doch nicht unbekannt, dass der Verfasser des Hiobbuches, der vielleicht am Rande der arabischen Wüste zu Hause ist, viel arabisches Sprachgut aufweist.

[2] st. אֹרַח l. eher אֹרֵחַ.

[3] Ant. I 16 2.

[4] Post, l. c. p. 449.

[5] Vgl. namentlich die deutlichen Worte bei Jos. Ant. V 2 8: μηδενὸς ἐπὶ ξενίαν τῶν κατὰ τὴν ἀγορὰν αὐτὸν παρακαλούντος.

Verworfenheit der Einwohner von Gibea. In solchen Fällen blieb den Fremden nichts anderes übrig, als unter freiem Himmel zu übernachten. Das mochten sie bisweilen selber wollen (Gen 19 2). Oeffentliche Herbergen in unserem Sinne gab es ja keine; sowohl מָלוֹן (Gen 42 27 43 21 Ex 4 24 Jos 4 3 8 Jes 10 29 II Reg 19 23 = Jes 37 24[1] Jer 9 1) als גֵרוּת (Jer 41 17) bedeuten nicht mehr als Karawansereien. Zum ersten Male finden wir eine Herberge mit einem Wirte, der Zahlung annimmt Lc 10 34: πανδοκίον[2]. „Dass aber πανδοκία (πανδοχεῖα) keine eigentlich orientalischen Einrichtungen sind, zeigt sich darin, dass verschiedene semitische Sprachen das griechische Wort in allerlei Umformung für diese Einrichtung entlehnt haben; daher ist es denn in der Form „fondaco" mit etwas veränderter Bedeutung nach Europa zurückgekehrt"[3]. Besondere Aufmerksamkeit widmete man selbstverständlich dem Empfang fremder Gesandten (Jes 39 4ff. vgl. 18 2). Dagegen konnte man sich die Aufnahme eines Wahnsinnigen wenigstens verbitten, wenn man auch, aus Scheu vor der gottgewirkten μανία, selbst an den Erzfeind in solchem Falle nicht die Hand zu legen wagte (I Sam 21 11—16)[4]. Ausgeschlossen von der Gastfreundschaft waren natürlich Kundschafter (Gen 42 9). Sie mussten von vornherein ein anständiges Haus vermeiden. So kamen jene Israeliten zu Rahab, „aus welcher nur die alberne Prüderie Späterer eine Gastwirtin gemacht hat"[5]. Huren waren, wofür schon der spätere Sprachgebrauch der Proverbien (נָכְרִיָּה) trotz DE WETTES[6] Einsprache beweisend ist, selber grossenteils Fremde. In allen genannten Fällen kommt bei der Aufnahme nicht in Betracht, ob der Fremde „von eigenem Bein und Fleisch" sei (Gen 29 14) oder ob gänzlich unbekannt. Von dem später namentlich bei den Römern[7] sehr beliebten Institute persönlicher Gast-

---

[1] st. מְלוֹן ק' 1. מְרוֹם קִצוֹ.

[2] καταλυμα Lc 2 7 ist nicht sicher zu bestimmen. Lc 22 11 = Mc 14 14 heisst so das Privathaus eines Gastfreundes.

[3] SCHENKEL, Bibellex. II p. 299.

[4] Die Geschichtlichkeit des ersten Aufenthaltes Davids bei Achis in Gath mag billig preisgegeben werden, fällt der Erzähler doch gleich zu Anfang schon aus der Rolle, wenn er David als König einführt (V. 12). Aber von der Geschichtlichkeit dieses Stückes hängt für uns seine Benutzbarkeit nicht ab.

[5] SCHENKEL, l. c.

[6] Lehrbuch der hebr.-jüd. Archäologie[3] p. 374.

[7] Bei den Römern gab es bekanntlich ein hospitium publicum und privatum (Liv I 45), jenes vom Staate entweder einem einzelnen Fremden oder aber einem Staate in seiner Gesamtheit gewährt (Schutz in Handel und Wandel, Zutritt zu den Opfern, Ehrensitz bei den Festspielen etc.), dieses ein persönliches, oft sehr inniges, zudem erbliches Verhältnis unter den Auspicien einer schützenden Gottheit. Livius XLII 1 sagt: „privata hospitia habebant (magistratus Romani), ea

freundschaft vernehmen wir in dieser alten Zeit noch nichts, und das ist wieder verständlich genug, wenn wir bedenken, wie wenig man damals überhaupt reiste. Beispiele persönlichen Hospitiums auf jüdischem Boden finden wir eigentlich erst um die christliche Zeit herum[1].

Der Eintritt in ein Haus und die Mahlzeit, die er darin geniesst, bedeuten für den Fremden, dass er unter den unbedingten Schutz des Hausherrn eingetreten ist; denn es gilt über die arabische Anschauungsweise hinaus, was Rob. Smith[2] zunächst im Blick auf diese sagt: Die Verpflichtung, die geschaffen wird, indem man Jemandes Brot isst, beruht nicht allein auf Dankbarkeit, sondern sie ist eine gegenseitige. Zaid al-Khail weigert sich den Dieb zu erschlagen, der verstohlenerweise am vorangegangenen Abend aus seines Vaters Milchschale getrunken hat[3]. Das scheint am ehesten zurückzuführen zu sein auf einen Zusammenhang, der zwischen Nahrungs- und Lebensgemeinschaft bestehen soll. Von diesem Gesichtspunkte aus verdient die Tat Jaels (Jud 4 17ff.) kein Lob. An arabische Verhältnisse werden wir überhaupt erinnert, wenn wir auf den Schutz zu reden kommen, dessen sich der Fremde bei gastfreundlicher Aufnahme an einem Orte versehen darf. Sobald bei den Arabern[4] ein Fremder Ger (ĝâr, später dakhil[5] genannt) geworden ist, d. h. mit einem Araber

---

benigne comiterque colebant: domusque eorum Romae hospitibus patebant, apud quos ipsis diverti mos esset". Cicero, divin. 20: „Clarissimi viri nostrae civitatis, temporibus optimis, hoc sibi amplissimum pulcherrimumque ducebant, ab hospitibus clientibusque suis iniurias propulsare eorumque fortunas defendere. Nuper Cn. Domitium scimus M. Silano diem dixisse propter unius hominis Egritomari, paterni amici atque hospitis, iniurias". Dass solches hospitium auch anderwärts über römische Grenzen hinausgieng, beweist z. B. dasjenige Ciceros Bruders mit einem gallischen Druiden (Cic. de div. I 41), zwischen M. Mettius und Ariovist (Caes. B. G. I 47) etc. Siehe über hospitium, sowie über foedus und municipium Weiteres bei Walter, l. c. p. 115ff.

[1] Es besteht besonders bei den Essenern (Jos. B. J. II 8 4); im Uebrigen s. Ant. XVII 12 1: ὁπόσοις ξενία πρὸς Ἡρώδην ἦν. B. J. III 9 5: über den Fall Jotapatas war in ganz Jerusalem in jedem Hause Wehklage; die einen beklagten Gastfreunde (ξένους) ... Man vergleiche aber die Bezeichnung eines Juden, den Aristoteles trifft, als ἐπιξενούμενος πολλοῖς (c. Ap. I 22); ferner Jes. Sir. 29 27 Tob 5 6. — „Dein Haus sei allseitig offen (für Gäste)" war ein Spruch des Jose ben Jochanan aus Jerusalem.

[2] Kinship p. 150.

[3] Agh. XVI 51, ebenda; vgl. Lectures[2] p. 265, 269, 313.

[4] Man vgl. dazu: Quatremère, Mémoire sur les asiles chez les Arabes l. c. p. 316ff. Kohler, Ueber das vorislamitische Recht der Araber, Zeitschrift f. vgl. Rechtswissenschaft VIII, p. 243ff. Post, Studien zur Entwickelungsgeschichte des Familienrechts p. 27.

[5] Von der Formel dakhaltu ʿalaika, „ich komme zu dir herein".

gegessen und getrunken oder ihn auch nur, ja nur sein Zeltseil berührt hat, ist er sakrosankt bis zum Augenblick, wo er selber auf
das Schützlingsverhältnis Verzicht leistet. Wo einmal ein Bruch des
gegen ihn eingegangenen Schutzverhältnisses stattfindet, da über-
häufen die Dichter die Schuldigen mit Schmach, während sie umgekehrt die gegen sie geübte Treue mit Lobsprüchen verherrlichen.
Und ganz Entsprechendes findet sich heute noch bei den Beduinen der
Wüste[1]. Rob. Smith[2] teilt die folgenden drei Regeln des modernen
arabischen Gesetzes zum Schutze der Fremden mit, wie er sie selber
aus dem Munde eines Scheikhs vernommen hat:

1. Der Mann, dessen Zeltseil das deine berührt hat, ist dein ĝâr;

2. ebenso der, der des Tags mit dir reist und des Nachts dir zur
Seite schläft;

3. steht endlich unter deinem Schutze der Gast, der mit dir isst,
so lange, bis er mit einem anderen gegessen hat.

Es klingt für uns schon ganz absonderlich, wenn in Altarabien ein
derartiges Patronat auf Tiere, Tauben z. B. und Heuschrecken, ja
selbst auf leblose Gegenstände ausgedehnt wird[3].

Eines so weitgehenden Schutzes einer einzelnen dazu berufenen
Person kann aber der Fremde, wo ihm die staatliche Ordnung noch
keine genügende Garantie der Beschützung bietet, nicht entraten, wenn
er nicht der Willkür seitens der übrigen Bevölkerung preisgegeben
sein soll. Das gilt bis auf den heutigen Tag. Noch muss z. B. jeder
Kaufmann, der auf seiner Reise von Norden nach Timbuktu in Bu-
Djebeha ankommt, einen Angesehenen aus dem Stamm der Tademekket
zum Beschützer wählen[4]. Was nämlich rohe Willkür der Leute eines
Ortes gegen Fremde vermag, zeigt uns das berüchtigte Beispiel der
Sodomiten (Gen 19 4ff.) und der nach ihrem Muster zugeschnittenen
Bewohner von Gibea (Jud 19 22ff.), die ihre Gäste missbrauchen wollen.
Beide Geschichten lehren uns aber zugleich, wie ernst auch die Israeliten es mit der Verteidigung ihrer Schutzbefohlenen nehmen. Hier
wie dort geht den Gastherren, welche die Beschützer ihrer Gäste geworden sind, eben diese Beschützung Fremder über die Ehre ihrer
eigenen Töchter. Das Mittel, das in diesen beiden Fällen dem Schutze
der Fremden dienen soll, ist für unser sittliches Gefühl nicht minder
anstössig als wenn man anderorts den Fremden besonders auszu-

---

[1] Kohler, l. c. p. 250 f.
[2] Kinship p. 259.
[3] Quatremère, l. c. p. 338—340.
[4] Bastian, Die Rechtsverhältnisse bei verschiedenen Völkern der Erde 1872
p. 227.

zeichnen wähnt, indem ihm die Frau angeboten wird; dies war nämlich altarabische Sitte[1] und hat sich bei dem Stamm der Mirkids an
der Grenze von Yemen bis auf den heutigen Tag erhalten; und zwar
gilt bei ihnen, dass, wenn er sich nicht willfährig erweist, ein Stück
seines Kleides abgeschnitten und er mit Verachtung behandelt wird[2].

Mit dem durch die gastfreundliche Aufnahme dem Fremden gewährten Schutze war es aber nicht getan. Wohl war ihm geholfen,
aber nur vorläufig, und in den meisten Fällen brauchte er als ein
Schutzsuchender die Hülfe auf die Dauer. Gar nicht geholfen aber
war seinem Schutzherrn, wenn es dabei bleiben sollte, dass er für ihn
nur zu sorgen habe. Das Gesetz EDUARDS[3] hat uns ein altes angel-
sächsisches Sprichwort aufbewahrt: „Twa night gest, thrid night agen“
= „Zwei Nächte Gast, dritte Nacht eigen“. Etwas ganz Entsprechendem begegnen wir in arabischen Verhältnissen: Gast im privilegierten
Sinne nämlich darf einer nur 3 Tage + 4 Stunden sein; bleibt er
länger, so ist ihm dies unverwehrt; es wird aber erwartet, dass er in
der Haushaltung mithilft[4]. Nicht wesentlich anders kann die israelitische Sitte gewesen sein. Umsonst hat niemand einen Fremden auf
die Dauer unterhalten, so lange es ihm zu bleiben beliebte; vielmehr
musste er seinen Unterhalt und den Schutz, den er genoss, durch
eigene Arbeit abverdienen. So kommen wir zum wichtigen Schlusse:
Es gilt für Israel wie auch sonst wohl: Aus dem dem Fremden
gewährten Schutzrechte entsteht ein Hörigkeitsverhältnis[5]:
Das führt uns wie von selbst dazu über, die soziale und ökonomische
Lage der im Lande wohnenden Fremden näher ins Auge zu fassen.

2. Die Lage der in Israel ansässigen Fremden.

Nach dem Vorangehenden behalten wir zunächst im Auge: Der
Fremde, der an einem Orte ansässig geworden ist, ist zunächst einer, der um Schutz für seine Person zu suchen
unter die Protektion eines angesehenen Mannes, eines
Familien- oder Geschlechtshauptes, gekommen und, um
darunter zu bleiben, in eine dienende Stellung zu ihm getreten ist. Der Bezeichnung eines solchen also dient unseres

---

[1] KOBLER, l. c. p. 243; vgl. auch ROB. SMITH, Kinship p. 116f.

[2] KOHLER, l. c. p. 251; vgl. auch desselben Rechtsvergleichende Skizzen in der
genannten Zeitschrift p. 84.

[3] c. 27 cit. bei PAPPAFAVA, l. c. p. 14.

[4] KOHLER, l. c. p. 251; vgl. p. 257 von d. Arabern Hadhramants. QUATREMÈRE,
l. c. p. 332; er nennt 3 Tage + 8 Stunden.

[5] POST, Grundriss p. 359.

Erachtens, arabischen Verhältnissen analog, ursprünglich der hebräische Ausdruck גר. Es handelt sich dabei folglich um ein rein persönliches Verhältnis eines Klienten zu seinem Patron. Indirekt schliesst dies freilich auch ein Verhältnis zum gesamten Geschlechts- oder Stammverbande ein, dem der Patron angehört. Das ist so zu verstehen: Der oberste Grundsatz, nach dem der antike Mensch handelt, ist, dass er dem, wozu sein eigenes Blut ihn verpflichtet, Genüge leiste, d. h. dass er die Solidarität mit den Blutsgenossen betätige, namentlich der Pflicht der Blutrache nachkomme[1]. Träte nun der Fremde, der sich unter den Schutz eines Patrones begibt, nicht zugleich irgendwie in den Blutsverband ein, dem der Patron angehört, so könnte dieser ihn nicht unbedingt schützen, weil unter Umständen die Pflicht, dem Klienten beizuspringen, kollidieren müsste mit der Pflicht gegen das eigene Blut, die über Alles geht. In Folge dessen bleibt für den Fremden, der Schutz finden will, nichts Anderes übrig, als dass er für die Dauer seines Aufenthaltes auf fremdem Boden in den Blutsverband seines Patrones übergeht, beziehungsweise wird er (unausgesprochen) in denselben mit eingerechnet und in allem, wobei das Blut eine Rolle spielt, als Blutsverwandter angesehen. Zu Stande gebracht wird diese Beziehung zum ganzen Geschlechte oder Stamme, wo es nicht in feierlicherer Weise öffentlich beim Heiligtum geschieht, schon dadurch, dass die blosse gemeinsame Mahlzeit mit dem Patrone und seinen Leuten den Klienten mit seinem ganzen Geschlechte oder Stamme in Lebensgemeinschaft bringt, weil nach antiker Anschauung das Leben des Einzelnen nur ein Teil ist des Gesamtlebens des Geschlechtes oder des Stammes. Das so zu Stande gekommene Verhältnis sichert nun dem Klienten ein Doppeltes zu:

1. Innerhalb des Geschlechts- oder Stammverbandes, bei dem er sich aufhält, ist er unverletzlich.

2. Wird er von einem äusseren Feinde getötet, so muss die Geschlechts- oder Stammgenossenschaft, unter deren Schutz er steht, seinen Tod rächen, indem sie den Mörder oder einen Anderen seines Geschlechtes erschlägt.

Solches ist schon primitives Wüstengesetz[2]. Dass es für die Zeit, mit der wir uns beschäftigen, nicht veraltet gewesen sein kann, dafür bürgt schon die Tatsache, dass noch unter Davids Regierung die Blutrache ihre Opfer fordert (II Sam 21) und auch im Bundesbuche das Strafrecht ganz auf das ius talionis gegründet ist. Bei alledem

---

[1] Vgl. Rob. Smith, Lectures[2] p. 272.
[2] Rob. Smith, Lectures[2] p. 273.

aber hat der Klient seine ursprüngliche Stammeszugehörigkeit nicht
ganz aufgegeben; er tritt, wenn er das Verhältnis zu seinem Patron
löst, vollständig in dieselbe zurück. Der Mann, der sich einem David
gegenüber als Sohn eines amalekitischen Ger[1] (II Sam 1 13) ausgiebt,
kann sich vor Saul einfach Amalekiter nennen (II Sam 1 8).

---

[1] Die Wichtigkeit der ganzen Geschichte (II Sam 1 1—16) für unsere Untersuchung rechtfertigt eine eingehende kritische Behandlung derselben an dieser
Stelle. So wie sie nämlich vorliegt, ist sie, verglichen mit dem Parallelbericht
I Sam 31 und in sich selbst, widerspruchsvoll. Nach der Erzählung des Boten
nämlich hat er Saul den Todesstoss gegeben; nach I Sam 31 dagegen stürzt sich
Saul in sein eigenes Schwert. Hätten wir die freie Wahl der Entscheidung, so
würden wir unbedingt Letzterem den Vorzug geben; denn es liesse sich sehr gut
begreifen, wie es einem Spätern anstössig war, den tapfern und heldenhaften Saul,
dazu den „Gesalbten Jahwes", sich selber das Leben nehmen zu lassen. Man
hätte darum lieber einem Andern die Schuld aufgeladen, dass er Hand an ihn
gelegt habe. Dass man dabei auf einen Amalekiter verfiel, wäre nur natürlich, hat
ja doch Saul den Amalekitern Schaden genug zugefügt, dass gerade ein solcher
dem sterbenden Löwen noch den letzten Stoss geben mochte; zudem ist erweislich, dass auch später noch die Amalekiter am Allermeisten bei den Israeliten in
Verruf standen (Ex 17 16 Dt 25 17—19): Sie werden bezeichnend genug I Sam 15 18
einfach „die Sünder" genannt, und der Judenfeind κατ᾽ ἐξοχήν, Haman, ist laut Targ.
Esth. und Josephus (Ant. XI 6 5 12) Amalekiter. Dass man aber den Mörder Sauls
nicht schlechtweg Amalekiter sein liess, sondern amalekitischen Ger, dafür findet
sich auch ein sehr einleuchtender Grund. Nach I Sam 15 8 hat Saul alles Volk
der Amalekiter „gebannt", und David hat die amalekitischen Plünderer Ziklags
so geschlagen, dass nur 400 mit genauer Not auf ihren Kameelen sich auf und
davon machen konnten (I Sam 30 17 vgl. Ex 17 14). Wie konnte unter solchen
Umständen ein Amalekiter in Israel noch übrig sein? Er musste notwendig „Ger"
sein und zwar im Sinne der Spätern: Proselyt. Dass diese Vermutung nicht
gänzlich aus der Luft gegriffen ist, dafür mag noch das folgende sprechen: In der
syrischen Bibelübersetzung findet sich als Aequivalent für גֵּר das entsprechende
גִּיורָא (während im Syrischen das Stammwort גּוּר mit seinen Ableitungen sonst
die ausschliessende Bedeutung von „ehebrechen" angenommen hat) mit Ausnahme der Stellen in Chron, Mt u. Act, wo גֵּר = Proselyt ist; nur noch an der
unsrigen; ebenso haben hier die Thargume das gleiche Wort, das sie nur an-
wenden, wo גֵּר den Uebergetretenen bezeichnen soll; endlich setzt Aquila an Stelle
des πάροικος hier προσήλυτος (GEIGER, Urschrift p. 354 f.). Aus dem Gesagten
möchte man also zu schliessen geneigt sein, dass wir es in der Episode II Sam 1
mit einem späteren Produkt zu tun haben, so dass wir diese Stelle nicht verwerten könnten für die Gerimfrage in alter Zeit. Und doch, so natürlich dieser
Beweis scheint, zwingend ist er nicht. Denn der Widerspruch von II Sam 1 mit
I Sam 31 liesse immer noch die Lösung zu, dass der Bericht des Boten eine bewusste Lüge darstelle, und das ist sogar der ausdrückliche Sinn von II Sam 1 16.
Nehmen wir hinzu II Sam 4 10, wo David bestätigt, er habe den Boten von Sauls
Tod, der sich selbst ein Freudenbote dünkte, getötet, so scheint alles klipp und
klar zu sein. Aber da eröffnen sich gleich neue Schwierigkeiten. An sich verrät
sich die Erzählung des Boten (II Sam 1 6—10) durchaus nicht als Lüge; wenn sie

Trotzdem dass nun aber der Fremde, der sich irgendwo aufhält,
nicht allein zu seinem Patron, sondern zu dessen ganzem Geschlechts-
oder Stammverbande in eine gewisse Verhältnisstellung tritt, so ist
doch die Wahl des Patrones nichts Gleichgültiges. In Athen galt,
dass man einen Metöken beurteilte nach dem προστάτης, den er sich
als Schutzherrn gewählt hatte [1]. Nicht anders wird es in Israel gewesen sein. Es ist nur natürlich, dass je höher der Patron stand, um
so höher auch der Klient geachtet wurde. Je nachdem aber der Klient
einen Patron hatte — und das ist's, worauf es für uns ankommt —
gestaltete sich auch seine eigene Stellung verschieden. Es spielt hier
der Gegensatz mit hinein, auf den unser voriges Kapitel vorbereitet
hat, zwischen den Geschlechtern mit ihren konservativen Tendenzen und dem Königtum mit seinen persönlichen Interessen. Dem
Königtum konnte ein zahlreicher Anhang von Klienten nur erwünscht

---

David doch als solche erkennt, so ist dies nur möglich unter der Bedingung, dass
ihm der wahre Sachverhalt schon anderwärts bekannt sei. Aber warum fängt
dann er und fangen die Seinen erst auf die Erzählung des Amalekiters hin Trauer
und Klage an? Und wenn der Amalekiter selber meint, er sei für David ein
Freudenbote (II Sam 4 10), wie stimmt damit, dass er mit zerrissenen Kleidern
und Erde auf dem Haupte zu ihm kommt (1 2)? Und nach 1 3 kommt er aus dem
Lager Israels und ist nur mit Müh und Not entronnen; er war also offenbar unter
den Kämpfenden; nach 1 6 führt ihn sein Weg ganz zufällig (נִקְרֹא נִקְרֵיתִי) auf das
Gebirge Gilboa, wo er Saul trifft (וְהִנֵּה שָׁאוּל). Endlich heisst der Bote bald אִישׁ
(1 2), bald הַנַּעַר הַמַּגִּיד לִי (1 5 6 13). Es unterliegt darnach keinem Zweifel, dass
wir es mit zwei ineinandergearbeiteten Geschichten zu tun haben, und zwar sind
sie einander nicht ganz parallel. Die Scheidung bietet keine Schwierigkeit: mit
BUDDE (s. auch CORNILL, Einleitung[1] p. 115) ist so zu teilen, dass die V. 1—4 11 12
auf die eine Seite, die V. 5—10 13—16 auf die andere fallen. In der ersten Erzählung bringt ein Bote David die erste Kunde über den tatsächlichen Verlauf der
Schlacht; in der zweiten spiegelt ihm ein Betrüger einen fingierten Bericht vor,
in der Hoffnung, ihm zu gefallen und ohne zu ahnen, dass David schon in Stand
gesetzt ist, seine Unwahrheit zu durchschauen. Auf diese zweite bezieht sich
II Sam 4 10 zurück, wie schon der Ausdruck הַמַּגִּיד לִי zeigt, und nur mit ihr haben
wir es hier zu thun. Freilich, dass auf diese Weise die Gerim einen kläglichen
Einzug in die Geschichte feiern! (Dass auf die zweite Erzählung II Sam 4 10 sich
zurückbeziehe, ist gegen CORNILL (l. c.), der mit BUDDE 1 5—10 13—16 dem Parallelberichte Es zuteilt, während 4 10 J angehören soll. Dass indessen auch nach
1 5—10 13—16 der Bote die Trauerkunde für eine Freudenbotschaft für David hält,
zeigt schon der Umstand, dass er ihm Krone und Armspange bringt.) — Noch
könnte übrigens V. 16 Verdacht erregen; mindestens würde man ihn vor V. 15 erwarten; so scheint es fast, als sei er nachträglich hinzugefügt, um die Harmonie
mit I Sam 31 (J) zu Stande zu bringen.

[1] Isocr. or. de pace p. 337 bei G. E. J. GUILHEM DE SAINTE-CROIX, Mémoire
sur les métoeques in Mém. de littér. tirés des registres de l'Académie royale des
Inscriptions et Belles-lettres t. XLVIII (1808) p. 185.

sein, und darum war es natürlicher Weise darauf bedacht, denselben eine möglichst annehmbare Stellung zu schaffen. Dem auf den Vollbesitz des väterlichen Gutes stolzen Haupte einer Familie oder eines Geschlechtes waren sie gerade gut genug als Arbeitskräfte. Gemäss der allgemein bindenden Sitte der Gastfreundschaft wird zwar die gute Aufnahme, von der im Obigen die Rede war, dem Fremden auch hier in vollem Masse zu teil geworden sein. Dabei hatten ja Familie und Geschlecht nichts zu fürchten, im Gegenteil, Gastfreundschaft war eine Ehre und ein Ruhm. Aber ob man den Fremdling behalten wolle oder nicht, darüber werden Opportunitätsgründe den Ausschlag gegeben haben. Konnte man ihn gerade zu einem bestimmten Zwecke brauchen, so verstand man sich dazu; war dies nicht der Fall, so wies man ihn an den Nachbar. Der Levit, der seinen bisherigen Aufenthaltsort verlassen hat, muss herumziehen und suchen, wo er es gerade trifft, dass er als Ger Unterkunft finden kann (לָגוּר בַּאֲשֶׁר יִמְצָא Jud 17 8 9; vgl. II Reg 8 1: וְגוּרִי בַּאֲשֶׁר תָּגוּרִי). Mikha stellt ihn an, weil er für Ephod und Teraphim, die er gemacht, einen Leviten als „Vater und Priester" (Jud 17 10) eben nötig hat. Für die spätere Zeit, da die Ansiedelungen an festen Orten immer mehr überhand nahmen, wird den alten Brauch der Priesterkodex noch ziemlich unverändert erhalten haben, wenn er im Gesetze über die Freistädte die Aufnahme des Flüchtigen mit den Worten schildert: „Er trete an den Eingang des Stadtthores und bringe vor den Aeltesten der betreffenden Stadt seine Sache vor; so sollen sie ihn in die Stadt zu sich aufnehmen und ihm einen Ort geben, da er mit ihnen wohnen könne" (Jos 20 4)[1].

a) Der Ger in Abhängigkeit von einem Geschlechte.

Wie nun das Verhältnis des Ger beschaffen gewesen sei, der in einer Familie oder in einem Geschlecht die dauernde Unterkunft gefunden hat, kann nur aus einigen spärlichen Notizen erschlossen werden. Gerade die Geschichte Mikbas und des benjaminitischen Leviten bietet uns eine Handhabe. Mikha verspricht dem Leviten Kleidung und Lebensunterhalt und ausserdem zehn Silberlinge jährlich (Jud 17 10), „und", heisst es weiter, „der Levit willigte ein bei dem Manne zu verbleiben" (V. 11 a [2]). Das Verhältnis von Patron und Ger ist also das eines freiwillig eingegangenen Vertrages. Vom Sklaven ist demnach der Ger schon darin unterschieden, dass er die persönliche Freiheit besitzt, sich nach eigenem Willen eine ihm zusagende

---

[1] Fehlt in der LXX.

[2] Zur Quellenscheidung dieses Kapitels s. BUDDE, Die Anhänge des Richterbuches, ZATW. VIII p. 286.

Stellung zu suchen und diese wiederum zu künden, wo er hoffen kann,
dass ihm das Glück anderswo günstiger sein werde. Ausserdem erhält
er im Gegensatz zum Sklaven neben Kleidung und Lebensunterhalt
noch einen bestimmten Lohn, der im einzelnen Falle besonders ausgemacht wird. Dies Letztere ist ganz deutlich aus der Jakobsgeschichte:
Laban spricht zu Jakob (Gen 29 15): „Solltest du deshalb, weil du mein
Vetter bist, umsonst für mich arbeiten? Sage mir an: worin soll dein
Lohn bestehen?" Darnach ist der Ger so viel wie ein Tagelöhner. Dt
24 14 wird auch ausdrücklich zugestanden, dass ein Tagelöhner zu den
Gerim gehören kann. Nur decken sich גר und שכיר wieder nicht; denn
der Tagelöhner kann, wie übrigens gerade aus der Deuteronomiumstelle hervorgeht, auch Israelit sein, der aus Armut gezwungen ist,
sich dem israelitischen Bruder zu verdingen, während er vielleicht am
gleichen Orte selbständig wohnt. Nur der Priesterkodex scheint stillschweigend vorauszusetzen, dass die Tagelöhner ausschliesslich Nichtisraeliten seien, wenn er sie (Ex 12 45) vom Passah ausschliesst; indessen
hängt dies mit seiner Tendenz zusammen, dass er geborene Israeliten
in keiner erniedrigenden Stellung wissen möchte, wovon an seinem Orte
noch zu reden sein wird.

Seinen Lohn aber muss sich der Ger abverdienen durch saure
Arbeit in Haus und Hof. Wie schwer sie war, darf schon daraus
erschlossen werden, dass er Ex 20 10 23 12 als der Sabbathsruhe besonders bedürftig hingestellt wird. Ob in Kriegszeiten die Gerim zur
Heerfolge verpflichtet waren, lässt sich eher annehmen als streng beweisen. Der Sohn jenes amalekitischen Ger heisst zwar נער, was der
gewöhnliche Ausdruck für den Krieger ist; aber nach unserer Quellenscheidung[1] ist er nur ganz zufällig auf das Gebirge Gilboa gekommen.
Dagegen wissen wir, dass von den beerothitischen Gerim zu Kriegsdienst
verwendet wurden (H Sam 4 2 f.). Und was David einem König Achis
gegenüber zu thun hatte, das mag auch für die weit niedriger gestellten
Gerim auf dem Lande Regel gewesen sein. So waren ja auf römischem
Boden die Klienten verbunden, dem Schutzherrn mit ihrer Person und
ihrem Vermögen nach Kräften beizuspringen[2], und auch die athenischen Metöken waren zu Kriegsdienst verpflichtet[3]; nur die bei den
Germanen angesiedelten Fremden durften nicht Waffen, das Zeichen
der Freien, tragen noch das Vaterland verteidigen[4]. Höchstens das
lässt sich vermuten, dass, wo es bei den Israeliten zu einem Kriege

---

[1] s. oben p. 30.
[2] WALTER, l. c. I p. 18.
[3] LÜBKER, Reallexikon des klass. Altertums, Art. Ξένος.
[4] PAPPAFAVA, l. c. p. 15.

gegen die ursprünglichen Stammverwandten eines Ger kam, er der
Pflicht der Heerfolge enthoben wurde, wie es eben auch bei David der
Fall war.

Erwächst den Gerim aus ihrer Arbeit ein Lohn, beispielsweise ein
gewisser Anteil von der Vermehrung der Herden ihres Patrons, wie
uns dies aus der Jakobsgeschichte geläufig ist, so liesse sich zunächst
denken, dass ihre Lage im Ganzen keine ungünstige war. Ein Späterer
aus der deuteronomischen Schule könnte sich sogar vorstellen, Gott
möchte, wenn Israel ungehorsam würde, es den Gerim besser gehen
lassen als ihnen selber, die Gerim zum „Haupte", die Israeliten zum
„Schwanze" werden lassen (Dt 28 43 f.). Der Betreffende mag bei
diesen Worten vielleicht selber an die Jakobsgeschichte gedacht haben,
jedenfalls aber weiss er, dass er seinen Fluch gegen die ungehorsamen
Israeliten gerade kräftiger macht, indem er das denkbar Unwahrschein-
lichste nennt. Dafür, dass Gerim es im allgemeinen nicht so weit
brachten, sorgten ihre Patrone schon, wenn wir uns nur der Stimmung
erinnern wollen, welche sie gegen die Fremden beseelte [1]. Vor allem
wurde verhütet, dass dem Ger nicht selbständiger Grundbesitz
in die Hände kam. Wie es scheint, wurde nämlich von Zeit zu Zeit
das Gemeindeland neu verteilt (Mi 2 5 [2] Jer 37 12). Wer dabei das Los
zu werfen berechtigt war, waren die vollbürtigen Glieder eines Geschlechtes. Die Gerim hatten Niemanden, der für sie das Los warf
(vgl. Jes 22 16); denn die vollberechtigten Geschlechtsglieder mochte
Gott davor bewahren, dass sie ihnen vom Erbe der Väter etwas ab-
getreten hätten (I Reg 21 3). Es brauchte kein Unrecht des Gers
gegen seinen Patron, um diesen zu veranlassen, von der Freiheit den
Vertrag zu künden, Gebrauch zu machen (Gen 12 19); es genügte schon,
dass die Gerim anfingen zu gut zu gedeihen (Gen 26 16). Aber selbst
so weit werden die Patrone ihre Gerim in den seltensten Fällen haben
kommen lassen. Viel näher lag die Versuchung, die Unglücklichen
nach Kräften auszunützen, hatten sie ja doch ursprünglich Niemanden,
der für sie eintreten konnte, als eben ihren Schutzherrn; denn der
Schutz, der ihnen durch die Aufnahme in seinen Geschlechts- oder
Stammverband wurde, erstreckte sich anfänglich nicht weiter, als dass
ihr Blut nicht vergossen werden sollte. Der Willkür ihrer Patrone
waren sie also auf die Dauer völlig preisgegeben. Besser mochte es
noch um sie bestellt sein, als die Herren, wie ein Saul z. B. sich nicht
schämten, selber Feldarbeit zu thun. Als diese aber mit der Zeit mehr

---

[1] s. oben p. 19.
[2] Vgl. WELLHAUSEN, Skizzen V z. St.

und mehr nur die Anderen für sich arbeiten liessen, um selber den Ertrag ihrer Arbeit in Saus und Braus zu verprassen — und das ist das
Bild, das uns aus den Propheten entgegentritt, — da wurde es für die
Gerim schlechte Zeit. Er „hat mich betrogen und mir den Lohn zehn-
mal abgeändert" (Gen 31 7) — diese Klage gegen seinen Schutzherrn
konnte gewiss mancher Ger dem Jakob nachsprechen und im Rück-
blick auf die geleistete Arbeit seinerseits hinzufügen: „Bei Tage ver-
gieng ich vor Hitze und des Nachts vor Frost, und kein Schlaf kam in
meine Augen" (Gen 31 40). Eine besondere Plackerei seitens der
Patrone scheint beispielsweise gewesen zu sein, dass sie zuweilen verlangten, die geraubten Herdentiere sollten von den Gerim, die Hirten-
dienst taten, ersetzt werden (Gen 31 39).

Unter solchen Umständen wird uns mit einem Male die Rolle
verständlich, welche die Gerim im ältesten israelitischen Gesetze
spielen, im Bundesbuche. Die Stellen, welche hier vom Ger handeln,
sind folgende:

1. Ex 20 10: der Ger, der in deinen Thoren ist, soll ebenfalls den
Sabbath halten.

2. 22 20 ff.: „Einen Ger sollst du nicht drücken noch drängen;
denn Gerim seid ihr gewesen in Aegypten (Wittwen und Waisen sollt
ihr nicht bedrücken); wenn du ihn bedrückst und er zu mir schreit, so
will ich sein Geschrei erhören".

3. 23 9: „Einen Ger sollst du nicht bedrücken, wisst ihr ja doch
wie einem Ger zu Mute ist; denn Gerim seid ihr gewesen im Lande
Aegypten".

4. 23 12: Der Ger soll am Sabbath durch die Ruhe erquickt
werden.

Dazu ist nun folgendes zu bemerken: Auffallen muss uns einmal,
dass sub 1 und 4 die Rede ist von הַגֵּר, sub 2 und 3 blos von גֵּר.
Daraufhin weist JÜLICHER[1] mit den Worten: „גֵּר noch ohne Artikel,
noch nicht Name einer bestimmten Bevölkerungsklasse" (?). Nach
seiner Meinung setzen die Bestimmungen sub 2 und 3 den älteren
Bestand voraus, während 1 und 4 einer Zeit entstammen sollen, wo
גֵּר terminus technicus für eine bestimmte Kategorie in der bürgerlichen Rechtsordnung geworden sei. Ueber jeden Zweifel erhaben
scheint uns diese Unterscheidung, die sich lediglich auf die Deter-
mination des Ausdruckes גֵּר stützt, nicht zu sein (vgl. die Nebeneinanderstellung von Beidem Num 9 14). Eher möchte ich gegen die
Ursprünglichkeit unserer ersten Stelle (Ex 20 10) darauf hinweisen, dass

---

[1] Jahrb. f. protest. Theol. VIII p. 303.

sie eine Zeit voraussetzt, in der der Gesetzgeber vornehmlich Ansiedelungen in festen Städten im Auge hat (בִּשְׁעָרֶיךָ), womit wir nicht
zu hoch hinaufgehen dürfen. Gegen beide aber spricht, dass sich in
ihnen die deuteronomistische Hand verrät, die den ursprünglich lapi-
daren Styl der zehn Worte mit Anmerkungen gerne ausschmückt[1].
So blieben also als ursprünglich blos übrig Ex 22 20 23 9. Nun aber
ist von vorn herein anzunehmen, dass in einem einheitlichen Gesetzes-
werke, das zudem so kurz gefasst ist, eine und dieselbe Bestimmung
nicht zweimal und noch grösstenteils mit den gleichen Worten zu
suchen ist; die eine der beiden muss also späterer Zusatz sein. 22 20
ergiebt sich von selbst als überarbeitet durch den Wechsel der zweiten
Person Sing. und Plur. Für die Ursprünglichkeit von 23 9 entscheiden
wir uns aber mit JÜLICHER[2] namentlich darum, weil dessen Fassung die
einfachere ist. Dabei mag die Begründung dem deuteronomistischen
Redaktor angehören, der sich darin gefällt, Gesetze historisch zu motivieren. Darnach bleibt uns als ältestes Gesetz in Bezug auf die
Fremden in Israel lediglich die Mahnung übrig: גֵּר לֹא תִלְחָץ. Sie
will gewürdigt sein als ein schönes Zeugnis der humanen Gesinnung, die
wir Alt-Israel im Ganzen zugesprochen haben. Allerdings beschränkt
sie WELLHAUSEN[3] nach dem Zusammenhang, in welchem sie steht, auf
die Behandlung vor Gericht. Es lässt sich nicht mit Sicherheit
ausmachen, ist aber wohl möglich, dass er damit Recht hat, dass also
schon zur Zeit des Bundesbuches die Gerim in den Bereich der Recht-
sprechung hineingezogen waren. Tatsache ist, dass das deuteronomistische Schrifttum ein solches Verhältnis voraussetzt. Wir lesen
Dt 1 16 (vgl. Dt 24 17 27 19): „Ich gebot euren Richtern zu selbiger
Zeit und sprach: Höret eure Brüder unter einander und richtet recht
zwischen einem Mann und seinem Ger". Der betreffende „Mann" ist,
wenn wir recht sehen, eben des Gers Schutzherr, der ihn vergewaltigt
hat. Darnach haben wir anzunehmen, dass mit der Zeit die Gerim
der unbedingten Willkür ihrer Patrone entrückt wurden, indem sich
eine höhere Instanz bildete, an die sie sich wenden konnten. Freilich haben sich diese Verhältnisse nur sehr allmählich entwickelt. Wo
die Gerichtsbarkeit noch bei der einzelnen Familie lag, da war für den
Ger jedenfalls nicht viel zu hoffen; denn hier war sein Patron meist
Beleidiger und Richter in einer Person. Besser mochte es schon
werden, wo sie auf einen grösseren Kreis, das Geschlecht oder den
Stamm übergieng; denn hier war gegen die einzelnen auch minder

---

[1] JÜLICHER, l. c. p. 297, 303.
[2] l. c. p. 303; nur nennt er hier unrichtig V. 8ᵃ, statt 9ᵃ.
[3] Skizzen H p. 90 = J. d. Th. XXI p. 560.

berechtigten Geschlechts- oder Stammesglieder — und als solche galten
nach dem oben Gesagten die Gerim — weniger Parteilichkeit zu erwarten. Indessen wird auch hier bei der vorwiegend blos moralischen
Autorität, die dem Geschlechts- oder dem Stammgerichte eignete [1],
der Ger als der schwächere vor dem stärkeren Patron meist den
Kürzeren haben ziehen müssen. In solche Verhältnisse hinein würde
seitens der Träger der göttlichen Thora, die an der Gerichtsbarkeit
überhaupt, zu der sie in schwierigeren Fällen selbst herangezogen
wurden, stets lebhaften Anteil nahmen, eine Mahnung wie die obige
des Bundesbuches nicht übel hineinpassen. Wandel wird aber erst
das Eingreifen einer staatlichen Ordnung geschafft haben, als die
königliche Gerichtsbarkeit auch über die Residenz und die übrigen
Städte hinaus auf dem Lande mehr und mehr an Macht und Einfluss
gewann, was eigentlich blos in Judäa möglich war. Einen solchen
Zustand dürfte unseres Erachtens die genannte Deuteronomiumstelle
voraussetzen. Wir werden hierbei unwillkürlich an die Zustände auf
ausserisraelitischem Boden erinnert, wo auch das Recht den Verhältnissen folgt, wie sie sich mit der Zeit gestaltet haben. In Rom tritt
seit 507 a. u. c. [2] neben den praetor urbanus ein praetor peregrinus.
Während jenem nach wie vor die Gerichtsbarkeit in Privatstreitig-
keiten römischer Bürger unter sich obliegt, hat dieser über Rechts-
streitigkeiten zwischen römischen Bürgern und Fremden zu entscheiden.
Vorangegangen waren andere Formen, von denen uns nur hinsichtlich
einiger, wie z. B. der von den Fetialen vorzunehmenden clarigatio und
des bald ständigen, bald im einzelnen Falle eingesetzten und mit ihm
aufhörenden Recuperatorengerichts dürftige Kunde erhalten ist [3]. In
Athen war Richter der Fremden der Polemarch, der auch alle Unterhandlungen mit dem Kriegsfeinde zu führen hatte [4]. Daneben findet
sich bei den Griechen das Institut des πρόξενος, einer Art Staatsgast-
freund, des Bürgers eines Staates, den ein anderer Staat zum Vertreter
seiner Interessen in jenem ernannt hatte, gewissermassen eine Voraus-
bildung des modernen Konsulwesens [5]. Natürlich dürfen wir nicht
daran denken, überall parallele Einrichtungen in Israel aufspüren zu
wollen. Wir müssten beispielsweise, um einen Beamten zu finden, der
dem πρόξενος der Griechen ungefähr entspräche, bis auf die aller-

---

[1] Vgl. BENZINGER, Hebr. Archäologie 1894 p. 327.
[2] Die bestimmte Jahreszahl ist durch Johannes Lydus bekannt geworden;
s. WALTER, l. c. p. 162 Anm. 156.
[3] IHERING, l. c. p. 234.
[4] FUSTEL DE COULANGES, La cité antique 1864 p. 249 f.
[5] LÜBKER, Reallexikon l. c.

letzten vorchristlichen Jahrhunderte hinabgehen: es wäre der κηδεμών der Essener [1].

Die Entstehung und Entwickelung solch rechtlicher Verhältnisse wird eben, wie schon angedeutet, namentlich dem Aufkommen und der wachsenden Geltung einer staatlichen Macht verdankt. Wie von selber führt uns dies dazu über, die Lage der Fremden ins Auge zu fassen, die statt zu irgend einem beliebigen Familien- oder Geschlechtshaupte zum König selbst in ein Gerimverhältnis eintraten. Ein nächstliegender Unterschied, der sich damit verbindet, ist, dass es sich fortan fast ausschliesslich um Gerim in einer Stadt (zunächst in der Residenz) handelt, während wir es bisher meist mit solchen auf dem Lande zu tun hatten.

b) Der Ger in Abhängigkeit vom König (Gerim in der Stadt).

Das augenfälligste Beispiel des Verhältnisses eines Gers zum König liefert uns die Davidsgeschichte. Was David bei König Achis in Gath sucht, ist nichts Anderes als was jeder Ger bei seinem Patrone suchte. Es ist zwar gesagt worden: „Man denke doch nicht, dass er als ein armer Schutzflehender nach Gath kam; er war der Führer einer siegreichen, in harter Kriegsarbeit gestählten Schar" [2]. Indessen ist doch wohl daran festzuhalten, dass sein Entschluss ein Schritt der Not war, wenn auch zugleich ein kluger Schritt. Denn gerade aus Davids Munde vernehmen wir das schon angeführte Wort (I Sam 26 19), das uns zeigt, welch schreckender Gedanke es für den antiken Menschen war, sein Land verlassen zu müssen. Arabischen Verhältnissen analog, wonach der Verfolgte für seine Person sicher ist, wenn er sich zum Schützling eines Genossen seiner Verfolger macht [3], versagt Achis dem David trotz allem Bösen, das ihm die Philister nachtragen konnten, den erbetenen Schutz nicht. Denn dass David, um die Protektion des Gathiterkönigs zu erlangen, sich den Weg erst habe bahnen müssen, wenn nicht durch ein vorangehendes förmliches „Bundesverhältnis" zu den Philistern, so doch durch eine Art „stillschweigenden tatsächlichen Abkommens", so dass er sie nicht nur nicht mehr belästigt, sondern ihnen sogar nützlich [4] geworden sei, davon liegt wenigstens kein ausdrückliches Zeugnis vor. Zunächst wohnt

---

[1] Jos. B. J. II 8 4: „Es wird aber in jeder Stadt ein Vertreter (κηδεμών) bezeichnet, mit dem besonderen Auftrag, sich der fremden ξένοι anzunehmen, der sie mit Kleidung und der sonstigen Notdurft versorgt."

[2] KAMPHAUSEN, Philister und Hebräer zur Zeit Davids, ZATW. VI p. 89.

[3] KOHLER, Ueb. d. vorislamit. Recht der Araber l. c. p. 250 f.

[4] KAMPHAUSEN, l. c.

David in Gath selbst unter königlichem Schutz. Dann weist ihm
Achis das Städtchen Ziklag als Aufenthaltsort zu. Den Lebensunterhalt für sich und die Seinen muss David sich selber verschaffen; dem dienen seine Raubzüge in die Nachbarschaft. Zugleich stellen nun aber diese offenbar eine der Gegenleistungen
dar, die von ihm für den Schutz, den er geniesst, verlangt werden:
er soll damit die philistäische Grenze gegen die Nomaden im Süden
schützen. Eine zweite Bedingung, die ihm auferlegt wird (die einzige,
die in unserem Texte direkt namhaft gemacht ist), ist die Verpflichtung zum Heerbann im Gefolge Königs Achis. Als sein Vasall muss
David mit ihm seine Leute zum Kampfe hinausführen, gleichviel wer
der Feind sei (I Sam 28 1). Ihn selbst setzt Achis zu seinem „Leib-
wächter" (28 2). Ob eine dritte Bedingung die Lieferung eines Teiles
der auf seinen Raubzügen gemachten Beute an Achis gewesen sei, ist
nicht erweislich, aber nicht unwahrscheinlich und wohl dazu geeignet,
den Widerspruch zu lösen, der nach WELLHAUSEN darin liegen soll, dass
die Beutezüge Davids bald von Ziklag bald von Gath aus unternommen
wurden[1]. So mussten bei den Germanen die Fremden dem König eine
jährliche Abgabe bezahlen, und es stand ihm sogar die Erbfolge be-
züglich derjenigen zu, die in seinem Staate, ohne dessen Bürgerrechte
erworben zu haben, starben oder keine inländischen Erben hinterlassen
hatten[2]. Was in der Geschichte Davids noch besonders lehrreich ist
und, wie mir scheint, gewöhnlich nicht genügend beachtet wird, ist,
dass es sich um ein rein persönliches Verhältnis Davids (als des
Hauptes seiner Schar) zur Person des Königs handelt. Das geht mit
aller Deutlichkeit aus I Sam 29 hervor, wo die Fürsten der Philister
mit „diesen Hebräern" nichts wollen zu tun haben. Ein Unterschied
gegen den Ger, der sich dem Gliede eines Geschlechtes oder eines
Stammes anschliesst, ist unverkennbar. Hier, im Falle eines David,
geschieht der Anschluss in ganz anderer Weise an die Person des
Königs und dessen Sonderinteressen, die mit den Interessen seines
Geschlechts und seines Stammes nicht unbedingt identisch sind.

Gehen wir vom philistäischen Königshof an den israelitischen,
so finden wir auch hier den grösseren Teil der vom König direkt
abhängenden Fremden zu ständigem Waffendienste angestellt.
Davids Leibgarde war geradezu eine Fremdengarde. Das ist ja der
heutzutage mehr und mehr anerkannte Sinn von כְּרֵתִי וּפְלֵתִי (II Sam

---

[1] Vgl. KAMPHAUSEN, l. c.
[2] PAPPAFAVA, l. c. p. 15 f. Das Letztere ist das sogenannte ius albinagii
(droit d'aubaine), das sich fast in allen politischen Konstitutionen findet und erst
in der Gegenwart völlig verschwunden ist.

8 18 15 18 20 7 23 I Reg 1 38 44 I Chron 18 17), dass sie Gentilicia sind.
Dass unter ihr sich zum grössten Teil philistäische Elemente befunden
haben, von denen sie überhaupt den Namen erhielt, ist sehr natürlich. Dieselben werden sich Davids Leuten während ihres Aufenthaltes
im Philisterlande angeschlossen haben [1]. Wenn übrigens II Sam 20 23
das Kethibh כרי liest, so ist nicht undenkbar, dass es insofern Recht
hat, als David vielleicht schon karische Söldner in seinem·Heere hatte,
die später ja viel vorkamen (II Reg 11 4 19), seit sie, angeblich von
Minos, von den Inseln des Mittelmeeres vertrieben, an den asiatischen
Küsten sich niederliessen [2] und sich als „eherne Männer" [3] werben
liessen [4]. Die Krethi und Plethi bildeten auch die Hauptstütze bei
Salomos illegitimer Thronbesteigung (I Reg 1 38). Im übrigen werden
uns unter Davids Kriegern verschiedene Fremde erwähnt: Jigal aus
Zoba (II Sam 23 36), Zelek, ein Ammoniter (23 37 I Chron 11 39), Jithma,
ein Moabiter (I Chron 11 46); der Ueberbringer der Nachricht vom Tode
Absaloms, ein Kuschite (II Sam 18 21 31), der freilich φ 7 als Benja-
minite erscheint; Ahimelekh, ein Hethiter (I Sam 26 6); ebenso ist
Hethiter der bekannteste von Allen, Uriah. Anhangsweise nennen
wir in gleichem Zusammenhang den Aufseher über die Kameele, Obil,
einen Ismaeliter (I Chron 27 30), und den Aufseher über das Kleinvieh,
Jasis, einen Hagriter (I Chron 27 31). — Aus der Stellung Uriahs ersehen
wir, wie weit diese Leute es bringen konnten. Wir bekommen
den Eindruck, als sei seine Stellung von der eines geborenen Israeliten nicht wesentlich verschieden gewesen. Auf seine Ehe mit einer
Israelitin werden wir später im Zusammenhang noch zurückzukommen
haben. Im Heer scheint er eine höhere Stelle zu bekleiden. Josephus [5]
macht ihn zum Waffenträger Joabs. Vor allem aber besitzt er ein

---

[1] Mit den Krethi und Plethi identifizieren, wie mir scheint, mit Unrecht
STADE (Gesch. Isr.[1] p. 275) und WELLHAUSEN (Skizzen I p. 26 vgl. Isr. und jüd.
Gesch. p. 43) die 600 Gathiter, die doch, wie wohl anzunehmen ist, David nur beim
Ausbruch des Aufstandes Absaloms zu Hilfe kamen (II Sam 15 18 ff. 18 2), nicht
anders, als wenn bei dieser Gelegenheit auch ein ammonitischer Prinz, Sobi, sich
ihm dienstbar erweisen will (II Sam 17 27). Eine Identifikation ist jedenfalls nicht
nach dem Sinne des Erzählers, der sie ganz bestimmt von einander trennt
(II Sam 15 18) und David den Ithai einen נכרי nennen lässt, was er von Krethi
und Plethi niemals sagen könnte. Zudem stellt sich hier der Dienst der Gathiter
als ein völlig freiwilliger, ein Freundschaftsdienst, dar, während den Krethi und
Plethi David zu befehlen hätte. Diesen Instanzen gegenüber hat STADES Berufung
auf I Reg 1 8 10 38 um so weniger Kraft, als auch II Sam 20 7 die גבורים neben den
כרתי ופלתי genannt werden; vgl. noch II Sam 10 7, wo die Gibborim auch nicht
gut Davids Leibwache sein können.

[2] Thukyd. I 4 8.   [3] Her. I 1 71 II 152.
[4] Strabo XIV 18.   [5] Ant. VII 7 1.

eigenes Haus (II Sam 11 8) und zwar nicht allzuweit vom Königspalast
entfernt (11 2), (doch wohl in der Unterstadt[1]). Ob er freilich als Fremder damit eine Ausnahmestellung eingenommen hat, wüssten wir nicht
zu sagen; es ist aber kaum anzunehmen; denn ein Haus besitzt auch
der Gathiter Obed Edom (II Sam 6 11). Und, wie es scheint, gelangten
Fremde gelegentlich sogar zu diplomatischen Ehrenstellen bei
Hofe. Das liesse sich schon daraus vermuten, dass im Deuteronomium
(17 15), wenigstens was den König betrifft, ausdrücklich bemerkt wird,
er dürfe nicht fremd (נכרי) sein. Wir glauben dafür aber auch ein einzelnes
Beispiel anführen zu können. Zur Zeit Jesajas nämlich (Jes 22 15[2])
begegnen wir einem gewissen „maior domus", Sebna, offenbar einem
„homo novus". Es fällt auf, dass weder hier noch an allen anderen
Stellen, wo von ihm die Rede ist (Jes 36 3 11 22 37 2 II Reg 18 18 26 37
19 2), der Name seines Vaters genannt ist. Das scheint darauf hinzuweisen, dass er überhaupt keinem israelitischen Geschlechte entstammt. Und diese Beobachtung wird fast zur Gewissheit erhoben
durch die Worte Jesajas an ihn 22 16: „Was hast du hier und wen
hast du hier?" Der israelitische Vollbürger hat das väterliche Gut,
das entweder ihm persönlich gehört oder an dem er doch Teil hat,
und ausserdem die Genossen seines Geschlechtes, die ihn als Glied
desselben anerkennen. Sebna hat keines von beiden, d. h. wohl eben:
er ist als Fremdling nach Jerusalem gekommen.

Je verlockender demnach die Vorteile waren, welche ein Fremder
am Königshofe erwarten durfte, um so mehr musste der Dienst in der
Umgebung des Königs zum Selbstzweck werden, und das Motiv, warum
einer aus der Ferne kam, war nicht mehr immer blos die Not, sondern das eigene Interesse, dem er nachgieng. Ja, die Initiative konnte
allmählich vom König selber ausgehen, der zu gewissen Aufgaben von
sich aus Fremde in seine Nähe zu ziehen suchte. Von Saul haben
wir schon gehört, dass, wo er nur einen kriegstüchtigen und tapferen
Mann sah, er ihn seinen Leuten einverleibte (I Sam 14 52). Ausser
dem Kriegshandwerk ist es vor Allem der Handel, der Fremde zum
König in Beziehung bringt. Wir haben nämlich in Betracht zu ziehen,
dass der Handel, wenigstens teilweise, Monopol, wenn überhaupt der
Grossen, so vor Allem der Könige gewesen ist. Monopolistisch be-
treibt Salomo den Pferdehandel[3] und seine Ophirfahrten. Auf Mono-

---

[1] רד לביתך II Sam 11 8.

[2] s. Duhm, Komment. z. St.

[3] Vgl. I Reg 10 28: המלך סחרי; המלך auf Salomo gehend; ebenda die Angabe des vom König erhobenen Eingangszolles, wozu Movers, Phönicier II. Bd.
3. Teil p. 334 zu vergleichen ist.

polisierung des Handels deuten auch noch zwei spätere Stellen: II Reg
20 13 (= Jes 39 2), wo Hiskia den Gesandten Merodach Baladans die
aufgehäuften Vorräte von Spezereien und Oel zeigt, und I Chron 4 21 23,
wo die Rede ist von Geschlechtern der Byssusmacher in Beth Asbea
und von Töpfern zu Nethaim[1] und Gedera[1], die beim König in seiner
Arbeit, d. h. wohl auf königlichen Domänen wohnten. Ein Gleiches
bezeugt Movers[2] von Phönizien, das ja für den Handel in den Ost-
ländern des Mittelmeeres überhaupt massgebend ist. In der Tat genügt es für Tyrus oder Sidon[3] auf Jes 23 8 hinzuweisen, deren „Kaufleute Fürsten" genannt werden. Darnach stehen die Fremden, die
solchen Handel auszurichten haben, selbstverständlich unter besonderem Schutze des Königs, in dessen Hand das Monopol liegt; ja, sogar mehr noch, sie stehen, wo es den Handel mit ausländischen Produkten betrifft, unter dem Schutz der Verträge, die der König
eines Landes mit dem eines anderen schliesst. Z. B. lesen
wir, dass Ben-Hadad I von Damaskus, offenbar seinen Vorteil über
Omri ausnützend, in Samarien für die syrischen Kaufleute sogar ein
eigenes Quartier (שָׂם חֻצוֹת) angelegt hat (I Reg 20 34). Erscheint in
diesem Falle das Niederlassungsrecht fremder Händler in einer israelitischen Stadt durch den Krieg aufgenötigt, so lässt sich sehr einfach
daraus folgern, „dass dergleichen Rechte auch durch freie Verträge erworben werden konnten"[4]. Wir denken vornehmlich an den Bund
Salomos mit Hiram von Tyrus, kraft welchem „des einen Knechte mit
denen des anderen waren" (I Reg 5 20). Gerade Tyrus[1] oder Sidon[1]
trugen ja (in Folge ihres Handels) ihre Füsse weithin, sich als Ger
aufzuhalten (Jes 23 7). Aehnliche Verträge mag Salomo mit seinem
Schwiegervater, dem König von Aegypten, und mit den Königen der
Hethiter und der Syrer abgeschlossen haben, welche der Pferdehandel
in beständige Beziehung zu einander brachte (I Reg 10 28 f.)[5]. Sofern
nun aber Fremde durch einen Vertrag des Königs ihres Landes geschützt sind, stehen sie schon mehr oder weniger unter staatlichem

---

[1] Fälschlich LUTHER: unter Pflanzungen (נטעים) und Zäunen (גדרה); ähnlich
DE WETTE.

[2] l. c. p. 108 f.

[3] Auf diese Stadt lässt DUHM nämlich das Orakel Kap. 23 (s. Komment.), das
nach der jetzigen Ueberschrift an Tyrus ergeht, sich beziehen.

[4] KEIL, Handb. der bibl. Archäologie 1859 II p. 155.

[5] 33 Druckseiten zur Bestätigung einer spanischen Tradition, dass die Ställe
Salomos zahlreiche spanische Pferde beherbergt hätten — hiesse selbst dann dem
geduldigen Leser zu viel zumuten, wenn er sich am Schlusse einigermassen davon
überzeugt fände. S. LEO ANDERLIND, Spanische Pferde in den Ställen Salomos,
Zeitschr. d. deutschen Palästinavereins, Bd. XVIII Heft I p. 1—33.

Schutz. Wir sagen: mehr oder weniger. Denn es wird darauf an-
kommen, ob der König im betreffenden Lande selber mehr noch als
mächtige Privatperson gilt oder schon an der Spitze eines entwickelteren
Staatsorganismus steht. Je nachdem ist eine dem Fremden zugefügte
Unbill schon eine Beleidigung des betreffenden Staates und damit eine
völkerrechtliche Verletzung. Das ist ein wichtiger Schritt vor-
wärts. „Mit der Entwickelung eines Völkerrechtes gewinnen die Fremden eine selbständige Rechtssubjektivität, aber erst langsam und schritt-
weise" [1]. Durch entsprechende Stipulationen schützte auch Rom in
weiter Ausdehnung seine Mitbürger, welche Handel und Reisen in die
Ferne führten, so dass ein Römer, sobald er in eine „civitas amica" oder
„ad regem amicum" gekommen war, als „publico nomine tutus" galt;
beinahe mit allen Völkern, womit später Kriege ausbrachen (ausgen.
die Gallier) findet man denn schon lange vorher Freundschaftsverträge
errichtet. Die Zusicherung eines solchen Schutzes enthielt von selbst
für die Angehörigen eines jeden Staates das Recht, die ihnen durch
den Vertrag in dem anderen Staat gewährten Rechte im Falle einer
Verletzung vor den dortigen Gerichten geltend zu machen. Zuweilen
wurde aber die Art dieser Rechtsverfolgung (recuperatio) durch Vertrag ausdrücklich festgesetzt [2]. Dagegen besassen nicht alle römischen
Peregrinen die Befugnis des commerciums [3] im Unterschiede zu den athenischen Metöken, die bei aller rechtlichen Einschränkung doch gerade
zur Betreibung bürgerlicher Gewerbe ein unbegrenztes Recht genossen [4].
Die römischen Peregrinen aber, welche es besassen, waren zur Manci-
pation und somit zum vollen römischen Eigentumserwerb befähigt [5].

Was vom Rechte der fremden Händler in Israel zu sagen war,
gilt auch von den fremden Handwerkern. Auch sie stehen unter
dem Schutze königlicher Verträge. Wir hören, dass David zum Bau
seines Hauses von König Hiram tyrische Zimmerleute und Maurer erhält (II Sam 5 11). Erst recht steht Salomo in engem Verkehr mit Hiram
zum Zweck des Tempelbaues. Wenn freilich neben Hirams Bauleuten
Gibliter genannt werden (I Reg 5 32), d. h. Bewohner der zwischen
Tripolis und Berytus gelegenen phönicischen Stadt Gebal (= Byblos
der Griechen), so ist dies vielleicht blos ein Textfehler [6]. Die Seele des
Tempelbaus aber ist väterlicherseits Tyrer (I Reg 7 13ff.). Und eine

---

[1] Post, Grundriss p. 451.
[2] Walter, l. c. I p. 111f. und Anm. 4. 5.
[3] l. c. I p. 526 (§ 352), II p. 84 (§ 490).
[4] Lübker, Reallex. l. c. vgl. Ahrens, Jurist. Encyclopädie 1885 p. 248.
[5] Walter, l. c. I p. 163 u. Anm.
[6] Vgl. Smend, Komment. zu Ez 27 9.

vereinzelte Notiz ist, wenn sie auch übertrieben sein mag, wohl dazu angethan, uns eine Vorstellung davon zu geben, wie sehr die Israeliten für das Handwerk überhaupt auf Fremde angewiesen waren. Es heisst I Sam 13 19 ff., dass es zur Zeit Sauls im ganzen Lande keinen Schmied gegeben habe, so dass von den Israeliten zu den Philistern gehen musste, wer Pflugschar, Karst, Axt oder Ochsenstachel[1] schärfen lassen wollte. Bis in Jesajas Zeit blieben die israelitischen Vollbürger zum grösseren Teil Ackerbauer auf eigenem Grund und Boden (Jes 36 16 f.). Die schon genannten Byssusmacher und Töpfer werden ja auch als Söhne Selas aufgeführt (I Chron 4 21), des Sohnes Judas aus seiner Ehe mit der Canaanitin (Gen 38 5). Auch anderorts lag das Handwerk grossenteils in Händen Fremder. Betreffs Athen sagt Xenophon: διότι δεῖται ἡ πόλις μετοίκων, διά τε τὸ πλῆθος τῶν τεχνῶν καὶ διὰ τὸ ναυτικόν[2] (zum Letzteren vgl. I Reg 9 27f. 10 11f. 22).

Von Wichtigkeit war es, dass fremde Handwerker und fremde Händler in eigenem Quartiere beisammen wohnten. Das wissen wir schon aus dem Abkommen Ben Hadads mit Omri (I Reg 20 34). Andere Indicien bestätigen es[3]. Von den Thoren Jerusalems heisst eines schon in vorexilischer Zeit das Fischthor (Seph 1 10). Höchstwahrscheinlich trug es den Namen von dem dabei sich befindlichen Fischmarkte (wie das Schafthor vom Schafmarkte). Denn an den Thoren lagen überhaupt die freien Plätze einer Stadt (Neh 8 16), wo u. A. Markt gehalten wurde (II Reg 7 1). Noch in der Zeit Nehemias „wohnten Tyrer in der Stadt, welche Fische brachten und allerlei Ware" (Neh 13 16). Diese etwas undeutliche Notiz ist wohl dahin zu verstehen, dass die tyrischen Kleinhändler, welche ihre von den חברים, den Genossen einer Fischergilde (Hi 40 30), gekaufte Ware nach Jerusalem brachten, sich nicht nur während der Marktstunden daselbst aufhielten, sondern zuweilen länger, offenbar so lange darin blieben, bis sie ihren Vorrat gänzlich losgeschlagen hatten; möglich, dass auch einzelne in Jerusalem ganz ansässig waren. Am einfachsten ist dann anzunehmen, sie hätten in möglichster Nähe des betreffenden Marktplatzes, also auch des Fischthores, sich angesiedelt. Vielleicht dürfen wir dies aber verallgemeinern und die Vermutung aussprechen, die fremden Händler hätten überhaupt um die Marktplätze herum, also an den Thoren ihre Quartiere gehabt. Wenn laut Neh 3 32 die „Goldschmiede und Krämer" beim Schafthore besserten, so liegt sehr nahe zu denken, sie hätten dort

---

[1] Lies I Sam 13 20 statt מַחֲרֵשְׁתוֹ: דָּרְבָנוּ (LXX).
[2] de rep. Athen. c. 1.
[3] Vgl. auch noch Jos. B. J. V 8 1; Jes 7 3 36 2 Seph 1 11 Jer 37 21 Neh 11 35 I Chron 4 14.

gewohnt, wie ja auch beispielsweise die Priester, „ein jeglicher seinem
Hause gegenüber" (V. 28) besserten. Damit würde mit einem Male
der Ausdruck: גר אשר בשעריך (Ex 20 10 Dt 14 21) besondere Prägnanz
erhalten, und namentlich wäre hier vielleicht der Ursprung zu suchen
des späteren „גר השער" „Proselyt des Thores". Wenigstens scheint
uns dies viel natürlicher, als wenn man ihn davon ableiten wollte, diese
Proselyten hätten nur bis an das Thor des Tempels kommen dürfen[1].

Das Wohnen in eigenem Quartier bedeutete für die Fremden gewiss eine Vergünstigung. Im ganzen liess man sie in ihrem Ghetto
„ungestört nach heimischem Brauche leben"[2]. Es macht auch nicht
den Eindruck, als sei ihre Lage eine klägliche gewesen. Sie konnten
sich ziemlich unabhängig erhalten. Um die Interessen der Stadt
bekümmerten sie sich nicht stark. Wenn Jeremia Gott auffordern
möchte, nicht tatlos das Volk seinem eigenen Schicksale zu überlassen,
so kleidet sich dieser Gedanke für ihn in das Bild: „Warum willst du
wie ein Ger sein im Lande und wie ein Wanderer, der sein Zelt auf-
schlägt zum Uebernachten?" (14 8). Hier liegt auch die Schranke der
Befugnisse dieser Fremden. Von den Ehrenstellen der Stadtältesten
wurden sie offenbar fern gehalten. Hatten sie für sich auch den Schutz
des Königs und seines Gerichtes, so bildete gegen das Aufsteigen
eines Einflusses ihrerseits einen gewissen Damm die Stimmung der
Stadtbürgerschaft. Sie hat gewiss einen getreuen Ausdruck gefunden
in dem unwilligen Worte der Sodomiten gegen Loth: „Da kommt so
einer her, um als Ger hier zu wohnen und will nur immerfort befehlen"
(Gen 19 9). Es ist durchaus etwas von der Stimmung, die auch auf
anderem Boden wiederkehrt:

$$\text{Ὅστις δ' ἀπ' ἄλλης πόλεως οἰκίζῃ πόλιν,}$$
$$\text{Ἁρμὸς πονηρὸς ὥσπερ ἐν ξύλῳ παγείς}$$
$$\text{Λόγῳ πολίτης ἐστί, τοῖς δ' ἔργοισιν οὔ"[3],}$$

während das Ideal des Fremden, so wie man sich ihn und sein
Verhalten gerne vorstellen möchte, dasjenige ist, das Euripides dem
Theseus in den Mund gelegt hat: Auferzogen und ernährt in Argos
führe er sich auf, wie es einem Fremdling zieme, um von niemandem
weder gehasst noch beneidet zu werden, zurückhaltend in Reden, nicht
suchend sich vor dem Volke hervorzutun und bereit sich zur Verteidigung des Gebietes der Stadt zu wappnen[4]. Das passt auch durch-

[1] Schneckenburger, Vorles. üb. neutest. Zeitgeschichte p. 69.
[2] Benzinger, Hebr. Arch. p. 221.
[3] Erechth. Fragm. ap. Stob. V. 17—19 cit. bei Sainte-Croix, l. c. p. 182 Anm. p.
[4] V. 889—896 cit. bei Sainte-Croix, l. c. p. 198.

aus auf die Verhältnisse einer israelitischen Stadtgemeinde. Die hebräische Sprache macht einen sehr feinen Unterschied zwischen יֹשֵׁב הָעִיר und יֹשֵׁב בָּעִיר; dieser wohnt wohl in der Stadt, aber jener allein ist ihr Vollbürger.

c) Gerim in grösseren Verbänden.

Wir haben bisher nur von Einzelnen[1] gesprochen, die Schutz suchend sich unter die Protektion eines Patrones begaben. Nun aber finden wir, dass zu einem solchen Schritt auch eine Gesamtheit sich entschliessen kann. Beispielsweise treten einige jüdische Clans von Medina als ǵîrân (= Gerim) unter den Schutz der Aus und Khazraj[2], weil sie sich zu schwach fühlen, um sich selbständig zu halten. Ganz Entsprechendes tritt uns aus dem A. T. entgegen. Als die Gibeoniten sehen, dass sie der vordringenden kriegerischen Macht der Israeliten nicht gewachsen sind, begeben sie sich freiwillig ihrer vollen Selbständigkeit und gehen, wie die Erinnerung will, schon unter Josua ein Vertragsverhältnis mit den Israeliten ein. Aehnlich nehmen die Beerothiter, die auch zu den Gibeoniten gehören (Jos 9 ₁₇ 18 ₂₅), in einem Notfalle ihre Zuflucht zu den Benjaminiten und wohnen unter ihnen „bis auf diesen Tag" (H Sam 4 ₃). Endlich will auf diese Weise die Stellung der Israeliten selber in Aegypten aufgefasst sein, wie sie sich in ihrer eigenen späteren Vorstellung darstellt.

Naturgemäss übernimmt in einem solchen Falle das Patronat nicht ein einzelner beliebiger Mann eines Geschlechtes oder Stammes, sondern der Stamm selber, bzw. seine Vertretung, also, wo er monarchisch regiert wird, sein Häuptling oder König, unter Umständen auch (wie bei den Beerothitern) eine Stadtgemeinde. (Githaim II Sam 4 ₃). Andererseits liegt es hier auch nicht in der Machtbefugnis des einzelnen Klienten, das eingegangene Verhältnis zu lösen. Gewöhnlich dauert es länger als eine Generation; Kinder und Kindeskinder werden als Gerim schon geboren. Wohl kann sich freilich einmal aus der Gesamtheit ein Einzelner erheben und das Signal geben zur Lösung des Verhältnisses; — wir denken an die Tat Mosis. Es ist aber fast unvermeidlich, dass ein solches Unternehmen dann den Charakter eines Aufstandes annimmt.

Ueber die Art, wie ein solcher Bund geschlossen wird, vermögen wir aus einigen zerstreuten Notizen vielleicht noch etwas Näheres herauszubringen. Wir haben im ersten Teil unseres Kapitels

---

[1] David kommt für uns trotz der ihn umgebenden Schar nur als Einzelner in Betracht.

[2] Agh XIX 97 s. Rob. Smith, Kinship p. 42.

bemerkt, wie nach antiker Auffassung durch Nahrungsgemeinschaft eine gegenseitige Verpflichtung dauernder Lebenszusammengehörigkeit begründet wird. Dasselbe gilt hier. Die den Bund Schliessenden essen und trinken zusammen. Eine dunkle Erinnerung daran hat sich erhalten, wenn es heisst, dass die Israeliten von der Nahrung nahmen, welche die Gibeoniten mit sich gebracht hatten (Jos 9 14). Und zwar zeigt diese Stelle, dass zur Not eine gemeinsame Mahlzeit dazu genügt, einen Bund rechtskräftig zu machen[1]. Aber gerade sie missbilligt, dass man dabei ausser Acht gelassen habe, Gott zu befragen. Für gewöhnlich also zieht man die Gottheit in den Akt der Bundesschliessung mit hinein. Es wird denn auch im folgenden Verse ausdrücklich eines Schwures Erwänung getan, den die „Fürsten der Gemeinde" zu leisten hatten. Ebenso sagt Abimelekh von Gerar, als er mit seinem Wezir Achuzzat und seinem Heerobersten Pikhol vor Isaak hintritt, um mit ihm einen Bund zu schliessen, es müsse zwischen ihnen eine אלה, ein eidlich beschworener Vertrag, zu Stande kommen (Gen 26 26 ff.). Dass denn in der Tat die gemeinsame Mahlzeit in der Regel mit dem Gedanken an die Gottheit verbunden wurde, d. h. dass sie religiösen resp. sakramentalen Charakter trug, das dürfte auch schon der Ausdruck lehren: כרת ברית. Die gewöhnliche Erklärung knüpft an Gen 15 10 Jer 34 18 an, wonach das Opfertier in zwei Stücke zerlegt wurde und die Kontrahenten dazwischen hindurchgiengen; das soll heissen: ihnen selber solle wie dem Opfertier ergehen, falls sie den Bund brächen. Aber ROB. SMITH[2] macht, wie mir scheint, mit Recht darauf aufmerksam, dass auf diese Weise die Ceremonie des Hindurchgehens der Kontrahenten zwischen den Opferstücken keine zutreffende Erklärung finde. Nach seiner Auffassung, der wir uns anschliessen möchten, würde sich vielmehr die Sache ungefähr so darstellen[3]: Der betreffende hebräische Ausdruck führt uns auf die ältesten Bräuche zurück, die sich auf der ganzen Welt und nicht zum mindesten bei den nächsten Stammverwandten der Israeliten finden. Ursprünglich wird ein Bund zwischen zwei Menschen geschlossen, indem sie sich in die Adern einen Schnitt machen (כרת) und gegenseitig das herausquillende Blut lecken. Dazu aber tritt, dass vom beiderseitigen Blute auch der Gottheit ein Teil gegeben wird, bei den Arabern z. B. in der Form, dass davon an den Stein geschmiert wird, in welchem sie hausen soll. Diese ganze Ceremonie ist bedeutend schwieriger auszuführen, wo es sich um einen Bund nicht zwischen Einzelnen, sondern zwischen zwei Gemeinschaften

---

[1] ROB. SMITH, Lectures[2] p. 271.
[2] Lect.[2] p. 481.
[3] Vgl. ROB. SMITH, Lect.[2] p. 314 ff. 480 f.; Kinship p. 48 ff.

handelt. Da liegt das Bedürfnis nahe, einen Ersatz für das Menschenblut zu finden; er bietet sich ganz einfach dar im Blut eines Tieres,
das geschlachtet wird. Zunächst ist die Verwendung seines Blutes die
gleiche, und sein Fleisch wird von beiden kontrahierenden Parteien
gegessen. Später kommt dies aus der uns bekannten Scheu der Israeliten vor Blutgenuss ausser Brauch. Es genügt, dass ein Teil des
Blutes am Altar ausgeschüttet werde, während ein anderer Teil auf
die Teilnehmer gesprengt wird (Ex 24 6 8). Zwischen dem zerstückten
Opfertier gehen aber jetzt die den Bund Schliessenden hindurch, um
symbolisch auszudrücken, dass sie in das „mystische Leben" des Opfertieres aufgenommen sind, das nach antiker Auffassung[1] zum Gesamtleben eines Stammes gehört. Das ist die Stufe, auf der wir die Israeliten suchen möchten in der Zeit, die uns beschäftigt. Die Klienten
werden demnach als zum Leben des Stammes gehörig gerechnet, und
die Folge ist, dass sie auch als Gemeinschaft unter dem unbedingten
Schutze ihrer Patrone stehen. So findet sich von den genannten jüdischen Clans der Ausdruck, der gelegentlich auf eine eigene Tochter
des Stammes angewendet wird, sie seien „zwischen den Rücken" (baina
azhorihim) ihrer Beschützer, was besagen will, sie könnten von keinem
Feinde erreicht werden, der nicht erst über die Leiber ihrer Beschützer
hinwegschritte[2]. Wie ernst man es auch in Israel mit diesem Schutze
nimmt, zeigt uns das Beispiel der Gibeoniten. Nicht zwar, dass Saul
von ihnen erschlagen hat (II Sam 21 1), — im Gegenteil, dies ist ein
grober Bruch des eingegangenen Schutzverhältnisses; wohl aber, dass
eben dieser Bruch so streng gesühnt werden muss (II Sam 21 4ff.).
Sauls „Eifer für die Söhne Israels und Judas" (II Sam 21 2) kostet
zweien seiner Söhne und fünf seiner Enkel das Leben, indem sie David
den Gibeoniten ausliefern muss, welche sie aufhängen. Vielleicht ist
auf denselben Zusammenhang auch die Tatsache zurückzuführen, dass
Isbaals Mörder Beerothiter, also Gibeoniten, sind (II Sam 4 2). Neben-
bei bemerken wir, wie dieser Vertragsbruch gegen die Gibeoniten zugleich ein Vergehen gegen Jahwe ist, ein erneuter Beweis, dass die
Gottheit in den Akt der Bundesschliessung mit hineingezogen zu werden pflegt. Jahwe hat darob den Israeliten gezürnt und eine drei-
jährige Hungersnot ins Land geschickt (II Sam 21 1).

Trotz diesem weitgehenden Schutze aber stellt sich israelitischem
Bewusstsein das Los auch solcher Gerim in grösserem Verbande als
ein wenig beneidenswertes dar. Man weiss, wie man aus eigenster Erfahrung gelernt zu haben meint, noch gut genug, wie solchen Gerim

---

[1] s. oben p. 14 Anm. 4.   [2] Rob. Smith, Kinship p. 46 f.

zu Mute ist, um auf Grund davon die Volksgenossen immer wieder zu Mitleid und zu schonender Behandlung anzuregen (Ex 22 20 23 9).

Der Dienst, welchen solche Gerim ihren Patronen für den Schutz, den sie von ihnen geniessen, zu leisten haben, richtet sich nach den Umständen. Als Jakob und seine Söhne sich vom Aegypterkönig erbitten, unter seinem Protektorat in Gosen wohnen zu dürfen, erkundigt er sich nach ihrem Berufe und giebt ihnen eine Anstellung, die ihrer Befähigung entspricht (Gen 47 3ff.). Von zweien jener beerothitischen Gerim hören wir, dass sie „Scharoberste des Sohnes Sauls" sind (II Sam 4 2). Vielleicht sind jene Beerothiter insgesamt als Kriegsleute angestellt worden; denn im Kriegshandwerk waren die Kanaaniter den Israeliten ja überhaupt überlegen. Die Gibeoniten werden bekanntlich (vielleicht schon unter Salomo) zur Besorgung der niederen Tempeldienste, zum Holzhauen und zum Wassertragen, verwendet (Jos 9 27), zu welch Letzterem wir die Hydriaphorie der athenischen Metöken an den Panatheneen[1] vergleichen. Die Israeliten in Aegypten müssen im Dienste des Königs Städte bauen (Ex 1 11)[2]. Unter Umständen mag das Uebereinkommen auch dahin gelautet haben, dass den Klienten unkultiviertes Land, namentlich Wald überlassen wird mit der Verpflichtung es auszuroden und urbar zu machen. Hier liegt für die Klienten sogar die Möglichkeit nicht ferne, es bis zur Selbständigkeit zu bringen;

---

[1] SAINTE-CROIX, l. c. p. 182.

[2] Entsprechend denkt sich der Verfasser von I Reg 9 21 die Frohnarbeit der Kanaaniter, die nach ihm von Salomo zu seinen Bauten verwendet werden. Wenn im Gegensatz dazu V. 22 den Vorzug der eigenen Volksgenossen vor denselben scharf hervorzuheben sich bemüht, so ist zur richtigen Beurteilung dieser Stelle an Folgendes zu erinnern:

1. 9 22 gehört nicht der ursprünglichen Erzählungsschicht an, sondern „mehr legendarischen Ausschmückungen" (CORNILL, Einleitung[1] p. 121).

2. Der Vers steht in schneidendem Widerspruch zu I Reg 5 27.

3. Wenn I Reg 5 27 die Zahl von 30 000 israelitischen Frohnarbeitern schon eine reichlich grosse ist, so erst recht die der gleichen Quelle wie 9 22 entspringende Angabe, Salomo habe 70 000 Lastträger und 80 000 Steinhauer gehabt, welche nach 9 22 sämtlich unterworfene Kanaaniter gewesen wären. 150 000 Kanaaniter hätten auch dazu ausgereicht, das ihnen auferlegte Joch mit Gewalt zu brechen.

4. Aus Rehabeams Geschichte bekommen wir vernehmlich zu hören, was für ein schweres Joch Salomo auch den Israeliten auferlegt, wie er sie „mit Geisseln" gezüchtigt hat (I Reg 12 11).

5. Wir dürfen endlich nicht ausser Betracht lassen, dass es Salomo nicht darauf ankommt, 20 israelitische Städte zu opfern, um einen Fremden bezahlt zu machen (I Reg 9 11f.) An dieser Tatsache ändert nichts, dass sich der Chronist in sie so wenig fügen kann, dass er das Verhältnis umkehrt (II 8 2).

Dies alles dürfte denn doch die Angabe von einem besonderen Frohndienst der Kanaaniter wesentlich einschränken.

denn es ist eine allgemein gültige Rechtsregel: Wer ein Stück Land
urbar macht, kann daran veräusserliches und vererbliches Eigentum bekommen[1]. Das einzige Beispiel auf alttestamentlichem Gebiet, das wir
hierfür kennen, setzt freilich das umgekehrte Verhältnis voraus: Die
Kanaaniter sind die Patrone des Landes, die Israeliten die Klienten
(Jos 17 15 ff.)[2]. Es lässt sich aber immerhin vermuten, dass einzelne
kanaanitische Clans mit der allmählichen Umkehr der Besitzverhältnisse
von den Israeliten schliesslich als eine Gunst erbitten, was sie ihnen
einst selber als solche gewährt. In gewissen Fällen endlich wird der
patronierende Stamm sich damit begnügen, von seinen Klienten einen
Tribut zu erheben, und sie im übrigen ruhig belassen. So hatten die
athenischen Metöken, die Männer zwölf, die Frauen sechs Drachmen
jährlich zu bezahlen (μετοίκιον, ξενικὰ τελεῖν); wer sich dieser Verpflichtung weigerte, wurde schonungslos als Sklave verkauft[3]. Im Gegensatz
zur zuvor genannten Bedingung kann diese unter Umständen gerade zu
zunehmender Abhängigkeit der Klienten führen. Die Beschreibung angeblich ägyptischer Verhältnisse (Gen 47 13 ff.) mag uns als Beispiel
dienen — mutatis mutandis. Es wird anfänglich von den Klienten ein
Tribut gefordert, den sie in Naturalien zu erstatten haben; dafür dürfen
sie auf eigenem Grund und Boden bleiben. Gehen ihnen diese Mittel
aus, so müssen sie von ihrem Grundbesitz abtreten; haben sie solchen
nicht mehr zu vergeben, so werden sie persönlich zu Leibeigenen der
Patrone; diese haben ihnen fortan das Saatkorn zu geben, damit sie
die Aecker besäen können; von den Erträgnissen haben sie dann einen
Fünftel abzuliefern (übrigens eine kleine Forderung verglichen mit den
Verhältnissen bei anderen Völkern, wo bis zu $2/3$ und $3/4$ abgefordert
wurde[4]). Die anderen $4/5$ verbleiben ihnen selber zum Besäen der Felder, sowie zu ihrem und ihrer Hausgenossen Unterhalt. In dieser Weise
wurde bei den Mytilenäern die Bebauung der Aecker den früheren
Landesbesitzern überlassen, die aber von jedem Kleros dem neuen
Eigentümer Abgaben entrichten mussten[5]. Ganz entsprechend möch-
ten wir uns die Stellung vieler Kanaaniter zu den Israeliten denken.
Wir lesen nämlich: „Als die Söhne Israels stärker wurden, machten
sie die Kanaaniter tributpflichtig, aber vertreiben taten sie sie nicht"
(Jos 17 13 Jud 1 28). Kanaaniter — wir dürfen hier nicht zu sehr ver-

---

[1] POST, Grundriss p. 345.

[2] BUDDE bringt mit dieser Stelle in Zusammenhang Num 32 39 41 f. und sieht
demgemäss darin eine Anweisung auf das Gebirge Gilead (ZATW. VIII p. 148).

[3] SAINTE-CROIX, l. c. p. 184.   [4] DILLMANN, Komment. z. St.

[5] BASTIAN, Die Rechtsverhältnisse bei verschiedenen Völkern der Erde 1872
p. 72 Anm. 1.

allgemeinern — treten also, durch die Verhältnisse gezwungen, vielfach in eine Art Gerimverhältnis zu den Israeliten, möchten wir annehmen. Nicht dass wir freilich glaubten, damit irgendwie erklärt zu haben, in welcher Weise der Prozess ihres allmählichen Aufgehens in die Israeliten zu Stande kommt; darüber wird erst der Schluss unseres Kapitels ein helleres Licht zu verbreiten im Stande sein, wo die Frage des Konnubiums im Zusammenhang zur Sprache kommen soll.

d) Fremde als Sklaven.

Zuvor aber haben wir noch eine ganze grosse Klasse von Fremden ins Auge zu fassen, die mitten unter den Israeliten wohnen, und deren Lage noch keine Berücksichtigung gefunden hat: wir meinen die fremden Sklaven. Vorauszuschicken ist ein Wort über die sogen. Tempelsklaverei (Hierodulie). Wir gehen aus von phönicischen Verhältnissen, die hier besonders lehrreich sind.

Auf einer beiderseitig beschriebenen Steintafel aus Citium [1], deren Inschrift offenbar von den Retributionen an die um einen Astartetempel Beschäftigten handelt, heisst es [2], nachdem u. A. Bauleute, Thürhüter, Opferer, Tempeldiener, Schmiede genannt sind: ‖ קר ולגרים (קר scheint eine Geldbezeichnung zu sein). Hier also erscheinen „Gerim" schlechtweg als solche, die eine gewisse von andern unterschiedene Tempelfunktion auszuüben haben; „erant illi hospites et inquilini, qui in vicinia templi vivebant" [3], entsprechend den παράσιτοι [3] der Griechen und den fanatici [3] der Römer. Diese Anwendung des Gerimnamens ist leicht verständlich. Statt dass einer der Unglücklichen, die ihre Heimat haben verlassen müssen, seine Zuflucht zu einem Menschen nimmt, flieht er gleich zu einem Heiligtum, das, wie schon [4] bemerkt, ihm ein Asyl bietet, und begiebt sich unter den unmittelbaren Schutz des betreffenden Gottes. Die schützende Aufnahme wird ihm ohne Weiteres gewährt; aber damit er unter diesem Schutz auf die Dauer bleiben kann, muss er, ganz entsprechend den oben geschilderten Verhältnissen bei einer Privatperson, zum Gotte, der ihn schützt, in eine dienende Stellung eintreten, muss in einem Worte statt einem irdischen Patrone, Gott gegenüber „Ger" werden. Damit werden phönicische Eigennamen, denen wir in grosser Zahl begegnen, durchaus verständlich. Wir finden z. B. eine phönicische Grabinschrift [5]: „Der Athada, der Tochter Abd' Es'muns, des Suffeten, dem Weibe Germelqarts, des Sohnes des Benhades, des Sohnes des Germelqart, des

---

[1] Corp. Inscr. Sem. I ı Tab. XII. 86 A B (vgl. dazu I ıı p. 92 ff.)
[2] l. c. 86 A l. 15 B l. 10.   [3] l. c. I ıı l. c.   [4] s. p. 15.
[5] C. J. S. I ı Tab. VIII 47 (vgl. I ıı p. 68 f.).

Sohnes Es'munesers." Dazu wird im Corpus Inscriptionum[1] bemerkt: „Habes vocem ger cum aliis nominibus consociatam in גראשמן, גרעשתרת, Γηρόζμων, Γερόστρατος; ger enim vicinitatem et quasi contubernium cum deo indicat cf. שכניה Διογείτων (ar: ĝâru-'llâhi), Γέρηλος, Γαίρηλος[2] etc." Bäthgen[3] erinnert noch an Gersakkun, lateinisch-punisch Gisco (Klient des Gottes Sakkun), Gerhekal. Nun vergleichen wir das Hebräische: ' Dass die Gibeoniten zu Holzhauern und Wasserträgern verwendet wurden (Jos 9 27), davon war schon die Rede. Hinzuzufügen aber ist hier, dass sie gerade als solche unter der Bezeichnung von „Gerim" erscheinen (Dt 29 10). Das legt die Annahme sehr nahe, dass „Ger" auch in dem eben ausgeführten Sinne bei den Israeliten als terminus technicus gelegentlich gebräuchlich gewesen sei (= Hierodule). Wir nehmen hinzu, dass das entsprechende Verbum גור gerade auf die Leviten angewandt wird (Dt 18 6 Jud 17 7—9 19 1). Endlich erklärt sich nach dieser Auffassung die spätere Ausdrucksweise der Psalmen (15 1 61 5 vgl. 5 5) vom „גור" im Zelte Jahwes noch viel natürlicher als aus einer Uebertragung der sozialen Einrichtung der gastlichen Aufnahme des Wanderers im Zelt des Wüstenschêchs auf das Verhältnis des Menschen zu Gott[4]. Nur ist in den beiden Psalmstellen das גור natürlich in übertragenem Sinne zu nehmen, etwa: „zum Gottesdienst berufen sein" und nicht in einer beschränkten Fassung der Hierodulie beizubehalten, wie es Renan tut. Er bemerkt nämlich in falscher Datierung des 15. Psalmes in die Zeit Hiskias[5]: „Déjà un groupe de dévots très exaltés se formait autour du temple; ils en devenaient les hôtes, les „gerim". Ces „gerim" de Jahvé n'avaient guère été jusque-là que des parasites, vivant des sacrifices et de la bombance qui entourait les temples; un esprit moral s'introduisit dans cette institution qui ailleurs n'a rien produit de bon. On pensait que pour être le voisin de Jahvé il fallait une grande pureté morale. L'homme vertueux se consolait en disant ä Dieu: Le méchant ne saurait être ton ger ψ 15." Jene Gibeoniten waren aber nachweislich nicht die einzigen Fremden, die am jerusalemischen Tempel angestellt waren. Eine andere Stelle (Ez 44 7ff.) lehrt uns des deutlichsten, dass „Söhne der Fremde" (בְּנֵי נֵכָר) mit den Tempelfunktionen betraut waren. Zum gleichen Resultat führt uns eine Betrachtung der Liste der mit der Gola unter Cyrus

---

[1] l. c. I II l. c.

[2] = גֵר אֵל vgl. NÖLDEKE (Ueber den Gottesnamen אל), Monatsberichte d. k. preuss. Akad. d. Wissenschaften zu Berlin 1880 p. 765.

[3] Komment. zu Ps. 15 1.   [4] So BÄTHGEN, l. c.

[5] Etudes d'hist. israél.: Le règne d'Ezéchias, Revue des Deux-Mondes 1890 p. 797 f.

zurückgekehrten „Nethinim" (der Name findet sich erst in nachexilischen
Schriften) [1]. (Esr 2 43--54 Neh 7 46—56 10 21.) MOVERS [2] weist darin die
folgenden Namen als aramäisch nach: ציחא ,חשופא ,סיעא (סיעהא),
חגבא ,נקודה ,עזא ,חקופא ,מחידא ,חטיפא ,חרשא, סיסרא, (dieser letztere vielleicht auch kanaanitisch), רצין (vgl. Jes 7 1); wahrscheinlich gehören nach
ihm auch noch dahin: טבועת ,בצלת und ברקוס. Zu den בני שלמי (Esr 2 46
Neh 7 48) ferner bemerkt WELLHAUSEN [3]: „Salmaner werden im Thargum
die mit Kaleb verwandten Keniter bezeichnet, in nabatäischen Inschriften öfter mit den Nabatäern verbunden (vgl. Cant 1 5); das beweist
deutlich den ausländischen Ursprung dieser Tempelsklaven." Wir werden
kaum annehmen, dass alle ursprünglich als Schutzflehende zum Tempel
gekommen seien. Vielmehr erhält der Ausdruck נתינים eine durchaus
befriedigende Erklärung, wenn wir seinen Ursprung darin suchen, dass
auch bei den Israeliten, wie es anderwärts Brauch war, Kriegsgefangene
dem Heiligtume geschenkt zu werden pflegten [4]. Zum Teil mag auch
noch ein Anderes das Vorhandensein fremder Tempelsklaven erklären
helfen, worauf ROB. SMITH [5] aufmerksam macht. Er sagt: „Der Tempel
war im Grunde königliches Burgheiligtum, und die Opfertiere wurden,
wenigstens in älterer Zeit, hauptsächlich zu des Königs eigenem Tisch-
bedarf geschlachtet. Denn „Schlächteroberst" ist im Hebräischen der
Titel des Obersten der Leibwache, (das Schlachten des Viehes war ja
in alter Zeit nicht ein des Kriegers unwürdiges Geschäft), und die Leibwache der judäischen Könige, die ihnen auch im Tempel diente, war
aus Fremden zusammengesetzt". Vielleicht hat aber die Benützung von
Fremden zum Schlachten des Opfertieres überhaupt noch einen tiefern
Sinn.   Beim jährlichen Ziegenopfer, das man in Korinth der Hera
Akräa darbrachte, suchte man sorgfältig alle Verantwortlichkeit für
den Tod des Opfertieres von der Opfergemeinde abzulenken, indem
man dazu Mietlinge anstellte, und diese noch entledigten sich ihres
Geschäfts in einer Weise, dass die Ziege sich selber töten musste [6].
Und in Tenedos wurde der Priester, der dem Dionysos ἀνϑρωποῤῥαίστης
ein Stierkalb opferte, mit Steinwürfen verfolgt, dass er fliehen musste,

---

[1] Esr 2 43 58 70 7 7 24 8 17 20 Neh 3 26 31 7 46 60 73 10 29 11 3 21 I Chron 9 2.

[2] l. c. II 3 p. 77 Anm. 34.   [3] Prolegomena [3] p. 225 Anm.

[4] Eine andere Auffassung der Nethinim, die von JACOBS (Studies in biblical
archaeology, 5. Abhandl.: „the Nethinim" p. 104—122, introd. p. XXI f.) vertreten
worden ist, kann hier nur erwähnt, nicht widerlegt werden, es seien nämlich die
Nethinim Söhne von Qedeschen, weil nur weibliche Ahnen von ihnen festgestellt
werden könnten und sie selber im Tempelbezirk angesiedelt seien.

[5] Lectures [1] p. 396 Anm. 2 (in der 2. Auflage gestrichen).

[6] Hesych. s. v. αἴξ αἴγα Zenobius id.; Schol. zu Euripid. Medea cit. bei
ROB. SMITH, Lect. [2] p. 305 f.

um sein Leben zu retten[1]. Bei den alten troglodytischen Nomaden Ostafrikas endlich galten die Opferschlächter als unrein[2].

Diese wenigen Beispiele genügen, um zu erweisen, wie sehr man sich zuweilen scheute, an die Schlachtung eines Opfertieres zu gehen, als wäre sie ein Unrecht, und das führt uns weiter dazu, dass man ursprünglich sogar vorzugsweise Fremde dazu benützte, um nicht selber Hand anlegen zu müssen an ein Tier, das nach der schon[3] erwähnten antiken Auffassung am eigenen Gesamtleben eines Stammes Anteil hat.

Was die Stellung der genannten Tempeldiener anbetrifft, begnügen wir uns, auf die entsprechende bekanntere Samuels im Heiligtum zu Siloh hinzuweisen.

Von der Tempelsklaverei werden wir von selbst dazu geführt, einen Blick auf die Sklaverei in Israel überhaupt zu werfen, sofern dabei Fremde in Betracht kommen. Es braucht an dieser Stelle nicht erst bemerkt zu werden, dass עֶבֶד ein weiterer Begriff ist als unser „Sklave". עֲבָדִים können Minister, Gesandte und Generäle eines Königs heissen (z. B. Gen 40 20 II Sam 10 2 4 Jes 36 9). עֶבֶד wird beispielsweise König Hosea in seiner Stellung Salmanassar gegenüber genannt (II Reg 17 3) u. s. w. Die übertriebene orientalische Unterwürfigkeit benennt gelegentlich, und namentlich in Selbstaussagen, jede Abhängigkeit mit dem Namen der Sklaverei. Natürlich haben wir es im Folgenden mit עבד nur zu tun, sofern es nachweislich den eigentlichen Sklaven bezeichnet.

Schon die Art, wie man zu seinen Sklaven kommt, bringt es ja mit sich, dass sie meist fremden Ursprunges sind (vgl. I Sam 30 13); denn wie überall werden sie entweder im Kriege erbeutet oder gekauft, dies letztere wohl meist von Phöniciern, die grossen Sklavenhandel betrieben[4]. Die Gekauften sind grösstenteils selber wieder Kriegsgefangene; denn wie wir aus späterer Zeit wissen (I Makk 3 41 II Makk 8 11 34), begeben sich die Sklavenhändler gleich in das Gefolge der Kriegsheere selber. Das Los der Sklaven in Israel ist, wie es scheint, kein allzu hartes gewesen, wenn auch ihre Schätzung einen unserem Gefühl widerstrebenden Standpunkt verrät: wiederholt werden sie nämlich vom Jahwisten, wo das Gut eines Besitzers aufgezählt wird, mitten zwischen Schafen, Eseln, Kameelen, Gold und Silber aufgeführt (Gen 12 16 24 35 30 43); sie sind eben lediglich כֶּסֶף ihres Herrn (Ex 21 21) und repräsentieren 20—30 Sekel (Gen 37 28 Ex 21 32). So viel wir sehen, besteht zwischen israelitischen und fremden Sklaven nur éin Unterschied: jene haben blos sechs Jahre zu dienen und gehen im siebenten

---

[1] AELIAN, NA. XII 34, ebenda.   [2] SMITH, l. c. p. 296.
[3] s. p. 14 u. Anm. 4; p. 47.   [4] MOVERS, l. c. II 3 p. 72 f.

frei aus (Ex 21 ₂ f.); diese sind Sklaven auf immer. Im übrigen gelten
die humanen Bestimmungen des Gesetzes für beide in gleicher Weise.
Seinen Sklaven zu töten hat (im Gegensatz zu römischem Recht) der
Herr die Befugnis nicht (Ex 21 ₂₀); straflos geht er in solchem Falle
nur aus, wenn zwischen der zu tötlichem Ausgang führenden Misshand-
lung des Sklaven und seinem Tode mindestens ein Tag liegt (Ex 21 ₂₁);
kommt er um ein Auge oder um einen Zahn, so muss er freigelassen
werden (Ex 21 ₂₆ f.). Zu dieser milden Behandlung trägt nicht wenig
der Umstand mit bei, dass der Sklave der Familie völlig eingegliedert
wird und, was damit zusammenhängt, wie bei den Griechen, zur Verehrung des Gottes seines Hausherrn übergeht. Durch eine besondere
Ceremonie schliesst sich der Sklave an das Haus und damit an den
Gott an, der darin seine Kultstätte hat. Elieser schwört bei Jahwe
(Gen 24 ₃); an ihn, den Gott seines Gebieters, richtet er sein Gebet
(Gen 24 ₁₂ ₂₇ ₄₂ ₄₈ ₅₂); auch geht der יהוה מלאך vor ihm her (24 ₇ ₄₀ vgl.
V ₅₆). Ebenso Hagar, die doch Aegypterin ist (Gen 16 ₁): ihr begegnet
der Engel·Jahwes (16 ₇), um ihr zu sagen, dass dieser ihre Klage erhört
hat (16 ₁₁), so dass sie Jahwe, der zu ihr geredet hat, nennen kann:
Du bist der Gott des Schauens (16 ₁₃). Freilich kommt es trotz aller im
allgemeinen guten Behandlung aber auch in Israel vor, dass fremde
Sklaven entlaufen (ברח), um in ihre Heimat zurückzukehren, wie wir
aus der Geschichte Simeis wissen (I Reg 2 ₃₉ f.). Dabei bemerken wir,
dass Simei ihrer Spur nachgeht und sie auch wiederum aus Gath zurückbringt; offenbar war also im Philisterlande die humane Massregel nicht
in Uebung, welche für Israel das Dt. später kodifiziert hat (23 ₁₆ f.),
es solle ein Sklave, der von seinem Herrn nach Israel geflüchtet sei,
demselben nicht wieder ausgeliefert werden.

Besonderer Art ist die Stellung der Sklavinnen, welche der
Frau gehören, ihr schon beim Abschied aus dem Elternhause wahrscheinlich mitgegeben worden sind (Gen 24 ₅₉ ₆₁ 29 ₂₄ ₂₉). Wie wir aus
dem Beispiele Hagars ersehen, hat diese über sie Vollmacht (Gen 16 ₂
vgl. 30 ₄ ₉). Dies kann in einem Falle wie dem vorliegenden die Sklavinnen allerdings einer harten Behandlung aussetzen (Gen 16 ₆). Indessen ist dieselbe gerade an unserer Stelle nur die Kehrseite einer
Sitte, welche unter Umständen der Fremden zu Ehre und Ansehen verhelfen mag (Prov 30 ₂₃). Wo nämlich die Frau unfruchtbar bleibt, führt
sie dem Manne selber ihre Sklavin zu (Gen 16 ₂ 30 ₃ ₉). Daneben ist nichts
Ungewöhnliches, dass der Mann die fremde Sklavin als Kebsweib gebraucht; darauf deutet schon der terminus פלגש (= παλλακίς oder παλ-
λακή bei den Griechen, pellex bei den Lateinern), der zugleich mit den
Sklavinnen durch Vermittelung der Phönicier an die Israeliten über-

gegangen ist. Dass der Herr seinen Kebsen Rücksicht schuldet, zeigt deutlich II Sam 19 6. Die Söhne aus solchen Ehen (בֶּן־אָמָה) [1] haben sogar ein gewisses Erbrecht (Gen 21 10); „ob aber das gleiche mit den vollbürtigen Söhnen, kann bezweifelt werden. Es scheint, dass in dieser Beziehung viel vom guten Willen des Vaters und der Brüder abhieng, und dass sich kein festes Gewohnheitsrecht herausbildete“ [2]. Nach Gen 25 6 findet sich Abraham mit den Söhnen der Kebsweiber so ab, dass er ihnen Geschenke giebt und sie dann von seinem Sohne Isaak wegziehen lässt. Konnten sie auf diese Weise weggewiesen werden, so scheint es überhaupt, dass sie im väterlichen Hause in ziemlich ähnlicher Stellung gewesen sein müssen, wie die Gerim. Sie werden gelegentlich in einem Atemzuge mit ihnen genannt (Ex 23 12), wo es heisst, dass ihnen die Sabbathsruhe zu gute kommen soll. Wahrscheinlich wurden sie zu mancher Arbeit ausgenützt, zu der sich ihre höherstehenden Halbbrüder nicht hergeben wollten. Als das Gewöhnliche freilich setzt das Bundesbuch voraus, dass die אמה im genannten Sinne israelitischer Abkunft sei (Ex 21 7—11). Aber was es für diese an Vergünstigungen verlangt, schliesst es mit keinem Worte für die Fremden aus, und Dt 21 10—14, worüber an seinem Orte noch zu sprechen sein wird, fordert sie sogar ausdrücklich für die fremde Kriegsgefangene. Eine Sklavin zu verkaufen, die der Herr zu seiner Konkubine gemacht hat, gilt, namentlich wenn sie von ihm Mutter geworden ist, in Arabien bis auf den heutigen Tag als eine Schande [3].

Für gewöhnlich h e i r a t e n S k l a v e u n d S k l a v i n unter sich nach der Verfügung ihres Herrn. Bemerkenswert ist, dass hier der Unterschied der Nationalität völlig verschwindet. Das Gesetz sieht nämlich folgenden Fall vor: „Wenn der Herr des Sklaven ihm ein Weib giebt und sie gebiert ihm Söhne und Töchter, so sollen das Weib und ihre Kinder dem Herrn gehören, während er für sich ausgehen soll.“ (Ex 21 4): Es ist die Rede vom hebräischen Knecht; das Weib aber kann nicht Hebräerin sein, weil sie sonst blos ad interim dem Herrn zu dienen hätte und er nicht in perpetuum über sie verfügen könnte. Also haben wir es hier durchweg mit Mischheiraten zu thun. Die Kinder aus solcher

---

[1] Nach der allgemein üblichen Erklärung ist בֶּן־אָמָה der Sklave, d. h. der Sohn der Sklavin, welche ein Herr seinem Sklaven zum Weibe gegeben hat, also gleichbedeutend mit בֶּן־בַּיִת oder יְלִיד בַּיִת (Gen 14 14 15 3 s. u.) Ich weiss nicht, wie man diese Erklärung verantworten will Stellen gegenüber wie Gen 21 10 und Jud 9 18. Die beiden Psalmstellen (86 16 116 16) beweisen keineswegs dagegen. Der Dichter nennt einfach seine Mutter vor Gott „deine Magd“, wie sie sich selber vor dem Höchsten unbedingt auch genannt haben würde (vgl. z. B. I Sam 1 11).

[2] BENZINGER, l. c. 355.   [3] BENZINGER, l. c. p. 163.

Ehe heissen בני בית oder ילידי בית. Obgleich sie von ihrer Mutter her
immer Fremde sind, so nehmen sie doch, wie schon das Beispiel Eliesers
zeigt, den ersten Rang ein unter den Sklaven. Der בֶּן־בָּיִת (Gen 15 ₃)
hat 24 ₂ den Ehrentitel זְקַן בָּיִת. Wie viel im übrigen auf die Notiz zu
geben ist (Gen 14 ₁₄), Abraham habe solcher Hausgeborenen 318 gehabt, mag daraus erschlossen werden, dass 318 die Gematrie von אליעזר
darstellt (1 + 30 + 10 + 70 + 7 + 200). Für einen solchen Sklaven
eröffnet sich sogar, wenn sein Herr kinderlos bleibt, die Aussicht, ihn
zu beerben (Gen 15 ₂ f.). Ein Beispiel ähnlicher Art, wo sogar ein
fremder Sklave Erbe wird, überliefert I Chron 2 ₃₄ f. : „Und Sesan hatte
keine Söhne, sondern Töchter; und Sesan hatte einen ägyptischen
Knecht, sein Name Jarha. Und Sesan gab seine Tochter Jarha, seinem
Knechte zum Weibe, und sie gebar ihm Athai" u. s. w. Wüssten wir
genauer Bescheid, in welchem Sinne Ziba „Sklave" war, so wäre hier
vielleicht anzuführen, dass David dem Ziba den Besitz alles dessen, was
seines Herrn Meribaal ist, zuspricht, als jener ihn glauben macht, Meribaal sei auch unter den Aufständischen (II Sam 16 ₄ ¹ vgl. Prov 17 ₂).
Ein solcher Zustand erscheint freilich dem Spruchdichter so wenig als
ein Glück, als wenn eine Sklavin in das Erbe ihrer Herrin eintritt:
„Unter dreien bebt das Land und unter vieren kann es nicht bestehen:
unter einem Knecht, wenn er König wird" …² (Prov 30 ₂₁ ff.). Der letzte
Grund, dass es selbst fremde Sklaven im Hause so weit bringen können,
ist wohl in der Tat darin zu suchen, dass die Familie ursprünglich
„Kultusgenossenschaft" ³ ist; der übrig bleibende Sklave ist dann eben
der „letzte Träger des Familienkultes" ³. Sonst aber haben in Israel,
so viel ich sehe, Sklaven kein persönliches Eigentum, wenn sie es auch
in Arabien ⁴ haben konnten. Dt 15 ₁₂ ff. (spec. V. ₁₃) spricht nicht unbedingt dafür, aber auch II Sam 9 ₁₀ 16 ₁ ₂ und I Sam 9 ₈ nicht. Es
wird dem Sklaven genug gewesen sein, wenn er gut behandelt wurde;
und das war am ehesten der Fall, wo er persönlich tüchtig war (Gen
39 ₄ 41 ₃₈ ff.).

e) Konnubium mit Fremden.

Wir haben endlich, (ausser wo es sich um Sklaven handelt), einer
zusammenhängenden Besprechung vorbehalten die Frage, wie es denn
mit dem Konnubium gehalten worden sei. Sie ist wichtig und zugleich schwierig genug, um ein tieferes Eindringen zu erforden. Nach
den einschneidenden Untersuchungen von Rob. Smith ⁵ bleibt es kaum

---

¹ 1. st. מְרִי־בַעַל: מְפִיבֹשֶׁת.
² Die Praxis dazu stellt I Reg 16 ₉ f. dar.
³ Stade, Gesch. Isr.¹ I p. 390 f.   ⁴ Rob. Smith, Kinship p. 97.
⁵ Kinship and marriage in early Arabia 1885.

mehr einem Zweifel unterworfen, dass auch bei den Semiten der Stufe, wo das Männerrecht in Geltung ist, eine andere voraufgeht, in der das Matriarchat besteht, d. h. wo die Descendenz gerechnet wird nach der Zugehörigkeit nicht zum Vater sondern zur Mutter, wo also ihrem Stamme das Kind angehört. Die Mutter kann in diesem Falle auch im eigenen Stamme wohnhaft bleiben und den Zugang zu ihr so vielen Männern und so lange gestatten als ihr beliebt[1]; und zwar ist in diesem Falle nicht nur die Möglichkeit gegeben, dass die Ehe exogam sei, die Exogamie ist vielmehr zuweilen das dabei Geforderte, d. h. der Mann muss Stammfremder sein[2]. Das Verhältnis, in welches er dann für die Dauer seiner Ehe zum Stamme seines Weibes tritt, ist das eines ĝâr (= Ger), wie nach arabischer Sitte schon dadurch angedeutet wird, dass ihm das Weib einen Speer giebt, mit dem er offenbar die Stammgenossen desselben in den Krieg begleiten soll[3], während als das entsprechend Umgekehrte nach einigen arabischen Quellen vorausgesetzt wird, dass wer sich überhaupt in einem Stamme als ĝâr niederlassen will, ein Weib daraus zur Frau zu verlangen hat[4].

Eine Reminiscenz an diese Entwickelungsstufe auf alttestamentlichem Boden[5] möchten wir in der Simsonssage sehen. Nach STADES[6] eingehender Untersuchung, die ihrerseits an eine Beobachtung A. VAN DOORNINCKs[7] anknüpft, stellt sich nämlich der primäre Sachverhalt der Jud 14 uns erzählten Geschichte ungefähr so dar: Nachdem die Eltern Simsons ihm die Bewilligung der Heirat mit der Philisterin rundweg abgeschlagen haben, geht er allein zu den Philistern (vgl. Gen 2 24), um sich einfach bei ihnen einzuheiraten. Infolge davon treten zwei Merkmale hervor, durch die sich seine Hochzeit von einer sonstigen nach späterem orientalischen Brauche unterscheidet:

1. Die Philister in Thimna gesellen ihm selber die מרעים zu (V 11).

2. Das erste Beilager geschieht nicht im Hause des Bräutigams sondern des Schwiegervaters (resp. es sollte geschehen).

---

[1] l. c. p. 65 f.   [2] l. c. p. 122.

[3] Eine etwas andere Deutung bei WELLHAUSEN, Die Ehe bei den Arabern, Gött. Nachrichten 1893 p. 447.   [4] Kinship p. 66.

[5] Spuren des einstigen Matriarchates bei den Hebräern werden bei BENZINGER (l. c. p. 134) aufgeführt. Nicht erwähnt hat er aber den charakteristischen hebräischen Ausdruck בּוֹא אֶל אִשָּׁה (vgl. SMITH, Kinship 168. 291, doch s. auch WELLHAUSEN l. c. p. 444) noch die Tatsache, dass das „Zelt" ursprünglich der Frau gehört (cf. Gen 24 67 Jud 4 17); vor allem aber hätte er auf Gen 2 24 hinweisen müssen; vgl. auch NOWACK, Lehrb. d. hebr. Archäologie I p. 153.

[6] ZATW. IV p. 250—256: Miscellen Jud. XIV.

[7] Bijdrage tot de Tekstkritik van RICHTEREN I—XVI Leiden 1879 p. 105 ff. cit. b. STADE l. c.

„Andernfalls wären die Genossen des Bräutigams aus seinem Geschlecht zu wählen gewesen und den Schluss des Hochzeitsgelages hätte die Abholung der Braut aus dem elterlichen Hause in das des Bräutigams bilden müssen."

Im gleichen Zusammenhang möchte ich hinweisen auf die Ehe Gideons mit der Sichemitin[1], welche übrigens trotz Jud 8 31 9 18 vornehmen Geschlechts ist. Wir bemerken nämlich:

1. Nicht sie folgt Gideon in seine Heimat, sondern Gideon muss zu ihr nach Sichem kommen (Jud 8 31) — (man vgl. wiederum Gen 2 24 auch 24 5f.).

2. Der Sohn aus dieser Ehe, Abimelekh, gehört zur gens seiner Mutter (אחינו Jud 9 3 vgl. V 18; עצמכם ובשרכם 9 2).

Sehr nahe kommt eine derartige Ehe dem freien Liebesverhältnis[2], wie wir es zuweilen in Arabien finden, einem an sich keineswegs unedeln Verhältnis, das auf gegenseitiger Zuneigung beruhend nur solange dauert als die Liebe dauert. Die Geliebte, die „Çadîqa" (auch „Chalîla" und „Chulla") bleibt dabei in ihrem Stamme und empfängt dort den Besuch des Liebhabers, des „Chadîn" (oder „Chidu", auch „Chalîl"), der einem fremden Stamme angehört. Aus dem A. T. rechnet WELLHAUSEN[3] hierher das Verhältnis Simsons zur Delila. „Er legt den Kopf in ihren Schoss und sie macht sich mit seinem Haar zu thun: im alten Arabien ist es ein gewöhnlicher Freundschaftsdienst der Geliebten, dass sie ihrem Schatz den Kopf in ihrem Schosse kämmt und von Ungeziefer säubert." (Vgl. Jud 16 4ff.)

Allmählich aber ist das Matriarchat in das Patriarchat übergegangen durch Zwischenstufen, auf die hier nicht einzugehen ist. Nur auf Eines sei an dieser Stelle hingewiesen, das sich wie eine Reminiscenz aus der Uebergangszeit ausnimmt. Joseph hat als Ger im Lande Aegypten von seinem Weibe, der ägyptischen Priestertochter, zwei Söhne bekommen, Ephraim und Manasse (Gen 41 50ff.). Nach dem eben Bemerkten werden sie als zur gens ihrer Mutter gehörig als Aegypter angesehen. Damit sie der gens ihres Vaters folgen können, muss sie offenbar Jakob ausdrücklich adoptieren: „Nun sollen deine beiden Söhne, die dir im Lande Aegypten geboren sind, bis ich zu dir nach Aegypten kam, mein sein. Ephraim und Manasse sollen wie Ruben und Simeon mein sein" (Gen 48 5).

---

[1] Ob die Heimat von Gideons Frau vielleicht nicht Sichem war, sondern möglicherweise Aruma (A. MEZ, Die Bibel des Josephus 1895 p. 14f.), thut für uns zur Sache nichts.

[2] s. WELLHAUSEN, l. c. G. N. p. 470.

[3] l. c. p. 471.

Tatsächlich aber liegen die bisher geschilderten Verhältnisse weit hinter der Zeit zurück, mit der wir uns im gegenwärtigen Abschnitt beschäftigen. Für sie ist unbedingt das Vaterrecht in Kraft, wo die Frau dem Manne zu folgen hat wie Rebekka und die Kinder dem Geschlechte des Vaters angehören. Hier nun kommt eine Ehe zu Stande entweder durch Raub oder durch Vertrag; selbstverständlich ist das Erstere das Aeltere. Es liegt in der Natur der Sache, dass die Frau, welche durch Raub gewonnen wird, zumeist eine Stammfremde ist. Dass Frauenraub auch den alten Hebräern nichts Unbekanntes gewesen ist, dafür braucht man blos Jud 21 20ff. zu erwähnen. Der alte Brauch hat sich aber in etwas modifizierter Form lange erhalten. Nicht nur dass Jud 5 30 voraussetzt, es bringe jeder Krieger ein, zwei Mädchen als Kampfesbeute mit zurück; noch Dt. 21 10ff. sieht den folgenden Fall vor: „Wenn du ausziehst zum Kampfe gegen deine Feinde und Jahwe dein Gott giebt sie dir in deine Hand und du siehst unter den Gefangenen ein Weib von schöner Gestalt und du hast Lust zu ihr und nimmst sie dir zum Weibe, so führe sie in dein Haus und sie scheere ihr Haupt und beschneide ihre Nägel[1] und lege ihre Gefangenschaftskleider ab und wohne in deinem Hause und beweine ihren Vater und ihre Mutter einen Monat lang, und darnach magst du ihr beiwohnen und sie heiraten, dass sie dein Weib sei.“ Es ist mit keinem Worte gesagt, dass es sich hierbei blos um eine Konkubine handelt. Noch neuerdings scheint mir mit Recht ANDRÉ[2] darunter die legitime Frau zu verstehen. In allen Fällen ist es jedenfalls nur eine Konzession an bestehende Verhältnisse, die hier das Deutoronomium einzuräumen sich genötigt fühlt. Denn als das Regelrechte gilt schon geraume Zeit vor seiner Einführung die Ehe durch Vertrag.

Zu unterscheiden haben wir, ob das fremde Element im Moment der Eheschliessung ausländisch fremd (נכרי) oder im Lande schon ansässig (גר) ist. Natürlich handelt es sich in praxi meist nur um das letztere. Denn Landesfremde zu heiraten, dazu kommen in alter Zeit die wenigsten, meist nur politisch Hochgestellte, d. h. vor allem die Könige und ihre Anverwandten. Ihre Ehen bieten der Beurteilung keinerlei Schwierigkeit dar: sie handeln einfach auch hier nach politischen Motiven in ihrem eigensten Interesse. Wir vermögen im einzelnen die folgenden Fälle nachzuweisen.

Sauls Schwiegersohn Adriel („Gotthilf“) und sein Vater Barzillai

---

[1] Das Beschneiden der Nägel war auch in Arabien üblich, wenn eine Witwe ihre Witwenschaft aufgeben und wieder heiraten wollte (ROB. SMITH, Kinship p. 178).

[2] „Une épouse légitime.“ L'esclavage chez les anciens Hébreux 1892 p. 128; vgl. WELLHAUSEN, l. c. G. N. p. 436.

weisen sich schon durch ihre Namen als Aramäer aus[1] (I Sam 18 19
II Sam 21 8). Unter Davids eigenen Frauen befindet sich eine reiche
Kalibbäerin, Abigail, und Maacha, die Tochter Thalmais, des Königs
von Gesur (I Sam 25 42 II Sam 3 3). Davids Schwester (vgl. I Chron 2 17
mit II Sam 17 25) ist verheiratet mit Jithra, der Ismaelit ist — freilich
nicht nach dem jetzigen massorethischen Text (II Sam 17 25); dieser
liest nämlich „Israelit"; das Ursprüngliche aber hat in diesem Falle
die Chronik bewahrt (I Chron 2 17)[2]. Salomos fremde Weiber sind
bekannt. In seinem Harem hat er ausser der ägyptischen Königstochter, die, wie natürlich, besonders bevorzugt zu sein scheint, moabitische, edomitische, sidonische, hethitische und ammonitische
Frauen (I Reg 11 1), unter den letzt Genannten u. a. Naama, die
Mutter Rehabeams (I Reg 14 21). Ein Erzähler will sogar wissen,
dass die Gesamtzahl seiner Frauen sich auf 700 belaufen habe, abgesehen von 300 Kebsweibern (I Reg 11 3). Wir überlassen die Richtigkeit dieser Angabe dem Geschmack des deuteronomistischen Bericht-
erstatters[3]. Von Salomos fremden Frauen wissen wir auch ausdrücklich
(I Reg 11 8), dass sie ihre Sakra durch ihre Verheiratung nicht aufzu-
geben brauchten; (anders war z. B. die Bestimmung des römischen
Rechtes). — Ahab endlich vermählt sich mit Isebel[4], der Tochter
Ethbaals, Königs der Sidonier (I Reg 16 31). Vielleicht ist ähnlich zu
beurteilen die Ehe Mosis mit einem äthiopischen Weibe (Num 12 1).
Josephus[5], der übrigens auch ihren Namen, Θάρβις, zu nennen vermag,
meint wenigstens zu wissen, dass sie eine Königstochter war, deren
Verheiratung mit Mose die Bedingung gewesen sein soll, unter der sich
die von ihm und den Aegyptern belagerte Stadt Saba (= Meroe) er-
gab. Wo die Könige es mit ihren fremden Ehen nicht übertreiben wie
Salomo, da erregen sie damit nicht den mindesten Anstoss unter dem
Volk, wie es scheint, gelingt es doch dem aufrührerischen Sohne Davids

---

[1] E. N(estle), Besprechung v. Gesenius, Handwörterbuch[12]; litter. Centralbl.
1895 No. 37 p. 1314/1315.
[2] Warum man änderte, ist zu erraten: Man nahm Anstoss an Davids Ver-
wandtem aus der Fremde; doch schlüpfte er in der Chronik unvermerkt durch.
LXX haben einen Mittelweg eingeschlagen, indem sie lesen: Ἰεζραηλίτης. Der
Verf. der unter Hieronymus Namen vorhandenen Quaestiones zu II Sam u. Chron
hatte noch an beiden Stellen die ursprüngliche Lesart vor sich und bemerkte nur
die Verschiedenheit von Jether (I Chron 2 17) und Jithra (II Sam 17 25). (Geiger,
Urschrift p. 361).   [3] Cornill, Einleitung[1] p. 121.
[4] „Die gar zu auffällig an sébel „Mist" erinnernde Form Isébel beruht
höchst wahrscheinlich auf einer absichtlichen Verstümmelung des wirklichen
Namens zur Beschimpfung der götzendienerischen Königin" (Kautzsch, Uebers.).
[5] Ant. II 10 2.

gerade aus fremder Ehe das ganze Volk gegen den eigenen Vater hinter sich herzuziehen. Ja, unter Umständen schaut man auf die Verschwägerung mit angesehenen Fremden von auswärts nicht ohne einen gewissen Stolz. Dass beispielsweise Joseph eine Asenath, die ägyptische Priestertochter, zum Weibe hat, erfüllt den Erzähler (Gen 41 45) viel eher mit Genugtuung als dass es ihm ein Aergernis böte, nicht anders als wenn er die Pharaonentochter Mose sich zum Sohne annehmen (Ex 2 10) oder die Aegypter um Jakob eine Totenklage halten lässt (Gen 50 3 7 11).

Die für uns wichtigere Frage aber ist, wie man sich zu den inländischen Fremden, zu den Gerim gestellt habe in bezug auf das Konnubium. Hier ist jedenfalls die natürlichste Annahme die richtigste. Es kommt ganz auf Stand und Rang eines Ger an. Wo einer angesehen und vermöglich ist, wird man ihm das Konnubium nicht leicht versagen; wo er in niedrigem Dienstverhältnis steht, hat er schon mehr Mühe dazu zugelassen zu werden. Das führt uns wiederum auf den mehrfach besprochenen Unterschied zwischen den Gerim, die von einem Geschlechte resp. von einem Gliede desselben, und denjenigen, die vom König abhängig sind. Zu den letzteren gehört der Hethiter Uria. Die schöne Bathseba ist offenbar Israelitin: sie wird Tochter Eliams genannt (II Sam 11 3); also war ihr Vater in Israel bekannt, vielleicht jener Eliam ben Ahitophel, den II Sam 23 34 erwähnt. Auch hier zeigt sich wieder, wie viel günstiger die Fremden unter den alten Israeliten gestellt waren als beispielsweise bei den alten Germanen, wo sie niemals eine Bürgerin heiraten durften[1]. Und nicht anders war es für die Metöken in Athen; hier war sogar auf eine Mischehe für den schuldigen fremden Teil der Verlust der Freiheit und seiner Güter gesetzt[2]. Das römische Recht dagegen macht Unterschiede: in gewissen Fällen ist den Peregrinen das Konnubium versagt[3], in anderen gestattet[4], aber auch dann ist es nicht das volle Konnubium[5]; und noch Valentinian und Valens verboten mit den auf römischem Boden angesiedelten Barbaren die Ehe (365)[6]. In den gleichen Zusammenhang wie die Ehe eines Uria mit der Bathseba gehört, was die Vätersage vom Aufenthalt Abrahams beim Pharao von Aegypten und von seinem und Isaaks Aufenthalt bei dem Philisterfürsten Abimelekh von Gerar berichtet. In allen drei Fällen bildet die Voraussetzung, dass, so sehr die verheiratete fremde Frau vor Vergewaltigung geschützt ist, mit den Heirats-

---

[1] Pappafava, l. c. p. 15.   [2] Sainte-Croix, l. c. p. 189.
[3] Walter, l. c. I p. 526 (§ 352), II p. 84 (§ 490).
[4] l. c. I p. 164 (§ 115).   [5] l. c. vgl. Pappafava, l. c. p. 9.
[6] Bastian, l. c. p. 51 f.

fähigen unter den Gerim das Konnubium durchaus zulässig ist. Abraham und Isaak wissen zum Voraus, was kommen wird und begünstigen es sogar (Gen 12 11 ff., 20 1 ff., 26 7 ff.). Nun übersehen wir freilich nicht, dass es sich in all diesen drei Fällen blos um eine Nebenheirat handelt und לקח לאשה (Gen 12 19) nicht mehr ist, als „in seinen Harem aufnehmen" [1]. Indessen müssen wir im Auge behalten, dass für die alten Israeliten ein Unterschied zwischen legitimer Ehe und illegitimer im Sinne des griechisch-römischen Gesetzes überhaupt nicht existiert [2]. Wie wenig für die Kinder auf ihre Mutter ankommt, zeigt ja in überraschender Weise das bekannte Beispiel Jephthas, des Sohnes einer Hure, der im väterlichen Hause neben den legitimen Söhnen auferzogen wird (Jud 11 1 ff.).

Aber auch für den niedriger gestellten Ger, der nur Tagelöhnerarbeit verrichtet, ist die Möglichkeit des Konnubiums nicht von vornherein ausgeschlossen; der Lohn, um den er arbeitet, kann vielmehr gerade die Gewährung derselben sein. Auch den Hebräern nämlich ist die bei andern Völkern vorkommende Form der Dienstehe [3] nichts Unbekanntes. Jakob dient sieben Jahre um Lea und ebensoviel um Rahel (Gen 29 18 27). Man wäre fast geneigt, unter denselben Gesichtspunkt die Ehe Mosis mit der Zippora zu bringen (Ex 2 21 vgl. mit 3 1). Eines merken wir aus der Jakobsgeschichte noch an. Bei seinem Wegzug von Laban muss Jakob die Einwilligung seiner Frauen einholen, um sie (und ihre Kinder) mitnehmen zu können (Gen 31 4 ff., vgl. übrigens Ex 4 18). Das erinnert durchaus an Verhältnisse der Beduinen Südarabiens. Da wird nämlich auch die Tochter einem Fremden gegeben; der Schwiegersohn muss sich aber alsdann beim Schwiegervater niederlassen, und Ibn Batuta von Zabîd in Yemen sagt sogar, die Frauen dieser Stadt weigerten sich zwar nicht, sich mit Fremden zu verheiraten; wollten letztere aber fortziehen, so giengen die Frauen nicht mit, sondern blieben mit ihren Kindern zurück [4]. Es ist nicht schwer einzusehen, dass sich hier einfach Spuren des ursprünglichen Matriarchates besonders lange erhalten haben. Dasselbe wirkte sogar in historischer Zeit noch soweit nach, dass im Gegensatz zum römischen Recht, die arabische Frau nicht in die gens ihres Mannes eintrat, sondern selbst wo sie ihm auch in seinen Stamm zu folgen hatte, nur gâra darin wurde [5].

Darnach wird auch in Israel der ursprüngliche Sinn der Dienstehe

---

[1] Uebersetzung von KAUTZSCH-SOCIN z. St.
[2] BENZINGER, l. c. p. 135. 341.   [3] POST, Grundriss p. 318 ff.
[4] POST, Studien z. Entwickelungsgesch. des Familienrechtes p. 332; vgl. ROB. SMITH, Kinship 64. 108. 176; WELLHAUSEN, l. c. G. N. p. 469 f.
[5] ROB. SMITH, l. c. p. 62. 267 f., Lectures [2] p. 279 Anm. 4.

darin liegen, dass der Ger an Ort und Stelle, wo er heiratet, dauernd bleibe, damit man die Tochter, die man ihm gegeben, beständig im Gesichtskreis behalte und sie vor aller Gewalttat geschützt wisse. Jedenfalls wird auf diese Weise dem Ger die Möglichkeit eröffnet, es inmitten des Geschlechtes, unter dem er wohnt, wie Jakob, zu einer Familie zu bringen (vgl. Lev 25 45, ob auch II Sam 1 13?). Am günstigsten wird er sich gestellt haben, wenn in einem solchen Falle der Patron keine männlichen Erben hinterliess. Sahen wir, dass dieser seine Tochter dann gelegentlich sogar einem Sklaven gab, den er in sein Erbe einsetzte, so mochte ihm dazu ein freigeborener Fremder unter Umständen noch lieber sein.

Besondere Aufmerksamkeit verdient endlich noch die Frage, wie man es mit den im Lande noch ansässigen Kanaanitern in Bezug auf das Konnubium gehalten habe. Ex 34 15 f. wird das Verbot desselben eingeschärft, und dass dieses von jeher gegolten habe und eingehalten worden sei, war bis vor Kurzem traditionelle Ansicht. Indessen erweisen sich die genannten Worte als Zusatz zum ursprünglichen ersten Gebot. Schon das mahnt zur Vorsicht im Urteil, und nun führt eine genauere Untersuchung von Gen 34, an welches Kapitel wir uns zuerst zu wenden haben, zu einer wichtigen Korrektur jener traditionellen Ansicht. So freilich wie Gen 34 gegenwärtig lautet, scheint es sie zu bestätigen. Sehen wir indessen näher zu, so ergiebt sich, dass in der gegenwärtigen Erzählung zwei Parallelberichte in einander verwoben sind, von denen der eine J, der andere trotz mehrfach dagegen erhobenem Widerspruch nach dem Vorgange KUENENS[1] P zuzuweisen ist. Zum Berichte von J, der uns hier einzig interessiert, gehören die V. 3 7 11f. 19 25* 26* 30f. Aus denselben ist nicht ersichtlich, was für eine Forderung Jakob und seine Söhne dem Sichem auferlegen, „jedenfalls nicht die Beschneidung", meint WELLHAUSEN; das scheint nach V. 19 sicher zu sein. Zudem haben die Kanaaniter wie die Israeliten selber die Beschneidung gehabt, bzw. vielleicht aus Aegypten herübergenommen (Jos 5 2f. 8f.)[2]. Höchstens könnte sie im gegenwärtigen Falle in Betracht kommen, wenn sie bei den Israeliten von damals eine ähnliche Bedeutung gehabt hätte wie bei den Arabern, bei welchen sie „eine Art barbarischer Reifeprüfung" war, die der Jüngling zu bestehen hatte, ehe er heiraten durfte[3] (vgl. Ex

---

[1] Ges. Abhandlungen, übers. von BUDDE p. 255, „Dina und Sichem".

[2] Jos 5 sind nämlich V. 4—7 späterer Einschub, s. HOLLENBERG, Stud. u. Krit. 1874 p. 493 ff.; WELLHAUSEN, Skizzen II p. 120 = J. d. Th. XXI p. 589, Gesch. Isr. I p. 365.

[3] WELLHAUSEN, Skizzen III p. 154.

4 25f.)[1]; das würde dann auch nicht direkt gegen V. 19 verstossen. Jedenfalls aber hat die Ueberarbeitung von P gerade dies verwischt und aus leicht erklärlichem Grunde, da sie sich nicht darein zu finden vermochte, dass Jakob und seine Söhne dem Kanaaniter, der ihre Tochter und Schwester geschändet hatte, Konzessionen sollten gemacht haben, und doch ist dies zweifellos der Sinn der ursprünglichen Erzählung, wie ihn auch KUENEN[2] darstellt: „Jakob und seine Söhne beruhigen sich über den gegen Dina verübten Frevel. Sie legen Sichem, wollen wir einmal sagen, eine schwere Geldbusse auf und geben ihre Zustimmung zu seiner Ehe mit Dina, die wirklich vollzogen worden wäre, wenn nicht Simeon und Levi, weniger nachgiebig als die übrigen, dazwischen getreten wären und Sichem getötet hätten. Auf die Klage Jakobs über die Gefahr, der diese ihre Tat ihn aussetzt, geben sie die bekannte hochherzige Antwort." Steht uns dieses fest, so werden wir in der ursprünglichen Sichemsgeschichte also auch nichts finden, dass die Jakobssöhne als Gesamtheit in gewissermassen völkerrechtliche Beziehung zu den Chamorsöhnen getreten wären, wozu es P aufbauscht. Es handelt sich vielmehr nur um den Einen konkreten Fall der Verheiratung Dinas an Sichem. Daraus aber lernen wir: Das Konnubium mit Kanaanitern wurde im alten Israel unbedenklich zugestanden, wenn nur der „Mohar" bezahlt wurde, der für einen Stammfremden wohl ein höherer war (Gen 34 11). Das Bedenken, das Simeon und Levi zu ihrer Rachethat veranlasst, ist die gewaltsame Art, in welcher sich Sichem Dinas bemächtigt hat (V. 31). Aber selbst so noch „desavouiert sie Jakob"[3] und „verflucht ihren Zorn" (Gen 49 5—7).

Das Resultat, das sich uns aus dieser Untersuchung von Gen 34 ergeben hat, wird durch Verschiedenes bestätigt. Ausdrücklich zugestanden wird es Jud 3 5f., wo wir lesen: „Und die Söhne Israels wohnten inmitten des Kanaaniters, des Hethiters, des Pheresiters, des Heviters und des Jebusiters. Und sie nahmen sich ihre Töchter zu Weibern und ihre Töchter gaben sie ihren Söhnen." Von der Ehe Gideons mit der Sichemitin war schon[4] die Rede. In weiterem Sinne wäre hier zu nennen die Ehe jenes Tyrers mit einer Israelitin aus dem Stamme Naphthali (I Rg 7 14), aus welcher Verbindung Chiram (II Chron 2 12: Churam Abi) hervorgeht, der am Tempelbau einen Hauptanteil hat[5].

---

[1] WELLHAUSEN, Prolegomena p. 354 f.; STADE, „der Hügel der Vorhäute" Jos V. ZATW. VI p. 132—143.   [2] l. c. p. 273.
[3] STADE, Nachwort zu ED. MEYER's Kritik der Berichte über die Eroberung Palästinas. ZATW. I p. 149.   [4] s. oben p. 58.
[5] In der Ueberlieferung der genannten Ehe zeigt sich besonders anschaulich die Arbeit einer spätern Zeit. Schliesst der ursprüngliche Bericht, wie ihn die

So spiegelt sich also einfach in der friedlichen Art, wie die Patriarchen mit den Kanaanitern verkehren, das tatsächliche Verhältnis zu ihnen [1]. Wir denken insbesondere an Judas kanaanitisches Weib Suah (Gen 38 2) und an seinen adullamitischen Freund Chira (Gen 38 12 20). Wir könnten hier anreihen die Geschichte von der Begegnung Davids mit Aravna [2]. Genug, die Bereitwilligkeit der alten Israeliten zum Konnubium mit den Kanaanitern dürfte uns darnach kaum mehr zweifelhaft sein.

Vielleicht aber wird uns mit dieser Auffassung sogar ein Erklärungsmittel an die Hand gegeben, auf welchem Wege die Unterwerfung der Kanaaniter zu Stande gekommen sei. Sie geschah vor allem durch Vermischung des Blutes mit den Hebräern. Die Erzählung der Ehe Judas mit der Kanaanitin ist doch deutlich ein Reflex der Tatsache, dass der Stamm Juda stark mit kanaanitischem Blute untermischt war. Diese Erkenntnis hat EDUARD MEYER sogar soweit getrieben, dass er mit Rücksicht auf die von uns schon erwähnten anderweitigen fremden Elemente Judas sagt: „Fast könnte es scheinen, als ob ihm überhaupt hebräische Elemente ganz fehlten" [3]. Wie gründlich auch in andern Stämmen die Vermischung war, würde namentlich deutlich, wenn derselbe Gelehrte [4] mit der Behauptung Recht behalten sollte, dass Joseph ursprünglich selber ein kanaanitischer Stamm sei, „der wie die bene Chamor und überhaupt ein bedeutender Teil der

---

Chronik noch erhalten hat, (nur dass die Frau als Danitin erscheint), jeden Gedanken an israelitische Abkunft Churam Abis aus, so lässt I Reg die Möglichkeit einer solchen wenigstens offen dadurch, dass die Israelitin bei der Eheschliessung als Witwe erscheint (vgl. GIESEBRECHT, Zur Hexateuchkritik ZATW. I p. 239—241). Bei Josephus (Ant. VIII 3 4) wird gegen alle Ueberlieferung einfach behauptet: „μητρὸς μὲν ὄντα Νεφθαλίτιδος τὸ γένος, ἐκ γὰρ ταύτης ὑπῆρχε τῆς φυλῆς, πατρὸς δὲ Οὐρίου γένος Ἰσραηλιτῶν." Jedenfalls ist daraus schon zu ersehen, nach welcher Richtung hin sich die Verhältnisse entwickeln.

[1] STADE, l. c. ZATW. I p. 146—150.

[2] Warum David Aravnas Anerbieten, sein Grundstück als Geschenk aus seiner Hand zu empfangen, nicht angenommen habe, hat mehr oder minder scharfsinnigen Vermutungen freien Spielraum gelassen. DAUMER beispielsweise hat auch hier eine Bestätigung seiner Theorie zu finden vermocht und behauptet, nur wegen seiner Stellung zum Molochdienst habe David dem kanaanitischen Priester Aravna seinen Opferplatz abgekauft, anstatt diesem Feinde einfach sein Eigentum wegzunehmen! (Der Feuer- und Molochdienst der alten Hebräer als urväterlicher, legaler, orthodoxer Kultus der Nation nachgewiesen 1842.) Den Dienst tut auch eine einfachere Annahme, die dafür richtiger ist: Den Platz für ein Heiligtum darf man sich nicht schenken lassen im Falle von II Sam 24 (beachte namentl. V. 24. — Bemerkung DUHMS).

[3] Der Stamm Jakob und die Entstehung der israel. Stämme ZATW. VI p. 10.

[4] l. c. p. 1—16, spez. 10.

kanaanäischen Städtebevölkerung in die auf dem Gebirge sich ansie-
delnden Israeliten aufgegangen ist." Er geht dabei aus von der Tatsache, dass Joseph in Sichem begraben liegt (Jos 24 32). Auf Grund
derselben hatte schon STADE[1] die Bemerkung gemacht, entweder sei
sein Grab nach Beginn der Königszeit in dem bis auf Abimelekhs Regierung kanaanitischen Sichem lokalisiert worden oder aber, falls sein
Grab schon früher in Sichem gezeigt wurde, sei seine Figur als kanaanitisch in Anspruch zu nehmen. Was MEYER dazu veranlasst, sich
für die zweite Möglichkeit zu entschliessen, ist der Umstand, dass sich
in den drei gleichlautenden Kopien an den Pylonen des Amonstempels
in Karnak aus der Zeit König Dhutmes III. (16.Jahrh.) unter den 119
(resp. 118) genannten Ortsnamen auch ein ישפאל findet, welches er erklärt = Joseph-el.

Wie dem aber auch im Einzelnen sei, die allgemeine Tatsache
eines allmählichen Verschmelzungsprozesses mit den Kanaanitern auf
dem Wege des Konnubiums steht ausser Frage und ist auch imstande,
wie WELLHAUSEN richtig gesehen hat, ein an sich rätselhaft scheinendes
Faktum in einfacher Weise zu lösen: Im Deboraliede nämlich wird die
Zahl der streitbaren Männer in Israel auf 40 000 veranschlagt; der
Stamm Dan hat 600 Krieger zu seiner Wanderung nach Norden. Je-
rubbaal stehen zum Kampf gegen Midian 300 Leute zur Verfügung.
Dagegen treffen wir in der Königszeit auf wesentlich andere Zahlen,
wenn diese auch weit übertrieben sein mögen; findet doch Joab bei der
Volkszählung in Israel 800 000, in Juda 500 000 Männer, die das
Schwert zogen (II Sam 24 9). „Die Erklärung des Faktums liegt nicht
fern, die einverleibten Kanaaniter bilden den Schlüssel"[2].

Auf Grund dieser Ausführungen dürfen wir uns hier endlich noch
zu einem allgemeineren Urteile erheben: Wohnte Israel nicht allein,
wie unser erstes Kapitel uns gelehrt hat, neben und mitten unter
Fremden, sondern vermischte mit ihnen willig sein Blut, wie wir zuletzt
sahen, so kommen wir zum beachtenswerten Ergebnis: Wenn irgend
ein Volk, so war das Israel, das wir in der älteren Königszeit
finden, nicht reinen Blutes. Es ist diese Erkenntnis die Bestätigung einer allgemeineren Behauptung, zu der auf ganz anderem
Wege — dem der vergleichenden Sprachwissenschaft — MAX MÜLLER[3]
geführt worden ist: „Was die ideelle Einheit eines Volkes bildet —
und ein Volk ist eben eine ideelle Einheit —, das liegt weit mehr in

---

[1] Gesch. Isr. I[1] p. 128.
[2] Skizzen I p. 18. Isr. und jüd. Gesch. p. 30 f.
[3] Essays (deutsch) IV p. 114: Ueber die Resultate der Sprachwissenschaft.

den geistigen Faktoren, in Religion und Sprache, als in Verwandtschaft und Gemeinschaft des Blutes."

Freilich, wir glauben das Bild der von uns ins Auge gefassten Zeit auf diesen letzten Seiten nicht ganz vollständig gezeichnet zu haben, wenn wir nicht hinzufügen: Es gab doch auch manchen ächten, biedern alten Israeliten, welcher der Meinung war, die besten Heiraten seien die im eigenen Stamme. „Besser ich gebe sie dir als dass ich sie einem Fremden gebe" (Gen 29 19), so spricht bekanntlich Laban zu seinem Neffen Jakob, und so wird mancher andere auch gerechnet haben. Wir wissen auch aus arabischen Verhältnissen, wie weit verbreitet die Ehe gerade unter Vettern war [1] (vgl. auch Gen 24 4; — I Reg 14 31 vgl. mit I Reg 15 2). Konnte es aber das rechte Bruderskind nicht sein, so sollte es doch der Sohn oder die Tochter der Brüder im weiteren Sinne, des eigenen Stammes oder Volkes sein (Jud 14 3). Hier ist der Punkt, woran in unserem zweiten Abschnitt anzuknüpfen sein wird.

Kapitel IV.
Die religiöse Stellung der in Israel ansässigen Fremden.

Was für den antiken Menschen ständige Auffassung ist, haben wir schon [2] erwähnt. Wer sein Land verlassen muss, verlässt auch den Gott seines Landes (Gen 4 14 I Sam 26 19); so sehr hängen Land und Gott zusammen. Darum ist auch für den alten Israeliten das fremde Land, wo Jahwe nicht wohnt, unrein (Am 7 17 Hos 9 4 Jos 22 19 vgl. Ex 8 22 ff.). Jahwes machtvolle und hilfreiche Wirksamkeit hat darin auch ein Ende (vgl. II Reg 3 27 Jud 11 24). Damit ist aber ein Zweites aufs Engste verbunden: Nicht nur Land und Gott gehören aufs Engste zusammen, sondern auch Volk und Gott. Wenn Orpa zu ihrem Volke zurückkehrt, so schliesst dies von selber in sich, dass sie auch zu ihrem Gotte zurückkehrt (Ruth 1 15). Ebenso wenn Noomis Volk Ruths Volk ist, so ist auch Noomis Gott ihr Gott (Ruth 1 16). Jeremia ist sich zwar wohl bewusst, dass alle Götter der anderen Völker „Nicht-Gott" sind, aber doch vermag er sich nicht zu denken, dass ein Volk seinen Gott aufgeben könnte (Jer 2 11). Nicht minder weiss der Deuteronomist, dass es nur einen Gott giebt; aber weil er sich nun einmal nicht vom Gedanken losmachen kann, dass jedem in sich abgeschlossenen Verehrerkreis ein Gott entsprechen müsse, lässt er den Gott Israels unter die verschiedenen Völker die andern Götter verteilen (4 19) [3].

---

[1] Vgl. Rob. Smith, Kinship p. 82. 138. 164.   [2] s. oben p. 13.
[3] Die gleichen Beispiele citiert Rob. Smith, Lectures [2] p. 36.

Die Kehrseite dieser Auffassung, die den Gott an ein Land und
an ein Volk bindet, ist natürlich zunächst, dass wer in eines Gottes
Land wohnt, diesem Gott in irgend einer Weise zu dienen
hat. Das geht deutlich hervor aus II Reg 17 24 ff. Der älteren Quelle[1]
in diesem Stück scheinen anzugehören die V. 24—28 41. Sie berichten
uns: (24) „Und es liess kommen der König von Assyrien[2] Leute aus
Babel, Kutha, Awa, Hamath und Sepharwaim und siedelte sie an
in den Städten Samariens anstatt der Söhne Israels; und sie nahmen
Samarien in Besitz und wohnten in dessen Städten. (25) Und es geschah zu Anfang ihrer Ansiedelung daselbst, fürchteten sie Jahwe nicht,
da schickte Jabwe Löwen und die würgten unter ihnen. (26) Da sprach
man zu dem König von Assyrien also: Die Völker, die du weggeführt
hast und angesiedelt in den Städten Samariens, kennen nicht den
Brauch des Gottes im Lande; da hat er die Löwen unter sie geschickt,
und siehe, die töten sie, da sie den Brauch des Gottes im Lande nicht
kennen. (27) Da gebot der König von Assyrien also: Bringt dahin einen
der Priester, die ihr von da weggeführt habt, dass er hingehe und daselbst wohne[3] und er sie lehre den Brauch des Gottes im Lande. (28)
Und so kam einer der Priester, die sie aus Samarien weggeführt, und
wohnte in Bethel und lehrte sie, wie sie Jahwe fürchten sollten. (41)
Und so fürchteten diese Völker Jabwe und dienten zugleich ihren
Götzen; auch ihre Söhne und die Söhne ihrer Söhne thun wie ihre
Väter gethan haben bis auf den heutigen Tag.“
   Die Tatsache, dass die fremden Kolonisten von den Löwen zu
leiden hatten, mag nach der Verwüstung des Landes selbstverständlich
genug sein (vgl. Ex 23 29); dass Josephus[4] dagegen von einer Pestilenz
spricht, verschlägt nichts dagegen. Jedenfalls geht aus der Deutung, die
man der Plage giebt, soviel hervor, dass niemand im Lande ungestraft
wohnen darf, der den Brauch des Gottes im Lande (מִשְׁפַּט אֱלֹהֵי הָאָרֶץ),
d. h. seine Forderungen[5], nicht kennt. Was haben wir darunter zu verstehen? „Die Art der Verehrung, die man ihm schuldig ist,“ antwortet
Thenius[6]. Das wird richtig sein, wenn wir es nicht blos auf die kultischen und ceremoniellen Obliegenheiten beziehen wollen, wie er es
tut. Hier greift nämlich jenes Zweite ein, wovon wir gesprochen, dass

---

[1] Bei Kuenen, Rd.[1].
[2] Uebrigens nicht Assarhaddon, wie aus Esr 4 2 geschlossen wurde, sondern Salmanassar, s. Schrader, Stud. u. Krit. 1867 p. 495 ff.; Thenius, Komm. zu Kg.[2] p. 388.
[3] 1. וַיֵּלֶךְ, וַיֵּשֶׁב (Syr.).   [4] Ant. IX 14 3.
[5] Gesenius, Handwörterbuch[12] s. משפט.
[6] Komm. zu Kge. z. St.; ebenso übersetzen מ Siegfried-Stade im hebr.
Wörterbuch.

jedem Gott ein bestimmter, in sich geschlossener Kreis von
Verehrern entspricht, ein Stamm oder ein Volk. Infolge davon
ist Religion nicht wie für uns in erster Linie Sache persönlichen Glaubens und individueller Ueberzeugung, sondern ein Stück öffentlichen
und sozialen Lebens, und religiöse Pflicht wie politische, von der sie
tatsächlich einen Bestandteil bildet, fasst sich vollständig zusammen
in die Beobachtung gewisser vorgeschriebener Regeln des äusseren Verhaltens. Sich diesen nicht anpassen heisst sich gegen das öffentliche
Leben vergehen; denn wenn die Religion eine Einbusse erleidet, so sind
die Grundlagen der Gemeinschaft untergraben und um die Gunst der
Götter ist es geschehen[1]. Die Summe jener Regeln, in denen wir also
den Inbegriff der göttlichen Forderungen erkennen, ist die allgemeine Sitte des Stammes, die eine ganz andere Bedeutung hat als
die Sitte heutzutage; sie wird geradezu als heilig geachtet. Sie in
Handel und Wandel nicht zu verletzen, ist denn also das Hauptgebot,
das jedem gilt, der in einem Lande wohnen will, sei er autochthon, sei
er Eingewanderter. Dabei kommt es weniger auf das Tun als auf das
Lassen an. Zwei Beispiele mögen dies erläutern: Zu dem schon mehrfach genannten Sohn des amalekitischen Ger spricht David: „Wie
hast du dich nicht gescheut, deine Hand auszustrecken, den Gesalbten
Jahwes umzubringen?" (II Sam 1 14) Er macht ihn also für seine Schuld
verantwortlich, und er bestraft ihn dafür (V. 15). Denn der Ger hätte
wissen müssen, dass der „Gesalbte Jahwes" unverletzlich ist und hätte
dies respektieren sollen. Wir lesen ferner bei Amos (8 5) eine Drohrede
gegen solche, die nicht erwarten können, bis Neumond und Sabbath
vorüber sind, damit sie Korn und Getreide verkaufen können. Es ist
mit keinem Worte gesagt, dass er dabei fremde Händler im Auge habe,
und doch möchten wir dies annehmen, wenn wir uns erinnern, dass zu
seiner Zeit der Handel noch grösstenteils in nichtisraelitischen Händen
war. Nehmen wir hinzu, dass Ex 23 12 der Ger unter denen mitgenannt
wird, welchen die Ruhe des Sabbaths zu Gute kommen soll, Ex 20 10
auch auf ihn das Verbot jeglicher Arbeit an demselben ausgedehnt wird,
so glauben wir behaupten zu dürfen: Die Gerim müssen sich namentlich, was Sabbath und Feiertage anbetrifft, der allgemeinen Sitte unterwerfen, d. h. eben beispielsweise ihren Handel einstellen.

Als Mittel, die Gerim dahin zu bringen, erscheint II Reg 17 27f.
die Thora, die Weisung des Priesters. Wo es sich blos um einzelne
Fremde bei einer Privatperson handelte, da wird eine Verabredung mit
dem Patron auch genügt haben. Den Priestern aber stand vermutlich

---

[1] ROB. SMITH, Lectures[2] p. 21, vgl. 1. Aufl. p. 22f.

der Entscheid darüber zu, in wie weit Fremde zur Teilnahme an den
Uebungen der nationalen Religion im engern Sinne beizuziehen seien.
Das führt uns auf den Begriff der Opfergemeinschaft. „Ursprünglich war der Kreis gemeinsamer Religion und gemeinsamer sozialer
Pflichten identisch mit demjenigen natürlicher Geschlechtsverwandt-
schaft, und Gott selber wurde als zum selben Stamm gehörig angesehen
wie seine Verehrer. Demnach war es natürlich, dass die Geschlechtsglieder und ihr geschlechtsverwandter Gott ihre Genossenschaft zu be-
siegeln und zu befestigen pflegten, indem sie von Zeit zu Zeit zusammen
assen, um ihr gemeinsames Leben durch eine gemeinsame Mahlzeit zu
nähren, zu der die nicht zugelassen wurden, die ausserhalb der Ge-
schlechtsverwandtschaft standen“ [1]. Für die Zeit der Ansässigkeit des
Volkes tritt an Stelle der Geschlechtsgenossenschaft mehr und mehr die
Territorialgenossenschaft. Hier ist der oberste Gesichtspunkt, nach dem
man sich zusammenschliesst, nicht mehr die Gemeinschaft des Blutes,
sondern der äussere lokale Zusammenhang, in den man sich gestellt
findet. Es liegt auf der Hand, dass die Schranken, welche eine solche
Opfergemeinde umschliessen, keine unüberwindlichen sind. Dem Opfer
einer Territorialgemeinde begegnen wir I Sam 9 12. Die Leute
einer Stadt im ephraimitischen Gebiete Zuph (9 5), vermutlich Ramas,
des Wohnortes Samuels, vereinigen sich auf der Bamah zum Opfermahle.
Wir bemerken, dass Samuel den Benjaminiten Saul und seinen Knappen,
die zufällig an diesem Tage in der Stadt anwesend sind, am Mahle
teilnehmen lässt (V. 22 ff.). Ein ähnliches Beispiel ist das folgende: Die
kanaanitischen Bürger von Sichem sind im Hause ihres Gottes am
Weinlesefest zu frohem Mahle vereint (Jud 9 27). Eben hier — also
im Tempel — kann Gaal, der Sohn Jobaals [2], offenbar ein Israelit,
der mit seinen Brüdern nach Sichem gekommen ist, die weinfrohe
Stimmung der Opfergäste benützen (9 28). Er ist also vom Opferschmaus
durchaus nicht ferngehalten worden (vgl. noch Jud 16 23 ff.). Kurz, wir
finden hier einfach die Gastfreundschaft vom Hause übertragen
auf die Kultgemeinde. Und dabei müssen wir etwas Prinzipielles
im Auge behalten: Bei dem fröhlichen Tone, der alle jene alten Opfer-
mahlzeiten durchklingt, ist sich der Israelit überhaupt nicht bewusst,
„im Opfer eine geistliche, von dem natürlichen Verlauf des Lebens
scharf getrennte Handlung zu üben; das Opfer geht ihm aus natürlichen
Veranlassungen hervor und versetzt ihn daher auch nicht in eine Stim-

---

[1] Rob. Smith, Lectures [2] p. 275.
[2] st. עָכָר l. mit LXX: יוֹבָעַל, d. h. Jahwe ist Baal, das Späteren unerträglich
klang, daher die Korrektur. Doch vgl. Smend, Alttest. Religionsgeschichte p. 100
Anm. 1.

mung, welche von seiner sonstigen inhaltlich verschieden wäre"[1]. Wir möchten daraus zu schliessen geneigt sein, dass der Israelit den nicht leicht von der Opfergemeinschaft ausschliesst, mit dem er im gewöhnlichen und alltäglichen Leben zusammen isst. Nun essen ursprünglich allerdings nur die Angehörigen ein und desselben Geschlechts oder Clans zusammen[2] (vgl. Gen 43 32). Wir erinnern uns aber an oben Ausgeführtes: Ein Gerverhältnis für einen Einzelnen wie für einen ganzen Verband kommt zu Stande durch eine gemeinsame Mahlzeit. Es gilt also unseres Erachtens auch hier der Satz, dass die „Essgemeinschaft schon Sakralgemeinschaft"[3] ist, und erst recht, wenn dabei ein Tier geschlachtet worden ist, wie es ja zu Ehren des fremden Gastes wohl zu geschehen pflegte; denn es ist bekanntlich in alter Zeit jedes Schlachten ein Opfern, bei den Israeliten nicht anders als bei den alten Griechen[4] oder bei den Indiern und bei den Persern[5]. Der Fremde, dem man das beste Stück vom geschlachteten Tiere vorgelegt hat, ist also tatsächlich schon in die Opfergemeinschaft aufgenommen worden. Und zuweilen wurde, wie wir sahen[6], die Aufnahme bestätigt durch einen feierlichen Eid am Heiligtum, wodurch denn schon angedeutet war, dass der Fremde fortan nicht nur einen menschlichen Patron, sondern auch einen göttlichen besitze, und als letztern eben den Gott seines menschlichen Schutzherrn, so dass er zugleich der Klient von beiden geworden war.

Das Gesagte mag uns einen Wink geben, wie es mit den Fremden gehalten worden sei, wo noch die Familie oder das Haus als Kultgemeinschaft handelt. Wir hören, dass einem Fremden — David — einmal der erbetene Anteil an dem, was man bei einer Schafschur geniesst, namentlich am Fleisch, versagt wird (I Sam 25 4ff.). Es ist aber der gottlose Kalibbäer Nahal, der dies tut und seine Tat gilt als unerhörte Verruchtheit, die sich bitter rächt. Sie ist nun einmal das gerade Gegenteil von dem, was die Sitte verlangt. Juda nimmt beispielsweise seinen kanaanitischen Freund Sua mit sich, als er sich zur Schafschur nach Thimna begiebt. (Gen 38 12f.) Die Regel ist also offene Gastfreundschaft gegen aussen Stehende. Erst recht wird zum Opfermahle zugezogen, wer sich dauernd im Hause aufhält. Als bei Saul Neumond gefeiert wird, erscheint als selbstverständlich, dass der stammfremde David, dessen Stellung im Hause des Königs so ziemlich

[1] STADE, Gesch. Isr. I[1] 498.
[2] Für Arabien vgl. ROB. SMITH, Lectures[2] p. 278 f.
[3] WELLHAUSEN, Skizzen III.   [4] HERMANN, Alterth. 4[3] p. 224.
[5] ROB. SMITH, Lectures[2] p. 255 Anm. 1.
[6] s. oben p. 15. 46.

der eines Ger entspricht, an der Opfermahlzeit teilnehme, und Saul ist
über sein Ausbleiben am ersten und zweiten Tage höchlichst befremdet
(I Sam 20 24 ff.). Höchstens eines könnte seine Abwesenheit überhaupt
entschuldigen: ja nicht aber seine Abstammung, sondern dass er
möglichen Falls unrein wäre (V. 26). Was wir darunter zu verstehen
haben, lehrt uns I Sam 21 5. Davids Knappen sind rein genug, um
vom heiligen Brod zu geniessen, wenn sie sich nur der Weiber enthalten
haben. Ihre Abstammung dagegen tut zur Reinheit nichts; nach ihr
wird nicht einmal gefragt. Der Reinigung und Heiligung aber, der es
überhaupt bedarf, um zur Teilnahme an einem Opfermahle zu befähigen,
(Ex 19 10 ff. I Sam 16 5) kann sich natürlich der von Haus aus Fremde
ebenso gut unterziehen als der geborene Israelite.

Im genannten Beispiel ist David in Wahrheit vom Neumondsopfer
Sauls fern geblieben, weil er nach Bethlehem an das jährliche Opfer
seines Geschlechtes (משפחה) geladen worden ist (I Sam 20 6 29).
So unbedingte und anerkannte Pflicht es, wie es demnach scheint, für
die vollberechtigten Glieder eines Geschlechtes ist, an einem solchen
Opfer Teil zu nehmen, so unsicher ist, ob dazu auch die im Geschlechte
sich aufhaltenden Gerim Zulassung bekommen haben oder nicht. Besser
sind wir über die römischen Gentilsacra unterrichtet; beteiligt sich
daran Einer, der nicht zur gens gehört, so pflegt eine „perturbatio
sacrorum“ und eine „contaminatio gentium“ zu erfolgen; wer darum
durch Adoption oder Arrogation in eine andere gens übergeht, muss auf
seine bisherigen sacra ausdrücklich Verzicht leisten[1]. Diese Skrupulo-
sität ist überhaupt ein Charakteristicum der römischen Opfergottes-
dienste. Es wird uns berichtet: „Lictor in quibusdam sacris clami-
tabat: hostis (= d. Fremde[2]) exesto“ [3]. Und in der Aeneis finden wir
die Verse:

> „Et positis aris iam vota in litore solves,
> Purpureo velare comas adopertus amictu,
> Ne qua inter sanctos ignes in honore deorum
> Hostilis facies occurrat, et omina turbet“ [4].

Vielleicht schliesst BENZINGER namentlich aus der Analogie der
römischen Gentilsacra, die auch ROB. SMITH[5] vergleichsweise heranzieht, wenn er sagt[6]: „Kein Fremder darf dem Opfermahl anwohnen,

---

[1] J. MARQUARDT, Röm. Staatsverwaltung 1878, Bd. III, p. 130; ebenda eine
zugehörige Citation aus Cic. de domo 13 ss.

[2] s. oben p. 9.   [3] Festus v° exesto.

[4] III 404—407; hostilis facies = Angesicht eines Fremden, cit. bei FUSTEL
de Coulanges, La cité antique 1864, p. 247.

[5] Lectures[2] p. 275.   [6] Hebr. Arch. p. 438.

sondern nur, wer zum Kâhâl, zur gottesdienstlichen Gemeinde gehört";
wenigstens führt er keine Belegstellen dafür an. Sein Satz kann unanfechtbar sein, je nach dem Sinne, den man mit dem Begriff „Fremder"
verbindet. Ob aber unter denselben hier auch der Ger zu begreifen sei,
ist eine andere Frage, und zwar möchten wir dieselbe nach dem, was
wir in diesem Kapitel über die israelitische Opfergemeinschaft überhaupt, und was wir im vorigen[1] über den Anschluss der Gerim auch an
das Geschlecht ihres Patrons zu bemerken hatten, viel eher verneinen
als bejahen.

Eine wesentliche Stütze würde diese Vermutung erhalten, wenn
wir beweisen könnten, dass sich bei den grossen Festen an den
Stammesheiligtümern die Gerim unter den Teilnehmern befanden.
Denn, wie es scheint, feierten hier, gleich wie an den grossen arabischen
Pilgerfesten[2], die einzelnen sakralen Genossenschaften ihr Opfermahl
nicht zu einer einheitlichen Festgemeinde verbunden, sondern eine jede
für sich neben einander. Jenen Beweis vermögen wir nun aus Mangel
an Nachrichten allerdings nicht zu erbringen; dagegen ist nicht schwer
zu zeigen, dass die Gastfreundschaft, von der wir im obigen sprachen,
auch hier üblich war, und dies macht immerhin wahrscheinlich, dass
man der Zulassung inländischer Fremder keine Schwierigkeit in den
Weg stellte —, wo sie überhaupt kommen konnten; denn den Gerim
auf dem Lande wird dies selten genug ermöglicht worden sein, wenn
zur Wallfahrt schon ihr Patron seinen Hof verlassen hatte. — Es lag
aber auch schon im ganzen Charakter dieser Feste, bei denen es möglichst
heiter, zum Teil sogar ausgelassen, zugieng, dass man die allgemeine Fest-
freude möglichst Viele wollte mitgeniessen lassen. Ein ausdrückliches
Zeugniss ist uns Dt 33 18f. aufbewahrt, wenn es heisst, dass Sebulon
und Issaschar Stämme auf den Berg einladen und daselbst rechte Opfer
darbringen, während sie den Ueberfluss der Meere saugen und das
Verborgene der Schätze des Strandes. Das will besagen, dass sich,
wiederum wie in Arabien[3], mit den Festen Märkte und Messen ver-
banden. Jene Einladung auf den Berg aber, die wir am Ehesten an
Phönicier ergangen denken, ist offenbar zugleich eine Einladung zum
Opferschmause, denn קרא ist geradezu terminus technicus geworden
(I Reg 1 9f.): die קְרֻאִים sind die Opfergäste (I Sam 9 13 22 I Reg 1 41
Zeph 1 7). Wie sehr sich denn auf diese Weise der Begriff der Opfer-
gemeinschaft allmählich erweitert, mag schon daraus ersichtlich werden,
dass Zephanja (1 7) sich Israels fremde Feinde als diese „Geladenen" im

---

[1] p. 28.
[3] WELLHAUSEN, Skizzen III p. 80 ff.
[2] s. ROB. SMITH, Lectures[2] p. 276.

Bilde denken kann und Ezechiel (39 17) gar „alle Vögel und Tiere des Feldes" als solche nennt.

Lässt sich unser vorläufiges Ergebnis ungefähr dahin zusammenfassen, dass dem Ger der Zutritt zur Opfergemeinschaft, welcher sein Patron angehört, nicht versagt bleibt, so ist die ganz natürliche Folge davon, dass, wo er sich länger aufhält, der Gott, dem die betreffende Opfergemeinschaft huldigt, geradezu auch sein Gott wird. Das kann unter Umständen für ihn eine günstige Fügung sein. Wir erinnern uns, dass mancher Ger seine Heimat hat verlassen müssen, weil eine Schuld auf ihm lastet. Er hat in diesem Falle die Gunst seines Gottes verwirkt; aus der sozialen und religiösen Gemeinschaft seines Stammes verstossen, steht er unter dem Zorne seines Gottes, und der Verkehr mit ihm ist abgebrochen. Tritt er nun in einem fremden Lande unter den Schutz eines Patrones und dessen Gottes ein, so findet er damit überhaupt wieder einen Gott, an den er sein Gebet und seine Wünsche richten, dem er Opfer darbringen kann. Ob er dadurch mit seinem früheren Gotte schon wieder ausgesöhnt sei, ist eine andere Frage und für die ältere Zeit zu verneinen. Erst später 'gilt die Anschauung, dass wo Einer von einem Gotte gnädig aufgenommen ist, er mit den Göttern insgesamt auf gutem Fusse steht[1]. Natürlich dürfen wir nicht erwarten, im A. T. Aufzeichnungen darüber anzutreffen, wie weit der Anschluss Fremder an Jahwe in alter Zeit gieng. Nur dass die fremden Sklaven völlig in die religio ihres Herrn aufgenommen waren, hat im Zusammenhang der Darstellung ihrer Lage überhaupt seine Erwähnung gefunden. Was die Gerim betrifft, wollen wir wenigstens anmerken, dass im Namen Uriah das Wort יהוה steckt; dass in Obed Edom aus Gath der Unterschied der Abstammung so sehr verwischt ist, dass die heilige Lade in sein Haus gebracht wird, um darin 3 Monate zu verbleiben (II Sam 6 10 f.); dass Ex 22 22 vorausgesetzt wird, die Gerim rufen Jahwe an; dass endlich die Gibeoniten, wie sie selber ausdrücklich sagen, die Opfer der Blutrache, die ihnen ausgeliefert werden müssen, Jahwe aufhängen (II Sam 21 6).

Alles bisher Besprochene hat zur Grundlage die durchgeführte Geltung der Anschauung: cuius regio eius et religio, d. h. in welchem Lande resp. unter welchem Volke Einer wohnt, dessen Gott dient er. Wesentlich anders ist nun, was wir von Salomo lesen: „Damals baute Salomo eine Höhe dem Kamos, dem Scheusal Moabs, auf dem Berge, der vor Jerusalem liegt, und dem Moloch, dem Scheusal der Söhne Ammons. Und also tat er allen seinen fremden Weibern,

---

[1] Vgl. Rob. Smith, Lectures[2] p. 359 f.

die ihren Göttern räucherten und opferten" (I Reg 11 7f.). In dieser
Notiz ist Richtiges von Unrichtigem zu scheiden. Richtig ist ohne
Zweifel die Tatsache, dass Salomo fremde Heiligtümer errichtet
hat. Wir nehmen gleich hinzu II Reg 23 13, wonach auch die Asthoreth
von Sidon ihre eigene Bamah von ihm erhält. Unrichtig aber ist die
Begründung des Baues dieser Heiligtümer (I Reg 11 8). An sich schon
liesse sich fragen, ob Salomos Liebe zu seinen Weibern so gross gewesen
sei, da sie sich doch auf so viele zu verteilen hatte. Und dann wäre das
Nächstliegende, dass mit seinem und seiner Weiber Tode diese
Gründungen eingingen. Das stünde sogar umsomehr zu erwarten, als
der Erzähler daran lebhaften Anstoss nimmt. Denn wenn Salomo damit
wirklich etwas Böses getan hätte, so wäre es frömmern Nachfolgern
auf dem Throne ja völlig unbenommen geblieben, diese ärgerlichen
Heiligtümer niederzureissen. Doch haben dies auch Könige nicht
getan, die im Uebrigen eine gute Zensur erhalten. Damit ist aber
schon ausgesprochen, dass Salomos persönliche Rücksicht auf seine
Frauen der entscheidende Grund dieser Bauten nicht gewesen sein kann.
In Wahrheit entsprechen sie lediglich dem, was wir als das treibende
Motiv bei ihm erkannt haben[1]: Jerusalem zur kosmopolitischen Metropole zu erheben. Wir bemerkten schon[2], dass man die in einer Stadt
angesiedelten fremden Händler und Handwerker im ganzen ungestört
in ihrem Ghetto nach heimischem Brauche leben liess. Zum hei-
mischen Brauche gehört aber vor allem der heimische Altar. Es ist z. B. ohne weiteres anzunehmen, dass die Niederlassungen
israelitischer Kaufleute wie diejenige zu Damaskus (I Reg 20 34) einen
in ihrem Ghetto auf israelitischer Erde (vgl. II Reg 5 17) stehenden Altar
gehabt haben. „Man hätte ja sonst dort eben nicht nach israelitischer
Sitte leben können"[3]. So ist für viele phönicische Quartiere in den
Mittelmeerstädten ein Tempel phönicischer Gottheiten bezeugt[4]. Wir
wissen beispielsweise, dass sich in Puteoli eine Niederlassung syrischer
Kaufleute befand, die ihren Vereinigungspunkt in dem Kulte des
Jupiter von Heliopolis hatten, dessen Kosten sie bestritten[5]. So giebt
es schon zur Zeit der athenischen Herrschaft in Delos eine Gemeinde
tyrischer Kaufleute[6]. In einem Worte: Die fremden Ansiedler
bringen ihren Kult aus ihrer Heimat an die neue Wohnstätte mit. Das ist ein grosses Vorrecht der Gerim, die sich Geschäfts halber in den Städten niederlassen und wird im einzelnen Falle

---

[1] s. oben p. 20.   [2] s. oben p. 44.
[3] STADE, Gesch. Isr. I[1] p. 376.   [4] l. c. Anm. 1.
[5] MARQUARDT, l. c. p. 141.
[6] Corp. Inscr. Graec. 2271: ἡ σύνοδος τῶν Τυρίων ἐμπόρων καὶ ναυκλήρων.

auch in jenen Verträgen geregelt worden sein, welche, wie oben[1] bemerkt, zwischen den Königen verschiedener Länder zu Gunsten ihrer
Händler bestanden. Gerade hierin kommt also nun Salomo den Fremden
entgegen, indem er zur Ausübung solcher Kulte auf seine resp. auf
Staatskosten Heiligtümer errichtet. Nun wird mit einem Male auch
begreiflich, warum diese Gründungen mit seinem Tode nicht aufhören.
Seine Weiber mit ihrem Gefolge hatten nur den kleinsten Teil gebildet
der Anhänger jener fremden Götter. Moabiter, Ammoniter und Sidonier
haben Jahrhunderte lang in Jerusalem gelebt und ihre Kulte gefeiert.
Die Stiftung eines Baalstempels (I Reg 16 32) unter Ahab ist nicht
anders zu beurteilen als die genannten, und für einen nach damascenischem Muster gebauten Altar (II Reg 16 10ff.) mussten die nach Jerusalem kommenden oder darin wohnenden Damascener Ahas Dank wissen.

Nicht dass durch diese Gründungen die Vererher jener fremden
Götter der Anerkennung Jahwes, in dessen Land sie wohnten, völlig
enthoben gewesen wären. Einen gewissen Tribut der Verehrung durften
sie ihm nicht vorenthalten. Das war sicherlich auch der Gedanke Salomos, wie denn Jahwe für ihn der grösste Gott bleibt (wenn auch nur der
relativ grösste) und den Haupttempel erhält. Jedenfalls aber dürfen
wir uns nicht irre machen lassen durch I Reg 8 41ff., wo er in seinem
Weihgebete vorauszusetzen scheint, dass auch Fremde (נכרי) zum
Tempel nach Jerusalem kommen werden, um daselbst den einigen
Himmelsgott anzubeten; das gehört, wie an seinem Orte noch zu sagen
sein wird, einer viel späteren Zeit an. —

Das Ergebnis dieses Kapitels ist, dass in religiösem Betracht die Fremden in Alt-Israel nicht wesentlich anders
gestellt sind als in irgend einem Lande. Die Beziehungen
Israels zu den Fremden in seiner Mitte spielen sich, wie
dieser ganze erste Abschnitt an den Tag gelegt haben soll,
überhaupt nicht auf geistlichem sondern auf natürlichem
Boden ab. Davon, dass sich Israel, etwa als Träger einer
besondern Religion, Fremden gegenüber eines besondern
Verhaltens bewusst wäre, findet sich, soviel wir sehen können, auch nicht ein Wort. Das Werk des Jahwisten stützt
diese Behauptung viel mehr als dass es ihr widerspricht. Das nötigt
uns aber zwei Stellen derselben, auf die sich die traditionelle Auffassung im entgegengesetzten Sinne beruft, näher ins Auge zu fassen.
Wir lesen zunächst im sogenannten Segen Noahs die Worte (Gen 9 27):
„Elohim gebe weiten Raum Japhet, dass er wohne in den Zelten Sems."

---

[1] s. p. 41.

Dass diese Worte für unsere Frage von ganz besonderer Bedeutung sind, leuchtet ohne weiteres ein; denn nach herkömmlicher Auffassung bedeuten sie, Japhet solle bei Sem (in geistlichem Sinne natürlich) zu Gaste gehen, mit andern Worten sich bei ihm seine Religion holen; wir hätten es also mit einer alten Weissagung auf das Christentum zu tun, aus der uns schon das volle Bewusstsein der Expansivkraft der Religion Sems entgegenträte. Unsere erste Frage muss sein, ob ein solcher Gedanke zur Zeit des Jahwisten, den wir c. 850 ansetzen, überhaupt möglich ist. Jedenfalls träte er vollständig aus allem heraus, was wir bisher für diese Zeit gefunden haben. Nun wäre aber schwer zu verstehen, wie J dazu kommen konnte, an die Japhetiten, mit denen man noch in gar keine geschichtliche Berührung gekommen war, so weitgehende Hoffnungen zu knüpfen. Dazu macht Duhm[1] darauf aufmerksam, wie wenig die Erwähnung Japhets in die Segen und Fluch hervorrufende Geschichte hineinpasse. Wer rückwärtsgehend den daliegenden Vater bedecken will, muss dazu den eigenen Mantel, nicht den Noahs nehmen; dazu gehört aber nur eine Person (vgl. וַיִּקַּח V. 23); sind es deren zwei, so wird die ganze Handlung sogleich nicht mehr recht vorstellbar. Ursprünglich war also wohl nur von Sem (= Israel) und Kanaan die Rede; als dann später die Japhetiten in den nähern Gesichtskreis der Juden eintraten und jüdischer Gelehrsamkeit Noah als Beginner der ganzen neuen in drei Rassen geteilten Menschheit erschien, glaubte man, auch Japhet nicht leer können ausgehen zu lassen; in welchem Sinn dies geschah, wird an seinem Orte zur Sprache kommen müssen. Gen 9 27ᵃ hat uns also nach unserer Meinung für die Zeit, von der wir reden, überhaupt nichts zu sagen.

Aehnlich ist eine zweite Stelle des Jahwisten von Paulus an (Gal 3 8) bis in die allerneueste Zeit[2] in messianischem Sinne gedeutet worden. Wäre diese Deutung richtig, so müsste Israels Stellung zu den Fremden im 9. Jahrhundert, namentlich in religiöser Beziehung, eine wesentlich verschiedene gewesen sein. Es handelt sich um Gen 12 3, wo rein sprachlich mit gleichem Rechte übersetzt werden kann: „Es sollen gesegnet werden in dir" oder: „es sollen sich segnen in dir alle Geschlechter der Erde (oder des Landes)." Nach dem schon Erörterten würde die Entscheidung unbedingt zu Gunsten der letztern Möglichkeit neigen; aber das könnte als petitio principii ausgelegt werden. Zur Not liesse sich ja sogar aus dem Jahwisten selber eine Stelle

---

[1] Kolleg über die mess. Weissagung (Winter 1894/95).
[2] Ed. König, Die Hauptprobleme d. altisrael. Religionsgesch. 1884, p. 97: „Bereits in Abrahams Berufung ist die das ganze Menschengeschlecht umspannende Zukunftshoffnung hineinverwebt."

anführen, die zu Gunsten der ersten Möglichkeit spräche, Gen 39 5:
„Jahwe segnete das Haus des Aegypters um Josephs willen, und der
Segen Jahwes ruhte auf Allem, was ihm gehörte, im Hause und auf
dem Felde." Aber wir fragen bei den ältesten und zuverlässigsten
Exegeten unserer Stelle an: Gen 18 18 22 18 26 4 Jer 4 2. Indem die
drei letzten Stellen das Niphal mit dem Hithpael vertauschen, ist die
Antwort zu Gunsten der letzteren Möglichkeit gegeben, und 48 20 (E)
erhebt sie über allen Zweifel. Höchstens darüber kann man noch verschiedener Meinung sein, ob אדמה mit „Land" oder „Erde" zu übersetzen sei. Soviel ich sehe, halten sich die Gründe für und wider
ungefähr die Wage; ich möchte immerhin die Uebersetzung „Erde"
vorziehen (vgl. Gen 6 1 7 4). Jedenfalls aber bleibt es bei der Deutung:
Das Glück Abrahams und seines Samens wird sprichwörtlich werden
für ein Glück, das man sich überhaupt ersehnen kann. Davon, dass
Israel die Quelle des Glückes für die Anderen — etwa durch seine Religion — werden könnte, sagt dagegen auch unsere Stelle nichts aus.

Diese Deutung der beiden angeführten Stellen steht auch durchaus im Zusammenhang damit, dass noch für den Jahwisten Jahwe
gar nicht der Gott aller Welt ist. Ansätze sind wohl dazu vorhanden: Wenn er gleich mit der Erzählung beginnt, wie Jahwe Erde und
Himmel schafft und den Menschen bildet (Gen 2 4b ff.), hört für ihn Jahwe
eigentlich auf, nur der Gott Palästinas und des israelitischen Volkes zu
sein; er wird der Gott der Menschen überhaupt und sein Machtbereich
wird die Welt (Gen 24 3; vgl. Ex 9 18 10 13). Er bleibt über den Seinen
auch Gott auf fremdem Boden (Gen 28 15 39 2 vgl. 46 4 [E]). Der Fortschritt über die an der schon öfter angeführten Stelle I Sam 26 19 ausgesprochene Anschauung ist unverkennbar. Auch die von Jahwe herbei-
geführte Sintflut, die freilich nicht zum Grundbestand von J gehört[1], ist
ein Weltereignis. Aber zu Ende gedacht ist dieser Gedanke bei Weitem noch nicht. Jahwe ist der Gott seines Volkes geblieben mit ebensoviel Wohlwollen für dasselbe als Grimm gegen dessen Feinde (vgl.
Ex 11 7). Und auch mit dem andern wird nicht Ernst gemacht, dass
die Sprachverschiedenheit der Menschen nur ihre Strafe sei (Gen 11 7),
dass also naturgemäss und ursprünglich die Menschheit nur Eine Sprache
haben, d. h. eine Einheit bilden müsste. Der Verfasser ist eben doch
nur an Israel interessiert und am Heile, das Jahwe ihm verleiht. Erst
muss Jahwe ganz der Gott aller Welt werden, ehe an eine
Propaganda der Israeliten zu denken sein kann. Das ist der
Punkt, wo unser dritter Abschnitt wiederum wird anzuknüpfen haben.

---

[1] CORNILL, Einleitung[1] p. 52 f. (nach BUDDE, d. bibl. Urgeschichte).

Zweiter Abschnitt.
Die Reaktion gegen das Fremdländische bis zu ihrem Niederschlag im Deuteronomium.

Die Gegensätze, die wir bisher im Verhältnis gegen die Fremden wirken sahen, spielten zwischen Geschlecht und Königtum: Ein neues Element tritt wirksam in die Geschichte ein mit dem Aufkommen des Prophetentums. Wenn wir die Propheten richtig verstehen, so stellen sie zunächst eine Reaktion dar gegen alles, was fremdländisch ist. Ihre Richtung ist Konservatismus der Wüstentradition. Diese drohte in der dionysischen Kultur in Kanaan ganz und gar unterzugehen. Mehr und mehr waren ja die Israeliten durch friedlichen Verkehr mit den Kanaanitern in ihr Erbe hineingewachsen, hatten „grosse und schöne Städte erhalten, die sie nicht gebaut, Häuser voll von allerlei Gutem, die sie nicht gefüllt, gehauene Brunnen, die sie nicht selber gehauen, Weinberge und Oelgärten, die sie nicht gepflanzt" (Dt 6 10 f. Jos 24 13). Und dabei waren beide Völker selber grösstenteils mit einander verschmolzen, vor allem aber drohte Jahwe Baal zu werden. Dieser Prozess scheint auf seinen Höhepunkt gekommen zu sein, als ein Mann auftrat, der, von seiner ganzen Umgebung verschieden und die Gefahr der zunehmenden Verschmelzung klar durchschauend, mit Macht seine Stimme dagegen erhob, Elia. Sein Werk ist, wenn ich recht sehe, dass er als der Erste jener Gefahr ein gebieterisches Halt entgegengestellt hat, indem er diese Verchmelzung in ihre rechten Bahnen wies: Es sollten wohl Kanaaniter zu Israeliten werden können, aber nicht Israeliten zu Kanaanitern, und das Kriterium war der Gottesdienst. Es soll im Lande kein anderer Kult mehr geduldet werden als der Jahwekult: Das ist der deutliche Sinn der Scene auf dem Karmel.

Elisa, der einen Teil des Geistes Elias erbte, hat das Verdienst, den Mann ausersehen zu haben, mit dem die von seinem Meister und ihm angeregte Opposition den Thron besteigen sollte, freilich in recht hässlichem Gewande; aber der Zweck heiligte die Mittel. Jehus Thronbesteigung war das Signal, nachdem schon sein Vorgänger Joram die Baalssäule hatte entfernen müssen, dass keiner mehr im Lande einen anderen Gott verehren dürfe als nur Jahwe.

Die Reaktion wird ein Zeichen der Zeit. Auf einem Wagen mit Jehu zusammen fährt Jonadab, Stifter der den Nasiräern verwandten Rechabiten, in deren Gebräuchen (vgl. Jer 35) ein unzweifelhafter Protest gegen kanaanitische Kultur liegt, wenn sie auch selber nach I Chron 2 55[1] nicht rein israelitischen, sondern kenitischen Ursprungs sein sollten. Vermutlich fällt ungefähr in dieselbe Zeit die Entstehung von Bürgerlisten, auf die manche spätere Stellen anspielen (Jer 22 30 Ez 13 9 Neh 7 64 Num 1 18 ψ 69 29 Jes 4 3 10 19[2]); ein Jahrhundert später werden sie wenigstens schon vorausgesetzt, sofern die Redensart eines „Buches des Lebens" darauf zu beruhen scheint (Ex 32 32 f.)[3]. Ihre Entstehung bedeutet aber naturgemäss einen Schritt zur Absonderung von Fremden.

Ueberhaupt ist, eine Folge der glücklich zu Ende gekommenen Unterwerfung der Kanaaniter, neben die mehr religiöse Seite dieser Reaktionsbewegung allmählich eine vorwiegend nationale getreten, wie uns schon das Beispiel des Jahwisten lehren kann; gilt ihm doch zu zeigen, wie an Kanaan der Fluch sich auswirken muss, während sich über Sem (= Israel) trotz allen den geraden Weg immer wieder versperrenden Hemmnissen notwendig der Segen erfüllt. Das ist geradezu als Thema seiner Geschichtsschreibung anzusehen, wie es

---

[1] Diese Stelle könnte einiges Licht über die Rechabiten verbreiten, wenn sie selber durch ihre summarische Kürze und ihre Isolirtheit nicht völlig dunkel wäre. Es werden nämlich als Söhne Salmas, des Vaters Bethlehems auch aufgeführt: „Die Geschlechter der סוֹפְרִים, die in Jabes wohnen, der שׁוּבָתִים, שִׁמְעָתִים, תִּרְעָתִים, das sind die Keniter, die von Hamath, dem Vaters des Hauses Rechabs abstammen." Es handelt sich also um eine unter Israel (oder in Juda Neh 3 14) weilende Geschlechtsgenossenschaft kenitischen Ursprungs, die für sich in geschlossenem Kreise lebte, und zwar einem gemeinschaftlichen Beruf. Aber was bedeutet, dass sie סֹפְרִים gewesen seien? Und in welchem Verhältnis stehen dazu die drei folgenden Worte? Bezeichnen sie drei verschiedene Geschlechter? (so LXX) oder hätten wir darin drei der erstgenannten untergeordnete Berufsklassen zu erblicken, etwa in der Art der Uebersetzung der Vulgata? Ohne Konjekturen freilich kommt man dazu nicht aus; aber mit Konjekturen ist auch noch nicht geholfen. Und namentlich in welche Zeit versetzt uns diese Notiz? Ueber Fragezeichen kommen wir nicht hinaus. Vgl. BERTHEAU, Komment. z. St. — Rechabiten werden noch erwähnt Euseb. h. e. II 23 17 ed. Dind.

[2] Beide Stellen von DUHM (Komment.) Jes abgesprochen.

[3] Vgl. SMEND, Die Listen der Bücher Esra und Nehemia p. 6 Anm. 3.

Gen 9 26 [1] im ursprünglichen Wortlaute [2] ausgesprochen wird. Von
diesem Standpunkt aus kann er sagen: „Damals wohnte der Kanaaniter im Lande" (Gen 12 6 13 7). Auch sonst tritt aus seinem Werk
der Ausdruck dieses Gefühls einer kraftvollen Ueberlegenheit des eigenen Volkstums wiederholt zu Tage. Man ist sich bewusst, nach aussen
durch Krieg und Frieden sich eine ehrenvolle Stellung erobert zu
haben (Gen 25 23 33 27 29 37 40 Num 24 17f.). Man hat damit auch die
Ruhe der Sesshaftigkeit bei den Zelten (Gen 25 27) so lieb gewonnen,
dass nunmehr der Nomade als der erscheint, dessen Hand gegen Jedermann und gegen den Jedermanns Hand ist (Gen 16 12). Einen Punkt,
an den man mit solchen Tendenzen anknüpfen konnte, haben wir im
Obigen [3] aufgewiesen: es ist der natürliche Widerspruch gewisser
Kreise gegen Ehen mit Stammfremden. Kein Wunder, dass er
jetzt in den Vordergrund rückt und allgemeinherrschend wird. Wie
wenig Verlass ja ein Loth auf seine sodomitischen Schwiegersöhne setzen
kann, illustrirt Gen 19 14. Abraham beschwört denn auch Elieser, seinem
Sohne keine Kanaanitin zum Weibe zu nehmen (Gen 24 3 37). Aaron
und Mirjam müssen den Mose darüber zur Rede stellen, dass er ein
äthiopisches Weib genommen habe (Num 12 1). Als Simson eine Tochter
aus den Philistern heiraten will, protestieren seine Eltern in Wort und
Tat dagegen; denn nach der ursprünglichen [4] Erzählung gehen sie nicht
einmal mit ihm zur Hochzeit (Jud 14 1ff.). Dass sich endlich die Israeliten in Sittim mit den Töchtern Moabs in Hurerei einlassen, verstrickt
sie in schlimmen Götzendienst und führt schliesslich den Zorn Jahwes
über sie herauf (Num 25 1—5).

Diesen Kundgebungen ganz entsprechend kann STADE mit vollem
Recht die älteste Gesetzgebung Israels (Ex 34 20—24) das erste
Zeichen einer vaterländischen Reaktion nennen; und in der
Tat, so human sie sich uns in Bezug auf die Gerim schon gezeigt hat, —
als erste Fassung der nationalen Sitte dringt sie ganz bewusst auf die
Reinerhaltung des Nationalen hin durch Ausscheidung des Fremden.
Hier verbinden sich jene beiden oben genannten Seiten der Reaktion, die
nationale mit der religiösen. An der Spitze beider Dekaloge steht be-
kanntlich die Forderung, es soll kein anderer Gott angebetet werden.
Wenn sich daran im älteren ein Verbot der Gussbilder, im jüngeren der
Bilder überhaupt anreiht, so ist dies zu verstehen als Reaktion der alten

---

[1] Beachte die Konjektur BUDDES: שם יהוה ברוך (Urgeschichte p. 294 ff.).
[2] s. oben p. 77. [3] s. p. 67.
[4] s. oben p. 57. Ebensowenig mochten die eigentlichen Araber ihre Weiber
einem unbeschnittenen Barbaren geben, und wäre es auch der Perserkönig (WELL-
HAUSEN, l. c. G. N. p. 438.).

kultischen Einfachheit im Gegensatz zum Luxus, wie er in fremden Kulten zur Entfaltung kam (vgl. Ex 20 24f.). Aber auch das Verbot, das Ziegenböcklein nicht in der Milch seiner Mutter zu kochen, scheint Abweisung eines bestimmten fremden Kultusbrauches zu sein (Ex 23 19 34 26, auch Dt 14 21). Entsprechendes kehrt bei Türkvölkern wieder[1]. Wenn in diesen Vorschriften naturgemäss kein direkter Bezug auf die Fremden genommen ist, so liegt in ihrer Tendenz doch schon ausgesprochen, dass es in der Folgezeit zu Auseinandersetzungen kommen muss, die für die Fremden abweisend lauten werden. Das zeigt sich denn schon, wenn gleich aus dem ersten Gebot Anlass genommen wird, das Verbot des Konnubiums mit den Kanaanitern einzuschärfen (Ex 34 15f.); mag dasselbe auch erst auf Rechnung der deuteronomistischen Bearbeitung kommen, so lässt es an einem einzelnen Beispiele doch sehen, welches für sie die gegebenen Punkte waren, an die sie meinte anknüpfen zu können.

Erst recht aber wird der Titel, den wir diesem Abschnitte vorgesetzt haben, gerechtfertigt, wenn wir an die Reihe der schriftstellernden Propheten hinantreten: Sie zeigen sich alle einig in der Abweisung der fremden Kultur und ihrer Träger. Amos sieht in ihr einen Abfall von der goldenen Zeit (5 25) und zeigt sich namentlich ihren grossstädtischen Errungenschaften feind (3 15 5 11 6 8); dem Handel der Gegenwart spricht er das Verdammungsurteil (8 5); dagegen erscheint ihm das Nasiräat als Wohltat (2 11).

Nicht anders Hosea, der alle kanaanitische Kultur verwirft: Der Bau von festen Städten und von Palästen ist ein Vergessen Jahwes (8 14); daher der Uebergang aus der Wüste in das Kulturland Kanaan den ersten Schritt des Abfalls für Israel bezeichnet (9 10) und das Ideal der Zukunft wieder ein Wohnen in Zelten ist (12 10)[2]. Der Handel, wie ihn Israel von Kanaan übernommen hat, so dass כנען schon Appellativ für Händler geworden ist[3], steht als Quelle des Betrugs und der Bedrückung gerade im Gegensatz zu dem, dass man sich zu Gott zurückwenden, Treue und Recht bewahren und beständig auf Gott hoffen soll (12 7f.). Wenn endlich Hosea gegen Rosse und Wagen Widerspruch erhebt (14 4 10 13[4]), so bezeugt dies eine gleiche Abneigung, wie sie sich

---

[1] KNOBEL im Komment. z. Stelle (1857).

[2] Gegen BEER: Hosea XII ZATW. XIII p. 289, wonach der Vers Drohung sein soll. Allerdings scheint gegen unsere Auffassung zu sprechen 11 11: „ich lasse sie wohnen in ihren Häusern"; aber der Vers erregt mitsamt dem Zusammenhang, in dem er steht, einigen Verdacht; vgl. SMEND, Religionsgesch. p. 201 Anm.

[3] Gegen BEER, l. c. p. 287.   [4] Lies st. בדרכך: ברכבך.

mit voller Entschiedenheit gegen die fremdenfreundliche Politik ausspricht, in der man (ob successiv oder gleichzeitig in zwei Parteien ge-
spalten?[1]) „Aegypten ruft und nach Assur geht" (5 13 7 8 11 8 9f. 12 2).
Das ist ein „Buhlen und Huren" des Volkes. Es ist also deutlich:
Seine Hauptsünde besteht in dem, was es von Fremden in sich aufgenommen hat, und dies nun namentlich im Kultus, den Hosea von vorn
herein als Baalsdienst verwirft (9 10 11 2 etc.). Die Hauptstelle, die hier
in Betracht kommt, ist 9 1: „Israel soll sich nicht freuen wie die Völker"
(עמים) — wir möchten hier, zum erstenmal im A.T., übersetzen „Heiden";
d. h. Israel ist wesentlich anders als die anderen Völker. Ich wüsste
nicht, wer dies in so scharfer Formulierung vor Hosea ausgesprochen
hätte. Diese Exklusivität hat ihre Wurzeln in dem Verhältnisse des
Volkes zu Jahwe und Jahwes zu ihm. Es ist ein persönliches, so gut
es ein Erlebnis von Person zu Person ist, das Hosea zum Propheten
gemacht hat. Das Band, das Jahwe und Israel verbindet, ist dasjenige
der Liebe, und einer Liebe, von der Jahwe nicht lassen kann. Für
Hosea gehören also Jahwe und Israel untrennbar zusammen: ein natürliches Gefühl kettet sie an einander, und dazu verbindet sie eine
gemeinsame Geschichte. Die Ehe aber, die Jahwe mit seinem Volke
ein für allemal eingegangen ist, giebt diesem die ihm eigene Weihe,
denn „Gott ist in seiner Mitte heilig". Wenn seine Sünde vom Königtum, von „den Tagen von Gibea her", abgeleitet wird (9 9 10 9), so ist
dies recht geeignet zu zeigen, wie sehr Hosea das Volk seiner politischen
und weltlichen Aufgaben entkleidet und den Grund legt zu einer geistigen Auffassung seines Berufes: Sein Beruf ist eben ein priesterlicher
(4 6). Damit fängt jene Beurteilung an, wonach Israel aus dem Kreise
aller anderen Völker heraus- und über sie emporgehoben wird. Hand
in Hand damit geht das ängstliche Bestreben, fortan von ihm alles
fernzuhalten, was es „beflecken" könnte (טמא 5 3 6 10 9 3f.), soll ja doch
auch die blose Erwähnung eines Baal für die Folgezeit verschwinden
(2 19). Wen also die Natur nicht als Israeliten hat geboren werden lassen,
der hat an Israel keinen Teil. Kein Wunder denn, dass schon für die
Gegenwart Hosea die Nichtisraeliten, wo er sie nicht gerade als die unmenschlichen (14 1) Vollzieher des göttlichen Strafgerichts erwähnen
muss oder sie als Verführer Israels nennt, gänzlich ignoriert, wie denn
auch, im Gegensatz zu Amos, der Ausdruck יהוה צבאות sich bei ihm nur
einmal findet, und zudem an einer kritisch verdächtigen Stelle (12 6 2).
— Setzen wir diese Gedanken Hoseas in Geschichte um, so lässt sich

---

[1] Ob Jes 9 20 auf eine derartige Spaltung zu deuten wäre?
[2] WELLHAUSEN, Skizzen V z. St.

alles, was von Partikularismus in der späteren Zeit hervortritt, als
ihre Konsequenz begreifen: Man steht in Zukunft den Nichtisraeliten
fremder, überlegener und spröder gegenüber.

Wie diese Gedanken schon in die Betrachtung der vergangenen
Geschichte hineinspielen, zeigt uns das Werk des Elohisten: Mit
Bewusstsein wird alles Fremdländische abgewiesen, so Wagen und
Rosse (Jos 11 6 9), namentlich aber was von der ausschliesslichen Verehrung Jahwes abzuziehen vermöchte; daher die Verdammung des
kanaanitischen Kindesopfers (Gen 22) und der Hurerei nach dem Baal
Peor (Num 25 1 ff.), sowie die Abneigung gegen die Teraphim (Gen 31 19 ff.).
Diese „Götter der Fremde" gilt es abtun, damit Jakob sie begraben
könne (Gen 35 4). Ja — das wird die Losung — man soll sich von
ihnen „reinigen" (הטהרו) Gen 35 2 vgl. Jud 10 16 I Sam 7 3). Es ist nicht
uninteressant, dass gerade an diesen Punkt (Gen 35 2) spätere rabbinische Auslegung den Ursprung der Proselytentaufe glaubte anknüpfen zu
können [1]. Ist der Unterschied von rein und unrein einmal gefunden, so
ist auch zwischen Reinen und Unreinen die ganze Kluft befestigt: Israel
ist „ein Volk, das besonders wohnt und sich unter die Völker nicht
rechnet" (Num 23 9). Man verkehrt im Gefühle dieser religiösen Ueberlegenheit mit Fremden schon nicht mehr wie mit seinesgleichen: es ist
als umgebe ein Heiligenschein Abraham, wenn er Abimelekh gegenüber
nicht allein von seiner Lüge gerechtfertigt erscheint (Gen 20 12), sondern
wie ein Prophet auftritt und für ihn bei Gott Fürbitte einlegen soll (20 17).
Namentlich wäre Abimelekh durch eine Verletzung Sarahs schon in
grössere Schuld geraten, weil sie Abrahams Weib ist (20 7). Die
Israeliten fangen an im Vergleich zu Nichtisraeliten Menschen höherer
Ordnung zu werden — in jeder Beziehung, bis hinab aufs Physische:
„Nicht wie die ägyptischen Weiber sind die hebräischen; denn kräftig
sind sie" (sc. die hebr. Ex 1 19).

Bei Jesaja tritt im Gegensatz zu Hosea der Kampf gegen fremden
Gottesdienst weniger in den Vordergrund; doch vgl. 10 4 [2] 17 10 28 15
1 29 f. 2 8. Ebenso brandmarkt er die Zauberei als philistäisch (2 6), und
in der Abweisung fremder Kulur geht er mit Hosea einig; daher seine
Abneigung gegen Rosse und Wagen (2 7 30 16 31 1), gegen Gold und
Silber (2 7), gegen den grossstädtischen Luxus (9 9). Durch all diese Aufnahme ausländischen Wesens ist man selber gesunken (2 9). Auch Jesaja
wendet in seinem Zukunftsbilde seine Vorliebe dem Bauer zu (32 20).
Vor allem aber ist er gegen ein Paktieren mit Fremden, „den Hand-

---

[1] Aben Esra in Danzii, Cura Hebr. in conquirendis Proselytis ad Mt. XXIII 15
bei MEUSCHEN, N. T. ex Talm. illustr. 1736 p. 665.

[2] s. oben p. 18.

schlag mit Barbaren" (2 6). Drei Jahre geht er nackt und barfuss umher
züm Zeichen, dass in dieser Weise der König von Assur die Gefangenen
von Aegypten und Aethiopien wegführen werde. Dass man sich also ja
nicht unterfangen wolle, mit ihnen einen Bund zu schliessen! man würde
darob beschämt werden wie Asdod, das solchen Bund mit seiner Einnahme büssen musste (20 1—6). Und als schliesslich in der Not vor Sanherib doch ein Bund mit Aegypten zu Stande kommt, lässt er seiner
Entrüstung freien Lauf in einer gewaltigen Drohrede wider die wider-
spenstigen Söhne, die Jahwes Willen zum Trotz Sünde auf Sünde zu
häufen in Pharaos Zuflucht flüchten und sich im Schatten Aegyptens
bergen wollen, wovon man nur Schmach und Schande erntet (30 1—5).
Der Grund dieser Opposition des Propheten ist zu suchen in dem sein
ganzes Denken beherrschenden Gedanken von der alleinigen Erhabenheit Jahwes, der denn auch gleich in seiner ersten Rede seinen beredten
Ausdruck findet (2 11 17). Jahwe ist Geist und nur er, Aegypten ja
Mensch und ihre Rosse Fleisch (31 3). Hier zeigt sich, was wir bei
Hosea im Keime fanden, voll entwickelt: jener Gegensatz von „weltlich,
fleischlich" und „geistlich".

Von besonderem Interesse aber ist für uns eine einzelne anschau-
liche Scene, in der wir Jesaja direkt einem Fremden entgegengestellt
sehen (22 15ff.). Es ist jener schon genannte [1] Sebna. Er hat es offenbar
in Amt und Ehren weit gebracht und meint nun auch das Vorrecht in Anspruch nehmen zu dürfen, gleich den vornehmen Geschlechtern ein „Grab
im Felsen", d. h. wohl auf dem Zion, sich auszubauen. In diesem Augenblicke tritt Jesaja ihm entgegen und schüttet seine ganze unerbittliche
Schärfe wider seine Anmassung aus, ihm den jämmerlichen Untergang
entgegenrufend. Jesajas Meinung ist deutlich: Es mag zur Not ein
Solcher unter den Vollbürgern leben; aber dass er sich ja nicht bei-
kommen lasse, sich Rechte herauszunehmen, die den Geschlechtern
gehören! Ein bischen Erde wird ihm nicht versagt, wo er stirbt; aber
dass er sich nicht erkühne, ein eigen Grab (vgl. Jes 14 18) besitzen zu
wollen! Es ist genug, dass er auf den gemeinen Friedhof gebracht wird
(קברי בני העם Jer 26 23), wo auch die Verbrecher gelegentlich bestattet
werden (Jes 53 9 II Reg 23 6; vgl. noch Mt 27 7). Das lässt jedenfalls
keinen Zweifel übrig über Jesajas Stimmung gegen die fremden Ansässigen. Gleiche Anschauungen waren in Athen zu Hause, wo den
Metöken ebenso wenig die Anlegung eines Familiengrabes gestattet
wurde [2]. Eine Ehre war ein Begräbnis auf dem gemeinen Friedhofe bei

---

[1] s. oben p. 40.
[2] SAINTE-CROIX, l. c. p. 196 auf Grund von Demosthen. adv. Eubul. p. 635.

den alten Israeliten so wenig als es bei den Arabern dafür galt[1]. Man
hatte davor eine ähnliche Scheu wie vor einem Grabe in fremder Erde
(Gen 47 29 f. 50 25).

Von Micha merken wir wenigstens an die Polemik gegen Götzenbilder (1 7) und gegen Rosse und Wagen, die in der Festung Lachis
ihr Standquartier haben und ihm als Hauptsünde Judas erscheinen (1 13)[2].

Sehr entschieden protestirt Zephanja gegen fremde Kleidung
(מלבוש נכרי 1 8); natürlich erst recht gegen jede Einwirkung fremder
Kultübung (1 4 ff. 9); und wie wenig er Händlern und Krämern (כָּל־עַם כְּנַעַן)
gewogen ist, zeigt der Umstand, dass er sie in allererster Linie mit dem
Untergang bedroht (1 11)[3].

Jeremia endlich tritt nicht aus diesem Anschauungskreise heraus.
Zwar hat ihm (wegen 21 9 27 11 38 2 17 vgl. 37 13 f. sowie 39 9) DUNKER[4]
Mangel an nationalem Bewusstsein und an patriotischer Gesinnung
vorgeworfen, und GHILLANY[5] hat ihn einen „entschiedenen Freund der
Chaldäer“ genannt. Diese Beurteilung verdient er aber sicher nicht,
auch wenn er nicht so viel für sein untergehendes Volk gelitten hätte.
Ein Hinweis auf 2 8 oder 31 20 sollte zur Widerlegung genügen, und was
Jeremia von der fremdenfreundlichen Politik hält, bekundet zur Genüge
2 36 f. Mehr als dies leistet 10 25, das dem Geschmack der späteren
Juden so sehr zusagte, dass es in ψ 79 6 aufgenommen wurde: „Giesse
aus deinen Grimm auf die Heiden, welche dich nicht kennen, und auf
die Stämme, welche deinen Namen nicht anrufen“. Jedenfalls ist gerade
ein ständiges Thema der Strafpredigt Jeremias der Vorwurf, den er
gegen das Volk erhebt, der Liebhaberei für Fremdes und Ausländisches
in religiösen Dingen. אלהים אחרים findet sich in seinem Buche nicht
weniger als 17 Mal (ganz ebenso oft wie im Deuteronomium). Im Zusammenhang damit ist Jeremia auf den Handel aus fremdem Lande,
der die ursprüngliche Einfachheit und Unverdorbenheit umgewandelt
hat, nicht gut zu sprechen (6 20) und hat viel mehr Sympathien für
die dem Fortschritt der Kultur sich verschliessenden Rechabiter (Kap.
35). Es würde damit stimmen seine Vorliebe für Ackerleute und Her-
denbesitzer, wenn 31 24 ihm angehört. Das alles zeigt uns einfach Jeremia als guten, ächten Israeliten.

Diese ganze Strömung nun schlägt sich nieder in der deutero-

---

[1] WELLHAUSEN, Skizzen III p. 160.
[2] Inwiefern Lachis die Verführerin Judas dabei gewesen sein soll, ist nicht
mehr ersichtlich, s. WELLHAUSEN, Skizzen V z. St.
[3] Gegen WELLHAUSEN, Skizzen V z. St.
[4] Geschichte des Altertums I p. 552 ff.
[5] Die Menschenopfer der alten Hebräer p. 51.

nomischen Gesetzgebung unter Josia[1]. Hier findet jene Gegenüberstellung Hoseas von den Israeliten und den „Völkern" ihre offizielle
Sanktion: Israel erhält im Deuteronomium seine Verfassung, und durch
diese unterscheidet es sich fortan wesentlich von allen anderen Völkern.
**Der massgebende Gesichtspunkt für die Folgezeit wird
damit nun überhaupt, dass die Religion sich in einer Verfassung darstellt.** Das ist der eigentliche Sinn von בְּרִית. Von hier
aus beurteilt man denn schon die Vergangenheit, auf die man sich überhaupt zu besinnen beginnt. Mit den Vätern geschlossen (4 31 8 18), am
Horeb erneuert (9 9 11 15) und durch die ganze vergangene Geschichte
sich bestätigend, findet die Berith jetzt ihren zutreffendsten Ausdruck
in einem Gesetzbuche[2], in dessen Besitz man sich weise dünkt (Jer 8 8),
wie denn die anderen Völker die besondere Weisheit „dieses Volkes"
werden bewundern müssen (4 6). Noch vergisst man zwar nicht daran
zu erinnern, dass Gottes Gesetz nicht der geschriebene Buchstabe ist;
aber man hat nun doch ein Buch, das andere nicht haben. „Was giebts
für eine grosse Nation, welche so gerechte Satzungen und Rechte
hätte wie dieses ganze Gesetz?" (4 8). Dieser Vorzug vor allem Fleische
(vgl. 5 23) beruht darauf, dass Israel von Gott auserwählt worden ist.
בהר wird neben ברית das entscheidende Stichwort. Bisher findet sich
nur zwei Mal das farblosere ידע (Am 3 2 Gen 18 19 [3]). Aus Liebe hat
nun aber Gott Israel aus aller Welt „erwählt" (7 8 10 15 II Sam 7 23), und
der schon im Auszug aus Aegypten sich darstellende (4 20) grundlegende
Erwählungsakt Gottes hat zur Folge, dass Israel sein eigentümlicher
Besitz wird (7 6 14 2 26 18f.). „Erwählt" hat Jahwe vor allem auch den
Einen Ort, wo er seinen Namen will wohnen lassen (12 5), den Tempel
zu Jerusalem. An ihm hat man denn jetzt auch eine weitere greifbare
Realität, in deren Besitz man gegen alle Welt wohl gewappnet ist
(Jer 7 4). **Tempel und Gesetz** aber sind die Kraft Israels, weil sie
schliesslich Gottes sind. „Was giebts für eine grosse Nation, der Gott
so nahe ist wie Jahwe unser Gott?" (Dt 4 7). Man ist eben nun nicht
mehr wie die andern Völker, man steht überhaupt nicht neben ihnen,
sondern ist ihnen überlegen (26 19 28 1). Die wichtige Konsequenz ist:
Die Nichtisraeliten hören auf, Israel blos nationalfremd

---

[1] Wir behandeln das Deuteronomium im wesentlichen als literarische Einheit, wo nicht ein besonderer Grund vorliegt, von dieser Regel abzuweichen.

[2] „Bundesbuch" findet sich vom Deuteronomium nur II Reg 23 2 21, vgl. Ex
24 7 und בְּרִית im Urbestandteil von Dt: 17 2 (in einem Zusammenhang, der an eine
falsche Stelle geraten ist).

[3] Wenn letztere Stelle überhaupt vordeuteronomisch ist (bei KUENEN J[2],
WELLH. RJ[e], CORNILL J[s]).

zu sein; was sie fortan von einander trennt, ist nicht mehr blos das Blut, sondern die Verfassung. Der Gegensatz ist ein religiöser geworden, scheidend zwischen profan (24 4) und heilig, das das Göttliche auf Erden repräsentiert. Das Land soll nicht mehr „verunreinigt" werden (21 23 24 4). Selber ist man ein heiliges Volk (7 6), weil man das einzige Volk des Einen wahren Gottes ist; und die anderen Völker sind fortan Heiden (vgl. I Sam 15 18). Ein neuer Gegensatz tritt in die Geschichte ein und bedingt in massgebender Weise ihre fernere Entwickelung. „Zwischen dem Juden und dem Heiden, dem Griechen und dem Barbaren . . . besteht etwas — wir mögen es nun Hass oder Abneigung, Misstrauen oder blos Kälte nennen —, das in einem primitiven Zustand der Gesellschaft notwendig zu einem Kastensystem führen würde und das selbst in zivilisierten Ländern niemals ganz ausgerottet werden kann"[1] (vgl. II Sam 7 23). Indem sich daran die Selbstüberhebung über die anderen Völker knüpfte, war die höhnende Antwort nicht ganz unverdient, die man einst von Moab und Seir beim eigenen Untergange zu hören bekam. „Siehe wie alle anderen Völker ist das Haus Judas" (Ez 25 8).

Sofern nun die Berith sich offenbart einerseits in Verheissungen und Zusagen Gottes, andererseits in gewissen den Menschen vorgeschriebenen Verpflichtungen[2], ist fortan das Verhalten Israels gegen Nicht-Israeliten gesetzlich geregelt. Es heisst mit einem Worte: Scheidung, wie denn überhaupt das durch das Gesetz verlangte Ideal meist negativen Charakter trägt. Das bedeutet, auf die konkreten Verhältnisse übertragen: Aufhebung des kanaanitischen Höhenkultes und der Gestirnanbetung, Vernichtung aller Götzenbilder und Ascheren, Beseitigung der Qedeschen und Kindesopfer, der Zauberei etc.; selbst fremde Kleidung (שַׁעַטְנֵז), die damals besonders Mode gewesen sein muss (Zeph 1 8 vgl. Jes 3), wird verpönt (22 11). Je nach Bedürfnis werden entsprechende deuteronomische Verbote weiter ausgedehnt[3]. Die conditio sine qua non zur Erfüllung des Gesetzes ist natürlich die Entfernung der Heiden aus Land und Volk. Schon die Ausschaltung des fremden Propheten Bileam und des midianitischen Schwiegervaters des Moses (trotzdem dass Ex 18 13—26 in Dt 1 9—18 benutzt ist), ist gewiss kein Zufall[4]. Man schrickt auch vor der äussersten Konse-

---

[1] M. MÜLLER, Essays (Deutsch) Bd. II p. 302 f.: Kaste.

[2] VALETON, D. Wort בְּרִית, ZATW. XIII p. 279.

[3] Späteren Datums muss beispielsweise dasjenige der heidnischen Trauergebräuche sein (14 1 2), da dieselben von Jeremia noch unbefangen vorausgesetzt werden. (16 6 vgl. 41 5. Dagegen später Lev 19 27 f. 21 5 f.)

[4] HOLZINGER, Einleitung in den Hexateuch p. 317.

quenz nicht zurück. Jahwe selbst vertreibt die Heiden wegen ihrer Greuel
(18 12)[1]. So soll man auch kein Mitleid mit ihnen kennen (7 2 16), natürlich auch im Vertrauen auf die gute Sache keine Furcht vor ihnen (7 17 ff.).
Vielmehr befällt gerade sie die gottgewirkte Furcht (11 25), und unbarm-
herzig wird über sie der Blutbann ergehen (7 1 ff.). Worauf es aber dem
Gesetzgeber vor allem ankommt, und was praktisch jedenfalls das Wichtigste war, ist die Einschärfung des Verbotes des Konnubiums mit Fremden (7 3 Jos 23 12). Auch die deuteronomistische Geschichtsschreibung,
die z. B. in Salomos fremden Weibern und zwar nicht allein in den kanaanitischen die Ursache seines Unglücks sieht, zeigt, wie sehr ihr dies
das Hauptanliegen ist (trotz Dt 21 10 ff.). Dieselbe fremdenfeindliche
Tendenz macht sich auch geltend in der unterschiedlichen Behandlung,
die Einheimische und Fremde erfahren sollen. Es heisst 23 20: „Du
sollst keinen Zins nehmen von deinem Bruder, keinen Wucher von Geld,
keinen Wucher von Speisen, keinen Wucher von irgend etwas, womit
man wuchert; vom Fremden (נכרי) magst du Wucher nehmen, aber von
deinem Bruder sollst du nicht Wucher nehmen"; (vgl. Dt 15 6 28 12).
Uebrigens denken wir dabei am Ehesten an Phönizier, denen ja überhaupt die Erfindung des Geldverkehrs zugeschrieben wird[2], und haben
es hier dann mit Bestimmungen zu tun, die im internationalen Handel
auf Gegenseitigkeit beruhten[3]. Wir nennen ferner 15 2f.: „Und so soll
es sein mit dem Erlasse: es soll jeder Schuldherr erlassen das Darlehn
seiner Hand, das er seinem Nächsten geliehen; nicht soll er seinen
Nächsten und Bruder drängen; denn Erlass dem Jahwe hat man aus-
gerufen. Den Fremden (נכרי) magst du drängen; aber was du bei
deinem Bruder hast, soll deine Hand erlassen". Wohlverstanden handelt
es sich hier stets um den Landesfremden, den נכרי[4]. Ihn aber betrachtet
man entschieden als um eine Stufe tiefer stehend, gewissermassen als
Menschen zweiter Klasse, als gäbe es überhaupt zwei von einander verschiedene Massstäbe des sittlichen Verhaltens gegen die Menschen. Fassen wir zusammen: Was im Deuteronomium zur Gel-

---

[1] Dagegen ist 7 22 f. einfach aus dem Bundesbuch herübergenommen (Cornill,
Einleitung[1] p. 44).

[2] Movers, l. c. II 3 p. 56.

[3] Salvador, Histoire des Institutions de Moïse et du peuple Hébreu I
p. 319 ff.

[4] Es ist durchaus unzutreffend, wenn Movers (l. c. II 3 p. 117) an die in
Jerusalem und Judäa ansässigen phönizischen Wechsler denken will. Noch viel
verkehrter ist es freilich zu meinen, es bezeichne „den fremden Hausbewohner,
d. h. den Bewohner eines anderen Hauses, selbst Israeliten". (Grünebaum, Die
Fremden nach rabbin. Gesetzen, Jüd. Zeitschr. f. Wissenschaft und Leben 1870
p. 43.)

tung kommt, lässt sich etwa auf den Ausdruck bringen, dass die Israeliten im Gefühl, der Adel der Menschheit zu sein, mit Fremden nichts mehr zu tun haben wollen.

Aber damit ist es nicht getan. Es waren tatsächlich Fremde im Lande, das liess sich nicht einfach ignorieren. Wie will man es denn künftig mit ihnen halten? Hat der Begriff גוים eine Umwandlung erfahren, indem aus „Völkern" „Heiden" geworden sind, so hat eine entsprechende Wandlung nun auch der Begriff „גר" durchzumachen. Wie sich das vollzogen hat, soll unser nächster Abschnitt wenigstens vorbereitend klarlegen.

Dritter Abschnitt.

Weitertreibende Motive im Universalismus der
Propheten und ihre Einwirkung auf die deuteronomische
Gesetzgebung.

„Erst muss Jahwe ganz der Gott aller Welt werden,
ehe an eine Propaganda der Israeliten zu denken sein
kann." Mit diesen Worten hatten wir unsern ersten Abschnitt zu
beschliessen. Wir haben uns damit zugleich direkt in Opposition gesetzt
zu einer Anschauung, die z. B. von Ed. König vertreten wird, wenn er
sagt[1]: „Was den Umfang der Heilsteilnehmer, den Kreis derjenigen
Personen betrifft, welche trotz der auf allen Stufen des Gottwohlgefällig-
keitsstrebens bleibenden Schuld durch Busse und Glauben die Teilnahme an dem beim Abschluss des gegenwärtigen Religionsgeschichts-
stadiums erscheinenden Heile erlangen sollen, so urteile ich, dass
der Jahwismus bereits von vorn herein im Prinzip den Universalismus
der Ausbreitungstendenz besass, wenn auch diese Eigenschaft der
Offenbarungsreligion nur eine latente war. Der prinzipielle und poten-
zielle Universalismus ist der Religion spätestens in der Periode Mosis
mit in die Wiege gelegt worden".

Freilich ist man gelegentlich auch in das entgegengesetzte Extrem
verfallen. Tiele[2] äussert sich z. B: „Sogar der Israelit (so sehr auch die
Gottheiten der Völker verglichen mit Jahwe nur Dreck und Nichtigkeit
waren) hat nicht daran gedacht, Proselyten für seine Religion zu machen,
bevor andere Nationen ihm davon das Vorbild gaben, und die Idee einer
allgemeinen Religion überall zu reifen begann". Wie uns scheint, ist bei
dieser Beurteilung gänzlich verkannt, welche Stelle hier die Propheten
einnehmen. Diese im Gegensatz zu beiden genannten Auffassungen
kurz zu skizziren, ist die nächste Aufgabe unseres Abschnittes.

Wir erinnern uns zunächst, dass schon Elia eine Wittwe von
Sarepta Jahwes Wundermacht sehen lässt (I Reg 17 8ff.). Wenn zwar

[1] l. c. p. 96.
[2] Vergel. Geschiedenis p. 6 cit. bei König, l. c. p. 95 Anm. 4.

RIEHM [1] so weit gehen möchte, aus ihr eine „den Gott Israels fürchtende“,
d. h. doch wohl nach späterem Sprachgebrauch eine Proselytin zu machen,
so greift er der Zeit entschieden voraus. Aber so viel bleibt doch daran
wahr, dass nach der Meinung des Propheten auch einem Fremden die
Anerkennung der rettenden Hilfe Jahwes zugemutet werden kann;
d. h. aber, dass Jahwe über seine Nation hinauszuwachsen anfängt und
der relative Monotheismus auf dem Wege ist, sich in den absoluten zu
verwandeln.

Bei Elisa tritt uns der Fortschritt entgegen, dass nicht er den
Fremden erst nachzugehen hat, sondern dass Fremde an ihn gelangen,
um durch ihn von Jahwe Hilfe zu finden. Ben Hadad sendet den
Hasael um Auskunft über den Ausgang seiner Krankheit (II Reg 8 7ff);
Naeman kommt in eigener Person nach Samarien, um sich vom Aus-
satze heilen zu lassen (II Reg 5 1ff.). Nun müssen wir uns freilich hüten,
daraus zu weitgehende Schlüsse ziehen zu wollen. Es war für die Alten
nichts Aussergewöhnliches, in besonderen Fällen bei einem fremden
Gotte Zuflucht zu suchen oder sich Rates zu erholen. „So lassen sich
die Römer ihr Zwölftafelgesetz in Delphi bestätigen; so holten sich die
Eleer beim Pharao Psammis Rat über die unparteiische Einrichtung
der olympischen Wettkämpfe [2] und in Palästina hiess es: „„Wer fragen
will, frage zu Abel““ (II Sam 10 18) ... Anerkennungen fremder Götter
nach gewissen Seiten hin sind im Altertum etwas ganz Gewöhnliches“ [3].
Dafür bietet uns ja das A. T. selber noch Beispiele. König Balak von
Moab sendet Boten zu Bileam nach „Pethor am Strome“, damit er
ihm Israel verfluche (Num 22). Ein König von Israel selber, Ahasja,
schickt in seiner Krankheit an Baal Sebub nach Ekron (II Reg 1).
Seine Meinung ist darum noch nicht, dem Jahwedienst abzusagen.
Wesentlich gleich wird demnach jene Sendung Hasaels zu beurteilen
sein. Hasael lässt sich dabei vom Jahwepropheten willig den Gedanken
suggerieren, sich selbst auf den damascenischen Königsstuhl zu erheben
(II Reg 8 11ff. vgl. I Reg 19 15). Sowohl er als Ben Hadad schmücken
nichtsdestoweniger Damaskus mit Tempeln und werden noch bis in die
Tage des Josephus darob verehrt [4]). Höchstens in der Naemansgeschichte könnten wir versucht sein, etwas mehr zu sehen. Hier kommt
einmal ein Fremder persönlich nach Israel, eigens um seines Gottes
willen. Hier liegt denn auch in der Tat, so viel wir urteilen können, der
erste geschichtliche Grund vor, dass Israel die für alle Zukunft bedeut-

---

[1] Handb. d. bibl. Altertums [2] I p. 380.
[2] HEROD. II 160.   [3] DUHM, Komment. zu Jes 2 2—4.
[4] Ant. IX 4 6.

same Idee konzipieren konnte, „zwischen der lokal-sozial-politischen und der religiösen Zugehörigkeit eines Nicht-Israeliten zu Israel sei ein Unterschied"[1]. Vor allem aber fällt hier ins Auge: Nach dem uns überlieferten Berichte kehrt Naeman zurück mit dem Entschlusse, Jahwe zu dienen. „Nicht mehr wird dein Knecht", spricht er zu Elisa, „Brandopfer und Schlachtopfer anderen Göttern opfern ausser Jahwe" (H Reg 5 17). Er wird also (trotz seiner Klausel II Reg 5 18) so ziemlich das, was man in späterer Zeit einen Proselyten nennt. Die spätere rabbinische Tradition hat ihn denn auch wenigstens zu einem „Proselyten des Thores" gemacht[2]. Je grösser die Bedeutung ist, die wir dieser Geschichte zuzumessen haben, um so weniger wollen wir vergessen anzumerken, dass nach der biblischen Darstellung ein kriegsgefangenes israelitisches Mädchen dazu die Veranlassung gab.

Man könnte wohl daran denken, an die Naemansgeschichte unmittelbar die berühmte Weissagung Jes 2 2—4 = Mi 4 1—3 anreihen zu wollen. Indessen wie diese weit über das Genannte hinausgeht, so hat sie auch mehr zur Voraussetzung, und darauf ist zunächst mit einigen Worten einzugehen.

Der Horizont Israels war verhältnismässig beschränkt geblieben. Man lebte, von Nachbarn umgeben, denen man mindestens gewachsen war. Sehr weit über sie hinaus giengen die Grenzen der eigenen Welt nicht. Das wird mit Einem Schlage anders. Unverhofft und unerwartet steht an den Thoren des Landes der mächtige Feind, grösser und gewaltiger als alles, was man bisher kennen gelernt, zu gross und zu gewaltig, als dass ihm gegenüber jene kleinen Reiche noch etwas zu sagen gehabt hätten. Eine neue Welt — oder überhaupt erst die Welt tut sich Israel auf.

Das ist der Zeitpunkt, in dem Amos auftritt. Er eröffnet seine Schrift mit einer Strafdrohung gegen Fremde. Wir dürfen ohne weiteres behaupten, dass er damit auf das volle Einverständnis seiner Zuhörer zählen kann; denn sie wünschen den „Tag Jahwes" (5 18) sehnlichst herbei, dass daran mit den Fremden abgerechnet werde. Aber sofort tritt Amos in den schärfsten Gegensatz zur volkstümlichen Auffassung, wenn er damit blos beginnt, um in fortlaufender Rede nur um so schroffer über Israel[3] das Vernichtungsurteil zu sprechen. Israel wird also nicht über die Anderen gestellt, nicht einmal ihnen gegenüber.

---

[1] E. König, l. c. p. 98.

[2] Massecheth Sanhedrin, cap. 2 bei P. Slevogt, Dissertatio de Proselytis Judaeorum, in Ugolino, Thesaurus Vol. XXII p. DCCCIX.

[3] Die entsprechenden Verse an die Adresse Judas (2 4f.) mögen als späterer Einschub preisgegeben werden.

Ohne Vorzug tritt es als ein Volk neben andere, über die alle ein gleicher Gott Herr ist (יהוה צבאות), ein Ausdruck, der, wie WELLHAUSEN [1] vermutet, hier zum ersten Male im A. T. vorkommt: Gott über die Welt und alles, was darinnen ist, der Allmächtige (9 2—4), während sich die Benennung „Gott Israels" nie findet. Was wir also in einem Elia und Elisa aufleuchten sahen, liegt hier hell zu Tage: Jahwe ist grösser als sein Volk und mehr als der Gott seines Volkes. Mag dieses sogar untergehen, er bleibt bestehen. Ja, gerade des Volkes Untergang ist sein eigener Wille, der sich unbedingt durchsetzt. Dann aber erhält dieser sein Wille eine neue Zweckbestimmung: Er geht nicht mehr auf die Erhaltung seiner eigenen Verbindung mit dem Volk, sondern auf die Behauptung von Recht und Gerechtigkeit, und die Katastrophe bedeutet nicht den Triumph Israels über die Fremden, sondern den Sieg des Rechtes über das Unrecht. Recht und Gerechtigkeit aber sind universell, weder an Samarien noch an Jerusalem gebunden. Denn es handelt sich nicht um ein Recht, etwa ein geschriebenes, sondern um das natürliche, allgemeine, moralische. Amos kann darum auch an Aegypten und Philistäa appellieren; denn sie haben ihr eigenes sittliches Urteil, das durch Israels Treiben verletzt wird (3 9). Dem entspricht auch, dass sie für ihre eigenen Sünden verantwortlich sind und zur Strafe gezogen werden können. Nicht das ist der Vorwurf, der ihnen gemacht wird, dass sie sich an Israel vergriffen hätten, sondern dass sie Unrecht getan haben. So sollen auch die Moabiter wegen ihres Frevels am König von Edom büssen (2 1ff.). Was hätte eine ältere Zeit sich darum gekümmert? Für Amos kommt nur das Eine in Betracht, dass Unrecht geschehen ist. Wer es getan, steht erst in zweiter Linie; höchstens dass es an Israel nur um so strenger von Gott geahndet wird, „weil er nur Israel kennt" (3 2). Was hat darnach Israel seinem Gotte gegenüber vor Fremden voraus? In der Tat, jegliche Prärogative wird geleugnet (6 2²). „Sind Calne, Hamath und Gath besser als diese Reiche, oder ist grösser ihr Gebiet als euer Gebiet?" Und nun gar 9 7: dass Jahwe sich um die Philister und Syrer kümmere anders als wo es galt, die Seinen und sich selber aus ihrer Hand zu retten, dass er sie sogar

---

[1] Skizzen V z. St.

[2] Freilich ist die Aechtheit dieses Verses in Frage gestellt, sofern es scheint, dass Calno durch Tiglath Pileser erst 738 eingenommen worden ist (cf. Jes 10 9) und Hamath (cf. Jes 37 13) um 720 von Sargon unterworfen (SCHRADER, KAT. ² p. 444 f.). Nur dass dagegen Gath schon zerstört ist, dürfte daraus geschlossen werden, dass es von den fünf Städten der Pentapolis einzig nicht genannt wird (1 6—8). Wie wenig aber der an sich doch originelle Gedanke 6 2 aus dem Gedankenkreise des Amos heraustritt, zeigt gleich die folgende Stelle.

aus ihren ursprünglichen Sitzen heraufgeführt habe, klang den Israeliten
völlig neu; dass Amos aber erst das ferne Volk der Aethiopen nennt,
um sie auf eine Stufe mit Israel zu stellen, das sprach den volkstümlichen Anschauungen vollends Hohn. Stellen wie 3 2 7 15 8 2 6 1 7 17
kommen dagegen entschieden nicht auf. Nicht mit Unrecht redet
PAULSEN[1] neben der „Moralisierung" und „Denaturierung" von „Dena-
tionalisierung" des Gottesbegriffes durch das Prophetentum. Sofern
Amos, wie später Micha, in der Jahwereligion in erster Linie das
sittliche Moment betont, erhebt sie von selbst den Anspruch einer
allgemeinern Gültigkeit. „Der Jahwismus muss sich allen anbieten, in deren Busen ein menschliches Herz schlägt[2]."

Ebenfalls um einen Schritt weiter gebracht finden wir die Gleichung
Jahwe = Weltgott beim Elohisten. Schon der Gottesname, dessen er
sich bedient, scheint mir dafür nicht gleichgültig. Mit אלהים ist die allgemeine Basis geschaffen, auf der sich alle in der Bezeichnung Gottes
zusammenfinden können. Bekanntlich geht es ja durch das ganze A. T.
mit bewusster Absichtlichkeit hindurch, wo im Verkehr mit Fremden
von Gott die Rede ist, oder wo ihnen[3] solche Rede in den Mund gelegt
wird, den Gottesnamen אלהים zu gebrauchen (z. B. Jud 1 7 I Sam 4 7 f.
22 3 30 15 I Reg 20 23 vgl. mit V. 28). Nicht nur dass also Gott beim
Elohisten mit Jakob nach Aegypten zieht (Gen 46 4); er ist so gut mit
Ismael (Gen 21 20) als mit Isaak. Und die natürliche Kehrseite davon
ist, dass Fremde schon zur Anerkennung der besonderen Macht
Jahwes, die er durch seine Diener kundgibt, gelangen können. Moses
ist „sehr gross im Lande Aegypten in den Augen der Knechte Pharaos
und in den Augen des Volkes" (Ex 11 3). Pharao selber spricht anfangs:
„Wer ist Jahwe, dass ich auf seine Stimme hören soll und Israel ent-
lassen? ich kenne Jahwe nicht" (Ex 5 2); aber schliesslich, als er Israel
doch entlassen muss, bittet er es auch seiner vor Jahwe segnend zu
gedenken (Ex 12 32). Und die Wunder des Auszuges erfüllen alle
Völker, durch deren Land er geht, mit Furcht und Zittern vor dem
Gott Israels (Ex 15 14 ff.). Vollends der Midianiter Jethro wird zum
Bekenntnis gebracht: „Nun weiss ich, dass Jahwe grösser ist als alle
Götter" (Ex 18 11).

„Jahwe allein erhaben", das ist, wie wir schon[4] sahen, der Grund-
gedanke Jesajas. Er hat nun aber nicht blos negative, sondern auch
positive Bedeutung.

---

[1] Einleitung in die Philosophie p. 295.
[2] KUENEN, Volksreligion und Weltreligion p. 141.
[3] So auch der Paradiesesschlange.   [4] s. oben p. 85.

Einmal: Ist Jabwe im Gegensatz zu allem Menschlichen „Geist"
und das „Geistliche" (freilich nur für den Glauben, der stille sein und
warten kann [30 15] erreichbar) das, was einzig Wert hat, so hebt
Jesaja die Religion in die Sphäre dessen, was nicht von dieser Welt
ist und wird der Begründer ihrer geistigen Herrschaft.

Zweitens: Ist Jahwe der Hohe, der Gewaltige, der unbedingt
das Feld behaupten muss, so ist er der König der Welt, der
ihre Geschichte beherrscht und lenkt nach seinem Willen.
„Sein Plan ist geplant über die ganze Erde, seine Hand gestreckt über
alle Völker, denn Jahwe Sebaoth" — hier begegnen wir dem Ausdruck
wieder — „hat's geplant, und wer bricht's, und seine Hand ist ausge-
streckt, und wer wendet sie?" (14 26f.). So sind ihm denn selbst fremde
Völker dienstbar und gehorchen unbewusst höheren Planen, die sich
sogar gegen ihren eigenen Willen durchsetzen müssen (7 7 8 10); sie sind
nur das Werkzeug in seiner Hand: Assur der Stab seines Zornes,
der Stecken seines Grimmes (10 5; vgl. 7 20 9 10f. 5 26 7 18f. 8 7 10 6
28 11 18 30 16 etc.). Damit erhebt sich Jesaja freilich weit über seine
Umgebung. Sie will gerade der Gedanke, dass der Assyrer in Jahwes
Auftrag gegen Jerusalem heranrückt, „fremd, ja wildfremd" bedünken
(28 21). Kein Wunder aber, dass von diesem Gesichtspunkte aus betrachtet, als das Werk Jahwes treibend, das fremde Volk Jesaja fast
in idealer Erscheinung vor Augen schwebt, wie die glänzende Schilderung beweist, die er von ihm entwirft (5 26 ff.). Kein moderner Historiker
dürfte mit grösserer Anerkennung die Verdienste eines feindlichen
Heeres ins Licht stellen. Noch weniger ist es antike Auffassung; es ist
lediglich das persönliche, religiös bedingte Urteil Jesajas. Wer aber
so spricht, der sieht in den Fremden nicht blos Barbaren.

Aber freilich die Erfahrungen, die Jesaja aus der wirklichen Geschichte macht, corrigieren seine Auffassung (10 7) in einer Weise, dass
es ihm fraglich werden möchte, ob Assur wirklich als Bote Gottes
handelt. Doch das Bedeutsame ist: Nicht seine Vorstellung von Gott
modifiziert sich darnach; der Irrtum liegt offenbar auf Seiten der
Assyrer: „Er denkt nicht so, und sein Herz rechnet nicht so" (l. c. vgl.
17 14[1]): er ist einfach ein schlechter Träger des göttlichen Willens.
In Folge davon bleibt Gottes Plan nicht dabei bestehen, dass er Assur
als Zuchtrute ins Land ruft; er zerbricht es auch darin, wenn die Zeit
erfüllt ist (14 25 18 5 30 31 31 8). Bedenken wir aber, dass den Assyrern
zuerst Damaskus (7 16 17 1—3) und Kusch (20) erliegen müssen und es
in seinen eigenen Heeren schon viele Völker hat (17 12 10 8f. 22 6), so

---

[1] S. die Erklärung Duhms z. St.

ist sein Untergang ein weltbewegendes Ereignis (30 27 f.), weshalb auch alle Erdenbewohner aufgefordert werden „zu sehen und zu hören" (18 3)[1]. Aber freilich, wo dieses Gericht geschieht, ist Jesaja nicht gleichgültig. Auf seinen Bergen tritt Jahwe Assur nieder (14 25), vor Jerusalem (29 5 ff. 31 5 9). Das besagt, dass schliesslich die Ge-schichte der Welt und der Völker sich um Jerusalem als um ihren Mittelpunkt bewegt. Damit ist Jesaja erst die Möglichkeit seiner Eschatologie verbürgt, da Jerusalem wieder „Burg der Gerech-tigkeit" heisst, „treue Stadt" (1 26).

Hier ist nun der Ort, auf die allbekannte schon erwähnte Stelle ausführlicher einzugehen 2 2—4. Was sie im Allgemeinen besagen will, kann nicht zweifelhaft sein: Man ist sich bewusst geworden, Träger einer Religion zu sein, die über das eigene Volk hinaus Gemeingut Vieler zu werden bestimmt ist und daher Fremde zum Anschluss herbeizu-ziehen vermag. Dass für unsere Untersuchung von entscheidender Wichtigkeit ist, wann dieser Gedanke lebendig geworden und erstmals klar ausgesprochen worden sei, braucht nicht erst gesagt zu sein. Die Entscheidung darüber ist aber nicht eben leicht, umsoweniger als bei Jesaja wie bei Micha die Verse ohne allen Zusammenhang stehen, bei jenem noch mehr „hineingeschneit"[2] als bei diesem.

Bei der doppelten Ueberlieferung der Worte (Jes 2 2—4 = Mi 4 1—3) formu-liert sich zunächst die Frage so, ob sie 1. von Jesaja oder 2. von Micha her-rühren oder 3. von beiden einem dritten Aelteren entlehnt sind, oder ob 4. von allen drei Möglichkeiten keine zutrifft. Von vornherein abzuweisen ist die An-nahme einer Entlehnung (3). Denn wie ein ächter Prophet über derartige „littera-rische Abhängigkeit" denkt, darüber giebt Jer 23 30 ein genügendes Urteil. Nun scheint für Micha (2) zu sprechen, dass die Stelle bei ihm angeblich vollständiger überliefert ist, sofern Mi 4 4 bei Jesaja fehlt. Aber gegen die Zugehörigkeit von Mi 4 4 zu V. 1—3 erheben sich schwere Bedenken. Auch abgesehen von „metrischen Gründen und dem schwächlichen Inhalt"[3] erwartet man איש auf גוי bezogen zu finden, was aber keineswegs angeht. Endlich hat Micha eben die völlige Ver-wüstung des Zion geweissagt; unmöglich kann er mit einem blossen והיה das ausgesprochene Gegenteil anfügen. So spitzt sich die Frage dahin zu: Kann die Stelle dem Jesaja angehören (1) oder stammt sie überhaupt erst von einem Späteren (4)? Man wird zur Verteidigung des jesajanischen Ursprunges zunächst hinweisen auf die durchaus entsprechende Stelle 11 10. Aber diese Worte für Jesaja in Anspruch nehmen wollen, hiesse ihm eine „fürchterliche Stillosigkeit"[4] zutrauen. Es bleibt also noch die Frage, ob 2 2—4 als jesajanischer Gedanke mög-lich sei. Das wird entschieden verneint von STADE[5], welcher findet, die betreffen-

---

[1] Gegen STADE.   [2] WELLHAUSEN, Skizzen V zu Mi 4.
[3] s. DUHM, Komment. z. Jes 2 4.   [4] DUHM, Komm. z. St.
[5] Bemerkungen über das Buch Micha ZATW. I p. 165 f. Weitere Be-merkungen zu Mi 4 5 ZATW. III p. 10. Gegen STADE: CORNILL, Die Komposition des Buches Jes ZATW. IV p. 88 f. NOWACK: Bemerkungen über das Buch Micha

den Worte stünden über dem Niveau der älteren Propheten, und sie darum der
Zeit des nachexilischen Judentums zuweist. Ebenso WELLHAUSEN[1], der sagt, Jesaja
nehme in seinen messianischen Weissagungen auf die Heiden keine Rücksicht und
spreche nirgends die Hoffnung aus, dass auch sie in das Gottesreich aufgenommen
werden würden. Sein messianisches Reich beschränke sich auf Juda und Jerusalem. Dem ist aber des Bestimmtesten entgegenzuhalten: Würde bei der immerhin beschränkten Zahl messianischer Weissagungen Jesajas, die wir noch kennen,
unsere Stelle für sich allein nicht genügen, das Gegenteil zu beweisen? — Freilich,
fährt WELLHAUSEN fort, es habe dieser Gedanke, der Jes 40—66, in Zacharia und
einigen Psalmen vorkomme, in oder nach dem Exil nicht näher gelegen als vorher,
die Voraussetzungen seien auch schon früher dagewesen, und aus Voraussetzungen
erkläre er sich überhaupt nicht, er sei vielmehr in jeder Zeit und unter allen
Umständen kühn bis zur Unbegreiflichkeit. Es fragt sich dann aber nur, dünkt
uns, ob man einen solchen aussergewöhnlichen Gedanken lieber einem gänzlich
Unbekannten, als einem Jesaja zutrauen will. — „Aber damit", schliesst WELL-
HAUSEN, „würde man überhaupt auf eine Geschichte der Ideen verzichten". Vor
allem weise die einzige Bedeutung, die hier dem Zion zugeschrieben werde, auf
die Zeit nach der Zerstörung des Nordreiches. Aber, fügen wir hinzu, ist es nicht
gerade Jesaja, der den Anstoss gegeben hat, zur einzigartigen Schätzung Jerusalems und des Zions?[2]. Und die Geschichte hat ihn durch die Rettung von
Sanherib noch zu seinen Lebzeiten glänzend gerechtfertigt. Es ist also, wie mir
scheint, die Argumentation WELLHAUSENS nicht unanfechtbar. Als Gegeninstanzen
möchte ich Folgendes zu erwägen geben:

1. Fragen wir nach Voraussetzungen, so dürfen wir zuerst an das erinnern,
was wir oben S. 92 über die Wallfahrten zu einem fremden Gott bei den Alten
bemerkt haben. Wir weisen ferner hin auf Gen 12 s, auch bei der von uns gegebenen Erklärung[3]. Denn was die Völker veranlasst, nach dem Zion zu pilgern,
ist offenbar nichts mehr als die Erfahrung, die sie inmitten ihres eigenen Ver-
derbens machen, dass es den Israeliten „auf den Wegen Jahwes" gut geht (vgl.
Ex 18 11). Sie möchten sich daher Auskunft erbitten über die Wege, die zu
gleichem glücklichen Frieden führen (vgl. Ex 12 32). Dass sie zu diesem Ende zum
Zion kommen, ist selbstverständlich, weil es der Wohnsitz Jahwes ist, so gut wie
Delphi der des pythischen Apollo. Dabei erinnern wir uns noch an etwas in
unserem ersten Abschnitt[4] Ausgeführtes: Den Israeliten war der Gedanke nicht
fremd, dass, wer eine Hülfe suchte, ob einzeln, ob in grösserem Verbande, statt
an einen menschlichen Protektor sich zu wenden, sich geraden Weges unter die
Klientele eines Gottes an sein Heiligtum begeben und sein Ger werden konnte
— ein Gedanke, dessen Ursprung darin liegt, dass die Heiligtümer von jeher die
Zufluchtsstätten der Hülfsbedürftigen waren[5] (vgl. auch noch II Reg 17 27 f.).

2. Aber Jesaja selber giebt uns die nötigen „Voraussetzungen" an die
Hand. Für ihn ist ja, wie wir deutlich sahen, Jahwe der Gott über die Welt und
über alle Völker geworden, und ihre Götter sind ihm „Nichtse" (2 8). Für die
Gegenwart führen die Völker denn auch schon, unbewusst und scheinbar ihren

---

ZATW. IV p. 278 f. Darauf wieder STADE: Bemerkungen zu NOWACK über das
Buch Micha ZATW. IV p. 292.

[1] Skizzen V zu Mi 4.   [2] s. die vorige Seite.
[3] s. oben p. 77 f.   [4] s. oben p. 50.
[5] s. oben p. 15.

Göttern dienend, Jahwes Willen aus. Sollten an jenem Tage, da „Jahwe allein erhaben ist" (2 11 17), nicht jene Götzen in ihr Nichts zusammensinken und ihre hülflosen Verehrer zu Jahwe kommen, um sich mit Bewusstsein auf seine Wege leiten zu lassen?

3. Die Worte Jes 2 2—4 lassen sich aber auch als natürliche Ergänzung des Zukunftsbildes Jesajas ausserordentlich leicht verstehen. Er hat in seiner Geschichtsauffassung die Völkerwelt in den Kreis seiner Gedanken hineingezogen, die unbewusst nach seinem Willen tun soll, sich aber durch ihre hochmütige Verblendung das Gericht zuzieht, gleich Israel. Er erwartet nun eine völlige Umwandlung. Das Volk, das zuvor „verklebte Augen und schwere Ohren und ein Herz ohne Einsicht" hatte (6 10), soll sehen und hören und erkennen (32 3 f.). Sollen daneben die Völker ganz leer ausgehen? Und wenn die Tierwelt und die unbelebte Natur in Mitleidenschaft gezogen wird (11 6 ff. 32 15), warum nicht auch die Völker, die Israel früher beunruhigt haben? Vor den Tieren soll das Israel der Zukunft Frieden haben (11 8). Damit aber das Volk „in der Wohnstätte des Friedens und in der sicheren Wohnung" (32 18) wohnen kann, bedarf es auch des Friedens in der Menschenwelt. Wie notwendig die Umwandlung der Tierwelt und die Bekehrug der Völkerwelt zusammengehören, dazu verweise ich als auf einen natürlichen Kommentar auf Philo: de praemiis et poenitentia § 15 f.[1]

4. Vorausgesetzt scheint unsere Stelle zu sein Jer 3 17. Indessen urteilt schon STADE: „Es ist mir nicht zweifelhaft, dass die beiden Verse Jer 3 17f. eingeschoben sind". Er weist mit Recht darauf hin, dass sie die Exilierung Judas voraussetzen[2]. Auch GIESEBRECHT hält darum die Stelle für interpolirt[3]. Aber, wenn davon auch abzusehen ist, so dürfen wir vielleicht sagen: Wenn Jeremia selber sich als Propheten auch an die Gojim fühlt, so wird notwendig etwas vorausgegangen sein müssen, das die Gojim in den Kreis der religiösen Betrachtung mit hineinzieht.

Diese Ausführungen führen uns zum Resultate:

Wir glauben Jesaja als Urheber von 2 2—4 in Anspruch nehmen zu dürfen[4]. Wie weit reichend denkt er sich nun aber den Anschluss Fremder? Wir möchten wenigstens die Vermutung aussprechen, dass auch hier für ihn der massgebende Gesichtspunkt gewesen sei[5]: Jahwe allein erhaben an jenem Tage (2 11 17), d. h. dass er sich den Anschluss in religiöser Beziehung vollkommen gedacht habe. Es erscheinen ja auch die Wirkungen der richterlichen Tätigkeit Jahwes als bleibende Friedenssegnungen über den Stämmen (2 4). Aber ob er sich auch in politischer Beziehung den Anschluss vollkommen vorstellte? D. h. sollen sich die Stämme ihrer politischen Selbständigkeit begeben? Wir möchten auch dies vermutungsweise bejahen. Denn

---

[1] MANGEY II 422 f.

[2] Weitere Bemerkungen zu Mi 4 5 ZATW. III p. 14 f.

[3] Komment. z. St.

[4] Höchstens dass die michanische Lesart עַמִּים (4 1) dem כָּל־הַגּוֹיִם Jesajas vorzuziehen ist.

[5] Vgl. das sub 2 Gesagte.

kann sich, wie wir sahen, der antike Mensch vom Gedanken nicht leicht
emanzipieren, dass der Anschluss an ein Volk den Anschluss an dessen
Gott in sich schliesse, so liegt nahe zu denken, man habe auch das
Umgekehrte als das Gegebene angenommen, der Anschluss an einen
Gott bedeute gleichzeitig die Angliederung an sein Volk. Bestätigt
würde diese Auffassung, wenn wir damit 9 6 kombinieren dürften, wo
vom Messias ausgesagt wird ורבה המשרה [1]. Namentlich aber berechtigt
uns zu dieser Annahme, dass auch noch für Jesaja Subjekt der Religion die Gesamtheit, das Volk ist. Er steht hierin im gleichen
Banne der Auffassung wie seine nächsten Vorgänger. So ist es bei
Amos: „Nicht als solche, sondern als Glieder der Volkseinheit, als
Bürger des Staates kommen die Individuen für ihn in Betracht" [2]. So
bei Hosea: Jabwe schliesst mit dem Volke die Ehe. Damit aber wird
die Religion noch immer an die Zugehörigkeit zu einem Volke gebunden.
Das weist die universalistischen Gedanken der Propheten
wieder in engere Schranken. Selbst eine Erweiterung der Religion
über ihre eigenen ursprünglichen Grenzen hinaus wäre ihnen offenbar
nicht anders vorstellbar, als dass ihre neugewonnenen Anhänger der
Einheit des israelitischen Volksverbandes angegliedert würden. Wir
dürfen also ja nicht etwa erwarten, einstweilen schon eine Propaganda
zu finden unter Fremden, die nicht zum Volke in einer ganz bestimmten
Beziehung stehen.

Diese Erwägung vermag uns eine Andeutung zu geben, welches
denn eigentlich für die Gegenwart der praktische Ertrag dieser
universalistischen Gedanken der Propheten gewesen sei —
oder vielmehr: worauf sich derselbe beschränkt habe. Wir werden hier
von selber auf die Frage zurückgewiesen, die wir zu Ende des vorigen
Abschnittes aufgeworfen haben, wie sich nämlich das Deuteronomium
bei allem Ausschluss des Fremdländischen und der „Heiden" gestellt
habe zu den Fremden, die tatsächlich im Lande waren. Die Antwort
ist nicht schwer: Giebt es nur Einen Gott, Jahwe, den Gott Israels,
der grösser geworden ist als sein Volk, so werden wenigstens die
Fremden, die mitten unter Israel weilen, in seine Verehr-
rung mit hineingezogen. Das ist — auf neuer Basis (Jahwe nämlich
Gott aller Welt) — eigentlich nur die Fortsetzung dessen, was (bis auf
einen gewissen Grad) früher schon Praxis war [3], und zwar ist es jetzt

---

[1] So wird mit LXX zu lesen sein, wobei לם vor "ר als Dittographie aus
שלום (V. 5) zu erklären ist.

[2] BUDDE in d. Anzeige von Valeton, Amos en Hosea, Theol. Litt.-Ztg. 1894.
Nr. 20 p. 511.

[3] s. oben p. 74.

ein anerkanntes Reichs- und Staatsgesetz, das sie verlangt. Es steht dies auch durchaus nicht in unlösbarem Widerspruche zu dem, was wir in unserem vorigen Abschnitte als Tendenz des Deuteronomiums nachzuweisen gesucht haben. Vielmehr ist die innere Vermittlung diese: Man überwindet die Fremden und macht sie unschädlich dadurch, dass man sie in den eigenen religiösen Verband aufnimmt. Bekanntlich hat es später die katholische Kirche nicht viel anders gemacht, indem sie den gefährlichen Versuch wagte, die Welt zu verneinen dadurch, dass sie sie unter ihre Herrschaft zog. Möglich wird es, Fremde in den eigenen religiösen Verband aufzunehmen, weil die Religion angefangen hat, wie nie zuvor „lernbar" zu werden (vgl. Jes 29 13[1]). Damit ist aber nun gegeben, dass der Ausdruck Ger in einen Wandel der Bedeutung eintritt: Ger ist fortan ein in Israel sich aufhaltender Fremder, der zur religiösen Verfassung des Volkes in eine gewisse Beziehung getreten ist.

Wie weit diese Beziehung geht, ist daraus zu ermessen, dass sich Bestimmungen finden, welche den Ger auf gleiche Stufe stellen wie den Israeliten und wieder andere, die das gerade nicht tun. Letzterer Art ist z. B. die Vorschrift Dt 14 21: „Nichts Gefallenes sollt ihr essen; dem Ger, der in deinen Thoren ist, magst du es geben, damit er es esse, oder verkaufen dem Nokhri". Sie zeigt, dass auf den Ger noch nicht der ganze Umfang religiöser Verpflichtungen (denn unter religiösen Gesichtspunkt fällt auch diese Vorschrift) ausgedehnt wird.

Andererseits machen die folgenden deuteronomischen Vorschriften keinen Unterschied zwischen dem Ger und dem Israeliten:

1. „Du sollst halten das Wochenfest Jahwe deinem Gott . . . und dich freuen vor Jahwe, deinem Gott, du und dein Sohn und deine Tochter und dein Knecht und deine Magd und dein Levit, der in deinen Thoren ist, und dein Ger und die Wittwe und die Waise, die in deiner Mitte sind, am Ort, welchen Jabwe dein Gott erwählt, daselbst seinen Namen wohnen zu lassen" (16 10f.).

2. „Das Laubhüttenfest sollst du halten 7 Tage, wenn du einsammelst von deiner Tenne und deiner Kelter, und sollst dich freuen an deinem Fest, du und dein Sohn und deine Tochter und dein Knecht und deine Magd und der Levit und der Ger und die Waise und die Wittwe, die in deinen Thoren sind" (16 13f.).

Vielleicht etwas jünger[2] ist:

3. 26 11, wo der Ger, „der in deiner Mitte ist", bei der Bestimmung

---

[1] Vgl. DUHM z. St.

[2] Vgl. BENZINGER, l. c. p. 461 Anm. 1.

über die an Jahwe zu leistende Abgabe der Erstlinge in die Freude über die Segnungen Jahwes mit eingeschlossen wird.

Endlich gehört hierher 4. das Gebot der Sabbathsruhe auch für den Ger, das wir schon Ex 20 10 und 23 12 von deuteronomistischer Hand glaubten ableiten zu sollen [1], und das wir 5 14 wiederfinden.

Ex 23 12 und Dt 5 14 stellen dieselbe ausdrücklich unter den Gesichtspunkt einer Wohltat für den Ger: er soll durch sie erquickt werden. Das leitet uns über zu einer Reihe von Stellen, in denen sich die mildtätige Gesinnung gegen ihn in hervorragender Weise kundgiebt. So will das schon erwähnte Gebot 14 21 verstanden sein: Es wird dem Ger das Gefallene nicht wie dem vorüberziehenden Nokhri geschäftsmässig verkauft [2], sondern geschenkweise überlassen, weil er solcher Unterstützung bedürftig ist. Es heisst ferner:

14 28 f.: „Nach drei Jahren sollst du allen Zehnten deines Ertrages aussondern von jenem Jahre und in deinen Thoren niederlegen, und kommen soll der Levit ... und der Ger und die Waise und die Wittwe, die in deinen Thoren sind und sollen essen und sich sättigen" ... (vgl. 26 12 f.)

24 19—21: „Wenn du deine Ernte liesest auf deinem Felde und vergissest eine Garbe auf dem Felde, so sollst du nicht zurückkehren sie zu holen. Dem Ger, der Wittwe und der Waise soll sie sein, auf dass dich Jahwe dein Gott segne in allem Tun deiner Hände. Wenn du den Oelbaum schlägst, so sollst du nicht stoppeln hinterdrein; dem Ger, der Wittwe und Waise soll es sein".

Für das Gericht [3] gilt:

24 17: „Du sollst nicht beugen das Recht von Ger und Waise; verflucht, wer dies tut!" (vgl. 27 19).

Endlich lautet allgemeiner 24 14: „Du sollst nicht bedrücken den Mietling, den Dürftigen und Armen von deinen Brüdern oder von deinen Gerim [4], welche in deinen Thoren sind".

Bei solch weitgehender Humanität ist der Schritt nicht mehr weit bis zu den Worten 10 18 f., so dass für uns nicht viel darauf ankommt, ob sie mehr oder weniger ursprünglich sind, vielleicht eine Interpola-

---

[1] s. oben p. 35.   [2] s. oben p. 2.

[3] s. oben p. 35 f.

[4] Hier fällt unter die Kategorie der Gerim auch der עָנִי וְאֶבְיוֹן. Es ist dies eine Ausnahme, weil in der Regel עֲנִיִּים resp. אֶבְיוֹנִים nur die zu Israel gehörigen Armen bezeichnen, nicht auch die in Palästina wohnenden Fremden. Das wird ausdrücklich gesagt Ex 22 24 23 11 Dt 15 7—11 24 10—12 (A. Rahlfs: עָנִי und עָנָו in den Psalmen 1892 p. 74 Anm.); deutlich unterschieden werden beide auch Lev 19 10 23 22. Was sie aber mit einander verbindet, ist, dass sie (im Gegensatz zum עֶבֶד) persönliche Freiheit aber keinen Grundbesitz haben.

tion, wie HORST und VALETON wollen: „(Gott), der Recht schaffet
Waise und Wittwe und den Ger liebt, ihm zu geben Brod und Kleidung,
so sollt ihr den Ger lieben; denn Gerim seid ihr gewesen im Lande
Aegypten“. Es ist bemerkenswert, dass an dieser Stelle wie 24 18 22
der Hinweis auf die eigene Vergangenheit auftaucht, so wie man sich
diese unter der Voraussetzung, ganz Israel sei in Aegypten gewesen,
zurechtlegt. Der Gesetzgeber möchte darin ein besonderes Motiv finden für die gute Behandlung der Gerim und trägt es auch in ältere
Gebote zu ihrem Schutze zurück (Ex 22 20 23 9).

Die grösste Wohltat für die Gerim ist aber wohl, dass das Gesetz,
das für sie so milde Bestimmungen enthält, feierlich zum allgemeinen
Reichsgesetz erhoben wird, zu dem sich alles Volk bekennt (II Reg 23 3).
Denn damit werden sie ausgesprochenermassen un t e r s t a a t l i c h e n
S c h u t z g e s t e l l t und erhalten das Recht, denselben im Falle der Not
anzurufen. Wir erinnern an das über die allmähliche Ausbreitung der
königlichen Gerichtsbarkeit oben [1] Ausgeführte. Jedenfalls ist damit
die Zeit vorbei, in der die Gerim der schrankenlosen Willkür ihrer
Patrone preisgegeben waren [2].

Es ist darnach geradezu falsch, wenn O. HOLTZMANN [3] neuerdings
behauptet, das Verhältnis des Deuteronomiums zum Fremdling (er
meint, wenn er auch Dt 14 28 f. 24 17 ff. anführt, wie es scheint, den im
Lande ansässigen) sei weniger freundlich als im Bundesbuch. Er hat versäumt, die Begriffe גר und נכרי säuberlich auseinander zu halten, und das
rächt sich um so mehr als gerade in der d e u t e r o n o m i s c h e n G e s e t z -
g e b u n g d e r P u n k t l i e g t, w o s i e b e i d e f ü r a l l e Z u k u n f t v o l l -
s t ä n d i g a u s e i n a n d e r g e h e n. Gemeinsam ist dem Ger und dem
Nokhri die fremde Abkunft. Aber wie der Nokhri schon zu dem ihm
fremden Lande in keine dauernde Beziehung tritt, so erst recht nicht
zur Verfassung des darin wohnenden Volkes. Er wird in der zukünf-
tigen Beurteilung mit aller Entschiedenheit a u f S e i t e n d e r a u s s e r -
i s r a e l i t i s c h e n M e n s c h h e i t gestellt. Der Ger dagegen ist gerade
auf dem Wege in das israelitische Volk mit seiner besonderen Verfassung hineinzuwachsen. Wir drücken uns absichtlich nicht bestimmter
aus; denn wir stehen vor einem erst langsam sich entwickelnden Pro-
zesse: D e r G e r d e s D e u t e r o n o m i u m s i s t n o c h n i c h t d e r P r o -
s e l y t, aber er ist daran, sich demselben zu nähern. Er ist zu
gewissen aber noch nicht zu allen religiösen Geboten verpflichtet (14 21).

---

[1] s. oben p. 36.　　　　　　　　　[2] s. oben p. 33.
[3] Grundriss der neutest. Zeitgeschichte p. 190.

Nach welcher Richtung hin dieser Prozess tendiert, kann nicht zweifelhaft sein. Es lehrt es uns schon ein Blick auf die späteren Bestandteile des Deuteronomiums. Mehr und mehr werden die Fremden in den gleichen Kreis religiöser Verpflichtungen hineingezogen. Dt 31 12 [1] lässt an Mose den Befehl ergehen: „Versammle das Volk, die Männer, Weiber und Kinder und deine Gerim, welche in deinen Thoren sind, auf dass sie hören und lernen und Jahwe euren Gott fürchten und darauf achten, zu tun alle Worte dieses Gesetzes". Und noch deutlicher spricht 29 9ff.: „Ihr steht heute Alle vor Jahwe eurem Gott . . . . eure Kinder, eure Weiber und der Ger, der in der Mitte deines Lagers ist, vom Holzhauer bis zu deinem Wasserschöpfer, damit du eintretest in den Bund Jahwes deines Gottes und in die eidlich bekräftigte Gemeinschaft, welche Jahwe heute mit dir eingeht". — Dieser Fortschritt ist selbstverständlich, sobald das Prinzip zugegeben ist, dass die Religion Verfassung geworden ist; denn eine Verfassung lässt sich blos annehmen oder von der Hand weisen.

Warum aber die ursprüngliche deuteronomische Gesetzgebung noch so schwankend ist in ihren Bestimmungen über den Ger? Wir dürfen eine Erklärung dafür vielleicht darin finden, dass wir es im Deuteronomium im wesentlichen zu tun haben mit einer Uebertragung dessen, was bisher in den engeren Kreisen einzelner Sakralgenossenschaften üblich war, auf die einheitliche Kultusgemeinde, die es für die Folgezeit einzig im Auge hat. In jenen, wo der Willkür ihrer Priester das Meiste überlassen blieb [2], wird eine grosse Mannigfaltigkeit der Praxis geherrscht haben inbezug auf die Frage, in wie weit Gerim zu Verpflichtungen und Rechten kultischer Art in Anspruch zu nehmen seien. Das Deuteronomium fängt erst an, diese Verhältnisse einheitlich zu ordnen. Das Schwanken, das sich infolge dessen in seinen Verfügungen noch beobachten lässt, ist gerade der Grund, warum wir von unserem Abschnitt zum Voraus [3] nicht mehr versprechen konnten, als dass er wenigstens vorbereitend die Wandlung des Begriffes גר klarzulegen habe.

---

[1] Bei CORNILL D𝐩 aus der Zeit des babyl. Exils.
[2] s. oben p. 69f.   [3] s. oben p. 90.

Vierter Abschnitt.

Die Entwicklung der im Deuteronomium zu Tage tretenden Gegensätze.

Wir haben im Deuteronomium ein Doppeltes sich gegensätzlich aussprechen sehen:

1. Die Abkehr von allen Fremden nach aussen.
2. Die beginnende Angliederung der Fremden nach innen.

Wie sich dies Doppelte in der nächsten Folgezeit stetig entwickelt hat, hat dieser Abschnitt darzulegen, dabei wird das Zweite uns über sich selbst hinausweisen.

Kapitel I.

Die wachsende Abkehr von den Gojim.

Es ist leicht verständlich, dass wir es in diesem Kapitel vor allem mit einer Sache der Stimmung zu tun haben.

Der Gedanke des Deuteronomiums, Israel als das Volk Jahwes von den Heiden abzusondern, musste naturgemäss dazu führen, dass man sich über Nicht-Israeliten immer stolzer erhob und mit Verachtung auf sie herabblickte. Dies zeigt uns schon gleich der Prophet Nahum, wohl kurz vor dem Untergange Ninives weissagend[1], der mir eben aus diesem Grunde für unsere Betrachtung eine nicht ganz bedeutungslose Stelle einzunehmen scheint. Offenbar steht er nicht wie seine Vorgänger in Opposition zur herrschenden Partei: er denkt mit ihr und spricht als eine Stimme aus ihr. Keiner aber hat vor ihm mit grösserer Animosität gegen die Fremden sich vernehmen lassen. Es ist der unverhohlene Ausdruck der ihn beglückenden Freude an ihrem Untergang, den er in anschaulichster Lebendigkeit ausmalt bis zur gänzlichen Ausrottung des Feindes (2 1 1 14). Darüber sollen Alle in

---

[1] Zur Datierung vgl. WELLHAUSEN, Skizzen V.

die Hände klatschen (3 19); denn dazu ist ihr Untergang da, ein Schau-
spiel zu gewähren, daran man sich weiden kann (3 5 f.). Wichtig ist
aber auch die Begründung desselben: Assurs Untergang ist verdient
und überverdient. Denn es ist nicht mehr der Stecken in Gottes Hand
wie bei Jesaja. An einen bei diesem ganz ausnahmsweise einmal sich
findenden Gedanken anknüpfend, beurteilt Nahum sein Auftreten von
vornherein als freventliche Ueberhebung gegen Gott (1 11). Einer
Sünde Judas, welche die Bestrafung durch einen äusseren Feind veranlasst hätte, wird mit keinem Worte mehr Erwähnung getan; jedenfalls müsste sie gänzlich verschwinden, wo überhaupt auf Assur die
Rede kommt. Es allein ist im Unrecht; denn es hat sich vergriffen,
weil es Israel berührt hat; dass muss Gott ahnden als ein eifriger Gott,
der Rache übt. Hier sehen wir den Gedanken aufkeimen, dass man
aller Welt gegenüber absolut im Rechte ist, was zur Folge hat, dass
sie gerade in der grössten Entfaltung ihrer Macht und ihrer Pracht
Unrecht hat und vor dem גאון יעקב (2 3)[1] elend zerschellen muss.

Dazu bringt Habakuk nun die entsprechenden termini:
צדיק und רשע (1 4 13 2 4). Zwar gerade er hat in seinem strengen
Rechtsgefühl die göttliche Sendung der Chaldäer nicht ganz vergessen
(1 6 12) und sieht ihre Schuld in der Gewalttätigkeit ihres Vernichtungs-
zuges und in ihrer Selbstüberhebung, wie denn auch der Gedanke, dass
der Rückschlag erfolgen müsse als notwendige Reaktion gegen eine
verletzte Rechtsordnung der Völkerwelt (2 6 ff.) deutlich darauf hinweist, dass für ihn die Nicht-Israeliten nicht schon als solche gottlos
sein können. Aber Namen, die einmal gemünzt sind, namentlich zur
Bezeichnung einer Partei oder von etwas, das dem ähnlich sieht, finden
oft einen dankbarern Boden und fassen tiefer Wurzel als die Gedanken,
die ihren ursprünglichen Inhalt gebildet haben. Man setzt die Gleichung gerne um, und der Israelit wird der צדיק, der Nichtisraelit der
רשע. Sind aber die Ausdrücke dem Propheten entlehnt, so schmeichelt
man sich vielleicht später damit, als sei die Beurteilung, welche man in
sie zusammen fasst, von Gott selber inspiriert.

Aber wie „gottlos" die Heiden seien, lernte man eigentlich doch
erst, als das „Unglaubliche" geschah (Thren 4 12), dass die geliebte
Stadt und der Tempel in Asche sank. „Siehe, Jahwe, mein Elend, wie
der Feind triumphiert! Seine Hand reckt der Feind nach all' ihren Kost-
barkeiten; denn sie sieht es, wie die Völker in ihr Heiligtum dringen,
von welchen du geboten, nie sollen sie in deine Gemeinde kommen"
(Thren 1 9 f.). Und inmitten dieses Elendes: „Sie hören, wie ich seufze,

---

[1] Von WELLHAUSEN (Skizzen V z. St.) freilich dem Nahum abgesprochen.

doch niemand tröstet mich, all' meine Feinde hören mein Unglück, freuen sich, dass du's getan" (1 21 vgl. 2 16). Hat man sich auch die Lage der Exulanten nicht als zu klägliche vorzustellen, so scheinen sich doch allmählich die Verhältnisse ungünstiger gestaltet zu haben; wenigstens atmet in der späteren Zeit die Stimmung nach aussen mehr Hass (Jes 13 14 41 17 42 22 27 55 2).

Die Feuerprobe dieser Leiden gab dem Charakter der Exulanten die Härte des Stables. „Wer nicht überhaupt an der Macht Jahwes verzweifeln und sich dem Heidentum zuwenden wollte, der musste wohl oder übel die Erklärung acceptieren, die die Propheten von dem entsetzlichen Ereignis gaben" [1]. Je näher man sich in diesem Bewusstsein zu einer Einheit zusammenschloss, um so mehr fühlte man sich seiner Umgebung gegenüber fremd. Nicht blos, dass sie mit „stammelnder Lippe und fremder Zunge" (Jes 28 11) zu einem sprach. Man hatte sich seit dem Deuteronomium fühlen gelernt, dass man gänzlich anders sei als alle anderen; und war äusserlich der Anspruch, den man darauf gegründet hatte, dass man aller Welt gegenüber im Rechte sei, zu Schanden geworden (Ez 5 15 vgl. 25 8), so durfte man ihn erst recht nicht verloren geben; er gehörte ja dem Glauben an, und der Glaube erhebt sich über das Aeussere. Aber er schuf sich Unterpfänder: Der Opferkult war im fremden Lande, wo man ja „Unreines" essen musste (Ez 4 13f.), unmöglich geworden; ungestört beibehalten konnte man nur Sabbath und Beschneidung. Ein besonderes Raisonnement trat für die Exulanten hinzu: Sabbath und Beschneidung hatten ja die anderen Völker gerade nicht. Grund genug, selber um so energischer an ihnen fest zu halten. So hatte man ja in Zukunft allen Fremden gegenüber ein untrügliches Erkennungs- und Unterscheidungszeichen, das sie nicht besassen! In diesen Gedanken zog man sich mehr und mehr auf sich selbst zurück und erinnerte sich seines Gottes (Ez 6 9) — man lebte ja, wie es scheint, meist in grösseren Verbänden zusammen; und dann ist es leichter, sich gegen Wildfremde als gegen Halbverwandte ahzuschliessen. So wurde man durch das Exil spröder und abweisender gegen Alles, was fremd hiess.

Aus diesen Verhältnissen heraus redet Ezechiel. Hier ist die Gleichung vollzogen: Das Fremde ist das Heidnische. גוים ist, verglichen mit dem Sprachgebrauch des Deuteronomiums, womöglich noch ins Dunklere nüanciert. Es ist wohl nicht ganz zufällig, dass Ez 3 6 עמים gebraucht, wo er davon spricht, dass selbst viele Völker von unverständlicher Zunge und schwerer Sprache williger auf ihn hören

---

[1] SMEND, Ueber die Genesis des Judentums ZATW. II p. 139.

würden als Israel (vgl. dagegen 5 6f.; und zum Gedanken 16 26f. 48ff.
23 45 48 [1]). גוים ist lediglich religiös sittlicher Qualitätsbegriff geworden.
Es giebt daher auch verschiedene Grade derselben; die gottlosesten
(רָעֵי גוֹיִם 7 24 vgl. רִשְׁעֵי הָאָרֶץ 7 21) sind die Chaldäer. Ezechiel kann daher
auch sogar die Söhne Israels גוים nennen, wo er auf ihr Heidentum anspielen will (2 3).   Nach seinem Urteil über ihre heidnische Art wären
überhaupt nicht die israelitischen Patriarchen, deren sie sich rühmen
(33 24), ihre Stammväter, sondern Fremde: „Dein Ursprung und deine
Geburt ist aus dem Lande der Kanaaniter, dein Vater ein Amoriter
und deine Mutter eine Hethiterin" (16 3 45), eine Stelle, die den späteren Juden so anstössig klang, dass Symmachus und Thargum sie bis
zur Unkenntlichkeit umschrieben[2]. Vom gleichen Standpunkt aus kann
Ezechiel Sodom Jerusalems Schwester nennen (16 46).   Heidnisch
sind die Fremden für Ezechiel, weil sie in der von ihm aus-
gedachten Verfassung keinen Raum haben.   Denn er ist bekanntlich im Prophetenkleide Gesetzgeber, und sein Gesetz ist die
Theokratie.   Die Theokratie hat zum König Gott und verlangt als
ihr Substrat „ein bestimmtes Volk, für das ihr Gesetz die religiöse, staatliche und soziale Verfassung ist"[3].   Was wir im Deuteronomium begonnen sahen, liegt hier entwickelt vor uns: Die Religion ist
Verfassung geworden.   Wer ausserhalb dieser Verfassung steht, von
dem ist man auf immer nicht allein national, sondern auch religiös geschieden; er ist ein Heide, ist unrein und profan.   Denn „rein" und
„unrein", „heilig" und „profan" sind auch für Ezechiels Verfassungs-
entwurf die alles bestimmenden Gegensätze geworden (22 26 44 23 vgl.
39 16).   „Unbeschnitten am Fleische" ist für ihn offenbar gleichviel
wie „unbeschnitten am Herzen" (44 9).   In Zukunft giebt es nur Ein
heiliges und reines Volk (Kap. 37), „das verzeichnet ist im Verzeichnis
des Hauses Israel" (13 9), und giebt nur Ein heiliges Land (36 34f. vgl.
20 6 15 25 9 38 12) und Eine heilige Stadt (5 5 7 22) und das Allerheiligste,
den Tempel, darin („יְהוָֹה שָׁמָּה" 48 35), an den man sich um so fester anschliesst, je mehr Gott im Grunde ins Jenseits gerückt wird.   Je ferner
vom Tempel, um so weniger Heiligtum (11 16); „extra ecclesiam nulla
salus".   Jerusalem und der Tempel bedeutet für Ezechiel die Welt,
und die Welt ausser Jerusalem und dem Tempel ist ihm eine Wüste.
Jenes heilige und reine Volk in ihrer Mitte herstellen, heisst: alle heid-

---

[1] הָאָרֶץ = Erde, s. SMEND, Komment. z. St.
[2] GEIGER, Urschrift p. 347; die Sache aber blieb, Daniel spricht zu den
lüsternen Alten in der Susannageschichte (56): „Du Same Kanaans und nicht
Judas".
[3] DUHM, Theologie d. Propheten p. 262.

nischen Schlacken aus ihm entfernen, bzw. von ihm fernhalten. Da
werden im Tempel z. B. zu den niederen Diensten immer noch Heiden
verwendet[1]. Ezechiel schreibt: „So spricht Jahwe: Lasst es genug
sein an all' euren Greueln, Haus Israel, indem ihr Söhne der Fremde,
unbeschnitten am Herzen und unbeschnitten am Fleische in mein Heiligtum kommen liesset es zu entweihen [mein Haus][2], indem ihr meine
Opferspeise, Fett und Blut, darbrachtet und so meinen Bund brachet[3]
zu all' euren Greueln, und ihr beobachtet nicht den Dienst meiner
Heiligtümer, sondern bestelltet sie[3] für euch zur Besorgung meines
Dienstes in meinem Heiligtume. Darum[3] spricht der Herr Jahwe also:
Kein Sohn der Fremde, unbeschnitten am Herzen und unbeschnitten am
Fleische, soll in mein Heiligtum kommen von allen Söhnen der Fremde,
welche inmitten der Söhne Israels sind, sondern die Leviten . . .“
(44 6—10). Nach der gleichen Richtung zielt die ausdrückliche Mahnung, die Priester sollten Jungfrauen heiraten „aus dem Samen Israels“
(44 22), und das Gebot, ein Fürst dürfe seinen Knechten ein Gut nur
als Lehen, nicht zum Eigentum geben; als solches gehört es den Söhnen
(46 16—18). Alle diese Bestimmungen streben deutlich demselben Ziele
zu: Es sollen alle Fremden ausgeschlossen werden. Uebrig sind die
Heiden in der Welt einzig und allein dazu, dass sie, ob sie nun als
Zeugen bleiben oder im Gerichte der Vernichtung anheimfallen, die
Ehre und Allmacht Jahwes anerkennen sollen, welche der letzte Be-
weggrund seines Tuns sind. Ezechiel verlangt sogar, dass die Aegypter,
selbst wenn sie einem fremden König, Nebukadnezar, unterliegen, darin'
Jahwes strafende Hand finden sollen (30 24f.). Dagegen von einer positiven Bekehrung der ausserisraelitischen Menschheit, wie EWALD[4]
meinte, spricht er mit keinem Worte.

So ist also aufs Schroffste die Scheidewand errichtet. Man hat
hinfort mit denen, die ausserhalb der eigenen religiösen Verfassung stehen, nichts mehr zu tun. Das heisst in vollem
Sinne Partikularismus.

---

[1] s. oben p. 51f.

[2] Von CORNILL gestrichen (d. Buch des Propheten Ez 1886).

[3] Zu lesen ist nach LXX V. 7 für ויפרו : ותפרו; V. 8 für ותשימון : ותשימום;
eben hier für: לכם : לכן (zu V. 9). Vgl. WELLHAUSEN, Prolegomena[3], p. 123 Anm.
Ebendaselbst zieht er auch aus unserer Stelle den Schluss, womit weiter oben
Ausgeführtes zusammenstimmt, „dass die systematische Abschliessung des Heiligen
vor profaner Berührung nicht von jeher bestand, dass man im salomonischen
Tempel sogar Heiden, wahrscheinlich Kriegsgefangene, zu den Hierodulendiensten
verwendete“.

[4] Komment.[2] 1868 zu 32 14 (p. 496).

Kapitel II.

Die zunehmende Annäherung der Gerim.

Nach welcher Seite hin der Prozess der Angliederung der Gerim an das Volk als religiöse Kultgemeinde tendiert, haben wir zu Ende unseres letzten Abschnittes schon vorweggenommen. Dieses Kapitel, welches ihn genauer zu verfolgen hat, erbringt den tatsächlichen Beweis: es ist ein Prozess zunehmender Annäherung.

Das reine und heilige Volk, welches Ezechiel als Ideal vorschwebt[1], hat er selber erst zusammenzubringen. Dabei müssen wir uns gegenwärtig halten: Die Nationalität allein tut es nicht mehr; denn die Nation ist gebrochen, und das Endurteil der Geschichte ist für Ezechiel (vgl. namentl. Kap. 16 und 23) die Verdammung ihrer ganzen Vergangenheit, die eine ununterbrochene Kette sündhafter Kompromisse mit dem Heidentum war. Nun nehmen wir hinzu die Verhältnisse, die Ezechiel vorfindet. Wenn er in einer Stelle, die offenbar im Jahre 572 geschrieben ist, Gerim kennt, die unter den Israeliten weilen und in ihrer Mitte Söhne gezeugt haben (47 22 vgl. mit 40 1), so liegt die Vermutung nahe, dass Gerim mit dem Volke schon ausgezogen sind. Das enthält auch durchaus nichts Unwahrscheinliches. Sie hatten ja für sich den Schutz des Deuteronomiums, und so mochten sie in vielen Fällen, selbst wo sie in untergeordneter Stellung waren, lieber ihren Patronen folgen, um am neuen Orte den alten Dienst bei ihnen einzunehmen, als schutz- und rechtlos unter anderem Volke erst wieder suchen zu müssen, sich eine gesicherte Stellung zu schaffen. Dazu kam aber, dass Nichts mehr dazu geeignet war, die sozialen Unterschiede in den Hintergrund treten zu lassen, als gerade das Exil. Fremd waren ja beide in babylonischem Lande, geborene Israeliten und Gerim. Die Israeliten wurden geradezu selber Gerim darin (vgl. Ez 20 38: אֶרֶץ מְגוּרִים). Damit war ein fundamentaler Unterschied hingefallen, durch den man sonst getrennt war, die Einen Besitzer des Landes, die Anderen blos Aufenthalter darin. Was Beide im Exile verband, das gemeinsame Erleben, war jedenfalls mächtiger als was den Einen von dem Anderen trennte. Man war nur noch Ein Volk von fremden Ansiedlern, nicht blos Geschlecht und Geschlecht, sondern Israeliten und Gerim. אזרח und גר, — was bisher auseinander gefallen war, wurde jetzt zusammengeschlossen. Es scheint mir nicht ganz unwahrscheinlich, dass die Zusammenfassung beider Ausdrücke, die sich im Heiligkeitsgesetz zur ständigen Formel ausgeprägt hat, der Zeit des

---

[1] s. oben p. 108.

Exils ihre Entstehung verdankt. Wenigstens findet sich ihre Koordination erstmalig bei Ezechiel (47 22). Er ist auch der erste, der die wiederum im Heiligkeitsgesetze öfter vorkommende Formel gebraucht: „Jeder, von Israels Hause und von den Fremdlingen, die in Israel weilen" (14 7).

Bei dieser unwillkürlichen Annäherung von Israeliten und Gerim ist nicht befremdlich, dass Ezechiel dem Volke unter seinen Sünden die Bedrückung und ungerechte Behandlung derselben vorhält (22 7 29 [1]). Damit geht er über die Deuteronomisten noch nicht hinaus, die es sich ja besonders angelegen sein lassen, die Gerim dem Schutze des Volkes anzuempfehlen. Aber ein ganz entschiedener Fortschritt zeigt sich nun in den Worten: „Ihr sollt es (sc. das Land) zum Erbbesitz verlosen euch und den Gerim, die unter euch weilen, die Söhne in eurer Mitte gezeugt haben, und sie sollen sein wie Eingeborene, wie Söhne Israels, und im Stamme, bei dem sich der Ger aufhält, daselbst sollt ihr ihm seinen Erbbesitz geben, spricht der Herr Jahwe" (47 22 f.) Sollen bei der Neuverteilung des Landes Gerim Grundbesitzer werden gleich geborenen Israeliten, so lässt sich nicht einsehen, was sie daran hindern sollte für die Zukunft vollbürtige Glieder der neuen Theokratie zu werden. Es will auf den ersten Blick scheinen, als stehe dies in schneidendem Gegensatz zu aller sonstigen Auffassung Ezechiels, wie wir sie zu charakterisieren versucht haben, und es bleibt in der Tat unverständlich, wenn man mit SMEND[2] in der genannten Stelle die Anordnung finden will, dass „die unter Israel lebenden Heiden an der Verlosung der Stammgebiete gleichberechtigt Teil nehmen sollen". Aber diese Erklärung erregt die stärksten Bedenken. Es würde ja dadurch die Reinheit des Landes, auf die für Ezechiel Alles ankommt, aufs Allerempfindlichste gestört. Wir erinnern nur an ein Beispiel. Es ist ihm von der grössten Wichtigkeit, dass die Leichen der Gefallenen Gogs aus dem Lande (in den Osten vom toten Meere) hinausgeschafft und begraben werden, „damit das Land gereinigt werde" (39 9—16). Jesaja hatte einst noch kein Bedenken getragen, die Leichen der gefallenen Assyrer im Lande den Geiern zum Frasse zu überlassen (18 6). Wie könnte sich denn Ezechiel unter solchen Umständen beruhigen, dass lebende Heiden neben und unter den Israeliten auf die Dauer wohnen sollten? Die Lösung kann nicht zweifelhaft sein: das Wort „Heide"

---

[1] „Die nochmalige Wiederholung des V. עשק in demselben Verse ist anstössig und ausserdem auch את הגר als Accusativ neben עני ואביון auffallend. LXX: ἀναστρεφόμενοι, womit sie V. 7 עשו wiedergiebt; und das ist hier ebenfalls herzustellen." (Ew. HITZ), SMEND, Komment z. St.

[2] Komment. z. St.

in dem angeführten Satze ist falsch. Der גר ist wieder nicht der נכרי
und hat darum auch mit den גוים nichts zu schaffen. Es ist gänzlich
unrichtig, sich jene Annäherung bis zur Aufhebung des Gegensatzes
zwischen Gerim und Israeliten nur als von Seiten der Letzteren aus-
gehend zu denken. Die Gerim müssen ihrerseits andere werden. Jedem
Rechte, das ihnen eingeräumt wird, entspricht eine Verpflichtung, die
man von ihnen erwartet. Das lehrt schon ganz deutlich die schon erwähnte Stelle 14 7, wo die Gleichstellung von Israeliten und Gerim sich
gerade findet inmitten einer Aufforderung zur Bekehrung von den
Götzen und von allen Greueln, „damit nicht fürderhin in die Irre gehe
das Haus Israel und sie sich nicht fürderhin verunreinigen durch alle
ihre Missetaten, sondern sie Jahwe ein Volk seien" (14 11). Dass für die
Gerim der Sabbath gelte, ist, wie wir sahen, schon ein Gebot des
Deuteronomiums [1]. Wir hatten aber zu bemerken, dass im Exile neben
dem Sabbath die Beschneidung als Erkennungs- und Unterscheidungszeichen zu einer Bedeutung gelangte, die sie zuvor nie besessen hatte.
Ist es nun denkbar, dass sich Ezechiel jene Gerim als Unbeschnittene
hätte vorstellen können? Wir glauben diese Frage aufs Entschiedenste
verneinen zu müssen. Wir sagten schon[2], dass „unbeschnitten am
Fleische" und „unbeschnitten am Herzen" für Ezechiel offenbar auf
gleicher Stufe steht (44 9). Und wenn er jene Unbeschnittenen mit so
viel Verachtung aus dem Tempel weist (44 6—10), so kann er sie doch
nie und nimmer im heiligen Lande um den Tempel herum für alle Zukunft angesiedelt wissen wollen. Im Tode noch würden sie ja gleich
jenen Leichen der Gefallenen Gogs das Land entweihen; denn noch der
Tod Unbeschnittener (28 10) und ihr Begräbnis ist Ezechiel ein quälen-
der Gedanke (31 18 32 19—21 24ff.[3]), ist doch selbst unter den Begrabenen
noch unbeschnitten zu sein eine כלמה (32 24f.) Die Gerim, die
Ezechiel im Auge hat, sind also Beschnittene, sei es nun, dass
sie es von Hause aus sind, sei es, dass sie es erst werden sollen. Ohne
Beschneidung aber können sie an Israel keinen Teil haben; das ist ein
grosser Schritt über das Deuteronomium hinaus. Damit behält allerdings seine Richtigkeit, was SMEND zur Erklärung von 47 22 hinzufügt:
„Die Religion überwog über die Nationalität". Praktisch sollte der
Anschluss dieser fremden Elemente eine numerische Verstärkung der
schwachen Gemeinde bedeuten (vgl. 36 37f.). Tatsächlich liegt in diesem
Mittel kein Widerspruch zur sonstigen Auffassung Ezechiels; es ist

---

[1] s. oben p. 102; in E haben wir es als Zusatz erkannt.
[2] s. oben p. 108.
[3] Doch nicht V. 27, wo mit LXX zu lesen ist st. מְעֻרָלִים‎: מֵעוֹלָם‎.

nur das gegebene, wo die Religion sich in einer Verfassung darstellt: Der Ger ist eben der Fremde, der diese Verfassung für seine Person annimmt. Denn je abstrakter ihr Gebot wird, um so leichter wird es nicht allein dem Volksgenossen, sondern dem Menschen als solchem, sich ihm zu unterwerfen. „Das Heil gehört nicht mehr dem Volk als Ganzem und jedem Einzelnen, nur sofern er dessen Glied ist, sondern die Gesetzesbeobachtung ist Bedingung und Mass der Teilnahme des Einzelnen an der künftigen Herrlichkeit. Glieder des Volkes können davon ausgeschlossen sein, Heiden daran Teil bekommen [1].“

Kapitel III.

Weiterreichende Aussichten auf den Anschluss Fremder.

Die zuletzt angeführten Worte führen uns aber noch um einen Schritt weiter. Denn dass Fremde, die sich inmitten des Volkes aufhalten, zum Anschlusse gebracht werden, ist notwendig das Erste, aber es ist nicht das Letzte. „Es liegt im Wesen der monotheistischen Religion, dass sie alle den Trieb haben zur internationalen Propaganda [2].“ Nun hat das Deuteronomium den Gedanken besonders stark ausgesprochen des Einen, wahren Gottes, dem Himmel und Erde gehören (10 14), der auf Erden den Menschen geschaffen hat (4 32), der z. B. Edom das Gebirge Seir zum Besitz gegeben (2 5 vgl. 32 8) und den Völkern selber die falschen Abgötter zugeteilt hat (4 19). Je intensiver das Bewusstsein wird, dass Jahwes Machtbereich über sein Volk hinaus geht, um so mehr muss sich die Jahwereligion auch über die örtlichen Grenzen hinaus, in die sie gebannt war, hinwegsetzen lernen. Einst hatte der Prophet Micha davon geweissagt, dass der Zion als Feld gepflügt und der Tempelberg zu Waldhöhen umgewandelt werden solle (3 12). Seine Worte hatten einen tiefen und bleibenden Eindruck gemacht (Jer 26 18f.), und die äusseren Ereignisse gaben ihm Recht. Diese Tatsache in Weissagung und Erfüllung musste nicht wenig mit dazu beitragen, den israelitischen Glauben zu „entlokalisieren“. Es musste dahin kommen, dass man teilweise sein Ziel höher steckte: Es sollen auch Fremde sich anschliessen, die ausserhalb des Volkes und des Landes wohnen. Hier führt eine Verbindungslinie von Jes 2 über Jeremia zu Deuterojesaja.

Was Jesaja einst gesprochen von Stämmen, die nach dem Zion wallfahrten sollten, sich von dort „Thora“ zu holen (2 2ff.), hatte er

---

[1] MÜLLER, Kirchengesch. I 1892 p. 15.
[2] PAULSEN, Einleitung in die Philosophie p. 286.

selber nur als Ahnung einer wunderbaren Zukunft (באחרית הימים) gegeben. Aber seine Schranke liegt vornehmlich in etwas Anderem, das
wir schon erwähnt haben[1]. Er vermag mit der Auffassung nicht zu
brechen, dass Subjekt der Religion das Volk sei. Damit verbaut er sich
selber die Möglichkeit einer Verwirklichung seines Ideals. Die Jahwereligion kommt tatsächlich über die noch nicht hinaus, welche zum
Volke, das ihr Träger ist, in einer bestimmten Beziehung stehen[2]. In
den Bereich der Möglichkeit tritt jene Verwirklichung erst vom Zeitpunkte an, wo es israelitischem Bewusstsein gelingt, das Individuum
an Stelle des Volkes als Subjekt der Religion zu entdecken.

Derjenige, welchen wir für diesen Fortschritt in Anspruch nehmen,
ist Jeremia. „Für ihn schrumpfte Israel auf ihn selber zusammen.
Er reflektierte fast mehr über sein eigenes Verhältnis als über das Verhältnis Israels zu Jahwe und die besondere Beziehung des Propheten
wurde ihm die Brücke zu der allgemeinen Beziehung des Menschen zu
Gott[3]." Wenn sich auch hin und wieder zeigt, wie tief er noch in der
herrschenden Auffassung befangen ist, so scheint mir SMEND[4] doch
viel zu weit zu gehen, wenn er nichts davon wissen will, dass Jeremia
das Individuum zum Träger der Religion macht, und wenn er meint,
es gelte ihm als solcher auch für die Zukunft ein Volk. Allerdings,
„Jeremia will nicht auf eine Weltreligion hinaus". Aber unbewusst
bricht er ihr durch seinen Schritt zum Individualismus doch Bahn, und
gerade darum ist die in Rede stehende Frage für uns keine müssige.
Der Preis, den SMEND für seine Ansicht geben muss, die Ausscheidung
von 31 29—34 aus den ächten Jeremiaworten, scheint uns nicht allein zu
teuer, sondern auch unrechtmässig bezahlt[5]. Wenn ferner Jeremia den
Exulanten rät, sich zu längerem Aufenthalt anzuschicken, vor allem
Häuser zu bauen und einen Hausstand zu gründen, so zeigt dies, wie
sehr sich für ihn die Religion von ihrer staatlichen und nationalen Basis
gelöst hat. Man kann auch fern vom eigenen Lande unter fremden
Menschen mit seinem Gott im Gebetsverkehre stehen (29 7). In ihrer
Vollendung erscheint diese Auffassung, wenn beim Zusammenbruch

---

[1] s. oben p. 100.   [2] s. oben p. 101.
[3] WELLHAUSEN, Skizzen I p. 77 f., vgl. SMEND, Religionsgesch. p. 255.
[4] l. c. p. 238f.
[5] GIESEBRECHT scheint uns in seiner Entgegnung auf die Argumente SMENDS
Recht zu behalten (Komment. zu Jer. Anhang p. 267 f.). — Gerade die Stelle, die
SMEND ferner zum Erweis seiner Theorie heranzieht, das Gebot für die heidnische
Obrigkeit zu beten und ihr Heil zu suchen, das übrigens auch, abgesehen von
seiner Begründung, Beachtung verdient, dürfte in dem Zusammenhang, in dem es
steht, mit am deutlichsten gegen ihn beweisen (29 7).

von Staat und Volk Baruch (45 5)[1] und Ebed Melekh (39 18) von Jahwe
das Einzige erlangen sollen, was sie überhaupt verlangen können, „ihr
Leben als Beute davon zu tragen". Und nun ist ja Ebed Melekh selber
nicht Israelit; er ist Kuschite. Jeremia hat eben die Religion ins
Innere des Menschen eingeführt (vgl. 11 20 12 3 17 10 20 12). Wie er
sich überhaupt über das Aeusserliche der Religion erhebt (7 22 14 12), so
kennt er schon eine Herzensbeschneidung (4 4 9 25). Von diesem Gesichtspunkt aus stehen die unbeschnittenen Heiden den Israeliten
keineswegs nach. Juda wird mitten zwischen Aegypten und Edom
unter den Straffälligen aufgeführt (9 25), wie umgekehrt an das sittliche
Urteil von Heiden appelliert werden kann (6 18 f. (?) 18 13) in Sachen,
wo die Israeliten es ärger treiben als sie (2 10 f.). Nebukadrezar erhält den Ehrennamen eines „Knechtes Gottes" (27 6 43 10[2]). Um
dies richtig zu würdigen, müssen wir darauf achten, wie eine spätere
Zeit an diesem seinem Titel so sehr Anstoss nahm, dass sie 27 7 eine
Glosse einflickte, um seine Ehrensendung auf das richtige Mass zu
reduzieren. So sehr also stellt Jeremia den Menschen auf sich selber
und seinen Gott und macht ihn unabhängig von dem grösseren Kreise,
dessen Glied er ist. „Auch die merkwürdige Rede über die Sklaverei
(34.8—22) darf man wohl in Zusammenhang bringen mit der Tatsache,
dass das Recht der Persönlichkeit sich dem Propheten ebenso stark
aufzudrängen begann als ihm das Gefühl für das staatlich und sozial
Bestehende entschwand[3]." Wir übersehen zwar nicht, dass es sich dabei nun gerade nur um Juden handelt; aber charakteristisch ist es doch,
dass dies einem späteren jüdischen Leser nicht ausdrücklich genug betont zu sein schien, so dass er den Schluss von 34 9 mit einer gänzlich
überflüssigen Glosse bereicherte. Nach dem Gesagten erscheint das

---

[1] Die Worte, auf die damit hingewiesen wird, haben zwar wiederholt den
Widerspruch der Kritiker hervorgerufen, die sich in ihren Sinn nicht zu schicken
vermochten. SCHWALLY, Die Reden des Buches Jeremia gegen die Heiden (ZATW.
VIII p. 177—217), äussert sich über Kap. 45: „Die schwerfällige Komposition des
Ganzen, die an den Psalmenstyl anklingenden Worte Baruchs und schliesslich der
seltsame Inhalt scheinen mir durchaus unjeremianisch" (p. 217). Ebenso sagt
REUSS (Prophètes, Paris 1876 z. St.): „Ces paroles destinées à rendre le calme
à Barouk ne peuvent guère être considérées comme consolantes. Quand une
terrible catastrophe menace le monde, lui, simple individu, voudrait être exempté
de la destinée commune? demande exorbitante!" (citiert bei SCHWALLY, l. c. p. 217).
In Wahrheit ist hier Jer. selber schon zur Konsequenz von Ansätzen zum Individualismus fortgeschritten, wie sie in Stellen gefunden werden mögen wie 5 1
(vgl. schon Gen 18 23 ff.) 8 6 16 12 18 11 23 14 25 5 26 3 35 15 36 3 u. a.

[2] Die weitere Stelle 25 9 ist mit LXX nach dem Vorgange von GRAF,
KUENEN und SCHWALLY zu streichen.

[3] DUHM, Theologie der Propheten p. 239.

wiederholte Gebot, die Fremdlinge zu schützen (7 6 22 3), innerlich
motiviert.

Diese Gedanken Jeremias treiben notwendig weiter. Es ist sicher
nicht zufällig, dass er sich berufen weiss zum Propheten über die
Völker (1 5 10). In wie weit er Fremden tatsächlich prophezeit hat, ist
schwerer zu bestimmen, ist aber für uns auch nicht von wesentlichem
Interesse[1]. Jahwe selber befehligt nicht allein die fremden Belagerer
(5 10 6 6), er hat „Zeichen und Wunder gewirkt im Lande Aegypten
[und][2] bis auf diesen Tag sowohl an Israel als an den anderen Menschen“ (ובאדם 32 20[3]). Darum muss er schliesslich durch den Verlauf
der Weltgeschichte auch sie zu sich ziehen. „Wird in bewusster Weise
die ganze Erde in den Gesichtskreis der Religion gezogen, so ist
damit angedeutet, dass die letztere eine Ahnung von der zum Begriff
der höchsten Religion notwendigen Universalität empfangen hat[4].“
STADE[5] freilich meint, der Anschluss der Heiden an das Gottesreich
der Zukunft sei ein unjeremianischer Gedanke. Indessen angesichts
von Stellen wie 4 2[6] 12 15f. 16 19 33 9, die er freilich meist für unächt
erklären muss, vermögen wir ihm nicht beizupflichten[7]. Wir greifen beispielsweise blos heraus 16 19: „Zu dir, Jabwe, werden Völker kommen
von den Enden der Erde und werden sprechen: Nur Lüge haben unsere
Väter ererbt, Nichtigkeit, und ist keiner drunter, der hülfe“.

Wir möchten also daran festhalten: Jeremia erwartet für die
Zukunft den Anschluss an die Jahwereligion von Fremden
über die Grenzen des Volkes und des Landes hinaus. Und zusammenfassend werden wir sagen: Er schafft auch die Möglichkeit der Verwirklichung dieses Ideals, indem er als Subjekt
der Religion das Individuum entdeckt. Aber wir müssen hinzufügen: Er denkt nicht daran, dass man für die Gegenwart
Proselyten machen sollte. Es scheint ihm Unnatur, dass ein Volk
seinen Gott aufgeben könnte (2 11).

Hat Jeremia das Individuum als Subjekt der Religion entdeckt,
so ist Ezechiel erst recht Individualist (Kap. 18). Aber er vermag

---

[1] Vgl. Kap. 27. Ein Kern von Kap. 25 und 46—51 wird ihm angehören.

[2] „und“ lesen Luc. Alexandr.

[3] In zeitliche Nähe gehört vermutlich Dt 32 8; vgl. STADE, Miscellen,
ZATW. V p. 297—300.

[4] DUHM, l. c. p. 249.   [5] ZATW. III 14ff. IV 151ff.

[6] Mag man dabei das בו auf Israel beziehen (GIESEBRECHT, Komment. z. St.)
oder auf Jahwe (GRAF, Komment. z. St.; KAUTZSCH, Uebersetzung).

[7] Die Aechtheit von 3 17 mag allerdings preisgegeben werden, aber aus
anderen Gründen, vgl. oben p. 99.

darum die israelitische Religion — wir dürfen sie fortan die „jüdische"
nennen — auch nicht um einen Schritt über die Grenzen des Volkes
hinauszuführen. Im Gegenteil, er bannt sie nur wieder in engere
Schranken, dass sie erst recht exklusiv wird; denn er meint,
Religion lasse sich fassen in eine Verfassung. Damit verliert er gerade
wieder, was Jeremia ausgezeichnet hatte, das Verständnis für das Persönliche. Nach allen Seiten kommt bei ihm das Recht der Persönlichkeit zu kurz; denn wenn nach seiner Auffassung alles eigentlich blos
geschieht, um die Macht und Ehre Jahwes kundzutun, dem gegenüber
der Mensch nur in seiner Nichtigkeit dasteht, so liegt darin schon ein
Ansatz zur Fassung des Gottesdienstes als eines notwendigen „opus
operatum"; dabei aber wird nicht mehr verlangt, als dass der heilige
Apparat tadellos sei.

Gänzlich anders ist nun die Stellung Deuterojesajas (Jes 40—
55). Er hat in fremdem Lande, wo er wohnt[1], wirklich seinen Blick
geweitet. Kann er selbst da noch mit seinem Gotte in Verkehr stehen,
so ist der Gedanke, der für ihn in den Vordergrund tritt: Jahwe, der
Einzige, der wahre Gott in aller Welt. „Jahwe und keiner mehr"
(45 18; הָאֵל 42 5): Ihn verkündet ihm Natur und Geschichte. Es bedeutet eine wichtige Erweiterung des universalistischen Gedankens, wenn er namentlich jene erstere bewusster als je zuvor geschehen war, in den Kreis seiner Betrachtung hineinzieht. Gott hat Atem
und Geist allen gegeben, die auf Erden wandeln, „dem Menschenvolk
(לָעָם) auf ihr" (42 5). Der Fortschritt über den Jahwisten hinaus, der
Gott „den Menschen" (הָאָדָם) bilden lässt (Gen 2 7) liegt zu Tage. Der
Gedanke eines einheitlichen Menschengeschlechtes bricht durch. „All
die vielen Völker sind doch zusammen das eine Menschenvolk, eines nicht
blos als Wesensklasse (אָדָם), sondern auch in ihrem Leben und Treiben[2]."
Und dieses nun ist von Anfang an von Gott zielbewusst beherrscht und
gelenkt (41 4 48 12). Deuterojesaja bleibt nicht dabei stehen, dass
Jahwe die Chaldäer (42 24 47 6) und nun Cyrus als sein Werkzeug ge-
brauche (41 2 25 44 28 45 1ff. 46 11)[3]; darin gienge er über Jesaja oder
Jeremia nicht hinaus. Wohl aber, wenn er von Cyrus spricht, als von
dem, den Jahwe liebt 48 14[4], und dessen Ziel sein soll, dass er die
Stadt baue und die Gefangenen entlasse (45 13). Vor allem aber fällt

---

[1] Er lebt wohl irgendwo an der Küste, vgl. 42 10 41 19 (s. DUHM z. St.).

[2] DUHM, Komment. z. St. p. 287.

[3] Ganz entsprechend erscheinen dem Verf. von Jes 13 14, einem ungefähren
Zeitgenossen Deuterojesajas, die Meder als die „Geheiligten", die Gott entboten
hat und deren Heer er mustert, wie einst in Alt-Israel Jahwe es getan.

[4] Vgl. 44 28 רֵעִי = mein Freund nach KUENEN, STADE, OORT.

auf 41 25, dass Deuterojesaja dem Cyrus zutraut, er sei Jahweverehrer.
Wir können die Frage, in wiefern die Religion des Cyrus zu Deuterojesajas Aeusserung Veranlassung gegeben habe[1], getrost auf sich beruhen lassen; die Tatsache, dass er sie getan, genügt zu zeigen, wie
weit er an Weitherzigkeit der Gesinnung gegen die Fremden alle
Früheren hinter sich lässt. LOEB[2] findet in dem Bilde, das er von Cyrus
entwirft, mehr als dass es sich blos um einen Cyrus der Geschichte und
der Gegenwart handle; vielmehr sei es ein Cyrus der Zukunft, ein
messianischer, idealisierter, der unter den Heiden etwa die Stelle ein-
nehme, die David unter den Israeliten einnimmt, „une sorte de Messie
payen ä côté du Messie juif“. So wenig ist für Deuterojesaja die
Grenze des eigenen Volkes die Grenze seiner Religion. Und wenn er
nicht müde wird, die Ohnmacht alles Fleisches (40 6f. 15 17 22 41 5 u. a.)
wie die Nichtigkeit aller Götter zu wiederholen, vom Himmelsheer
(40 26 45 12) bis zu Licht und Finsterniss (45 7), die man verehrt, von
Bel und Nebo (46 1f.) bis zu den von Menschenhand gemachten (40 18ff.
42 17 44 9ff. 46 5ff. etc.), so ist dies nur die negative Kehrseite des einen
Gedankens, den er zum Siege bringen möchte: Jahwe, der Gott über
alle Welt. Und wenn er sich das Verhältnis Israels zu der übrigen
Menschheit gerne als Gerichtsscene ausmalt[3], in der Israels Recht vor
dem Unrecht aller Welt zu Tage treten muss, so bleibt er dabei nicht
stehen, dass Israel gerechtfertigt vor den anderen dasteht; der Prozess
läuft aus in die Rede Jahwes: „Wendet euch zu mir und lasst euch
retten, alle Enden der Erde; denn ich bin Gott und Keiner mehr“
(45 22). Dahin muss alle Geschichte zielen (45 6 8.48 20 49 26); es ist in
der Tat „ein neues Lied“, worin Gottes Ruhm von den Enden der
Erde erschallen soll (42 10). Gott selbst also macht den Anfang und
inseeniert das Bekehrungswerk. Deuterojesaja geht dabei die ganze
Stufenleiter durch: Es schliessen sich zunächst einzelne an. „Dieser
sagt: Jahwes bin ich, und der nennt sich mit dem Namen Jakobs, und
jener beschreibt seine Hand[4] „Jahwes eigen“ und empfängt den Zunamen Israel“ (44 5). Aber gleich umklammert Deuterojesaja diese
Hoffnung und dringt um einen Schritt weiter: die Verehrung ergreift
Könige und Fürsten (49 7); das verspricht den Uebertritt ihrer Völker
(51 4f.); schliesslich soll sich Jahwe jedes Knie beugen und jede Zunge

---

[1] s. KUENEN, Volksrel. und Weltrel. p. 131 ff. 319 ff. (Erläuterung VIII: Die
Folgerungen aus der Cyrusinschrift).

[2] La littérature des pauvres ds. la Bible 1892, p. 223.

[3] Bei Jes 1 18 3 14 und Mi 6 1 ff. waren die Prozessierenden immer nur Gott
und das Volk gewesen; vgl. Jer 2 9.

[4] Zum Beschreiben der Hand vgl. ROB. SMITH, Kinship p. 214.

ihm zuschwören (45 23 f.): dieses kann das Christentum ohne weiteres in sich aufnehmen (Phil 2 10f.).

Aber noch ist dies für uns das Wichtigste nicht. Deuterojesaja begnügt sich damit nicht, dass er Israel müssig zusehen liesse, wie sein Gott das Bekehrungswerk ausführt; vielmehr weist er dabei Israel selber einen positiven Beruf zu. Bei all seiner eigenen Unvollkommenheit ist es ein glaubwürdiger Zeuge unter allen Völkern und Nationen, der sie zur Anerkennung ihres einzigen Gottes und Retters bringen soll (43 8—11). Darum ist es sein Knecht und der Bote, den er sendet, (42 19) „ein Bund von Volk" (בְּרִית עָם), ein Licht der Heiden (אוֹר הַגּוֹיִם) (42 6). Hier ist es mit unzweifelhafter Deutlichkeit ausgesprochen, dass Israel eine Missionsaufgabe zu erfüllen hat. Nicht abschliessen soll es sich von der Welt, sein Licht nicht unter den Scheffel stellen, sondern auf den Leuchter. „Es giebt keinen Gott als Jahwe, und Israel ist sein Prophet — so lautet das triumphierende Credo Deuterojesajas[1]."

Dieser Satz WELLHAUSENS ist namentlich noch gesprochen unter dem Eindruck der Ebed-Jahwestücke (42 1—4 49 1—6 50 4—9 52 13 —53 12), die freilich Deuterojesaja wohl nur indirekt ihre Entstehung verdanken. „Zu gering ist's[2], herzustellen die Stämme Jakobs und die Bewahrten Israels zurückzubringen, dass ich dich vielmehr mache zum Lichte der Völker, damit meine Rettung sei bis an das Ende der Erde" (49 6). „Das נקל ist ein leuchtender Punkt in der alttestamentlichen Religionsgeschichte[3]." Die Erleuchtung der Heiden geht dem Dichter über die Rettung Israels. Das Licht wird den Heiden sein Thorajünger, indem er ihnen das Recht (מִשְׁפָּט), scil. das in Israel übliche, sagen wir in einem Worte die Jahwereligion hinausträgt und auch, wenn sie dieselbe angenommen, die autoritativen Entscheidungen erteilt, welche sie als Gesetzesreligion erfordert (42 4). Früher liess man zu sich kommen, wer darnach fragen wollte (Jes 2 2ff.)[4]. Seither ist man sich der expansiven Kraft der eigenen Religion klarer bewusst geworden. Durch eigene missionierende Tätigkeit soll Jahwes Rettung bis an das Ende der Erde dringen. Somit bleiben einem die Fremden nicht fremd; sie sind das Missionsmaterial geworden, das der Bekehrung entgegenharrt (יחל 42 4 vgl. 51 5). Und ein Fortschritt in dieser Beziehung ist in den Ebed-Jahwestücken gegenüber Deuterojesaja unverkennbar, je

---

[1] WELLHAUSEN, Gesch. p. 117.
[2] Nach DUHMS Annahme, מהיותך לי עבד sei Glosse.
[3] DUHM, Komment. z. St.
[4] Auch dies darf als Beweis für das höhere Alter dieser Stelle in Betracht gezogen werden.

mehr wir uns gewöhnen, dort den „Knecht“ individuell zu fassen. So
erst wird aus einer idealen Forderung die konkrete Möglichkeit ihrer
Erfüllung.

Eines freilich möchte uns wieder stutzig machen. Wo der „Knecht“
ins Leiden geführt wird, da ist es nach dem Sinne des Dichters doch
wieder nur das eigene Volk, dem dasselbe zu Gute kommen soll (עמי 53 8),
also seine Blutsangehörigen, nicht die Menschen überhaupt. Es ist
daraus einfach zu ersehen, wie schwer es für den Israeliten hält, die
Schranke des Blutes zu überwinden. Und das gilt für den Verfasser
der Ebed Jahwe-Stücke nicht mehr als für Deuterojesaja. Es ist vielmehr nur ein Fingerzeig, dass wir mit dem Gesagten auch seine Stellung
vielleicht nicht vollständig charakterisiert haben. Allerdings hat vor ihm
oder neben ihm keiner die universalistischen Gedanken mit mehr Nachdruck ausgesprochen. Jahwe ist bei ihm der Gott aller Welt geworden;
aber — und das will wohl von uns beachtet sein — doch ist er der
Gott seines Volkes geblieben; ja, Deuterojesaja entwickelt absonderlich hohe Vorstellungen von der Einzigartigkeit Israels. Der Ausdruck
בחר leistet den Dienst, sie zu erklären (41 8). Israel ist denn in ganz
besonderer Weise Jahwes (43 1), seines Königs (43 15) und Gemahls
(54 5), dem es teuer ist (43 4). Ihm gegenüber haben die anderen Völker
in ihrer Existenz in Jahwes Augen keinen selbständigen Wert. Er
ist bereit, Aegypten, Kusch und Saba als Lösegeld dafür hinzugeben
(43 3f. [1]). Es scheint, als seien die Fremden lediglich um Israels willen
da. Die Völker, durch deren Gebiet sich der Zug der heimkehrenden
Exulanten bewegt, ja selbst das verhasste Edom, müssen frohlocken
und ihren Preis sogar mit dem der Tiere vereinen (42 10—13 43 20).
Dass dagegen Fremde, das Strafgericht auszuüben, das Land betraten,
war eine Profanation desselben (חלל 43 28 47 6) und ruft der unerbittlichen Rache Jahwes an den Feinden. Ja, noch weiter geht Deuterojesaja: alle Vergewaltigung, die das Volk von Fremden zu erdulden
hat, geschieht „umsonst“, d. h. ohne Schuld des Volkes (52 3ff.). Wir
möchten Deuterojesaja dieses Gedankens lieber ledig sprechen, was
DUHM aus stylistischen und metrischen Gründen glaubt tun zu dürfen.
Aber es steht auch nicht viel anders um eine andere Stelle, gegen deren
Aechtheit die Antipathie, die wir gegen sie empfinden, das Haupt-
gewicht in die Wagschale werfen möchte (49 22f.): „So spricht der Herr
Jahwe: Siehe, ich erhebe zu den Völkern meine Hand und zu den
Stämmen hin hisse ich mein Panier, und bringen werden sie deine
Söhne im Busen und deine Töchter werden auf der Schulter getragen;

---

[1] V. 4 liess statt אדם :אדמות, Konj. DUHMS nach derjenigen v. OORT (אדמה).

und es werden Könige deine Wärter sein und Fürstinnen deine Ammen; das Gesicht zur Erde werden sie sich dir beugen und den Staub deiner Füsse lecken"[1]. Hieran reiht sich endlich noch Jes 45 14, das man gewöhnlich etwa übersetzt: „So spricht Jahwe: Der Erwerb Aegyptens und der Gewinn Aethiopiens und die Sabäer, die hochgewachsenen Leute, werden zu dir übergehen und dein sein; hinter dir folgen sie; in Fesseln ziehen sie einher; und vor dir huldigen sie und flehen zu dir: bei dir ist Gott und keiner mehr, keine Gottheit weiter". Das muss bedeuten, dass die betreffenden Menschen selber, als Sklaven in Ketten geschmiedet, in den Besitz der Israeliten kommen und in diesem Zustande die geistige Ueberlegenheit derselben anerkennen. Es ist keine Frage, dass so verstanden diese Stelle von einem partikularistischen Hochmuth zeugt, den wir einem Deuterojesaja nicht gerade gerne zutrauen. Viel ansprechender würde der Sinn durch die Remedur DUHMS[2]. Sollten aber wirklich, was mir das Wahrscheinlichere scheint, die angeführten Stellen in ihrer gegenwärtigen Fassung, die sich immerhin gegenseitig stützen, auf Deuterojesaja selber zurückgehen, so hätten wir ein merkwürdiges Beispiel, wie Eine und dieselbe Person die Gegensätze umspannt, die wir bisher auseinander klaffen sahen. Es ist ja eine bekannte Tatsache, dass kaum eine religiöse Persönlichkeit in der Geschichte jemals ganz konsequent gewesen ist. So müssen wir in diesem Falle sagen: Neben seinem hochstrebenden Idealismus ist Deuterojesaja im letzten Grunde Deuteronomiker gewesen. Wenn Jahwe nach ihm Israels König ist (43 15), so ist auch sein Ideal die Theokratie und darnach auch für ihn die Religion Verfassung. Es hängt auch sein Herz an Beschneidung und Reinheit (vgl. 51 7). Israel soll sich ja hüten beim Auszug aus Babel sich nicht zu „verunreinigen" (52 11), und nach Jerusalem soll künftighin kein Unbeschnittener und Unreiner mehr kommen (52 1 vgl. 43 28 47 6). So wenig vermag sich selbst ein Deuterojesaja frei zu machen von den Schranken der Religionsauffassung seines Volkes.

Es möchte sich darnach vielleicht doch nicht als ganz unberechtigt

---

[1] Ganz ähnlich und der gleichen Situation angehörig sind die Worte des Anonymus von Mi 7 7—20, speziell V. 16 f.

[2] Komment. z. St. Er streicht עליך und verwandelt ולך und אחריך in לו und אחריו, wonach er unter Vergleichung von 43 3 die wohlverständliche Erklärung giebt: „Nach ihrer Besiegung durch Cyrus haben die Afrikaner erkannt, dass Jahwe dem Perser den Sieg über sie verliehen hat; wie sie nun an dem vor der Eroberung Afrikas befreiten und zurückgekehrten Jahwevolke vorbeigeführt werden, fallen sie vor ihm nieder, wie vor einer Gottheit, ja beten zu ihm, doch nicht in heidnischer Menschenvergötterung: du bist das Volk des wahren Gottes".

erweisen, dass auch dieses Kapitel noch mit befasst ist unter den Titel
unseres ganzen Abschnittes von der Entwicklung der im Deuteronomium
zu Tage tretenden Gegensätze. Zugleich aber mag es die rechte Ueber-
leitung sein zu unseren ferneren Ausführungen: Es deutet uns an,
welches das Hauptproblem ist, das uns die Folgezeit nahe legt, und
vermag uns schon wenigstens ahnen zu lassen, nach welcher Seite hin
die Antwort darauf zu suchen ist. Wir können dieses Problem in die
Worte fassen: Wenn sich die Juden einmal der weltumfassen-
den Bedeutung ihrer Religion bewusst geworden sind, welches sind die Hemmnisse, die sie gehindert haben, sie zum
Gemeingut aller Welt zu machen, d. h. jedem Menschen,
der nur wollte, Thür und Thor zu öffnen zum Eingang in
ihre religiöse Gemeinschaft?

Fünfter Abschnitt.

Die Entscheidungskämpfe um den Anschluss Fremder in der allmählichen Konstitution der jüdischen Gemeinde.

Kapitel I.

Die Stimmung der Zurückgekehrten gegen die in der Heimat vorgefundene Bevölkerung und ihre Stellung zu ihr.

„Fremden ist das Besitztum zugefallen, Ausländern die Häuser", klagt der Verfasser von Thren 5 2. Diese Fremden hatten es sich zu nutze gemacht, dass die ins Exil Wandernden um jeden Preis ihre Grundstücke hatten losschlagen müssen (vgl. Ez 33 23ff). Dies waren die Einen, mit denen man es bei der Rückkehr zu tun bekam. Daneben fand man jene israelitisch-heidnische Bevölkerung vor, deren Entstehung uns II Reg 17 24—28 berichtet wird. Wir dürfen aber auch die Zahl und Bedeutung der im Lande zurückgebliebenen rein-jüdischen Bevölkerung nicht unterschätzen: das hiesse auf die Klagelieder und den Ton, der aus ihnen spricht, zu wenig Gewicht legen[1].

Welches unter den Exulanten die Stimmung gegen alles Heidnische war, hat schon zum grössten Teil das erste Kapitel des vorigen Abschnittes dargelegt. Wir müssen für die Zurückkehrenden aber noch Eines in Betracht ziehen: Die Rückkehr aus dem Exil geschieht auf Befehl des fremden Herrschers hin. Er hat auch selber den Wiederaufbau des Tempels und die Rückgabe der Tempelgeräte angeordnet[2]. So wenigstens berichtet uns die zuverlässige aramäische Quelle Esr 6 3ff. auch abgesehen von Kap. 1, das als freie Darstellung des Chronisten

---

[1] Vgl. WELLHAUSEN, Die Rückkehr der Juden aus d. babyl. Exil, Gött. Nachrichten, Philol.-hist. Klasse 1895, Heft 2 p. 185 f.

[2] Da wir sehen werden, dass mit dem Tempelbau nicht gleich begonnen wurde, so möchte freilich fraglich werden, ob Cyrus mehr getan habe, als die Erlaubnis zur Rückkehr zu geben. Jes 44 28 dürfte dann die jetzige Darstellung beeinflusst haben.

weniger hoch anzuschlagen ist. Gerade als solche aber aus späterer
Zeit stammend, stützt sie nur die Vermutung, die wir an die quellenmässig berichtete Tatsache knüpfen wollten: Die Einmischung des
fremden Gewalthabers konnte die zurückkehrenden Juden nicht gänzlich gleichgültig lassen, wie sie denn auch auf dieselbe besonderes Gewicht legen. Wurde von Seiten des Königs, was über sie verhängt war,
rückgängig gemacht, und, was man ihnen genommen hatte, zurück-
erstattet, so lag für sie darin wieder das Eingeständnis, dass dies alles un-
rechtmässiger Weise geschehen sei. Man lernte sich damit als Märtyrer
fühlen, deren gutes Recht doch schliesslich von den Fremden anerkannt
werden musste, und es tritt nach dem Vorgange Nahums[1] die Beurteilung auf den Plan, wonach das Unglück, das man getragen,
mehr durch die Bosheit der Fremden gekommen, als dass es
selbstverschuldet gewesen wäre. „Denn Jahwe zürnte nur wenig,
sie aber verschlimmerten das Unglück“ (Sach 1 15). Man sieht die
Sache nun überhaupt so an, dass wer Israel anrührt, Gottes Augapfel
anrührt (Sach 2 12). Selbstverständlich ist die Folge davon, dass man
mit noch gesteigertem partikularistischem Hochmut auf Alles
herabsieht, was nicht Israel ist.

Der Rückkehr selber mag nach HERZFELDS Annahme eine eigen-
händige oder indirekte Aktion der Perser gegen die Edomiter unmittelbar vorangegangen sein, so dass diese veranlasst wurden, Juda
friedlich zu räumen oder dazu sogar mit Gewalt gezwungen wurden[2].
Ist letzteres der Fall, und bezieht sich darauf Mal 1 4 und Obadja
V 1—7 [3], so ist leicht begreiflich, dass fortan die verwandten Nachbarn
ein unversöhnlicher Hass trennte. Insbesondere sahen die Juden im
Unglück Edoms nur die reichlich verdiente Strafe für die Art, wie sie
sich bei der Zerstörung Jerusalems benommen hatten, und das konnten
sie ihnen nicht vergessen noch vergeben (Obadj 10 ff. Thren 4 21 f.
ψ 137 7) [4].

Auf die Frage nun, wie sich den bei der Rückkehr im Lande noch
ansässigen Elementen gegenüber das Verhältnis der Juden gestaltet
habe, scheint auf den ersten Blick das Buch Esra eine sehr bestimmte

---

[1] s. oben p. 106, vgl. Jes 52 3 ff. u. dazu oben p. 120.
[2] SMEND, Die Listen der Bücher Esras und Nehemias p. 24.
[3] Es scheint mir nicht zweifelhaft, dass diese Verse sich auf Geschehenes
beziehen müssen.
[4] Mag in diese oder eine andere Zeit Jes 21 11 f. fallen, das dagegen in
keinem feindlichen Tone gehalten ist —, jedenfalls ist darin mit keinem Worte
gesagt, der Prophet mache „Edoms Rettung abhängig von dessen Umkehr und
Busse“ (gegen ZSCHOKKE, Theol. der Proph. des A. T., Freiburg 1877, p. 567).

Antwort zu geben. Aber jener ganze Bericht (Esr 4), wonach die Bewohner des Landes, als sie vom Tempelbau der Zurückgekehrten gehört hatten, Anschluss an sie gesucht, von diesen aber abgewiesen, sie am Bau verhindert hätten und bis vor den König mit einer Anklage gelangt wären, ist bei näherer Untersuchung der Belege [1], auf die er sich stützt, und verglichen mit der Situation in Haggai und Sacharja zu wenig fundamentiert, als dass wir ihn als Quelle benützen könnten. Wenn übrigens wirklich etwas daran wäre, dass schon bald nach der Rückkehr (nicht erst im 2. Jahre des Darius) der Tempelbau in Angriff genommen worden wäre, d. h. Scheschbassar den Grund des Tempels gelegt hätte (Esr 5 16), so fänden wir einen Wink, der uns bestätigen würde, was wir auch sonst anzunehmen haben, dass man sich gegen die Fremden durchaus spröde verhielt; denn die ältesten Quellen übergehen einfach diese Tatsache. „Aber es wäre ja verständlich und hätte in der Geschichte der Religion bis auf diesen Tag seine Analogieen, wenn eine solche durch einen Heiden erfolgte Grundsteinlegung selbstbewusstem, jüdischem Empfinden als gar nicht erfolgt gegolten hätte [2]." Es liesse sich sonst auch denken, dass gerade, weil ein fremder König den Bau befahl und sogar die Masse vorschrieb, man sich gegen die Ausführung sträubte [3]. Tatsache scheint es wenigstens zu sein, dass die Zurückgekehrten sich gegen die Fremden abschlossen. Man möchte geneigt sein, zum Beweise zunächst auf Esr 2 und Neh 7 6—73 [a] zu verweisen als auf die einzige Quelle, die angeblich unmittelbar der Zeit der Rückkehr entstammt; denn ihr Zweck liegt auf der Hand: „Es sollte damit nicht nur den einzelnen Geschlechtern ihre Zugehörigkeit zur Gemeinde fortan verbrieft sein, sondern ebenso sollte damit umgekehrt die Vermischung der Gemeinde mit fremdem Blut verhindert werden" [4]. Insbesondere wäre hervorzuheben Neh 7 61 (= Esr 2 59), wo von solchen die Rede ist, über deren Abstammung von israelitischem Samen man nicht im Klaren war; das würde nämlich zeigen, wie strenge man in der Aufnahme unter den Gemeindeverband verfuhr. Nun aber bemerkt WELLHAUSEN, Neh 7, dem Esr 2 entlehnt sei, werde durch innere Gründe in eine spätere Periode als die des Cyrus gewiesen; insbesondere sei Neh 7 5 „ein Pflaster auf einen Schnitt" [5]. Für die Zeit der Rückkehr wagen wir darnach nicht mehr, die genannten beiden Listen als untrügliche Quelle zu verwerten. Den Beweis, den wir suchen,

---

[1] Vgl. zum Gesagten Schraders Abhandlung, Die Dauer des zweiten Tempelbaues, Theol. Stud. u. Krit. 1867, p. 460—504.
[2] Stade, Gesch. Isr. II p. 123.   [3] l. c. p. 100.
[4] Smend, Die Listen der Bücher Esr und Neh p. 6.
[5] Göttinger Nachr. l. c. p. 176 f.

liefert uns aber eine andere Beobachtung. Die neue Gemeinde wird
הַגּוֹלָה (Esr 9 4 10 6 f. 16) oder קְהַל הַגּוֹלָה (Esr 10 8) genannt. Dass dieser
Name nicht etwa erst vom chronistischen Bearbeiter der Esra-Nehemia-
bücher eingetragen ist, dafür ist beweisend, dass er bei seiner Hoch-
schätzung der Gola, denselben nicht eingeschoben hätte, gerade wo
von der Verschuldung der Zurückgekehrten die Rede ist [1]. Die Zurückgekehrten nannten sich vielmehr selber so. „Das begreift sich nur,
wenn man im allgemeinen wenigstens nur solche in der Gemeinde duldete, deren Vorfahren im Exil gewesen waren" [2],
und das ist begreiflich genug, hatten ja doch schon die geborenen Juden,
welche im Lande verblieben waren, sich nicht der Trübsal zu rühmen,
in welcher die Gola im Exil geläutert schien. „Im allgemeinen" aber
gilt dies blos, weil es unmöglich erscheint, dass nicht einzelne derselben
Aufnahme gefunden hätten, in denen der Geist noch lebendig war, der
z. B. aus den Klageliedern spricht. Nur berufen wir uns dafür nicht
auf Sach 7 10, wonach die neu konstituierte Gemeinde in ihrer Mitte
Gerim hat; denn bei diesen denken wir viel eher an solche, die mit den
Exulanten schon zurückkehrten, wie sie oder ihre Väter mit ihnen
schon ausgezogen waren [3]. In der anfänglichen Abschliessung der Gemeinde lag aber eine innere Notwendigkeit; „sie musste sich innerlich
so weit kräftigen, dass sie nicht mehr in Versuchung geriet, sich nach
aussen zu verlieren".

Mit dem Jahre 520 regt sich ein neuer Geist. Die politische
Konstellation mag das Ihre dazu beigetragen haben. Eben noch hatte
man den ruhigen Horizont der Weltlage sozusagen als etwas zum Verzweifeln Langweiliges schmerzlich empfunden (Sach 1 11). Als Antwort
darauf hatte man blos die Eine Frage: „Wie lange, Jahwe, willst du
dich Jerusalems nicht erbarmen?" Nun aber scheint mit des Darius
Thronbesteigung und den Unruhen, die sich daran knüpfen, alles
anders werden zu wollen. Wir müssen hinzunehmen, dass unterdessen
Serubbabel selber Statthalter geworden ist (Hag 1 1 14 2 2) und man
der Priesterschaft, entgegen früherem Schwanken (Neh 7 65), eine einheitliche Spitze gegeben hat im Hohenpriester (Hag 1 1). Vor allem
aber knüpft sich der Umschwung an die Grundlegung des Tempels
(Hag 2 18). Es ist, als redeten diese Steine zu den Juden von ihrem
endlichen Sieg über die Welt. „Schon regt es sich von Gottes heiliger
Stätte, darum still vor ihm alles Fleisch!" (Sach 2 17); das ist ihre

---

[1] WELLHAUSEN, l. c. p. 179.
[2] SMEND, l. c. p. 5; vgl. WELLHAUSEN, Skizzen I p. 82 = Isr. u. jüd. Gesch.
p. 122.   [3] vgl. oben p. 110.

Stimmung zu jener Zeit. Wir dürfen wohl sagen, dass je intensiver in einem Zeitpunkt die eschatologische Erwartung wird, sich der Blick über das eigene Volk hinaus um so weiter ausdehnt, Ernst damit zu machen, die ganze Welt zu umspannen. Noch eine kleine Zeit und Gott erschüttert Himmel und Erde und alle Nationen, dass ihre Schätze kommen, den Tempel mit Herrlichkeit zu erfüllen (Hag 2 6—8). Die grosse Katastrophe bedeutet allerdings den Untergang der heidnischen Weltmacht, unter der man selber gelitten hat (Hag 2 22 Sach 2 13 2 1—4 6 1—8). Aber es scheint das Bewusstsein des eigenen Rechtes ihr gegenüber viel zu viel Triumphirendes in sich zu tragen, als dass man sich mit der Vernichtung der Völker zufrieden geben könnte; man sieht darüber hinaus einen positiven Sieg der Religion, als deren Träger man sich weiss. Es mögen hier ältere Weissagungen mitwirken; aber die Unmittelbarkeit und Energie, mit der diese kühne Glaubenserwartung hier auftritt, ist mehr als blose Reproduktion. Man will nicht blos selber gesegnet sein, sondern inmitten aller Welt eine בְּרָכָה werden (Sach 8 13), d. h. die Losung für alles, was Segen heisst, so dass die Völker aus dem Wohlergehen, das Israel geniesst, auf den Gott schliessen, den es verehrt und Anschluss an es und durch dasselbe an Gott suchen (Sach 8 20—23): „So spricht Jahwe Sebaoth: Noch werden Völker kommen und Bewohner vieler Städte; und es gehen die Bewohner der einen zur anderen und sagen: Auf, lasst uns gehen, Gottes Angesicht zu versöhnen, und Jahwe Sebaoth zu suchen, will auch ich gehen; und es kommen viele Völker und zahlreiche Nationen, Jahwe Sebaoth in Jerusalem zu suchen und sein Antlitz zu versöhnen. So spricht Jahwe Sebaoth: In jenen Tagen werden 10 Männer aus allen Zungen der Heiden den Rockzipfel eines Juden erfassen und sprechen: Wir wollen mit euch gehen; denn wir haben gehört: Gott ist mit euch". Ebenso Sach 2 15: „Und es werden sich viele Heiden an Jahwe angliedern an jenem Tage und werden ihm zum Volke sein". In Anbetracht solcher Erwartungen, die sich an den Wiederaufbau des Tempels knüpften, schiene mir nicht unmöglich, in jene Zeit Gedanken zu verweisen, wie sie Salomo in seinem Weihgebete in den Mund gelegt werden: „Und auch auf den Fremden (הַנָּכְרִי), der nicht von deinem Volke Israel ist und aus fernem Lande kommt um deines Namens willen, (denn sie werden hören von deinem grossen Namen und deiner starken Hand und deinem ausgereckten Arm) — und er kommt und betet zu diesem Hause, — höre du in dem Himmel, dem Ort, da du wohnest, und tue alles, um was der Fremde zu dir ruft, auf dass alle Völker der Erde deinen Namen erkennen, dich zu fürchten wie dein Volk Israel und zu erkennen, dass nach deinem Namen dieses Haus genannt wird,

das ich gebaut" (I Reg 8 41—43 vgl. II Chron 6 32f.)[1]. Nach dem Gesagten nehmen wir also an, die ursprüngliche Abgeschlossen-
heit nach aussen sei gelockert worden, sobald man im neu-
erbauten Tempel einen festen Stützpunkt gewonnen und damit zugleich die Gewähr erhalten hatte, dass Jahwe darauf
wieder Wohnung genommen habe (Sach 8 8), während man bisher
ohne diese sichtbare äussere Stütze genötigt gewesen war, sich
wenigstens ideell zusammenzuschliessen. Tatsache ist, dass die Zahl
der Zurückgekehrten im Vergleich zur grossen jüdischen Bevölkerung,
die wir später in Palästina finden, auffallend klein ist. Die Deutung
dieser Tatsache liegt nicht fern und wird durchaus übereinstimmend
von KUENEN[2] wie von WELLHAUSEN[3] gegeben: Die neue Kolonie
wurde nicht nur durch Nachzüge aus Babylonien verstärkt, vielmehr
hat sie allmählich einen grossen Teil der israelitischen Bevölkerung
aufgesogen, die während des Exils im Lande geblieben war[2]. Wer
weiss, ob man sich dabei nicht sogar auf eine religiöse Motivierung be-
sann? Es mochte scheinen, die Zeit der Erfüllung prophetischerWeis-
sagungen von der Vereinigung Judas und Israels sei gekommen. Darnach erhält der Satz STADES[4]: „Völlig dunkel ist, was mit der vorgefundenen alt-israelitischen Bevölkerung geschehen ist" seine wichtige
Korrektur.

Es bestand aber jene Bevölkerung zum kleinsten Teile aus Vollblutjuden: Die Grenzen zwischen Jahwismus und Heidentum waren
bei ihr fliessende geworden (vgl. II Reg 17 41). Eine Folge davon war
nicht allein das eben erwähnte (nach WELLHAUSEN[5] auch durch Neh 7
bezeugte) Wachstum der Gemeinde, sondern auch die Weitherzigkeit gegen die heidnischen und halbheidnischen Nachbarn[5].
Wir glauben also, es habe nicht allzu lange gewährt, bis man sich auch
ihnen freundlicher erschloss, wo sie selber den Anschluss suchten. Ein
Beweis für diese Annahme dürfte darin zu suchen sein, dass Nehemia
Kinder aus Mischehen findet, die nicht mehr ordentlich jüdisch zu
reden wussten, sondern halb asdoditisch sprachen (13 24). Das weist
doch unfehlbar darauf hin, dass schon vor der damaligen Generation

---

[1] Während der ursprüngliche Text I Reg 8 38 um Erhörung bittet für jegliches Gebet, jegliches Flehen, das geschehen wird von irgend einem Menschen
(לְכָל אָדָם), fühlt sich ein Späterer veranlasst zu glossieren: scil. לְבַל עַמְּךָ יִשְׂרָאֵל;
das ist eine Veränderung, die zeigt, welche Tendenz unter den Späteren den Vorrang gewinnt.

[2] Bei SMEND, Die Genesis des Judentums l. c. p. 146.

[3] Göttinger Nachr. l. c. p. 185f.   [4] Gesch. Isr. II p. 112.

[5] WELLHAUSEN, l. c. (Göttinger Nachr. p. 186).

während längerer Zeit Verbindungen stattgefunden haben. Damit
stimmt nun aber namentlich überein, dass in Tritojesaja, wenn wir
diesen mit Duhm als Zeitgenossen Maleachis unmittelbar vor Esra ansetzen dürfen, die Mischung sozusagen schon konsolidiert erscheint.

Die Bevölkerung zu der er spricht, ist wie eine Traube, die man
um ihres Aussehens willen wohl am liebsten verderben möchte, wenn
sich auch noch guter Most darin befände (65 8). Dieses Bild zeigt uns
deutlich, wie die Gola, welche die guten Elemente repräsentiert (Gottes
Knechte l. c.), gemischt ist mit fremdartigen, die Tritojesaja geradezu
als feindliche bezeichnet. Er nennt sie „Söhne der Hexe", aus ehe-
brecherischem und hurerischem Samen (57 3), sofern der Vater (= Israel) Gott die Ehe gebrochen hat, um sich mit einem hurerischen Weibe
(= der palästinensisch-heidnischen Bevölkerung) zu verbinden. Sofern
sie den gleichen Vater haben, kann er sie Brüder heissen; aber eigentlich hassen sie die Gemeinde (66 5); sie leidet unter ihrem Spott (57 4)
und unter dem Druck, den sie wie Barbaren auf sie ausüben (62 8).
Was aber für Tritojesaja besonders gegen sie ins Gewicht fällt, ist ihr
Abfall vom rechten Kultus und damit von Gott selbst; sie treiben ihren
falschen Kult auf den Bergen (57 7 65 7), im Thal (57 6), im eigenen
Haus (57 8), in den Gärten (65 3 66 17); sie opfern dem Glücks- und
dem Schicksalsgott (65 11), senden selbst zu fremden Göttern (57 9);
sie treiben allerlei Mantik (65 4f.), essen Unreines (65 4 66 17), und jetzt
gar denken sie dran, einen Tempel zu bauen, für dessen Kultus Jahwe
doch nur Abscheu hätte (66 1 ff.). In dieser Skizze des falschen Gottesdienstes erkennen wir mit leichter Mühe Reste der vordeuteronomischen
Religionsübung; das bestätigt uns, dass die bekämpften Feinde aus
jener halbheidnischen Mischbevölkerung teils selber hervorgingen, teils
durch sie beeinflusst worden sein müssen. Das Erstere wird von Tritojesaja noch ausdrücklich zugestanden, wenn er Jahwe die Worte in den
Mund legt. „Ich liess mich erfragen von denen, die nichts nach mir
fragten, liess mich finden von denen, die mich nicht suchten. Ich habe
gesagt: Siehe, da, da bin ich, zu einem Volk, das meinen Namen nicht
anruft" [1] (65 1).

So tief also liess sich nachträglich die Gola mit Fremden ein. Zu
Stande kamen solche Verbindungen durch Heiraten oder durch
Handelsverträge und Aehnliches. Neh 3 31 f. zeigt uns, dass es in Jeru-
salem angesehene Kaufmannsgilden gab [2]. Von fremden Ehen redet

---

[1] l. mit Oort st.: קְרָא : קֹרָא (auch Duhm): oder mit LXX קָרְאוּ.
[2] Smend, Die Listen der Bücher Esr und Neh p. 12.

uns Mal 2 11. Wie sehr dabei die Fremden, mit denen man sich verschwägerte, ihren Einfluss geltend zu machen imstande waren, geht
daraus hervor, dass die Juden, welche eine solche Ehe eingingen, zuvor
zur Entlassung ihres jüdischen Weibes von ihnen gebracht werden
konnten (Mal 2 14—16). Aber sie liessen sich dies gefallen; denn offenbar brachte es ihnen äussere Vorteile: „Ihr sprecht", hält ihnen Maleachi entgegen, „vergeblich ist's Gott zu dienen, und was ist's für ein
Gewinn, dass wir alles, was gegen ihn zu beobachten war, beobachtet
haben, und dass wir einhergingen in Trauer vor Jabwe Sebaoth?
Und nun preisen wir selig die Uebermütigen (זֵדִים); es werden aufgebaut die Uebeltäter; sie stellten Gott auf die Probe und entrannen"
(3 14 f.). Die sehnlich erwartete Weltkatastrophe war ja ausgeblieben.
Die Folge davon war jedenfalls eine gewaltige Depression der gläubigen
Frommen gewesen. Jetzt waren sie auch des Wartens müde. Ihre
geistige Kraft wurde mit jedem Tage, der ihre Enttäuschung mehrte,
aufs neue geschwächt und ihr Widerstandsvermögen nach aussen gelähmt. Es fragte sich, ob es ihnen gelingen werde, auf die Dauer fremde
Elemente neben sich zu dulden, ohne ihnen selber zu unterliegen. Es
zeigte sich, was sich oft wiederholt, dass es viel schwerer ist, sich seine
Eigentümlichkeit zu bewahren inmitten einer Umgebung, der man sich
nahe verwandt fühlt. Im Exil war man von ihr grundverschieden gewesen; um so weniger nahe hatte für die Juden die Gefahr gelegen,
ihre Individualität preiszugeben. Jetzt drohte das fremde Element, dem
man nun einmal Einlass gewährt hatte, übermächtig zu werden; und
es ist nicht zu vergessen, dass es doch nur zur Hälfte fremd war[1]. So
war die Gemeinde auf dem besten Wege, der vollständigen
Paganisierung entgegenzutreiben. Aber die Reaktion blieb nicht
aus. Innerhalb der Gemeinde selbst giengen noch einigen, als die Gefahr höher stieg, die Augen auf. Als sie am höchsten stand, war dafür
gesorgt, dass von aussen die rettende Hülfe eintraf. Hier sind Esra
und Nehemia, dort Maleachi und Tritojesaja zu nennen.

Kapitel II.

Die Reaktion gegen die drohende Vermischung in den Schriften Maleachis und Tritojesajas.

Gleich Maleachi lehrt uns, von welchem Gesichtspunkt aus die
Reaktion verstanden sein will: Die Religion als heilige Verfassung, die
nicht entweiht werden darf, will ein reines Volk. Worauf es demnach

---

[1] Vgl. WELLHAUSEN, Gesch. p. 125 Anm. 1.

bei einer Ehe ankommt, ist nach „Gottes Kindern" zu trachten (בקש
זרע אלהים 2 15). So sind die fremden Ehen zu verdammen; denn sofern
die fremden Weiber fremder Götter Töchter sind, wird das Heiligtum
entweiht (2 11). Das zeigt von vorn herein, welches Geistes Kind
Maleachi ist.

Daneben ist freilich seltsam genug, wenn in gleichem Zusammenhang die Pflichten Israels davon abgeleitet werden, dass Gott ihrer
aller Vater ist, der sie geschaffen hat (2 10), denn dies letztere findet
streng genommen nicht minder Anwendung auf die fremden Weiber,
die verboten werden. Es zeigt sich hier, was wir bei Tritojesaja noch
öfter zu bemerken Gelegenheit finden werden, dass eine allgemein gültige Tatsache zu Gunsten der Juden ganz allein ausgebeutet wird. Es
steht auf gleicher Stufe, was STADE [1] bemerkt: „Es muss billig bezweifelt
werden, dass das von Mal 2 16 ausgesprochene, scheinbar ganz allgemeine Wort: „„denn ich hasse Scheidung"" diesen auch nur im
mindesten abgehalten haben würde, die Auflösung der Mischehen für
ein Gott wohlgefälliges Werk zu halten". Neben die Ehebrecher treten
die Zauberer, die auch ausgetilgt werden sollen, offenbar als Träger des
Fremden (3 5). Herbeigeführt wird die Katastrophe auch für Maleachi
durch das Gericht, „den Tag, den Jahwe schafft" (3 17 21). Dasselbe
ist lediglich innerjüdisch, und zwar die von Gott gewirkte Ausscheidung
der fremden und widergöttlichen Elemente, welche zu vollziehen der
Prophet eigentlich schon das Volk auffordert; der Gegensatz ist der
von יראי שם (3 20) und רשעים (3 21), wie er sich fortan durch die Psalmen
hindurchzieht. Diese Reinigung der Gemeinde von allen fremden und
profanen Elementen hindert nun aber Maleachi wiederum nicht, den
Sakir und den Ger (3 5) besonders in Schutz zu nehmen. Dagegen spricht
sich der ächt israelitische unauslöschliche Volkshass gegen Edom mit
aller Schärfe in den Worten aus, womit er seine Schrift eröffnet (1 2ff.):
dass Edom eine Niederlage erlitten hat, von der es sich nicht soll erholen können, gilt ihm als Zeichen der Liebe Gottes zu seinem Volk.
Es liegt auch hierin wieder ein wunderliches Gemisch von Vorstellungen;
gerade an dieser Tat soll man Jahwes Grösse über Israels Grenze
hinaus erkennen (1 5), und doch hat eben hierin wieder Gott blos zu
Gunsten Israels gehandelt. Aber dazu sind eben schliesslich die Heiden
einzig für ihn da, Israel selig zu preisen (3 12). Nur Ein Gedanke geht
darüber hinaus, der völlig neu ist und besondere Beachtung verdient.
Während sonst die Anerkennung Jahwes durch die Heiden erst der
Zukunft vorbehalten bleibt, wird sie von Maleachi als schon in der

---

[1] Gesch. Isr. II p. 136.

Gegenwart — ihm selber vielleicht unbewusst — als zu Recht bestehend
prädiziert und darum den Juden als beschämendes Beispiel vorgehalten.
„Gross und gefürchtet ist Jahwes Name unter den Heiden; allerorts
wird ihm Rauchopfer dargebracht und reines Speisopfer" (1 11 14),
während ihm die Juden mangelhafte Gaben opfern. Diese Anschauung
hebt sich in der Tat von allem Früheren seltsam genug ab. Zur Erklärung wird am ehesten die Annahme zu dienen haben, dass Maleachi
mit Heiden in Berührung kam oder wenigstens von ihnen hörte, bei
denen mehr und mehr ein oberster Gott alle anderen Götter verdrängt
hatte. „Es war die Zeit, wo bei Juden, Phöniziern und Samariern gleichmässig die Bezeichnung: „„der höchste Gott"" aufkam" [1]. Die Bereitwilligkeit, irgend einen monotheistischen Glauben gleich für den Jahweglauben in Anspruch zu nehmen, bleibt freilich höchst bemerkenswert
und spräche für sich allerdings nicht für partikularistische Engherzigkeit.

In eine ganz andere Sphäre fühlen wir uns anscheinend versetzt,
wenn wir nach Maleachi Tritojesaja aufschlagen; daselbst lesen wir
zu Anfang (56 1—8[2]): (1) „So spricht Jahwe: Wahret das Recht und
übet Gerechtigkeit; denn nahe ist mein Heil zu kommen und meine
Gerechtigkeit sich zu enthüllen. (2) Heil dem Menschen, der dies tat,
und dem Sterblichen, der daran festhält, während den Sabbath, ihn
nicht zu entheiligen, und während seine Hand, nichts böses zu tun.
(3) Und nicht sage der Fremdling [der sich angeschlossen hat an Jahwe]:
Abtrennen wird mich Jahwe von seinem Volk, und nicht sage der Verschnittene: Siehe, ich bin ein dürrer Baum. (4) Denn so spricht Jahwe:
Die Verschnittenen, die meine Sabbathe wahren und wählten, wenn
ich Gefallen habe, und festhalten an meinem Bund, (5) geben werde
ich ihnen in meinem Hause [und in meinen Mauern] Mal und Namen,
der besser ist als Söhne und Töchter, einen ewigen Namen gebe ich
ihnen, der nicht ausgetilgt werden wird. (6) Die Fremdlinge aber, die
sich an Jahwe anschliessen, ihm zu dienen und seinen Namen zu lieben,
ihm zu Knechten [und Mägden] zu sein, jeder, der den Sabbath wahrt,
ihn nicht zu entheiligen, (7) die bringe ich zu meinem heiligen Berge
und lasse sie sich freuen in meinem Bethause; ihre Brandopfer und
Schlachtopfer werden angenehm sein auf meinem Altar; denn mein
Haus heisst ein Bethaus für alle Völker. (8) Spruch des Herrn Jahwe,
der die Versprengten Israels sammelt: Noch werde ich sammeln zu
ihm, zu seinen Gesammelten".

Nach diesen Worten hat es den Anschein, es öffne hier die Weltreligion jedem Menschen (בָּנֵי und בֶּן V. 2) Thür und Thor, und wir

[1] WELLHAUSEN, Skizzen V p. 197.   [2] Nach der Uebersetzung DUHM.

gar nur zu gerne bereit, den Ausdruck „Bethaus für alle Völker" in seinem weitesten Umfange zu nehmen. In Wirklichkeit wird durch eine genauere Betrachtung dieser für uns so wichtigen Stelle unsere Auffassung derselben einigermassen modifiziert. Fragen wir zunächst, wen wir unter den ‏נכר‎ zu verstehen haben, so ist allerdings dieser Ausdruck nicht einzuschränken; aber der Hauptnachdruck liegt auf den Participium (‏הנלוה‎ V. 6) nur unter dieser einen Bedingung, wie die Glosse V. 3 sagt, dass sie sich an Jahwe anschliessen, ist die Furcht von ihm abgetrennt zu werden, unnötig. (Unter den Verschnittenen übrigens haben wir uns schon Juden vorzustellen: der babylonische König hat nämlich von den Gefangenen kastrieren lassen [1].) Was nun aber Bedingung des Anschlusses an Jahwe ist, befasst folgendes in sich:

1. Jahwe zu dienen (‏לשרתו‎), aber nicht, wie Hitzig und Knonau wollen, als ‏משרתים‎, sondern seinen Kult zu befolgen;

2. seinen Namen zu lieben: noch später ist die ‏ברכת השם‎ eines der sieben noachitischen Gebote, welche die Proselyten des Thores zu beobachten haben;

3. ihm zu Knechten und Mägden zu sein, d. h. wohl praktisch: die Tempelsteuern zu entrichten [2].

4. den Sabbath zu heiligen.

Die Hauptfrage scheint mir, ob diese letztere Forderung als ein Spezielles angesehen werden muss, worin von den Fremden Konnivenz gegen die jüdische Sitte verlangt wird, während ihnen Anderes freigegeben wird, oder ob Tritojesaja der Meinung ist, die ganze Kultsitte gehe sie an, er aber daraus blos ein Spezifikum heraushebt, das ihm besonders am Herzen liegt. Es mochte ja sein, dass in der Verachtung des Sabbathsgebotes der Gegensatz der fremden Elemente gerade am deutlichsten zum Ausdruck kam (Neh 13). Beweisen lässt sich, so viel ich sehe, weder das Eine noch das Andere; doch möchten wir uns nach der Gesamtanschauung Tritojesajas durchaus für die zweite Möglichkeit entscheiden. Dass wie hier so auch sonst bei ihm die Sabbathsheiligung besonders eingeschärft wird, zeigt nur seine Neigung für Absonderung von den Heiden. Allerdings bleibt es wahr, dass die Erfüllung der genannten Bedingungen nicht an eine Nationalität geknüpft, sondern jedem zugänglich ist, der sich ihnen unterziehen will; daher kann Tritojesaja in der Tat dem Menschen schlechthin Heil wünschen, „der dies tut" (V. 2) — Seine Entstehung verdankt der ganze Passus jedenfalls der konkreten Situation. Es stand damals für die Fremdgeborenen, wie es scheint, zu befürchten, die Gemeinde

---

[1] s. Jos. Ant. X IV 1.   [2] Duhm Komment. z. St.

Gegenwart — ihm selber vielleicht unbewusst — als zu Recht bestehend
prädiziert und darum den Juden als beschämendes Beispiel vorgehalten.
„Gross und gefürchtet ist Jahwes Name unter den Heiden; allerorts
wird ihm Rauchopfer dargebracht und reines Speisopfer" (1 11 14),
während ihm die Juden mangelhafte Gaben opfern. Diese Anschauung
hebt sich in der Tat von allem Früheren seltsam genug ab. Zur Erklärung wird am ehesten die Annahme zu dienen haben, dass Maleachi
mit Heiden in Berührung kam oder wenigstens von ihnen hörte, bei
denen mehr und mehr ein oberster Gott alle anderen Götter verdrängt
hatte. „Es war die Zeit, wo bei Juden, Phöniziern und Samariern gleichmässig die Bezeichnung: „„der höchste Gott"" aufkam" [1]. Die Bereitwilligkeit, irgend einen monotheistischen Glauben gleich für den Jahweglauben in Anspruch zu nehmen, bleibt freilich höchst bemerkenswert
und spräche für sich allerdings nicht für partikularistische Engherzigkeit.

In eine ganz andere Sphäre fühlen wir uns anscheinend versetzt,
wenn wir nach Maleachi Tritojesaja aufschlagen; daselbst lesen wir
zu Anfang (56 1—8 [2]): (1) „So spricht Jahwe: Wahret das Recht und
übet Gerechtigkeit; denn nahe ist mein Heil zu kommen und meine
Gerechtigkeit sich zu enthüllen. (2) Heil dem Menschen, der dies tut,
und dem Ste   daran festhält, während den S____th, ihn
nicht zu en▮   hrend seine Hand, n
(3) Und nicht sag   [der sich ang
Abtrennen wird mich.   einem V
schnittene: Siehe, ich ▪   aur
Die Verschnittenen, die
ich Gefallen habe, und ▪
ich ihnen in meinem Haus
der besser ist als Söhne u▪
ihnen, der nicht ausgetilgt w
sich an Jahwe anschliessen, ih▪
ihm zu Knechten [und Mägden▪
ihn nicht zu entheiligen, (7) die
und lasse sie sich freuen in mei▪
Schlachtopfer werden angenehm s▪
Haus heisst ein Bethaus für alle Völke▪
der die Versprengten Israels sammelt:
ihm, zu seinen Gesammelten".

Nach diesen Worten hat es den Ansch▪
religion jedem Menschen (אנוש und אדם V. 2) ▪

---

[1] WELLHAUSEN, Skizzen V p. 197.   [2] Nach der U▪

sind nur zu gerne bereit, den Ausdruck „Bethaus für alle Völker" in seinem weitesten Umfange zu nehmen. In Wirklichkeit wird durch eine genauere Betrachtung dieser für uns so wichtigen Stelle unsere Auffassung derselben einigermassen modifiziert. Fragen wir zunächst, wen wir unter dem בֶּן נֵכָר zu verstehen haben, so ist allerdings dieser Ausdruck nicht einzuschränken; aber der Hauptnachdruck liegt auf dem Participium (הנלוים על יהוה V.6); nur unter dieser einen Bedingung, wie die Glosse V. 3 sagt, dass sie sich an Jahwe anschliessen, ist die Furcht von ihm abgetrennt zu werden, unnötig. (Unter den Verschnittenen übrigens haben wir uns schon Juden vorzustellen; der babylonische König hat nämlich von den Gefangenen kastrieren lassen [1].) Was nun aber Bedingung des Anschlusses an Jahwe ist, befasst folgendes in sich:

1. Jahwe zu dienen (שרת), aber nicht, wie HITZIG und KNOBEL wollen, als נתינים, sondern seinen Kult zu befolgen;

2. seinen Namen zu lieben; noch später ist die ברכת השם eines der sieben noachitischen Gebote, welche die Proselyten des Thores zu beobachten haben;

3. ihm zu Knechten und Mägden zu sein, d. h. wohl praktisch die Tempelsteuern zu entrichten [2];

4. den Sab̄ heiligen.

Die Hau ... diese letztere Forderung als ein
zielles a ... Fremden Konnivenz
die j ... nderes frei-
n wä ... ze Kult-
he s ... das
nde ... r-
... e
... st
... en
... die
... ihm
... seine
... wahr,
... tiona-
lit ... unter-
ziehe ... hlecht-
hin Hei ... erdankt
der ganze ... damals
für die Fren ... emeinde

[1] s. Jos. A...

Gegenwart — ihm selber vielleicht unbewusst — als zu Recht bestehend prädiziert und darum den Juden als beschämendes Beispiel vorgehalten. „Gross und gefürchtet ist Jahwes Name unter den Heiden; allerorts wird ihm Rauchopfer dargebracht und reines Speisopfer" (1 11 14), während ihm die Juden mangelhafte Gaben opfern. Diese Anschauung hebt sich in der Tat von allem Früheren seltsam genug ab. Zur Erklärung wird am ehesten die Annahme zu dienen haben, dass Maleachi mit Heiden in Berührung kam oder wenigstens von ihnen hörte, bei denen mehr und mehr ein oberster Gott alle anderen Götter verdrängt hatte. „Es war die Zeit, wo bei Juden, Phöniziern und Samariern gleichmässig die Bezeichnung: „„der höchste Gott"" aufkam" [1]. Die Bereitwilligkeit, irgend einen monotheistischen Glauben gleich für den Jahweglauben in Anspruch zu nehmen, bleibt freilich höchst bemerkenswert und spräche für sich allerdings nicht für partikularistische Engherzigkeit.

In eine ganz andere Sphäre fühlen wir uns anscheinend versetzt, wenn wir nach Maleachi Tritojesaja aufschlagen; daselbst lesen wir zu Anfang (56 1—8 [2]): (1) „So spricht Jahwe: Wahret das Recht und übet Gerechtigkeit; denn nahe ist mein Heil zu kommen und meine Gerechtigkeit sich zu enthüllen. (2) Heil dem Menschen, der dies tut, und dem Sterblichen, der daran festhält, wahrend den Sabbath, ihn nicht zu entheiligen, und wahrend seine Hand, nichts böses zu tun. (3) Und nicht sage der Fremdling [der sich angeschlossen hat an Jahwe]: Abtrennen wird mich Jahwe von seinem Volk, und nicht sage der Verschnittene: Siehe, ich bin ein dürrer Baum. (4) Denn so spricht Jahwe: Die Verschnittenen, die meine Sabbathe wahren und wählten, woran ich Gefallen habe, und festhalten an meinem Bund, (5) geben werde ich ihnen in meinem Hause [und in meinen Mauern] Mal und Namen, der besser ist als Söhne und Töchter, einen ewigen Namen gebe ich ihnen, der nicht ausgetilgt werden wird. (6) Die Fremdlinge aber, die sich an Jahwe anschliessen, ihm zu dienen und seinen Namen zu lieben, ihm zu Knechten [und Mägden] zu sein, jeder, der den Sabbath wahrt, ihn nicht zu entheiligen, (7) die bringe ich zu meinem heiligen Berge und lasse sie sich freuen in meinem Bethause; ihre Brandopfer und Schlachtopfer werden angenehm sein auf meinem Altar; denn mein Haus heisst ein Bethaus für alle Völker. (8) Spruch des Herrn Jahwes, der die Versprengten Israels sammelt: Noch werde ich sammeln zu ihm, zu seinen Gesammelten".

Nach diesen Worten hat es den Anschein, es öffne hier die Weltreligion jedem Menschen (אנוש und אדם V. 2) Thür und Thor, und wir

---

[1] WELLHAUSEN, Skizzen V p. 197.   [2] Nach der Uebersetzung DUHMS.

sind nur zu gerne bereit, den Ausdruck „Bethaus für alle Völker" in seinem weitesten Umfange zu nehmen. In Wirklichkeit wird durch eine genauere Betrachtung dieser für uns so wichtigen Stelle unsere Auffassung derselben einigermassen modifiziert. Fragen wir zunächst, wen wir unter dem בֶּן נֵכָר zu verstehen haben, so ist allerdings dieser Ausdruck nicht einzuschränken; aber der Hauptnachdruck liegt auf dem Participium (הנלוים על יהוה V. 6); nur unter dieser einen Bedingung, wie die Glosse V. 3 sagt, dass sie sich an Jahwe anschliessen, ist die Furcht von ihm abgetrennt zu werden, unnötig. (Unter den Verschnittenen übrigens haben wir uns schon Juden vorzustellen; der babylonische König hat nämlich von den Gefangenen kastrieren lassen [1].) Was nun aber Bedingung des Anschlusses an Jahwe ist, befasst folgendes in sich:

1. Jahwe zu dienen (שרת), aber nicht, wie Hitzig und Knobel wollen, als נתינים, sondern seinen Kult zu befolgen;

2. seinen Namen zu lieben; noch später ist die ברכת השם eines der sieben noachitischen Gebote, welche die Proselyten des Thores zu beobachten haben;

3. ihm zu Knechten und Mägden zu sein, d. h. wohl praktisch: die Tempelsteuern zu entrichten [2];

4. den Sabbath zu heiligen.

Die Hauptfrage scheint mir, ob diese letztere Forderung als ein Spezielles angesehen werden muss, worin von den Fremden Konnivenz gegen die jüdische Sitte verlangt würde, während ihnen Anderes freigegeben wäre, oder ob Tritojesaja der Meinung ist, die ganze Kultsitte gehe sie an, er aber daraus blos ein Spezifikum heraushebt, das ihm besonders am Herzen liegt. Es mochte ja sein, dass in der Verachtung des Sabbathsgebotes der Gegensatz der fremden Elemente gerade am grellsten zum Ausdruck kam (Neh 13). Beweisen lässt sich, so viel ich sehe, weder das Eine noch das Andere; doch möchten wir uns nach der Gesamtanschauung Tritojesajas durchaus für die zweite Möglichkeit entscheiden. Dass wie hier so auch sonst bei ihm die Sabbathsheiligung besonders eingeschärft wird, zeigt nur seine Neigung für Absonderung von den Heiden. Allerdings bleibt es wahr, dass die Erfüllung der genannten Bedingungen nicht an eine Nationalität geknüpft, sondern jedem zugänglich ist, der sich ihnen unterziehen will; daher kann Tritojesaja in der Tat dem Menschen schlechthin Heil wünschen, „der dies tut" (V. 2). — Seine Entstehung verdankt der ganze Passus jedenfalls der konkreten Situation. Es stand damals für die Fremdgeborenen, wie es scheint, zu befürchten, die Gemeinde

---

[1] s. Jos. Ant. X 10 1.　　　　[2] Duhm, Komment. z. St.

möchte sie von sich abtrennen; ob dies allenfalls geschah infolge der von Maleachi gegebenen Anregung? und ob sich darauf vielleicht Esr 4 6 bezieht, das auf Misshelligkeiten zwischen den umwohnenden Israeliten und den Bewohnern Jerusalems hindeutet?[1] Wir kommen über Vermutungen nicht hinaus.

Sonst kämpft Tritojesaja jedenfalls nicht gegen Maleachi, sondern auf einer Seite mit ihm; auch sein Ideal ist das heilige Volk (עַם הַקֹּדֶשׁ 62 12). Dem gegenüber empfindet er den ganzen Widerspruch einer Gegenwart, in der das Volk mit fremden Elementen durchseucht ist. Von seinem Standpunkt aus, wonach alles auf Kultusreinheit ankommt, sind jene Fremden, deren Gottesdienst wir oben[2] skizziert haben, nur Abtrünnige (57 4 65 11 66 24) und Gottlose (57 21). Nicht zwar, dass diese Leute von Tritojesaja von der Möglichkeit des Anschlusses an die Juden durchaus ausgeschlossen wären. Sie können ja auch die Bedingungen erfüllen, die er allen Fremden stellt[3]. Entschieden gegeben aber ist der Gemeinde nach ihm ihre Stellung gegen sie, wo „sie den nicht guten Weg gehen hinter ihren Gedanken her". (65 2): Sie müssen vertilgt werden, d. h. aber, weil sie als Feinde der Gemeinde unmittelbar Gottes Feinde sind, Gott vertilgt sie selbst in seinem Grimm (59 18 66 14 17 65 12ff. 66 24 57 21 64 1). Ja, ihr Name muss geradezu das Losungswort werden, in dem man einen verwünscht. Das ist für Tritojesaja religiöses Postulat; in allen Fällen muss die Reinheit der Theokratie gerettet werden. Darauf läuft denn auch der Gedanke eines allgemeinen Weltgerichtes hinaus, sofern er einen solchen konzipiert (66 15ff. 63 1 4 ff.). Es lässt sich überhaupt bei Tritojesaja merkwürdig zutreffend beobachten, wie Gedanken, die in ihrem Ursprung durchaus universalistisch sind, immer wieder in das Bett des Partikularismus einlaufen. So ist es 66 1: die Erhabenheit Gottes über alle Welt und seine Allgegenwart schliessen im Grunde jede Lokalisierung in einem Tempel aus; · aber Anwendung findet dieser allgemeine Gedanke nur als Trumpf, den Tritojesaia gegen die Schismatiker ausspielt; dass er in gleicher Weise den Zion betreffe, kommt ihm nicht einmal zu Sinn. Einen weiteren besonders charakteristischen „inneren Widerspruch zwischen einem der Zeit entsprechenden universalistischen Bewusstsein und partikularistischen Neigungen" finden wir 57 16, wo die allgemeine Tatsache, dass Jabwe die Seelen ge-

---

[1] STADE, Gesch. Isr. II p. 139.

[2] s. oben p. 129.

[3] s. die vorige Seite.

[4] Nach den Konjekturen DE LAGARDES מְאָדָם (statt מֵאָדוֹם) und מִבֹּצֶר (statt מִבָּצְרָה).

schaffen habe, einzig für die Juden als Motiv des göttlichen Mitleides in Anspruch genommen wird. פְּשָׁרֶךָ (58 7) sollte eigentlich alle Menschen umfassen; es bezeichnet aber ohne Zweifel blos die Volksgenossen. Das Gleiche zeigt seine Zukunftserwartung. Schliesslich soll alle Welt Jahwes Herrlichkeit erkennen (59 19 61 11 62 2). Aber wie? eigentlich sollen sie dadurch blos inne werden, dass Israel der Same ist, den Gott gesegnet hat (61 9). Ueber Jerusalem, der תְּהִלָּה בָּאָרֶץ (62 7), soll Jabwe erstrahlen, während alle Welt Dunkel deckt (60 2): Darum sollen die Völker samt ihren Königen nach ihrem Glanze gehen (60 3); aber sie kommen schliesslich blos, um den Glanz des Volkes durch ihre Unterwürfigkeit zu mehren (60 14); denn sie bringen nach Jerusalem ihren Reichtum und ihre besten Schätze (60 5 ff. 11 13 16 f. 62 6 66 12), vor allem aber die Juden aus der Diaspora zurück. (60 4 9 62 10 66 20): Und in Jerusalem angekommen, werden sie sich für Israel abmühen, den Frohndienst des Mauerbaues übernehmen (60 10) und den Landbau besorgen müssen (61 5), indem Israel als priesterliches Volk für sich arbeiten lässt (61 6). Ganz unbestimmt deutet Tritojesaja wenigstens einmal an, dass Jahwe auch unter den fremden Völkern selber Wunder tun wolle (66 19); und was sie geschaut, sollen sie selber den ferner Wohnenden, die von Gottes Gericht nicht gehört haben, verkündigen — aber auch hier blos zu dem Zwecke, dass diese ihrerseits die Diaspora zurückkehren lassen (66 20); so sehr liegt Jerusalem als Weltmittelpunkt am Anfang und am Ende der Gedanken Tritojesajas (60 15 18 62 7). Fassen wir zusammen, so ist zu sagen: Für Tritojesaja haben die fremden Völker keine selbständige Existenz; sie existieren blos um der Juden willen. Für die Welt überhaupt hat er kein anderes Verständnis und an ihr kein anderes Interesse, als dass das Gebiet um so grösser sei, darauf der Juden Gott zur Anerkennung gelange. Es ist damit gegeben, dass, was nicht Jude ist, durchaus minderwertig erscheint. Von der Gemeinde ist es unerbittlich auszuschliessen. Einen Anschluss an sie kann sich Tritojesaja nur denken, wo derselbe die völlige Annahme der religiösen Verfassung in sich schliesst: nur so lässt sich ja die Reinheit und Heiligkeit des Volkes wahren.

Kapitel III.

Die Krisis unter Esra und Nehemia.

Die Schriften Maleachis und Tritojesajas zeigen uns blos den Protest gegen die zunehmende Vermischung mit Fremden. Ob sie damit etwas ausgerichtet haben, vermögen wir ihnen selber nicht zu

entnehmen, und nach der Situation, die Esra und Nehemia vorfinden,
ist es über das geschriebene Wort hinaus zu Taten kaum gekommen.
Die Vermischung der Gola mit fremden Elementen erreicht erst ihren
höchsten Punkt, und es ist drauf und dran, dass die Unterschiede
sich völlig verwischen. Esras und Nehemias Werk ist es, den
Gedanken Maleachis und Tritojesajas praktische Geltung
verschafft zu haben. Dabei ist es eine seltsame Fügung, dass
ihnen Fremde selber, der persische Hof, die Mittel an die Hand geben,
die Massregeln durchzuführen, durch welche die Fremden von Israel
ausgeschlossen werden sollen.

Esra findet bei seiner Ankunft zwei Parteien, die sich schroff
gegenüberstehen, die eine, offenbar die mächtigere, die fremdenfreundliche, selber stark mit Fremden durchsetzt, die andere die fremdenfeindliche Reaktion repräsentierend, deren Vertretern und Sprechern
wir in Maleachi und Tritojesaja schon begegnet sind; sie sympathi-
siert sofort mit den unter Esras Führung aus Babel neu Angekom-
menen. Aus ihr treten die Obersten (השרים) — nicht überhaupt alle
Obersten (vgl. Esr 9 ₂) — zu Esra bald nach seiner Ankunft, um ihm
zu berichten (Esr 9 ₁ ₂): „Es hat sich nicht abgesondert das Volk
Israel[1] und die Priester und die Leviten von den Völkern der Länder
(מעמי הארצות) gemäss ihren Greueln, nämlich der Kanaaniter, Hethiter,
Pheresiter, Jebusiter, Ammoniter, Moabiter, Aegypter und Edomiter[2];
denn sie haben von ihren Töchtern für sich und ihre Söhne genommen
und haben sich vermischt, der heilige Same mit den Völkern der
Länder, und die Obersten und Vorsteher haben zu dieser Versündigung zuerst die Hand geboten“. — Die hier berichtete Tatsache überrascht uns keineswegs. Nur das lernen wir, dass unter den Fremden
nicht etwa blos die Ueberreste der halbheidnischen altisraelitischen
Bevölkerung zu verstehen sind, sondern dass zwischen ihnen und Moab,
Ammon u. s. w. ein Unterschied nicht gemacht wurde[3]; ferner, was
sich uns auch weiterhin bestätigen wird, dass gerade die Spitzen des
Volkes kompromittiert sind.

Schon die Art aber, wie diese Tatsache berichtet wird, vermag
uns auf den rechten Standpunkt zu leiten, von dem aus Esra und
Nehemia ihr Werk in Angriff nehmen. Die Vermischung mit den
Paganen ist eine Schuld, die getilgt werden muss, weil sie „Verunreinigung“ des „heiligen Samens“ ist. Das weist uns durchaus in die eben

---

[1] „Israel“ bedeutet in diesem Sprachgebrauch das ganze Volk, abgesehen
von Priestern und Leviten (vgl. Esr 10 ₂₅), BERTHEAU, Komment. z. St.

[2] lies אדמי.

[3] Gegen WELLHAUSEN, Isr. u. jüd. Gesch. p. 125 Anm. 1.

besprochenen Gedankenkreise eines Maleachi und eines Tritojesaja
zurück (vgl. זֶרַע אֱלֹהִים Mal 2 15; עַם הַקֹּדֶשׁ Jes 62 12). Die Schuld
wird ganz und gar unter den Gesichtspunkt der Unreinheit
(נִדָּה Esr 9 11) gestellt. Denn es sind alle diese Leute Nachtreter des
Deuteronomikers und Ezechiels: Die religiöse Verfassung will eine
reine und heilige Gemeinde, die nichts unter sich duldet und an der
nichts haftet, dadurch der heilige Bezirk entweiht und die heiligen
Handlungen gehemmt werden könnten. Es ist die Uebertragung jenes
„hostis exesto“ [1] von der einzelnen Opfergemeinde auf die ständige
jüdische Tempelgemeinde. Dabei wirkt aus älterer Zeit noch ein
anderes Motiv nach: Die Schranke des Blutes ist noch nicht überwunden. In wem daher nicht das reine Blut des Volkes der Verfassung fliesst, der ist nicht „heiligen Samens“. Nun ist aber in den
Augen jener „Puristen“ das Reine tatsächlich schon verunreinigt, das
Heilige entweiht. Noch ist es zwar nicht zu spät einzugreifen und dem
Uebel zu steuern; aber jetzt oder nie muss die Entscheidung zum Aus-
trag kommen. Was die Gemeinde durchzumachen hat, ist wirklich eine „Krisis“. Es tuts keine Vermittelung, nur ein Ra-
dikalmittel kann helfen, wenn die Gemeinde wieder als reine
und heilige hergestellt werden soll: die Unreinen müssen mit
Stumpf und Stiel ausgerottet werden, sollen sie anders nicht der Gemeinde etwas von ihrem eigenen unreinen Charakter imprägnieren.

Diese Gesichtspunkte stellen wir mit Bedacht an die Spitze
unserer Besprechung; denn aus ihnen ist die Erklärung herzuleiten
eines Umstandes, der uns in der ganzen folgenden Geschichte auffallen
muss. Warum hat sich die Partei Esras nicht begnügt, die fremden
Weiber in irgend einer Form zu vollberechtigten Mitgliedern der Gemeinde werden zu lassen? Davon ist ja in allem folgenden bei ihr nie
die Rede. Warum gelangt sie zu einem so unmenschlichen Rigorismus?
Ihre Leute, die mit ganzem Herzen an Blut und Verfassung hingen —
dies letztere hiess wohl für sie „zum Worte oder Gebote Gottes hinzittern“ (Jes 66 2 Esr 9 4 10 3) — sahen wohl ein, dass für ihre Sache
jetzt alles auf dem Spiele stehe, und darum mussten sie zur äussersten
Konsequenz schreiten, wenn sie nicht wollten, dass man darüber und
über sie selbst zur Tagesordnung schreite.

. Auffällig muss es bleiben, dass Esra durch die Nachricht des tatsächlichen Zustandes der Gemeinde so sehr überrascht wird. Für sein
Vorgehen scheint es soviel zu beweisen, dass seine Reform im Einzelnen
nicht prämeditiert sein konnte, sondern ihre Richtung nach dem Zwang

---

[1] s. oben p. 72.

der Umstände nahm. Die Kunde, die er erfährt, erfüllt ihn mit einer
Trauer, die ostentativ genug ist, um alle um ihn her zu versammeln,
welche eben „zum Worte Gottes hinzitterten" (Esr 9 4). Als er sich
von seinem starren Hinbrüten (משומם) erholt hat, spricht er in ihrer
Anwesenheit ein Gebet, in welchem er die Schuld der Verunreinigung
in ihrer ganzen Grösse vor ihnen bloslegt und die Gottlosigkeit der
Mischheiraten aus früheren Verboten derselben beleuchtet. Unterdessen
hat sich eine grössere Menge auch aus den Kreisen der Schuldigen um
ihn zusammengefunden, auf die seine Worte nicht ohne Eindruck
bleiben. In ihrem Namen legt Sechanja ben Jehiel das Geständnis
der begangenen Sünde ab und gelobt: „Wir wollen nun einen Bund
schliessen mit unserem Gott, auszuschaffen alle Weiber und was von
ihnen geboren ist, nach dem Rate meines Herrn und derer, die zu den
Geboten unseres Gottes hinzittern, und nach dem Gesetze soll verfahren
werden" (10 3). Esra benützt diese gute Stimmung, die Versammlung
durch einen Eidschwur zu verpflichten, ihr Versprechen zu lösen. So
leicht aber liessen sich die Fremden nicht abtun. Ueber den Verlauf
freilich sind wir schlecht genug berichtet. Esra 10 ist nicht direkt den
Memoiren Esras entnommen, sondern ein überarbeitetes Stück; das
erregt schon Verdacht, dass ursprünglich an dieser Stelle nicht sehr
Erfreuliches zu berichten stand. Die fragmentarischen Ueberreste des
ursprünglichen Berichtes bestätigen es uns. Am 20. des 9. Monats, d. h.
aber etwa vier volle Monate nach dem oben Erzählten, findet erst die
allgemeine Versammlung statt, worin man an die Ausführung der gegebenen Versprechungen gehen soll (Esr 10 9); aber auch sie führt
nicht zum Ziele: „Des Volkes ist viel, und es ist Regenszeit, und es ist
nicht möglich, draussen zu stehen" — es ist Dezember — „auch ist
die Sache nicht für einen Tag und nicht für zwei; denn wir haben viel
gesündigt in dieser Angelegenheit" (10 13). Es soll daher ein Ausschuss zur allmählichen Erledigung der Sache bestellt werden. Jonathan
ben Asahel und Jehasja ben Thikwa, unterstützt von Mesullam und dem
Leviten Sabthai, widersetzen sich vergeblich diesem Antrag. Esra selbst
giebt nach, weil er wenigstens die Genugtuung hat, an die Spitze dieses
Ausschusses gewählt zu werden; und mehr liess sich unter den obwalten-
den Umständen offenbar nicht verlangen. Das zeigt wiederum, wie
mächtig jene fremdenfreundliche Partei gewesen sein muss. Gerade
drei Monate — c. Januar bis April 457 — brauchte der Ausschuss, um
mit seiner Arbeit zu Ende zu kommen. Dieselbe ging darin auf, eine
Liste derjenigen aufzunehmen, welche fremde Weiber heimgeführt
hatten; eine solche wird uns Esr 10 18—44 mitgeteilt. Wir entnehmen
ihr folgendes:

1. Fast alle mit Serubbabel zurückgekehrten Laiengeschlechter [1] (ישראל V. 25) haben sich an der Vermischung beteiligt;

2. aber auch Priester (V. 18—22), Leviten (23), Sänger und Thor- wächter (24);

3. selbst die hohepriesterliche Familie (מבני ישוע) hat sich nicht rein gehalten. Vier Schuldige werden genannt: Maeseja, Elieser, Jarib, Gedalja (V. 18);

4. die Betreffenden geloben feierlich die Ausstossung der fremden Weiber und entsühnen sich durch ein Opfer.

Vergleichen wir dies mit 10 3, so befinden wir uns eigentlich um keinen Schritt weiter gebracht, als dass nur genau festgestellt worden ist, wer durch das Versprechen der Ausstossung gebunden sei; über Versprechen aber sind wir noch nicht hinaus. Schon dieser erste Erfolg oder Misserfolg Esras und seiner Gesinnungsgenossen erweist das gute Recht ihrer rigorosen Grundsätze. Einer tatsächlichen Schuld gegenüber, wie in ihren Augen die Verbindung mit Fremden war, konnten nur Tatsachen helfen, nicht Versprechungen irgend welcher Art.

Inwiefern aber die gegebenen Versprechungen tatsächlich aus- geführt worden seien, können wir nur auf indirektem Wege erschliessen.

Einen Bericht darüber, der nichts zu wünschen übrig liesse, fänden wir Esr 10 44, wenn wir mit BERTHEAU [2] die letzten Worte emendieren dürften: וַיֵּשׁ מֵהֶם גָּרְשִׁים נָשִׁים וּבָנִים und nun gar mit ihm erklärten: „Die Meinung wäre dann, dass während die Meisten nur die Frauen entliessen, einige in ihrem Eifer (!), jede Verbindung mit Fremden abzubrechen, so weit gingen, sich von Frauen und Kindern zugleich zu trennen“. Er fügt hinzu, eine solche Bemerkung sei hier „ganz am Orte“. Vielleicht aber lehren uns die Quellen, dass hier gerade nicht der Ort ist zu dieser Bemerkung BERTHEAUS. Mit dem Berichte nämlich, der auf Esr 10 44 folgt, Neh 1, befinden wir uns plötzlich um 12 Jahre tiefer hinab ver- setzt, in das Jahr 445; über das, was dazwischen liegt, fehlt uns jeg- liche Kunde. Das Auffällige, das in diesem Schweigen liegt, findet wohl nur darin eine zutreffende Erklärung, dass das, was zu berichten gewesen wäre, es wünschenswert erscheinen liess, es ganz zu unter- drücken. Wir dürfen daraus den Schluss ziehen, dass die Massregeln Esras in Betreff der Ausschliessung der Fremden in ihrer Ausführung auf bedenkliche Schwierigkeiten stiessen; dieser Schluss wird zur Ge- wissheit erhoben, wenn wir hinzunehmen:

---

[1] s. oben p. 136 Anm. 1.
[2] Komment. z. St. p. 126, vgl. III Esr 9 36.

1. Dass Esr 4 8—23 in diese Zwischenzeit zwischen Esr 10 und Neh 1 fällt, wie jetzt fast allgemein angenommen wird;

2. dass Neh 1 3 davon die Rede ist, man sei in grossem Elend und in Schimpf, die Mauer zerrissen und die Thore verbrannt (vgl. 2 3 13 17);

3. dass Jes 63 18 auf diese Weise eine einzig befriedigende Deutung erhält[1].

Es ist also inzwischen der Versuch des Baues der Mauern gemacht worden (ob auf Esras Anregung hin? [Esr 4 12]). Wir dürfen sicher mit STADE[2] annehmen, dass die Veranlassung dazu vor allem das Bedürfnis war des Schutzes gegen einen etwaigen offenen Angriff der Fremden, die man sich durch die Massnahmen gegen die Mischehen zu erbitterten Feinden gemacht hatte. Gewiss aber ist, dass dieselben die ihnen drohende Gefahr sehr genau einsahen und, vielleicht im Einverständnis mit der vornehmen Priesterschaft und der Aristokratie[3], deren Herrschaft durch die Bestrebungen Esras gefährdet sein mochte, sich an den Hof wandten, um den Bau zu hintertreiben, und als die Juden sich nicht freiwillig unterwerfen wollten, Gewalt gebrauchten. Nichts vermag uns einen deutlicheren Begriff vom übermächtigen Einfluss des fremden Elementes auf die damaligen Juden zu geben. Unter solchen Umständen unterblieb jedenfalls, wenigstens zum grösseren Teil, die Ausführung jener Versprechungen der Auflösung fremder Ehen, und somit war Esra mit seinem ersten Reformversuch völlig unterlegen. Das mag denn, wie mich dünkt, erklärlich genug machen, was stets rätselhaft erschien und noch neuerdings VAN HOONACKER[4] und KOSTERS[5] zur These: „Esra nach Nehemia" veranlasst hat, dass nämlich Nehemia den Esra anfangs mit keinem Worte erwähnt.

Es scheint denn schliesslich auch, dass nicht Esra, sondern Nehemia für die jüdische Gemeinde der Retter geworden ist. Es ist eine müssige Frage, ob ohne den Zuzug von aussen die Gemeinde im Stande gewesen wäre sich zu erhalten, ohne gänzlich in den fremden Elementen aufzugehen. Es könnte leicht sein, dass sie zu verneinen wäre. Jedenfalls ist Nehemias Persönlichkeit der sprechendste Beweis für die oben angeführte Behauptung, dass die Juden unter gänzlich fremden Einflüssen ihre Eigenart leichter zu bewahren vermochten als

---

[1] s. DUHM, Komment z. St.   [2] Gesch. Isr. II p. 161.

[3] SMEND, Ueber die Genesis des Judentums ZATW. II p. 150.

[4] Néhémie en l'an 20 d'Artaxerxès I, Esdras en l'an 7 d'Artaxerxès II. Gand 1892.

[5] Het berstel van Israël in het perzische tijdvak, Eene studie, Leiden 94.

inmitten einer verwandten Bevölkerung. Diese unter dem Einfluss
seiner Umgebung noch gestählte Exklusivität, die von einer inneren
Verbindung mit Fremden unter keinen Umständen wissen will, bringt
er in den Kampf mit. Er schlägt nun den Weg ein, dass er sich den
Fremden gegenüber zuerst in den Besitz der äusseren Macht zu setzen
sucht, ehe er daran geht, die Absonderung nach innen durchzuführen;
darum richtet er sein Augenmerk in erster Linie auf den Bau der
Mauer. Ist diese erst vollendet, dann sind wenigstens die Fremdenfreunde im Innern von den Fremden draussen, mit denen sie im Bunde
stehen, abgeschlossen. Selbstverständlich ist dieses Werk um so schwerer, als aussen wie innen die Gegner des Planes stehen. An der Spitze
der äusseren erscheinen: Sanballat, der Choronite, d. h. aus Choronaim
in Moab [1], nicht aus Beth Choron in Samarien [2], Tobia ein Ammonite
(הָעֶבֶד הָעַמֹּנִי [3] Neh 2 10) und Geschem der Araber (auch Gaschmu 6 6);
daneben erscheinen die Asdoditer (4 1). Innere Feinde,. d. h. Fremdenfreunde, giebt es sogar in prophetischen Kreisen: ein gewisser Prophet Semaja ben Delaja (Neh 6 10) lässt sich von Tobias und Sanballat gegen Nehemia dingen (6 12 f.); auch eine Prophetin Noadja und
andere empfangen von Nehemia ein gleiches Urteil (6 14). Aber auch
in priesterlichen Kreisen ist es nicht viel anders geworden bis hinauf
in die hohepriesterliche Familie: einer der Söhne Jojadas, des Sohnes
des Hohenpriesters Eljaschib, ist verschwägert mit Sanballat (13 28); es
ist auf ihn zurückzukommen. Eljaschib ist auch verwandt mit Tobia
(13 4) (ob durch Berechia 6 18?). Mesullam ben Berechia, der nach
Neh 3 30 Priester oder Levit sein muss [4], vermählt seine Tochter mit
Jehochanan, dem Sohne Tobias (6 18). Tobia selber ist verheiratet mit
einer Tochter Sechanjas ben Arach (Neh 6 18 vgl. Esr 2 5). Sechanja
und Mesullam aber als Urenkel Serubbabels nachweisen zu wollen,
scheint mir ein verunglückter Versuch GEIGERS [5], der zudem die Mühe
nicht lohnt. Mit Tobia stehen überhaupt viele Juden im Bunde (רבים
ביהודה בעלי שבועה לו Neh 6 18). Auf eine Verbindung mit Fremden
werden wir es auch zurückzuführen haben, dass die Angesehenen der

---

[1] So z. B. GEIGER, Urschrift p. 43.   [2] BERTHEAU, Komment.

[3] „עֶבֶד nicht Sklave, sondern gleich dem rabbinischen Mulaj ein Schutz-
genosse, wie EWALD richtig vermutet" (?); (JOST, Gesch. des Judentums und seiner
Sekten p. 47 Anm. 3).

[4] BERTHEAU, l. c.

[5] Urschrift p. 43 f.; der erstere Nachweis stützt sich auf die doppelte Voraussetzung: 1. I Chron 3 21 sei nach dem ursprünglichen Text Sechanja Sohn Arnans;
2. statt ארנן habe es ursprünglich geheissen ארך, das auch sonst vorkommt; aber
mit welchem Recht? Und beim zweiten übersieht er, so viel ich sehe, Neh 3 4;
er statuirt nämlich als Grossvater Mesullams wieder einen Mesullam.

Thekoiter „ihren Nacken dem Dienste des Herrn nicht unterzogen“
(Neh 3 5). Wir können der Erzählung Nehemias auch noch deutlich
entnehmen, wie rege und lebhaft der Verkehr zwischen diesen fremdenfreundlichen Juden und den Fremden war. „Zu selbiger Zeit liessen
Edle von Juda viele Briefe an Tobia gehen, und solche von Tobia
kamen an sie“ (Neh 6 17); sie spielen denn auch recht die Zwischen-
träger. Sie hinterbringen Tobia die Reden Nehemias, während sie
vor diesem zum Besten Tobias reden (6 19). So sind die Fremden
durch die Juden selber stets auf dem Laufenden erhalten. Sie wissen
auch sehr wohl, dass, wenn die Befestigung Jerusalems gelingt, ihr
Einfluss gebrochen ist; daher sie denn, nachdem ihr Spott nichts
ausgerichtet hat, kein Mittel unversucht lassen, den Mauerbau zu
hindern.

Aber es scheint, dass noch auf einem anderen Boden der Kampf
ausgefochten wurde; wir glauben seine Spuren in litterarischen
Produkten nachweisen zu können. Wir erinnern uns, dass es
sich bei diesen Mischehen meist um Verschwägerung mit Moab und
Ammon handelt (Sanballat Moabit, Tobia Ammonit). Den Eiferern
— um so die Gesinnungsgenossen eines Esra und Nehemia mit einem
Worte zu bezeichnen — gilt dieselbe so viel als Blutschande; nun
ist uns bekanntlich ein höchst gehässiger Bericht über die Entstehung
beider Völker überliefert, wonach sie selber aus der blutschänderischen
Verbindung der Töchter mit dem eigenen Vater hervorgegangen wären
(Gen 19 31 ff.). Dass wir es hier nicht mit alter Sage zu tun haben,
beweist schon der Umstand, dass Loths Töchter anonym bleiben. Da-
gegen glaubte aus den Kreisen jener Eiferer der jedenfalls einen guten
Griff getan zu haben, der auf den Einfall kam, dass sich aus den
Namen der verhassten Völker eine recht hässliche Geschichte über
ihre Entstehung herauslesen lasse. Dass es damit wirklich eine solche
Bewandtnis hat, ist — wohl mit absichtlicher Gehässigkeit — in der
Art erhalten, in der LXX die betreffende Stelle wiedergiebt. Es
war wohl auch in den Kreisen jener Eiferer, wo man sich zuerst der
Schmähungen erinnerte und des Hohnes, den Israel bei seinem Unter-
gang von Moab und Ammon zu leiden gehabt hatte (Seph. 2 8—11).
Demselben Kreise möchten wir nun auch Dt 23 2 ff. zuschreiben:

(2) „Nicht soll kommen, dem die Hoden zerstossen oder der
Harnstrang abgeschnitten ist, in die Gemeinde Jahwes; (3) nicht soll
kommen ein „Mamser“ in die Gemeinde Jahwes; auch im zehnten
Geschlecht soll er nicht in die Gemeinde Jahwes kommen. (4) Nicht
soll kommen ein Ammoniter oder Moabiter in die Gemeinde Jahwes

auch im zehnten Geschlecht soll von ihnen keiner in die Gemeinde
Jahwes kommen ewiglich. (5) Darum, dass sie euch nicht entgegen-
gekommen sind mit Brot und Wasser auf dem Wege, da ihr auszoget
aus Aegypten, und wider dich Bileam ben Beor aus Pethor in Meso-
potamien gedungen haben, dich zu verfluchen . . . . (7) nicht sollst
du ihr Heil noch ihr Wohl suchen, so lange du lebest, ewiglich."

Was gegen die Ursprünglichkeit dieser Stelle im Rahmen des Urdeutero-
nomiums sich einwenden lässt, ist folgendes:

1. Der Sprachgebrauch von קְהַל יהוה erregt Anstoss; denn hier ist darunter
zu verstehen „das Volk als Kultusgemeinde"; in diesem Sinne gehört er aber „der
geistlichen Sprache der nachexilischen Zeit" an [1].

2. Jes 56 3 b ff., das den Verschnittenen in der Gemeinde geradezu Trost und
Zukunft zuspricht, ist unbegreiflich, wenn Dt 23 2 gesetzlich schon zu Recht besteht; wohl aber kann die Besorgnis, die in ihnen aufsteigt, sie möchten von der
Gemeinde abgetrennt werden, uns einen direkten Wink geben, dass ihre Stellung
zu dieser Zeit anfängt, eine schwankende zu werden.

3. Wie sollen wir es uns erklären, dass bei der Zerstörung Jerusalems Juden
zu Ammonitern und Moabitern flohen (Jer 40 11), wenn man gegen sie nur einige
wenige Jahrzehnte zuvor die ausschliessendsten Massregeln getroffen hatte, und
dass Ismael nach der Ermordung Gedaljas, die er schon im Auftrage des Am-
moniterkönigs ausgeführt hat, bei den Ammonitern Schutz sucht?

Um so leichter wird uns die Annahme, diese ganze Stelle verdanke ihre
Entstehung der besonderen Feindschaft der Eiferer gegen beide Völker. Ihren
Sinn hätte dann schon SAALSCHÜTZ [2] — wenn auch unbewusst — richtig heraus-
gefunden, „dass alle Völker, die von der Aufnahme in die Gemeinde (Naturalisation) ausgeschlossen waren, auch zur Ehe- und Familienverbindung nicht zugelassen werden sollten". Citiert wird diese Stelle zum ersten Male Neh 13 1 f.
Man hat sich gewöhnt, die Entstehung des Deuteronomiums und des Priestercodex
in die nächste zeitliche Nähe zu ihrer Proklamation zu setzen. Schwerlich hat es
mit unserem Gesetz eine andere Bewandtnis. Ein besonderes Argument dafür
dürfte man noch in der Ausschliessung des מַמְזֵר finden. Die Ableitung dieses
Wortes ist so zweifelhaft, wie die Individuen, zu deren Bezeichnung es dient.
MICHAELIS [3] meinte gar, es sei in zwei Worten zu lesen מוּם זָר „Schandfleck eines
Fremden". GEIGER [4] erklärt es aus מִעַם זָר dem Sinne nach richtig als das „Kind,
welches aus einer Ehe mit einem fremden Volke erzeugt ist"; nur denkt er dabei
zu ausschliesslich an die Vermischung mit Philistern, deren Namen in LXX (ἀλλόφυλοι) er damit in Verbindung bringt; denn an der einzigen Stelle, wo neben der
von uns besprochenen (Dt 23 3), מַמְזֵר im A. T. vorkommt, Sach 9 6, ist von der
Bevölkerung in Asdod die Rede. Mit dieser Stelle aber kombinieren wir nun
Neh 13 23 f. (vgl. 4 1), wo neben Ammonitern und Moabitern die Asdoditer genannt
werden als die, mit denen sich Juden namentlich vermischten. Zur Bezeichnung
der Sprösslinge aus solchen Mischehen dürfte nun höchst wahrscheinlich der

---

[1] S. die Bemerkung WELLHAUSENS zu I Sam 17 47 (Proleg.[2] p. 278); über
den Sprachgebrauch von קָהָל ist zu vergleichen die Ausführung HOLZINGERS in
„Sprachcharakter und Abfassungszeit des Propheten Joel", ZATW. IX p. 105 f.

[2] Mosaisches Recht p. 785 f.

[3] Mosaisches Recht II p. 327.   [4] l. c. p. 52.

Ausdruck ממזר im Munde der Eiferer aufgekommen sein und dabei wäre denn
wohl erklärlich, dass ein gehässiger Schimpfname darin steckt[1]. Er wäre also
sozusagen terminus technicus für jene Bastarde, und als solcher in die gesetzliche
Vorschrift (ob des oben[2] genannten Ausschusses? Esr 10 14 ff.) aufgenommen und
ursprünglich viel konkreter als das ἐκ πόρνης der LXX. Sach 9 6 wäre dann dahin
zu verstehen, dass Asdod wieder eine Bevölkerung verächtlicher Bastarde, wie
es sie schon einmal erlebt, angedroht würde, die in ihm so wenig als anderswo
ein Bügerrecht haben.

Nun aber steht dieser ganzen Datierung unserer Stelle noch eines sehr
hemmend im Wege. Wir meinen damit nicht die Stelle Thren 1 10[3]: „sie sah, wie
die Heiden in ihr Heiligtum kamen, von denen du geboten, sie dürfen nicht
kommen in deine Gemeinde". Denn abgesehen davon, dass die Abfassungszeit des
ersten Kapitels der Klagelieder, das nicht zu seinen ältesten Bestandteilen gehört[4],
nicht über jeden Zweifel erhaben ist, ist uns keineswegs bekannt, dass das Gesagte auf Ammoniter und Moabiter Anwendung finden könnte, und doch hätte
Ezechiel (25 1 ff. 8 ff.) schwerlich unterlassen es anzuführen, wenn er etwas davon
gewusst hätte; sie haben sich mit schadenfroher Gesinnung begnügt. Dagegen
wissen wir aus Obadja 11 13 16 bestimmt, dass Edomiter weiter gegangen sind
und unter den Vorwurf von Thren 1 10 fallen sollten; aber ihnen wird nun die
Aufnahme in die Gemeinde gerade nicht verwehrt, im Gegenteil. — Dies letztere
führt uns auf den angedeuteten Punkt; wir haben nämlich bisher die dem besprochenen Gebot gleich sich anschliessenden Verse, die auf den ersten Blick
doch unmittelbar dazu zu gehören scheinen, noch nicht genannt. Dt 23 8 f.: „nicht
verabscheuen sollst du den Edomiter; denn dein Bruder ist er; nicht verabscheuen
sollst du den Aegypter; denn ein Ger bist du gewesen in seinem Lande. Söhne,
welche ihnen geboren werden, im dritten Geschlecht sollen sie in die Gemeinde
Jahwes kommen". Nicht zwar als ob diese Verse für deuteronomische Ursprünglichkeit sprächen; denn abgesehen davon, dass auch hier קהל יהוה sich
findet, bekundet Josias Zug gegen Pharao Necho, den er doch gerade im blinden
Vertrauen auf das gute Recht seiner Gesetzesreform unternahm, nichts von der
ägyptenfreundlichen Stimmung unseres Gesetzes. Andererseits ist es auch nicht
eben leicht, diese Verse aus der Situation eines Esra und Nehemia zu erklären,
sahen wir doch, dass seit dem Exil ein unversöhnlicher Hass gegen das Bruder-
volk aufkommt. Wir müssten schon annehmen, dass aus einem Grunde, dem wir
nicht mehr auf die Spur kommen können, die Stimmung damals plötzlich, vielleicht bloss vorübergehend, umgeschlagen habe; aber dieser Annahme ist es nichts
weniger als günstig, dass unter den Völkern, mit denen man Mischehen eingegangen ist, gerade auch Aegypter und Edomiter genannt werden (Esr 9 1). Die
Lösung möchten wir darum lieber darin finden, dass Dt 23 2—7 und 8 9 als un-
gleichzeitige Bestandteile von einander zu trennen sind, trotz der Aehnlichkeit
ihrer Fassung, welche ja in vielen Fällen nichts beweist; (übrigens wollen wir
nicht übersehen, dass das eine Mal von der dritten [V. 9], das andere von der
zehnten Generation [V. 4], die Rede ist). Wir vermögen eben in keiner Zeit eine

---

[1] Ob es verwandt ist mit dem arabischen maḏira, schmutzig sein?

[2] p. 138.

[3] In der es gäng und gäbe ist eine Anspielung auf Dt 23 4 zu finden.

[4] CORNILL, Einleitung[1] p. 246; KAUTZSCH, Abriss der Geschichte des alttest.
Schrifttums p. 182.

solche entgegengesetzte Stimmung gegen Ammon-Moab einerseits, gegen Edom-Aegypten andererseits nachzuweisen. Sind wir aber mit dieser Trennung im Rechte, dann steht uns frei, die Datierung von V. 8f. ebenso weit hinab als hinauf-zurücken, und wir trügen kein Bedenken, wenn wir sogar bis zur Zeit Jonathans oder Johann Hyrcans zu gehen hätten; die historische Motivierung dieser Gebote tut nichts zur Sache.

Aber auch die den Eiferern entgegengesetzte Partei trat in den Kampf mit Waffen des Geistes; und wenn wir mit dieser Annahme nicht überhaupt irre gehen, so zeigt sie sich darin viel liebenswürdiger und sympathischer als jene. Wir sind nämlich geneigt, der Vermutung GEIGERS [1] beizupflichten, es entstamme diesem Kreise das Büchlein Ruth. Es wäre also gewissermassen eine „Streit- und Friedensschrift" und möchte, anknüpfend an überkommene Ueberlieferung, lehren, dass auch unter moabitischen Frauen wohl zu unterscheiden sei. Es giebt wohl solche, die wie Orpa (man beachte den Namen = Widerspenstig-keit) bald das Band mit Israel wieder lösen; aber es giebt auch andere, die wie Ruth [2] mit aller Hingebung und Uneigennützigkeit sich Israel anschliessen und daher würdig sind, die Besten in Juda zu erzeugen. Der Verfasser ermahnt seine Zeitgenossen stillschweigend, in ihrem Ausschliessungseifer nicht zu sehr schroff zu sein [3]. „Wohin du gehst, gehe ich, und wo du übernachtest, übernachte ich; dein Volk ist mein Volk und dein Gott ist mein Gott" (1 16). In diesen Worten dürfte sich wohl ein Stück Wirklichkeit spiegeln davon, dass diese Frauen zu-weilen dem kalten Gebot der Eiferer gegenüber, das dem Menschlichen keinerlei Rechnung trug, von ihren Männern nicht lassen wollten, weil ihre Ehebündnisse wirklich auf gegenseitiger Liebe beruhten. Darnach würden wir diese fremdenfreundliche Partei noch von einer freund-licheren Seite kennen lernen als so, wie sie uns aus den Büchern Esra und Nehemia entgegentritt. Namentlich würde sich uns ihre Fremden-freundlichkeit nicht als Gottlosigkeit darstellen; im Gegenteil, sie würde dazu dienen, Proselyten zu machen: Wer dem Volke der Juden angehören will, muss damit auch seinen Gott annehmen (אלהיך אלהי 1 16), und das darf uns an ihnen nicht Wunder nehmen, wenn wir beachten, dass die meisten der Genannten, die in gemischter Ehe lebten, einen mit Jah zusammengesetzten Namen tragen. Es ist aber auch nur zu begreiflich, dass sie in einer Schrift, wo sie den Eiferern des Gesetzes gegenüber ihre Anschauung zu rechtfertigen suchen, gerade die reli-giöse Seite besonders betonen, die sie ihr mit leichter Mühe ab-

---

[1] l. c. p. 48 ff.

[2] GEIGER setzt es gleich רעות, wie es der Syrer wirklich schreibt (l. c.).

[3] l. c. p. 52.

Bertholet, Stellung.   10

gewinnen können. So möchten wir es beurteilen, wenn in unserem Büchlein der Gedanke, dass selbst eine Fremde Stammmutter des grössten israelitischen Königs werden kann, nicht blos unter den Gesichtspunkt einer Mahnung an die Juden, sondern einer Aufmunterung an die Fremden gestellt wird: So gross ist der Lohn dessen, der zum Judentum übertritt: „Es vergelte dir Gott dein Tun und es sei dein Lohn voll bei Jahwe, dem Gott Israels, da du gekommen bist, unter seinen Flügeln dich zu bergen" (2 12). Inmitten der zunehmenden Anfeindungen seitens der Eiferer mochte ein solches Wort gelegentlich den betroffenen Weibern aus der Fremde sogar zu einem wirklichen Troste werden. Immerhin aber zeigt es klar, dass den Leuten aus den Kreisen des Verfassers ein reiner israelitischer Stammbaum nicht mehr alles war; wie sie es darzustellen wissen, hat sich die Religion mächtiger erwiesen als das Blut. Ihnen genügte, dass Ruth Jahwe als ihren Gott verehrte; ihre eigene Abstammung fiel daneben nicht mehr ins Gewicht. Das ist allerdings gegen Fremde die grösste Konnivenz. die sich denken lässt; sie hat aber noch nichts zu tun mit dem in thalmudischer Zeit sich zeigenden Bestreben, „gerade hervorragende jüdische Geschlechter von heidnischen Proselyten herzuleiten" [1]. Der flagrante Widerspruch aber, in den diese Auffassung zu dem Gesetze Dt 23 4 tritt, wird sich kaum je leichter lösen lassen als eben durch die vorgetragene Annahme, dass beide Produkte gleichzeitig den beiden sich widersprechenden Parteien entstammen. Sind wir mit dieser Datierung im Rechte, so merken wir uns als Resultat: Der Kreis, dem das Gesetz Dt 23 2 ff. seine Entstehung verdankt, will in keinem Falle den Anschluss moabitischer oder ammonitischer Fremder an die Gemeinde dulden, weil dadurch die Reinheit des קהל gestört würde: es ist der denkbar grösste Rigorismus. Der Kreis, dem das Büchlein Ruth entstammt, will sich dagegen diesen Anschluss willig gefallen lassen in der Form, dass die sich Anschliessenden zur Religion des עם der Juden übertreten.

Aber schliesslich hing der Sieg im Kampf der beiden Parteien nicht ab von litterarischen Erzeugnissen, sondern von äusseren Taten; jene sind für uns nur wichtig als der authentische Ausdruck der beiderseitigen Anschauung und Stimmung. Der erste bedeutsame Erfolg Nehemias ist das glückliche Zustandekommen des Mauerbaues; es bedeutet nämlich, dass nun in der Tat die Scheidewand dasteht zwischen Juden und Fremden, und Nehemia hat damit wahr gemacht, was er

---

[1] WELLHAUSEN bei CORNILL, Einleitung [1] p. 242.

einst Sanballat und Genossen zugerufen hatte: „Euch ist nicht Teil,
noch Rechtsanspruch noch Gedächtnis in Jerusalem" (Neh 2 20). Unwillkürlich werden wir an Ezechiels „heilige" Stadt erinnert (5 5 48 35).
Nun ist wenigstens aus aller Welt der Ort ausgesondert und abgegrenzt,
der rein genug ist, dass darauf Gottes Gesetz zur Verwirklichung gebracht werden kann. Der Redaktor des Nehemiabuches ist offenbar
im Rechte, wenn er Nehemia erst jetzt Esra zu gemeinsamem Vorgehen
die Hand reichen lässt und die Promulgation des mosaischen Gesetzes
in die Nähe der Mauereinweihung bringt; nur dass wir uns diese ohne
Zweifel vorangegangen denken müssen.

Es heisst nun bei der Gesetzesverlesung: „und es ward der
Same Israels abgesondert von allen Söhnen der Fremde"
(Neh 9 2); das ist recht eigentlich die Geburtsstunde des Judentums.
Das Fremde ist das, was die Reinheit und Heiligkeit der
Gemeinde stört (vgl. Neh 13 29 f.); darum muss es ohne Schonung
und Erbarmen ausgefegt werden. In die Wirklichkeit übersetzt,
bedeutet dieser Grundsatz in erster Linie, „dass wir unsere Töchter
nicht gäben den Völkern des Landes und ihre Töchter nicht nähmen
für unsere Söhne" (10 31)[1]. Es ist demnach nicht zu verwundern, dass
das Gesetz, das Esra dem Volke vorliest, jede Gelegenheit wahrnimmt,
die ihm die alte Geschichte bietet, um ihm den Krebsschaden der
Mischehen vor Augen zu führen und ihm ans Herz zu legen, welches
Mittel einzig dagegen helfen kann: Zwar hat von den Stammvätern
selber einer, Simeon, eine Kanaanitin zum Weibe (Gen 46 10. Ex 6 15);
aber ein Simeonite, Simri ben Salu, welchen das jerusalemische Thargum eben mit dem Sohne aus dieser Ehe, Saul, identifiziert[2], ist es
auch, der zum öffentlichen Aergernis vor aller Augen die Midianitin
Cosbi ins Lager bringt. In Pinehas, der gegen sie eifert, meinen wir
fast das Spiegelbild Nehemias zu entdecken. In die damaligen Verhältnisse passt auch besonders wohl, dass Simri נשיא בית אב war (Num
25 6 ff.). Auch der bekannte Gotteslästerer κατ' ἐξοχήν (Lev 24 10 f.)
ist Sohn einer Israelitin und eines Aegypters: das sind die Früchte
dieser Mischheiraten. Dass denn Esau fremde Weiber[3] heiratet, ist

---

[1] KOSTERS freilich meinte, die Reihenfolge sei Neh 10 8 9; denn 10 33—40
bringe eine Auswahl von Bestimmungen, die doch der Verpflichtung zum ganzen
Gesetz müssten vorangegangen sein; zudem fussten diese Bestimmungen meist auf
älteren deuteronomischen Gesetzen. Dagegen hat WELLHAUSEN die Auskunft, das
befremde nur den, für den Esra nicht den ganzen Pentateuch einführe (Gött.
Nachr. l. c. p. 173).

[2] GEIGER, l. c. p. 361.

[3] Ihre Namen sind nicht in Ordnung; nach Gen 26 34 heiratet er die

für Isaak und Rebekka ein schwerer Kummer (Gen 26 34 f. 27 46 28 2 8).
Josephus [1] meint, Isaak würde dies auch nicht zugelassen haben, wenn
ihn Esau um Rat gefragt hätte; „denn er hatte nicht Lust, Verwandt-
schaft anzuknüpfen mit den Landesansässigen". Dem Jakob gebietet
Isaak: „Nimm dir ja keine Kanaaniterin zum Weibe" (Gen 28 1 6), und
Jakob flieht einzig und allein diesem väterlichen Wunsche zu liebe (und
keineswegs aus Furcht vor dem Zorne seines Bruders) in die Fremde.
Und nun erst die Umarbeitung, welche die Sichemsgeschichte erfahren
hat. Ihren ursprünglichen Sinn haben wir oben [2] kennen gelernt.
Handelte es sich dabei lediglich um eine Verbindung Sichems mit
Dina, so ist hier die Rede von einem Vertrag, der zwischen ganz Chamor und Israel abgeschlossen werden soll nach Massgabe von Gen 34 16.
Es soll völlig freies Konnubium zwischen beiden bestehen, so dass sie
zu Einem Volke werden. Die Bedingung, unter der allein man sich
allenfalls dazu verstehen könnte, ist die Beschneidung (V. 14 22); diese
ist hier erst nachgetragen. In einem normalen Falle würde man dabei
stehen geblieben sein. Wenn dies tatsächlich nicht geschieht, so liegen
hier besondere Verhältnisse vor. Der „unreine" Kanaaniter hat durch
seine Gewalttat die von Haus aus „reine" Israelitin „verunreinigt"
(V. 5 [3] 13 27). „Das Wort ist, wenn mich nicht alles trügt, gewählt im
Hinblick auf das Schreckgespenst des nachexilischen Judentums, die
Geschlechtsgemeinschaft mit Fremden" [4]. Von diesem Standpunkte
aus ist dem Verfasser keine Tat der Israeliten gegen die Fremden
zu schlecht. Sie dürfen mit ihrem Vorschlag die Sichemiten betrügen
und ihre Schwächung ungestraft dazu benützen, sie vom Erdboden
zu vertilgen. Es geschieht ja zur Reinerhaltung ihres Blutes. Es ist
von hier aus leicht verständlich, wenn der Aerger der Gesetzestreuen

---

יְהוּדִית בַּת־בְּאֵרִי הַחִתִּי und die בְּשָׂמַת בַּת אֵילֹן הַחִתִּי. Nach Gen 28 9 nimmt er hinzu
die מָחֲלַת בַּת־יִשְׁמָעֵאל. Dagegen heissen Gen 36 2 f. seine drei Frauen:

1. עָדָה בַּת־אֵילוֹן הַחִתִּי.
2. אָהֳלִיבָמָה בַּת־עֲנָה בַּת־צִבְעוֹן הַחֹרִי.
[so (הַחֹרִי) ist nämlich nach V. 20 24 notwendig statt הַחִוִּי zu lesen]
3. בָּשְׂמַת בַּת־יִשְׁמָעֵאל אֲחוֹת נְבָיוֹת.

Diese Ableitung der Basemath von Ismael (36 3) verdient nach STADE (Gesch.
Isr I [1] p. 123) den Vorzug vor Gen 26 34. DILLMANN (Komment. zur Gen) zieht
gegen die Massorah und sämtliche Erklärer מִבְּנוֹת כְּנָעַן (36 2) zum Folgenden, so
dass die drei Frauen gewesen wären 1. eine Kanaanitin, 2. eine Horitin, 3. eine
Ismaelitin. N. B. Gen 26 34 28 9 gehören P an, 36 2 R.

[1] Ant. I 18 4; er folgt Gen 36 2f.
[2] s. p. 64.
[3] Gehört nicht J an, wie in KAUTZSCH' Bibelübers.
[4] KUENEN, Ges. Abhandlungen, übers. von BUDDE, Dina p. 274.

über die Verführung durch die midianitischen Frauen gross genug ist,
dass der Verfasser daraus Anlass nehmen kann, einen grossartigen
Rachezug gegen die Midianiten in Scene zu setzen (Num 25 16—18 31 1—18
vgl. Jos 22 17).

Neben der Abwehr des Konnubiums macht sich praktisch der Grundsatz der Abweisung aller Fremden nach
einer zweiten Seite hin geltend, wie uns das Nehemiabuch selber
überliefert: „dass wenn die Völker des Landes Waren und allerlei
Getreide am Sabbathtag zu verkaufen brächten, wir es ihnen
nicht abnähmen am Sabbathtage und an einem heiligen Tage" (10 32).

Diese Stelle wirft zunächst ein eigentümliches Licht auf die tatsächlichen Verhältnisse. Der einfache Wortlaut legt uns die Vermutung sehr nahe, dass es nichts Ungewöhnliches war, am Sabbath
Handelsgeschäfte abzuschliessen. Diese Vermutung wird bestätigt,
wenn wir uns an Jes 58 3 erinnern wollen. Auf die Frage des Volkes:
„Warum fasten wir, und du siehst es nicht, kasteien uns, und du weisst
es nicht?" antwortet Tritojesaja: „Siehe, an eurem Fasttage findet ihr
ein Geschäft". Vollends zur Gewissheit wird die ausgesprochene Vermutung erhoben, wenn wir Neh 13 16 vergleichen: Tyrer verkaufen am
Sabbath Fische und allerlei Waare in Jerusalem, und schaarenweise
strömen auf diesen Tag die fremden Händler von auswärts herbei
(13 19 ff.). Der Sabbath ist darnach geradezu Markttag geworden.
Die Erklärung dieser Tatsache liegt auf der Hand. Da die Händler
meist Fremde waren, konnte es in ihrem Interesse sein, den Juden
gerade an diesem Tage, wo sie nicht von eigener geschäftlicher Tätigkeit in Anspruch genommen waren, Handelsgeschäfte anzutragen, und
die Juden, darin offenbar ihren Vorteil findend, giengen, wie es scheint,
nicht zu unwillig darauf ein. Zu klagen darüber hatten nur die Eiferer
für Gesetz und Reinheit. Kein Wunder, dass es in ihren Augen ein
schweres Aergerniss war; denn für sie hatte der Sabbath aufgehört
ein Tag der Erholung und der Freiheit zu sein; vielmehr bedeutete
er ihnen, wie ein Blick auf den Priesterkodex lehrt (Lev 23 3 7 f. 21
25 28 30 ff. 35 f. Ex 31 13 ff.), „das Opfer der Enthaltsamkeit von aller Beschäftigung" [1], das unter allen Umständen zu bringen ist, und so war
für sie das Treiben der fremden Händler nur die stets erneute Veranlassung, den Sabbath zu „entheiligen". Es ist leicht zu verstehen,
dass auch hier keine Mittelstellung, kein Kompromiss mit den be-
stehenden Verhältnissen für sie denkbar war. War ihnen wirklich
darum zu tun, eine „heilige" Gemeinde zu bekommen, dann war auch

---

[1] WELLHAUSEN, Prolegomena² p. 119, Prol.³ p. 116.

in diesem Punkte für sie das einzige Mittel, sich auf den Standpunkt des exclusivsten Rigorismus zu stellen.

So war die Entscheidung getroffen: die Fremden werden ausgeschieden. Wer fortan der religiösen Gemeinde zugehören will, muss zu ihrem Gesetze schwören; denn seine Annahme erscheint — gemäss der Auffassung der Religion als Verfassung — als Vertrag, den man Gott gegenüber auf sich nimmt. Er wird wie ein menschlicher von den Repräsentanten der Gemeinde unterschrieben, an welche sich ihre übrigen Glieder durch eidliche Zustimmung solidarisch anschliessen. Unter ihnen nennt Neh 10 29 auch „alle, die sich abgesondert haben von den Völkern der Länder zum Gesetze Gottes". STADE [1] beanstandet diese Notiz und hält sie für einen Zusatz des Chronisten, weil ihr Inhalt zu den Bestrebungen Esras und Nehemias ebensowenig zu passen scheine, wie zu dem Berichte 9 2. Keiner der beiden Gründe scheint mir triftig. Gegen den ersten spricht doch mit aller Deutlichkeit ein Vergleich mit Esr 9 1; denn darnach steht die Absonderung von den Völkern der Länder so wenig im Widerspruch gegen Esras Ideal, dass sie gerade nur seiner Forderung an die, welche irgendwie mit ihnen vermischt sind, entspricht. Zum Zweiten ist zu sagen, dass die Absonderung von den Fremden in keinerlei Weise den Ausschluss derer, die sich von ihnen abgesondert haben, bedingt; nur dass wir aus dem Vergleich von Neh 10 29 mit Esr 9 1 den Schluss zu ziehen haben, unter כל־הנבדל [2] seien Juden zu verstehen (wenn an sich auch nichts dagegen, der Ausdruck תורת האלהים eher dafür spräche, dass auch an Nichtjuden zu denken sei). Die Reform Esras und Nehemias hat also auch unter Fremdenfreunden Anhänger gefunden. Aber der unbestrittene Sieg gehörte ihr auch jetzt noch nicht. Ein letztes Mal zeigte die Hartnäckigkeit des Widerstandes, dass diese Männer klar gesehen hatten, wenn sie eine Rettung nur von den energischsten Massregeln erwarteten.

Wiederum stocken unsere Quellen für einen Zeitraum von zwölf Jahren. Aber was uns von nachher, d. h. aus dem Jahre 433, aus den Memoiren Nehemias (13 4—31) erhalten ist, genügt, uns zu zeigen, wie es gerade in den beiden Punkten, um die es sich bei der Reform namentlich handelte, um die Gemeinde noch schlimm bestellt ist. Ja die Zustände, die uns dieses Stück aufdeckt, sehen fast darnach aus, als wäre von einer vorangegangenen Reform überhaupt noch gar nicht

---

[1] Gesch. II p. 179.

[2] Was von Neh 10 29 zu sagen ist, gilt auch für Esr 6 21, welche Stelle Eigentum des Chronisten ist.

die Rede gewesen. KOSTERS geht denn auch so weit, anzunehmen, dass Neh 8—10 hinter Neh 13 gehöre, und WELLHAUSEN kommt nach reiflichem Ueberlegen der Gründe für und wider zum Schlusse, dass sich dies zwar nicht beweisen, dass sich aber die Frage, ob dem so sei, auch nicht schlechthin negieren lasse [1]. Das Einzige, was die Schwierigkeit zu lösen vermöchte, ist vielleicht dies, dass Nehemias Schilderung sich wohl grossenteils auf Verhältnisse der Land-juden bezieht, die von den Reformen noch kaum berührt worden waren; vielleicht dass Nehemia „auf einer Reise über Land"[2] damit erst bekannt wird. Auf Landjuden bezieht sich 13 15 und wohl auch 13 23 ff. Die Mischehen gehen also hier noch so sehr im Schwange, dass das moabitische, ammonitische und asdoditische Element über das jüdische überwiegt. Es ist auch wohl zu beachten, dass hier Nehemia die Schuldigen nicht zur Entlassung der Fremden nötigt; das wäre offenbar gar nicht mehr möglich, sondern sie nur schwören lässt, sich vor fernerer Vermischung zu hüten. Aber freilich in Jerusalem selber sah es nicht viel weniger schlimm aus; nur dass eben hier Nehemia entschiedener verfahren kann. Die fremden Ehen haben auch hier noch kein Ende; wenigstens hat Eljaschib seine verwandtschaftlichen Beziehungen zu Tobia nicht abgebrochen. Wir vermissen seine Unter-schrift Neh 10 1 ff. Und Tobia hatte er im Tempel eine Zelle ein-geräumt, sei es zu gottesdienstlichen Zwecken[3], sei es, dass er sich für die Zeit, die er in Jerusalem zubrachte, häuslich darin niederliess; er kam demnach also überhaupt noch nach Jerusalem. Nehemia lässt ganz einfach, als er bei seiner Rückkehr vom Hofe die Sache wahr-nimmt, alles Geräte Tobias hinauswerfen, die Zelle reinigen und ihrem ursprünglichen Gebrauche zurückgeben (13 4—9). Eljaschibs Gross-sohn zieht sich offenbar die Vertreibung aus Jerusalem dadurch zu, dass er sich von seiner Frau, einer Tochter Sanballats, nicht trennen will (13 28 f.). Und wie es die fremden Händler am Sabbath in Jeru-salem weiter trieben, geht zur Genüge daraus hervor, dass wir grossen-teils die Züge unserer obigen Schilderung eben dem 13. Kapitel des Nehemiabuches entnommen haben. Nehemia verfährt auch hier scho-nungslos. Er lässt einfach die Stadtthore von Sonnenuntergang vor dem Sabbath an verschliessen, so dass die fremden Händler im Freien übernachten müssen, bis er ihnen auch dies verwehrt (13 19—22)[4].

---

[1] Göttinger Nachr. l. c. p. 173.
[2] STADE, Gesch. Isr. II p. 187 f.   [3] l. c. p. 252.
[4] Für den Schluss aus Neh 13 19, dass die fremden Kaufleute ihre Waren-depôts ausserhalb der Stadtthore Jerusalems hatten, muss MOVERS die Verant-wortung selber auf sich nehmen (l. c. III 1 p. 115 ff., 202 ff.).

Damit brechen unsere Quellen ab. Ob Esra und namentlich Nehemia mit ihrem Werke ganz zu Ende gekommen sind? Vielleicht erklären sich einige Erscheinungen in der Folgezeit am besten, wenn wir diese Frage nicht unbedingt bejahen. Aber Eines ist das abgeschlossene und unumstössliche Werk dieser Beiden. Sie haben der Gemeinde — freilich wie wir nicht vergessen wollen z. T. gegen ihren Willen — im Gesetz eine religiöse Verfassung gegeben, welche sie aus aller Welt heraushebt und gegen sie streng abschliesst.

Kapitel IV.

Die Norm der definitiv konstituierten Gemeinde (P).

Wir haben das erwähnte Gesetz aber noch näher als schon geschehen ins Auge zu fassen daraufhin, wie es die Stellung zu den Fremden ordnet. Vielleicht möchte es zweckmässiger geschienen haben, wenn wir dasselbe vollständig in die Geschichte der Kämpfe Esras und Nehemias hineingezogen und als authentische Quelle für ihre Anschauung verwertet hätten. Wir haben das mit gutem Bedachte nicht getan. Dass zwar das Gesetz, das Esra vorgelesen hat, im grossen und ganzen der Priesterkodex gewesen sei, ist uns keine Frage; aber ob nur P und in welchem Umfange derselbe — das ist weit weniger leicht entschieden.

Vielleicht gehört gerade die Reihe spezieller Bestimmungen über den Ger, die wir darin lesen, nicht seinem eigentlichen Kerne an. Der Ausdruck גר findet sich in P im ganzen 37 Mal. Davon entfallen:

1. 19 Stellen auf das Heiligkeitsgesetz (H.): Lev 17 8 10 12 13 15 18 26 19 10 33 34 20 2 22 18 23 22 24 16 22 25 23 35 47 [3].

2. 7 Stellen auf Num 15 (V. 14 15 [2] 16 26 29 30).

3. 3 Stellen auf Ex 12 (V. 19 48 49).

4. 2 Stellen auf Num 9 14.

5. 2 Stellen auf die Genesis (15 13 23 4).

6. Je eine Stelle auf Lev 16 29[b] Num 19 10 35 15 Jos 20 9.

Der kritische Befund stellt sich nun so :

1. Bekanntlich ist das Heiligkeitsgesetz als besondere Schicht innerhalb Ps zu betrachten.

2. Ebensowenig gehört dem Kerne der priesterlichen Schrift Num 15 an, wie fast allgemein zugestanden wird (KUENEN, WELLHAUSEN, WURSTER, CORNILL). Meist wird dabei auf seine Verwandtschaft mit dem Heiligkeitsgesetz aufmerksam gemacht.

3. Zu Ex 12 bemerkt CORNILL [1]: V. 15—20 43—50 seien ein Herausfallen aus der historischen Situation des Moments, wie es der ursprünglichen Konception nicht zuzutrauen sei.

---

[1] CORNILL, Einleitung [1] p. 57.

4. Ebenso gilt Num 9 1—14 den meisten Kritikern (so sämtlichen sub 2 genannten) als sekundär, ein „kasuistischer Nachtrag" [1].

5. Gen 15 13, nach WELLHAUSEN „unsicherer Herkunft" [2], wird meist als
redaktioneller Zusatz angesehen. Nichts einzuwenden ist gegen 23 4; aber als rein
historische Notiz (Abraham nennt sich Ger und Toschab unter den Chittitern) für
uns ohne Belang.

6. Lev 16 gilt ganz allgemein als überarbeitet und zwar gehört nach OORTS
Scheidung V. 29 [b] gerade nicht zum Grundstocke (anders BENZINGER, ZATW. IX
p. 65—89). — Num 19 steht ungefähr auf gleicher Stufe wie Num 15. — Jos 20
gilt ebenfalls allgemein als überarbeitet, z. T. sogar von jüngster Hand. Un-
umstritten ist bisher, so viel ich sehe, bloss noch Num 35 15, die einzige Stelle
also, die innerhalb des Grundstockes von P entschieden auf die Gerim Bezug
nähme. Ob sich darnach wird festhalten lassen, dass sie ihm überhaupt angehört
resp. nicht überarbeitet worden sei, — das lassen wir auf sich beruhen. Ebensowenig meinen wir mit dem Gesagten die Antwort auf die Frage nach dem Alter
der einzelnen angeführten Stellen irgendwie präjudiciert zu haben. An sich steht
der Annahme nicht das Mindeste im Wege, dass sie vornehemianisch seien, da
sie von der Zeit Ezechiels an durchaus denkbar sind (vgl. Ez 47 22 und das oben
[p. 110ff.] Gesagte). Esra und Nehemia konnten aber für ihre Person in diesem
Einen Punkte immerhin exklusiver denken als der grössere Kreis, dem sie ent-
wachsen sind, und konnten möglicherweise den Versuch unternehmen, eine Gemeinde zu bauen aus rein israelitischem Samen mit Ausschluss aller Gerim, was
denn durch die von uns gegebene Erklärung von Dt 23 4ff. allerdings ziemlich
nahe gelegt würde.

Wir haben daher vorgezogen, uns bei der Betrachtung des Werkes
Esras und Nehemias so viel als möglich an ihre Person zu halten in
ihrer Besonderheit. Dafür dürfen wir jetzt den Priesterkodex als das
einheitliche Werk einer Schule systematisch behandeln, was vorläufig
beim heutigen Stand der kritischen Frage ohnehin als das einzig Zu-
lässige erscheint.

Das religiöse Ideal ist die Theokratie: auf reinem Boden
ein reines Volk, das nach dem Gesetze seines Gottes lebt und
ihm dient. Man soll das Land nicht verunreinigen; denn es ist
„heilig" (Num 35 34). Ein bis ins Feinste ausgesponnenes Netz von
Reinheitsvorschriften umfängt das ganze Leben der Einzelnen. Wer
nicht rein und heilig ist, hat an der Gemeinschaft keinen Teil. Mit
diesem und jenem — Wahrsagerei, Zauberei, Religions-, namentlich
Trauergebräuchen (Lev 19 26—31 20 6 27) — „beflecken" sich die Heiden
(Lev 18 24). Gerade damit Israel nicht in ihren Satzungen wandle
(Lev 20 23), hat Gott die Kanaaniter aus dem Lande getrieben und
dieses zur tabula rasa gemacht. Diese Stimmung gegen sie spricht sich
unverhohlen genug Num 33 50—56 aus. Bezeichnender Weise erzählt

---

[1] l. c. p. 58.
[2] Vgl. HOLZINGER, Tabellen z. Einleitung in den Hexateuch.

P nichts über den Aufenthalt des Moses in Midian und die Beziehungen welche er dort mit dem Priester eines fremden Volkes anknüpft[1]. „Vollends dass ein aramäischer Seher ein wahrer Prophet ist und mit Jahwe in vertrauter Beziehung steht, ist dem exklusiven Judentum zu stark: Die Figur Bileams wird daher völlig umgestaltet, er wird zum „„intellektuellen Urheber der Teufelei der midianitischen Weiber gemacht""[2]." Was P überhaupt kennzeichnet, ist eine grenzenlose Geringschätzung der heidnischen Religion und Ethik.

Dagegen selber haben die Juden, was alle Welt nicht hat, ihre gottgewollte Verfassung mit Sabbath und Beschneidung. Den Sabbath (vgl. Ex 31 13ff.) hat der Gott aller Welt selber schon gefeiert. Dies zu beweisen, ist in das ursprüngliche Zehntagewerk die Schöpfungswoche hineingearbeitet[3]. Ebenso sind dazu, die Zeiten der Feste anzuzeigen, von Gott die Lichter am Himmel geschaffen (Gen 1 14). So ist auf das Gesetz die ganze Welt angelegt. Die Beschneidung aber ist das Bundeszeichen κατ' ἐξοχήν, durch das sich der Einzelne unter die Verfassung stellt.

Sie ist Abraham und seinen Nachkommen gegeben (Gen 17). Damit ist für alle Zukunft die Grenze streng gezogen zwischen seinem Samen und aller übrigen Menschheit. Indessen ist gerade hier der Punkt, wo eine Ausdehnung der Religion über den „Samen Abrahams" hinaus an sich nicht mehr unmöglich ist; denn das Zeichen dieses Bundes kann jedermann auf sich nehmen. In der Tat führt uns hier das Gesetz über die Grenzen des Volkes hinaus. Zunächst wirkt die alte Sitte nach: Wer zum Hause gehört, der nimmt die Religion des Hausherrn an. Alle Sklaven Abrahams sollen beschnitten werden, sowohl die, welche ihm im Hause geboren sind, als auch die, welche er aus der Fremde gekauft hat (Gen 17 12ff. 23 27). Ebenso in der Vorschrift der Passahfeier: „Jeglichen Knecht, der um Geld erkauft ist, sollst du beschneiden ... so mag er dann das Passah essen" (Ex 12 44); es scheint sogar als selbstverständlich zu gelten, dass er es mitisst. Er wird eben durchaus zur Familie gerechnet, wie es auch nach Lev 22 11 Sitte ist: „Der Sklave des Priesters, den er gekauft, und der ihm im Hause schon geboren wird, darf einzig vom קִנְיָשׁ mit ihm essen". Aber noch weiter geht das Gesetz: „Wenn ein Ger bei dir wohnt und das Passah Jahwe halten will, so werde von ihm beschnitten alles männliche und dann nahe er sich es zu halten, und er sei wie ein Eingeborener des Landes; aber kein Unbeschnittener soll es essen. Einerlei Gesetz

[1] Holzinger, Einleitung in den Hexateuch p. 388.
[2] l. c. nach Wellhausen, Proleg.[2] p. 379, 3. Aufl. p. 373.
[3] Duhm, Kosmologie und Religion, Vortrag, Basel 1892 p. 25.

soll sein dem Eingeborenen und dem Fremdling, der in eurer Mitte wohnt" (Ex 12 48 f.). Wir werden auf diese Stelle zurückkommen müssen. Einstweilen stellen wir neben sie das absolute Verbot. „Kein Fremder (בן נכר) soll das Passah essen" (Ex 12 43). Schon der flüchtigste Vergleich lehrt uns, dass die Scheidung zwischen dem Ger und dem Nokhri, die wir im Deuteronomium[1] sich anbahnen sahen, hier gänzlich vollzogen ist. Der Nokhri steht vollständig ausserhalb der religiösen Verfassung des Volkes. Der Ger, dem sogar ihr spezifisches Zeichen, die Beschneidung, nicht verwehrt bleibt, tritt nicht allein (wie im Deuteronomium) zu ihr in eine gewisse Beziehung; er ist ganz in sie hineingewachsen. Ein lehrreiches Beispiel wird diese Behauptung bestätigen. Wir stellen einfach ein und dasselbe Gesetz auf drei verschiedenen Stufen seiner Entwickelung neben einander. Es heisst nämlich:

Ex 22 30: „Das Fleisch des Zerrissenen[2] sollt ihr nicht essen, sondern sollt es den Hunden vorwerfen".

Dt 14 21: „Nichts Gefallenes sollt ihr essen; dem Ger, der in deinen Thoren ist, magst du es geben, damit er es esse, oder verkaufen dem Nokhri"[3].

Lev 17 15 f.: „Und jeglicher, welcher Gefallenes und Zerrissenes geniesst, er sei ein Landeseingeborener oder ein Ger, der wasche seine Kleider und bade sich in Wasser, und er bleibt unrein bis zum Abend; dann ist er wieder rein. Wo er sie aber nicht wäscht und seinen Leib nicht badet, lädt er Verschuldung auf sich".

Der Fortschritt springt in die Augen: Das älteste Gesetz nimmt auf die Gerim überhaupt noch keine Rücksicht; das tut zwar das zweite, aber noch macht es sich keine Skrupel, sie neben und unter den Israeliten ihre eigenen weniger reinen Wege wandeln zu lassen. Das dritte kann sie nur noch dulden, indem es sie ganz in den Kreis des eigenen Handelns hineinzieht.

Wir sind mit der letztgenannten Vorschrift hineingeführt worden in das Gebiet einer speziellen Fremdengesetzgebung, auf die näher einzugehen ist. Sie wird, wie das Angeführte schon vermuten lässt, zum grösseren Teil religiösen resp. kultischen Charakters sein.

---

[1] s. oben p. 103.

[2] Die Worte ובשר בשדה טרפה sind (trotz DILLMANN und der Bibelübersetzung von KAUTZSCH) nicht zu übersetzen. Die drei ersten Buchstaben von בשדה sind Dittographie von בשר, der letzte Artikel zu טרפה, vgl. LXX (BUDDE, ZATW. XI p. 112 f.).

[3] s. oben p. 101. 103.

Das Civilgesetz ist bei den Juden überhaupt bald abgetan: „Pour les Juifs comme pour beaucoup d'anciens peuples, toute la théorie du droit civil pouvait se ramener à ces deux chefs: la constitution de la famille et la protection de la propriété"[1]. Neben dem Ger wird aber im Priesterkodex plötzlich der Toschab eingeführt; im übrigen ist auch oft vom זר die Rede. Wir werden daher gut tun, ehe wir an die einzelnen Gesetzesbestimmungen hinantreten, einen Blick auf die Terminologie in P zu werfen.

1. זר übersetzen wir in P am zweckmässigsten mit „unberufen", und zwar bezeichnet es meist den, der zum Priestertume „unberufen" ist, d. h. so viel als „profan", der Laie: אשר לא מזרע אהרון, nicht מזרע ישראל (Num 17 5). (So ist es auch Ex 30 33 Lev 22 10 13, und ich verstehe nicht, wie SIEGFRIED-STADE[2] es an den genannten Stellen in der Bedeutung: „Nicht-Israelit[3], Heide" anführen. Vgl. ferner noch in der von uns behaupteten Bedeutung Ex 29 33 30 9 Lev 10 1 22 12 Num 1 51 3 4 10 38 18 4 vgl. 26 61 Jo 4 17 ?)

2. Wir begegnen verschiedentlich wie schon früher dem שָׂכִיר. Er kann von Herkunft Israelit oder Fremder sein (Dt 24 14). Im Unterschied zum עבד steht er zum Herrn, dem er sich verdingt hat, im Verhältnis eines freien Vertrages, der auf bestimmte Zeit, auf einen Tag so gut (Hi 7 1 14 6) als auf ein Jahr (Lev 25 53) abgeschlossen sein kann. Man braucht aber wegen Jes 16 14 nicht an drei Jahre zu denken, da an dieser letzteren Stelle, wie Jes 21 16 Jer 46 21, שכיר den Söldner bezeichnet.

3. Mit P taucht zum ersten Male der Ausdruck תּוֹשָׁב auf; denn I Reg 17 1 ist es nur falsche Lesart[4]. Welches nun der Unterschied

---

[1] DARESTE, Etudes d'histoire du droit p. 37 f.

[2] Wörterb. s. voce זוּר; Ex 30 33 ist auch in GESENIUS, Handwörterbuch[12] unter der Bedeutung „Nichtisraelit" angeführt.

[3] In dieser Bedeutung steht es, so viel ich sehe, unzweifelhaft bloss an den folgenden Stellen: Hos 7 9 8 7 Jes 1 7 17 10 [25 2 5 lies זָדִים wie viell. ψ 54 5; 29 5 lies צָרִים] 61 5 Jer 5 9 30 8 51 2 Ez 7 21 11 9 28 7 10 30 12 31 12 Ob 1 11 II Reg 19 24 ψ 109 11 Hi 15 19 Thren 5 2; speziell in der Beziehung auf Gott: fremde Götter Dt 32 16 Jer 2 25 3 13 Jes 43 12 ψ 44 21 81 10; fremd nur dem Hause resp. der Familie: I Reg 3 18 Hi 19 15 Dt 25 5 Ez 16 32 (übertragen Hos 5 7: unächte Kinder); ähnlich Hi 19 27: „ein anderer"; dem nähert sich der Sprachgebrauch der Proverbien, über den an seiner Stelle noch besonders zu reden sein wird.

[4] Schon ganz äusserlich fällt uns auf, dass von den 13 Stellen, an denen es sich im A. T. findet, es nur hier defective geschrieben ist. (Trotz des Zeichens † vergisst GESENIUS, Handwörterb.[12] in der Aufzählung Lev 25 40.) Beachten wir, dass dem מתשבי unmittelbar vorangeht התשבי, so werden die Zweifel sehr viel erheblicher. Es kommt dazu, dass uns der Sinn, Elia sei Beisass in Gilead gewesen, einigermassen befremden muss. Wiederholt wird er התשבי genannt (ausser

zwischen תּוֹשָׁב und גֵּר sei, ist eine ausserordentlich schwierige Frage.
Jeder Gelehrte hat darüber seine eigene Meinung und keine hält Stich.
MICHAELIS [1] äussert sich darüber: „Die Fremdlinge, deren Moses
so oft im Gesetze gedenkt, teilt er in Gerim und Toschabim. Ich weiss
nicht genau, worin sie verschieden gewesen seien; doch komme ich aus
Lev 22 10 beinahe auf die Vermutung, Toschab habe der Auswärtige
geheissen, der kein eigenes Haus besass, sondern zur Miete wohnte;
Ger hingegen ein jedweder Fremdling überhaupt, wenn er sich auch
ein eigenes Haus angekauft haben sollte. Damit stimmt auch überein,
dass das Verb גּוּר (Dt 18 6) von den Leviten gebraucht wird; diese
hatten nun doch ihre eigenen Häuser, werden aber als Fremdlinge angesehen, weil sie keinen Acker besassen. Also kurz: Jeder, der keinen
eigentümlichen Acker besitzt, ist ein Ger; wer kein eigenes Haus
hat, ein Toschab. Ich glaube indes freilich nicht, dass dieser Unterschied der Wörter überall, sonderlich in historischen Büchern, beobachtet
werde“. Und MICHAELIS hat Recht, diese letzte Bemerkung hinzuzufügen; denn schon Ex 3 22 (vgl. Hi 19 15) macht seine ganze Distinction
problematisch, wie auch der Umstand, dass die Rechabiten, denen der

---

I Rg 17 1 noch 21 17 II Reg 1 3 8 9 36), d. h. Bürger eines Ortes Thisbe; tatsächlich
finden wir ihn beständig unstät, bald hier bald dort herumwandernd. Wir erwarten darnach nicht, ihn, wo er gerade Ahab gegenübertritt, als Toschab in
Gilead, d. h. dort ansässig, eingeführt zu sehen. Toschab ist er überall, wo er
gerade länger wohnt, in Sarepta sowohl als anderswo; Thisbiter natürlich bleibt
er sein Leben lang. Ob aber Toschab nur von dem aus der Fremde, d. h. Nicht-
israel gekommenen Insassen gebraucht wird, wie THENIUS (Komment. z. St.) will,
steht keinesweges fest und ist nach der Analogie von גֵּר nicht einmal wahrscheinlich. Am allerwenigsten aber darf man aus unserer Stelle mit KEIL (Komment.
z. St.) schliessen wollen, Elia sei aus der Heidenwelt erwählt, „um anzudeuten,
dass Gott Macht habe, die Heiden zum Volke seines Bundes zu machen“. Nun
beachten wir noch Tob 1 2; hier ist die Rede von einem Thisbe, und dieses wird
weiter dahin bestimmt: „das rechts von Kedes (Κυδίως)-Naphthali in Galiläa
über Asor liegt“. Diese genaue Bezeichnung legt die Annahme nahe, dass dieses
Thisbe nicht der einzige Ort dieses Namens war. In der Tat kennt JOSEPHUS
(Ant. VIII 13 2) als Geburtsort Elias ein Thesbone, eine „πόλις τῆς Γαλααδίτιδος“.
Demnach glauben wir behaupten zu dürfen: es stand ursprünglich an unserer
Stelle: Elia der Thisbiter; ein Leser fügte die Bemerkung hinzu: NB. aus Thisbe
in Gilead; dies drang als Glosse vom Rand in den Text und gab, weil man darin
lediglich eine Wiederholung fand, leicht begreiflich Anlass zur anderen Lesart.
Dies scheint noch um so näher zu liegen als in den Thargumim der Geburtsort
Elias תּוֹשָׁב (I Reg 17 1 21 17 II Reg 1 3) oder תְּשׁוּב (II Reg 1 8 9 30) heisst (LEVY,
Chaldäisches WB. über die Targumim). Unsere Behauptung wird bestätigt durch
LXX, welche übersetzen: Θεσβίτης ὁ ἐκ Θεσβῶν τῆς Γαλαάδ. Elia war also nicht
Toschab; daraus folgt des Weiteren: Wir begegnen dem Worte תּ überhaupt nicht
in der vorexilischen Litteratur.
[1] Mos. Recht II p. 322 (§ 138 von den Fremdlingen).

Hausbau doch verboten ist, unter die Kategorie der Gerim gestellt werden (Jer 35 7). Aber P spricht selber dagegen: Wir brauchen uns blos den Fall zu vergegenwärtigen, wo ein Israelit sich einem reich-gewordenen Toschab verkauft (Lev 25 47); da wird es uns schwer, uns vorzustellen, dass ein solcher nicht im Besitze eines Hauses sollte ge-wesen sein. Auch GEIGERS [1] Definition ist nicht recht klar, der Ger sei ein sich Aufhaltender, ein Lehensmann, der zwar seinen Besitz dauernd hatte, dem er aber doch eigentlich nicht angehörte; der Toschab dagegen der Beisass, welcher ohne selbständigen Besitz blos als dienendes Glied, als Arbeiter im israelitischen Hause sich befand. Gegen jenes spricht die stets wiederholte Empfehlung der gleichen Mild-tätigkeit gegen die Gerim wie gegen die völlig Besitzlosen; gegen dieses schon die letztlich erwähnte Stelle Lev 25 47. Erst recht unrichtig ist es, den Unterschied mit der Abstammung kombinieren zu wollen: Toschab könne ein Heide sein, auch ohne dass הַגֵּרִים עִמָּכֶם dabei stehe, wenngleich es sprachlich einen Israeliten bezeichnen könnte; so SAAL-SCHÜTZ [2]; aber es steht nirgends geschrieben, dass גּוּר israelitische Ab-stammung ausschliesse; im Gegenteil (vgl. Dt 18 6 Jud 17 7—9 19 1). GRÄTZ [3] meint dagegen, Gerim hiessen die Fremdlinge, die aus dem Auslande eingewandert waren, Toschabim Eingeborene des Landes von den kanaanitischen Völkerschaften, welche im Lande geduldet wurden. Aber das ist bei unserer Ansetzung der Quellen rein unmöglich, wie denn auch von seinem Standpunkt aus GRÄTZ sagen muss, diese Unter-scheidung sei in der nachexilischen Zeit völlig verwischt. Wenn in SIEGFRIED-STADES Wörterbuch גּר definiert wird als der im Stamm-oder Staatsgebiet wohnende Stammfremde oder Ausländer im Gegen-satz zu אזרח; תושב dagegen als ein unter dem Schutze eines Israeliten bzw. auf dessen Besitz sich niederlassender Fremder, so hat es fast den Anschein, als liege im ersten Falle ein Verhältnis des Fremden zum Stamm oder Staat, im zweiten zur einzelnen Person vor. Angesichts von Lev 25 möchte sich auch diese Auffassung kaum rechtfertigen lassen; ihre Unwahrscheinlichkeit wird noch aus dem folgenden er-hellen. Aber endlich vermag auch BÄTHGENS [4] Definition nicht völlig zu befriedigen: „גּר ist derjenige, welcher sich vorübergehend im frem-den Lande aufhält und auf das Gastrecht angewiesen ist; תושב, der Beisasse oder Schutzverwandte, derjenige, welcher sich niedergelassen und einen Teil der Bürgerrechte erworben hat". ·

Diesen schwankenden Bestimmungen gegenüber ist wenig Hoffnung

---

[1] l. c. p. 351 f.   [2] l. c. p. 685.
[3] Jahresbericht des jüd.-theol. Seminars, Breslau 1884 p. 14 f.
[4] Komment. zu den Psalmen; zu 39 13 p. 114.

vorhanden, eine ausfindig zu machen, die allgemeine Zustimmung beanspruchen könnte. Es möchte uns scheinen, als giengen wir in diesem Falle
einmal am sichersten, wenn wir den Spuren der Ethymologie folgen. גוּר
(ursprünglich: abbeugen, den Weg verlassen [1]) heisst ganz allgemein:
irgendwo verweilen, wo man nicht von Haus aus hingehört, sich an einem
fremden Orte aufhalten, ganz einerlei, in welcher Eigenschaft und ob
kürzer oder länger. יָשַׁב präzisiert dieses Verweilen als ruhendes = wohnen
und ansässigsein an dem betreffenden Orte; es bezeichnet also nicht einen
Gegensatz zu גוּר, sondern eine Spezialisierung und ist ihm somit subordi-
niert. Es ist nicht anders mit den Substantiven גֵּר und תּוֹשָׁב. Eines
schliesst das andere nicht aus; vielmehr ist גֵּר der Allgemeinbegriff, unter
den sich תּוֹשָׁב subsumiert; daher heisst es Lev 25 6 und 25 45: לִשְׁכִירְךָ
הַגֵּרִים עִמָּךְ וּלְתוֹשָׁבְךָ, und Abraham kann von sich aussagen, dass er beides
in Einem sei. (Gen 23 4: גֵּר וְתוֹשָׁב אָנֹכִי עִמָּכֶם; Aufenthalter — Nieder-
gelassener). Jedenfalls ist jeder תּוֹשָׁב ein גֵּר, nicht aber umgekehrt; der Ger kann z. B. auch, wie gerade Lev 25 6 zeigt, ein
שָׂכִיר sein, der keinen festen Wohnort hat, sondern heute hier und
morgen dort sich aufhält; es kann der unstäte Nomade sein (Gen 36 7),
während der תּוֹשָׁב einen festen Wohnsitz hat; dafür ist noch hinzuweisen
auf den Ausdruck תושב כהן (Lev 22 10). Hier ist der bezeichnet, welcher
bei einem Priester wohnt; ein eigenes Haus hat er in diesem Falle
nicht; aber ob dies zum Begriffe des ת״ gehört, wie eben MICHAELIS
meinte, ist nach dieser Stelle nicht auszumachen. Eine Bestätigung,
dass es sich bei Ger und Toschab nicht um zwei sich ausschliessende
Klassen handelt, stellt der Sprachgebrauch der LXX dar, wenn sie
da, wo sie sich veranlasst sehen, von der gewöhnlichen Uebersetzung
גֵּר = προσήλυτος abzugehen, das Wort πάροικος wählen, womit sie sonst
תּוֹשָׁב wiedergeben [2] (Gen 15 13 23 4 Ex 2 22 18 3 Dt 14 21 23 7 (8) II Reg
1 13 I Chron 29 15 ψ 38 13 (griech. Zählung) 118 19 (do) Jer 14 9). Anmerken wollen wir, dass, wo es sich um positive religiöse Vorschriften
handelt, die Rede ist vom Ger und nirgends vom Toschab. Dass
diese Vorschriften darum aber für den letzteren nicht gegolten hätten,
wäre ein übereilter Schluss, wenn er doch selbst zu den Gerim gehörte.
Höchstens dies liesse sich daraus schliessen, dass Toschab lediglich
terminus der bürgerlichen Rechtssprache gewesen sei und den
in Israel ansässigen Fremden nur nach seiner sozialen (nicht religiösen)
Stellung bezeichnet habe, während der ältere Begriff Ger die Entwickelung, die er durchgemacht hatte, nicht mehr verleugnen konnte.

---

[1] GESENIUS, Handwörterbuch[12].
[2] So Ex 12 45 Lev 22 10 25 6 23 35 40 45 47 Num 35 15; dageg. παροικοῦντες I Chron
29 15; παρεπίδημος: Gen 23 4 ψ 38 13 (griech. Zählung).

Von den beiden genannten [1], für jüdische Verhältnisse einzig in Betracht kommenden Kapiteln des Civilrechtes, haben wir das erste, die Konstitution der Familie schon besprochen, als wir auf die ausschliessende Stellung des Gesetzes gegen die Mischehen zu reden kamen [2]. Das zweite, der Schutz des Eigentums, ist hier eingehender zu erörtern.

Der Ger steht in einem doppelten Gegensatze, einmal zum אזרח und dann zu dem, der die אחזה des Landes hat; dass beides sich nicht deckt, soll sofort bewiesen werden. Der אזרח ist der im Lande Geborene, Autochthone, den der Ger bei seiner Ankunft vorfindet. גֵּר וְאֶזְרָח [3] ist eine beliebte Nebeneinanderstellung in P (vgl. Lev 16 29 17 15 18 26 24 16 22 Ex 12 19 49 Num 15 13 f.) In gleichem Zusammenhang wird der Gegensatz bestimmt nach הַגֵּר und אִישׁ מִבֵּית יִשְׂרָאֵל (Lev 17 8 10 22 18) oder אִישׁ מִבְּנֵי יִשְׂרָאֵל (Lev 17 13 20 2 Num 19 10 35 15). Daneben erscheint nun aber der Ger als solcher, der kein Grundeigentum (אחזה) hat und der keines haben soll. In den Verheissungen an die Patriarchen fällt der Schwerpunkt darauf, dass, was gegenwärtig das Land ihres Aufenthaltes ist (אֶרֶץ מְגוּרִים) in Zukunft ihr Besitz (אחזה) werden soll (Gen 17 8 28 4 Ex 6 4). So ist in Aegypten, „dem Lande, das nicht ihnen gehört", Israel „גֵּר" (Gen 15 13). Am Deutlichsten aber geht es aus der Erzählung Gen 23 hervor. Der Ger und Toschab hat nicht einmal so viel Grundeigentum, dass er darauf seine Toten begraben könnte (23 4), und es ist gerade der Sinn derselben in ihrer Weitläufigkeit zu zeigen, wie sich nur auf streng rechtlichem Wege mittelst bestimmter Geldzahlung der Uebergang vom Ger zum Grundeigentümer vollzieht. Zum Ueberfluss mag noch herbeigezogen werden die Stelle Lev 25 25, wo Gott die Worte in den Mund gelegt werden: „Mein ist das Land, denn Fremdlinge und Beisassen seid ihr bei mir" (vgl. ψ 39 13 119 19 I Chron 29 15). Darnach ist Gott als der grosse Grundeigentümer vorgestellt, die Israeliten als Gerim und Toschabim im Gegensatz dazu als Nicht-Eigentümer; Zehnten und Erstlingsgaben sind darnach im Grund nichts als der Zins oder die Grundsteuer, die sie ihm entrichten. Dieses Verhältnis wird denn auch benützt zur Begründung dafür, dass sie über das Land keine Befugnis haben. Es muss nun aber einleuchten, dass der Gegensatz von גֵר-אזרח einerseits, Ger und Landeseigentümer andererseits, nicht ohne weiteres zusammenfällt; denn wie, wenn der אזרח verarmt, während der Ger zu Vermögen und Reichtum gelangt? Darüber giebt uns Lev 25 den gewünschten Aufschluss.

---

[1] s. oben p. 156.   [2] s. oben p. 147 f.   [3] s. oben p. 110 f.

Was die Verarmung von Juden anbelangt, so werden zwei Fälle vorgesehen:

1. „Wenn dein Bruder verarmt und unvermögen̦d wird bei dir,
so sollst du ihn aufrecht erhalten als Ger und Toschab, dass er bei
dir lebe" (Lev 25 ₃₅). Dieser Text hat zu mannigfachen Aenderungen
und Erörterungen Anlass gegeben. Ohne Zweifel bereiten die Worte
גר ותושב nicht geringe Schwierigkeit. Die radikalste Lösung ist ihre
Streichung; so sind DILLMANN[1] und SIEGFRIED-STADE[2] geneigt, sie
als Glosse zu betrachten. BÖTTCHER[3] schlägt vor zu lesen: כגר ותושב.
Aber nicht erst die Modernen haben daran Anstoss genommen; schon
den alten Juden ist der Gedanke ärgerlich, dass man den Volksgenossen
wie einen Ausländer sollte behandeln dürfen; die thalmudische Halacha[4]
fasst גר ות׳ als Apposition zu בו: du sollst ihn erfassen, auch den Ger
und Toschab, dass er bei dir lebe. Umgekehrt, aber mit der gleichen
Tendenz trennen die Accente beide Worte von בו und das Thargum
übersetzt: so sollst du ihn unterstützen; er wohne, weile und lebe bei
dir. Der Syrer gar scheint den Satz fragend zu nehmen und ihn deshalb negativ zu übersetzen, also wörtlich: Würdest du ihn ergreifen
wie einen Ger und Toschab? nein, er lebe mit dir; daher seine Uebersetzung: Du sollst ihn nicht ergreifen, vielmehr er lebe mit dir[5]. Alle
diese Mittel taugen nicht viel, die Stelle verständlicher zu machen, auch
nicht einmal die Streichung der Worte; denn dann ist der Satz: du
sollst ihn unterstützen, dass er mit dir lebe, doch gar zu blass. Wir
erwarten gerade zu hören, unter welcher Bedingung er fernerhin unter
seinen Brüdern leben soll, und da giebt denn גר ות׳ immer noch eine
nicht unbefriedigende Antwort. Es sind eben schon ganz bestimmt
umschriebene Begriffe der Rechtssprache geworden zur Bezeichnung
des Gegensatzes gegen die besitzenden Glieder des Volkes. Der Vorteil, den Juden davon haben konnten, sich als Gerim in die Klientel
eines begüterten Mitbürgers zu begeben, ist natürlich in der Tatsache
zu suchen, dass diese, obgleich politisch nicht gleichberechtigt, eben
auf weitgehende Schutzgesetze Anspruch erheben durften.

2. Es kann aber noch weiter kommen. Selbst als freier גר ות׳
kann sich der Israelit nicht mehr halten; er muss seine eigene Person
und seine Freiheit an seinen Gläubiger verkaufen (25 ₃₉)[6]; er wird עבד,

---

[1] Komment. z. St.   [2] sub voc. תושב.
[3] Aehrenlese I 46 bei DILLMANN l. c.
[4] Sifra z. St. Bar. Baba mezia 71 a vgl. Mischna und jerus. Gemara am entsprechenden Orte. (GEIGER, l. c. p. 357).   [5] GEIGER, l. c.
[6] Rein sprachlich lässt sich nicht entscheiden, ob נמכר pass. oder reflexiv
zu nehmen ist; für das erstere spräche Ex 22 ₂; doch vgl. dagegen p. 164 Anm. 1.

— oder wenigstens er sollte es werden. Aber hier ist gegen früher eine
Aenderung eingetreten; das frühere Gesetz kannte wohl hebräische
Knechte und Mägde; fortan soll es solche überhaupt nicht mehr geben.
Dazu sind Israeliten zu gut, aber Fremde gerade gut genug. Lev
25 44—46: „Aber dein Knecht und deine Magd, die du haben kannst,
von den Völkern, die rings um euch her sind, von ihnen mögt ihr kaufen
Knecht und Magd. Und auch von den Söhnen der Toschabim, die bei
euch weilen, von ihnen mögt ihr kaufen und von ihrem Geschlecht,
welches bei euch ist, welches sie gezeugt haben in eurem Lande, dass
sie euch seien zum Eigentum. Und vererben sollt ihr sie euren Söhnen
nach euch, dass ihr sie als Eigentum in Besitz nehmet. Auf ewig sollt
ihr sie zu Knechten haben [1]; aber über eure Brüder, die Söhne Israels,
sollt ihr nicht einer über seinen Bruder herrschen“. In wiefern „Söhne
Israels“, die sich ihrer Freiheit haben begeben müssen, noch dienstbar
sein sollen, wird dahin bestimmt: „Du sollst ihn dir nicht Sklavendienste tun lassen; wie ein Sakir, wie ein Toschab soll er bei dir sein;
bis zum Jobeljahre soll er dir dienen. Dann aber soll er ausgehen von
dir, er und seine Söhne mit ihm und zurückkehren zu seinem Geschlecht,
und zum Besitztum seiner Väter soll er zurückkehren; denn meine
Knechte sind sie, die ich ausgeführet habe aus dem Lande Aegypten;
nicht sollen sie verkauft werden, wie man Knechte verkauft; nicht
sollst du herrschen über ihn mit Härte, sondern deinen Gott fürchten“
(V. 39—43). „Nicht wie ein Sklave, sondern wie ein Sakir“; an diese
Unterscheidung erinnert noch, wenn Josephus [2] von Bilha und Silpa
sagt: θεραπαινίδες . . . . δοῦλαι μὲν οὐδαμῶς, ὑποτεταγμέναι δέ. So hoch
also ist der Vorzug israelitischer Abstammung vor Fremden gestiegen.

Die von uns gegebene Darstellung weicht stark von anderen ab, die mit einem
Worte zu berücksichtigen sind. Wir finden nämlich, dass der Unterschied von
Israeliten und Fremden von der einen Auffassung unterschätzt, von der andern
überspannt wird. Das Erstere tut André [3], dies letztere Saalschütz [4]. Für ihn
giebt es von vornherein keine eigentlichen Sklaven aus den Israeliten; was Ex 21
und Dt 15 hebräische Knechte heissen, ist ihm eine ganz eigene Klasse von solchen,
die, ohne dem Heidentum anzugehören, doch auch nicht als eigentliche Israeliten
zu betrachten wären, sondern eine schon in der Dienstbarkeit geborene Mittel-
klasse bildeten zwischen den im Gesetze Lev 25 auftretenden verarmten Israeliten
und eigentlichen von Heiden angekauften Knechten; es wären nämlich nichts

---

[1] Posts Behauptung: „Auch werden im Jobeljahre alle Sklaven frei“, ist
falsch (Grundriss p. 386 Anm. 4); er verweist dabei auf Dareste, l. c. p. 26; aber
Dareste hat das Richtige.

[2] Ant. I 19 7.

[3] L'esclavage chez les anciens Hébreux 1892.

[4] Mos. Recht p. 703 ff. (fälschlich durch Druckfehler 730 paginiert, was z. B.
Keil [Archäologie II p. 82] aufgenommen hat).

Anderes als die יליד־בית oder dann ursprünglich gekaufte Knechte, die durch
Annahme der Beschneidung (Ex 12 44) sich naturalisiert hatten, ohne doch damit
die Freiheit zu erlangen. Vollends aber findet SAALSCHÜTZ in Lev 25 kein Wort
von Sklaverei von Israeliten, vielmehr soll V. 42 nur die Rede sein vom verarmten
Bruder, „der sein Grundeigentum bis zum Jobeljahre verkauft hat". Dass diese
ganze Auffassung gänzlich verkehrt ist, braucht nicht mehr lange bewiesen zu
werden; es genügt der einfache Hinweis auf Dt 15 12: „wenn sich dir verkauft,
dein Bruder, Hebräer oder Hebräerin", oder auf Jer 34 9 Neh 5 5 ff. Es hat tatsächlich Sklaven und Sklavinnen gegeben, die Israeliten waren, und von den Gesetzen bringt P in dieser Beziehung etwas Neues. Was eben SAALSCHÜTZ auf eine
falsche Fährte geführt hat, war die Kollision der sieben Dienstjahre der hebräischen Knechte (Ex 21 Dt 15) und der Dienstzeit bis zum Jobeljahr (Lev 25 40),
deren Lösung er sich nur dadurch zurechtlegen konnte, dass er die Personen, die
sie betraf, trennte, während ihm derjenige Begriff, der allein eine befriedigende
Lösung gestattet, noch unbekannt blieb, derjenige der geschichtlichen Entwickelung. Dieser geht nun ANDRÉ nicht ab; nur dass er dabei in das entgegengesetzte
Extrem verfällt; für ihn nämlich hebt P die Sklaverei von Israeliten nicht auf,
im Gegenteil. Er findet das Fehlen des Gesetzes in P über die Pfriemenoperation,
um einen Sklaven an sich zu binden, dadurch motiviert, dass es auf einem anderen
Wege (nämlich durch die Einsetzung des Jobeljahres) die Verlängerung der Dienstzeit versucht habe [1]; entsprechend sieht er in Lev 25 39 f. doch Sklavendienst[2].
So spricht er als Resultat aus: „Nous avons constaté qu'elles (les lois) suivent
une marche progressive, continue, tendant toujours au même but: constater
que l'esclavage des compatriotes devient de plus en plus dur à mesure qu'Israël
se développe ou entre en contact avec d'autres peuples"[3]. Schon eine unbefangene
Betrachtung von V. 39 f. sollte zeigen, dass es eine exegetische Gewalttat ist, ein
solches Resultat darauf gründen zu wollen. Ein Wahrheitsmoment liegt freilich
auch in dieser Auffassung; nur dass es verdreht wird: hie und da wohl mag die
Praxis ANDRÉ Recht geben; denn das Gesetz von P ist in vielen Punkten nur
Theorie geblieben. Noch aus JOSEPHUS[4] ersehen wir, dass es israelitische Sklaven
gab. Auch er sucht eine Versöhnung zwischen den sieben Jahren des Bundesbuches und Deuteronomiums und der fünfzig des Leviticus; aber gerade sein Versuch ist ein Beweis, dass die Entwickelung die entgegengesetzte Richtung ein-
schlägt als ANDRÉ meint. „Wer sich einem ὁμόφυλος verkauft, soll ihm sechs Jahre
dienen und im siebenten frei sein; wenn er aber Kinder bekommt von der Magd
bei dem, der ihn gekauft hat, und er ihm gutwillig und aus Liebe zu den Seinen
dienen will, der soll im Jobeljahre, das ist im fünfzigsten, frei werden und Kinder
und Weib mit sich fortführen". (NB. also nicht ewig sein Sklave bleiben, in
direktem Widerspruch zum ausdrücklichen Wortlaut von Ex 21 6 וַעֲבָדוֹ לְעֹלָם[1]).

In eine inferiore Stellung kommt also nach P der Israelit jedenfalls blos durch gänzliche Verarmung.

3. Umgekehrt wird nun der Fall vorgesehen, dass ein in Israel
wohnender Fremder sich bereichert auf Unkosten eben von Israeliten.
Dass dies tatsächlich vorkam, ist nur natürlich und wird zudem auch
Dt 28 43 f. schon vorausgesetzt. Unser Gesetz regelt diesen Fall fol-

---

[1] l. c. p. 77.   [2] l. c. p. 42 f.
[3] l. c. p. 72.   [4] Ant. IV 8 28.

gendermassen (Lev 25 47—55): „Und wenn vermögend wird ein Ger oder
Toschab bei dir und es verarmt dein Bruder neben ihm, dass er sich
verkauft [1] einem Ger oder [2] Toschab bei dir, oder dem Spross [3] aus dem
Geschlechte eines Ger, so soll, nachdem er sich verkauft hat, Lösung
sein für ihn. Einer seiner Brüder [4] soll ihn lösen, oder sein Oheim oder
sein Vetter soll ihn lösen oder einer aus seiner Blutsverwandtschaft [5]
von seinem Geschlechte soll ihn lösen; oder wird er vermögend, so soll
er sich selber lösen; und er rechne mit seinem Käufer vom Jahre an,
da er sich ihm verkauft hat, bis zum Jobeljahre, und sein Kaufpreis
richte sich nach der Zahl der Jahre. Wie man es mit der Arbeits-
zeit eines Sakir hält, so soll er bei ihm sein. Sind noch viel der
Jahre, — nach ihrer Massgabe erstatte er seine Lösung vom Gelde,
um das er verkauft worden ist; und wenn noch wenig Jahre übrig
sind bis zum Jobeljahre, so berechne er es ihm. Nach Massgabe
seiner Jahre erstatte er ihm seine Lösung. Wie ein Sakir, Jahr um
Jahr, sei er bei ihm. Er aber herrsche nicht mit Härte über ihn vor

---

[1] s. oben p. 161 Anm. 6; trotz der Möglichkeit der passiven Fassung „ist
nicht wahrscheinlich, dass der Verfasser ein solches Zwangsrecht der Gläubiger
(II Reg 4 1 Am 2 6 8 6 Jes 50 1 Neh 5 5 Mt 18 25) als gesetzlich anerkannte" (DILL-
MANN, Komment.).

[2] Lies statt גֵר תּוֹשָׁב mit LXX Sam. Pesch "תְ‎ וְגֵר‎.

[3] So übersetzen wir עֶקֶר (v. עקר = eradicavit Eccl. 3 2); arab. 'aqrun
= Wurzel, chald.: עָקַר (Dan 4 12 20), syr.: 'eqara; chald. עֲקַר = entwurzeln, im
Ithpe (Dan 7 8). Es scheint also mehr „Wurzel" zu bedeuten als „Spross". Es liegt
hier gleich wie Jes 11 10, wo שרש streng genommen statt der von Isai abstammen-
den Nachkommen vielmehr seine Vorfahren bezeichnen sollte. Die Vermittlung
giebt uns Jes 53 2 an die Hand, wo שרש nur Sinn hat, sofern die Wurzel Sprösslinge treibt. Zu vgl. ist ferner Dt 29 17: eine Wurzel, die Gift und Wermuth hervorbringt (vgl. das Hiphil von שרש Hi 5 3 Jes 27 6: Wurzel schlagen). Es scheint,
dass der Hebräer bei „Wurzel" weniger an das Feste, Ruhende, Stammhaltende,
als an das Lebendige, das das Wachstum Hervorbringende gedacht hat, daher es
denn wirklich „Sprössling" bedeuten kann. Das gilt also von עקר nicht minder
als von שרש und macht BEHRMANNS Unterscheidung einigermassen fraglich, dass
dieses den zurückhaltenden Wurzelstock, jenes die sich um ihn schlingenden Ver-
zweigungen der Wurzel bezeichne (Komment. zu Dan 4 12 p. 27). Dass aber in
keinem Falle etwas damit anzufangen ist, wenn man an unserer Stelle bei der Bedeutung „Wurzel" stehen bleibt, zeigen die beiden verunglückten Erklärungs-
versuche von SAALSCHÜTZ (l. c. p. 696 f.): Wurzel der Familie eines Fremdlings = im
Lande eingewurzelte fremde Familie, d. h. eine solche, deren Vorfahren sich schon
längst darin ansässig gemacht und nach Ez 47 22 Kinder in demselben gezeugt
haben, oder aber eine Familie von Nicht-Israliten, die im Lande vor den Israeliten gewesen und daselbst geblieben sind wie Aravna; davon aber kann nach
dem Exil nicht mehr im Ernste die Rede sein.

[4] מאחיו, hier jedenfalls nicht die Volksgenossen, sondern die leiblichen Brüder.

[5] Vgl. ROB. SMITH, Kinship p. 149.

deinen Augen. Und wenn er nicht auf diese Weise gelöst wird, so gehe er frei aus im Jobeljahre, er und seine Söhne mit ihm. Denn mir sind die Söhne Israels Knechte; meine Knechte sind sie, die ich ausgeführet aus dem Lande Aegypten; ich bin Jahwe euer Gott". Wir lernen aus dieser Stelle folgendes: Sucht P schon zu verhüten, dass Israeliten Sklaven ihrer eigenen Volksgenossen werden, so erst recht, dass sie bei Gerim und Toschabim in Sklavendienste treten sollen. Wohl können sie sich ihnen verkaufen; aber Sklaven im eigentlichen Sinne des Wortes werden sie dadurch nicht. „Wie ein Sakir, Jahr für Jahr, sei er bei ihm." Das verstehe ich dahin: Der Israelit steht in der Schuld des Ger; weil er sich ihrer nicht entledigen kann, begiebt er sich in seine Abhängigkeit auf Grund eines Vertrages, wonach seine Dienstjahre als Abzahlung der Schuld gelten. Wie nämlich dem Sakir ein gewisser Jahreslohn veranschlagt wird, so wird dem verarmten Israeliten ein Entsprechendes von seiner Schuld erlassen, bis ihr das Jobeljahr überhaupt ein Ende macht. Vielleicht braucht es nicht einmal so lange bis zur Tilgung der Schuld; dann gilt eben, dass der Betreffende selber „vermögend" wird (V. 49) und sich lösen kann. — Hier tritt am Allerdeutlichsten hervor, dass er nicht Sklave ist; denn der Sklave hat kein persönliches Eigentum, weder positives noch negatives, d. h. weder Vermögen noch Schulden. Ein anderer möglicher Fall ist der, dass die Lösung durch eine andere Person geschieht, wobei die Schuldsumme, wie es scheint, durch die Zahl der Jahre vom Anfangsjahr bis zum Jobeljahr dividiert werden musste und darnach die noch ausstehenden Jahre in Rechnung gebracht wurden. Das Gesagte zeigt uns gleichzeitig, dass den Gerim die Anerkennung der Einrichtung des Jobeljahres ohne weiteres zugemutet wurde; das dürfte schon andeuten, was später ausführlich zu begründen sein wird, dass sie bis auf einen noch zu bestimmenden Grad in den religiösen Gemeindeverband mit aufgenommen waren. Von hier aus halten wir die Folgerung, die ANDRÉ [1] aus unserer Stelle ziehen möchte, wiederum für ungenau: „la Bible reconnaît parfaitement la validité de la transaction par laquelle l'Hébreu avait cédé sa liberté à un étranger domicilié dans la Palestine et qui n'avait pas embrassé la religion mosaïque".

Gesetze folgen den Tatsachen; so wird es also tatsächlich vorgekommen sein, dass Israeliten sich Fremden im eigenen Lande verkaufen mussten. War dies aber möglich, so gehen wir sicher nicht irre in der Annahme, sie seien nicht minder in den Fall gekommen,

---

[1] l. c. p. 25.

Fremden Grundeigentum an Zahlungsstatt überlassen zu müssen (vgl. Neh 5 5). Dann aber ist gerade das, was den spezifischen Charakter der Gerim und Toschabim ausmacht, nämlich der Mangel an Grundeigentum aufgehoben und so die Möglichkeit angebahnt des Ueberganges von Gerim und Toschabim in Stellung und Rechte der ursprünglichen Einwohner. Dem tritt nun aber das Gesetz des Allerentschiedensten entgegen mit seiner Forderung des Jobeljahres, dem wir schon begegnet sind, weshalb denn das Land niemals verkauft werden darf לִצְמִתֻת (Lev 25 23), d. h. „so, dass es verfallen bliebe" [1]. Vielmehr soll allezeit die Möglichkeit der Lösung offen stehen, und es wird, wo es zu dieser nicht kommt, sei es, dass der Verarmte keinen nahen Verwandten hat, der für ihn einzutreten im Stande ist, sei es, dass er sich selber die genügenden Mittel nicht zu verschaffen weiss, das Verkaufte im Jobeljahr wieder·frei und kehrt zum ehemaligen Eigentümer zurück. Und so streng wird auf die Unmöglichkeit einer bleibenden Veräusserung von Grundeigentum durch das Gesetz hingewirkt, dass dieselbe Regel auch auf die Häuser der offenstehenden Gehöfte ausgedehnt wird, wonach sie bis zum Jobeljahr lösbar sind und im letzteren frei werden sollen, während für die Häuser in ummauerten Städten das Recht der Lösung ein Jahr nach dem Verkaufe erlischt (Lev 25 24—31). Der Zweck dieser Gesetzgebung liegt auf der Hand: das Grundeigentum soll den Israeliten gewahrt bleiben, und es soll verhütet werden, dass es jemals in den bleibenden Besitz von Gerim und Toschabim übergehe. Ebensowenig wollten die Athener ihre Metöken Grundeigentum erlangen lassen [2]. Und die Römer trieben die Konsequenz des Gesetzes, es dürfe ein Peregrinus einen Bürger nicht beerben, so weit, dass, wenn ein Fremder das römische Bürgerrecht erhielt, ohne dass sein vorhergeborener Sohn mit in diese Gunst eingeschlossen wurde, dieser im Verhältnis zu seinem Vater als Fremder galt, d. h. ihn nicht beerben durfte; so viel stärker war die Unterscheidung zwischen Bürger und Fremdem als die natürlichen Bande zwischen Vater uud Sohn [3]. Es schien eben nach antiker Auffassung überhaupt. „der Gerechtigkeit nicht zu entsprechen, übrigens der Gemeinschaft grossen Schaden zu bereiten, wenn man zugeben wollte, dass im Staatsgebiet befindliche Güter oder Vermögen von Inländern in das Eigentum anderer Staatsangehöriger übergehen dürften, als ob die Immobilien, deren Eigentum auf jene übertragen wurde, nicht auf inländischem Boden verblieben und Kapitalien nicht kosmopolitischer Natur wären" [4]. Das bedeutet

---

[1] DE WETTE, Bibelübersetzung.   [2] LÜBKER, l. c.
[3] FUSTEL DE COULANGES, l. c. p. 250 auf Grund von PAUSANIAS VIII 43.
[4] ESPERSON, Principio della Nazionalità p. 43, cit. bei PAPPAFAVA, l. c. p. 15.

aber, dass Gerim und Toschabim niemals bürgerliche Gleichberechtigung mit geborenen Israeliten geniessen. Nach dem
Gesetze können sie es also blos zum Besitze eines Hauses in
einer ummauerten Stadt bringen; das werden sich namentlich
fremde Händler in den grösseren Städten, speziell Jerusalem, zu Nutze
gemacht haben. Aus der Geschichtserzählung wissen wir z. B., dass
der Alte aus Jud 19, der den Leviten bei sich aufnimmt, sich in Gibea
blos als Ger aufhält (גֵּר V. 16) und doch ein eigenes Haus hat (V. 21);
übrigens ist diese Geschichte auch darin nur Nachahmung der Loths-
geschichte. Grundeigentümer aber konnten also die Gerim nie werden.
Ob dies tatsächlich so gehalten, mit anderen Worten, ob das Jobeljahr
gefeiert worden sei, ist eine andere Frage. Ewald [1] kann dies mit
seiner Annahme der Abfassungszeit des „Buches der Ursprünge" getrost behaupten, wenn er beifügt, die Beobachtung des Jobeljahres
habe seit den salomonischen Tagen sichtbar so abgenommen, dass der
Deuteronomiker ganz davon schweige! Wir glauben ruhig annehmen
zu dürfen, dass es überhaupt nur im geschriebenen Gesetz seine Existenz gefristet habe. Jedenfalls sind allen Massnahmen des Gesetzes zum Trotz Fremde, wie wir sahen, zu ökonomischem
Wohlstand gelangt, zu gesichertem Besitz aber wohl seltener;
dazu waren sie zu sehr vom guten Willen der Landeseinwohner abhängig, bei denen einzig ihre Duldung stand. Das Bewusstsein ihrer
Minderwertigkeit spricht sich deutlich genug darin aus, dass sie mit
den Völkern ringsum fast auf gleiche Stufe gestellt werden, sofern von
ihren Söhnen und von ihrem Geschlecht als Sklaven gekauft werden
können. Man beachte freilich den Zusatz: „welche sie gezeugt in ihrem
Lande" (Lev 25 45); nur auf diese erstreckt sich die Befugnis, sie als
Sklaven zu kaufen, nicht auf die, welche sie bei ihrer Einwanderung
schon mitgebracht haben. Es ist der Gesichtspunkt, dass dem rechtmässigen Besitzer des Landes alles gehört, was es (selbst an lebenden
Wesen) hervorbringt. Für gewöhnlich werden auch die Toschabim wie
die Gerim überhaupt in abhängiger und niedriger Stellung gestanden
haben, wenn wir aus 25 40 einen Schluss ziehen dürfen.

Sind wir bisher zum Resultate gelangt, dass der Ger mit
dem אזרח bürgerlich nicht gleichberechtigt ist, so steht nun
die Sache anders, wenn wir an die religiöse bzw. kultische Gesetzgebung hinantreten. Das Gebot, das sich durch P hindurchzieht, lautet einfach, es solle einerlei Thora gelten für
גר und אזרח (Ex 12 49 Num 15 16 29 : תורה אחת; Lev 24 22 Num 15 16 : משפט

---

[1] Die Altertümer des Volkes Israel² 1854, p. 422 ff.

אחר; Num 9 14 15 15 חקה אחת (חקה אחת) [1]. Nur dass man dies nicht allzu hoch fassen wolle (Lev 19 18); dazu ist die Begründung viel zu äusserlich. Der Gesichtspunkt, unter den alles gestellt wird, ist eben der der Heiligkeit der Gemeinde und des Landes, darin sie wohnt (Lev 20 26 Num 35 34); diese wird einzig dann gewahrt, wenn auch durch die im Lande wohnenden Fremden dem Kultusgebot Genüge geschieht. Es ist nur das konsequent verfolgte Prinzip des Deuteronomiums: „Man überwindet die Fremden und macht sie dadurch unschädlich, dass man sie in den eigenen religiösen Verband aufnimmt" [2]. Es ist nutzlose Mühe sich den Kopf zu zerbrechen, ob in dieser Stellung zu den Gerim sich mehr universalistische Tendenz oder Exklusivität bekunde [3]. Es ist Beides in Einem: die exklusive Form, in welche für den Verfasser der Universalismus einzig gefasst werden kann. Es ist eben „der Begriff der Gemeinde aus einem genealogischen ein örtlicher geworden" [4]. Wer darum überhaupt im Lande wohnen will (גר im weitesten Sinne), der hat sich der Sitte des Landes zu unterwerfen; das gilt schon für Israel, wenn es im Lande Gottes Ger und Toschab genannt wird (Lev 25 23); befolgt es seine Gebote nicht, so muss es dasselbe wieder verlassen (Dt 28 63 29 27 Hos 9 3 Mi 2 10). Es gilt erst recht für Nichtisraeliten, die im Lande wohnen (גר im engeren Sinne); vgl. φ 119 19: „Ich bin ein Ger auf Erden, verbirg mir nicht deine Gesetze". Wir finden hier wieder deutlich die Uebertragung dessen, was in der Familie und im Geschlecht resp. im Stamm Gesetz und Sitte war, auf das Volk und sein Land, bei aller sonstigen Kälte von P gegen dieses. Wer bei ihm darin wohnt, muss seine religio annehmen, d. h. zuerst negativ: nichts tun, was gegen sie verstösst; aber dann auch positiv an ihr aktiv Teil nehmen. Nach dieser Seite hin wird nun das oben angeführte Gebot der einheitlichen Thora folgendermassen spezialisiert:

1. „Nichts sollt ihr tun von allen diesen Greueln (scil. der früheren Landesbewohner), weder der Eingeborene noch der Ger, der sich unter euch aufhält" (Lev 18 26);

2. „Wer den Namen Gottes lästert, soll getötet werden; steinigen soll ihn die ganze Gemeinde, so Ger wie Eingeborenen" (Lev 24 16 vgl. Jes 56 6);

3. „Jeder von den Söhnen Israels und von den Gerim, die sich in Israel aufhalten, welcher von seinem Samen dem Moloch giebt, soll

---

[1] כגר כאזרח Jos 8 33 bei Nennung derer, die auf das Gesetz verpflichtet werden, ist späterer Einschub.

[2] s. oben p. 101.

[3] SMEND, Religionsgesch. p. 333 Anm. 1.

[4] KUENEN, Volksreligion und Weltreligion p. 183.

sterben. Das Volk des Landes soll ihn steinigen. Und ich richte mein Angesicht wider jenen Menschen und vertilge ihn mitten aus seinem Volke, weil er von seinem Samen dem Moloch gegeben hat, mein Heiligtum zu verunreinigen und meinen heiligen Namen zu entweihen ... und ich vertilge ihn" (Lev 20 2 ff.);

4. „Es soll euch sein zu ewiger Satzung: im 7. Monat am 10. des Monats sollt ihr fasten und kein Werk tun, der Eingeborene und der Ger, der in eurer Mitte weilt; denn an diesem Tage wird man euch versöhnen, euch rein zu machen; von all euren Sünden sollt ihr vor Jahwe rein werden. Ein Ruhetag soll es euch sein, und ihr sollt euch kasteien" (Lev 16 29—31);

5. „Sieben Tage lang soll kein Sauerteig gefunden werden in euern Häusern; denn jeder, der Gesäuertes isst, soll getilgt werden aus der Gemeinde Israels, Ger und Eingeborener des Landes" (Ex 12 19);

6. „Wenn unter euch ein Ger weilt und Jahwe Passah feiert, nach der Satzung des Passahs und nach seinem Gebrauche soll er es halten" (Num 9 14 vgl. die schon citierte Stelle Ex 12 48 f. [p. 154 f.]);

7. „Jeglicher aus dem Hause Israel und von den Gerim, die sich aufhalten in eurer Mitte, welcher allerlei Blut isset, wider den, der das Blut isset, richte ich mein Angesicht und vertilge ihn mitten aus seinem Volke ... Darum spreche ich zu den Söhnen Israels: Niemand von euch soll Blut essen; auch der Ger, der sich in eurer Mitte aufhält, soll kein Blut essen" (Lev 17 10—12);

8. „Jeder von den Söhnen Israels und von den Gerim, die unter euch weilen, der ein lebendes Wild erjagt oder einen Vogel, der gegessen wird, der giesse sein Blut aus und bedecke es mit Erde" (Lev 17 13);

9. Lev 17 15 f. (s. oben p. 155);

10. „Es soll sein den Söhnen Israels und dem Ger, der unter euch weilt, zu ewiger Satzung: Wer einen Toten berührt, jegliche Leiche eines Menschen, der sei unrein sieben Tage; er soll sich entsündigen am dritten Tage und am siebenten Tage, so wird er rein werden[1]. Entsündigt er sich aber nicht am dritten und am siebenten Tage, so bleibt er unrein" (Num 19 10—12);

11. „Jeglicher aus dem Hause Israel und jeder Ger, der in eurer Mitte wohnt, der ein Brandopfer oder Schlachtopfer opfert, und es nicht bringt an die Thür des Versammlungszeltes, Jahwe das Opfer zu tun, der soll mitten aus seinem Volke ausgerottet werden" (Lev 17 8 f.);

12. „Jeder aus dem Hause Israel und jeder Ger in Israel, welcher

---

[1] l. mit Sam. LXX וְטָהֵר statt יִטְהָר.

seine Gabe darbringt, allerlei Gelübde oder Freiwilliges, was sie Jabwe zum Brandopfer bringen, es sei zum Wohlgefallen für euch: fehllos, männlich von den Rindern, von den Schafen, von den Ziegen; nichts, woran ein Fehler ist, sollt ihr darbringen; denn es wird euch nicht zum Wohlgefallen sein" (Lev 22 18—20);

13. „Wenn ein Ger unter euch weilt oder wer irgend einmal in eurer Mitte ist unter euern Geschlechtern (אֲשֶׁר־בְּתוֹכְכֶם לְדֹרֹתֵיכֶם) [1], und er bringt eine Feuerung wohlgefälligen Geruches Jahwe, wie ihr tut, so soll er tun [2]. Einerlei Satzung gilt für euch wie für den Ger, der

---

[1] Worin das, was unter diesem Ausdruck befasst wird, sich vom Ger unterscheidet, ist nicht deutlich gesagt. Sollte wirklich zwischen beiden ein ausschliessendes Verhältnis bestehen, wie die Erklärung DILLMANNS (Komment z. St.) und die Uebersetzung von KAUTZSCH möchten vermuten lassen, indem Ger einen vorübergehend in Israel sich aufhaltenden, das andere dagegen einen dauernd unter ihm ansässigen Fremden bezeichnen würde, so würden unsere obigen Ausführungen über den Begriff des Ger sämtlich über den Haufen geworfen. Indessen können wir uns DILLMANN und KAUTZSCH nicht anschliessen. Darauf dass Ger hier ohne Artikel steht und demnach gewissermassen nicht als terminus technicus gebraucht wäre, werden wir angesichts der Stelle Num 9 14 (vgl. Ex 12 48), wo גֵּר und הַגֵּר einander unmittelbar gleichgesetzt werden, kein Gewicht legen. Alles kommt an auf die Uebersetzung von לְדֹרֹתֵיכֶם. Nach unserer Meinung heisst es nicht: auf Generationen hinaus = für immer, sondern: nach euern Geschlechtern in distributivem Sinne = im Verlaufe eurer Geschlechter, in diesem oder jenem, „jeweilen" (vgl. ψ 73 14), also: wer sich irgend einmal in euern Geschlechtern aufhält, vielleicht ganz vorübergehend nur zum Zwecke eben einer Feuerung (vgl. Jes 60 7 I Rg 8 41 ff.).

[2] Der massoreth. Text bietet eine Schwierigkeit mit dem הקהל zu Anfang von V. 15; es als Vokativ zu fassen, ist natürlich sinnlos. Man kann es mit DILLMANN (Komment. z. St.) allenfalls als vorangestellten casus absolutus nehmen, der durch ולגר לכם wieder aufgenommen würde; so übersetzt auch KAUTZSCH scheinbar klipp und klar: „einerlei Satzung gilt für jedermann, für euch wie für den Fremden". Aber die Voraussetzung, dass קהל ohne weiteres die ganze Volksmasse mit Einschluss der Fremden bezeichne, also so viel als „jedermann" bedeute, ist nicht unanfechtbar. Man kann aus Jos 8 35 z. B., wie DILLMANN will, das herauslesen — oder das Gegenteil; jedenfalls hätte er aus Num 15 26 עֲדַת־בְּנֵי־יִשְׂרָאֵל וְלַגֵּר הַגֵּר בְּתוֹכָם nicht den umgekehrten Schluss ziehen sollen als aus Jos 8 35 ....וְהַגֵּר הַהֹלֵךְ בְּקִרְבָּם...כָּל־קְהַל יִשְׂרָאֵל ו, die Fremden würden nämlich von der עדה unterschieden! Die genannte Fassung ist höchstens eine Ausflucht der Not. Die Schwierigkeit ist auch schon früher gefühlt worden. LXX und Sam. ziehen קהל zu V. 14 als Subjekt von יעשה; aber einen vernünftigen Sinn giebt dies bloss, wenn das paläst. Thargum zu קהלא noch כולא hinzufügt (GEIGER, l. c. p. 358). Am einfachsten ist die von Pesch. und Vulg. gebotene Lösung, welche קהל einfach weglassen, und das dürfte vielleicht das Richtigste sein. הקהל ist dann als Randglosse in den Text gedrungen, oder es ist aus Unordnung im Texte selber entstanden (wie ja schon V. 14 LXX neben אתכם gelesen haben müssen בארצכם). Man bemerke, dass [הקה]ל dem folgenden חקה zum Verwechseln ähn-

bei euch weilt; das ist eine ewige Satzung für all eure Geschlechter: dasselbe gilt für euch wie für den Ger vor Jahwe" (Num 15 14 f.);

14. „Es wird vergeben werden der ganzen Gemeinde der Söhne Israels und dem Ger, der in eurer Mitte weilt" (scil. durch das Opfer der Gemeinde für eine unvorsätzliche Sünde Num 15 26 vgl. V. 29);

15. „Aber die Seele, die etwas getan mit aufgehobener Hand (= absichtlich), sei es Eingeborener, sei es Ger, — Jahwe lästert sie, und selbige Seele soll ausgerottet werden mitten aus ihrem Volke" (Num 15 30);

16. „Den Söhnen Israels, dem Ger und Toschab in eurer Mitte sollen diese sechs Städte zur Zuflucht dienen, dass dahin fliehe jeder, der einen Menschen unabsichtlich erschlagen hat" (Num 35 15 [1] vgl. Jos 20 9).

Alle diese einzelnen Gesetzesvorschriften bestätigen die Thesis, die wir in den Vordergrund gestellt haben. Einerlei (religiöses) Gesetz gilt für den Ger wie für den Landeseingeborenen. Nun aber erheben sich dagegen einige Einwendungen, die sich nicht nur von der Hand weisen lassen. Wir denken dabei nicht an Lev 22 10 f.: „Der Toschab oder Tagelöhner eines Priesters darf nicht Geheiligtes essen"; denn in diesem Falle sind nicht weniger als Toschab und Tagelöhner die Eingeborenen selber זָרִים, die das קֹדֶשׁ nicht anrühren sollen[2]. Eine Gegeninstanz erhebt sich aber in Betreff der Feier des Laubhüttenfestes: Lev 23 42 wird ausdrücklich nur vom אזרח ausgesagt, er solle in Laubhütten wohnen. Ich muss gestehen, dass ich diese Ausnahme nicht verstehe. Das Deuteronomium hatte den Ger ganz speziell in die Freude des Laubhüttenfestes mit eingeschlossen (16 14); noch Dt 31 12, das ungefähr aus der Zeit des Exils stammen dürfte, herrscht die Voraussetzung, dass er am Feste Teil

---

lich sieht; selbst das Vorhandensein eines ל in dieser Umgebung lässt sich mutmassen, wenn wir der Andeutung der LXX folgen, die am Schlusse von V. 14 ϰυρίῳ liest; also: כן יעשה ליהוה: חקה.

[1] Dabei scheint eine veränderte Satztrennung absichtlich vorgenommen worden zu sein: dass der Ausländer, wenn er einen absichtslosen Totschlag begeht, in gleicher milder Weise behandelt werden und eine Freistatt finden solle, ist der späteren Vorstellung zuwider. Sie behauptet vielmehr, dass der Ger Toschab nur dann eine Freistatt erlange, wenn er eine absichtslose Tötung an einem Ger Toschab vollzogen habe, während er der Todesstrafe verfalle, wenn er eine solche an einem Israeliten begangen. Die biblische Bestimmung konnte daher nicht in einem besonderen Satz von dem Ger dasselbe sagen, was von dem Israeliten; sie konnte jenen blos gelegentlich diesem anfügen. Deshalb trennten auch LXX und Syr. bei בְּתוֹכָם, die Accente bei dem תִּהְיֶינָה (GEIGER, l. c. p. 357).

[2] s. oben p. 154.

nehme. Wie sollte nun P, das die im Deuteronomium noch bestehen-
den Unterschiede zwischen Gerim und Israeliten so viel als möglich
auszugleichen sucht, dazu kommen, ihn plötzlich davon auszuschliessen?
Sicherlich zweifelt niemand an Deuterosacharjas Sinn für levitische
Reinheit. Nun aber weiss er nichts davon, dass nur die Eingeborenen
das Laubhüttenfest feiern sollen; vielmehr erwartet er für die herrliche
Zukunft diese Feier von allen, die aus den Nationen übrig bleiben,
und bedroht alle Geschlechter der Erde, vornehmlich die Aegypter,
für den Fall, dass sie sich dazu nicht einfinden sollten (14 16—19). Ich
möchte darnach fast denken, der Text von Lev 23 42 sei alteriert. Es
ist doch schon auffällig, dass hier und nur hier im A. T. אֶזְרָח ohne
sein Komplement גֵּר erscheint, und das hinzugefügte בְּיִשְׂרָאֵל kann den
Verdacht nur steigern. Also wäre ich geneigt anzunehmen, dass hier
גֵּר einfach ausgefallen sei.

Anders liegt die Sache in Betreff der Passahfeier. Hier fehlt
es auch an einer ausdrücklichen Notiz nicht. „Wenn bei euch ein
Ger weilt und er will Jahwe das Passah halten, so soll ihm alles
Männliche beschnitten werden, und dann nahe er sich es zu halten
und er soll wie ein Landeseingeborener gelten" (Ex 12 48). Der Ger
kann das Passah also feiern, aber er muss es nicht; nur ist die Bedingung, unter der für ihn die Teilnahme einzig zulässig ist, die Annahme der Beschneidung. „Ein Unbeschnittener darf es nicht essen"
(Ex 12 48). Darum ist in jedem Falle ein Fremder (בֶּן־נֵכָר Ex 12 43)
ausgeschlossen[1]. Auch „Beisass und Lohnarbeiter dürfen es nicht mit-
essen" (Ex 12 45). Aber warum soll ihnen nicht gelten, was für die
Gerim überhaupt gilt, dass sie sich beschneiden lassen können und
dann das Fest mitfeiern dürfen? Wenn wirklich Ex 12 45 absolute
Gültigkeit haben soll, (was uns freilich nicht als ausgemacht scheint),
so wirkt hier offenbar noch eine andere Voraussetzung mit. Wir müssen
uns gegenwärtig halten, dass nach Ex 12 das Passah in erster Linie
Fest der Familie ist; eine jede feiert es für sich oder tut sich, wo sie
selber zu wenig zahlreich ist, dazu mit dem Nachbar zusammen (Ex
12 4)[2]. Darauf also kommt es an, ob der Ger eine Familie hat resp.
mit anderen bilden kann, um das Passah selbständig zu essen. Wie es
scheint, ist dies für Toschab und Sakir nicht der Fall. Wir vergleichen
dazu nochmals den Ausdruck תּוֹשַׁב כֹּהֵן (Lev 22 10), der diese letzte Ver-

---

[1] Vgl. Jos. B. J. VI 9 3: ἀλλ’ οὐδὲ τοῖς ἀλλοφύλοις, ὅσοι κατὰ θρησκείαν
παρῆσαν (sc. ἐξῆν τῆσδε τῆς θυσίας μεταλαμβάνειν).

[2] Die Zahl der Teilnehmer war festgesetzt auf 10 im Minimum, 20 im Maxi-
mum (Jos. B. J. VI 9 3; Trg. Jonat. zu Ex 12 4), vgl. NOWACK, Lehrb. der hebr.
Archäologie II p. 172 Anm. 2.

mutung allerdings stützen könnte. Andererseits scheinen wiederùm Toschab und Sakir nicht wie das Gesinde im engeren Sinne als zur Familie gehörig (vgl. Ex 12 44) betrachtet worden zu sein. Es wirkt hier nach, dass der Sklave als von Alters in die Kultgemeinschaft derselben mit eingeschlossen, vor dem Fremden, der frei geboren ist, in gewisser Beziehung etwas voraus hat[1]. Wir verhehlen uns freilich die Schwäche unserer ganzen Argumentation nicht, wenn wir nur einen Blick auf Lev 25 45 werfen. Unanfechtbar ist dagegen ein anderer Schluss, den wir aus der Passahvorschrift ziehen können: Nicht alle Gerim waren beschnitten. Die Beschneidung wird ihnen aber in P nahegelegt, und es ist keine Frage: das Ideal des Gesetzgebers ist auch in diesem Punkte einerlei Satzung für Gerim und geborene Israeliten.

Wo Gerim die Beschneidung für sich und die männlichen Glieder ihrer Familie auf sich nahmen, da blieb sie offenbar nicht nur die conditio sine qua non zur Teilnahme am Passah, sie wurde notwendig für sie das Mittel, als vollbürtige Glieder in den קָהָל hineinzuwachsen. Die Regel scheint gewesen zu sein, dass dies in dritter Generation geschah; denn sicher gilt das Dt 23 9 den Edomitern und Aegyptern Zugesagte für alle Fremden, denen der Anschluss nicht von vorn herein abgeschlagen wird (תעב; vgl. Ez 47 22), und es ist jedenfalls grundverkehrt, wenn SAALSCHÜTZ[2] wahrscheinlich zu machen sucht, dass bei allen anderen Völkern die definitive Aufnahme in den Gemeindeverband sogleich im ersten Gliede erfolgt sei. Es hat im Gegenteil viel mehr Wahrscheinlichkeit für sich, dass wo ein Ger die Annahme der Beschneidung verschob, sein Geschlecht sich längere Zeit ohne vollen Anteil am religiösen Gemeindeverband als Gerim fortsetzte (vgl. עקר משפחת גר Lev 25 47). Der Vollbürtigkeit in religiöser und kultischer Beziehung folgt ohne Zweifel auf dem Fusse die politische Gleichstellung, wie sie umgekehrt ohne jene undenkbar ist. Wenn es demnach auch zu dieser drei Generationen braucht, so werden wir an die vollständige Analogie athenischer Verhältnisse erinnert. „D'après la définition du mot de citoyen qu'Aristote nous donne, on ne peut néanmoins regarder comme tels que ceux dont les ancêtres paternels et maternels avaient joui, durant trois générations, du droit de cité, puisque ceux-là seuls étaient promus aux premières charges de la République, celles d'archontes[3]."

Je enger für die Gerim der mögliche Anschluss wird, um so natür-

---

[1] Vgl. FUSTEL DE COULANGES, l. c. p. 251.
[2] Mosaisches Recht p. 636.   [3] SAINTE-CROIX, l. c. p. 178.

licher ist die Wiederaufnahme der deuteronomischen Schutzgebote zu ihren Gunsten. Wir lesen: „Und wenn ihr die Ernte eures
Landes einbringt, sollst du nicht die Ecken deines Feldes ganz ab-
ernten und keine Nachlese deiner Ernte sollst du halten. In deinem
Weinberg sollst du nicht Nachlese halten, und was umhergestreut ist
in deinem Weinberg, sollst du nicht auflesen. Dem Armen und dem
Ger sollst du sie lassen; ich bin Jabwe euer Gott" (Lev 19 9 10 vgl.
23 22 19 13). Ferner soll das Sabbathjahr auch Sakir und Toschab zu
Gute kommen (Lev 25 6). Am weitesten geht H mit seinem Gebot
19 33f.: „Und wenn bei dir ein Ger weilt in eurem Lande, sollt ihr
ihn nicht bedrücken; wie ein Eingeborener aus euch soll der Ger sein,
der bei euch weilt, und du sollst ihn lieben, wie dich selbst; denn
Gerim seid ihr gewesen im Lande Aegypten; ich bin Jabwe euer Gott".

Es sollte eigentlich nicht nötig sein, noch einmal daran zu erinnern, dass diese Bestimmungen einzig und allein dem Ger gelten und
nie und nimmer dem בֶּן־נֵכָר [1]. Es bleibt bei dem, was wir über den
Unterschied zwischen beiden oben [2] schon bemerkt haben. Die Scheidung ist eine völlige, weil ihre Stellung zur religiösen und kultischen
Verfassung des Volkes eine entgegengesetzte ist: „War der Kultus
ursprünglich das Band zwischen Israel und dem Heidentum gewesen,
so wurde er jetzt umgekehrt zum Panzer, hinter dem sich der Judais-
mus gegen das Heidentum verschloss" [3].

Fassen wir das über den Ger Gesagte in Kürze zusammen: Ger
ist ganz und gar ein religiöser Begriff geworden. Es bezeichnet den Nichtisraeliten, der unter Israel wohnt und in
seine religiöse Verfassung zum allergrössten Teil oder sogar (durch Annahme der Beschneidung) vollständig aufgenommen ist. In diesem letzteren Falle ist es schon so viel als
Proselyt. Aber es ist der Proselyt noch in einer gewissen Be-

---

[1] Nur Lev 22 25 scheint בן נכר promiscue gebraucht für גר, der 22 18 als Gott
opfernd genannt wird; aber dies ist nichts weniger als sicher und träfe nur dann
zu, wenn der Sinn dieses Verses wäre: auch vom Fremden, der ein Opfer bringen
will (d. h. eben dem V. 18 genannten Ger) sollen die Priester keines der in den
vorangehenden Versen genannten fehlerhaften Tiere zum Opfer annehmen. „Bei
der traditionellen Erklärung von 24 b aber könnte man hier das Verbot, von
Fremden erkaufte kastrierte Tiere zu opfern finden, was zu ירצו לכם besser passte"
(DILLMANN, Komment. z. St.). EWALD (Altertümer p. 44) geht sogar noch weiter,
wenn er aus unserer Stelle glaubt herauslesen zu dürfen, es dürfe kein von einem
Fremden ausserhalb des Landes aufgezogenes Tier dargebracht werden; es sei
nämlich nicht opferbar, weil nicht unmittelbar aus dem Besitze des Volkes selbst
und aus seinem geweihten Gebiete stammend, wozu er Ex 10 26 heranzieht.

[2] s. p. 155.　　　　　[3] WELLHAUSEN, Skizzen I p. 87.

schränkung. Es ist nicht der Fremde schlechthin, der sich der Religion der jüdischen Gemeinde anschliesst, sondern nur der, welcher inmitten dieser Gemeinde schon wohnt. Hier ist ein weiterer Fortschritt denkbar und notwendig. Es kommt ihm in P selber noch Eines zu Hülfe. Wir nennen es in diesem Kapitel an letzter Stelle, weil wir glauben, dass die noch zu entwickelnden Gedanken in P selbst von untergeordneterem Werte waren. Sie gehörten viel weniger dem Leben an als gelehrter Reflexion. Die Gelehrsamkeit hat ja überhaupt unter den Juden seit Ezechiel manchen Satz zu Tage gefördert, der für die Wirklichkeit und das Leben unfruchtbar blieb. Im besonderen Falle war es für P die Art, bei aller sonstigen Geistesverschiedenheit die universalistischen Gedanken der Propheten zu kodifizieren.

Schon die Schöpfungsgeschichte verglichen mit derjenigen von J ist lehrreich. Dort ist ohne alle Reflexion der Verfasser nur an dem geschaffenen Menschen interessiert, dem ein Garten im Osten zur Wohnstätte angewiesen wird. Hier werden bewusst Himmel und Erde mit Allem, was sie erfüllt, in den Kreis der Betrachtung hineingezogen, und durch grosse Genealogieen wird der erste Mensch, den Gott geschaffen, als Stammvater der ganzen Menschheit erwiesen. Der Gott der Priesterschrift ist also recht eigentlich der Gott aller Welt, und sie selber giebt sich als Urkunde einer Religion, die sich bewusst ist, Anspruch erheben zu dürfen auf die Herrschaft über die Welt. Auf ihr Gesetz ist diese schon angelegt[1].

P zieht nun auch die Konsequenz: Ist alle Welt von Gott geschaffen und stammt jeder Mensch von dem erstgeschaffenen ab, so kann sich keiner einem gewissen Verhältnis zu Gott und seinem Gesetze, d. h. aber für P dem Gesetze der Juden entziehen: Zu einem Minimum wenigstens der Gesetzeserfüllung ist auch die ausserisraelitische Menschheit verpflichtet. Früher liess man jeden nach seiner Façon selig werden; das ist jetzt anders geworden, ein Ertrag der Berührung mit der Welt in den letzten zwei Jahrhunderten. Dahin ist zu verstehen Gen 9 4—6: „Nur Fleisch in seinem Leben, d. h. seinem Blute sollt ihr nicht essen. Dagegen euer eigenes Blut will ich fordern. Von allem Vieh will ich es fordern und von allen Menschen. Von der Hand eines jeglichen Bruders will ich fordern das Leben seines Mitmenschen. Wenn einer Menschenblut vergiesst, durch einen Menschen soll dessen Blut vergossen werden; denn nach dem Bilde Gottes hat er den Menschen

---

[1] s. oben p. 154.

gemacht" (vgl. Sach 9 7)[1]. Diese an Gen 1 27 anknüpfende Begründung
verdient besondere Beachtung. Nicht nur dass sie den Gedanken der
Einheit des Menschengeschlechtes voraussetzt und zu starkem Ausdruck bringt: jeder Mensch des Anderen Bruder (איש אחיו 9 5); zum
ersten Male spricht sich darin bei aller sonstigen Verachtung der
ausserisraelitischen Menschheit ein Bewusstsein allgemeiner Menschenwürde aus. Dieser Gedanke ist unentbehrlich, wenn die jüdische Religion nicht an einem einzigen Volke haften bleiben soll. Diese Begründung ist hier auch besonders zutreffend; denn nur an sie kann
sich die Zumutung knüpfen, die an fremde Menschen gemacht wird,
sich dem einzelnen Gebot der Enthaltung des Blutgenusses zu unterziehen. Die Berith, die dagegen Gott seinerseits den Menschen gegenüber auf sich nimmt, ist das Versprechen, hinfort kein Geschöpf mehr
durch die Flut vertilgen zu lassen (9 9 ff.): כל בשר (auch 6 12). Vielmehr will Gott, dass diese Menschheit sich über die ganze Welt ausbreite (9 1 vgl. 1 28) und über sie herrsche (9 2); das ist der Segen,
den er auf Noah und alle seine Söhne, nicht blos auf Sem legt (9 1ff.);
so kann beispielsweise auch der alte Erzvater Jakob den fremden
König segnen (47 7 10). Die Offenbarung stellt sich also dar in
zwei konzentrischen Kreisen, von denen der äussere die
ganze Menschheit umfasst. Damit ist tatsächlich die Grundlage geschaffen, auf der ein Anschluss von Fremden an das
Gesetz auch über die inmitten der Gemeinde schon wohnenden
hinaus ermöglicht ist. Wie dieser Schritt tatsächlich vollzogen
wird, hat in Kürze das letzte Kapitel unseres Abschnittes zu zeigen.

Kapitel V.

Das endgültige Resultat. Der Ger = der Proselyt.

Die Aufnahme von P als Norm der neukonstituierten Gemeinde
bedeutete, dass die Sache Esras und Nehemias den Sieg hatte davon
tragen müssen. Ob sie aber in sich selber stark genug gewesen wäre,
denselben zu behalten und auszunützen, ist sehr fraglich. Die beste
Unterstützung fand sie jedenfalls zunächst in der Gründung der
samarischen Gemeinde, die wir gewiss mit Recht an den Namen
des durch Nehemia vertriebenen Schwiegersohnes Sanballats, des Sohnes
Eljaschibs, knüpfen dürfen, Manasses, wie ihn Josephus[2] nennt, wenn
er ihn gleich bekanntlich um ein Jahrhundert später ansetzt. Es ist

---

[1] „Ich entferne das Blut aus ihrem Munde und die Greuel aus ihren Zähnen."
[2] Ant. XI 8 2 4.

schon längst die Bedeutung des Konkurrenztempels auf dem Garizim
für die weitere Entwickelung des Judentums erkannt und gewürdigt
worden. Die widerstrebenden fremden Elemente wurden von der
samarischen Gemeinde absorbiert; umgekehrt konnte man jetzt in Zukunft viel unbedenklicher Fremde aufnehmen, weil, wer in Jerusalem
die Befriedigung seines religiösen Bedürfnisses suchte, damit schon
aussprach, dass er sie in der samarischen Gemeinde nicht finde; es
war so, dass wer fortan nicht gegen die Einen war, mit den Anderen
war und umgekehrt. „Εἰ δέ τις αἰτίαν ἔσχε παρὰ τοῖς Ἱεροσολυμίταις
κοινοφαγίας, ἢ τῆς ἐν τοῖς σαββάτοις παρανομίας, ἢ τινος ἄλλου τοιούτου ἁμαρ-
τήματος, παρὰ τοὺς Σικιμίτας ἔφευγε [1]."

Was für uns dabei hier in erster Linie in Betracht kommt, ist, dass die
Gründung der samarischen Gemeinde, wie wir annehmen möchten, das
äussere Ereignis war, das den zu Ende des vorigen Kapitels
angedeuteten Schritt ermöglichte und veranlasste.

.Tatsache ist, dass von diesem Zeitpunkte an die jerusalemische Gemeinde anfängt, sich über das Land zu verbreiten, wenn wir dafür auch zumeist nur auf indirekte Beweise angewiesen sind. Sicher aber ist ein solcher daraus abzuleiten, dass
allmählich die hebräische Sprache der aramäischen weicht; vielleicht
war schon das Asdoditische, davon Nehemia spricht, ein aramäischer
Dialekt (Neh 13 24). Ihm tut es in den Ohren weh; wenige Generationen später ist es die allgemeine Umgangssprache geworden. Einen
zweiten Beweis dafür, dass die Gemeinde nicht auf sich selbst beschränkt blieb, findet WELLHAUSEN[2] in der überraschend grossen Bevölkerungszunahme, die sich für das vierte Jahrhundert ohne Mühe
als Tatsache konstatieren lässt. Vielleicht, dass wir auch noch einigen
Einzelheiten der propagandistischen Tätigkeit der Juden nachzuspüren
vermögen. Wir lesen II Chron 30 1: „Und Hiskia sandte an ganz
Israel und Juda, und auch Briefe schrieb er an Ephraim und Manasse,
dass sie kämen zum Hause Jahwes in Jerusalem, das Passah zu halten
Jahwe dem Gotte Israels; V. 10 f.: und die Läufer gingen von Stadt
zu Stadt im Lande Ephraim und Manasse bis nach Sebulon, und sie
verspotteten sie und lachten ihrer. Nur Männer von Manasse, Asser
und Sebulon demütigten sich und kamen nach Jerusalem"; V. 25
heissen diese selben ausdrücklich „Gerim, welche aus dem Lande Israels
gekommen sind". Wir stellen daneben I Chron 13 2: David spricht
zur ganzen Gemeinde Israels: „Gefällt es euch und ist es von Jahwe,
unserem Gott, so lasst uns aussenden zu unseren Brüdern, die in

---

[1] Jos. Ant. XI 8 7.   [2] Isr. u. jüd. Geschichte p. 160.

gemacht" (vgl. Sach 9 7)[1]. Diese an (jen ... knüpfende Begründung verdient besondere Beachtung. Nicht nu... sie den Gedanken der Einheit des Menschengeschlechtes voraussetzt und zu starkem Ausdruck bringt: jeder Mensch des Anderen Bruder (... zum ersten Male spricht sich darin bei alle ... Verachtung der ausserisraelitischen Menschheit ein Bewusstsein allgemeiner Menschenwürde aus. Dieser Gedanke ist unentbehrlich, wenn die jüdische Religion nicht an einem einzigen Volke haften bleiben soll. Diese Begründung ist hier auch besonders zutreffend: denn nur an sie kann sich die Zumutung knüpfen, die an fremde Menschen gemacht wird, sich dem einzelnen Gebot der Enthaltung des Blutgenusses zu unterziehen. Die Berith, die dagegen Gott seinerseits den Menschen gegenüber auf sich nimmt, ist das Versprechen ... rt kein Geschöpf mehr durch die Flut vertilgen zu lassen (9 ... (auch 6 19). Vielmehr will Gott, dass diese Menschheit ... über die ganze Welt ausbreite (9 1 vgl. 1 28) und über sie herrsch ... ; das ist der Segen, den er auf Noah und alle seine Söhne, ni... ... auf Sem legt (9 1 ff.); so kann beispielsweise auch der alte ... Jakob den fremden König segnen (47 7 10). Die Offenbarung stellt sich also dar in zwei konzentrischen Kreisen, von denen der äussere die ganze Menschheit umfasst. Damit ist tatsächlich die Grundlage geschaffen, auf der ein Anschluss von Fremden an das Gesetz auch über die inmitten der Gemeinde schon wohnenden hinaus ermöglicht ist. Wie dieser ... tatsächlich vollzogen wird, hat in Kürze das letzte Kapitel unsres Abschnittes zu zeigen.

Kapitel V.

Das endgültige Resultat. Der ... der Proselyt.

Die Aufnahme von P als Norm der neukonstituierten Gemeinde bedeutete, dass die Sache Esras und Nehemias den Sieg hatte davon tragen müssen. Ob sie aber in sich selbst stark genug gewesen wäre, denselben zu behalten und auszunützen, ist sehr fraglich. Die beste Unterstützung fand sie jedenfalls zunächst in der Gründung der samarischen Gemeinde, die wir gewiss mit Recht an den Namen des durch Nehemia vertriebenen Schwiegersohnes Sanballats, des Sohnes Eljaschibs, knüpfen dürfen, Manasses, wie ihn Josephus[2] nennt, wenn er ihn gleich bekanntlich um ein Jahrhundert später ansetzt. Es ist

---

[1] „Ich entferne das Blut aus ihrem Munde und die Greuel aus ihren Zäh...
[2] Ant. XI 8 : 4.

schon längst die Bedeutun_ d Konkurrenztempels auf dem Garizim
für die weitere Entwickelu z s Judentums erkannt und gewürdigt
worden. Die widerstreben l i fremden Elemente wurden von der
samarischen Gemeinde absot i ; umgekehrt konnte man jetzt in Zukunft viel unbedenklicher Fre e aufnehmen, weil, wer in Jerusalem
die Befriedigung seines r t i n Bedürfnisses suchte, damit schon
aussprach, dass er sie in d r marischen Gemeinde nicht finde; es
war so, dass wer fortan nicl t gen die Einen war, mit den Anderen
war und umgekehrt. _I: v : αίτίαν ἔσχε παρὰ τοῖς Ἱεροσολυμίταις
κοινοφαγίας, ἢ τῆς ἐν τοῖς σαββάτοι παρανομίας, ἢ τινος ἄλλου τοιούτου ἁμαρ-
τήματος, παρὰ τοὺς Σαμαρίτας ἔσχε l."

Was für uns dabei hier in e er Linie in Betracht kommt, ist, dass die
Gründung der samarischen Ge inde, wie wir annehmen möchten, das
äussere Ereignis war, das en zu Ende des vorigen Kapitels
angedeuteten Schritt erm glichte und veranlasste.

Tatsache ist, dass vo diesem Zeitpunkte an die jerusalemische Gemeinde anf gt, sich über das Land zu verbreiten, wenn wir dafür auc zumeist nur auf indirekte Beweise angewiesen sind. Sicher abcr i ein solcher daraus abzuleiten, dass
allmählich die hebräische Si rahe der aramäischen weicht; vielleicht
war schon das Asdoditische, d on Nehemia spricht, ein aramäischer
Dialekt (Neh 13 24). Ihm tut s in den Ohren weh; wenige Generationen später ist es die allgen ine Umgangssprache geworden. Einen
zweiten Beweis dafür, dass e Gemeinde nicht auf sich selbst beschränkt blieb, findet WELLH SEN[2] in der überraschend grossen Bevölkerungszunahme, die sich r das vierte Jahrhundert ohne Mühe
als Tatsache konstatieren lässt Vielleicht, dass wir auch noch einigen
Einzelheiten der propagandisti hen Tätigkeit der Juden nachzuspüren
vermögen. Wir lesen II Chr 30 1: „Und Hiskia sandte an ganz
Israel und Juda, und auch Bri e schrieb er an Ephraim und Manasse,
dass sie kämen zum Hause Jahves in Jerusalem, das Passah zu halten
Jahwe dem Gotte Israels; V. f.: und die Läufer gingen von Stadt
zu Stadt im Lande Ephraim d Manasse bis nach Sebulon, und sie
verspotteten sie und lacht en er. Nur Männer von Manasse, Asser
und Sebulon demütigten el und kamen nach Jerusalem"; V. 25
heissen diese selben ausdrückli „Gerim, em Lande Israels
gekommen sind". Wir s danebe Γ
zur ganzen Gemeinde Is יI
unserem Gott, so las

gemacht" (vgl. Sach 9 ??)[1]. Diese an Gen... anknüpfende ...
verdient besondere Beachtung. Nicht ... ... aus dem ...
Einheit des Menschengeschlechtes ... und ...
druck bringt: jeder Mensch des Andern ... (... ...
ersten Male spricht sich darin bei alle ... Vers...
ausserisraelitischen Menschheit ein B... ... ...meiner ?
würde aus. Dieser Gedanke ist unentbehr... ... die jüd...
gion nicht an einem einzigen Volke ... ... soll.
gründung ist hier auch besonders zutr... ... nur ...
sich die Zumutung knüpfen, die an frem... Menschen ...
sich dem einzelnen Gebot der Enthaltu... ... genau...
ziehen. Die Berith, die dagegen Gott ... ... den Mens...
über auf sich nimmt, ist das Versprechen ... ... kein Ge...
durch die Flut vertilgen zu lassen (9 ?? ... ... (auch
mehr will Gott, dass diese Menschheit ... ... die ganz...
breite (9 ? vgl. 1 ??) und über sie herrsc... ...: das ist ...
den er auf Noah und alle seine Söhne, ... auf Sem...
so kann beispielsweise auch der alte E... J..kob ...
König segnen (47 ? ??). Die Offenbarung stellt sich ...
zwei konzentrischen Kreisen, von ... der ä...
ganze Menschheit umfasst. Damit in tatsächlich ...
lage geschaffen, auf der ein Anschl... von Frem...
Gesetz auch über die in mitten der Gemeinde schon ...
hinaus ermöglicht ist. Wie dieser S... tatsächlich ...
wird, hat in Kürze das letzte Kapitel un... Abschnitte...

Kapitel V.

Das endgültige Resultat. Der G... der Prosel...

Die Aufnahme von P als Norm der ... konstituierte...
bedeutete, dass die Sache Esras und Nehemias den Sieg
tragen müssen. Ob sie aber in sich selber ... genug ...
denselben zu behalten und auszunützen, is sehr fragl...
Unterstützung fand sie jedenfalls zunächst... der G...
samarischen Gemeinde, die wir gewiss mit R...
des durch Nehemia vertriebenen Schwiegerso...
Eljaschibs, knüpfen dürfen, Manasses, wie ...
er ihn gleich bekanntlich um ein Jahrh...

---

[1] „Ich entferne das Blut aus ihrem M...
[2] Ant. XI 8 ? ?.

den Fremden
iderten.

irer Berührung

zu Ende gekommen
Erklärung einzelner
liese Frage vielleicht
ion darauf hinweisen,
Stellung der nach-
:hgängige Einheit-

artei, die sich dem Ideal
2. Sie hatte nun also ein
ler unter Israel weilenden
r Folgezeit, die unter
, zu tun einzig übrig bleiben
ins Haarkleine hinein, wie
indsatz selbst aber liess sich
Israel überhaupt wohnen
deutet ja jetzt der Ausdruck
unterworfenen Amoriter, He-
David zum Tempelbau voraus-
sächlich dazu verordnet werden
inzlich verkehrt in II Chron 2 16
ie Zahl der Fremdlinge in Israel
auf seine 153 600 Gerim gerät,

allen Landen Israels zurückgeblieben sind, sowie zu den Priestern und
Leviten in den Ortschaften . . . dass sie sich zu uns sammeln"; und
II Chron 15 9: „Und er (Aṣa) versammelte ganz Juda und Benjamin
und die, welche bei ihnen Gerim waren aus Ephraim, Manasse und
Simeon; denn es waren in grosser Zahl von Israel zu ihm übergegangen,
da sie sahen, dass Jahwe, sein Gott, mit ihm war". Sicher ist STADE [1]
im Recht, wenn er in solchen Stellen eine Anspielung auf die Aufnahme von Proselyten aus Galiläa sehen möchte, nachdem sich zuvor
die Mission über Juda und Benjamin (II Chron 15 9) erstreckt hat.
Ich möchte dazu vergleichen ψ 80 3: „Vor Ephraim, Benjamin und
Manasse setze deine Macht in Bewegung und komme uns zu Hülfe".
Die gemeinsame Gefahr, in die sie (— es handelt sich wohl erst um
die Verfolgung des Antiochus Epiphanes) mit Juda geraten sind, wird
veranlasst worden sein durch die Gemeinschaft religiöser Interessen;
das ist immerhin wenigstens eine mögliche Lösung der Frage, warum
gerade sie genannt sind [2]. Ferner ist anzuführen ψ 68 [3], wo es bei
Beschreibung einer Prozession heisst: „Da ist Benjamin klein (רֹדֵם?),
die Fürsten Judas, ihre lärmende Schaar [4], die Fürsten Sebulons, die
Fürsten Naphthalis". (V. 28): WELLHAUSEN [5] möchte auf die Nennung
Basans in demselben Psalm die Annahme gründen, dass dann das
Land jenseits des Jordans an die Reihe gekommen sei wie andererseits die Seeküste (ψ 87 4).

Jedenfalls stützen sich alle diese Indizien gegenseitig und weisen
uns notwendig darauf hin, dass damals, also nach Gründung der samarischen Gemeinde, die jüdische, in ihrer nächsten Umgebung wenigstens,
die propagandistische Tätigkeit begonnen hat. In der angeführten
Stelle II Chron 30 25 erscheint „Gerim" schon ganz als terminus technicus zur Bezeichnung derjenigen, die sich dem Judentum angeschlossen
haben: In der Zeit zwischen P und dem Chronisten hat sich
also der Schritt vollzogen: גר hat den spezifischen Sinn bekommen, in dem es später in die thalmudische Litteratur.
übergegangen ist; es braucht nicht mehr der in der jüdischen Gemeinde sich aufhaltende Fremde zu sein, es ist der Fremde überhaupt, der ihre Religion angenommen hat. In Einem Worte:
Der Ger ist der Proselyt geworden.

---

[1] Gesch. Isr. II p. 198 f.

[2] Vgl. BÄTHGEN, Psalmenkomment. z. St.: „Weshalb gerade Ephraim, Benjamin und Manasse genannt sind, lässt sich nicht mit Sicherheit ausmachen".

[3] Wie die Hoffnung auf weiteren Anschluss damals rege ist, zeigt V. 19 c.

[4] l. רשמתם für רגש", s. BÄTHGEN z. St.

[5] Isr. u. jüd. Geschichte p. 163.

Sechster Abschnitt.
Die Stellung der palästinensischen Juden zu den Fremden in den letzten vorchristlichen Jahrhunderten.

Kapitel I.
Die Stellung der Juden zu den Fremden vor ihrer Berührung mit dem Hellenismus.

Ob Esra und Nehemia mit ihrem Werke ganz zu Ende gekommen sind? — wir versprachen uns die Möglichkeit der Erklärung einzelner Erscheinungen in der Folgezeit davon, dass diese Frage vielleicht nicht zu bejahen sei[1]. Das mag uns denn schon darauf hinweisen, dass wir nicht erwarten dürfen, in der Stellung der nach-exilischen Juden gegen Fremde durchgängige Einheitlichkeit zu finden.

Allerdings die Herrschaft gehörte der Partei, die sich dem Ideal eines Esra und Nehemia angeschlossen hatte. Sie hatte nun also ein Gesetz, und darnach war, was die Stellung der unter Israel weilenden Fremden betraf, genau geregelt. Was der Folgezeit, die unter dem Zeichen des Schriftgelehrten steht, zu tun einzig übrig bleiben konnte, waren genauere Distinktionen bis ins Haarkleine hinein, wie sie ihrem Geschmacke zusagten. Am Grundsatz selbst aber liess sich nicht rütteln: Wer als Fremder unter Israel überhaupt wohnen will, muss Proselyt werden; das bedeutet ja jetzt der Ausdruck גר. So erscheinen in der Chronik die unterworfenen Amoriter, Hethiter, Pheresiter und Jebusiter, die von David zum Tempelbau vorausbestimmt (I 22 2) und von Salomo tatsächlich dazu verordnet werden (II 2 16), als Gerim. Es ist nämlich gänzlich verkehrt in II Chron 2 16 eine Angabe finden zu wollen über die Zahl der Fremdlinge in Israel zur Zeit Salomos. Wie der Chronist auf seine 153 600 Gerim gerät,

---
[1] s. oben p. 152.

ist allzu durchsichtig. I Reg 5 29 f. heisst es, Salomo habe 70 000 Lastträger und 80 000 Steinhauer gehabt ohne seine Oberaufseher über das Werk: 3300. Die Summe der Frohnarbeiter giebt dem Chronisten einfach die Summe der Fremden (nur dass er in I Reg 5 30 zwischen den beiden שׁ des zweiten שׁלשׁ das ל nicht gelesen hat, also שׁשׁ; vgl. II Chron 2 1 17). Es ist für ihn natürlich Dogma geworden, was der Verfasser von I Reg 9 22, um den Vorzug der eigenen Volksgenossen recht hell zu beleuchten, sich zurechtgelegt hat [1], dass nämlich Salomo zur Arbeit nur die unterworfenen Kanaaniter herangezogen habe. Aber unbekehrt dürften sie nach der Anschauung des Chronisten zum Tempelbau nicht mit Hand anlegen. Entsprechend stempelt er die 600 Gibborim Davids zu Leviten. Ja, wer nur mit Juden in Beziehung tritt, wird von ihrer Religion berührt. Hiram muss der Einzigartigkeit des Judengottes wenigstens zuerst seinen Tribut bezahlen. Im Bericht des Königsbuches (I 5 21) hat er Jahwe gepriesen, dass er David einen weisen Sohn gegeben; beim Chronisten preist er eben dafür „Jahwe, den Gott Israels, welcher Himmel und Erde gemacht hat" (II 2 11). Er ist also auf dem besten Wege, Proselyt zu werden. Diese Geschichtsbetrachtung projiziert einfach spätere Verhältnisse in die Vergangenheit zurück. Schon zu Salomos und zu Davids Zeiten muss es Proselyten gegeben haben. Spätere schreiten auf dieser Bahn konsequent weiter und lassen beispielsweise den Abraham in Haran die Männer, Sara die Frauen bekehren [2]. Nach dem Thargum tötet Moses den Aegypter, weil er sah, dass kein Proselyt (גבר גיור) von ihm abstammen werde [3]; umgekehrt hat sich die Pharaonentochter, als sie Moses findet, zum Nil begeben, um ein Proselytenreinigungsbad zu nehmen [4] u. s. w.

Das Gesagte legt uns die Frage sehr nahe, ob sich denn das tatsächliche Vorhandensein von Proselyten in der nachexilischen Gemeinde nicht bestimmt nachweisen lasse, und das glauben wir wirklich tun zu können, indem wir in einigen Psalmstellen eine Anspielung auf solche finden möchten. Freilich bleibt die Datierung dieser Stellen unsicher, und vielleicht führt uns ihre Mehrzahl

---

[1] s. oben p. 48 Anm. 2.

[2] Bereschith rabba c. 84. 48 vgl. c. 43, Tanchuma lech lecha 12 bei WEBER, System der altsynagogalen paläst. Theologie, hrsg. v. DELITZSCH und SCHNEDERMANN 1880, p. 257 f.

[3] LEVY, Tharg. Wörterbuch, s. voce גִּיוֹר; ebendas. s. voce גִיר aus dem jerusalem. Thargum einige andere Beispiele angeblicher Proselytenmacherei aus alter Zeit.

[4] Sota 12 b. l. 1 Megilla 13ᵃ l. 11 bei DANZ, Baptismus Proselytorum in Meuschen (N. Test. ex Talmude illustr. 1736) p. 264.

in etwas spätere Zeit hinab. Wahrscheinlich gehört aber schon dem ersten nachexilischen Jahrhundert ψ 85 [1] an, und hier dürfte V. 9, wo wir am Schlusse nach LXX lesen: וְאֵלֵי שָׁבֵי מַעַם לֹה, einen Hinweis auf Proselyten enthalten. Wir haben aber namentlich im Auge die Stellen ψ 115 9—11 118 4 135 20 [2]. Wir gehen aus von ψ 115. Drei Kategorien Menschen werden zum Vertrauen auf Gott aufgefordert: יִשְׂרָאֵל, בֵּית אַהֲרֹן und יִרְאֵי יְהֹוָה (V. 9—11). יִשְׂרָאֵל ist uns schon Esr 10 25 begegnet, in Gegensatz gestellt zu den Klerikern, d. h. in der Bedeutung „Laien". Diesen werden entgegengesetzt die aus dem Hause Aaron, d. h. die Priester; dann aber muss unseres Erachtens יִרְאֵי יְהֹוָה auch eine besondere Klasse bezeichnen. Sie wird an letzter Stelle genannt: es sind die, die zu den anderen hinzugekommen sind, eben nichts anderes als: Proselyten. In der gleichen Reihenfolge wird der Segen Gottes über die drei Klassen herabgewünscht und hinzugefügt bei den Proselyten: „die kleinen mitsamt den grossen. Jahwe wolle euch mehren, euch selbst und eure Kinder" (V. 12—14). Dieser letzte Zusatz beweist doch aufs Schlagendste, dass unter יִרְאֵי י in der Tat Proselyten zu verstehen sind. „Die kleinen und die grossen" aber soll nach BÄTHGEN [3] bedeuten: „Die von vornehmer und geringer Abkunft" (wie Jer 6 13). Vielleicht aber dürfen wir hier bei den kleinen doch gerade an die Söhne denken, denen der unmittelbar darauf folgende Wunsch gilt. Dass sie besonders erwähnt würden, liesse sich verstehen, wenn sie bestimmt waren, als Stammväter ächter Juden zu gelten, sofern sich in der dritten Generation der Unterschied von Proselyten und Juden verwischt [4]. Von dieser Stelle aus werden wir 118 4 135 20 nicht anders auffassen; dort findet sich dieselbe Dreiteilung, während hier neben das Haus Aarons das Haus Levis als vierte Klasse hinzutritt.

Die drei letztgenannten Stellen lehren uns, dass neben Gerim mit der Zeit als zweiter terminus יִרְאֵי יְהֹוָה getreten sein muss. Einen Unterschied zwischen beiden vermöchten wir nicht anzugeben. Auch der יִרְאֵי יְהֹוָה ist der Proselyt. Wann sich dieser zweite Terminus

---

[1] SCHULTZ weist darauf hin, dass er eine ähnliche Zeit voraussetze, wie Sach 1 12 ff.

[2] Zur Datierung dieser Psalmen ist zu bemerken a) ψ 115 gehört mit in die Reihe des Hallel. (ψ 113—118). (Zwar wird הַלְלוּיָה V. 18 von LXX zu ψ 116 gezogen; aber dafür zieht sie das הַלְלוּיָה von ψ 113 9 an den Anfang von ψ 114, mit welchem sie ψ 115 verbindet). b) ψ 118 lässt sich am einfachsten auf die Reinigung und Weihe des Tempels durch Judas Makkabäus im Jahre 165 beziehen (I Makk 4 36 59 II Makk 10 1—7). c) ψ 135 weist sich von selbst durch seine zahlreichen Citationen als spät aus.

[3] Komment. z. St.   [4] s. oben p. 173.

gebildet hat, ist nicht mehr auszumachen. Die Zeit des Judas Makkabäus ist jedenfalls der terminus ad quem [1]. Vielleicht haben wir nicht
zu weit zurückzugehen. Denn der Ausdruck findet sich oft in den
Psalmen, wo er zweifellos nur Bezeichnung der Gläubigen überhaupt
ist (z. B. 15 4 66 16); als solcher aber wurde er missverständlich, sobald er im besonderen Sinne die Proselyten bezeichnete. ψ 22 24
könnte man sogar einen Augenblick schwanken, ob nicht an Proselyten zu denken sei, die dem Samen Israels und Jakobs (im gleichen
Verse) entgegengesetzt wären.

Ein Psalm verdient eine besondere Bemerkung, ψ 87. Bäthgen[2] hält ihn für
nächstverwandt mit Jes 19 25, sowie überhaupt mit denjenigen Weissagungen der
Propheten, welche die Bekehrung der fremden Völker in Aussicht nehmen, nur
dass er nicht von der Bekehrung der Völker in ihrer Gesamtheit, sondern von
einzelnen Proselyten rede (V. 4). Er weist den Psalm ferner dem Ausgang des
siebenten oder Anfang des sechsten Jahrhunderts zu und bemerkt zu V. 4: „Der
Dichter denkt an Proselyten aus jenen Völkern, die nach unserer Stelle zu seiner
Zeit schon existiert haben dürften"[3]. Daraus ergäbe sich für uns eine wichtige
Konsequenz, und wenn die Zeitbestimmung richtig wäre, hätten wir im Obigen
etwas Hauptsächliches vernachlässigt. Aber wir können uns Bäthgens Auffassung
in keiner Weise anschliessen, glauben vielmehr, dieser Psalm habe mit Proselyten überhaupt gar nichts zu tun. Zur Erklärung kommt es vor allem
darauf an, was wir unter den Worten זֶה יֻלַּד שָׁם zu verstehen haben. Von Jerusalem gebürtig sein nun heisst so viel als in Jerusalem seine ideelle Heimat, das
Bürgerrecht haben; das kommt selbstverständlich allen zu, die in Zion wohnen
(denn Nichtjuden sollen überhaupt von Jerusalem ausgeschlossen sein). Daher
Gott, der beim Verzeichnen der Völker (V. 6) Buch führt über alle, die das jerusalemische, d. h. theokratische Bürgerrecht haben, bei Zion sagen kann: „jeder ist
darin gebürtig" (V. 5), d. h. jeder ist theokratischer Bürger, resp. „mein Bekenner"
(V. 4 יֹדְעָי). Wie er aber die anderen Länder durchmustert, findet er nur hie
und da wieder einen „der daselbst geboren" (V. 4) resp. Jahweverehrer ist. Dabei
liegt denn nun auf der Hand, dass man nicht weiter zu gehen braucht, als die
in der Diaspora wohnenden Juden damit bezeichnet zu sehen; es stellt sich dann
dieser Psalm einfach neben ψ 48 11. Damit hängt auch an seinem Alter für uns
nicht viel. In keinem Falle aber vermöchten wir ihn in der vorexilischen Zeit
unterzubringen, trotz des Namens Babel; dieses ist hier apokalyptischer Name zur
Bezeichnung der gerade herrschenden Weltmacht geradesogut wie Rahab apokalyptischer Name ist.

Von den Gerim wird in den Psalmen gelegentlich ausgesagt, dass
Gott sie behüte (146 9), und ein Frevel an ihnen wird als besondere
Sünde gebrandmarkt (94 6). Irren wir aber nicht, so traut man ihnen
doch nicht ganz, wie uns ein Beispiel aus der Chronik zu beweisen
scheint. Sie macht zwar, schon Erwähntem entsprechend, Obed Edom
aus Gath zum Leviten (I 15 21), genauer zu einem Thorhüter (I 15 18 24

---

[1] s. d. vorige Seite Anm. 2.   [2] Komment. z. St.
[3] Vgl. H. Schultz, Alttest. Theologie [4] p. 388 f.

16 5 38). Aber dass die Lade Jahwes in seinem Hause gewohnt habe, erscheint ihr doch als gar zu bedenklich; deshalb liest sie 13 14: עם בֵּית עֹבֵד־אֱדֹם בְּבֵיתוֹ: sie wohnt „im Hause Obed Edoms in ihrem eigenen Gehäuse". So wird zwischen der heiligen Lade und dem profan-menschlichen Hause des Gathiters noch eine eigene Scheidewand hineingebaut; das ist von den Uebersetzern der Chronik, von Luther bis auf DE WETTE und den Uebersetzer im KAUTZSCHschen Bibel-werk [1], nicht verstanden worden. Auch die Tochter Pharaos, Salomos Weib, ist nach der Chronik, obwohl sie vermutlich als Proselytin ge-dacht wird, zu wenig heilig, als dass sie in der Davidsstadt wohnen bleiben könnte; sie muss daher in das eigens für sie gebaute Haus umziehen (II 8 11).

Ueberhaupt gewährt uns die Chronik in die Gedankenwelt der Gesetzestreuen einen interessanten Einblick, den wir uns nicht ver-sagen wollen, weil er für uns äusserst lehrreich ist. In aller Welt steht für sie das Judenvolk einzig da (I Chron 17 21: גּוֹי אֶחָד בָּאָרֶץ); denn sein Gott ist himmelweit verschieden von allem anderen, was Gott heissen möchte (II 32 17 19 8). Der Bericht II Sam 5 21 hatte David und seine Leute die Götter [2] der geschlagenen Philister nehmen lassen; I Chron 14 12 befiehlt David sie zu verbrennen. Ob ein alter Israelit gewagt hätte, das zu tun? (vgl. die Geschichte der Jahwelade bei den Phi-listern). Von Amazia berichtet der Chronist wohl, dass er die Götter der Söhne Seirs zurückgebracht und aufgestellt habe (II 25 14 ff.); aber das ist ihm gerade recht, um seine Niederlage zu motivieren. Es ist unmöglich, dass der fromme König Josaphat mit Edom vereint gegen Ammoniter und Moabiter gezogen sein kann (II Reg 3 9 ff.); darum lässt er ihn gegen sie kämpfen (II 20 10 22 f.). Selbst dass Joram von Israel mit ihm verbündet gewesen sei, wird wohlweislich verschwiegen; denn schon ein Pacifizieren mit Israel erscheint als Sünde (II 20 35—37). „Lass das Heer von Israel nicht mit dir ziehen; denn Jahwe ist nicht mit Israel, allen Söhnen Ephraims" (II 25 7). Natürlich, dass dann Asa für seinen Bund mit dem Syrerkönig die gemessene Strafpredigt eines Propheten zu hören bekommt (II 16 7). Mit Ausnahme der genannten ägyptischen Königstochter werden Salomos fremde Weiber sorgfältig verschwiegen, damit vom gepriesenen Tempelerbauer eine so schwere Sündenlast ferngehalten bleibe. Nur am Ende der Geschichte Reha-beams wird seine ammonitische Mutter erwähnt (II 12 13); aber der

---

[1] In den kritischen Anmerkungen (p. 93) wird dazu bemerkt: „streiche בְּבֵיתוֹ als näherbestimmende Glosse zu "עֹ"בֵ"ד; höchstens wäre noch die Fassung denkbar: bei der Familie O. in seinem Hause". Masculinisch ist אָרוֹן z. B. auch I Sam 6 8.

[2] l. mit LXX und I Chron 14 12 statt אֱלֹהֵיהֶם: עֲצַבֵּיהֶם.

Chronist versäumt nicht unmittelbar daran die Worte anzuschliessen:
„Und er (Rehabeam) tat Böses; denn er richtete nicht sein Herz,
Jahwe zu suchen". Auch die Mörder des Joas, der trotz zeitweiligem
Abfall im ganzen doch tat, was recht war, werden wenigstens mit
fremden Müttern bedacht, der eine mit einer Moabilin, der andere mit
einer Ammonitin (II 24 26). Nicht zwar werden wir versuchen, alle
Mischehen, von denen wir hören, auf Tendenz zurückführen zu wollen;
zuweilen haben sie nichts mehr auf sich, als dass sie als Umdeutung
geographischer oder ethnologischer Verhältnisse verstanden sein wollen,
so z. B. I 7 14. Nur beiläufig aber möchte ich die Frage aufwerfen,
ob es ganz zufällig sei, dass der, welcher Bithja, die Tochter Pharaos
zum Weibe nahm, מֶרֶד (I 4 18) heisst, d. h. Widerspenstigkeit, Abfall
(Jos 22 22).

Diese wenigen Beispiele mögen schon genügen, um uns über die
Stimmung der Gesetzestreuen gegen die Fremden ausserhalb des eigenen
religiösen Verbandes zu orientieren. Aber die Herrschaft dieser „Orthodoxen" war keineswegs eine unbestrittene. Der flüchtigste Blick auf
die Psalmen führt uns das Bild eines bewegten Kampfes vor Augen:
Partei und Partei stehen einander gegenüber. Hier haben sich,
wie es scheint, die Gesetzestreuen zusammengeschlossen zu einer ec-
clesiola in ecclesia oder vielleicht richtiger einer Kirche im Staat (1 5
22 23 26 26 12 35 18 40 10f. 62 9 [1] 68 27 89 6 8 107 32 109 30 111 1 116 14 18
119 63 149 1); dort sind aus Reaktion die Andersgesinnten ebenfalls
zum Zusammenschluss getrieben worden (1 1 22 17 26 5 50 20 64 3 86 14
94 21). Wen haben wir uns unter diesen Letzteren vorzustellen? Und
insbesondere, fällt aus dem Vorhandensein dieser Parteien vielleicht
nicht einiges Licht auf die Stellung der nachexilischen Gemeinde zu
den Fremden? Hier ist der Punkt, wo wir an das zu Anfang unseres
Kapitels Erwähnte anzuknüpfen haben. Wir müssen uns erinnern, mit
wie viel Mühe es Esra und Nehemia nur gelang, für den Augenblick
wenigstens Herr über die fremden resp. fremdenfreundlichen Elemente
zu werden, wie dabei das Meiste die Macht ihrer Persönlichkeit getan zu haben scheint. Es lässt sich von vorn herein annehmen, dass
nach ihrem Tode diese Elemente in irgend einer Weise sich wieder
regten. Wir nehmen ferner vorweg, worauf wir später des Näheren
zu reden kommen werden, dass Antiochus Epiphanes eine ganze Partei
vorfindet, die sich bereitwilligst dem Hellenismus in die Arme wirft.
Zwischen jenem Anfangspunkt und diesem Endpunkt muss notwendig
eine Verbindungslinie existieren. Es muss in der nachexilischen

---

[1] 1. mit LXX: בָּטְחוּ בוֹ כָל־עֲדַת עָם.

Gemeinde fremdenfreundliche Elemente gegeben haben in der Art derer, die Esra und Nehemia zu bekämpfen hatten. Diese Geschichtskonstruktion erscheint so natürlich, dass es eines Beweises kaum mehr bedürfte. Nun aber ist Beweis genug eine so enge Verquickung der Begriffe רשעים und גוים in den Psalmen, dass es oft schwer hält, wo nicht gar unmöglich ist zu bestimmen, ob unter jenen geradezu Heiden oder nur abtrünnige, heidenfreundliche Juden zu verstehen sind[1]. Sehr gut sagt Isid. Loeb[2]: „La situation du méchant est d'abord équivoque; il est avec les nations, et cependant en réalité il fait partie du peuple juif". .... „Le méchant est pour ainsi dire l'étranger de l'intérieur comme les nations sont les méchants du dehors." Beides fliesst eigentlich in einander über, denn die Charaktere sind einander wesentlich gleich; es giebt schliesslich einfach „Gottlose der Erde" (75 9 119 119) wie umgekehrt עניי הארץ (76 10). Die in den Psalmen bekämpften „Gottlosen" — gelegentlich heissen sie auch einfach die Sünder (1 1 Jes 33 14) — sind aber meist israelitischer Abkunft (41 10 55 14 73 15 27 (זנה) 88 9 19, vgl. 119 53 126 139 18 22). Aber freilich nur der Abkunft nach sind sie Israeliten, der Art nach Fremde und Heiden, darum heissen sie die „Halben" (119 113 סעפים). Ja, so weit geht ihre Entfremdung, dass man gegenseitig im Verhältnis des נכרי steht (69 9). Das müssen wir wohl im Auge behalten, um Stellen richtig zu beurteilen, wo man auf den ersten Blick geneigt sein möchte, auch an fremden Ursprung der bekämpften Gegner zu denken. So ist es ψ 114 7f. 11, wo dieselben בְּנֵי גֵכָר genannt werden, während sie doch die Bemerkung, ihr Mund rede Falschheit und ihre Rechte sei eine Lügenrechte, mit überwiegender Wahrscheinlichkeit als innere Feinde charakterisiert; sie könnten also doch wohl geborene Juden sein. Anders liegt die Sache 18 45f.; dagegen wäre ganz ähnlich 35 15, wenn nach der Konjektur Olshausens statt נכים zu lesen ist: נֶכְרִים. Umgekehrt wird 54 5, wo wir im Zusammenhang am ehesten an innere Feinde zu denken haben, dem זָרִים des massorethischen Textes die Lesart זֵדִים vorzuziehen sein, die das Thargum und einige hebräische Handschriften (wie ψ 86 14) bieten. Selbst da noch dürften vielleicht unter den Gegnern Juden verstanden sein, wo dieselben nicht nur als Gottesleugner (14 1 = 53 2 3 3 4 7 10 4 14 4 28 5 36 2), sondern sogar als Götzendiener dargestellt werden (16 4 31 7 vgl. 44 21 81 10), über die der Sprecher des Psalmes sich im Festhalten an Gottesdienst und Tempel erhebt (27 6). Da-

---

[1] Dass beispielsweise an Stellen wie 36 2 91 8 רשעים „sicher" Bezeichnung sei von Heiden, wie Smend (Religionsgesch. p. 379 Anm.) will, leuchtet nicht ohne weiteres ein.

[2] l. c. p. 36. 39.

mit soll freilich nicht behauptet werden, dass nicht das eine oder andere
Mal die bekämpften inneren Feinde tatsächlich fremden Ursprunges
gewesen sein könnten.

Was das Wesen dieser „Gottlosen“ anbetrifft, so werden
ihnen meist Zungensünden zur Last gelegt; doch führt ihre Opposition
von Verläumdung und Spott durch Hinterlist gelegentlich bis zum
Blutvergiessen. Hier werden wir unwillkürlich an eine Erzählung des
Josephus erinnert, die einzige überhaupt, die uns aus dem ersten Jahrhundert nach Nehemia überliefert ist. Er erzählt uns nämlich[1]: Der
Hohepriester Johanan, Enkel Eljaschibs, hat einen Bruder Josua, der
ihm seine Würde streitig macht. Zu diesem Zweck stützt er sich auf
die Freundschaft des persischen Statthalters Artaxerxes II. Mnemons
(404—358), des Bagoses, der ihm zu helfen verspricht. Dadurch
sicher gemacht, reizt Josua seinen Bruder dermassen, dass dieser ihn
im Tempel erschlägt. Diese Geschichte[2] ist nicht uninteressant: sie
zeigt uns auch, was uns noch öfter begegnen wird, wie man sich durch
weltliche Koalition den Weg zur geistlichen Würde zu bahnen suchte;
so wenig war gerade den Hohen unter den Juden das Absonderungs-
streben in Fleisch und Blut übergegangen, und das war ja eine innere
Notwendigkeit; denn von selber bringt jedes Trachten nach äusserer
Würde und Macht eine gewisse „Verweltlichung“ mit sich. Es stimmt
damit nur zusammen, dass die in den Psalmen bekämpften Gegner,
die Fremdenfreunde, wie wir sie oft geradezu nennen möchten, den
oberen Ständen angehört zu haben scheinen (vgl. ψ 119 23 161), die
auch im Besitze des Landes waren (37 9), so dass sich ihnen gegenüber die Frommen in der Bezeichnung der Armen und Elenden ge-

---

[1] Ant. XI 7 1.

[2] In dem jüngst erschienenen Buche WILLRICHS: „Juden und Griechen“ hat
sie eine ganz andere Deutung erhalten. Sie ist ihm nur der Beweis, dass bei
Jason von Cyrene die Tatsachen in schlimmster Weise gefälscht sind, der Tendenz
zu Liebe, den Leontopolistempel zu Gunsten des jerusalemischen zu diskreditieren
(p. 88). Unsere Geschichte stammt nach ihm aus Pseudo-Hekatäus, der um 100
gelebt habe (p. 168) und die Quälereien, welche die Juden von den syrischen
Königen zu erleiden hatten, in die Perserzeit verlege (p. 89). Darnach ist Bagoses
einfach = Antiochus Epiphanes (p. 89), Johanan = Menelaus, Josua = Jason,
welch letzterer also tatsächlich von Menelaus im Tempel erschlagen worden sei
(p. 120)! Solche Kritik bedarf keiner Antikritik. Wenn WILLRICH übrigens einfach behauptet: „Die Worte „μήτε παρ’ Ἕλλησι μήτε παρὰ βαρβάροις“ zeigen, dass
die Geschichte aus einem Schriftsteller stammt, der Hellene war oder vielmehr
für einen Hellenen gelten wollte, d. h. aus Pseudo-Hekatäus“ (p. 89), so hat er
übersehen, dass sie z. B. auch Ant. XVI 6 8, B. J. V. 1 3, c. Ap II 39 stehen in
einem Zusammenhang, wo sie aus des Josephus eigenster Feder geflossen sein
müssen, und wo nicht an eine von ihm benützte Quelle zu denken sein kann.

fielen (עָנִי וְאֶבְיוֹן[1]: 9 19 12 6 35 10 37 14 40 18 70 6 72 4 74 21 86 1 109 16 140 13 vgl. Seph 3 12).

Die Stellung, welche die Frommen zu ihnen einnehmen, ist nun eine rein ausschliessende; sie wollen eben ungestört als die „Stillen im Lande" (35 20), abgeschlossen allein ihrem Gesetze leben. So meidet man für die Gegenwart schon den Umgang mit ihnen (6 9 101 4 141 4); der Schriftgelehrsamkeit eröffnet sich hier ein weites Feld, durch kasuistische Gebote und Verbote betreffs Reinheit und Unreinheit die Kluft allmählich zu vergrössern. Tatsache ist, dass die Schonung, welche die Juden früherer Zeiten gegen die im Lande ansässigen Heiden geübt, und der Umgang, den sie mit ihnen gepflogen haben, als eine ihrer hauptsächlichsten Verschuldungen erscheint (106 34ff.), während doch Gott selbst das Beispiel gegeben hatte, dass sie zu vertreiben waren (78 55 80 9); denn Israels Feinde sind auch seine Feinde (66 3 74 8 83 3 etc.). Die Tätigkeit Gottes, durch die er die Gemeinde von diesen Elementen säubert, heisst in späterem Sprachgebrauch sein מִשְׁפָּט (Jes 30 18); man war nur zu geneigt, darin nicht blos die Entschuldigung für das eigene Verfahren, sondern geradezu den Antrieb und die Anregung dazu zu sehen. Die Stimmung gegen die Gegner fand wohl ihren zutreffendsten Ausdruck in den Worten: (139 21f.) „Sollt ich, die dich hassen, Jahwe, nicht hassen und verabscheuen, die sich wider dich erheben? Mit vollkommenem Hasse hasse ich sie und sie sind mir zu Feinden". Diesem Verhalten in der Gegenwart entspricht für die Zukunft die Erwartung ihres Ausschlusses aus Land und Gemeinde (1 5 5 5 10 16 101 8, namentlich ψ 37, wonach den Frommen künftig der Besitz des Landes gehört V. 9 11 22 29 34), wie die Hoffnung des gänzlichen Unterganges aller Gottlosen (1 6 2 5 9 7 10 etc.), resp. ihrer Unterwerfung unter Jahwe (33 8 68 19 30 32) oder unter Israel (2 8 18 46 47 4 72 8ff.). Ein Beispiel, wie „die späteren Juden den Wunsch und die Hoffnung, dies Aergerniss aller Aergernisse aus der Welt verschwinden zu sehen, zur Zeit und zur Unzeit aussprechen mussten"[2], liefert Seph 1 3, wo das Bedürfnis, auf Menschen und Tiere, Fische und Vögel, die hingerafft werden sollen, noch die Gottlosen folgen zu lassen, auf Rechnung eines solchen zu setzen ist. Und zwar ist das Hauptanliegen dabei die stets wiederholte Bitte,

---

[1] Vgl. A. Rahlfs: עָנָו und עָנִי in den Psalmen 1892. Natürlich liegt dann auch in den Worten der Josephsgeschichte: „ἐκ πτωχείας καὶ πραγμάτων ἀσθενῶν" (Jos. Ant. XII 4 10) für die „orthodoxen" Juden gerade nichts Erniedrigendes, wie Willrich meinte (p. 100). Es war in ihren Augen nur Josephs Fehler, dass er sie aus diesen Zuständen herausführen wollte.

[2] Wellhausen, Skizzen V p. 147 f.

dass doch ja nicht der Gottlose den Triumph davontragen möge und man dabei selber zu Schanden werde (13 5 30 2 41 12 u. a., vgl. Jes 37 20). Beides aber, diese Erwartung für die Zukunft, wie jenes ausschliessende Verhalten für die Gegenwart, verlangt schliesslich die Heiligkeit der gottesfürchtigen Gemeinde (93 5 46 5 [1]); darin, dass die Frommen sich von den Gottlosen ausscheiden, besteht recht eigentlich die Frömmigkeit des nachexilischen Judentums (vgl. auch Seph 3 11 15). Damit verschärft sich ganz bedeutend jener Gegensatz von Geistlichem und Weltlichem, den wir früher nur anzudeuten hatten; das bestimmte Gefühl desselben wird rege und verleiht der Gemeinde eine wunderbar einzige Stellung und Sicherheit überhaupt aller Welt gegenüber (20 8 33 16f. 56 5 12 118 6). Er spricht sich noch charakteristisch in ψ 2 aus, der sicher später Zeit angehört (ob Alexander Jannaeus?). Wenn nämlich darin die Rede ist von „Königen der Erde" im Munde eines Mannes, der selbst König ist [2], so setzt er seinem Königtum, das gleichsam nicht von dieser Welt ist, dasjenige aller ausserisraelitischen Könige gegenüber als „von dieser Welt". Natürlich dass dann auch überhaupt die Sonderstellung des Judenvolkes vor allen anderen Menschen zu energischem Ausdruck gebracht wird [3].

Wir meinen also in den Psalmen zunächst das Bekenntnis eines bewussten Protestes der Gemeinde gegen alles Fremde resp. fremdenfreundliche Wesen, mit dem sie untermischt ist, zu finden. Obwohl wir in der zeitlichen Fixierung der einzelnen Psalmen noch gänzlich unsicher und meist nur auf Hypothesen angewiesen sind, dürfen wir wohl annehmen, dass dieser Protest ein steigender ist, bis er sich zur Zeit der makkabäischen Erhebung zur schroffsten Härte ausgebildet hat. „Giess aus deinen Grimm über die Heiden, welche dich nicht kennen" (ψ 79 6, vgl. Jer 10 25).

Indessen ist mit dem Gesagten nur die Eine Seite der Gesetzestreuen charakterisiert. Sie hatten doch nicht nur das Gesetz, sondern auch die Propheten, und das konnten sie nicht verleugnen. Wir haben hier eine Reihe von Elementen nachzuweisen, die gerade nach der entgegengesetzten Seite hin liegen.

---

[1] l. mit LXX: קׇדֵשׁ מִשְׁכָּנוּ עֶלְיוׄן.

[2] l. mit LXX: וַאֲנִי נָסַכְתִּי מַלְכּוׄ (V. 6).

[3] S. ψ 89 16 147 20 33 12 135 4: Eigentumsvolk; 18 44: רֹאשׁ גּוׄיִם; 60 7: יְדִידִים; 74 19: תּוׄר; 148 14: עַם קְרֹבוׄ, (so punktiert RIEHM). Man beachte, wie hier nicht allein der Vorzug des Volkes als solchen, sondern auch seiner Individuen durchbricht. David ist עֶלְיוׄן לְמַלְכֵי אָרֶץ 89 28; Jerusalem die Wonne aller Welt 48 3 50 2 87 3 122 (vgl. noch 77 16 21 74 1 2 80 2 94 14 95 7 105 6 116). Dagegen erscheinen die Heiden als die Thoren (נבל 14 1 = 53 2 39 9 74 18 22; vgl. Dt 32 21 Hi 30 8).

Es drängen sich einzelnen Psalmdichtern Fragen auf, die zu erwägen sie das allgemeinmenschliche Interesse wohl für sich in
Anspruch nehmen dürfen (vgl. ψ 37 49 73). An sie reiht sich unmittelbar der Verfasser des Buches Hiob an. Hier fällt uns schon
gleich auf, was O. HOLTZMANN[1] „nationale Verwaschenheit" nennt,
dass die meisten Sprecher nicht einmal Juden sind. Hiob selber wohnt
im Lande Uz. Uz ist nach Gen 10 23 22 21 ein aramäisch-nahoritischer
Stamm. Dass Hiob etwa von Haus aus Israelit gewesen wäre, wird
mit keinem Worte angedeutet. Er heisst blos אִישׁ und wird charakterisiert als „brav, gerade, gottesfürchtig, das Böse meidend" (1 1); nur
im Prolog nennt ihn Jahwe einmal seinen Knecht (1 8). Eliphas aus
Theman ist Edomiter (Gen 36 11), Bildad von Suah Qeturäer oder
Araber (Gen 25 2 I Chron 1 32), Elihu Busite und somit nächster Stamm-
verwandter Hiobs (Gen 22 21), wogegen nur Zophar aus Naamah allenfalls (nach Jos 15 41) Judäer sein könnte. Die Lösung der Schwierigkeit, die in der fremden Abstammung dieser Personen liegt, ergiebt
sich zwar am leichtesten bei der Annahme, dass man sie in der Sage
schon vorfand, so wie man sich auch in älterer Zeit von der Weisheit fremdländischer Weisen erzählte, eines Ethan und Heman und
Chalkol und Darda (I Reg 5 11), von denen die beiden ersten bekanntlich Urheber je eines Psalmes gewesen sein sollen (ψ 89 88). Wir
stossen hier aber auf einen allgemeinen bemerkenswerten Zug: die genannten Beispiele sind nämlich nicht die einzigen. Die Juden kennen
noch mehrere solcher internationaler Gestalten, in welchen sich gewissermassen der Universalismus der Offenbarung incarniert. Dahin
gehört aus älterer Zeit Bileam. Auch Daniel war von Hause aus ein
fremdländischer Weiser, so dass ihn der König von Tyrus kennen
musste (Ez 28 3)[2]. „Dass Agur ben Jake (Prov 30 1) Jude gewesen
sein müsse, hat GRAF mit Recht bestritten[3]." Der Seher, dessen Spruch
wir Jes 21 1—12 lesen, spricht lediglich als Mensch; „das psychische Element herrscht bei ihm durchaus vor, so dass er, wenn V. 10 nicht wäre,
jedem anderen Volke ebenso gut angehören könnte wie dem israelitischen"[4]. Vor allem aber denken wir an Melchisedek, der „ohne
Vater, ohne Mutter, ohne Stammbaum" (Hbr 7 3) eingeführt wird als
ein Priester des „El Eljon" (Gen 14 18), des Schöpfers Himmels und
der Erde, und Abraham segnet. Seine Geschichte hat BRUNO BAUER
eine zwiefache Todesgefahr des alttest. Prinzips genannt[5]. Aus der

---

[1] Das Ende des jüd. Staatswesens und die Entstehung des Christentums
(STADES Gesch. Isr. 2. Teil) p. 351.   [2] SMEND, Rel.-Gesch. p. 516 Anm.
[3] l. c.   [4] DUHM, Komment. z. St.
[5] v. ORELLI, Der nationale Charakter der alttest. Religion 1871 p. 19.

Zeit Christi erinnern wir uns schon hier der Weisen aus dem Morgen-
lande. „Die Juden sträubten sich nicht dagegen, das, was sie mit den
Heiden gemeinsam hatten, anzuerkennen; sie freuten sich darüber, dass
die Verehrung des Einen und wahren Gottes in der Welt durchzudringen schien[1].“ Vielleicht dass man für ein Problem wie dasjenige
Hiobs gerade eine unbefangenere und allgemeiner gültige Behandlung
erhoffte, wenn nicht ein Jude, sondern ein Mensch aus Vielen an dasselbe herantrat. Eine spätere Zeit ist ja, wie wir sehen werden, noch
weiter gegangen und hat sich sogar den Namen der heidnischen
Sibylle geborgt. Das Theologumenon der Priesterschrift von einer
göttlichen allgemeinen Offenbarung wirkt hier nach. Die Nichtisraeliten haben einfach Gott vergessen (שְׁכֵחֵי אֱלֹהִים 9 18, vgl. Jon 2 9:
חַסְדָּם יַעֲזֹבוּ), d. h. das Heidentum ist lediglich ein Abfall von der wahren
Religion (vgl. Jes 37 23); auch Jes 24 5 heisst es, die Erde sei entweiht
unter ihren Bewohnern, „denn sie übertraten die Gesetze, überschritten
die Satzung, brachen den ewigen Bund“. (Das Gesetz haben sie
nämlich übertreten durch Blutvergiessen 26 21 vgl. Gen 9 4 ff.) Entsprechend umgekehrt lautet der Ausdruck für die sich bekehrenden
Heiden „zurückkehren“ (שׁוּב 22 28 85 9 [?][2]) oder Gottes wieder „gedenken“ (זָכַר 22 28)[3].

Es müssen hinzugenommen werden die Vorstellungen von den Göttern, wie sie
ψ 58 und 82 zum Ausdruck kommen, falls hier überhaupt von Göttern die Rede ist
und nicht vielmehr von der Vergottung der Ptolemäer und Seleuciden. Von der
Vorstellung nämlich, die man sich von den Göttern macht, hängt auch die
Schätzung der Fremden ab. Es gab eine Zeit, wo man sie neben, wenigstens nicht
entschieden unter Jahwe stellte; nun aber haben sie sich für die volkstümliche
Anschauung der nachexilischen Zeit „in Jahwe subordinierte himmlische Patrone
verwandelt“[4]. Der Weg, auf dem sie dazu gelangt sind, wird markiert durch die
Stationen Jer 16 19 Dt 4 19 29 25[5]. Jahwe selbst hat den Heiden die Götter als ihr
Teil zugewiesen und diese eingesetzt, dass sie an seiner Statt die Sache der Heiden
führen sollen (ψ 58 2[6]). „Ich habe selbst gesagt: Ihr seid Götter und Söhne des
Höchsten ihr alle“ (82 6). Darnach aber hat Jahwe auch die Macht, sie wieder
abzusetzen, wenn sie sich ihrer Aufgabe schlecht entledigen; und das haben sie
getan, ungerecht gerichtet (82 2), d. h. die Heiden parteiisch behandelt zu Un-
gunsten der Geringen und Verwaisten, d. h. der Israeliten (82 3 f.); darum spricht

---

[1] Wellhausen, Isr. u. jüd. Gesch. p. 181.

[2] S. die Konjektur oben p. 181.

[3] Anders freilich ist 79 6, wonach die Heiden Gott überhaupt nicht kennen.
Es gehen eben auch hier verschiedene Gedankenreihen neben einander her.

[4] Stade, Die messian. Hoffnung im Psalter, Zeitschr. f. Theol. u. Kirche II
p. 402.

[5] Vgl. dagegen Bar. 4 7 Hen 80 6 ff.: die Götter Dämonen; LXX zu Dt 32 17
Jes 65 11 ψ 96 5 106 37.

[6] lies st.: אֵלִם : אֱלֹהִים.

Gott von ihnen: „Wahrhaftig wie Menschen sollt ihr sterben und wie einer der Fürsten fallen" (82 7)[1]. — Ist demnach der Götzendienst von Jahwe selbst verordnet und ist nur temporär, so ist verständlich nicht nur, dass ihre Anbeter dereinst in der Zukunft zu ihm gebracht werden sollen, sondern dass der Gedanke Maleachis (1 11) wieder aufgenommen wird: schon für die Gegenwart ist letztlich aller Gottesdienst Jahwedienst. „Zu dir kommt alles Fleisch" (65 3), „du Zuversicht aller Enden der Erde und des Meeres der Fernen" (65 6 vgl. 145 18, Jon 1 6).

Endlich ist noch Eines zu betonen: Die Psalmen sind der unmittelbare Ausdruck religiösen Empfindens, und jedes wahre religiöse Empfinden trägt in sich selbst den Trieb der Ausbreitung auf möglichst grosse Kreise. „O dass ich tausend Zungen hätte und einen tausendfachen Mund"; dieses innerste Bedürfnis des religiösen Sängers durchzieht auch alle Lob- und Danklieder des Psalters. Es ist der Gemeinde nicht genug, dass sie ihren Gott preist, „Alles, was Odem hat, lobe den Herrn!" (150 6, vgl. 47 2 66 1 8 67 4ff. 68 33 69 35 96 97 1 98 4ff. 100 1ff. 103 21 113 3 117 1 145 21). Und nicht die lebendigen Wesen allein, auch die leblose Natur soll mit in seinen Dienst hineingezogen werden (69 35 89 13 148). Dieser Zug tritt um so stärker hervor, je mehr sich die Gemeinde in gläubiger Betrachtung Jahwe als den Gott des Alls, der Welt und der Menschen insgesamt, vergegenwärtigt[2] und sich in die Geheimnisse der Schöpfung hineinversenkt[3]. Selbst für das, was er ausschliesslich zum Heile Israels getan, fordert sie die Fremden auf, ihren zustimmenden Jubel mit einzumischen (66 1ff. 8 77 15f. 105 1ff.). Diesem allmächtig wirkenden Gott steht schlechthin, wie dem Himmel die Erde gegenübergestellt wird (76 9 102 20), die Kategorie „Mensch" gegenüber — nicht: Jude oder Nichtjude — (9 21 10 18 11 4 14 2 32 2 33 13 36 7ff. 40 5 66 5 84 6 13 104 14 107 8 15 21 31 115 16 118 6 8 136 25), und zwar vorzugsweise der Mensch in seiner Hinfälligkeit und Hülfsbedürftigkeit (8 5 39 6 12 49 13 60 13 62 10 78 39 89 48 90 3 94 11 103 14 143 2 144 3f. 146 3). Nun ist allerdings die Beobachtung WELLHAUSENS[4] richtig: „Wie mit dem Worte Völker, so verband sich selbst mit dem Worte Mensch für die Juden die Vorstellung der Empörung gegen Gott (53 2 56 2" und hinzuzufügen wäre noch 12 2). Für uns aber kommen hier von den genannten Stellen namentlich diejenigen in Betracht, welche sprechen von Gottes Güte und Erbarmen mit allen Menschen (36 7ff. 145 9 15f).

---

[1] Daneben findet sich freilich auch die Anschauung, dass die Götter lediglich elendes Machwerk sind von Menschenhand (97 7 115 4ff. 135 15ff.).

[2] S. ψ 24 1 33 5 13f. 47 3 9f. 50 12 59 14 61 3 66 7 74 17 87 6 95 5 97 5 103 19 119 64 91 145 9 15f.

[3] S. ψ 8 19 29 104 139 33 9 74 13ff. 89 12ff. 146 6.

[4] Bei SMEND, Rel.-Gesch. p. 380.

Wir stellen daneben einige aus den Reden Elihus, der das allgemein
Menschliche besonders stark zum Ausdruck bringt. Auf den Menschen überhaupt (וְעַל גּוֹי וְעַל אָדָם יַחַד) sind Gottes Augen gerichtet
(Hi 34 21 29). Umgekehrt staunen alle Menschen (כָּל־אָדָם) sein Tun
an (36 25) und Sterbliche (אֲנָשִׁים) besingen es (36 24). Insbesondere wird
die menschliche Vernunft aus der allen Menschen einwohnenden רוּחַ
abgeleitet (32 8 vgl. 33 4 6 und Prov 20 27).

Das alles muss die Brücke bilden zu einer anderen Beurteilung
der Nichtisraeliten; natürliches und religiöses Gefühl liegen mit einander
im Kampfe. So viel man von den Fremden draussen und drinnen zu
leiden hat, und so sehr man sie als Feinde hasst — der Glaube verlangt, dass man die Hoffnung nicht aufgebe, sie zu gewinnen. Sie
sind nicht nur eine „massa perditionis". Als gottfeindliche Macht
müssen sie zwar gebrochen werden; an sich aber steht ihnen die Rückkehr offen und ist sogar das Ziel, zu dem sie kommen sollen. Zur
Anerkennung Jahwes sollen sogar Alle gelangen; und man bleibt nicht
dabei stehen, dass sie in Furcht sich vor ihm beugen (33 8 46 11 64 10
65 9 72 19 83 19); sie sollen ihm huldigen, bei ihm wohnen[1], ihm dienen
und ihm selbst opfern (4 6 22 28 66 4 67 3 8 68 19 72 11 17 86 9f. 145 10ff.).
Wenn (2 10 102 16f. 138 4) die Könige noch besonders genannt werden, so erwartet man eben die Bekehrung der Völker, welche hinter
ihnen stehen. „Alle Welt soll die Herrlichkeit Jahwes erkennen, wie
Wasser das Meer bedeckt" (Hab 2 14)[2]. Am weitesten geht ψ 82 8,
wo Jahwe Erbherr über alle Heiden genannt wird. Sonst erscheint
als sein Erbbesitz gerade ausschliesslich Israel (33 12). Hier ist auch
diese partikularistische Schranke überschritten.

So bildet denn auch die Erwartung der Bekehrung der Heiden
einen Hauptbestandteil der messianischen Hoffnung im Psalter. Das
heisst aber: Was ideale Forderung des prophetischen Universalismus gewesen war, dazu bekennt sich auch die Gemeinde. Und für sich selbst hat sie auch den Missionsberuf, den ihr
Deuterojesaja zugeschrieben, nicht ganz vergessen: Da sind schon die
Stellen heranzuziehen, die davon sprechen, dass man unter den Völkern Jahwes Grosstaten verkündigen wolle, die sachlich denen gleich-
kommen, welche die Heiden zum Lobe Gottes auffordern (9 12 18 50
57 10 = 108 4 96 105 1). Insonderheit aber dürfte hier neben 34 12, wo
zunächst doch an Volksgenossen zu denken ist, 51 15 zu nennen sein:
„Ich will Uebertreter deine Wege lehren, dass Sünder zu dir zurückkehren", vgl. auch 119 46: „Ich will von deinen Mahnungen vor Königen

---

[1] Vgl. BÄTHGEN, Komment. zu ψ 68 19.
[2] Sekundär, s. CORNILL, l. c. p. 189.

reden ohne Scheu", welcher Vers bekanntlich das Motto der Augustana
geworden ist. Unmittelbar an Deuterojesaia, an Stellen wie 42 6 49 6
klingt an ψ 18 44 nach der Uebersetzung Lucians: εἰς φῶς = לְאוֹר statt
לְרֹאשׁ גּוֹיִם. Loeb [1] sieht in Stellen wie 95 3 5 97 6 f. 9 eine religiöse Polemik, die er sich am Liebsten erklären möchte aus dem tätigen
Eifer jüdischer Propaganda. Zu nennen ist noch 105 22, wo es von
Joseph heisst: וּזְקֵנָיו יְחַכֵּם. Bäthgen [2] sagt, letzteres sei ironisch gemeint; er übersetzt demnach „seine Aeltesten zu witzigen". Die Bedeutung unseres deutschen „witzigen" in ironischem Sinne lässt sich aber,
so viel ich sehe, nach den übrigen Stellen, wo sich das Verbum findet,
nicht nachweisen. Vielmehr dürften wir hier vielleicht ganz einfach
jenen in der jüdischen Apologetik so beliebten Satz, dass alle ausserisraelitische, speziell ägyptische Kultur auf jüdische Quelle zurückzuführen sei (ob zum ersten Male?) ausgesprochen finden. Somit würde
sich die Gemeinde so zu sagen zur Lehrmeisterin der „Unbekehrten"
berufen fühlen. Ihre Gegner übrigens scheinen ihrerseits durch Lehren
haben für sich wirken zu wollen; denn zu 119 99, wo es heisst: „Ich
bin klüger als alle meine Lehrer" wird wohl die Erklärung Olshausens
das richtige getroffen haben: „Die Lehrer sind diejenigen, welche Israel
einen anderen Glauben und ein anderes Verhalten predigen, als ihm
von Jahwe anbefohlen ist". Was den Inhalt jenes Lehrens der Gemeinde betrifft, dürfen wir vielleicht ψ 15 oder 24 3 ff. (vgl. auch 34 13—15)
als Katechismus gleichsam betrachten, durch dessen Annahme man ein
„Ger" wird (15 1), d. h. zu den heiligen Festversammlungen Zutritt
erhält. Weiter aber sorgt Gott selbst dafür, dass er über Israels Grenzen
hinaus zur Anerkennung gelange (57 6 12 74 12 77 15 98 3), wenn nicht
auf friedlichem Wege (25 8), so doch im Gericht (7 7 ff. [3] 67 5 75 3 f.
76 8 ff. 82 8 83 17 ff. 96 10 [4] 13 98 9 etc.). Wenn dabei auch hier der
doppelte Ausgang der Geschichte der ausserisraelitischen Menschheit,
Bekehrung und Vernichtung, oft so unvermittelt nebeneinander auftritt, so müssen wir uns gerade in den Psalmen immer wieder die
Spannung vergegenwärtigen, in der diese kleine Gemeinde lebte, einerseits zwischen dem demütigenden und empörenden Gefühl, dass man
den Heiden unterworfen sei (94 3), denen gegenüber man sich gerecht
fühlte (חִנָּם: 35 7 19 38 20 [5] 69 5; vgl. auch 51 6: לְךָ לְבַדְּךָ)[6], und anderer-

---

[1] l. c. p. 100 f.   [2] l. c. z. St.
[3] Späterer Einschub in ψ 7 (Duhm).
[4] V. 10 c Glosse. Sie fehlt in der Chronik und anticipiert V. 13.
[5] l. statt חַיִּים nach Houbigants Konjektur: חִנָּם.
[6] Weitere Stellen (צַדִּיק als Prädikat Israels) s. Smend, Rel.-Gesch. p. 401
Anm. 1. 2.

seits der einzigartigen Hoheit des eigenen Gottes, dem alle Ehre ge-
bührte.

Eine genauere Betrachtung der Psalmen beleuchtet
also mit am Meisten gerade die Seite des Glaubens der jüdischen Gemeinde, worin keine andere vorchristliche Gemeinschaft auch nur von ferne an sie heranreicht, „die Hoffnung
auf ein Reich Gottes, zu welchem alle Menschen berufen
sind, und in welchem alles im Himmel und auf Erden in Harmonie mit dem Willen Gottes sich befindet"[1]. Diese Seite
bildet einen wohltuenden Kontrast zur unerbittlichen Schroffheit,
mit der man sich allem gegenüberstellt, was nicht Jude oder nicht
rechter Jude ist. Aber gerade diese Doppelheit erlaubt uns nicht, zu
einer einheitlichen Gesamtanschauung vorzudringen.

Bei Einzelnen freilich wiegen die universalistischen
Motive ganz entschieden vor. Zum Teil ist es die Reflexion, durch
die sie dazu kommen, sich Nichtisraeliten auf dem Boden des allgemein
Menschlichen zu nähern. Den Dichter des Hiobbuches haben wir
schon genannt. Um ihn besser zu verstehen, müssen wir noch heranziehen, dass er selber fremde Länder und fremde Menschen kennen
gelernt und so seinen Horizont über das eigene Volk und Land hinaus
erweitert hat. Dass er mit Aegypten wohl vertraut ist, ist bekannt
(vgl. 3 14 8 11 9 26 29 18 40 41). Aber auch Arabien ist ihm nicht fremd
geblieben (3 8 6 19 9 9 26 13 38 31 f.). Kein Wunder, dass seinerseits
Hiob selber für die Fremden stets offenes Haus gehalten hat (31 32).
Wenn dagegen gelegentlich als eine Bürgschaft für die Entstehung der
rechten Weisheit der Väter gilt, dass sie allein im Lande wohnten und
kein Fremder (זָר) durch ihre Mitte zog (15 19), so sind dies, wie nicht
zu übersehen ist, nicht Worte des Dichters resp. Hiobs, sondern des
Eliphas, dessen „Weisheit der Väter" gerade auf allen Punkten von
Hiob abgelehnt wird. Er, Hiob, scheut sich noch im Tode vor Berührung mit Fremden nicht zu sehr (3 14 f.); lieber das als geboren
sein! Aber wohl das Wichtigste ist, dass er aus dem Gedanken des
einheitlichen Schöpfers einmal auch die volle Konsequenz zieht. „Ver-
warf ich das Recht meines Knechtes und meiner Magd, wenn sie mit
mir stritten? Was sollte ich tun, wenn Gott sich erhöbe, und wenn er
strafte, was ihm erwidern? Hat nicht im Mutterleibe, der mich schuf,
ihn geschaffen, und uns nicht Einer bereitet im Schosse?" (31 13—15).

Neben dem Dichter des Hiob sind namentlich die Weisheits-
lehrer zu nennen, deren Produkt uns in den Sprüchen vorliegt. Die

---

[1] STADE, Messian. Hoffnung l. c. p. 411.

Weisheit, die sie verkünden, ist ihrem innersten Wesen nach etwas Kosmopolitisches, für einen Jeden in seinem besonderen Stande die Kunst glücklich und ohne viel Schwierigkeit durch die Welt zu kommen, wie sie denn als die von Gott ins Leben gerufene Werkmeisterin spielend die ganze Schöpfung durchwaltet (Kap. 8). Durch sie regieren die Fürsten, die Edlen, alle Richter der Erde (8 16). Allen gilt darum auch ihre Einladung (9 1 ff.), an die Menschenkinder (בְּנֵי אָדָם 8 4) insgemein geht ihr Ruf; — und die Folge davon: Sie bringt unter die Menschen eine Scheidung, aber nicht in Juden und Nichtjuden; sie liebt, die sie lieben (8 17), aber sie frohlockt über den Untergang ihrer Hasser (1 24—31). Der Gegensatz ist an ihr selber orientiert: es sind die Weisen und die Unweisen, und in den wenigsten Fällen will es uns sicher gelingen, diese Letzteren mit den Gottlosen der Psalmen zu identifizieren, so allgemein ist der Ton gehalten. Auch nach ihrer moralischen Seite tendiert also die jüdische Religion auf das Universelle. Es ist sicher nicht zufällig, dass wir gerade in unserem Buche auf eine Entwertung der Begriffe des Fremden treffen. נָכְרִי wird promiscue gebraucht mit זָר[1] = ein anderer (2 16 5 10[2] 20 7 5 20 16 = 27 13 27 2; 5 3 vgl. mit 6 24). Wenn gewarnt wird vor Bürgschaft für einen Nokhri (20 16 27 13), so heisst das nicht etwa, dass man für einen Landesfremden sich nicht verbürgen[3], sondern dass man überhaupt für „einen Anderen" keine Bürgschaft übernehmen soll; das beweist sonnenklar 6 1 11 15. Die נָכְרִיָּה (2 16 5 20 6 24 7 5 23 27) ist einfach die Buhle; wir haben allerdings oben[4] gesehen, dass die Buhldirnen tatsächlich meist fremdländischen Ursprungs gewesen sein mögen, aber das ist für unser Buch gänzlich bedeutungslos geworden und wird auch gar nicht etwa berücksichtigt als Motiv zur Warnung vor dem Umgang mit ihr.

Zusammenfassend werden wir sagen: Es macht sich innerhalb der nachexilischen Gemeinde neben all ihrer Exclusivität von verschiedenen Seiten ein mächtiges Hindrängen zu einem Universalismus bemerkbar, der die selbstgeschaffenen Formen durchbrach, in die man sich aller Welt zum Trotz eingeengt hatte. So fehlte es also nicht an Berührungspunkten mit der grossen Welt, — und die Berührung mit ihr sollte nicht ausbleiben.

---

[1] Man darf darum aber זָר nicht im Sinne von fremdländisch nehmen (so SIEGFRIED-STADE).

[2] Vgl. Koh 6 2.

[3] In Rom waren gewisse Formen der Bürgschaft, obgleich an sich eigentümlich römisch, als juris gentium betrachtet und auch den Peregrinen zugestanden (s. WALTER, l. c. p. 163).

[4] p. 24.

Kapitel II.

Die Berührung mit dem Hellenismus.

Berührung mit dem Hellenismus, Kampf und Entwirrung geben den Dreitakt der folgenden Geschichte an. Wir sind mit den zuletzt benützten Produkten der alttestamentlichen Litteratur unwillkürlich vielleicht zum Teil schon tief in ihre Zeit hineingeführt worden. Strenge zu datieren haben wir sie von der Person und dem Werke Alexanders an; denn mit ihm sehen wir in die von uns verfolgte Entwickelung ein neues wichtiges Moment eintreten. Von hier nämlich nimmt seinen Ausgangspunkt, was man mit dem Namen des Hellenismus bezeichnet. Es ist die hellenische Kultur, die sich über den Orient verbreitet, überall von dem, was sie vorfindet, das Mögliche in sich aufnehmend und mit sich verschmelzend, ein „moderner Universalismus"[1]. Was gemeinsam die Menschen verband, rückt wie nie zuvor in den Vordergrund, die Gegensätze, die Nationalität und Religion geschaffen, treten zurück. Auch nach Judäa schlagen seine Wellen. In ganz neuer Weise bekommen die Juden das Fremde zu spüren. Wie stellen sie sich dazu? Das ist auch für uns eine entscheidende Frage; denn in dem Masse, als man fremdes Wesen in sich aufnimmt, giebt man notwendig das eigene Partikularistische und Exklusive auf, und das sollte denn zur Folge haben, dass auch den fremden Personen Thür und Thor weiter aufgeschlossen werden als zuvor.

Der bisher üblichen Art der Darstellung dieser Periode, welche mit verschiedenen Abzügen im einzelnen die uns spärlich überlieferten Berichte im ganzen in gutem Glauben aufnahm, ist das Konzept gründlich verrückt worden durch ein kürzlich erschienenes Buch über „Juden und Griechen", in welchem ein Schüler von U. VON WILAMOVITZ-MÖLLENDORF die Ergebnisse seiner radikalen Kritik dieser Berichte niederlegt. Resultaten, die alles bisher Feststehende, zu dem man sich selbst bekannt hat, über den Haufen werfen, steht man leicht etwas parteiisch gegenüber. Im besonderen Falle aber dürfte so viel Unkritisches in der Methode WILLRICHS wenig dazu angetan sein, Zuversicht zu seinen kritischen Ergebnissen zu erwecken, so wenig zwar dem Verfasser selber die Zuversicht, dieselben vorzutragen, abgeht. Uns wenigstens möchte scheinen, als bedürften diese Ergebnisse in der Mehrzahl der Fälle einer wesentlich anderen Fundamentierung, um ernsthaften Anspruch auf Anerkennung erheben zu dürfen. „Jedenfalls"[2] treten durch die Resultate von WILLRICHS Arbeit an Stelle bis-

---

[1] J. G. MÜLLER, Des Juden Philo Buch von der Weltschöpfung, Einleitg. p. 5.
[2] Ein bei Behauptungen sehr beliebtes Wort WILLRICHS.

heriger Rätsel, welche uns die Geschichte dieser Zeit aufgiebt, die er mit Recht „vielleicht das interessanteste aber auch das schwierigste Kapitel der ganzen nachexilischen Geschichte der Juden" nennt[1], nur andere und mindestens ebenso schwere Rätsel. Gerade eine Erklärung über das Werden einer hellenistischen Strömung unter den Juden bleibt uns der Verfasser gänzlich schuldig. Der Hellenismus kommt ihnen plötzlich wie angeflogen. Er nennt[2] zwar von dem Berichte des Hekatäus über die Juden „am interessantesten" die Bemerkung, dass sie durch die Berührung mit Stammfremden unter den Persern und Makedonen in mancher Hinsicht von ihren Bräuchen abgelenkt wären. Tatsächlich aber verbaut er sich das Verständnis dieser Bemerkung völlig, wenn er die einzigen Berichte, die uns darüber einiges Licht zu verbreiten vermögen, einfach streicht, ohne etwas Positives an ihre Stelle setzen zu können, das ihren inneren Wert ersetzte.

Was wir im folgenden geben, mag wenigstens ein Versuch der Darstellung sein, wie sich die Berührung der Juden mit dem Hellenismus, die als Tatsache nun einmal nicht abgeleugnet werden kann, ungefähr vollzogen haben dürfte.

Wenn wir mit DUHM[3] Jes 14 29—32 dieser Zeit zuschreiben dürfen unmittelbar vor der Belagerung von Tyrus und Gaza durch Alexander, so haben wir eine interessante Andeutung von der Stimmung der Juden, in welcher sie dem Nahen des grossen Fremden entgegensahen. Es spricht aus diesen Versen eine völlige Resignation der Welt und ihrer Politik gegenüber. Man fühlt sich eine „kleine Herde", als die „Elenden" wohl geborgen im geistlichen Schutze seines Gottes. Natürlich hören wir aus diesen Worten den Kreis derer zu uns reden, die uns schon aus den Psalmen als die „Elenden" begegnet sind[4], und denen wir im Verlaufe unserer Darstellung noch näher treten werden. Dazu schafft Josephus[5] die richtige Scenerie, wenn er sie „viel anders als andere Völker pflegen" in priesterlichem Aufzuge Alexander entgegentreten lässt. — Es sticht dann aber von dieser Erwartung ihre nachfolgende Beurteilung Alexanders einigermassen ab. Es ist nämlich leicht möglich, dass unter dem Eindruck seines Siegeszuges durch die Welt, bei dem doch Jerusalem gnädig verschont blieb, ψ 46 entstanden ist[6]. Dann erschiene Alexander als das Werkzeug, das die Gottesschrecken ausrichtet (V. 9) und als solches dazu bestimmt, die grosse Friedensära der Zukunft einzuleiten. Auf

---

[1] p. 64.   [2] p. 51.
[3] Vgl. s. Komment. z. St.   [4] s. oben p. 186 f.
[5] Ant. XI 8 5.
[6] Vgl. WELLHAUSEN, Isr. u. jüd. Gesch. p. 182 f. Anm.

diese Zeit haben wir aber auch die Ueberarbeitung des ursprünglichen Noahsegens verspart[1]. Wir sahen, wie man Japhet nicht leer wollte ausgehen lassen und so an ihn die Verheissung knüpfte: „Es gebe Gott[2] dem Japhet weiten Raum, und er wohne in den Zelten Sems" (Gen 9 27). Diese Worte lassen eine doppelte Erklärung zu: Japhet wohnt bei Sem entweder als Gast oder aber als der Sieger, der sich seine Zelte angeeignet hat. Nur die letztere Auffassung giebt hier einen Sinn; denn tatsächlich ist Japhet im Gebiete Sems Herr geworden. Man möchte dagegen vielleicht wohl einwenden, es hätte in dieser Weise kein Späterer die Weissagung zu Gunsten Sems abschwächen können. Dass ein gewisser Widerspruch mit dem alten Noahsegen vorhanden ist, ist zuzugeben; aber der ist einfach hinzunehmen. Gemildert wird er ja schon dadurch, dass für den Zusetzer Sem nicht mehr wie für den ursprünglichen Verfasser blos Israel bezeichnet, sondern nach noachitischer Dreiteilung die Semiten überhaupt. Namentlich aber ist zu betonen, was uns schon aus der eben citierten Stelle Jes 14 29—32 entgegengetreten ist: Der Hauptnachdruck ruht für den Kreis, dem der Zusetzer entstammt, auf der Religion. Der Letztere hat darum auch das ursprüngliche בָּרוּךְ יְהֹוָה שֵׁם[3] in בָּרוּךְ יְהֹוָה אֱלֹהֵי שֵׁם verwandelt (9 26). Um die äussere Herrschaft dagegen und alles, was mit ihr zusammenhängt, kümmert er sich weniger. Er ist nicht unwillig darüber, dass der fremde Sieger seine Kultur ins Land hineinträgt, dass er Städte gründet, Strassen anlegt u. s. w., im Gegenteil, das lässt er sich gerne gefallen, wenn er nur selber unberührt bleibt und ungestört seiner Religion und seinem Gesetze leben kann. So wenig feindlich also stellt er sich dem nahenden Hellenismus gegenüber, dass er sogar wünschen kann: „Gott gebe Japhet weiten Raum".

Aber Eines freilich ist dazu die notwendige Voraussetzung: Alexander und sein Werk muss diesen Juden wirklich imponiert haben. Diese Voraussetzung wird in dem Masse erfüllt, als wir Josephus Glauben schenken dürfen in seinem Berichte[4] über den Eindruck, den Alexander bei seinem persönlichen Besuche auf die Juden gemacht haben soll. Dieser Eindruck wäre der denkbar günstigste gewesen. Es hätte darnach auch Alexander das Volk nach

---

[1] s. oben p. 77.

[2] Auffällig ist schon das אֱלֹהִים im Gegensatz zu Jahwe. Entweder ist es gebraucht, weil von Jahwes Tun gegen Nichtisraeliten die Rede ist (s. oben p. 95), oder, was wahrscheinlicher ist, der Gottesname אֱלֹהִים statt יְהֹוָה ist schon der übliche geworden.

[3] s. oben p. 81 Anm. 1.   [4] Ant. XI 8.

seiner religiösen Seite, worin es ja in erster Linie strebte von Fremden anerkannt zu werden, auf sich wirken lassen, und dem Gott der
Juden Ehre erwiesen, sich als Ausrichter seiner Weissagungen ge-
riert, ja ihm sogar opfern lassen. Aber man hat von dieser ganzen
Geschichte behauptet, sie sei nichts als Erfindung des Autors als
Umdichtung der Erzählung der Griechen vom Zuge Alexanders zum
Amonsorakel in Aegypten[1]. Wir möchten sie aber nicht gerne so ohne
weiteres preisgeben, so wenig wir auch für die Einzelheiten zu stehen
wagen, sondern lieber ihrer Verteidigung durch HENRICHSEN[2] glauben,
welcher sie durch den Hinweis auf die „Politik Alexanders, die von
seinem romantischen Charakter unterstützt wurde", wahrscheinlich zu
machen sucht. Es will uns nämlich bedünken, als sei nicht
leicht etwas imstande, diese persönliche Begegnung der
Juden mit Alexander zu ersetzen, um zu erklären, wie
unter ihnen dem Hellenismus der Eingang so leicht verschafft wurde. Immer wieder hat wenigstens eigenes jüdisches Erinnern an sie angeknüpft und zur Verherrlichung Alexanders geführt[3].
Am charakteristischsten ist die folgende späte Sage bei Josephon ben
Gorion[4]: Alexander habe verlangt, dass zum Andenken an seinen
Besuch und sein Opfer ein goldenes Bild von ihm zwischen dem
Tempel und dem Allerheiligsten aufgestellt werde; doch schliesslich
gelang es dem Hohenpriester, ihn zu einer anderen Verwendung des
Geldes zu bewegen, indem er ihm versprach, es sollten ihm lebendige
Denkmäler in den Namen aller Priesterkinder erstehen, welche in
diesem Jahre geboren würden. Wir sind weit davon entfernt, an die
Aechtheit dieser Geschichte zu glauben; aber wir meinen, dass sie den
Besuch Alexanders richtig gedeutet habe: er hat seine Spuren in
Jerusalem hinterlassen und die aufwachsende Generation auf eine
neue Richtung hingelenkt. Josephus[5] weiss uns noch zu berichten,
Alexander habe die Juden zur Heeresfolge eingeladen und eine Menge
habe sich dazu gemeldet. Wir dürfen annehmen, dass auf diese Weise
schon viele hellenisiert zurückkamen, und WILLRICH hat zweifellos
Recht, wenn er sagt[6]: Ein hellenisierter Jude förderte den Einfluss

---

[1] ANTON VON DALE, Dissertatio super Aristea c. X u. XI (cit. b. HENRICHSEN).
— Einer Auseinandersetzung mit WILLRICHS „Alexanderlegende" werden wir durch
die Art seiner Beweisführung überhoben. Denn es lässt sich mit derselben alles
beweisen, selbst dass Jos. Ant. XX 6 1ff. (cf. B. J. II 12 3—7) als Modell gedient
habe für die Rolle, welche die Samaritaner in der Alexandergeschichte spielen.
[2] Das Verhältniss der Juden zu Alex. d. Gr., Stud. u. Krit. 1871 p. 468.
[3] z. B. bab. Joma 7 fol. 69 a (l. c.).   [4] II 7 cit. bei HENRICHSEN p. 477.
[5] XI 8 5.   [6] p. 171.

des Hellenismus bei seinen Stammesgenossen sicherlich mehr als zehn
Griechen." Es tat das Seine dazu, dass Alexander den Grund gelegt
hat zum gewaltigen Aufschwung der jüdischen Diaspora. Mit stolzem
Bewusstsein sah die gläubige Gemeinde darauf, dass durch sie Jahwes
Name und Preis bis an der Erde Enden getragen werde (ψ 48 11).

Es ist keine Frage: Der Hellenismus zog in die Gemeinde
ein. Nur hatte er auf die verschiedenen Geister eine verschiedene
Wirkung. Zunächst lässt sich sein Einfluss auf litterarischem Boden
erkennen. Wir denken an den Verfasser von Koheleth, von Jona
und an Jesus Sirach. „Koheleth entstand im Laufe des dritten
Jahrhunderts in Palästina und zeigt, wie auch dort der Hellenismus in
den Geistern an Boden gewonnen hatte, so dass ein Unternehmen, wie
das des Antiochus Epiphanes, nicht aussichtslos erscheinen konnte [1]."
Seine Richtung giebt uns der Prediger schon deutlich an in den Worten:
„Ich richtete meinen Sinn darauf zu forschen, was unter dem Himmel
vor sich geht" (1 13 ff.). Nicht, dass für Israel sich nichts neues ereignet,
ängstet ihn, wie einst Sacharja (1 11), sondern dass „unter der Sonne"
nichts neues geschieht. Wir brauchen ihm nicht weiter nachzugehen.
„Wohl verrät er hin und wieder Anhänglichkeit an sein Volk, und
in seinem Tun und Lassen wird er sich von einem gewöhnlichen Juden
wenig unterschieden haben — aber im innersten Herzen ist er kein
Jude mehr sondern ein Weltbürger. Sein Blick geht auf die gesamte
Menschheit ... Sie ist nichts als eine unendlich grosse Zahl von wert-
losen und hoffnungslosen Einzelwesen [2]."

Ist bei ihm das allgemein menschliche theoretische Interesse
zuvörderst beteiligt, so rückt in Jona mehr das rein religiöse in den
Vordergrund. Ueber seinen speziellen Zweck ist viel verhandelt worden;
genug, dass über die in ihm zu Tage tretenden Tendenzen ein Zweifel
nicht bestehen kann. Der Verfasser zeigt seinen Volksgenossen, dass
der Satz (4 2): „Gott ist gnädig und barmherzig, langmütig und reich
an Gnade, der sich des Uebels gereuen lässt", nicht nur ihnen, sondern
auch den Heiden gelte; das läuft ihrer landläufigen Meinung schnurstracks zuwider, in der sie die Zeit nicht glauben erwarten zu können,
da Gott vernichtend dreinfährt. Aber nein, Gott kann die Heiden
nicht so lange geduldig getragen haben (4 10 f.), ohne einen höheren
Zweck mit ihnen im Auge zu haben. Der Verfasser ist damit zu
einer Erkenntnis gelangt, die geradezu auf neutest. Höhe steht: „Der
Herr verzieht nicht die Verheissung, wie es etliche für einen Ver-
zug halten, sondern er hat Geduld und will nicht, dass jemand ver-

---

[1] Cornill, Einleitung [1] p. 250.   [2] Smend, Rel.-Gesch. p. 536.

loren werde, sondern dass jedermann sich zur Busse kehre" (II Petr 3 9).
Aber nun bleibt es für den Verfasser nicht blos bei der Absicht Gottes,
sondern die Heiden gehen tatsächlich darauf ein. Niniveh ist freilich
böse (1 2); aber es kehren sich die Niniviten alle von ihrem bösen
Wandel (3 10). Zuvor haben die heidnischen Schiffsgenossen Jonas,
die schon grosse Angst befallen hat, sobald sie nur gehört haben,
dass das Los den Jahwediener getroffen habe, sich nach erfolgter
Rettung dem erkannten Gott unterworfen, der ihr Gebet erhört hat
(1 14), und haben ihm Opfer geschlachtet und Gelübde gelobt (1 16)
— und Jona, der eine Israelit in ihrer Mitte, flieht von Widerspenstig-
keit zu Widerspenstigkeit gegen seinen Gott. Kein Leser kann sich
des Eindruckes erwehren, dass er unter allen auftretenden Personen
die kläglichste Rolle spielt. Am Ansprechendsten scheint mir noch
die Auffassung KLEINERTS[1], der in ihm eine Personifikation Israels
sehen möchte, wenn er dabei auch in der Deutung der Einzelheiten
vielleicht zu weit geht. Israel wäre dargestellt als von Gott mit dem
Berufe betraut, den Heiden Lehre und Recht zu predigen; aber Israel mag nicht; „es hat mehr Lust an Gewinn und Erwerb, es ent-
zieht sich seinem Beruf und besteigt den Kauffahrter", sagen wir
einfacher: es geht auf Gottes Plane nicht ein; dafür giebt er es dem
Exil hin. Nach der Wiederherstellung trägt ihm Gott denselben
Beruf auf; es zaudert aber, wo es sieht, dass damit das Gericht nur
aufgehoben würde, das es über die Heiden so sehnlich herbeiwünscht,
wird ungeduldig und macht Gott über diesen Tatbestand den Vorwurf, aber mit grösstem Unrecht, wie das Büchlein zeigt; es soll nun
einmal für die Heiden eine Bekehrung geben, und diese hat eben
von Israel auszugehen. Insofern bleibt der Verfasser des Büchleins
Jona jedenfalls ein Nachfolger Deuterojesajas und zeigt uns, dass es
noch in späterer Zeit einen Kreis gegeben hat, der sich des Missionsberufes Israels wohl bewusst geblieben ist. Und es weist hin auf die
Uebermacht, wenn nicht dieses Kreises selber, so doch der von ihm
vertretenen Gedanken über jüdisches Bewusstsein, wenn solche Kundgebungen wie das Buch Jonas (auch Ruth) kanonisches Ansehen und
damit offizielle Sanktion erhielten, obgleich sich die Schwäche Jonas
ebenso wenig wegdeuten lässt, als die Tatsache, dass Davids Stammmutter Moabitin war.

Ein solcher milder Geist, verbunden mit dem weiten Blick der
Toleranz scheint aber selbst die nicht unberührt gelassen zu haben,
die doch das Gesetz am Höchsten stellten in der Welt. Wir meinen

---

[1] In J. P. LANGES theolog.-homilet. Bibelwerk.

wenigstens nachweisen zu können, dass das Buch des Jesus Sirach (in den ersten Decennien des zweiten Jahrhunderts) unter diesen Gesichtspunkt fällt.

Wir kommen bei J. S. nicht in Gefahr, die Aechtheit seines Judentums in Zweifel zu ziehen. Jude ist er vor allem darin, dass er als Weisheitsprediger Gesetzesprediger ist; denn die Weisheit, die er rühmt, hat ihren festen und bleibenden Wohnsitz in Israel aufgeschlagen und gedeiht hier am Besten (24 8 10ff. [1]), ist doch ihre Form das Gesetz selber, das Gott Israel gegeben hat (1 25 2 16 15 1 19 20 24 22ff. 36 2f. 39 1). So ist auch, was J. S. verlangt, des Gebotes wegen zu leisten (32 7), und sein Lebensideal ist das des Schriftgelehrten (39), der über das Gesetz des Höchsten nachdenkt (vgl. auch seine Begeisterung für den Hohenpriester Simon Kap. 50); dieser Beruf lässt für ihn den des Bauern, für den er doch in ächt altisraelitischer Weise sogar eine besondere Zuneigung zu haben scheint (7 15f.) [2], wie auch den des Handwerkers, dessen Unentbehrlichkeit er zwar durchaus zu schätzen weiss (38 25 27ff.) weit hinter sich; derjenige des Kaufmanns und des Krämers vollends schliesst schon von selbst fast unumgänglich Versündigung in sich (27 1ff.); denn Geld und Gold betrachtet er mit Misstrauen (13 3ff. 18 19 34 5ff.). Bedenken wir, dass die Fremden sich damals wohl namentlich noch um des Handels willen in Israel aufhielten, so stehen sie schon darum seinem Ideal allerdings sehr fern. Kein Wunder, wenn er ihnen mit Misstrauen gegenübersteht, weil man nicht weiss, was sie an den Tag bringen werden (8 18 11 34); besonders bedenklich scheint ihm auch das Leben eines Bettlers darum, weil er Gefahr läuft, sich durch Speise, die er von fremdem Tische bezieht, zu verunreinigen (40 29); das redet fremdenfreundlichen Tendenzen nicht das Wort. Ebensowenig, wenn er gut jüdisch und israelitisch seinem unverhohlenen Hass gegen die drei Nachbarvölker: Edomiter [3], Philister und Samariter (50 25f.) Ausdruck geben muss, ehe er mit beruhigtem Gewissen das Schlusswort zu seinem Werke schreiben kann. Auf gleicher Stufe steht seine sehnliche Erwartung des Unterganges der ungerechten und übermütigen fremden Bedrücker des Volkes (32 22f. 33 2 9ff. 39 23 4 15); denn das Ziel der Geschichte ist Gottes Erbarmen über Israel (32 25 f.). Es ist πρωτόγονος (36 17), allein nach Gottes Namen genannt (l. c.) als sein Erbteil (17 17), während er über die anderen Völker nur ἡγούμενοι (= Engel) [4] setzte, und seinen Vorzug beleuchtet seine ganze Geschichte (Kap. 44—50 24). Wie Abraham findet sich keiner, der ihm an Ruhm gleich wäre (44 19), Moses findet Gnade in den Augen aller Menschen (45 1), Aaron wird aus allen Lebendigen erwählt (45 16) u. s. w.; dagegen steckt der Quell der Versündigung Salomos in seinen fremden Weibern (47 19f.), Rehabeam, der Sohn „aus Ammons Samen" [5] ist der Unkluge (47 23), Josia dagegen der besonders Gepriesene, weil er die Greuel der Gottlosigkeit ausgerottet hat (49 2). — Und doch ist mit alledem nur des Siraciden éine Seite gezeichnet.

Es liegt ja schon im Wesen der Weisheitslitteratur ein kosmopolitischer Charakter, der die partikularistischen Schranken sprengt;

---

[1] Ich citiere nach der LXX-Ausgabe v. TISCHENDORF [6], ed. NESTLE, Leipzig 1880.
[2] ἐργασία = עֲבוֹדָה, soviel wie γεωργία, FRITZSCHE, Komment. p. 43.
[3] l. ἐν ὄρει Σηείρ (Vet. Lat. Ar. vgl. Syr.).
[4] FRITZSCHE, l. c. p. 84; vgl. oben p. 190 und Anm. 5.
[5] Vom Uebersetzer offenbar missverstanden: ἐκ τοῦ σπέρματος αὐτοῦ λαοῦ was andere Textveränderungen nach sich ziehen musste.

und bei Jesus Sirach kommt noch das Besondere hinzu, dass er selber in der Fremde herumgekommen ist (31 10—12). Da hat er, wie er selbst gesteht (39 4), neben Bösem doch auch Gutes kennen gelernt; das gebot ihm noch eine andere Berurteilung der Fremden. War es dem Hellenismus gelungen, schon eine gewisse Einheit der Kultur zu Stande zu bringen, welche ganze Länderkomplexe umspannte, so wird uns nicht wundern, dass, wer offenen Auges sich in der damaligen Welt umsah, mit dem Gedanken der Einheit des Menschengeschlechtes grösseren Ernst machen musste. Das gerade spricht sehr deutlich aus unserem Buche: Subjekt seiner Aussage ist vielerorts nicht der Israelit, sondern der Mensch schlechthin (17 1ff. 39 19 40 1; 39 19: πᾶσα σάρξ); so gilt auch wiederum, dass die Weisheit unter allen Menschen wohnt (1 9 15 24 6 [1]). Am entschiedensten kommt dies zum Ausdruck an zwei Stellen, nämlich 13 15: „Jedes lebende Geschöpf liebt seinesgleichen und jeder Mensch seinen Nächsten". Wir müssen uns freilich hüten, darin gar zu viel lesen zu wollen; denn diese Worte eröffnen eine Argumentation aus Analogieschlüssen, deren Spitze dahin ausläuft, dass Reiche und Arme wegen ihrer Unähnlichkeit sich immer abstossen werden. Aber dass jener Gedanke von einem Juden über- haupt ausgesprochen wird, ist beachtenswert genug; „hier ist der grosse Erfolg der Völkermischung in den hellenistischen Reichen mit kurzen Worten deutlich ausgesprochen. Der Unterschied zwischen Hellenen und Barbaren, auch der Unterschied zwischen Israel und der Heiden- welt ist zurückgetreten; der Gedanke eines viele, ja alle Menschen um- fassenden Menschengeschlechtes ist zur Herrschaft gelangt. Das ist um so wichtiger, als dieser Gedanke für Juden und Heiden der ge- meinsame Boden wird, auf dem für beide eine wesentliche Neugestaltung sittlichen Gemeinschaftslebens erwachsen kann" [2]. Die andere Stelle ist 18 13 (vgl. auch V. 11): „Das Erbarmen des Menschen erstreckt sich auf seinen Nächsten, das Erbarmen des Herrn aber über alle Menschen"; und zwar wird im Zusammenhang dieses Erbarmen hervorgerufen durch die allgemeine Hinfälligkeit der Menschheit. Es ist keine Frage, dass sich von solchem Gesichtspunkte aus das Verhältnis zu den Fremden völlig ändern muss, und dies in erster Linie, wenn Jesus Sirach an arme Fremde denkt, deren Los ihm selber als ein erbarmungswürdiges erscheint (29 22ff.) Der Fremde darf den Mund nicht auftun (V. 24); schon das Bewusstsein, fremd zu sein, ist für ihn ein Vorwurf (l. c.). Aufgenommen wird er blos, wenn er etwas hat, womit er seinem

---

[1] 24 6: ἐκτησάμην = קניתי = ἔκτισα Dt 32 6 ψ 139 13: „ich schuf", FRITZSCHE p. 126.

[2] HOLTZMANN (STADE II) p. 305.

Wirte aufwarten kann; und auch dafür erntet er schlechten Dank; sobald ein besserer kommt, d. h. ein „Bruder“, so ist für ihn im Hause kein Platz mehr. Die Lage des Fremden ist also nach dieser anschaulichen Schilderung derart, dass er unter den Begriff des Hilfsbedürftigen fällt, von dem man sich nicht abwenden soll, damit er einem nicht fluche in seines Herzens Betrübnis und sein Schöpfer seine Bitte erhöre (4 5 6). Eben dahin gehören die beachtenswerten Ermahnungen zu guter Behandlung der Knechte (7 20 f. 30 39 40 31 27; dagg. 42 5 vgl. Prov 29 19 21).

Wenn nun aber der Blick Jesus Sirachs über die Juden hinaus die Menschen überhaupt in seinen Bereich zieht, so dürfen wir sicher noch einen Schritt weiter gehen: Es ist nicht zufällig, dass in den Forderungen des Gesetzes, wie er es zur Befolgung empfiehlt, das spezifisch Jüdische völlig zurücktritt: von Beschneidung und Sabbath ist überhaupt nicht die Rede, vom Opfer nur an wenigen Stellen (7 31 32 1 f. 38 11), auf die kein Gewicht fällt. Es ist, als liege ihm vom Gesetz nur die Gottesfurcht und als ihre Folie der sittliche Wandel am Herzen: das wird er nicht müde, für alle Lebensverhältnisse zu verkündigen; darin aber gerade können ihm nun mehr als blos die Juden folgen. Nehmen wir hinzu, dass er die Wahlfreiheit der Menschen überhaupt stark betont: „Wenn du willst, so hältst du die Gebote, und Treue zu üben ist Sache des Gefallens; Feuer und Wasser hat er dir vorgelegt; wohin du willst, magst du deine Hand strecken . . . Durchaus keinem gebot er sündig zu sein und niemanden liess er ungestraft sündigen“ (15 15 f. 20). Wenn er demnach zur Weisheit einlädt (24 19): „Kommt herbei zu mir (sc. der Weisheit), die ihr mein begehrt, und von meinen Früchten sättigt euch“, so müssen wir gestehen, dass seiner Einladung jeder Folge leisten kann, der nur Mensch ist. So verstanden, wie Jesus Sirach es darstellt, wird das Gesetz nicht schwer gemacht; es will nicht mehr als die Bedingungen zu Stande bringen, unter denen allein die Wohlfahrt im menschlichen Verkehr möglich wird; das aber kann man wiederum von jedermann verlangen, dass er es anerkenne. Neben diesem Gedanken geht der andere einher, den er der israelitischen Zukunftsweissagung (speziell Ezechiel) entnimmt, dass durch Gottes Machterweise schliesslich überhaupt alle Menschen zu seiner Anerkennung gebracht werden sollen (33 4 f. 36 22). Von hier aus aber gewinnt der Prospekt über die Welt und die Menschheit für Jesus Sirach eine andere Gestalt; die Gegensätze, in die sie auseinander tritt, sind nicht mehr Israel und Nicht-Israel. Jesus Sirach spricht sich darüber selber mit wünschenswerter Deutlichkeit aus (10 19): „Welches Geschlecht ist geehrt? das Geschlecht des Menschen. Wel-

ches Geschlecht ist geehrt? die den Herrn fürchten. Welches Geschlecht ist ungeehrt? das Geschlecht des Menschen. Welches Geschlecht ist ungeehrt? die die Gebote übertreten". Hier also tritt
noch einmal der Gedanke der Einheit des Menschengeschlechtes bestimmt hervor; es zerfällt aber nicht mehr in die besonderen Völker,
sondern in die einzelnen Individuen, die ihrerseits nach ihrer Stellung
zu Gottes Gesetz klassifiziert werden: gut und gottlos, weise und un-
verständig, das sind die Kategorien, nach welchen er die Menschen
einteilt; „es sind je zwei und zwei, eines gegenüber dem anderen"
(36 7—15). Absonderung verlangt allerdings auch er, aber eben nur
vom Sünder, der in der eigenen Volksmitte sein kann (11 9 12 4—14).

Um Jesus Sirachs Stellung richtig zu würdigen, müssen wir in
Erwägung ziehen, dass er selber offenbar Schriftgelehrter war, der
„über das Gesetz sinnt" (39 1). Andere waren es nicht und fanden
auch nicht im Gesetzeseifer das Gegengewicht gegen die
Alles nivellierende Aufklärung der Zeit, die mächtig über
alle Stände hereinflutete. Wir meinten ja aus den Psalmen schliessen zu dürfen, es hätten sich auch nach Nehemia innerhalb der Gemeinde direkt fremdenfreundliche Elemente forterhalten[1]. Einen Mann
dieses Schlages lernen wir, nicht mehr aus dem geschriebenen Wort,
sondern aus der Tat kennen. Wir haben uns ungefähr ins Jahr 229
zu versetzen[2]. Da lebt ein gewisser Joseph[3]. Er hat sich durch
schlaue Machinationen am Hofe des Ptolemaeus Euergetes zum Steuer-
pächter Phöniciens, Samariens und Judaeas aufzuschwingen vermocht.
Zu seiner Charakteristik mag in Kürze folgendes dienen: Er wirft dem
Hohenpriester Onias II. seine Weigerung des Tributes an Aegypten
strafend vor, lädt den königlichen Gesandten zu sich zu Gaste und
bewirtet ihn aufs Glänzendste; er entlehnt Geld von seinen Freunden
in Samaria — („übrigens waren zwischen den Juden und den Samaritern", hat zwar Josephus[4] nicht lange zuvor berichtet, „stete Em-
pörungen und Feindseligkeiten, weil ein jeder Teil seiner Voreltern
Satzungen streng verfocht"); — er schilt die, die sich um die Steuer-
pacht (auch Judäas) bewerben, sie versprächen dem König zu wenig
und macht das doppelte Angebot, er lässt sich vom König 2000 Soldaten mitgeben, um sich im Lande freie Bahn zu schaffen; — endlich,
er verliebt sich in eine griechische Tänzerin, die ihm sein Bruder verschaffen soll, aber ohne Lärm zu schlagen, weil den Juden nicht gestattet ist eine Ausländerin zur Frau zu nehmen! Wir fragen bei dem

---

[1] s. oben p. 184 f.
[2] STARK, Gaza und die philistäische Küste p. 416.
[3] Jos. Ant. XII 4 2 ff.   [4] Ant. XII 1.

allem nicht, wo das Gesetz bleibt und seine Forderung der Reinheit
und Absonderung. Man hat gelernt mit Fremden ungescheut handeln,
als wäre man ihresgleichen.

Der Vater dieses Joseph hiess Tobias[1]. Einem Tobias sind wir
schon zur Zeit Nehemias begegnet. Er hiess der „ammonitische Knecht“,
war mit dem hohepriesterlichen Hause verschwägert und machte Nehemia viel zu schaffen[2]. Es scheint mir eine der ansprechendsten Vermutungen WILLRICHS[3] zu sein, dass er möglicherweise der Ahnherr
des ganzen Tobiadengeschlechtes gewesen sei. Mehr als den Wert
einer Vermutung hat freilich diese Annahme nicht. Ist sie aber richtig, so würde sie zeigen, wie einzelne hochgestellte Familien durch Generationen hindurch die Träger der Tradition jener fremdenfreundlichen
Tendenzen waren. Wenigstens können wir in absteigender Linie noch
verfolgen, wie.diese Tradition sich in der Familie der Tobiaden erhalten hat. Josephs Sohn Hyrcan[4] wandelt ganz in des Vaters Spuren.
In den Streitigkeiten zwischen Jason und Menelaus stehen auf des
letzteren Seite die Tobiassöhne[5], die offenbar mit Joseph und Hyrcan
irgendwie verwandt sind. Ja, vielleicht ist Menelaus selber Tobiade[6].
Dann ist es auch der als sein Bruder aufgeführte Simon, den sein
hohes Amt nicht hindert, den Tempelschatz dem heidnischen Statthalter von Cölesyrien und Phönicien, Apollonius, zu verraten (II Makk
3 4 ff.). Bei aller Fremdenfreundlichkeit ist diese Familie nicht nur der
bedeutendsten, sondern auch der angesehensten eine. Tobias, Josephs
Vater, ist der Schwager des Hohenpriesters Onias II[7]. Ein Tobias-
sohn, Hyrkan, hat im Tempel Geldsummen liegen (II Makk 3 11). Von

---

[1] Ant. XII 4 2.   [2] s. oben p. 141.
[3] p. 100.

[4] Nach WILLRICH sind Joseph und Hyrkan nur Typen, hinter denen z. T.
Jason und Menelaus stecken (p. 101); denn die ganze Josephsgeschichte ist ihm
keine Wiedergabe von Tatsachen, sondern „Uebertragung und Spiegelung anderer
Verhältnisse auf die Beziehungen zwischen Jerusalem und Alexandria“ (p. 96).
Darnach spielt Joseph die Rolle des Menelaus, Hyrkan diejenige Jasons (p. 97.
102f.) Wir hören freilich zu unserer Ueberraschung, dass sich bei Hyrkan auch
wieder Züge des Menelaus finden (p. 103), wie auch Simons (97). Josephs Realität
wird zweifelhaft, weil die Hyrkane „unzweifelhaft“ (p. 94) identisch sind und
Hyrkans Vater Tobias genannt wird (II Makk 3 11) etc. Der Verfasser hat sich
(trotz seiner Vorrede p. VIII) mit Kärrnerarbeit nicht begnügt, sondern scheint
ein bischen viel gebaut zu haben.

[5] Jos. Ant. XII 5 1.

[6] Vgl. WELLHAUSEN, Isr. u. jüd. Gesch. p. 200 Anm. 1. Jos. Ant. XII 5 1
macht ihn zum Sohne Onias; das zweite Makkabäerbuch zum Benjaminiten (3 4
vgl. mit 4 23).

[7] Ant. XII 4 2.

dem genannten Joseph sagt Josephus: „Ἐπὶ σεμνότητι δὲ καὶ προνοίᾳ καὶ δικαιοσύνῃ δόξαν ἔχων παρὰ τοῖς Ἱεροσολυμίταις“[1]. Es stand demnach ein guter Teil des Volkes im Rücken dieses „Zöllners und Sünders“, und das heisst weiter, dass sich dieser Teil gegen den Hellenismus nicht feindlich abschloss.

Aber die Reaktion regte sich doch auch. Joseph ist ja nur der Gegner seines eigenen Oheims Onias. Bei Josephus kommt dieser schlecht weg. Aber es dürfte leicht sein, dass er die Tatsachen, die er von ihm möglicherweise richtig überliefert, nur falsch kommentiert. Onias weigert sich, dem Aegypterkönig den üblichen Tribut zu erstatten. Da der Zorn des Königs darüber entbrennt, rät Joseph seinem Oheim selber zu ihm zu reisen und um Erlass der ganzen Summe oder eines Teiles derselben zu bitten. Onias giebt die bemerkenswerte Antwort, es sei ihm an der Herrschaft nicht so viel gelegen, ja er erbiete sich sogar dazu, die hohepriesterliche Würde niederzulegen[2], nur wolle er nicht zum König ziehen. Josephus sieht in diesem Verhalten des Onias lediglich Geiz; damit ist aber dasselbe schlecht genug erklärt. Vielleicht, dass sich Onias dabei gewisser Gedanken erinnern mochte, die seit dem Exil bei den Juden wiederholt aufgetaucht waren, um die Unterwerfung unter eine fremde Macht als unerlaubten Widerspruch gegen die Würde des Volkes und seine eigene hohepriesterliche zu empfinden. Er dachte ähnlich wie jener Kreis, den wir zu Anfang unseres Kapitels zu Worte kommen hörten, der den Hauptaccent auf die Religion legte und sich um die äussere Herrschaft und die Politik überhaupt weniger kümmerte. Nur war er schroff genug, aus diesen Gedanken die unerbittliche Konsequenz zu ziehen. Seine Zeit hatte schwerlich ein volles Verständnis für ihn und erst recht nicht Josephus, der seine Geschichte erzählte. Jedenfalls aber verstand Onias selber den Hellenismus seiner Zeit nicht oder wollte ihn nicht verstehen.

Das deutet uns schon an, dass die Berührung der Juden mit dem Hellenismus zu einer Spannung innerhalb der Gemeinde führte, die über kurz oder lang in einen Entscheidungskampf ausbrechen musste.

---

[1] Ant. XII 4 2.

[2] Ich weiss nicht, woher WILLRICH ganz genau darüber unterrichtet ist, dass unter Ptolemäus III. kein Hoherpriester „auf den Gedanken kommen konnte, freiwillig sein Amt niederzulegen“ (p. 95).

Kapitel III.

Die Entscheidungskämpfe der Makkabäer.

Mit dem Jahre 175 ist der Gegensatz der Fremdenfreunde reif geworden. „Die Welt ladete sie ein, und sie setzten
sich mit an den Tisch[1]." Sie wagen den folgenschweren Schritt, den
Bund mit ihr einzugehen, um zu ihrem Ziele zu gelangen. Der eigene
entartete Sohn des Onias II. giebt den Ton an, Jason[2]. Schon sein
griechischer Name ist lehrreich; denn er hiess ursprünglich Jesus[3].
Von seinem Bruder Onias III. mit der Stellvertretung der hohepriesterlichen Würde betraut, bittet er sich, sobald er den Tod des Seleucus
vernommen hat, von dessen Nachfolger Antiochus Epiphanes gegen
genügende Geldversprechungen aus, in Jerusalem Gymnasium und
Ephebie errichten und die Jerusalemer ins antiochenische Bürgerrecht
aufnehmen zu dürfen (II Makk 4 9).

Es ist nicht ganz leicht darüber Sicherheit zu erlangen, was die Worte
τοὺς ἐν Ἱεροσολύμοις Ἀντιοχεῖς ἀναγράψαι besagen wollen. Zwei Auffassungen sind
gewöhnlich vertreten. Man übersetzt entweder: die in Jerusalem wohnenden
Antiochener ins Bürgerrecht aufnehmen[4] oder: die Einwohner von Jerusalem als
Antiochener aufschreiben[5], d. h. ihnen das antiochenische Bürgerrecht verkaufen[6].
Vereinzelt finde ich die Erklärung HERZFELDS[7]: die in Jerusalem wohnenden
Antiochener abschätzen. Auf eine weitere Deutung endlich bin ich mündlich auf-
merksam gemacht worden[8], ob unter Ἀντιοχεῖς vielleicht nicht antiochenische
Juden zu verstehen seien, die, nachdem sie in Antiochien Karriere gemacht, wieder
nach Jerusalem zurückgekehrt und hier (natürlich um Geld) von Jason wieder
aufgenommen worden wären. Ich finde in Josephus[9] eine Stelle, welche die Möglichkeit dieser letzteren Bedeutung von Ἀντιοχεῖς ganz unzweifelhaft belegt.
Josephus sagt nämlich: Dass Apion sich darüber wundere, wie geborene Juden
Alexandriner könnten genannt werden, bezeuge eine gleiche Unwissenheit, „denn
alle, welche irgendwohin zu wohnen versetzt werden, wenn sie von Geburt noch
so sehr sich von einander unterscheiden, empfangen die Benennung von denen,

---

[1] WELLHAUSEN, Isr. u. jüd. Gesch. p. 196.

[2] Wir überlassen WILLRICH die Entdeckung, die er aus Pseudo-Hekataeus
gemacht hat, dass Menelaus der Nachfolger des Onias im Hohenpriestertum sei,
während Jason ihn, gestützt auf die Gunst des Königs, zu verdrängen suche (p. 96).
Sie beruht einzig und allein auf der falschen Auffassung der Bagosesgeschichte
(s. oben p. 186), Jason von Cyrene und Josephus (Ant. XII 5 1) zum Trotz.

[3] Ant. XII 5 1.

[4] So DE WETTE, Bibelübersetzung; STARK, Gaza p. 470 (GRIMM, Komment.
citiert fälschlich p. 580).

[5] So GRIMM, l. c. p. 81.

[6] WELLHAUSEN, Isr. u. jüd. Gesch. p. 201.

[7] Geschichte p. 222.

[8] Ich verdanke diesen Hinweis Herrn Dr. MEZ.

[9] c. Ap. II 4.

die an dem betreffenden Orte zu Hause sind. Und was brauche ich von anderem zu sagen? Die von uns Antiochien bewohnen, werden ja Antiochener genannt; denn das Bürgerrecht hat ihnen Seleucus gegeben; ebenso tragen die in Ephesus und im ganzen übrigen Jonien Wohnenden gleichen Namen wie die ortsgebürtigen Bürger, weil ihnen solches die Diadochen gewährt haben". Es lässt sich zur Bestätigung weiter Act 2 10 anführen: οἱ ἐπιδημοῦντες Ῥωμαῖοι, worin WENDT[1] die von Rom nach Jerusalem übergesiedelten Juden im Unterschied von den hier lebenden römischen Bürgern sehen möchte. Dass Juden aus der Diaspora nach Jerusalem zurückkehrten, um sich daselbst niederzulassen, bezeugt uns nicht blos Act 9 29, wo Hellenisten genannt werden, d. h. solche, die auswärts ihre Bildung müssen empfangen haben, sondern auch Act 2 5, wonach es zuweilen aus lediglich religiösen Motiven geschehen zu sein scheint. Trotzdem also dem Wortlaute nach II Makk 4 9 auf antiochenische Juden Bezug haben könnte, kann ich mich zu dieser Annahme nicht entschliessen; denn ich sehe nicht recht ein, wie sie ein so besonderes Privilegium bedeuten sollte, das Jason mit seinem Gesuch doch offenbar vom König erbittet. Verständlicher wäre schon die Annahme HERZFELDS; denn darnach erwüchse Jason eine neue Erwerbsquelle, indem er den in Jerusalem wohnenden Antiochenern eine Besteuerung auferlegte, von der sie früher, wie es scheint, frei gewesen wären. Aber es will wiederum nicht zu Jasons sonstigen Tendenzen passen, wenn sich unter ihm die Behandlung der in Jerusalem wohnenden Fremden in dieser Weise sollte verschlechtert haben. Es kommt dazu ein zweiter Grund: Als das fünfjährige Kampfspiel zu Tyrus gefeiert wird, sendet Jason von Jerusalem Abgeordnete „Ἀντιοχεῖς ὄντας", um 300 Silberdrachmen zu einem Opfer zu Ehren des Herkules zu überbringen; die Ueberbringer aber finden dies selber nicht schicklich und bitten, man möchte das Geld zur Erbauung der Kriegsschiffe verwenden (II Makk 4 18—20). Daraus schliesst man nun wohl mit Recht, dass diese Ueberbringer von Haus aus Juden gewesen seien, die es nicht über ihr jüdisches Gewissen bringen konnten, zu einem Herkulesopfer Geld mit beizutragen; daraus wird folgen, dass auch an unserer Stelle unter den „Ἀντιοχεῖς" geborene Juden zu verstehen sind. Dieser Grund spricht denn auch ganz entschieden gegen die von DE WETTE und STARK vertretene Ansicht, Jason habe den König gebeten, Antiochener ins jerusalemische Bürgerrecht aufnehmen zu dürfen (so sehr wir auch Jason die Sache selber zutrauen könnten); es ist auch nicht erwiesen, dass das absolut gebrauchte ἀναγράψαι den zu dieser Auffassung erforderlichen Sinn hätte. So bleibt als die unseres Erachtens einzig richtige diejenige von GRIMM und WELLHAUSEN (auch O. HOLTZMANN[2]) übrig: Jason will den Jerusalemern das antiochenische Bürgerrecht verkaufen dürfen. Für diesen Sinn beruft sich GRIMM noch auf Münzen mit der Aufschrift: ΑΝΤΙΟΧΕΩΝ ΤΩΝ ΕΝ ΠΤΟΛΕΜΑΙΔΙ, mit welchen Worten die Korporation derjenigen Einwohner von Ptolemais bezeichnet sein soll, welche das antiochenische Bürgerrecht besassen[3].

Die Absicht, die Jason dabei verfolgte, liegt klar zu Tage. Mit dem antiochenischen Bürgerrecht sind nämlich gewisse Vorteile ver-

---

[1] Im MEYERschen Kommentar zu Act.

[2] l. c. p. 313.

[3] Komment. p. 85. Folgerichtig muss STARK (Gaza p. 449) auch hier anders deuten. Er denkt daran, dass Ptolemais, von den Ptolemäern neu begründet, von Antiochus III. durch bedeutende Klerurchien von Antiochenern erweitert worden sei.

bunden[1]; nach II Makk 4 19 möchte GRIMM daran auch das Recht
der Beteiligung an den griechischen Spielen knüpfen. Die Befugnis,
dieses Bürgerrecht zu erteilen, hoffte daher Jason höchst wahrscheinlich zu einer ergiebigen Einnahmequelle machen zu können, wenn er
es teuer verkaufte. Man denke sich nun aber, was es in den Augen
korrekter Juden sein musste, das Bürgerrecht Jerusalems, der einzigen Stadt, mit dem der heidnischen Grossstadt zu vertauschen! Das
also waren die Konzessionen, um die Jason beim König warb; sie wurden ihm nur zu gerne gewährt und Jason suchte alsbald seine Lands-
leute zu griechischen Sitten zu bekehren (II Makk 4 10). Es liesse
sich erwarten, dass gegen ihn das ganze Volk Partei ergriffen hätte;
dem Verfasser von II Makk erscheint sein Tun allerdings als „über-
mässige Verruchtheit" (4 13). Tatsache aber ist, dass die Priester
Tempel und Altar verliessen, um den Vorstellungen in der Palästra
beizuwohnen (4 14f.), und die jüdischen Jünglinge, welche darin ihre
Uebungen nackt ausführten, schämten sich ihrer Beschneidung und
suchten, um dem Spott zu entgehen, die Vorhaut durch künstliche
Manipulation wieder herzustellen[2]. Als Jason schliesslich das Feld
räumen muss, sucht er noch seine Rettung bei Fremden, bei Ammonitern, Aegyptern und Lacedämoniern (5 7—9)[3]. Aber der, welcher ihn
verdrängt, tut es nicht etwa aus Opposition gegen seine Richtung;
er ist desselben Geistes Kind und persönlich um nichts besser als
jener. Es ist des obgenannten Simon würdiger Bruder Menelaus.
Auch hier spricht schon der Name; denn nach Josephus[4] hiess er

---

[1] Jos. Ant. XII 3 1, vgl. c. Ap. II 4.

[2] Jos. Ant. XII 5 1. Das ist fortan öfter geschehen, noch zu Pauli Zeiten
(I Kor 7 18: ἐπισπᾶσθαι = מָשׁוּךְ; vgl. dazu: LÜBKERT, Der jüd. ἐπισπασμός, theol.
Stud. u. Krit. 1835 p. 657—664), und Martial (lib. VII ep. 29 in Caeliam) spottet:
„nec recutitorum fugis inguina Judaeorum". Für die orthodoxen Juden aber ist es
ein Aergerniss der Aergernisse geworden: „Alle Israeliten", heisst es, „sollen von
Abraham wieder aus dem Gehinnom herausgeführt werden, mit Ausnahme dessen,
welcher zur Kuttäerin (= Samariterin) gekommen ist, und dessen, welcher seine
Vorhaut übergezogen hat, dass man ihn nicht mehr als Juden kennt". (ERUBIN 19 a,
bei WEBER, l. c. p. 373).

[3] Es illustriert WILLRICHS Methode, wenn er sagt (p. 87): „Wir dürfen hier
wohl, ohne als hyperkritisch zu gelten, Lakedaimon bei Seite lassen und festhalten, dass Jason nach Aegypten verstossen wurde". Denn warum erlaubt sich
WILLRICH, Lakedaimon einfach „bei Seite zu lassen", ohne auch nur den Schein
eines Beweises dafür erbringen zu können? Die Antwort kann nur die sein, dass
er um jeden Preis darauf hinaus will, Jason die Rolle des Onias III. spielen zu
lassen, der nach Aegypten geflohen sein soll. Das ist aber allerdings — gelinde
ausgedrückt — ein wenig „hyperkritisch".

[4] Ant. XII 5 1.

ursprünglich Onias. Um sich mit fremden Mächtigen gut zu stellen,
scheut er sich sogar nicht vor gemeinem Tempelraub, z. T. im Verein
mit seinem gleichgearteten Bruder Lysimachus (II Makk 4 32 39). Hatte
schon Jason den König in Jerusalem mit weltlichem Glanze empfangen
(4 22), so wagt er sogar, ihn in den Tempel hineinzuführen. Es ist
interessant mit diesem Ereignis das Edikt des Vaters des Antiochus IV,
des Antiochus III, zu vergleichen, worin er (die Aechtheit vorausgesetzt) [1] bestimmt, dass niemand von ausländischen und fremden Völkern wider der Juden Verbot in des Tempels Vorhof gehen sollte, aus-
genommen die, welche nach Gebrauch ihres Gesetzes sich vorher gereinigt hätten.

Es zeigt dies zugleich, wie Antiochus Epiphanes über seinen Vater
hinausgeht. Hatte dieser die jüdische Sitte respektiert, so wagt er
den kühnen Versuch, es sollten alle Ein Volk sein und ein jeglicher
sein Gesetz verlassen (I Makk 1 41). Wundern darf uns ein solcher
Versuch unter den Juden nicht; an Anknüpfungspunkten dazu hatte
es wahrlich nicht gefehlt. Schwerlich wäre aber Antiochus je so
weit gegangen, wenn ihm nicht Juden auf halbem Wege entgegen gekommen wären; das ist die richtige Erkenntnis der alten
jüdischen Schriftsteller. Die Söhne Tobias hätten Antiochus angeregt,
urteilt Josephus [2], und schon der Verfasser von I Makk sagt (1 11—13):
„Zu selbiger Zeit gingen von Israel gottlose Leute aus und beredeten
viele, indem sie sprachen: Lasst uns gehen und einen Bund schliessen
mit den Heiden um uns her; denn seit wir uns abgesondert haben
von ihnen, hat uns viel Uebel getroffen; und es gefiel die Rede in
ihren Augen; und es boten sich einige vom Volke dar und gingen zum
König; und er gab ihnen Erlaubnis, nach den Satzungen der Heiden
zu tun". „Er tritt in Einverständnis mit den Abtrünnigen vom heiligen
Bunde", heisst es Dan 11 30. Wir dürfen uns diese Partei nicht zu
schwach vorstellen (I Makk 1 43 vgl. Dan 9 27: רבים u. ψ 3 2 f. 18 18 25 19
38 20 69 5). Geld mochte übrigens auch das seine tun (I Makk 2 18).
Aber sie schoss über das Ziel hinaus, und Antiochus liess
sich in seiner Verblendung erst recht zu weit führen: das
wurde ihr Untergang. Wäre es bei den Forderungen Jasons geblieben — eine Reaktion wäre in allen Fällen erfolgt; aber der religiöse Schwung, welcher der makkabäischen Partei den Sieg verlieh,
hätte ihr bei weitem nicht in jener einzigartigen Weise innegewohnt,

---

[1] Ant. XII 3 4. WILLRICH bemerkt dazu: „Es scheint aber so, als sei diese
Bestimmung erst unter Herodes erlassen" (p. 41).
[2] B. J. I 1.

und es fragt sich, ob nicht die griechenfreundliche Partei das Feld
hätte behaupten müssen. Aber diese Frage ist unnütz geworden. Als
Antiochus auf der Rückkehr von Aegypten den Tempel plünderte und
zwei Jahre später nach gründlicher Verheerung der Stadt der jüdische
Tempelkult und die Beschneidung gänzlich verboten wurden, als die
Gesetzbücher verbrannt, Götzenhäuser erbaut, Schweinefleisch und unreine Tiere geopfert und Bacchusumzüge gehalten wurden, als man gar
auf dem Altar die Statue des olympischen Zeus (βδέλυγμα ἐρημώσεως.
שׁקץ שֹׁמֵם) aufstellte und die Burg mit einer fremden Besatzung und
die Stadt mit fremden Kolonisten sich bevölkerte, — da erwachte
in Einigen das Bewusstsein, wohin die Verbindung mit den Fremden
führe. „Es wurden" — so stellt sich dem Verfasser von Hen 90 6 7
in der ihm eigenen Bildersprache die Sache dar — „kleine Lämmer
geboren von jenen weissen Schafen, und sie begannen ihre Augen zu
öffnen und zu sehen und zu den Schafen zu schreien; aber die Schafe
schrieen ihnen nicht zu und hörten nicht, was sie ihnen sagten, sondern
waren überaus taub, und ihre Augen überaus und gewaltig verblendet";
und in der Tat, die Griechenfreunde, welche damit gezeichnet sind,
giengen mit Antiochus durch alles hindurch; noch finden wir aus ihrer
Reihe inmitten der syrischen Besatzung der Burg [1] wie in den Heeren
des Seron [2], des Gorgias, Nicanor und Ptolemaeus [3]. „Alle die Adler"
— so sagt inbezug darauf der genannte Schriftsteller im gleichen
Bilde weiter — „und Geier und Raben und Weihen" (d. h. die fremden
Feinde) „sammelten sich und brachten „alle Schafe des Feldes" (das
sind die bösen Schafe d. h. die abtrünnigen Israeliten) „mit sich, und
sie kamen alle mit einander und halfen zusammen".

Aber bei jenen anderen, die im richtigen Augenblicke „zu sehen"
vermochten, hatte sich die Reaktion vorbereitet und an langer Hand
ausgebildet, in der Stille, aber mit starker Sicherheit; das Wachstum
der fremdenfreundlichen Tendenzen war ihr eigenes Wachstum gewesen;
deren Höhepunkt wurde ihr eigener Glanzpunkt.

Wir gehen zurück bis in die Zeit jenes Onias II [4]. Auch seine
Traditionen erbten sich weiter. Seinen Enkel Onias III sehen wir in
unaufhörlichem Gegensatze gegen einen Simon, einen Jason, einen
Menelaus. Auf seiner Seite wird die ganze „feiernde Menge" gestanden haben, die er einst zum Tempel angeführt (ψ 42 5) [5]. Sie setzte
sich zusammen aus Leuten aller Stände, nicht nur der unteren, wenn

---

[1] Jos Ant. XII 5 4 9 3.   [2] XII 7 1.
[3] XII 7 3.   [4] s. oben p. 207.
[5] Wenn wir diesen Psalm nach der geistreichen Vermutung Duhms auf
Onias III. zurückführen dürfen.

dieser auch vorzugsweise, und hatte alle möglichen Schattierungen aufzuweisen. Es waren grossenteils Männer weniger der Tat als der
Gesinnung; aber es gab doch auch unter ihr solche, in welchen die
Gesinnung zur Tat ward, und die Zeit war darnach, Taten zur Reife
zu bringen. Auf diese Vorkämpfer aber mussten die anderen warten,
um selber aus der Stille herauszutreten, in der sie nur dem Gesetze
lebten. Die Konzentration dieser Leute stellt sich dar in den עניים [1]
und den חסידים. Was zuerst nur geistige Gemeinsamkeit verband,
konsolidiert sich allmählich zu einer abgeschlossenen Gemeinschaft,
einer „societas ecclesiastica" [2]. Ihrem Ursprung nach ist sie so alt
als das Judentum; aber ihre Geschichte war bisher anonym verlaufen;
nur in den Psalmen war etwas aus ihrem verborgenen Wesen zu Wort
gekommen. Sonst waren sie der Welt fremd geblieben, und die Welt
war es ihnen; sie verachteten sie, weil sie im Argen lag; und ihre
Kultur verschmähten sie nicht allein (Jes 33 21 Sach 9 9 f.): sie schien
ihnen ein Unrecht (Hen 8 1—4). Sie lebten überhaupt mehr der Zukunft
als der Gegenwart mit ihren praktischen Anforderungen; vor allem
wünschten sie auch nicht ihr Vertrauen zu setzen auf einen Menschen,
der nicht helfen kann (ψ 146 3). Die Frage, der wir nachgehen, bestand im Grunde kaum für sie; die Fremden waren ausserhalb ihres
Kreises, und es ist nicht abzusehen, was sie hätte veranlassen sollen,
es anders zu wünschen. Sie standen auf dem Boden des Gesetzes und
waren zufrieden, wenn man es mit den Fremden, mit denen man in
Berührung kam, hielt, wie das Gesetz es vorschrieb. Im Uebrigen
war ihnen momentan genug, dass Jabwe sich einen Namen gemacht
hatte, „wie er zu dieser Zeit ist" (Dan 9 15). Aber die Verhältnisse nötigten ihnen mit Gewalt auf, sich damit auseinander-
zusetzen, wie sie sich zu dem fremden Wesen, von dem sie nicht
mehr blos aus der Ferne zu hören bekamen, sondern das sich den Weg
schon bis in die Mauern Jerusalems und des Tempels erobert hatte,
zu verhalten hätten.

Das Buch Daniel versucht die Lösung des Problems. Die Herrschaft der Fremden, unter der man steht, erscheint darin als die Zeit
der grössten Decadence. Frühere Weltreiche waren wenigstens noch
besser; das jetzige ist so schlimm, dass man die Tage zählen kann, bis
der Umschwung eintreten muss. Aus solcher Anschauung heraus begreift sich, dass das widerstandslose Ausharren (חכה 12 12) bis zum
baldigen Abschluss, das als Ideal gilt, sich vollzieht in der Abschliessung gegen alles Fremde. Das zeigt gleich die Art und Weise, wie

---

[1] s. oben p. 186 f. 197.   [2] Scaliger.

Daniel eingeführt wird: er will sich nicht verunreinigen mit der Tafelkost und dem Wein des Königs. Wenn er es schliesslich auch nicht
umgehen kann, fremde Speise überhaupt zu geniessen, so ist doch
nicht schwer zu erraten, warum dies gerade hier genannt ist: 5 4 zeigt
uns, dass beim Weintrinken die Götter gelobt werden, d. h. wohl,
dass ihnen gespendet wird, und wenn die Tafelkost vornehmlich in
Fleischspeisen bestand, so war die Schlachtung vielleicht gesetzwidrig
gewesen; das ist Grund genug, solches nicht zu geniessen (vgl. ψ 141 1).
Denken wir uns dieses Prinzip durchgeführt, so zeigt sich die ganze
Schwierigkeit des Zusammenlebens mit Fremden. Sie kennen eben überhaupt nicht den Unterschied von heilig und profan; die Tempelgeräte
gebrauchen sie als etwas gemeines (5 2 f.). Wer sich mit Heiden ein-
lässt, der wird durch sie „profanisiert“ (11 32 : יַחֲנִיף); das heisst aber so
viel als ein Preisgeben der Religion (עֹזְבֵי־בְרִית 11 30). Aber vielleicht
sind die Umstände derart, dass man darauf angewiesen ist, von den
Produkten der Fremden zu leben. Der Verfasser des Danielbuches hat
eine andere Antwort: Man enthalte sich einfach ihrer, so unumgänglich
notwendig sie anderen scheinen mögen; man kann auch ohne sie ebenso
gut gedeihen als die anderen. Hier geht das Gebot der Abschliessung
vom Fremden über die Sorge um den eigenen Leib. Gott ist mächtig
genug, für dieses ihm wohlgefällige Werk gebührend zu belohnen — an
Körper und Geist. Daniel und seine Gefährten haben nicht blos besseres
Aussehen und sind reichlicher genährt als alle fremden Jünglinge (1 15),
sie sind allen Zeichendeutern und Beschwörern des ganzen persischen
Reiches zehn Mal überlegen in jeder Sache von Weisheit und Verständnis (1 20 vgl. 6 4). Ueberhaupt keine Konzession an Fremde bringt Segen.
Wer das goldene Bild nicht anbetet, sei es nun dasjenige Nebukad-
rezars oder mag man an den Greuel des Antiochus Epiphanes denken,
trägt keinen Nachteil davon; im Gegenteil: Sadrach, Mesach und Abed-
nego gehen heil aus dem Feuerofen hervor, während seine Glut die
Männer tötet, welche sie hinaufbringen (Dan 3). Gleicherweise kehrt
Daniel, der seinem Gott mehr gehorcht als dem Gebote Fremder, un-
versehrt aus der Löwengrube zurück, während seine Gegner ihr zum
Opfer fallen (6). Schliesslich müssen ja doch die Fremden sich Gott
unterwerfen und seine Macht anerkennen (2 47 3 31 ff. 4 34 6 26 ff.). Er
hat ja auch den fremden Machthaber eingesetzt (2 37 f.), und derselbe
spricht und dekretiert ganz, als ob er schon der eifrigste Apostel der
Jahwereligion wäre (2 47 und die citierten Stellen). Daran hält ja überhaupt der Verfasser durchaus fest, dass alle Völker, Nationen und
Sprachen sich unter die Gottesherrschaft Israels resp. seines Gesalbten
zu beugen haben (7 14 18 27). Dem irdischen Weltreich wird gegenüber-

gestellt die himmlische מַלְכוּת , in welcher die gesamte Menschheit
unter der Hegemonie der Juden zum Ziel ihrer Geschichte gelangt, —
das war selber z. T. eine Frucht des Hellenismus; aber erreicht wird
dieses Ziel nicht auf dem Wege beruflichen Wirkens des Volkes in der
Welt, sondern wie die ganze Katastrophe בְּאֶפֶס יָד (8 25), לָא בִידַיִן (2 34)
geschieht, so wird auch in dieser Beziehung der Umschwung erwartet
von einem Wunder von oben (7 13). Darum denkt man in der Gegenwart nicht daran, auf dieses Ziel hinzuwirken; man bleibt gegen die
Fremden durchaus ablehnend; man ist an ihnen auch gar nicht weiter
interessiert; beispielsweise begnügt man sich mit der Auferstehung der
Israeliten (12 1ff. vgl. Hen 61 5, ganz ähnlich Jes 26 19). Solche Anschauungen des Buches Daniel gelten zunächst allerdings blos im beschränkten Kreise Eingeweihter; aber diesen מַשְׂכִּילִים liegt ob die An-
leitung der grossen Menge (רַבִּים) zur Gerechtigkeit[1].

Wir sehen die Stimmung gegen die Fremden in entschieden feindliche Bahnen einlenken. Sind Heiden in Gottes
Eigentum eingedrungen und haben seinen heiligen Tempel verunreinigt (ψ 79 1), so ist das Ideal die künftige Läuterung von ihnen und
allen, die es mit ihnen halten. „Wer wird uns weilen bei dem fressen-
den Feuer? Wer wird uns weilen bei den ewigen Gluten?" (Jes 33 14).
Wenn man nur selber dazu kommt, in der heiligen Stadt das reine
Volk „vergebener Schuld" darzustellen, da der Insasse nicht sagt:
„ich bin krank!" (Jes 33 24).

Aber mit blosser beschaulicher Passivität war es nicht getan, und
es war ein Glück für Leute vom Schlage des Verfassers des Danielbuches, dass sich auch Männer fanden, welche der Eifer um Gottes
Haus verzehrte. THEODOR VON MOPS. ist wohl kaum im Unrecht, wenn
er zu eben diesen Worten des Psalmes (69 10) bemerkt: „Μάλιστα δὲ
ἁρμόττιον τοῦτο Ματταθίᾳ, ὃς καὶ ἀνεῖλε τὸν ἐπιτάττοντα σὺν τῷ θύοντι".
In der Tat begegnen wir in der Person des Mattathias am reinsten
dem tatkräftigen, unerschütterlichen Festhalten an Gesetz und Sitte
der Väter, das lieber das Leben lässt als Fremden eine Konzession zu
machen, und die fremdenfreundlichen Juden aus tiefster Seele als
Feinde verabscheut. Wie radikal der Bruch ist, zeigt uns derselbe
Psalm (69 9). Die Kluft, die einst zwischen Juden und Fremden bestanden, hat sich in der Juden eigenen Mitte aufgetan. „Entfremdet
bin ich meinen Brüdern und fremd (נָכְרִי) den Söhnen meiner Mutter".
Das Ziel des Mattathias ist klar. Wer dem Gesetze zuwiderhandelt,
soll nicht im Lande bestehen dürfen; das ist der Sinn, wenn alle un-

---

[1] BEHRMANN, Komment. zu Dan. Einleitung p. XXV.

beschnittenen Kinder, die sich auf israelitischem Gebiet finden, ohne
weiteres beschnitten werden (I Makk 2 46).

Judas geht zunächst ·in den Spuren seines Vaters. Ps 83[1] mag
ein getreuer Abdruck sein der Stimmung, die ihn in seinem Kampfe
beseelt: „Fülle ihr Antlitz mit Schmach, dass sie deinen Namen
suchen, Jahwe, . . . und lass sie erkennen, dass du Jabwe heissest, du
allein der Höchste bist über alle Welt“ (V. 17 19). Gegenüber den
Planen des Königs, die Stadt gänzlich mit Fremden zu besiedeln
(I Makk 3 36 II Makk 11 2), ist sein Ziel, durch Konzentration der
Juden auch aus den ferneren Gebieten, wo sie bedrängt waren, Galiläa
und Gilead, nach Judäa und Jerusalem den Seinen ein Gebiet zu
sichern, wo sie ganz ungestört ihren väterlichen Gesetzen leben könnten. Daher ist ihm vor allem die fremde Besatzung in der Burg ein
Dorn im Auge, und sobald er einigermassen freie Hand bekommt,
geht er daran sie zu belagern (I Makk 6 19ff.).

Die Leute, die er zum Kampfe von seinem Vater über-
kommen hat, sind nach dem Verfasser des I Makkabäerbuches „alle,
die entschlossen waren für das Gesetz“ (2 42 vgl. mit 3 2). Aber diese
Partei war weit davon entfernt, einheitlich zu sein, und sie wurde es,
wie es scheint, je länger je weniger. Wir erinnern schon an Dan 11 34,
es hätten sich viele בחלקלות (oder vielleicht richtiger בקלקלות)[2], heuch-
lerischer Weise (oder in Leichtsinn) den Makkabäern angeschlossen.
Einige charakteristische Züge, wie die ursprünglichen Motive der Reaktion gegen die Fremden oder die mit ihnen verbündeten Volksgenossen zurücktraten (wenn sie überhaupt je bei ihnen vorhanden
gewesen waren), überliefert uns das II Makkabäerbuch. Leute aus
Simons Mannschaft lassen sich aus Geldgeiz von den belagerten Idumäern bestechen (10 20). Als später Antiochus Eupator Bethzur belagert, entdeckt ihm einer aus dem jüdischen Heere, Rodocus mit
Namen, die Geheimnisse (13 21). Besonders bemerkenswert aber ist,
dass Leute des Judas, um im Kriege gefehmt zu sein, Amulete von
Götzen aus Jamnia auf sich trugen (12 40 vgl. Sach 13 2 Hen 91 9).
Das war nicht dazu angetan, die Reaktionspartei zusammenzuhalten;
am wenigsten konnten mit solchen Elementen die schon genannten
Chasidim auf die Dauer gemeinsame Sache machen. Es kam dazu ein
Zweites: für sie bedeutete das Blut und die Abstammung alles. So-
bald sich ihnen daher die Aussicht auf einen Hohenpriester aaroniti-

---

[1] I Makk 5 1ff. ist der beste Kommentar zu diesem Psalm, vgl. nam. I Makk 5 2
mit V. 4—6 desselben.

[2] So liest BEHRMANN, Komment. p. 79.

schen Geschlechtes in der Person des Alkimus[1] eröffnet, trennen sie
sich, und mit oder nach ihnen auch sonst ein Teil des Volkes (vgl.
das πρῶτοι I Makk 7 13) von Juda[2] und gehen zu ihm über, obgleich
er Judas ausgesprochener Gegner ist.

Vielleicht freilich lehrt uns dieser Schritt ein weiteres, das für
die Beurteilung der ferneren Taten des Judas nicht ganz unwichtig
ist. Nachdem sie im Frieden des Lysias (162) das Notwendigste und
zugleich das Einzige, was ihnen Not tat, die freie Uebung ihrer Religion, zugestanden erhalten hatten, glaubten sie Judas mit der Fort-
führung des Kampfes andere Bahnen einschlagen zu sehen als die,
wofür sie selber Blut und Leben zu opfern bereit waren; denn sie
wollten blos kämpfen für Religion, nicht für Politik. Wenn dagegen
Judas jetzt die Waffen weiterführte, so war das nicht mehr unmittelbar religiöser Kampf, den er zu bestehen hatte, sondern Kampf um die
Sicherung einer gewissen äusseren Macht, mögen auch diese kleineren
Kriegszüge gegen die feindlichen Nachbarn immer noch zu verstehen
sein als ein Ausdruck der Stimmung, wie sie ψ 79 12 sich ausspricht:
„Vergilt unsern Nachbarn siebenfältig in ihren Busen ihre Schmach,
mit der sie auf dich, Herr, geschmäht haben"; (die Nachbarn haben
nämlich für Antiochus gekämpft). Jedenfalls aber, und das ist uns
das Wichtige, berührte sich Judas damit wiederum mit der „Welt";
er ist nicht mehr blos religiöser Vorkämpfer, sondern zugleich, und
immer mehr Politiker. Das lässt ihn auch schon wieder mit Fremden
Beziehungen anknüpfen, in denen ihm die Chasidim, die nur ihrem Gesetze zu leben trachteten, nicht zu folgen vermögen oder nicht folgen
wollen. Es ist doch höchst bezeichnend, dass er, der für die Unab-
hängigkeit vom fremden Gewalthaber alles eingesetzt hat, sich um die
Freundschaft und Bundesgenossenschaft der Römer bemüht, „dass sie
das Joch von ihnen nehmen sollten" (I Makk 8 17 f.)[3]. Es ist recht

---

[1] Wenn WILLRICH (p. 127) aus der Art, wie die Frommen in Israel die Einsetzung des Alkimus begrüssen, den Eindruck gewinnt, dass sie ihn für nicht ganz
legitim halten, ihn aber in Ermangelung eines geeigneteren Kandidaten annehm-
bar finden, so hätte diesen Eindruck vielleicht die Erzählung des I Makkabäerbuches für sich allein genommen kaum hervorgerufen; aber unwillkürlich wirken
dazu die Worte des Josephus mit (Ant. XX 10), Alkimos sei Aaronide, aber nicht
vom Hause des Onias gewesen, und Josephus mag hierin immerhin Recht haben,
jedenfalls mehr als wenn er Ant. XII 9 7 direkt sagt, Alkimos sei nicht vom
hohenpriesterlichen Geschlecht gewesen.

[2] II Makk 14 6 ist historisch unrichtig.

[3] Wir möchten an der Geschichtlichkeit der Gesandtschaft Judas nach Rom
festhalten, wenn wir auch nicht für alle in I Makk 8 berichteten Einzelheiten zu
stehen wagen (vgl. WELLHAUSEN, Jüd. u. isr. Gesch. p. 216 Anm. 1). Am wenig-

eigentlich ein Bund mit der Welt und ihrer Macht, der eine Weltoffenheit bekundet wie kaum je zuvor. Wenn wir dem II Makkabäerbuch, dessen Glaubwürdigkeit sonst viel zu wünschen übrig lässt, gerade in einem Punkte vertrauen dürften, den es etwas abweichend vom
ersten darstellt, so würde die Art, wie Judas dem Nicanor begegnete,
gerade seine Weltoffenheit sehr deutlich illustrieren. Nach streng jüdischem Massstab wäre seine Stellung von vorn herein gegeben gewesen;
dagegen tritt er mit ächt weltlicher Klugheit Nicanor gegenüber auf,
so dass es heisst, dieser sei ihm von Herzen zugetan gewesen, „und“,
fährt der Bericht fort, „er“ (Nicanor) „ermunterte ihn zu heiraten
und Kinder zu zeugen; er heiratete, hatte Ruhe, genoss das Leben“
(14 24f.). So sehen wir gerade bei den führenden Männern
unter den Griechenfeinden, um die Reaktion so zu bezeichnen, eine neue Berührung mit der Welt zu Stande
kommen. Wir können schon ahnen, dass sich im Laufe der
Zeit ihre Wege von denen der Chasidim mehr und mehr
entfernen werden.

Unterdessen hatte das Haupt der Griechenfreunde, Menelaus,
seinen Versuch die Juden dem Hellenismus auszuliefern, allerdings mit
dem Tode büssen müssen. Indessen erwuchs der griechenfreundlichen
Partei ein neues Haupt, Alcimus[1], — wir beachten schon seinen
Namen — „der sich in den Zeiten der Vermischung willig befleckt
hatte“ (II Makk 14 3). Seine Charakteristik fügt zu den oben gegebenen Zügen der Griechenfreunde keine wesentlich neuen hinzu:
Als er sich an der Spitze der „abtrünnigen und gottlosen Männer aus
Israel“ (I 7 5) an Demetrius I. macht, bringt er ihm einen goldenen
Kranz und Palmzweig und ausserdem einen Oelzweig, der von denen
des Tempels zu sein schien (II 14 4). Er verklagt Judas und seine
Partei hart, weil sie des Königs Getreue umgebracht und sie selber
aus dem Lande vertrieben hätten (I 7 6). Von den Chasidim tötet er 60
(7 16) und waltet in Jerusalem mit den Seinen „schlimmer als die Hei-
den“ (7 23); sein Rückhalt ist der Heide Bacchides. Bei seinem zweiten
Aufenthalt in Jerusalem, als er wohl von Bacchides zum Hohenpriester

---

sten könnten wir uns denken, diese ganze Geschichte entstamme der Feder eines
Bearbeiters des I Makkabäerbuches (WILLRICH p. 71 ff.), der frühestens in Herodes
letzten Jahren gelebt hätte (p. 76). Damals hatte man die Römer schon anders
kennen gelernt, als dass man vom Wunsche beseelt sein konnte, die Freundschaft
mit Rom „recht alt erscheinen zu lassen“ (p. 73). Die Bündnisse der Makkabäer
mit Rom gelten damals den Pharisäern vielmehr als ein „Huren hinter fremden
Göttern“ (Ass. Moys. 5 3 ed. FRITZSCHE), wie wir noch sehen werden.

[1] Bei Jos. Ant. XII 9 7 auch Jakimos.

eingesetzt ist, lässt er die Mauer des inneren Vorhofes des Tempels niederreissen (τεῖχος τῆς αὐλῆς τῶν ἁγίων τῆς ἐσωτέρας). Was damit gemeint sei, ob die wirkliche Mauer, was nach dem Wortlaut das Natürlichere wäre, oder die niedrige Brustwehr (סורג), die ausserhalb um dieselbe herumgieng, wofür die mischnische Tradition zu sprechen scheint, mag dahingestellt bleiben[1]; genug, dass, wie uns scheint, über den Sinn dieser Tat ein Zweifel kaum bestehen kann: die Grenze, welche die Heiden von den Juden schied, sollte entfernt werden und damit selbst innerhalb des Kultus jeder Unterschied verwischt. Nur WELLHAUSEN, so viel ich sehe, legt einen gänzlich anderen Sinn in unsere Stelle. Hatte er schon früher geäussert[2]: „Dass Alcimus das Gesetz und den Kultus unangetastet liess, ist unverkennbar", so erklärt er dies neuerdings[3] dahin: „Wenn Alcimus die innere Vorhofmauer niederlegte, so tat er das ohne Zweifel aus Frömmigkeit und wurde nur durch den Tod verhindert, sie glänzender wieder aufzubauen. Die Religion wurde in keiner Weise angefochten". Ich weiss nicht, wie diese Auffassung sich vor den Quellen rechtfertigen lässt. Tatsache ist, dass dem Verfasser von I Makkabäer des Alcimus bald darauf erfolgter Tod als Gottesgericht dafür erscheint (9 55f.).

Mit gegen Alcimus gerichtet ist, wie es scheint, die Schrift des zweiten Sacharja (spez. 11 15—17). Sie hat für uns ein besonderes Interesse, insofern sie uns mit einer neuen Richtung innerhalb der Reaktionspartei bekannt macht, die, wenn ich recht sehe, etwa die Mitte hält zwischen den beiden besprochenen, der Chasidim oder wie sie fortan als die Abgesonderten heissen, der Pharisäer einerseits und des der Verweltlichung sich zuneigenden Makkabäers und namentlich seiner Nachfolger andererseits. Ihr Gesichtskreis ist weiter als der der ersteren und von grösserer religiöser Ausschliesslichkeit als der der letzteren. Von noch grösserer Bedeutung wäre Deuterosacharja für uns, wenn wir uns ohne weiteres den Resultaten anschliessen dürften, zu denen ECKARDT in einer Untersuchung „über den religiösen Gehalt von Sach 9—14" gelangt ist[4]. Er stellt nämlich die These auf: „Deuterosacharjas freies geistiges Eigentum ist die Ausdehnung des theokratischen Universalismus auf den ganzen religiösen Bestand seiner Zeit[5]". Die Heidenwelt hätte nämlich in ihren Göttern unbewusst Jahwe verehrt, die Vollendung seines Weltplanes in

---

[1] Vgl. SCHÜRER, Gesch. des jüd. Volkes im Zeitalter Christi I p. 176.
[2] Pharisäer u. Sadducäer p. 84 Anm. 3.
[3] Isr. u. jüd. Gesch. p. 216.
[4] Zeitschrift für Theologie und Kirche III Heft 4.
[5] l. c. p. 315.

wirrem Trachten erstrebt, in ihrem ruhelosen Forschen und Ringen
ihn suchend, ohne sich darüber klar zu sein; das nun hätte Deuterosacharja formuliert. „Fürwahr, ein grossartiger Gedanke!“[1], wie
ECKARDT bekennt. Die Grundlage, worauf sich seine Behauptung
stützt, ist die Auffassung von 9 1: „auf Jahwe ist das Auge der Heidenwelt gerichtet“, und von 14 9: Jahwe unser Gott der Einzige, dem
das Prädikat Jahwe, in dem die wahre Gottesrealität beschlossen ist,
wirklich zukommt. In der Gegenwart wird Jahwe noch unter verschiedenen Namen verehrt; denn wie ein Volk auch seinen Gott nennen
mag, ohne es zu wissen, betet es in ihm Jahwe an. Dabei weist
ECKARDT auf Act 17 27 hin und folgert: „Wie anders musste sich ein
Mann zu den Heiden stellen, der in ihren Göttern verderbte und
falsche Formeln für Jahwe sah als ein Deuterojesaja, dem sie Nichtse
sind!“[2] So weit ECKARDT. Aber mit dieser Auskunft können wir uns
nicht einverstanden erklären. Wahr ist allerdings, dass sich ein Vor-
läufer zu diesem Gedanken fände Mal 1 11 (vgl. ψ 65 3 6), wonach der
heidnische Opferkult, welchem Gott er auch immer gelten mag, doch
schliesslich objektiv betrachtet eine unbewusste Verehrung des einen
wahren Gottes ist, daran Gott unter Umständen sogar Wohlgefallen
haben kann. Aber inwiefern Deuterosacharja darüber hinausgehen soll
zu einer „Gesamtanschauung, darin der Gedanke Maleachis blos ein
Glied“ wäre, bleibt doch sehr fraglich. Zuzugeben ist nur, wie auch
WELLHAUSEN[3] anerkennt, dass 14 9 die Erwartung, der jüdische Monotheismus werde einst die Welt beherrschen (vgl. 9 10), ungewöhnlich
deutlich und bestimmt ausgesprochen ist: „Jahwe wird König sein
über die ganze Erde; an jenem Tage wird Jahwe Einer sein und sein
Name Einer“, d. h. aller Kult soll Jahwekult sein. Und das wird
noch ausgeführt 14 16—19, wo die Heiden und als die wichtigsten die
Aegypter besonders aufgefordert werden, alljährlich zum Laubhüttenfest nach Jerusalem hinaufzuziehen, ansonst sie mit Dürre bestraft
werden sollen. Dass dabei חטאת (Sach 14 19) hier mehr bezeichne als
„Sündenstrafe“, d. h. so viel als „Sündopfer“, und unsere Stelle damit
über Num 15 30 hinausgehe („die partikularistische Engherzigkeit der
Sühngesetze überwunden durch den Universalismus der göttlichen
Gnade“)[4], scheint mir nur eingetragen. Unrichtig ist ferner, wenn
ECKARDT aus 9 6 die Zulassung der Bastarde zur Gemeinde Jahwes
herausliest[5] und darin einen weiteren universalistischen Gedanken
Deuterosacharjas finden will[6]. Wie der Kontext zeigt und wir ge-

---

[1] l. c. p. 318.   [2] do.
[3] Skizzen V z. St.   [4] ECKARDT l. c. p. 327.
[5] l. c. p. 323.   [6] p. 326.

legentlich[1] schon bemerkt haben, enthält 9 6 eine Drohung. Ebenso
kontextwidrig endlich ist die Erklärung ECKARDTS von 9 1. Die richtige Uebersetzung ist vielmehr ohne Zweifel: „Jabwe hat ein Auge
auf die Menschen[2] und auf alle Stämme Israels“. Unter solchen Umständen modifiziert sich das Resultat ECKARDTS ganz wesentlich. Und
nun aber erst recht, wenn wir beachten, wie für Deuterosacharja der
Hauptnachdruck auf die levitisch gedachte Reinheit der Theokratie
fällt. Von hier aus erscheinen ihm die Heiden noch wesentlich als die
antitheokratische Weltmacht, die vernichtet werden muss (9 1ff. 13 10 11
11 1—3 12 2—9 14 2ff.). Wo bleiben für ihn die Fremden, wenn sein
Buch sich zum Schlusse zuspitzt: „Es soll kein Kanaaniter mehr im
Hause Jahwe Sebaoths sein?“ (14 21)[3]. Auch diese Stelle weiss ECKARDT
umzudeuten, wie nach ihm überhaupt alles levitisch Partikularistische
erweicht ist durch einen Universalismus, „der nicht Halt macht vor der
Mauer des Gesetzes, sondern sie zerbricht, wo sie ihm hinderlich ist“[4].
Er findet nämlich mit כנעני die „betrügerischen Mammonsknechte“ bezeichnet, so dass zum Schluss hervorgehoben werde, „wie der Aufbau
des Gottesreiches in der Herzensfrömmigkeit gipfle!“[5]. Es ist aber
auch 11 7 11, wo mit LXX כְּנַעֲנֵי zu lesen ist, bei den „Händlern der
Schafe“ ihr fremder Ursprung nicht vergessen; denn es scheint doch
wohl die Seleuciden (ob auch die Ptolemäer [?]) zu bezeichnen. Auch
sind die Götzen für Deuterosacharja sicher nicht blos „Formeln für
Jahwe“ (vgl. 10 2 13 2). — Am wichtigsten für uns dürfte die Stelle
9 7 sein, weil wir uns mit ihr auf realerem Boden befinden als dem dog-
matisch gefärbter Eschatologie. Es heisst: „Ich entferne sein Blut
von seinem Munde (scil. der Philister, nicht des ממזר) und seine Greuel
zwischen seinen Zähnen weg; und auch er bleibt übrig unserm Gott
und wird wie eine Sippe[6] in Juda, und Ekron wie der Jebusiter“. Die
Stelle besagt mit wünschenswerter Deutlichkeit, dass man sich in den
Kreisen des Verfassers mit der Hoffnung trug, Philistäa werde sich —
freilich gezwungen — dem Judentum anschliessen. Das ist nach der
Aufnahme galiläischer Proselyten und vor den späteren gewaltsamen
Bekehrungen der Idumäer und Ituräer wohl verständlich. Es zeigt

---

[1] s. oben p. 144.

[2] ארם steht zur Bezeichnung der nichtisraelitischen Menschheit wie Jer 32 20.

[3] MOVERS ist möglicherweise nicht im Unrecht, wenn er unter Vergleichung
von Joh 2 14 Mt 21 12 vermutet, die Händler und Wechsler (vgl. Seph 1 10f.) seien
mit ihren Buden und Tischen vielleicht schon damals bis zum Tempel gerückt
(l. c. II 3 p. 202).

[4] l. c. p. 326.   [5] do.

[6] L. st. אֱלֻף: אַלֻּף.

aber auch deutlich den Fortschritt über jene früheren Erfolge der Propaganda. Ein solcher ist's ja, wenn Unbeschnittene zum Uebertritt gebracht werden sollen; denn daran ist nicht zu denken, dass man ihnen die Beschneidung erlassen hätte. In welchem Sinne die Bekehrung geschehen sollte, geht deutlich hervor aus der Bestimmung: „Ich entferne sein Blut von seinem Munde", d. h. „er isst keine εἰδωλόϑυτα mehr" [1] (vgl. Ez 33 25 und die Verbote des Blutgenusses, auch Hen 7 5 [2]) „und die Greuel zwischen seinen Zähnen", d. h. die zu Bekehrenden haben sich den mosaischen Speiseverboten zu unterwerfen, mit anderen Worten: es gilt für sie das ganze Ceremonialgesetz. Diese Bestimmung führt denn auch das, worin man sich den Fremden erschliesst, auf sein richtiges Mass zurück. Man ist wohl bereit Fremde aufzunehmen; aber es sollen dadurch die Juden nicht ethnisiert, sondern die Heiden judaisiert werden [3].

Deuterosacharja hat einen Vorgänger, wenn nicht Zeitgenossen an Joel; für ihn kommen die Heiden wesentlich nur in Betracht, sofern sie am grossen Gerichtstage vor Jerusalem im Thale Josaphat abgetan werden (4 2ff.). Auch Joel erwartet, dass in der Zukunft kein Fremder mehr durch Jerusalem kommen soll, weil dies seine Heiligkeit stören würde (4 17). Daneben spricht doch gerade er davon, dass Gottes Geist sich ergiessen soll über alles Fleisch (3 1ff.) [4]. Eine einheitliche Auffassung lässt sich auch daraus nicht gewinnen; und das ist nicht zu verwundern; denn die Bilder der Zukunft, in die man sich hineinlebt, sind künstlich gemachte und entsprechen zu wenig einer konkreten Situation, als dass man sich widersprechender Züge in ihnen vollbewusst würde. Sie verraten aber überwiegend das hochmütige Bewusstsein einer Ueberlegenheit, welche die Fremden als minderwertig ansieht und das Recht zu haben meint, sie zur grösseren eigenen Ehre zu opfern. Doch giebt es auch so noch für sie ein Heil, das von den Juden ausgeht: „Es geschieht, Jeder, der den Namen Gottes anruft, wird gerettet werden; denn auf dem Berge Zion und in Jerusalem giebt es eine Rettung" (3 5). Nur dass wir uns bei der Forderung, Gott anzurufen, erinnern, dass zwischen Gott und dem Menschen das Gesetz steht als conditio sine qua non.

---

[1] WELLHAUSEN, Skizzen V z. St.

[2] Unter den Sünden der gefallenen Engel erscheint auch die, dass sie sich an Vögeln und Tieren versündigen und ihr Blut trinken.

[3] Die Hoffnung, die sich an Ekron knüpfte, sollte bald ihrer Erfüllung entgegengehen (I Makk 10 89).

[4] Ich kann mir die Bemerkung DUHMS nicht aneignen, כל בשר seien blos die Israeliten, nicht die Menschen überhaupt.

Eine weitere mit Deuterosacharja gleichzeitige Kundgebung der Reaktionspartei meinte GEIGER[1] in Prov 30 zu entdecken, „eine ätzende Persifflage auf die Zeit und den durch List und niederträchtige Gewalttat zur Herrschaft gelangten Alcimus". Der Weise führe sich ein als בן יקה = den gehorsamen (?) Sohn, der die eigenen Eltern und die Vätersitte achte im Gegensatz zur Zeit und insbesondere zum derzeitigen Herrscher (V. 1). Nach seinem Eingeständniss der Unwissenheit (2 3), das dem griechischen Weisheitsdünkel sich entgegenstelle (4—6), bitte er Lug und Trug (d. h. die griechischen Sophismen) von ihm fern zu halten (7—9). Dann wende er sich gegen den Verräter, der die eigenen Volksgenossen dem Henkerbeile der syrischen Oberherren überliefere (10; dieser Vers würde in der Tat nicht schlecht stimmen mit I Makk 7 6), der der eigenen Eltern uneingedenk in seinem Schmutz sich gar rein dünke (11—14); (der Kontrast zwischen dem in seinen eigenen Augen reinen Geschlecht und seinem ungewaschenen Schmutz würde auf den Hohenpriester aaronitischen Geschlechts, „der sich in der Vermischung willig befleckt hatte" [I Makk 7 14 II Makk 14 3] erst recht passen). Der Weise stelle dann die unersättlichen Dinge zusammen (V. 15 f.), insbesondere das Auge, das des Vaters spottet (V. 17 ff.). Es folge die Charakteristik des kriechenden Emporkömmlings, eines gleissnerischen Leisetreters (V. 21—23 24—28). „Nachdem nun der Weise Spruch auf Spruch in bald mehr offen liegenden, bald verhüllteren Anspielungen gehäuft, löst er endlich das Rätsel und nennt mutig den Mann, welchem sein Hass gilt: ומלך אלקום V. 29 ff." Der Titel König, dessen sich nach innen alle die kleinen Machthaber bedienten, wenn sie ihn auch gegenüber den Lehensherren nicht führen durften, werde hier mit Ironie besonders hervorgehoben.

Sollte GEIGER mit seiner doch etwas gekünstelten Erklärung unseres Kapitels Recht behalten, so böte uns dasselbe wie kaum ein zweites ein anschauliches Bild des gründlichen Hasses der Volksgenossen unter einander, der entbrannt wäre über der verschiedenen Stellung, die sie zu den Fremden einnahmen.

Jonathan schreitet auf dem von Judas betretenen Wege konsequent weiter. Seine Erhebung verdankt er dem Umstand, dass nach seines Bruders Tod die „Frevler", d. h. die Griechenfreunde in allen Grenzen Israels wieder emporkommen, und als in Jerusalem seines Bleibens nicht ist, scheint er im Gegensatz zum griechenfreundlichen Synedrium in der Stadt, in Michmas „eine Art von Nebenregierung"[2] eingenommen zu haben. Aber wenn sein Ziel eine äussere Machtstellung ist, so entfernt er sich seinerseits weit genug von den Chasidim; denn die Mittel, die er zu seinem Zweck mit klugem Blick ergreift, sind vor allem ein geschicktes Sichanlehnen an fremde Gewalthaber, so weit sie seine Interessen zu fördern vermögen. Jonathan ist in einem Worte ein weiser Diplomat; das zeigt sich im kleinen wie im grossen. Mit den Nabatäern ist er gut Freund (I Makk 9 35); von Alexander Balas lässt er sich zum στρατηγὸς καὶ μεριδάρχης ernennen (10 65), nachdem er aus seiner Hand schon die hohepriesterliche Würde empfangen hat (10 20); von Demetrius II. und Antiochus VI. lässt er sie sich später bestätigen (11 27 57 f.); so vermag also hier fremder Ein-

---

[1] Urschrift p. 62 ff.   [2] SCHÜRER, l. c. I p. 177.

fluss mehr als die Abstammung. Die Klagen, die sich wiederholt gegen
Jonathan erheben, weiss er durch sein Benehmen sowohl Alexander
(10 59 ff.) als Demetrius II. (11 21 ff.) gegenüber von vorn herein ab-
zuschneiden; er tut selbst alles, um sich ihre Gunst zu mehren. Alexander erweist er durch die Besiegung des Apollonius einen ganz besonderen Gefallen, den dieser auch dankbar zu schätzen weiss (10 69—89).
Demetrius II. schickt er 3000 jüdische Krieger, denen der König bei
einem Aufstand in Antiochien die Rettung allein zu verdanken hat
(11 41—51). Erinnern wir uns, dass die eigene Not die Juden gegen die
Seleucidenherrschaft unter die Waffen rief, so zeigt sich der Umschwung
in nichts deutlicher, als dass jüdische Soldaten, vom Hohenpriester ent-
sandt, das Leben aufs Spiel setzen, um einem Seleuciden Leben und
Krone zu erhalten. Aber das ist schon nichts mehr Ungewöhnliches [1]:
unter den besonderen Begünstigungen, die Demetrius I. den Juden verspricht, um die von Alexander ihnen schon gemachten Versprechungen
zu überbieten, wird auch die genannt, dass von den Juden zum Heere
des Königs aufgeschrieben werden sollen bis zu 30 000 Mann (10 36).
Auf gleicher Stufe steht etwas später das Angebot Demetrius II.,
Juden in seine Leibwache aufzunehmen (13 40); so sehr war man also
den Fremden schon zu Willen. Wie sehr freilich das Interesse Jonathan
bei seiner Fremdenfreundschaft lenkte, geht zur Genüge daraus hervor,
dass er, wie einst den Alexander zu Gunsten des Demetrius II., diesen
wiederum zu Gunsten Antiochus VI. preisgab, für den er unter den
philistäischen Städten gewaltig Stimmung zu machen suchte [2]. Die
Freundschaft mit den Römern erneuert er durch eine neue Gesandtschaft, und er befiehlt ihnen auf der Rückkehr mit den Spartanern, die
schon an Onias (I.?) geschrieben hätten, ein gleiches Bündnis zu erneuern; denn man tut sich viel darauf zugute, dass sie auch von
Abrahams Geschlecht und Brüder seien (12 7 21). Es ist überhaupt
sonderbar, mit welcher Genugtuung sich die Juden plötzlich ihrer
Verwandtschaft mit Heiden zu rühmen anfangen [3].

---

[1] Fraglich ist, ob II Makk 8 20 etwas Historisches zu Grunde liegt, wonach
Juden mit Macedoniern gegen Gallier in Babylon gekämpft hätten; wenn es der
Fall ist, so könnte es in den Krieg Antiochus' III. gegen den rebellischen Statt-
halter Molon von Medien fallen. (GRIMM, Komment. z. St.)

[2] Jos. Ant. XIII 5 5.

[3] WILLRICH (p. 75) meint zwar, die Entstehung der Geschichten von der Verwandtschaft der Juden und Spartaner begreife sich am besten in der Zeit des
Herodes. Damals werde, um die Juden zu ehren, der vornehme Spartiate Eurykles
sie als liebe Vettern begrüsst haben (p. 76). Nichts ist unwahrscheinlicher. Denn
wenn Herodes dem Abenteurer Vertrauen schenkt, so ist dies noch lange kein
Grund für die orthodoxen Juden, ihm zu glauben, im Gegenteil; und nachdem

Wenigstens aus späterer Zeit wissen wir, wie man in Anknüpfung an Gen 15 ᵃ auch bestimmt an einen Zusammenhang der Damascener mit Abraham glaubte. Nicolaus Damascenus erzählt im vierten Buche seiner Historie, wie uns Josephus [1] erhalten hat, Abraham habe in Damaskus regiert (ἐβασίλευσε) und sich nachher in Kanaan niedergelassen; und er kennt zu seiner Zeit eine 'Αβράμου οἴκησις (vgl. Justin 36 ₂). Noch heutzutage liegt eine Stunde nördlich von Damask an der Ausmündung der Schlucht des Wadi Macrabâ in die Guta das Dorf el-Berza oder Berzat el-Chalil, „das Hochzeitszelt Abrahams", wo alljährlich im Frühling der Gedächtnistag der Hochzeit des Patriarchen, ein Volksfest der Damascener, gefeiert wird[2]. Josephus[3] möchte auch von engen Beziehungen der Juden zu den Pergamenern schon aus der Zeit Abrahams wissen! Was nun die Spartaner anbetrifft, meldet ihnen der von Jonathan entsandte Brief, man unterlasse nicht zu jeglicher Zeit an den Festen und den anderen gebührlichen Tagen bei den Opfern im Gebet ihrer zu gedenken (12 ₁₁).

Schliesslich hat freilich, dass Jonathan dem neuen fremden Oberherrn, Trypho, zu vertrauensselig entgegenkam, ihm Freiheit und Leben gekostet (12 ₃₉ff.). Auf dem Gipfel seiner Macht, freilich auch den Fremden am nächsten, war er gewesen, als er zu Ptolemais an der Hochzeit des Alexander Balas mit der ägyptischen Cleopatra, der Tochter des Ptolemaeus Philometor, im Purpurmantel geschmückt, neben dem König sitzen durfte (10 ₆₂f.). In diese Situation würde, wie Duhm[4] vorschlägt, treffend passen Jes 19 ₁₈—₂₄[5]: „An jenem Tage wird Israel der dritte sein für Aegypten und Syrien" (19 ₂₄). In diesen Worten findet geradezu das Ideal Jonathans seinen Ausdruck; es ist ein politisches: man will auf gleiche Stufe gestellt sein mit den mächtigen Nachbarreichen; aber in Einem fühlt man sich ihnen sogar überlegen und als ihre geistigen Führer, in der Religion. Auf diesem Gebiete also liegt die besondere Rolle, die Israel in diesem Dreibunde zu übernehmen hat: man ist ein Segen inmitten der Erde (die Erde aber umfasste für damalige Begriffe noch nicht sehr viel mehr als die beiden grossen Reiche der Ptolemäer und der Seleuciden). Man hatte

---

er einmal als Betrüger entlarvt war, war aller Grund dazu vorhanden, den kurzen Wahn der angeblichen Verwandtschaft möglichst totzuschweigen.

[1] Ant. I 7 ₂.

[2] Wetzstein, Sprachliches aus den Zeltlagern der syrischen Wüste Anm. 44, ZDMG. XXII p. 105, vgl. Ewald, Gesch. Isr. ³I p. 446.

[3] Ant. XIV 10 ₂₂.

[4] Komment. z. St., der zum folgenden zu vergleichen ist.

[5] Es scheint mir unzulässig V. ₁₆f. der gleichen Hand zuzuschreiben; denn während hier gesagt ist, Juda werde für Aegypten zum Grauen sein, also von der eschatologischen Erwartung der Gerichtsgedanke hervorgekehrt und einseitig betont wird, scheint ₁₈ff. vorgestellt zu sein, der Umschwung vollziehe sich auf friedlichem Wege durch die Segnungen, die von Israel resp. vom Leontopolistempel aus sich über das ganze Land verbreiten sollen.

an diesem Gedanken schon lange festgehalten; aber er war latent geblieben. Es ist sicherlich eine Wirkung des Hellenismus und zugleich
der Erfolg der Makkabäer, der ihn in seiner ganzen Schärfe zum Vor-
schein bringt und das Gefühl weckt, dass man an seinem Teile hineingestellt ist inmitten eines grossen Organismus, der eine Einheit bildet,
in dem jedes Glied seine Berechtigung hat, und der schliesslich Einem
Ziele zustrebt (vgl. Hen 10 18—22). Daher finden wir hier eine Weitherzigkeit den Fremden gegenüber, die alles frühere hinter sich lässt,
bei der es freilich auch nicht bleiben konnte, weil der ursprüngliche
Enthusiasmus der frisch aufstrebenden nationalen Freiheit bald genug
in andere Bahnen schlug. Wir müssen uns erinnern, dass nur ein
Bruchteil des Volkes auf dieser Seite stand, und es hat sich gezeigt,
dass der Sieg nicht ihm blieb.

Wie wenig man sich auf anderer Seite in die in unserer Stelle ausgesprochenen
Gedanken finden konnte, zeigt schon LXX. Die Worte: „Gesegnet sei mein Volk
Aegypten und das Werk meiner Hände Syrien und mein Erbe Israel" lauten
nämlich bei ihr: „εὐλογημένος ὁ λαός μου ὁ ἐν Αἰγύπτῳ καὶ ὁ ἐν Ἀσσυρίοις καὶ
ἡ κληρονομία μου Ἰσραήλ" [1] (Jes 19 25). Einen Unterschied hatte zwar schon
der Urtext angedeutet: Israel das „Erbe" Jahwes; darin lag ja doch eine Reminiscenz an die Geschichte mit seinem Gott, dem Besitzer seines Stammlandes,
die es vor anderen voraus hatte; diese sind blos „Kinder zweiter Ordnung" (vgl.
Gen 21 10) [2]. Aber immerhin, Jahwe will auch sie segnen, weil er das ganze Land
segnet [3]; d. h. aber sie werden ihn erkennen und ihm dienen mit blutigen und
unblutigen Opfern und Jahwe Gelübde geloben und bezahlen (V. 21 23). Damit
ist jegliche Schranke gefallen, die die Fremden von Israel zu trennen vermöchte.
Israels Religion ist Weltreligion und will es sein. Jahwe behandelt dementsprechend auch die Fremden kaum anders als er mit Israel verfahren ist; wenn er
sie offenbar auch wegen ihrer Sünden mit Bedrängern plagen muss, — wenn sie
nur zu ihm schreien, so will er sie erhören und Helfer senden, die ihren Streit
ausführen und sie erretten (V. 20 22); das ist die göttliche Methodik, wie sie uns
aus dem Richterbuche geläufig ist. Aber auf die Begründung für Gottes Tun ist
wohl zu achten; es sind im fremden Lande Zeichen und Zeugen für Jahwe, ihn
daran zu mahnen, dass er da seine Bekenner hat; gemeint sind der von Onias IV.
im Jahre 160 erbaute Tempel zu Leontopolis, das ausdrücklich V. 18 genannt wird [4],

---

[1] Es ist eine Korrektur ähnlich wie wenn in Jo 3 2 die Ausgiessung des
Gottesgeistes auf Knechte und Mägde beschränkt wird auf „Gottes" Knechte und
Mägde (ἐπὶ τοὺς δούλους μου).

[2] Duhm, l. c. p. 124.

[3] L. mit LXX: בְּרָכָה.

[4] עִיר הַהֶרֶס, arab.: harsun = Löwe. Es ist allerdings sehr wohl möglich,
dass der Verfasser dieser Stelle ein ägyptischer Jude war (DUHM, l. c. p. 117).
— Auch WILLRICH kennt sie und sieht in ihr eine Interpolation entweder von
Onias (III) selbst oder eher von einem der Seinigen (p. 137). Aber er scheint
nicht bemerkt zu haben, wie gefährlich ihm eine solche Ansetzung dieser Stelle
wird. Es ist nämlich eine seiner Hauptthesen, dass zwischen dem Leontopolis-

und eine uns unbekannte מִצְבָּה nahe der ägyptischen Grenze; aber was hier besonders bemerkenswert ist: Für den Verfasser hat der fremde Ort seine Unreinheit verloren; auch an ihm darf man Gott suchen und kann ihn finden. Es ist
auch hier nichts mehr, worin die Fremden hinter den Juden zurückständen, und
andererseits liegt auch für die Juden nichts Schreckliches mehr in dem Gedanken,
in der Fremde wohnen zu müssen; es wird geradezu als Verheissung ausgesprochen, dass in fünf Städten Aegyptens jüdisch gesprochen werde, d. h. Juden wohnen
sollen (V. 18).

Dass aber damals unter der Gunst der neugeschaffenen
Verhältnisse in der Tat weitgehende Hoffnungen auf den
Anschluss von Fremden an die eigene Religion genährt
wurden, ist uns schon aus Deuterosacharja entgegengetreten, und die
tatsächlichen Versuche ihrer Verwirklichung zeigt uns gleich die Regierung Simons (142—135), unter dem das Werk der Makkabäer,
Befreiung vom fremden Joch, überhaupt erst zum Abschluss gelangt
(I Makk 13 41). Die Mittel, dieses Ziel zu erreichen, sind auch bei
ihm, dem „klugen Mann" (2 65), wie bei Jonathan, diplomatische Aus-
nützung fremder Gewalthaber. Von Antiochus VI. lässt er sich die
Strategie von der tyrischen Leiter bis zur Grenze Aegyptens geben
(11 59). Demetrius II. schickt er eine goldene Krone und eine Palme,
um für das Land Erlass zu erhalten (13 37), Antiochus VII 2000 aus-
erlesene Männer und Silber und Gold und viel Gerät (15 26), und mit
den Römern erneuert er mit Erfolg das Bündniss, indem er ihnen
durch den Gesandten Numenius einen grossen goldenen Schild im Gewicht von 1000 Minen überreichen lässt (14 24). Diese Gesandtschaft

---

und dem Jerusalemtempel ein ausschliessender Gegensatz bestanden habe. In den
Augen der Leontopolitaner ist der Tempel zu Jerusalem entweiht (p. 66) und
ebenso wenig legitim wie der auf dem Garizim stehende (p. 159), und umgekehrt
werfen die Jerusalemer den Leontopolitanern Abfall vom väterlichen Gesetze vor
(p. 131) und suchen (speziell Jason von Cyrene) die ägyptischen Juden zu sich
herüberzuziehen, indem sie den Leontopolistempel nach Kräften diskreditieren
(p. 76. 81 u. o.). Wie ist es aber unter solchen Umständen möglich, dass Jes 19 18
je in den palästinensischen Text hat kommen können? Damit mag sich WILLRICH
zunächst einmal auseinandersetzen. Dass eine Beeinflussung des Bibeltextes durch
die Leontopolitaner „interessant" sei (p. 137), tut es denn doch nicht. Es ist
freilich schwerer, sich mit diesem Rätsel abzufinden, als nur zuversichtlich zu
dekretieren, Jos. c. Ap. I 7 sei „durchaus nicht etwa" an die Priester von Leontopolis gedacht. Und ferner, wenn der Gründer des Leontopolistempels, als welchen
WILLRICH (unter Bevorzugung von Jos. B. J. I 1 1 VII 10 2—4) Onias III. statuirt,
Jason von Cyrene so verhasst ist, warum umgiebt er ihn dennoch mit einem
Heiligenschein? Er hätte ihm dann auch dieses καύχημα nehmen müssen und
sich nicht damit begnügen dürfen, den Einen Zug, der ihm die ganze Person
Onias verhasst machen musste, nur auf einen anderen (Jason) zu übertragen (p. 88).
Aber wir haben darauf nicht näher einzugehen.

ist für uns sehr bedeutsam. Einmal achten wir schon auf die Antwort, die Numenius zurückbringt (15 16ff.). Es ist „der erste grosse
Versuch, die Vermengung der unter den Völkern zerstreuten Israeliten
mit diesen Völkern auf Grund eines auch für die fremden Nationen
anerkannt giltigen Rechtes zu verhindern“ [1]. Sodann merken wir auf
eine Notiz des Valerius Maximus (I 3 2), die nach dem Auszug des
JULIUS PARIS [2] lautet: „Idem (sc. praetor Hispalus) Judaeos, qui Sabazi
Jovis cultu Romanas inficere mores conati erant, repetere domos suas
coegit“; dies geschah nach dem gleichen Autor im Consulatsjahr des
M. Popilius Laenas und L. Calpurnius Piso = 139 a. χρ.; in dieses
Jahr aber fällt gerade die Gesandtschaft des Numenius. Dass in Rom
auch eine phrygische Gottheit namens Sabazius verehrt wurde, ver-
schlägt dagegen nichts, dass in Verbindung mit Juden gebracht, unter
Sabazius nur Jahwe Sebaot gemeint sein kann. Daraus aber geht
hervor, dass entweder Numenius selber oder Juden in seinem
Gefolge in Rom versuchten, Anhänger für Jahwe zu werben.
Der Eifer der Propaganda ist also selbst unter palästinensischen Juden
erwacht. Wir nehmen hinzu, was uns über Simon selbst berichtet wird.
Wenn es von ihm heisst, er habe die Grenzen seines Volkes erweitert
(14 6), so ist für uns vor allem von Wichtigkeit, dass er damit die
Judaisierung des neu erworbenen Gebietes verbindet. Das gilt
von Gasara [3]: „er tat daraus alle Unreinigkeit und liess daselbst Leute
wohnen, welche das Gesetz hielten“ (13 48). Das Gleiche ist der Fall in
Joppe (13 11): „Er sandte Jonathan, den Sohn Absaloms, und mit ihm
eine hinlängliche Mannschaft nach Joppe, der trieb die, so darin waren,
hinaus und blieb daselbst in der Stadt“. Es ist das reine Widerspiel
zu I Makk 1 34 38, ohne dass man sich des Widerspruches bewusst gewesen wäre. Gezwungen zum Uebertritt wurden damit die Fremden
offenbar noch nicht; dem werden wir erst unter Simons Nachfolgern
begegnen; aber der Wille, sie zum Judentum zu bewegen, ist deutlich genug ausgesprochen. Für die wenigstens, welche in Jerusalem
wohnen wollten, scheint die Annahme des Gesetzes conditio sine qua
non gewesen zu sein; das muss der Sinn sein, wenn unter Simons
Verdiensten aufgezählt wird, er habe alle Gottlosen und Bösen vertilgt (14 14).

---

[1] HOLTZMANN, l. c. p. 378.

[2] Nach demjenigen des Januarius Nepotianus heisst die Stelle: „Judaeos quo-
que, qui Romanis tradere sacra sua conati erant, idem Hippalus urbe exterminavit;
arasque privatas e publicis locis abiecit“, s. SCHÜRER, l. c. II p. 505.

[3] So ist vgl. mit I Makk 14 34 statt Gaza zu lesen 13 43—48 (SCHÜRER, l. c. II
p. 61 Anm. 56).

Zu diesen Tendenzen könnte eine Notiz des Josephus[1] durch einen für unsere Frage scheinbar nebensächlichen Zug einen indirekten Beitrag liefern: Er erzählt uns nämlich von Simon, dass er nach der Einnahme der Burg sie habe schleifen und den Berg, darauf sie gestanden, in dreijähriger ununterbrochener Arbeit abtragen lassen, und er fügt hinzu: „καὶ τὸ λοιπὸν ἐξεῖχεν ἁπάντων τὸ ἱερόν". Der Grund, der zu solchem Werke veranlassen konnte, wäre, wie Josephus ihn auch selber angiebt, verständlich genug; man habe künftighin den Tempel schützen wollen gegen eine fremde Besatzung, die von der höhergelegenen Burg aus immer einen bequemen Angriffspunkt auf denselben haben musste. Aber durch jene letzten Worte des Josephus wird man doch unwillkürlich an Jes 2 2 erinnert, und es lässt sich denken, dass die damaligen Juden selber ein wenig an den ersten Teil jener berühmten Weissagung gemahnt wurden, dessen Erfüllung — wenigstens was Jerusalem betrifft — ihnen neue Garantie zu bieten schien, dass auch der zweite sich der Erfüllung nähern müsse. Nun ist es freilich um jene Notiz des Josephus nicht gut bestellt. Merkwürdig bestätigt wird sie zwar durch die heutigen topographischen Verhältnisse Jerusalems; dagegen widerspricht ihr I Makk 14 36 f. 15 28 schlechterdings; die Lösung wird darin liegen, wie auch SCHÜRER[2] annimmt, dass die Abtragung der Akra Tatsache ist, dass aber Josephus, in der Zeit sich irrend, sie zu früh ansetzt, wenn er sie unter Simon geschehen sein lässt. Lassen wir sie unter einem seiner beiden Nachfolger erfolgen — unter Hyrcan z. B., wie WELLHAUSEN[3] will — so verschlüge dies nichts gegen das Gesagte, weil sie die Angliederung von Fremden selber schon in grösserem Stile betrieben.

In die Zeit Simons dürfte das kleine Lied Jes 27 2—5 gehören. Israel stellt unter Gottes Schutz wieder eine erfreuliche Weinbergpflanzung dar; gäbe es darunter noch einzelne Dornen und Disteln (d. h. ohne Bild Griechenfreunde), so müssten sie vernichtet werden, oder aber sie haben den Ausweg, Gottes Schutz zu erfassen und Frieden mit Gott zu machen. Das sieht der Verfasser von Hen 90 30 33 schon in seiner Vollendung: „Ich sah alle Schafe, die übrig geblieben waren und alle Tiere auf der Erde und alle die Vögel des Himmels, wie sie niederfielen und huldigten vor jenen Schafen und sie anflehten und ihnen gehorchten in jedem Wort. Und alle zu Grunde gerichteten und versprengten und alle Vögel des Himmels versammelten sich in jenem Hause, und der Herr der Schafe hatte eine grosse Freude, weil sie alle gut waren und zu seinem Hause zurückkehrten". Ohne den definitiven Sieg über die Griechenfreunde wäre der Volksbeschluss nicht zustande gekommen, der Simon im Hohepriestertum bestätigte; er beweist aber zugleich, dass die Handlungsweise der Makkabäer, wie wir sie zu skizzieren versucht haben, dem Sinn und Willen der Majorität des Volkes entsprach (vgl. I Makk 13 26). Es ehrte in ihnen ihre nationalen Tendenzen und liess es sich nicht hart anfechten, wenn die Po-

---

[1] Ant. XIII 6 7; SCHÜRER, l. c. I 195 citiert fälschlich XIII 6 6.
[2] l. c. I p. 196. [3] Gesch. p. 227.

litik sie in Berührungen mit Fremden verstrickte; an Simon vollends-
hatte es nichts auszusetzen (14 44 vgl. überhaupt Kap. 14). Es schien
sich für den Augenblick die Ueberraschung nicht übel gefallen zu lassen,
aus einer religiösen Gemeinde, als die man gelebt, wieder auf die
Höhen einer national-staatlichen Existenz gehoben zu sein. Damit war
eine Weltoffenheit sanktioniert, die zur Zeit der Abhängigkeit von der Fremdherrschaft noch mindestens verdächtig
gewesen wäre. Als Charakteristikum mag dienen, dass wir einer
ganzen Anzahl von Fremdnamen begegnen.

Simons Schwiegersohn heisst Ptolemaeus (I Makk 16 11 f.); die
Hasmonäer tragen fortan selber fast alle griechische Namen, z. T. ausschliesslich, z. T. neben ihrem jüdischen: Hyrcan, Antigonus, Aristobul,
Alexander, Alexandra. Namentlich werden die Gesandten unter Fremdnamen aufgeführt; es ist ja auch leicht verständlich, dass man zu Ge-
sandtschaften vorzugsweise Männer verwendete, die schon in ihrem
äusseren Wesen die notwendige „Weltfähigkeit" besassen, welche die
damalige Zeit verlangte. Unter Simon sind es: Numenius, Sohn eines-
Antiochus (14 22 24 15 15), Antipater, Sohn Jasens (14 22); neben ihnen
bei Josephus [1]: Alexander, Sohn Jasons und Alexander, Sohn des Doro-
theus; unter Johann Hyrcan: Simon Dosithei, Apollonius Alexanders,
Diodorus Jasons [2]. Der gleichen Zeit entstammt ein von Josephus fälschlich datiertes Senatskonsult [3], in welchem genannt werden: Strato Theo-
doti, Apollonius Alexanders, Aeneas Antipaters, Aristobul Amynthae,
Sosipater Philippi. Unter Alexander Jannaeus begegnen wir einem Dio-
genes, der sein Ratgeber wird zur Hinrichtung der 800 [4]. In der pom-
pejanischen Zeit finden wir einen jüdischen Obersten namens Pitholaus [5];
unter Cäsar werden genannt: Lysimachus Pausaniae, Alexander Theo-

---

[1] Ant. XIV 8 5; der hier erhaltene Senatsbeschluss wird nämlich meist für
identisch angesehen mit dem für uns in Frage stehenden (I Makk 15 16 ff.), obgleich ihn Josephus in die Zeit Hyrkans II. verlegt. WILLRICH hält Letzteres für
die richtige Datierung (p. 71). Dabei aber fällt ein merkwürdiges Licht auf seine
Art Beweise zu führen. Als einen entscheidenden Grund gegen die Verlegung
des betr. Senatsbeschlusses in das Jahr 139 führt er nämlich an, dass vor 121
keine Sitzungen im Konkordientempel, den die Urkunde nenne, abgehalten worden
seien (p. 72). Die Notiz vom Konkordientempel, die bei Josephus allerdings steht,
fehlt aber nun gerade im I Makkabäerbuch! Doch hat WILLRICH es für überflüssig
gehalten, das zu sagen.

[2] Jos. Ant. XIII 9 2.

[3] Ant. XIV 10 22; es scheint nämlich auf Antiochus VII zu gehen, wobei
dann der Name des Vaters verschrieben wäre aus Demetrius in Antiochus (MENDEL-
SOHN, de senaticonsultis Rom. ab Jos. Ant. XIII 9 2 XIV 10 22 relatis commentatio
bei SCHÜRER, l. c. I p. 207).

[4] XIII 16 3.   [5] XIV 5 2 7 3.

dori, Patroclus Chaereae[1] u. s. w. Was uns bei jenen ersten griechenfreundlichen Hohenpriestern befremdlich gewesen war, ist also,
wie es scheint, inmitten der nationalen Partei selber, wenigstens unter
den Höhern, Mode geworden. Man hat gelernt tun wie die Fremden
und scheut sich auch nicht den Namen zu haben. Schon am Hofe
Simons wird eine Pracht entfaltet, die selbst heidnische Grosse in Ver-
wunderung setzt (I Makk 15 32); dabei ist man guter Dinge und geniesst behagliche Sicherheit, wie sie die Propheten einst verkündet
hatten (14 11 12). „Im ganzen und grossen war man sich nach diesen
Kämpfen eben viel zu sehr des Segens bewusst, den griechische Bildung und Geschicklichkeit dem gesamten geistigen und wirtschaftlichen
Leben gebracht hatte, als dass man mit der griechischen Religion auch
die Vorteile griechischer Gesittung ganz hätte abstreifen wollen"[2]. Der
Enkel des Jesus Sirach, der griechische Uebersetzer des Buches Esther
sind schon Zeugen für die Verbreitung griechischer Sprache im palästinensischen Judentum.

Kapitel IV.

Das Auseinandertreten der Gegensätze in nachmakkabäischer Zeit.

Wir sahen schon im vorigen Kapitel, wie die Chasidim ihre Wege
von denen eines Judas trennten. Die zunehmende Weltoffenheit und
Weltlichkeit seiner Nachfolger konnte den Abstand nur erweitern.

Die Konsequenz, welche die Chasidim aus der siegreichen Abwehr der durch Antiochus der jüdischen Religion entstandenen Gefahr zogen, lag nach einer anderen
Richtung hin; sie suchten die angestrebte Reinigung der
Religion von allem Fremden, womit sie sich vermischt hatte
(ἐπιμιξία II Makk 14 3 vgl. V. 38; Ps Sal. 2 15), nun wirklich zur
endgiltigen Ausführung zu bringen (Jes 26 13). „Darum werde
darin gesühnt die Schuld Jakobs und darin bestehe die Frucht der
Entfernung seiner Sünde, dass er alle Altarsteine macht gleich zerstreuten Kalksteinen; nicht sollen bestehen bleiben Ascheren und
Sonnensäulen" (Jes 27 9). Ihr Feuereifer (Jes 26 11) trieb sie immer
tiefer in die Absonderung und Exklusivität hinein. Als ein aus ihren
Kreisen hervorgegangenes Produkt dieser Zeit[3] möchten wir das Buch
Esther in Anspruch nehmen. Es vergegenwärtigt uns recht deutlich
ihre Stimmung. Der Hass gegen alle Fremden ist bis zur härtesten
Bitterkeit gestiegen, die sich so überhaupt nur verstehen lässt als eine

---

[1] XIV 10 10 12 3.   [2] HOLTZMANN, l. c. p. 391.

[3] Das ist die Datierung von KUENEN.

Folge tatsächlich erlittener heftigster Unbill; in der Tat scheint Hamans Plan (3 s f.) die Absichten des Antiochus wiederspiegeln zu sollen. Haman erscheint als der Typus des Judenfeindes κατ᾽ ἐξοχήν; so zeichnet der Jude den ausgemachten רָשָׁע, wie er leibt und lebt[1]. Schon regt sich auch etwas von dem allgemeinen odium generis humani (vgl. auch Jes 25 s). Esther reüssiert nur, indem sie ihre Abkunft verheimlicht (2 10 20); dass sie dabei so weit gehen muss, durch Berührung mit Fremden, vor der man sich sonst ängstlich hütet (9 10 15f.), ihren Glauben geradezu zu verläugnen, wird ihr lediglich um der Heiligkeit des Zweckes willen nicht verübelt. Aber schon fühlt LXX sich veranlasst in ihren Zusätzen das Gegengewicht herzustellen. Sie lassen Esther sprechen: „Du hast Kenntnis von allem und weisst, dass ich die Ehre der Gottlosen hasse und das Beilager der Unbeschnittenen und jeglichen Fremdlings verabscheue. Du kennst den Zwang, den ich leide, dass ich das Zeichen der Hoffahrt verabscheue, das auf meinem Haupte ist an den Tagen meiner öffentlichen Erscheinung; ich verabscheue es wie ein beflecktes Tuch und trage es nicht in den Tagen meiner Ruhe. Auch hat deine Magd nicht am Tische Hamans gegessen, noch habe ich am Gastmahl des Königs teilgenommen, noch den Wein der Spenden getrunken, und deine Magd hat sich nicht gefreut vom Tage ihrer Erhebung an bis jetzt als über dich, Herr, Gott Abrahams." (Zusätze zum Buche Esther 3 11.) Diese Erweiterungen sind nur die richtige Konsequenz der im Original gegebenen Ansätze.

Auf der anderen Seite scheint die eigene Ueberlegenheit, und zwar nicht allein die religiöse, sondern sozusagen auch die physische, welche die Juden von allen anderen Menschen trennt, bis zu einem Grade gesteigert, der nur denkbar ist nach Geschehnissen, die den Juden tatsächlich eine hohe Meinung von ihrem eigenen Wert beizubringen im Stande waren. Der religiöse Vorzug, dessen sich die Juden bewusst sind, spricht sich recht deutlich aus in den Worten: „Es ist ein Volk zerstreut und abgesondert unter den Völkern in allen Provinzen deines Königreiches, und ihre Gesetze verschieden von jeglichem Volk, und die Gebote des Königs tun sie nicht" (3 s). Wenn aber Mordechai dem Haman die Ehre, die er für sich in Anspruch nimmt, nicht erweist (3 5), so fühlen nur LXX das Bedürfnis, diese Widersetzlichkeit religiös zu motivieren (Zusätze 2 4); in Wirklichkeit liegt darin aber etwas mehr: Obgleich das ganze Buch nur von Juden unter Fremden handelt, sieht es fast aus, als seien durchweg die

---

[1] Vgl. STEINTHAL, Zu Bibel und Religionsphilosophie, Vorträge und Abhandlungen, Berlin 1890: Haman, Bileam und der jüd. Nabi p. 53 ff.

Juden schon die Herren der Situation. Nicht allein, dass Esther überhaupt an den königlichen Hof kommt und dem König besser gefällt als alle anderen Jungfrauen (2 17); das Gebot der Judenverfolgung setzt ganz Susa in Bestürzung (3 15); besonders bezeichnend aber ist das Wort an Haman von den Seinen: „Wenn Mordechai vom Samen der Juden ist, so vermagst du nichts wider ihn" (6 13). Die Stimmung gegen die Fremden, wie sie unser Buch bekundet, fasst sich also zusammen in Hass, der mit Stolz gemischt ist. Die Richtung, welche der Verfasser unseres Buches eingeschlagen hat, wird von seinem später lebenden Uebersetzer nur weiter verfolgt: „Der Herr machte zwei Lose, eines dem Volke Gottes und eines allen anderen Völkern; und es kamen diese zwei Lose zur Zeit und Stunde und zum Tage des Gerichts vor Gott über alle Völker; und Gott gedachte seines Volkes und gab seinem Erbe den Sieg" (Zusätze 8 6 vgl. 6 10 14).

Aber damit sind wir mit unserem Buche nicht zu Ende. Wohin der königliche Befehl gelangte, welcher den Juden ein Blutbad unter den Heiden anzurichten erlaubt, „war Freude und Wonne unter den Juden, Gastmahl und fröhlicher Tag, und viele von den Einwohnern der Länder wurden Juden" (מתיהדים רבים¹ מעמי הארץ); „denn die Furcht vor den Juden war auf sie gefallen" (8 17). Bei aller Fremdenfeindschaft verschliesst man also denen, die den Anschluss ans Judentum suchen, die Thür nicht; das will wohl beachtet sein; nur ist hier zu sagen: Nicht infolge, sondern trotz der Tendenzen dieser Juden kommt es zu Proselyten; das Proselytentum muss eben schon eine Tatsache gewesen sein und mächtig genug, dass nicht nur Leute mit erweitertem Horizont, sondern auch die am meisten fremdenfeindlich dachten, sich ihm nicht verschliessen konnten. Es war gewissermassen eine Anticipation dessen, was man bei aller Fremdenfeindlichkeit von einer besseren Zukunft hoffte, da Gott den Völkern neue reine Lippen geben werde, dass sie alle den Namen Jahwes anrufen und ihm einhellig dienen sollen (Seph 3 9). LXX haben den Zusatz der Beschneidung dieser Proselyten; sachlich sind sie sicher im Rechte; auch Josephus[2] weiss es nicht anders als dass diese Estherproselyten beschnitten waren. Der massorethische Text gedenkt bei der Verpflichtung auf die Feier

---

[1] Zwischen עמי הארץ und גויי הארץ ist hier noch nicht geschieden, wie der spätere Sprachgebrauch es tut, wonach ג״ה die fremden Völker bezeichnet, ע״ה dagegen die eigenen, nicht vollkommen sich anschliessenden Volkselemente, „die Volksmasse". Der Sprachgebrauch des Sing. גוי = ein Einzelner aus einem fremden Volke, ע ה = ein Einzelner aus der jüdischen nicht den strengen Genossenschaften angehörigen Volksmasse, ist noch später, s. GEIGER, l. c. p. 151.

[2] Ant. XI 6 13.

des Purimfestes noch der Proselyten und zwar mit dem Ausdrucke Tritojesajas: עַל הַגִּלְוִים : „Die Juden setzten fest und nahmen an für sich und ihren Samen und für alle, die sich an sie anschliessen würden, und es sollte nicht untergehen, dass man halte diese beiden Tage nach ihrer Vorschrift und bestimmten Zeit Jahr für Jahr" (9 27). So weit also sollen die übertretenden Heiden Juden werden, dass sie ihre Freude über ein Blutbad der Juden unter den Heiden mit einmischen! Unter solchen Umständen kann man von ihnen ungescheut die Beschneidung verlangen; es ist dies Letztere auch das Einzige, das uns erklärlich macht, dass fremdenfeindliche Partikularisten vom Schlage unseres Verfassers sich mit dem Proselytentum aussöhnten.

Noch Eines möchten wir aus unserem Buche anmerken: Ist Fremdenfeindschaft der Grundton, der es durchklingt, so zeigt es uns gerade auch, dass die Motive für solchen Hass nicht immer zu hoch gesucht werden dürfen. Missgunst und Neid gegen äusserlich besser Gestellte und eigene Habsucht scheinen oft genug mit im Spiele gewesen zu sein. Das Ziel Mordechais ist schliesslich, selber an Hamans Stelle zu kommen (8 2) und neben dem heidnischen König der zweite zu sein (10 3). Was man sucht, ist Ruhm und Ehren auf Erden (Seph 3 20). Das zeigt, wie sehr die Juden, auch die exklusivsten, noch an dem gehangen haben, was „von dieser Welt" war.

Ein ähnliches Vollmass von Fremdenhass und Eigenliebe [1] klingt wiederholt durch die alttestamentliche Litteratur, die etwa dem gleichen Zeitraume angehört. Wir denken vor allem an Jes 34. Alle Erdenbewohner werden aufgefordert zu horchen, um die Kunde ihrer eigenen Abschlachtung zu vernehmen; „denn Jahwe hat Zorn auf alle Völker" (V. 2). Dass die Heiden überhaupt eine massa perditionis seien, ist der Grundton der Jeremia zugeschriebenen Orakel über die fremden Völker (Kap. 46—51); das ihnen zu Grunde liegende Motiv ist nur der Gegensatz zwischen dem Volk Gottes und den Gojim als solcher. „Es ist immer nur ein und derselbe Gedanke, der in jedem Verse wiederkehrt: Vernichtung der Heiden" [2]; (vgl. Seph 3 8 Mi 4 11ff. 5 14 Hab 2 15 ff.) [3]. „Vertilge das Fleisch, das dich erzürnt hat, aber das Fleisch der Gerechtigkeit und Rechtschaffenheit lass bestehen als eine Pflanze des Samens für immer" (Hen 84 6).

In unmittelbare Nähe zu Esther möchte ich das Buch Judith bringen — trotz Volkmar. Es schiene mir sehr plausibel, dass es ent-

---

[1] Vgl. DUHM, Komment. z. Jes. 34 3.
[2] SCHWALLY, Die Reden des Buches Jer. gegen die Heiden, ZATW. VIII p. 177—217.
[3] Vgl. SMEND, Rel.-Gesch. p. 399 Anm.

standen wäre 134 während der Belagerung Jerusalems durch Antiochus
Sidetes [1]. Wenigstens sehe ich darin durchaus die gleichen Tendenzen
gegen die Fremden zu Tage treten wie in Esther. Ueber den Standpunkt orientiert zur Genüge 9 4, wo von den „geliebten Söhnen" die
Rede ist, die „Gottes Eifer eiferten und die Befleckung ihres Blutes
verabscheuten", ferner 12 2: Judith weigert sich, an das ihr von den
heidnischen Dienern des Holophernes Aufgetischte zu rühren: „ich
werde nicht davon essen, damit kein Aergernis entstehe, sondern von
dem, was mir nachgebracht wurde, soll mir gereicht werden" (vgl. V. 19).
Der Verfasser unseres Buches entstammt dem gleichen Kreise wie derjenige von Daniel. Mit Esther dagegen teilt unser Buch einerseits den
grausigen Hass gegen die Fremden; nur dass er sich hier gleichsam
konzentriert entlädt auf die eine Person des Holophernes; andererseits
die Betonung der ganzen Ueberlegenheit und zwar auch der physischen
der Juden über alle anderen. Judith selber erregt in höchstem Grade
die Bewunderung der Assyrer, dass sie in den Ruf ausbrechen: „Wer
mag dies Volk verachten, das unter sich solche Weiber hat?" (10 19).
„Solch ein Weib giebt es nicht vom Ende der Erde bis zum anderen
Ende, von so schönem Angesicht und verständiger Rede" (11 21). Die
ganze Erzählung des Ammoniters Achior von Israels Geschichte und
ihre Bestätignng durch Judith selber: „Verachte nicht seine Rede,
sondern nimm sie zu Herzen, denn sie ist wahr; denn unser Volk wird
nicht gestraft, nicht vermag wider sie das Schwert etwas, wenn sie nicht
sündigen wider ihren Gott" (11 10) — kommt auf das oben citierte
Wort Esth 6 13 heraus: Den Juden ist überhaupt nicht beizukommen.
„Wehe den Völkern, die aufstehen wider mein Volk" (16 17). Und doch
bei all dieser stolzen Verachtung gegen die Fremden und dem Hass
gegen sie auch hier die willige Annahme von Proselyten — unter der
Bedingung gänzlicher Unterwerfung unter das Gesetz. „Da aber Achior
sah alles, was der Gott Israels getan, glaubte er fest an Gott und be-
schnitt das Fleisch seiner Vorhaut, und ward ins Haus Israel aufgenommen bis auf diesen Tag (14 10). Wo Juden vor Gott Busse tun,
da werden denn auch ausdrücklich alle Fremdlinge oder Tagelöhner
und die mit Geld erkauften Knechte genannt, die Sacktuch um ihre
Lenden legen (4 10). Wer unter Juden leben will, muss sich eben unbedingt ihrem national-religiösen Leben eingliedern; das ist die unzweifelhafte Meinung unseres Verfassers und mit ihm des ganzen Kreises,
aus dem heraus er schreibt.

Es ist wohl verständlich, dass eine Partei mit solchen

---

[1] So REUSS, Gesch. d. hl. Schriften A. T. [2] § 494.

Tendenzen mit den hasmonäischen Hohenpriestern, die ihre
weltlichen Ideale verfolgten, nimmermehr zusammen gehen
konnte. Es liegt auf der Hand, dass beide, Pharisäer und Sadducäer, gerade, was unsere Frage anbetrifft, sehr verschiedene Wege
gingen. Der Bruch erfolgte nach dem Berichte des Josephus [1] schon
unter Johann Hyrcan. Angeblich haben die Pharisäer über seine
Abstammung Zweifel; es sei nämlich seine Mutter zur Zeit des Antiochus Epiphanes Krisgsgefangene gewesen: was dieser Vorwurf besagen
will, ist deutlich: „πολλάκις γεγονυῖαν αὐταῖς τὴν πρὸς ἀλλόφυλον κοινωνίαν
ὑφορώμενοι" — begründet Josephus [2] das Gesetz, dass Priester keine
Kriegsgefangene heiraten sollen. Nach der Mischna waren Priester-
frauen, die sich in einer vom Feind eroberten Stadt befunden hatten,
ihren Männern fortan nicht mehr zu ehelichem Umgange erlaubt, ausser
wenn ihre Integrität durch Zeugen verbürgt war [3]. Wie viel das reine
Blut für die Pharisäer bedeutet, wissen wir schon aus der Alcimus-
geschichte; und gegen Alexander Jannaeus wird der nämliche Vorwurf
erhoben [4]. Hyrcan seinerseits war in den Berührungen mit Fremden
nicht ängstlicher als seine Vorgänger; das zeigen seine Bündnisse mit
Antiochus VII. [5], Alexander Zabinas [6] und den Römern [7]; nach Athen
stiftet er ein Weihgeschenk [8]. Ohne Bund mit der Welt war nicht
möglich Politiker zu sein; das ist sein und seiner Nachfolger
prinzipieller Gegensatz zu den Pharisäern. Er muss dabei doch
einen starken Anhang gehabt haben. Ueber seine Vorgänger aber geht
er insofern hinaus, als er fremde Söldner dingt, „was vor ihm keiner
unter den Juden getan" [9]; das fällt allerdings um so mehr auf, als ungefähr gleichzeitig in Aegypten zwei Juden, Chelkias und Ananias,
Söhne Onias IV. [10], und schon unter Ptolemaeus Philometor zwei andere,
Onias nnd Dositheus [11], die höchsten militärischen Ehrenstellen beklei-
deten. Wenn Hyrcans Nachfolger Aristobul (zwar nicht auf den
Münzen [12]), aber wenigstens nach innen den Königstitel annahm, so war
dies ein weiterer Schritt zur „Verweltlichung", durch den er sich von
den Pharisäern trennte. Was Josephus [13] uns über ihn sagt: „χρηματίσας
μὲν Φιλέλλην", ist wohl kaum mehr als ein ihm von ihnen angehängter

---

[1] Ant. XIII 10 5.   [2] c. Ap. I 7 vgl. Ant. III 12 2.
[3] Kethuboth II 9 (bei SCHÜRER, l. c. II p. 178 Anm. 7).
[4] Ant. XIII 13 5.   [5] Ant. XIII 8 4.
[6] XIII 9 3.   [7] XIII 9 2.
[8] WELLHAUSEN, Gesch. p. 257.   [9] Ant. XIII 8 4 B. J. I 2 5.
[10] Ant. XIII 10 4 13 1.   [11] c. Ap. II 5.
[12] ‏יהודה כהן גלול גלול‎ (Fehler für ‏גדול‎) ‏וחבר היהודים‎.
[13] Ant. XIII 11 3.

Schimpfname; nur dass er ihnen denselben nicht zu sehr scheint übel-
genommen zu haben. Daraus aber schliessen zu wollen, er habe das
zurückgedrängte griechische Element direkt wieder begünstigt[1], scheint
mir bei dem wenigen, was wir quellenmässig von ihm wissen, unzulässig.
Wahr ist, dass die späteren Hasmonäer dagegen mehr und mehr
weltliche Fürsten wurden.

Nur mit Einem hatte sich Hyrkan die Pharisäer zu Dank verpflichten müssen, mit der Zerstörung des Tempels auf Garizim[2] und
der völligen Vernichtung Samariens[3]. Die Art, wie man gegen
die Samariter verfährt, lässt über die Stimmung gegen sie keinen
Zweifel[4]. Gehasst hatte man auch die Edomiter; aber gegen sie geht
man, wie gleich anzuführen ist, ganz anders vor als gegen die Samariter.
Diese waren die Konkurrenten der Religion gewesen; sie hatten denselben Gott verehrt; aber die Art der Verehrung war eine andere gewesen, weil der Ort ein anderer war; das erschien als eine empörende
Anmassung (זדים! Jes 25 2)[5]. „Es soll sie zertreten der Fuss des Elenden, der Tritt des Niedrigen“ (Jes 26 6). Was man an ihnen vollzog,
war sozusagen ein Ketzergericht; denn selber ist man die allein seligmachende Kirche (צדיק Jes 26 7). So verstanden konnte Hyrcans Erfolg über die Samariter als besondere Genugtuung erscheinen; möglicherweise hat sie ihren Ausdruck in dem kleinen Psalme Jes 25 1—5[6]
gefunden. Wir hätten besonders zu achten auf V. 3: „Darum wird
dich erheben die starke Nation, die Stadt der Völker“ (= Rom). Wir
fänden hier einmal eine positive Antwort auf die Frage, welche die
Juden immer beschäftigte, „was wohl die Heiden dazu sagen werden?“
(vgl. Dt 28 10 Jes 61 9 62 2 3). Im frischen Bewusstsein, dass das treue
Festhalten am Gesetz und am ererbten Gottesglauben den gewaltigsten
Stürmen, durch die sie auf die Probe gestellt waren, siegreich getrotzt
hat, lebt man im Gefühl ihrer Vorzüglichkeit und erwartet mit neuer Zuversicht ihre Anerkennung in weiteren Kreisen: „wenn deine Gerichte
der Welt werden, lernen das Recht die Bewohner des Erdreiches“ (Jes
26 9). Wir werden wieder an die allein seligmachende Kirche erinnert.
Wohl verketzert sie, was ausserhalb ihrer eigenen Gemeinschaft steht;
dabei aber bleibt sie katholisch in dem Sinne, dass sie doch alles um-

---

[1] So Schürer, l. c. I p. 218, O. Holtzmann, l. c. p. 398.

[2] Ant. XIII 9 1.   [3] XIII 10 3.

[4] Aus späterer Zeit vgl. noch Lc 9 53 17 18 (ἀλλογενής), Joh 4 9; Jos. Ant.
IX 14 3.

[5] Konjektur Duhms, auf den auch die oben angenommene Datierung zurückgeht.

[6] So Duhm, Komment. z. St.

fassen möchte. Uebt sie, wo sie Konkurrenz wittert, ihr Ketzergericht, so treibt sie, wo sie Unbekehrte findet, ihre Mission. Hyrkan zwingt die Edomiter nach seinem Siege über sie zur Beschneidung und jüdischen Lebensart, wenn sie nicht auswandern wollten [1]. Man hat an ersterem Anstoss genommen und gesagt, die Aufnahme in die Volksgemeinschaft der Juden wäre für Unbeschnittene undenkbar gewesen [2]. Schwerlich mit Recht; haben wir doch aus Deuterosacharja (9 7) ersehen, dass man auf Judaisierung der Philister hoffte, von denen niemand wird behaupten wollen, dass sie schon beschnitten gewesen seien. Jedenfalls aber steht die Tatsache einer gewaltsamen Proselyten-macherei fest, und das ist schon bemerkenswert genug. Die traditio-nelle Annahme, wonach die Idumäer auch beschnitten wurden, beweist, dass sie jedenfalls das ganze Gesetz auf sich zu nehmen hatten (Gal 5 3 vgl. τρόπων συγγένεια [3]). Trotzdem aber zeigen uns die Urteile der Juden über sie, dass sie zumeist nicht gewillt waren, sie als sich selber eben-bürtig anzuerkennen.

Wohl erscheinen sie Josephus einmal als οἰκεῖοι und συγγενεῖς [4]. Er kann in der Rede, die er Titus in den Mund legt, die Herodianer „βασιλεῖς ὁμοφύλους" nennen [5], aber doch erinnert man sich nach ihm gerade bei Herodes, dass er als Idumäer blos „ἡμιουδαῖος" sei [6], und eine mischnische Vorschrift verordnet mit leicht erkennbarer Anspielung auf ihn, dass ein Proselyt nicht König werden dürfe [7]. Wie wenig sympathisch die Idumäer auch nach ihrem Uebertritt den Juden ihrem Wesen nach waren, verraten deutlich des Josephus [8] Worte: „Sie sind lärmend (θορυβῶδες) und ein unordentlich Volk, immer bereit zur Unruhe und sich freuend über Umwälzung, die Waffen ergreifend, wenn man sie nur ein wenig mit guten Worten gebeten, und wie zu einem Fest in den Streit sich drängend".

Es lebte in ihnen offenbar auch noch etwas von der Widerspenstig-keit ihres Ahns; auch mit dem Judentum gaben sie sich nicht so bald zufrieden. Abfallsversuche zum alten Gott Koze fanden zuweilen einen fruchtbaren Boden [9]; und darin lag eigentlich ein gutes Recht; sie deckten damit blos einen Widerspruch in der Geschichte auf, den wir schon oben[10] gestreift haben; denn es war eine Inkonsequenz, wie solche

---

[1] Ant. XIII 9 1.   [2] So HOLTZMANN, l. c. p. 388.

[3] Jos. B. J. IV 4 3.   [4] B. J. IV 4 3 4.

[5] B. J. VI 6 2.

[6] Ant. XIV 15 2; vgl. im Werk des Ammonius: de adfinium vocabulorum differentia, s. v. Ἰδουμαῖοι: Ἰδουμαῖοι κ. Ἰουδαῖοι διαφέρουσιν, ὥς φησι Πτολεμαῖος ἐν πρώτῳ περὶ Ἡρώδου τοῦ βασιλέως. Ἰουδαῖοι μὲν γάρ εἰσιν οἱ ἐξ ἀρχῆς φυσικοί. Ἰδου-μαῖοι δὲ τὸ μὲν ἀρχῆθεν οὐκ Ἰουδαῖοι, ἀλλὰ Φοίνικες καὶ Σύροι. Κρατηθέντες δὲ ὑπ' αὐτῶν καὶ ἀναγκασθέντες περιτέμνεσθαι καὶ συντελεῖν εἰς τὸ ἔθος καὶ τὰ αὐτὰ νόμιμα ἡγεῖσθαι ἐκλήθησαν Ἰουδαῖοι, bei SCHÜRER, l. c. I p. 40f.

[7] Sifre zu Dt 17 15, bei GRÜNEBAUM, l. c. Jüd. Zeitschr. f. Wiss. u. Leben 1871, p. 168.

[8] B. J. IV 4 1.   [9] Ant. XV 7 9.   [10] s. p. 228.

freilich dem religiösen Handeln des Menschen oft genug eignet, wenn die Juden ihren Untertanen aufnötigten, was sie selber erst um eine Generation zurück nicht gewollt hatten, dass man ihnen tue. „Ihnen schien das freilich sehr verschieden zu sein, was sie an den Idumäern taten, und was die Syrer an ihnen selbst hatten tun wollen. Die Syrer wollten sie zu den nichtigen Götzen führen, sie aber führten die Edomiter zur Verehrung des allein wahren Gottes[1].“ Auf dieses Ereignis spielt wohl an Jes 26 15: „Du mehrtest das Volk, verherrlichtest dich, erweitertest alle Enden des Landes“. Darauf möchte ich ferner deuten ψ 47 (namentlich unter Vergleichung von V. 5 mit Mal 1 2 3). Ist diese Beziehung richtig, so wäre unser Psalm ein deutliches Zeugnis, wie lebhaft damals unter den Juden das Bewusstsein war, dass die eigene Religion zur Weltreligion bestimmt sei. Gott ist so recht der „König der ganzen Erde“ geworden (V. 8). Ganz ähnlich spricht eine andere Stimme, welche wohl derselben Zeit angehören dürfte (Jes 25 6 7): „Und anrichten wird Jahwe der Heere allen Völkern auf diesem Berge ein Gelage von Fettspeisen, geläuterten Hefenweinen; und er wird austilgen auf diesem Berge die Hülle, die gehüllt ist über alle Völker, und die Decke, die gedeckt ist über alle Nationen“.

Was Joh. Hyrcan mit den Idumäern tat, tat sein Sohn und Nachfolger Aristobul (der griechische Name neben dem hebräischen Judas) mit den Ituräern[2]. Es ist nicht ganz deutlich, wen wir uns darunter vorzustellen haben. SCHÜRER[3] und WELLHAUSEN[4] denken an die Judaisierung Galiläas. ψ 60 könnte uns den richtigen Aufschluss geben, wenn wir ihn mit Recht dieser Zeit zuschreiben: „Mein ist Gilead und mein ist Manasse; Moab ist mein Waschbecken, auf Edom werfe ich meinen Schuh, über Philistäa will ich jauchzen“ (V. 9 f.). Gilead und Manasse kämen darnach in Betracht.

Am heftigsten stiessen die Gegensätze auf einander unter Alexander Jannäus. Im Kampfe, der zwischen ihm und den Pharisäern offen ausbrach, begegnet uns die merkwürdige Tatsache, dass auf beiden Seiten Fremde stehen. Alexander hat neben den Juden, die mit ihm kämpfen[5] pisidische und cilicische Söldner[6]; „die Syrer wollte er nicht in Sold nehmen wegen der angeborenen Abneigung, welche sie gegen die Juden hatten“[7]. Die Pharisäer bieten dagegen den Demetrius Eukärus zu Hilfe auf[8]; es fehlte auch nicht viel, dass der arabische König

---

[1] HOLTZMANN, l. c. p. 388.   [2] Ant. XIII 11 3.
[3] l. c. I p. 219 vgl. p. 742, Berichtigungen.
[4] Gesch. p. 230.
[5] XIII 14 1 giebt ihre Zahl auf 20 000, B. J. I 4 5 auf 10 000 an.
[6] XIII 13 5 B. J. I 4 3.   [7] B. J. I 4 3.   [8] XIII 13 5 14 1.

Obedas sich mit ihnen verbündet hätte [1]. Hier will es fast so aussehen, als
seien sie sich selber untreu geworden, indem sie, die sich doch nur dem
Gesetze lebend, von der Welt unbefleckt erhalten wollten, gemeinsame
Sache mit einem fremden Machthaber machen, um gegen den eigenen
Hohenpriester und seine Macht eine Stütze zu finden. Offenbar mussten
sie sich hart bedrängt und in ihrer eigenen Existenz sogar bedroht
fühlen, dass sie zu diesem verzweifelten Mittel griffen; es war ein Werk
der Not; aber sie wussten aus der Not eine Tugend zu machen. Die
Art, wie sie sich helfen, hat nämlich ihre eigene Seite. Fast möchte
man zweifeln, ob es den Pharisäern nicht möglich gewesen wäre, wenn
sie nur alle Kraft zusammengenommen hätten, ohne fremde Hilfe aus-
zukommen; aber auch von Alexandra (eigentlich Salme [2]), die sich dem
Pharisäismus in die Arme warf, hören wir, sie habe Fremde als Söldner
angeworben [3]. Das lässt keinen Zweifel übrig: die Pharisäer lassen
Fremde für sich kämpfen, weil ihnen unziemlich scheint, selber die
Waffen zu führen. Es ist profan und zieht vom Gesetz und seiner
strengen Beobachtung ab; dazu sind Fremde gerade gut genug. Es
wurde im Mittelalter den Juden von Seiten der Christen mit Gleichem
vergolten in Geschäften, welche der Kirche zu gemein schienen. Das
gesetzesstrenge nachexilische Judentum wollte seinerseits Fremde
schachern lassen, damit es um Nahrung nnd Kleidung nicht selber zu
sorgen brauche, während es seinen kultischen Pflichten nachhieng; die
Ansätze Tritojesajas [4] sind ausgeführt. War dieser Schacher auch nur
verächtlicher Hurenlohn, was tat's? wenn man sich nur selbst nicht
damit verunreinigte (Jes 23 17 f. 14 3). Man ist eben nicht wie andere
Menschen, die schon Sünder sind, und bei denen schliesslich nicht viel
darauf ankommt, ob sie noch eine Sünde mehr oder weniger hinzutun.
Hier sind schon die späteren rabbinischen Grundsätze angedeutet: Den
Heiden hat Gott kein Gesetz gegeben wie Israel; sie mögen tun oder
lassen, was sie wollen, sie gehen doch in die Verdammnis ein [5]. Israel
und die Heiden haben eine ganz verschiedene Bestimmung und Aufgabe; Gott selbst hat die Völker zum Dienste dieser Welt bestimmt [6].
Die Bestimmung Israels ist der Dienst Gottes, während die Heiden ihre
irdischen Geschäfte verrichten sollen [7]. Die Heiden üben Laster und
wälzen sich darin, Israel müht sich mit dem Studium der Thora und
der Erfüllung der Gebote [8] u. s. w. Und im besonderen Falle wäre

---

[1] XIII 14 2.   [2] WELLHAUSEN, Gesch. p. 234 Anm. 2.
[3] Ant. XIII 16 3 B. J. I 5 2.   [4] s. oben p. 135.
[5] Tanchuma, Schemoth We-elle 3, WEBER, l. c. p. 70.
[6] Bammidbar rabba 18.   [7] Mechiltha 110 b.
[8] Erubin 21b, vgl. Mechiltha 173 b, sämtl. cit. bei WEBER, l. c. p. 58.

der Kampf für die Pharisäer um so erniedrigender gewesen, als man auf Alexander Jannäus herabblickte als auf nicht seinesgleichen. Es hatte in ihm der Krieger den Gesetzesjünger erstickt; man hätte darum am liebsten gesehen, wie Fremde mit ihm fertig geworden wären, ohne dass man selber nötig gehabt hätte, einen Finger zu rühren. Alexander ist trotz alledem noch Jude gewesen, wenn er auch Münzen prägen liess, auf denen z. T. nur noch eine griechische Inschrift stand. Auch seinen Eroberungen von Städten folgte ihre Aufnahme in die jüdische Religionsgemeinschaft; das ist wenigstens der nächstliegende Schluss, wenn wir lesen [1], Pella sei von Grund aus zerstört worden, weil sich seine Bürger geweigert hätten, die jüdischen Satzungen und Ceremonien anzunehmen. Wie weit freilich das Letztere anderorts gelang, bleibt eine offene Frage.

Es ist lehrreich darauf zu achten, wie sich gerade einem Alexander Jannäus gegenüber das Volk benimmt. Gelegentlich empfindet es selber mit richtigem Instinkte die Ironie, wenn es ihn als pontifex maximus am Altar stehen sieht [2]. Ein ander Mal dagegen gewinnt seine gut patriotische Gesinnung die Oberhand, und es läuft ihm scharenweise zu [3]. Gänzlich absorbiert war es also noch nicht von den Idealen der Pharisäer. Wohl aber scheint es, dass es in ihrem Handel und Wandel mehr und mehr das von den Vätern Ueberlieferte, einzig Richtige sehen lernte, dem es sich selber zukehrte und auf einer niedrigeren Stufe der Vollendung nachzukommen suchte. Damit fängt es an allmählich zurückzutreten — auch in unserer Untersuchung, den Pharisäern es überlassend, Gesetz und Propheten zu machen. „Auch die Sadducäer halten sich in ihrem amtlichen Wirken an die Forderungen der Pharisäer", sagt Josephus [4], „weil andernfalls die Menge sie nicht ertragen würde".

Die Absonderung der geistlichen Tätigkeit von der weltlichen Beschäftigung, die wir darin angebahnt sahen, dass man die Kriegsführung grösstenteils Fremden überliess, schritt aber unterdessen allmählich auf eigenen Wegen einem weiteren Ziele entgegen, und keinem geringeren als der gewaltsamen Trennung von Staat und Religion. Man hat geradezu gesagt [5], die Pharisäer hätten die Fremdherrschaft gewünscht, damit der kirchliche Charakter der Theokratie unverfälscht bleibe. Und in der Tat, sie hatten nach Damask zu Pompejus gegenüber den Anerbieten Hyrcans II. und Aristobuls II., die im Wetteifer um seine Bestätigung buhlten, eine Gesandtschaft geschickt, welche ihm vor-

---

[1] Ant. XIII 15 4. [2] Ant. XIII 13 5.
[3] Ant. XIII 14 2. [4] Ant. XVIII 1 4.
[5] WELLHAUSEN, Pharisäer und Sadducäer p. 100.

zutragen hatte, sie möchten keine Könige haben, sintemal es ein alt Herkommen von ihren Voreltern wäre, dass sie allein den Priestern Gottes
untertänig und gehorsam sein sollten [1]. Kein Wunder, wenn daher ihre
Stimmung gegen den „Ausländer, der nicht von ihrem Geschlechte war“
(Ps Sal 17 9), bis zu einem gewissen Grade eine sympathische war. Denn
obwohl — oder gerade weil schliesslich Aristobul dem Pompejus die
Wege nach Jerusalem zu bahnen versucht hatte [2], erscheint er ihnen als
der zur Vernichtung der verhassten Gegenpartei von Gott herbeigerufene
und geleitete „gewaltige Stösser“ (Ps Sal 8 16 22). Aber gerade hier
zeigt sich auf's neue die inferiore Stellung des Fremden in den Augen
der gesetzestreuen Juden; denn der Gedanke, der bei ihnen zu Grunde
liegt, ist etwa folgender: Nur Gott ist König und sein Messias aus
Davids Geschlecht (Ps Sal 17). Im übrigen sind menschliche Könige
überhaupt nicht vom guten; das ist darum gerade die Sünde, durch die
sich die Hasmonäer der βεβήλωσις der ἅγια (1 8 2 3) schuldig gemacht
haben, dass sie sich selbst das weltliche Königsrecht anmassten, „das
ihnen nicht verheissen war“ (17 6—8). Mögen immerhin Fremde dies tun
und sich damit beflecken, darüber braucht man sich keine Skrupel zu
machen; wenn nur die eigenen Stammgenossen davon rein bleiben!
denn man kann nicht eine weltliche Herrschaft führen und Jude bleiben;
das aber eben hatten die Hasmonäer versucht. Dabei tritt ein eigentümlicher Widerspruch zu Tage. Man ist sich des besonderen Vorzuges
bewusst, dass Gott den Samen Israels erwählt hat vor allen Völkern
und mit den Vätern über die Kinder einen Bund geschlossen hat (9 11
16—20 7 5 8 28 35 39) — und doch erblickt man die grössten Feinde nicht
in ausserjüdischen Kreisen, etwa in den Römern, sondern eben in
solchen, die an sich auf diesen Vorzug denselben Anspruch erheben
können, die es aber ärger treiben als die Heiden (1 8 2 11 8 14 17 17),
weshalb sich über sie Flüche entladen nicht weniger schwer als über
die erbittertsten nationalen Erbfeinde (4 12 8). Es machen sich eben,
wie es im Henochbuche heisst (99 2), die vom Gesetz abfallen, selbst
zu dem, was sie nicht waren, zu Sündern. Darnach ist im Grunde
der Gegensatz schon ausgesprochen zwischen Kindern Israels nach
dem Fleische und Kindern Israels nach dem Geiste, „die Gottes
Namen anrufen“ (9 11), „die Gott in Wahrheit lieb haben“ (4 29 6 9);
daher die Scheidung zwischen Gerechten und Gottlosen (2 38 f. 9 4). Es
heisst nun in einem neuen Sinne: Gott siehet die Person nicht an
(2 19); er kann übersehen, dass die, welche der Strafe verfallen, selber
Juden sind (2 19), wie umgekehrt seine erbarmende Güte sich über

---

[1] Ant. XIV 3 2.   [2] Ant. XIV 4 1 Ps. Sal. 8 18 ff.

alle Welt erstreckt (5 17). Das Gesetz ist eben letztlich mehr als nur national, daher man auch einem Fremden „ζῆλος" für Gott zutrauen kann (2 27).

Werfen wir auf die Ausführungen dieses Kapitels einen Blick rückwärts, so zeigt es uns also das Auseinandertreten der Gegensätze. Nicht zwar, dass wir der Meinung wären, es liessen sich alle Erscheinungen dieser Zeit ohne Rest unter den einen oder anderen unterbringen, müssen ja doch schon die Essäer als „Warnung dienen, die Grenzen des Judentums nicht zu eng zu stecken, als Zeichen, was innerhalb desselben alles möglich war" [1]. Im Ganzen aber liegen die Verhältnisse so: Auf der einen Seite stehen die Hasmonäer mit ihrem Anhang (resp. die Sadducäer): Sie bemühen sich um die Welt, um ein Stück Welt, die äussere Herrschaft, zu gewinnen; die Religion ist ihnen dabei nur Mittel zum Zweck. Wo sie Unterworfene zum Uebertritt zwingen, machen sie Proselyten aus Politik; religiöse Propaganda ist es nicht, was sie treiben. Auf der anderen Seite stehen die Pharisäer. Ihr Hauptbemühen ist nun allerdings die Religion; dabei aber suchen sie umgekehrt, um sich die gottgefällige Reinheit zu wahren, jede Berührung mit der Welt ängstlich zu verhüten. Wenn sie dennoch Proselyten machen, so geschieht es im Grunde ebensowenig wie bei den Sadducäern um dieser Proselyten selbst willen, sondern zur grösseren Ehre der eigenen Religion, dass des Volkes mehr werde, für welches ihr Gesetz die alles beherrschende Verfassung ist. Es ist also ihre Proselytenmacherei religiöse Propaganda, aber sich aufbauend auf einem exklusiven Prinzip. Es braucht nur einige schlimme Erfahrungen mit den Fremden, mit denen man es zu tun hat, um der Exklusivität, die wir in diesem Verhalten sich bekunden sehen, zum Siege zu verhelfen. Und diese Erfahrungen blieben den Juden nicht erspart.

Kapitel V.

Der Sieg der Exklusivität unter den Erlebnissen der Römerherrschaft.

Man lernte die Römer anders kennen, als man erwartet hatte. Man hatte die bittere Enttäuschung, dass sie eben doch „nicht im Eifer für Gott, sondern nach ihres Herzens Lust handelten, auszu-

---

[1] WELLHAUSEN, Isr. u. Jüd. Gesch. p. 262.

lassen ihre Wut in der Plünderung" (Ps Sal 2 27f.), gleich wilden Tieren
(13 3). Das empfand man als bitteren Hohn auf die heilige Stadt (2 20).
Es war gar nicht möglich, dass diese fremden Plünderer Gott nur
kennten (17 15 2 32ff.). Alles, was Pompejus in Jerusalem hat, war „wie
es die Heiden in ihren Städten zu tun pflegen ihren Göttern" (17 16f.).
Worin er nämlich die Juden am Tiefsten verletzte, war, dass er es
wagte, in das Innerste des Tempels einzudringen, und die Dinge besah,
„die keinem anderen Menschen zu sehen erlaubt sind als allein den
Priestern" [1]. Es war nicht aus bösem Motiv geschehen; denn Pompejus
berührte die Tempelschätze nicht, sondern „führte sich darinnen auf,
wie es seiner Tugend geziemte" [2]; aber der römerfreundliche Bericht
lautet in die pharisäische Sprache übersetzt: „Barbaren stiegen herauf
zu deinem Altar, betraten ihn übermütig in den Schuhen" (2 2).

Das gerügte schon, dass die Stimmung der Pharisäer gegen
Pompejus in bitteren Hass umschlug. So klingt aus dem zweiten
salomonischen Psalm neben der Freude über den Untergang der Sadducäer durch die Römer unverhohlen auch diejenige über des Pompejus
eigenen Sturz. Die Beurteilung der Römer wurde massgebend
für alles, was fortan „fremd" hiess. Es ist nach dem Geist, der
aus den salomonischen Psalmen spricht, als wäre die ganze Bewegung
des Hellenismus spurlos an den Juden vorübergegangen. Die messianische Hoffnung ist so enge als nur je zuvor. Für die Heiden bleibt
blos übrig, unter dem Joche des Messias zu dienen (17 32). Sie sind
dazu gut genug, die müden Juden der Diaspora herbeizubringen, um
darnach zuzusehen, wie Gott Jerusalem [3] verherrlicht (17 34f.), während
für sie selber nur Furcht bleibt (17 38).

Die ersten schlimmen Erfahrungen mit den Römern wurden voll-
auf bestätigt. Vor dem Gesetze eben bestanden sie die Probe schlecht;
wir denken beispielsweise nur an die Tempelplünderung durch Crassus [4];
und für die Pharisäer bot das Gesetz den einzigen Massstab zur Beurteilung dar. Damit werden sie in eine neue Phase der Exklusivität getrieben. Josephus freilich kann den Römern ein besseres Zeugnis aus-
stellen; wiederholt rühmt er ihnen nach, wie sie Tempel und Gesetz
respektiert hätten [5]; aber Josephus ist kein unparteiischer Zeuge. Wohl
hat er im ganzen Recht; die Römer beliessen den Juden ihre Religion
und gewährten ihnen „δεισιδαιμονίας ἕνεκα" [6] sogar gewisse Begünstigungen, nichts anderes von ihnen verlangend, als dass sie neben dem

---

[1] Jos. Ant. XIV 4 4 B. J. I 7 6.   [2] l. c.
[3] αὐτήν, WELLHAUSEN übersetzt fälschlich „sie" (sc. Zions müde Söhne).
[4] Ant. XIV 7 1 B. J. I 8 8.   [5] B. J. IV 3 10 V 9 3 4.
[6] Ant. XIV 10 11—14 16 18f. XVI 2 3 XIX 6 3 XX 5 4.

täglichen Opfer für den Kaiser ihrerseits die Religion anderer Völker nicht verachten, sondern sich damit begnügen sollten, ihr eigenes Gesetz zu halten[1]; aber daneben wurde von den Römern, zum grössten Teil vielleicht unwissentlich, lediglich aus Mangel an Verständnis, viel gesündigt. **Die sich mehrenden Gesetzesübertretungen steigerten den Gegensatz und das Misstrauen der gesetzesstrengen Pharisäer gegen sie.** Ihnen scheint das Tun der Makkabäer nachträglich „ein Huren hinter fremden Göttern" wegen ihres Bündnisses mit Rom (Assumptio Moyseos 5 3)[2]. Immer schärfer trat für sie das Problem zutage, je zäher sie am alten Gedanken der Erwählung festhielten (IV Esr 3 13 15 19 5 21—30 6 54 8 15), wie es denn überhaupt möglich sei, dass man von den Fremden so viel zu leiden habe. „Tun denn Besseres als wir, die da wohnen in Babylon? Und deshalb soll Zion beherrscht werden?" (IV Esr 3 28). „Eifrig bin ich umgegangen unter den Völkern und sah sie in Wohlergehen, ohne dass sie deiner Gebote gedächten. Wäge nun auf der Wage unsere Missetaten und die von denen, die in der Welt wohnen, und nicht wird erfunden werden dein Name an dem Punkte, wo sie sinkt. Oder wann haben nicht gesündigt, die vor deinen Augen die Erde bewohnen, oder welches Volk hat so deine Gebote beobachtet? Einzelne zwar mit Namen zu nennen, findet man wohl, dass sie deine Gebote erfüllen, Völker aber findet man nicht so" (IV Esr 3 33—36). Und ferner: „Wenn unsertwegen die Welt erschaffen ist, warum haben wir die Welt nicht im Besitz? Bis wohin das?" (6 59); „und wenn du dein Volk so sehr hasstest, so hätte es durch deine Hände gezüchtigt werden sollen" (5 30)! Für die Pharisäer ist dies blos religiöses Problem geblieben; sie haben fortan das gleiche Thema in vielen Variationen behandelt[3]. Andere unternahmen den Versuch, die Lösung auf dem Boden der äusseren Wirklichkeit gewaltsam herbeizuführen, jene Fanatiker „nicht blos für Gott und für das Gesetz", sondern „für Gott und das (irdische) Vaterland"[4], die Zeloten, welche wie ein Judas Galilaeus nicht wollten, dass man nach Gott noch den Römern untertan sei[5]; ihr Verhalten wird am besten charakterisiert durch jenes uns durch Ammianus Marcellinus überlieferte Wort[6] des Imperators Marcus Antonius: „O Marcomanni, o Quadae, o Sarmatae, tandem inquietiores inveni!"

---

[1] Ant. XIX 5 3.

[2] Ich citiere nach FRITZSCHE, libri Vet. Test. pseudepigraphi selecti 1871.

[3] Vgl. WEBER, l. c. § 19: Der Fortbestand der Heidenwelt und ihre Macht über Israel (p. 72 ff.)

[4] WELLHAUSEN, Pharisäer und Sadducäer p. 109.

[5] B. J. II 17 8.   [6] l. XXII (de Juliano).

Die Sadducäer machten sich weniger Kopfzerbrechens über solche Fragen, wie die Wirklichkeit zum Ideal stimme; sie liessen sich's am praktischen Gegensatz genügen. Sie müssen die Römer hassen, weil sie sich durch sie der Herrschaft entsetzt sehen; das Haupt, um das sie sich gesammelt haben, Aristobul, haben die Römer beiseite geschoben; mit Hyrcan II wissen die Sadducäer nichts anzufangen; denn er ist die Puppe des römerfreundlichen Antipas und erhält das Zeugnis, in seinem Verhalten gegen die Römer selber untadelig gewesen zu sein[1]. Sie geben sich den Schein nationaler Eiferer und sind es bis auf einen gewissen Grad. Aber wo sie eine Möglichkeit sich ihnen erschliessen sehen, wieder einen der Ihren, Antigonus, für den vonseiten der Römer nichts zu hoffen stand[2], auf den Thron zu erheben, da gehen sie willig einen Pakt mit den Parthern ein. Wie sehr dabei die Politik das reine Nationalgefühl überwiegt, geht zur Genüge daraus hervor, dass Antigonus sich nicht scheut, den Verbündeten die Preisgabe von 500 jüdischen Weibern vornehmen Geschlechts zu versprechen[3]. Aber die Grösse des Hasses der Sadducäer gegen die Römer wird gerade dadurch illustriert, dass sie sich ein solches Haupt drei Jahre lang gefallen liessen, und dieser Hass wurde nur um so mehr geschürt, je weniger Gehör bei den Römern ihre Anklagen gegen Herodes fanden, die darauf ausgiengen, sein gutes Verhältnis zu Rom zu lösen[4]. Einigermassen gemildert wurde die Stimmung erst, als mit der Einsetzung der Prokuratorenherrschaft die Sadducäer wieder zu einiger Bedeutung gelangten (αὐτονομία)[5]; aber es war der Anfang ihres eigenen Endes. So ist es bei ihnen Politik und Egoismus, was ihre mehr oder minder entgegenkommende Stellung gegen die Fremden bestimmt. Dahin ist zu verstehen, was Josephus[6] sagt, die Sadducäer hätten im Verkehr mit anderen eine wilde Art und seien im Umgang spröde (ἐπιμιξίαι ἀπηνεῖς) gegen Eigene wie gegen Fremde. Umgekehrt rühmt er den Pharisäern nach, sie seien leutselig (φιλάλληλοι) und befleissigen sich der freundlichen Gesinnung fürs allgemeine Wohl.

Bei Weitem am natürlichsten jedenfalls und interesselosesten war die Abneigung gegen die Römer und damit mehr oder weniger gegen alles, was fremd war, in den eigentlichen Kreisen des Volkes, in welchem der Patriotismus noch wahrhaft lebte und sich in Taten auswirkte. Ein feiner Zug des Verhaltens, nicht gegen die Römer, sondern gegen die Fremden überhaupt

---

[1] Ant. XIV 10 2ff.   [2] XIV 8 4.
[3] XIV 13 3 14 3.   [4] XIV 12 2 13 1 2.
[5] XVII 11 1.   [6] B. J. II 8 14.

aus der Zeit des Römerkrieges scheint mir der folgende: Als Bassus
zur Belagerung von Machärus heranzieht, wo Juden und Fremde (ξένοι)
gemeinsam wohnen, erstere offenbar in grösserer Zahl, teilen sie sich
nicht in die gemeinsame Gefahr, sondern die Juden trennen sich sorgfältig von den Fremden ab und überlassen diesen die Unterstadt, welcher zuerst die Gefahr droht, um sich selber in die wohlgeschützte Burg
zurückzuziehen; die Fremden erscheinen ihnen eben als der Pöbel, um
den es nicht gross schade ist („ὄχλον ἄλλως εἶναι νομίζοντες")[1]. Bei einer
solchen Stimmung gegen die Fremden begreift sich erst recht jenes
Edikt des Claudius[2], das, nachdem es die Juden in ihren Gerechtsamen
nicht zu kränken befohlen hat, also fortfährt: „Daher gebiete ich nun
auch den Juden, sie sollen sich bei meiner Gnade bescheiden aufführen
und die Gottheiten der anderen Völker nicht verachten, sondern sich
begnügen, ihren eigenen Gesetzen zu leben".

Nur einige wenige gab es unter der ganzen Bevölkerung — und
sie wollen ganz entschieden als Juden angesehen sein —, die sich mit
den Römern wirklich gut stellten, und das waren die Herodäer. Für sich selber leben sie auf römischem Fusse. Alexander und
Aristobul[3], Antipater[4], Archelaus, Philippus und Antipas[5], Agrippa II[6]
erhalten ihre Erziehung teilweise in Rom. Herodes wurde nachgesagt,
er stehe dem Kaiser nach Agrippa und Agrippa nach dem Kaiser am
Nächsten[7]. Jedenfalls lässt er es an einem glänzenden Empfange des
Augustus nicht fehlen. 150 Mann wusste er aufzutreiben, die sich darauf verstanden, einem fremden Grossen würdig zu begegnen[8]. Ein
oberflächlicher Blick auf sein Hofgesinde genügt, um zu zeigen, dass
er selber mehr ein Fremder als ein Jude war. Es begegnen uns die
Namen eines Ptolemaeus und Sapinnius[9], eines Gemellus und Andro-
machus[10], eines Corinthus[11], eines Olympus und Volumnius[12], der Tra-
banten Jucundus und Tyrannus[13], eines Kanzleischreibers Diophantos[14],
eines Reichsverwalters Irenaeus[15], eines Barbiers Trypho[16], eines Lace-
dämoniers Eurykles[17]. Er ist umgeben von Eunuchen[18], worunter beispielsweise ein Carus[19], von einer Trabantenschaar von 400 Galliern[20];

---

[1] B. J. VII 6 4.   [2] Ant. XIX 5 3.
[3] XV 10 1.   [4] XVI 3 3.
[5] XVII 1 3.   [6] XIX 9 2.
[7] XV 10 3 B. J. I 20 4.   [8] XV 6 7.
[9] XVI 8 5.   [10] XVI 8 3.
[11] XVII 3 2.   [12] XVI 10 7 9 B.J. I 27 1.
[13] XVI 10 3 B. J. I 26 3.   [14] XVI 10 4 B. J. I 26 3.
[15] XVII 9 4.   [16] XVI 11 6.
[17] XVI 10 1 B. J. I 26 1 ff. 27 5.   [18] XVI 8 1.
[19] XVII 2 4.   [20] XV 7 3 B. J. I 20 3.

er hat in seinen Heeren thracische, germanische und gallische Soldaten[1]. Ein solcher Fremdenschwarm lebte damals um ihn unter den
Juden! Wie ferner Herodes nach seiner Ernennung zum König am
Opfer für den kapitolinischen Jupiter teilnimmt[2], so baut er selbst
fremden Göttern Tempel[3], zu Paneas z. B. einen aus weissem Marmor,
den er Augustus weiht[4], andere eben demselben zu Sebaste[5] und zu
Caesarea[6], wo er neben dessen Statue diejenige der Roma aufstellt.
Für die Leute von Rhodus bestreitet er die Kosten des Apollotempels[7]
wie der Flotte[8]. Für andere Bauten hatten ihm Tripolis, Damaskus,
Ptolemais, Byblus, Berytus, Sidon und Tyrus, Askalon, Laodicea, Per-
gamus, die Lycier und Samier, sogar Athen und Lacedämon[9], Niko-
polis und Syrisch-Antiochien[10], wie auch Chios[11] zu danken; die von
ihm gestifteten Spiele seien nur angedeutet[12]. Zu Athen wird auf
einer Inschrift seine Urenkelin Berenice (Tochter Agrippas I) gepriesen
als ein Spross „μεγάλων βασιλέων εὐεργετῶν"[13].

Nach alledem ist wohl begreiflich, dass Herodes nach Josephus[14]
von sich selber ausgesagt haben soll: „Ἕλλησι πλέον ἢ Ἰουδαίοις οἰκείως
ἔχειν", wie auch Josephus wiederholt[15] erwähnt, er sei im Gegensatz
zu Agrippa I[16] gegen Fremde freundlicher gewesen als gegen das eigene
Volk. Gelegentlich lässt er sich durch die Einrede Hyrcans, es schicke
sich nicht, ausländisch Volk während des Festes der Juden in die Stadt
zu führen, nicht abschrecken[17]. Direkt gesetzwidrig war seine Ver-
ordnung[18] die Diebe betreffend, wonach dieselben ins Ausland zu
verkaufen seien; das eben hatte das Gesetz verhüten wollen. Dass
er die Strafe zu verschärfen suchte, lässt sich bei der sittlichen Kor-
ruption seiner Zeit wohl verstehen; interessant aber ist zu bemerken,
dass diese Massregel in den Augen der Juden so viel Bedenkliches
hat. Man hieng eben von ganzem Herzen daran, den Stammgenossen
nicht der Willkür der Fremden preiszugeben; dazu stand er, wenn
er gleich ein Dieb und noch so strafbar war, doch zu hoch. Herodes
aber dachte anders. Se non è vero, è ben trovato, was Euseb[19] uns
aus dem Briefe des Julius Africanus an Aristides überliefert: Herodes

---

[1] XVII 8 3.
[2] XIV 14 5 B. J. I 14 4.
[3] XV 9 5.
[4] XV 10 3 B. J. I 21 3.
[5] XV 8 5 B. J. I 21 2.
[6] XV 9 6 B. J. I 21 7.
[7] XVI 5 3.
[8] B. J. I 21 11.
[9] l. c.
[10] XVI 5 3.
[11] XVI. 2 2
[12] XV 8 1 XVI 5 1 3 8 1 B. J. 21 8 12.
[13] Corp. Inscr. Gr. No. 361.
[14] Ant. XIX 7 3.
[15] XV 10 3 XVI 5 4 B. J. II 6 2.
[16] XIX 7 3.
[17] XIV 11 5 B. J. I 11 6.
[18] XVI 1 1.
[19] Hist. Eccl. I c. 7 13 (ed. Dindorf).

habe die jüdischen Geschlechtsregister verbrennen lassen, „οἰόμενος εὐ-
γενὴς ἀναφανεῖσθαι τῷ μηδὲ ἄλλον ἔχειν ἐκ δημοσίου συγγραφῆς τὸ γένος
ἀνάγειν ἐπὶ τοὺς πατριάρχας ἢ προσηλύτους τούς τε καλουμένους γειώρας
τοὺς ἐπιμίκτους".

Dabei will aber Herodes doch ganz bestimmt Jude bleiben, und
seine Nachfolger sind gerade hierin mit ihm entschieden einig. Das
geht deutlich daraus hervor, dass bei den vielen Mischheiraten in seiner
Familie für den fremden Teil regelmässig die conditio sine qua non der
Uebertritt zum Judentum resp. die Annahme der Beschneidung ist[1]. Es
zeigt es auch, dass er das jüdische Gewissen so viel als möglich zu
schonen sucht: Wie er schon während der Belagerung Jerusalems den
Belagerten Opfertiere zukommen lässt, damit das tägliche Opfer keine
Unterbrechung erleide[2], so hält er mit aller Energie nach Einnahme
der Stadt die siegreichen Soldaten davon zurück, die Dinge zu sehen,
die nicht zu sehen erlaubt sind[3]; und ängstlich sucht er während des
Tempelbaues jede Profonation zu verhindern[4].

Wir möchten in dieser ganzen Stellung des Herodes (und
der Herodäer überhaupt) einen letzten Versuch sehen, das
Judentum mit der hellenistischen Welt und ihrer Kultur in
Einklang zu bringen; es war dies zum mindesten für ihre
eigene Person. Die entscheidende Frage ist aber, wie sich
das Judentum dazu verhalten hat. Die Antwort hatte man sich
in der Geschichte der Vergangenheit schon einmal blutig erkämpft; sie
liess sich nicht widerrufen; sie lag für die Gegenwart fertig da. Antiochus Epiphanes hatte einst nur den Beweis geliefert, „dass ein rechter
Hellene und ein rechter Jude sich nie verstehen können"[5]. In der Geschichtserzählung des Josephus[6] begegnet uns unter denen, die in
Galiläa ihr Räuberleben in Höhlen führen, die Gestalt eines Mannes,
der seine sieben Söhne, als sie samt seinem Weibe ihn bitten, die ihnen
von Herodes angebotene Gnade annehmen zu dürfen, vom ersten bis
zum letzten und darnach sein Weib eigenhändig tötet und sich selber
über die Felsen hinabstürzt, nachdem er die Hand des Herodes abgewiesen und ihm mit Scheltworten sein schlechtes Herkommen vorgehalten hat (sein Grossvater soll nämlich im Apollotempel zu Askalon
Hierodule gewesen sein[7]). Das ist eine Stimme aus dem gemeinen
Volke, die sicher seine Stimmung überhaupt nicht unrichtig wiedergiebt[8]. Auch von anderen Kreisen berichtet uns Josephus, sie hätten

---

[1] Ant. XVI 7₆ XX 7₁₋₃.　　　　[2] XIV 16₂.
[3] XIV 16₃.　　　　　　　　　　[4] XV 11₆.
[5] WILLRICH, l. c. p. 124.　　　[6] Ant. XIV 15₆ B. J. I 16₄.
[7] Euseb. Hist. eccl. I 6₂ 7₁₁.　　[8] Vgl. B. J. II 4₂ ₃.

dem Herodes sein schlechtes Herkommen nicht verzeihen können und
sich erinnert, dass er nur ein halber Jude sei[1] — von den Sadducäern. Wir können es ihnen nicht verdenken, wenn die Machtstellung
der Herodäer, die sie aus der eigenen verdrängt hatte, ihnen das Gedächtnis für ihren Ursprung schärfte. Besser scheinen, wenigstens anfangs, die Pharisäer auf Herodes zu sprechen gewesen zu sein, hatten
ja doch ihre Häupter, Polio und Sameas, den Bürgern selber geraten,
ihm in Jerusalem Einlass zu gewähren[2]; und das ist nicht unerklärlich:
sie waren innerlich zu verschieden von ihm, als dass sie hätten befürchten müssen, mit ihm in ernstere Konflikte zu geraten; er liess sie
denn auch im Ganzen gewähren. So blieben sie von dem Weltlichen
fern und konnten sich um so mehr auf das Religiöse zurückziehen. Zwar
steigerte sich auch hier der Gegensatz und trat offen zu Tage; „den
Namen des Herrn der Geister haben sie verleugnet" (Henoch 46 8 46 10)
geht vielleicht, wie HOLTZMANN[3] vermutet, auf Herodes. Im übrigen
liessen die Pharisäer Herodes regieren, wie er wollte; es war nichts
mehr an ihm zu verderben. Er war ihnen im wesentlichen gleich gut
wie ein Fremder. Als Juden haben sie ihn nicht anerkannt;
das ist für uns das Wichtige. Es war, wie treffend gesagt worden ist,
nur „Edom gepflanzt auf Rom"[4]. Im vierten Buch Esra und in den
Jubiläen entlädt sich auch der ganze Hass, den man gegen die römische
Fremdherrschaft empfand, auf Edom. In dieser Beurteilung der
Herodäer liegt eingeschlossen die Abweisung aller Weltoffenheit. „Die Gerechten haben gehasst und geschmäht diese Welt
der Ungerechtigkeit und all ihre Werke und Wege gehasst im Namen
des Herrn der Geister" (Hen 48 7); „die Welt liegt im Dunkeln und
die darin wohnen, sind ohne Licht" (4 Esr 14 20). Der Gegensatz gegen
ihre Kultur hat sich noch verschärft. „Dazu sind die Menschen nicht geschaffen" (Hen 69 12); und was sollte sie auch nützen auf den Tag des
messianischen Heiles? (52 7 53 1). Diese Anschauung und Beurteilung
der Dinge geht durch alle Stände hindurch[5]. Wir kennen aus dem
N. T. die Verachtung, welche die Zöllner traf; nach dem jerusalemischen Thalmud wird ein Chaber, welcher Steuereinnehmer geworden
ist, aus der Genossenschaft gestossen[6]. Die Zöllner werden mit den

---

[1] XIV 15 2.   [2] XV 1 1.
[3] l. c. p. 486.   [4] WELLHAUSEN, Geschichte p. 284.
[5] Es ist interessant zu beobachten, wie noch DERENBOURG unter einem ähnlichen Banne steht, wenn er meint, alle judenfeindlichen Aeusserungen der damaligen Welt hätten ihren Ursprung im antinationalen Betragen der Familie der
Herodäer (Hist. et géogr. de la Palestine p. 221 f.).
[6] Bei WEBER, l. c. p. 77.

Sündern nahe zusammengebracht, nicht allein wegen der Art der Ausübung ihres Berufes, sondern schon wegen ihres Berufes an sich. Sie
sind, nicht anders als die Herodäer, Zwischenhändler zwischen den
Juden und Römern; darum werden sie auf eine Stufe mit den Fremden
zusammengestellt, weil man selber nichts mit ihnen wollte zu tun haben.
Das Buch der Jubiläen, das ohne allen Zweifel aus pharisäischen Kreisen hervorgegangen ist, ist in seiner Darstellung des Geschichtsstoffes
der Genesis für uns lehrreich: Von der steigenden Verherrlichung der
eigenen Väter des Volkes und dem Vorzug seines Geschlechtes, wonach
nur über Israel Gott allein herrscht, während alle anderen Völker unter
bösen Geistern stehen [1], hebt sich um so schärfer die Abschliessung
gegen alles Fremde ab.

Ja schon hat sich die Kluft geöffnet zwischen den Pharisäern, jenen Juden unter den Juden, und den eigenen Religionsgenossen zweiter Ordnung, der grossen Menge, dem gemeinen Volk (עם הארץ) [2], welches die profanen Dinge dieser Welt immer
wieder vom Gesetz und seinem Studium abzogen; es sind die „verlorenen
Schafe aus dem Hause Israel" (Mt 10 16 15 24 vgl. 9 36 Mc 6 34). Es gehörten dahin natürlich erst recht auch die Tagelöhner und die armen
Beisassen fremden Ursprungs. Man konnte an sie nicht die hohen An-
sprüche erheben, die man an die eigene Religiosität stellte; aber was
man ihnen erliess, ersetzte man reichlich mit der Geringschätzung, mit
der man auf sie herabblickte. Ja, die Kleider des עם הארץ sind für die
Pharisäer unrein [3]. „Spende reichlich Brot beim Begräbnisse der Gerechten, aber für Sünder gieb nichts", heisst es im Buche Tobith (4 17).
Man zuckt die Achseln über Jesum, der mit Sündern und Zöllnern isst
(Mt 9 11 11 19 Mc 2 16 Lc 5 30); denn „ein חבר kehrt nicht als Gast bei
einem עם הארץ ein und nimmt ihn nicht in seinem Gewande als Gast
auf" [4]. Es blieb dabei: „ὁ ὄχλος οὗτος ὁ μὴ γιγνώσκων τὸν νόμον ἐπάρατοί
εἰσιν" (Joh 7 49).

Ein Stück Welt aber hatte man unbesehen auch in orthodoxen Kreisen in sich aufgenommen und beibehalten: die
Propaganda. Noch bleibt den Nichtisraeliten eine Frist zur Bekehrung. Sie werden es nie so weit bringen wie die, die unter den
Kämpfen und Verfolgungen ihren Glauben bewährt haben, aber doch
zum Heile gelangen. „Die Gerechten werden siegen im Namen des
Herrn der Geister; und er wird es die anderen sehen lassen, damit

---

[1] A. DILLMANN, Das Buch der Jubiläen, deutsch in EWALDS Jahrbüchern 1850,
p. 10; der gleiche Gedanke p. 15.
[2] s. oben p. 233, Anm. 1.   [3] Chagiga II 7.
[4] Demai II 3 (bei SCHÜRER, l. c. II p. 333).

sie Busse tun und die Werke ihrer Hände lassen; sie werden keine
Ehre haben von dem Herrn der Geister, aber in seinem Namen
werden sie gerettet werden, und der Herr der Geister wird sich ihrer
erbarmen" (Hen 50 2 f.). „Alle Völker werden sich wahrhaft bekehren
zur Furcht Gottes, des Herrn, und ihre Götzenbilder vergraben, und
alle Völker werden den Herrn preisen und das Volk Gottes ihm
danken" (Tob 14 6 vgl. 13 11). In der Gegenwart schon durchzieht
man Meere und Länder, um einen Proselyten zu machen (Mt 23 15).
Es zeigt sich auch hier wieder, dass im letzten Grunde das Gesetz
eine internationale Grösse war[1]; „die ganze Welt ist Mosis Grab"
(Assumptio Moys. 11 8); der einzelne, gleichviel welchen Volkes, kann
es befolgen. „Einzelne zwar mit Namen zu nennen, findet man
wohl, dass sie deine Gebote erfüllen", haben wir schon[2] angeführt
(IV Esr 3 36).

Der wichtigste Faktor, der zu diesem Resultate beiträgt, ist jedenfalls das Diasporajudentum gewesen. Die Feste führten ungezählte
Scharen von Glaubensgenossen aus der ganzen damaligen Welt nach
Jerusalem, das für alle immer die Metropole blieb[3]. Diese Juden aus
der Ferne mussten den Genuinen selber z. T. als Fremde vorkommen,
in deren Umgang man sich über gewisse feinere Unterschiede der gemeinsamen Religionsübung hinwegsetzen lernte; denn es kamen auch
„Allerweltsjuden"; es kam ja Philo selber einmal zu beten und zu
opfern[4]; und was sie mit sich brachten, waren sicher nicht nur ihre
frommen Opfergaben, sondern ein Stück Welt und ihre aufgeklärten
Gedanken. Sie schufen ihnen sogar in Jerusalem eine bleibende Statt;
Alexandriner und Cyrenäer haben daselbst ihre eigene Synagoge (Act
6 9). Umgekehrt aber kamen auch die palästinensischen Juden mehr
und mehr über das eigene Land hinaus; so lernt der Enkel des Jesus
Sirach Aegypten kennen (παραγενηθεὶς εἰς Αἴγυπτον καὶ συγχρονίσας εὗρον
οὐ μικρᾶς παιδείας ἀφόμοιον)[5]. Insbesondere schuf der Handel zwischen
in- und auswärtigen Juden neue Berührungspunkte und vermittelte
mehr als tote Produkte. Man lernte die Welt und die Menschen kennen
und die Art, wie man sich zu ihnen zu stellen habe. Inwieweit freilich die palästinensischen Juden zu Proselytenmacherei übergiengen,
insonderheit inwiefern sie dabei an allfällige Bestrebungen des Dia-
sporajudentums anknüpften, darüber sind wir völlig im Dunkeln. Wir
vermögen überhaupt das genannte Wort des Herrn (Mt 23 15) mit
keinem Beispiel zu illustrieren ausser etwa dem des Eleasar, der, wie

---

[1] s. oben p. 243.   [2] s. p. 245.
[3] Philo, in Flacc. M. II 524 Ri VI 47.
[4] Fragm. M. II 646 Ri VI 200.   [5] Prolog.

wir des Genaueren noch sehen werden, den König von Adiabene, Izates, bekehrt[1]. Jedenfalls aber darf man aus dem Fehlen bestimmter Zeugnisse nicht dem Christentum den Vorwurf machen[2]: „Man durchzog" (nämlich christlicherseits) „Länder und Meere, um Proselyten zu machen und beschuldigte die Rabbinen, mit Bewusstsein der falschen Beschuldigung, der Proselytenmacherei, machte ihnen genau das, was man selbst tat, zum Vorwurf, weil man jede Annahme eines Heiden in das alte Judentum als einen Eingriff in das eigene Dominium betrachtete, da man erst in sich die Erfüllung der prophetischen Verkündigung sah". Wahr kann freilich auch an diesen Worten etwas sein: die Art und Weise, Reisen zu Zwecken der Propaganda zu machen, mag Paulus in der Schule der Pharisäer gelernt haben; dann war es nicht das Schlechteste, das er aus dieser Schule herübernahm, und mit dem höheren Zweck ward auch die Ausführung in eine höhere Sphäre gehoben. Unter den reisenden missionierenden Juden werden viel unlautere Gesellen mit untergelaufen sein, wie es später unter den Christen nicht anders war, Wundertäter und Goeten, wie jener Eleasar, von dem Josephus[3] berichtet: „Ich sah einst einen meiner Stammesgenossen, der in Gegenwart Vespasians und seiner Söhne und Obersten und einer Menge Militär die von Dämonen Besessenen heilte und zwar auf folgende Weise: Unter die Nase des Besessenen brachte er den Ring mit einer Wurzel unter dem Siegel, die Salomo entdeckt hatte; dann liess er ihn daran riechen und zog ihm den bösen Geist durch die Nasenlöcher heraus. Alsbald fiel der Mensch zu Boden, worauf er den Geist beschwor nicht mehr in ihn zurückzukehren, und dabei Salomos Gedichte und die Sprüche aufsagte, die er aufgesetzt hatte. Wenn dann Eleasar den Anwesenden überzeugend dartun wollte, dass er solche Kraft habe, setzte er ein kleines Trinkgeschirr oder Fussbecken voll Wasser hin und befahl dem Geist, der aus dem Menschen ausgefahren war, dasselbe umzustossen und die Zuschauer zu überzeugen, dass er den Menschen verlassen habe. Wenn dann dies geschah, ward der Verstand und die Weisheit Salomos deutlich erwiesen".

---

[1] Die Reise der vier Synhedristen, R. Gamaliel, R. Elieser ben Asarja, R. Josua und R. Akiba nach Rom ist schon zu sehr von der Sage umsponnen, als dass wir sie ohne weiteres als Beispiel verwerten möchten; aber etwas Geschichtliches mag wohl dahinter stecken. GRÄTZ (Jahresbericht des jüd.-theol. Seminars „FRÄNKELscher Stiftung": Die jüd. Proselyten im Römerreiche unter den Kaisern Domitian, Nerva, Trajan, Hadrian. Breslau 1884, p. 27 ff.) weiss natürlich ganz genau, wie alles dabei zugegangen ist.

[2] GRÜNEBAUM, Jüd. Zeitschrift f. Wissenschaft u. Leben 1870, p. 48.

[3] Ant. VIII 2 5.

Sind uns aber sozusagen keine Proselytenbekehrer mit Namen bekannt, so vermögen wir wenigstens einige Proselyten zu nennen, deren Bekehrung vermutlich auf palästinensisch-jüdische Propaganda zurückgeht. DERENBOURG[1] erwähnt aus dem Thalmud einige Schriftgelehrte, einen Jose von der Damascenerin (דורמסקית), einen Abba Saul von der Batanäerin (בטנית) und einen Jochanan von der Hauraniterin (החורנית); sie seien nämlich nach der Mutter benannt worden, weil dieselben Proselytinnen gewesen ohne ihrer Männer Zustimmung, sich von ihren Kindern getrennt und sie nach Jerusalem zur Erziehung gesandt hätten. Auch Schemaja und Abtalion sollen fremder Abkunft gewesen sein, Söhne oder Nachkommen von Proselyten, wenn nicht selber solche[2]; Obadja, der Prophet, erscheint ja nach der Tradition schon als „Judengenosse"[3]. Im eigenen Hause machte man Proselyten an den Sklaven, die man vom Heidentum bekehrte. Es scheint zwar, dass die Frage, ob ein Sklave zum Uebertritt gezwungen werden könne, negativ zu beantworten ist[4]; die thalmudische Tradition bestimmt wenigstens: Wenn einer heidnische Sklaven gekauft hat in Aussicht auf Bekehrung und diese darauf verzichten, so kann er sie ein Jahr behalten in der Hoffnung, dass sie doch wieder auf den Gedanken zurückkommen der Abschwörung, und wenn sie dann den jüdischen Glauben annehmen, ist's gut; wo aber nicht, ist es dem Besitzer erlaubt, sie einem anderen Heiden zu verkaufen[5]. Aber R. Akiba verbot Sklaven, die sich der Beschneidung nicht sofort unterzogen, im Hause zu behalten[6], und es heisst überhaupt: Hat man Sklaven gekauft, sie zu beschneiden ... so soll man sie trotz ihnen beschneiden[7]; das wird auch das häufigere gewesen sein schon darum, weil für die Sklaven selber mit der Beschneidung resp. dem Uebertritt zum Judentum namhafte Vorteile[8] verbunden waren, wie leicht verständlich ist. Nicht zwar, dass sie durch den Uebertritt geradezu schon frei geworden wären; es wird bestimmt: Der Herr soll einem von einem Heiden erkauften heidnischen Knecht, welchen er Knecht bleiben lassen will, im Akte der Taufe dies durch Umlegung einer Kette zu erkennen geben[9].

---

[1] Hist. et géogr. de la Palestine p. 223 Anm. 2.
[2] JOST, Gesch. des Judentums u. s. Sekten I p. 250.
[3] LÜBKERT, Die Proselyten der Juden, Stud. u. Krit. 1835, p. 683.
[4] ANDRÉ, L'esclavage chez les anciens Hébreux 1892, p. 175.
[5] J. Jebamoth VIII 1, ANDRÉ, l. c. p. 176.
[6] Jebamoth 48 b bei GRÜNEBAUM, l. c. 1870, p. 50 f.
[7] s. Anm. 5.
[8] Vgl. dazu ANDRÉ, l. c. p. 177—179.
[9] Jebamoth 46 a; HERZOGS Realencyclop.[2], Artikel: Proselyten.

Ueber die bürgerliche Rechtsstellung der Proselyten giebt uns eine biblische Stelle später Hand[1] einen Wink (Jes 14 1). Sie setzt schon das freie Konnubium zwischen Vollblutjuden und Proselyten voraus. Es entspricht dem durchaus die spätere rabbinische Formel ihrer Gleichstellung mit den Juden: כישראל לכל דברין[2]. So wurde auch gelegentlich bestimmt, sie sollten nie in Sklaverei verkauft[3] noch geraubt[4] werden dürfen. In religiöser Beziehung hatte ja schon der Priesterkodex, wie wir sahen, die Gleichstellung von Proselyten und Juden durchzuführen gesucht. Ohne Zweifel vergass man am wenigsten, sie daran zu erinnern, wo es sich um die heiligen Abgaben handelte[5]. Auf die Proselyten nimmt auch das Schemone Esre Bezug, indem in der 13. Bitte Gottes Erbarmen auf sie herabgefleht wird. Es war auch natürlich genug, dass man nicht ohne Stolz auf sie schaute, wo sie vom Range eines Izates waren. Nicht nur spricht Josephus mit sichtlicher Befriedigung davon, dass Izates seine fünf Söhne zur Erziehung nach Jerusalem gesandt[6], dass Helena dahin reist, um im Tempel anzubeten, und bei dieser Gelegenheit während einer Hungersnot an die Armen Korn aus Aegypten austeilen lässt[7], dass in der Stadt und ihrer Umgebung Bauwerke erstehen, welche die adiabenische Königsfamilie errichten lässt[8]; auch die rabbinische Ueberlieferung weiss von allerhand durch sie gestifteten kostbaren Weihgeschenken an den Tempel zu erzählen[9] und lässt Helena 14[10], nach anderer Meinung sogar 21[11] Jahre lang Nasiräerin gewesen sein.

Wir dürfen uns aber durch diese letzten Ausführungen nicht irre machen lassen; denn die Tatsache, dass selbst die pharisäischen Kreise Proselyten zu machen angefangen hatten, will nicht viel heissen — es sucht schliesslich selbst der exklusivste Mensch die anderen zu seinem eigenen Wesen zu bekehren, und namentlich ändert sie am Resultat dieses Kapitels nichts. Dies wird freilich erst unser letzter Abschnitt noch klarer machen können. Das Resultat aber ist, dass die zunehmenden bitteren Erfahrungen unter der Römerherrschaft die Pharisäer mehr und mehr in die Exklusivität hinein-

---

[1] Vgl. Duhm z. St.
[2] Jebamoth 47b, Schemoth rabba c. 19.
[3] Baba mezia 71a, Maimon. Abadîm I 2 (b. André, l. c. p. 30).
[4] Sanhedrin 85b.
[5] Bikkurim I 4 Schekalim I 3 6 Pea IV 6 Challa III 6 Chullin X 4 (s. Schürer II p. 573 Anm. 310).
[6] Ant. XX 3 4.   [7] XX 2 6.
[8] XX 4 3 B. J. IV 9 11 V 2 2 3 3 4 2 6 1 VI 6 3.
[9] Joma III 10.   [10] Rabbi Juda.
[11] Nasir III 6 (s. Schürer II p. 562f. Anm. 284).

trieben. Je mehr man von der Heidenwelt zu leiden bekam und je
mehr insbesondere die eigene Religion von ihr beeinträchtigt zu werden
schien, um so weniger erwartete man von ihr, wo es ein Verständnis der
Religion galt.

Aber das schlimmste, was heidnische Bosheit vermochte, sollte
man doch noch erst erfahren. Die Nation gieng unter, die heilige
Stadt sank in Trümmer, das Allerheiligste brannte nieder. Unter-
liegend siegten die Pharisäer, und ihr Sieg wurde der Sieg
der Exklusivität. —

Siebenter Abschnitt.

Die Stellung der hellenistischen Juden zu den Fremden.

„On ne fait pas la propagande en restant chez soi", sagt Loeb[1] sehr richtig. „Israël était destiné à être un ferment universel bien plus qu'une nation particulière mariée à une terre. La dispersion était écrite à l'avance; c'est comme dispersé qu'il devait accomplir sa principale vocation[2]."

Wie sich eine jüdische Diaspora gebildet hat, das haben wir hier nicht zu untersuchen[3]. Dass es mit der Zeit eine solche gab, ist, worauf es für uns ankommt, weil sie die wichtigste Bedingung schafft, dass Israel an die Erfüllung seines Missionsberufes unter den Heiden gehen kann, wie Deuterojesaja ihn einst geahnt hatte. Dem haben wir denn auch an dieser Stelle einzig nachzuforschen, inwiefern sich die Diaspora-Juden dieses ihres Missionsberufes bewusst geworden sind.

Wir müssen bis ans Ende des vierten Jahrhunderts zurückgehen. Da begegnen wir schon einem beachtenswerten Zeugnis, wie der Blick des gebildeten Heidentums auf das Judentum fällt und nicht ohne seiner zu achten an ihm vorübergeht. Clearch von Soli verdanken wir die Ueberlieferung der folgenden Erzählung des Aristoteles von seinem Zusammentreffen mit einem Juden: . . . „Dieser Mann reiste viel; er kam aus seinen Bergen in die Länder an das Meer. Ἑλληνικὸς ἦν οὐ τῇ διαλέκτῳ μόνον ἀλλὰ καὶ τῇ ψυχῇ. Da ich mich in Asien aufhielt, kam er gerade an die Orte, wo ich war. Er pflegte mit mir und einigen anderen Jüngern der Weisheit Umgang und fragte unserer Philosophie nach. Wie er nun von uns lernte, also unterrichtete er

---

[1] l. c. p. 235.

[2] Renan, Revue des Deux-Mondes 1890, p. 801.

[3] Uebrigens weist Jer 24 8, wenn der Schluss des Verses ächt ist, schon auf das damalige Vorhandensein einer Diaspora in Aegypten hin, wofür auch 26 23 42 14 sprechen dürften (vgl. Jes 43 6).

uns auch in vielem"[1]. Schon diese erste Stelle lehrt schlagend, wie
das Diasporajudentum sich lernend und lehrend der Welt erschliesst.
Gleichzeitig ungefähr begegnen wir einem Juden, der fast die Rolle
eines ersten Predigers jüdischer Propaganda inmitten des Heidentums
spielt. Hekataeus von Abdera, ein Zeitgenosse Alexanders, berichtet
uns nämlich als Augenzeuge die folgende Geschichte: „Als ich am
roten Meer reiste, war im Gefolge der jüdischen Reiter, die uns den
Weg wiesen, u. a. einer mit Namen Mesullam (Μοσόλλαμος), ein be-
herzter leibeskräftiger Mann, als der beste Bogenschütze von allen,
Hellenen und Barbaren, anerkannt. Als nun während des Zuges ein
Wahrsager auf den Vogelflug achtete und meinte, es sollten alle Halt
machen, fragte dieser Mann, warum man stehen bleibe. Als aber der
Wahrsager ihm den Vogel zeigte und sagte: „wenn er hier stille steht, ist
es für alle gut stille zu stehen; wenn er sich aber wieder aufschwingt,
um weiter zu fliegen, soll man aufbrechen, wenn er sich aber rückwärts wendet, wieder zurückweichen" — da schwieg er, spannte den
Bogen, schoss und tötete den Vogel mit dem Schuss. Als aber der
Wahrsager und einige andere darüber unwillig wurden und ihn ver-
wünschten, sprach er: „Wie kommt ihr so von Sinnen und bedient euch
dieses Unglücksvogels? Denn wie hätte dieser, da er für seine eigene
Rettung nicht einmal zum Voraus sorgen konnte, über unsere Reise
etwas Heilbringendes verkünden können? Denn wenn er das Zukünftige
gewusst hätte, wäre er nicht an diese Stelle gekommen aus Furcht, es
möchte ihn der Jude Mesullam mit einem Bogenschusse töten[2]".

Aber nicht allein der Einzelne übt seine harmlose Propaganda,
schon frühe fangen die in der Fremde sich bildenden Gemeinden, zumal die alexandrinische, an, aus ihrer Abschliessung herauszutreten.
Für den Anfang zwar berichtet uns Josephus, unter Ptolemaeus Lagi
sei den Juden in Alexandrien ein eigenes Quartier angewiesen worden
von der übrigen Stadt getrennt, „damit sie ein reineres Leben führen
könnten, indem sie sich weniger mit den Fremden (τῶν ἀλλοφύλων)
vermischten"[3]. Aber das Licht konnte unter dem Scheffel nicht verborgen bleiben. Einer Entwickelung propagandistischer Tendenzen vermögen wir freilich nur auf litterarischem Boden
einigermassen nachzugehen. Von äusseren Tatsachen sei auf die
Bedeutung des von Onias IV. erbauten Tempels zu Leontopolis[4]

---

[1] Jos. c. Ap. I § 22.   [2] Jos. c. Ap. I § 22.
[3] B. J. II 18 7, vgl. Ant. XIV 7 2; auch in Sardes z. B. wohnen die Juden in
eigenem Quartier Ant. XIV 10 24.
[4] Vgl. Jos. Ant. XII 9 7 XIII 3 1—3 10 4 XX 10 3 B. J. I 1 1 VII 10 2—4 und
oben S. 226.

wenigstens hingewiesen. Ein Tempel dem fremden Gott in fremdem
Lande — dass muss mächtig dazu dienen die Religion zu entlokalisieren
und hinwiederum den Besitzern des Landes die Gottheit nahe zu
bringen. Nach einer Erklärung des Josephus[1] hätte es sogar in der
Absicht des Onias gelegen, die Juden durch diese Gründung näher
an das ägyptische Königshaus zu binden. Auf dem Boden der Diaspora werden auch die Synagogen entstanden sein. Im Gegensatz
zum Leontopolistempel tragen sie nun dazu bei, die Religion vom kultischen und ceremoniell-Aeusserlichen loszulösen und darüber zu erheben. „Die Synagogen sind die ersten Kirchen eines rein geistigen
Gottesdienstes[2]." Wichtig ist aber auch schon der Gedanke, den sie
zum Ausdruck bringen, dass die Religion eine Seite hat, nach der sie
durch Unterricht gelernt, damit aber auch Nichtwissenden demonstriert
werden kann. Das letztere ist auch die Voraussetzung der allmählich
aufblühenden Litteratur, die wir nun des näheren zu verfolgen haben.

Wir gehen aus von der LXX[3]. Zunächst ein Blick auf
ihren Sprachgebrauch[4]. Wir haben nämlich darauf zu achten, wie

---

[1] B. J. an der letztgenannten Stelle; er meint hier allerdings Onias III.

[2] HAUSRATH, Neutest. Zeitgesch.[1] II p. 102.

[3] WILLRICH scheint uns auch darin nicht glücklich zu sein, dass er ihre
Entstehungszeit herabzurücken sucht. Er sagt (p. 154): „Wenn überhaupt an der
Geschichte der Uebertragung des jüdischen Gesetzes für einen Ptolemäer irgend
etwas richtig wäre, so würde man sie am besten unter Physkon ansetzen können".
Die Voraussetzung dabei ist, dass Physkon in Wahrheit nicht der grimmige Feind
der Juden (c. Ap. II 5), wozu ihn die jüdische Tradition gemacht hat, sondern im
Gegenteil ihr Protektor gewesen sei. Die Juden hatten sonst allerdings kein so
schlechtes Gedächtnis für die Wohltaten fremder Könige! Aber hören wir die
„urkundlichen Nachrichten", auf die sich WILLRICH zum Gegenbeweis stützt
(p. 151):

1. Eine Inschrift meldet, dass König „Ptolemäus Euergetes" einer Synagoge
die Asylie verliehen habe. Dieser Ptolemäus Euergetes ist nach WILLRICH „natürlich" Physkon, weil es unter Euergetes I. noch keine Synagogen gegeben habe! (?)

2. Zur Zeit des Physkon ist einer der Steuereinnehmer zu Diospolis oder
Theben ein Jude, als ob Physkon bei aller Judenfeindschaft nicht einen einzelnen
jüdischen Beamten hätte haben können, der vom ancien régime einfach übernommen sein mochte. Beiläufig ist übrigens der betreffende Jude schon so weit
hellenisiert, dass der Name seines Sohnes Philocles war!

3. Die folgenden Inschriften, die WILLRICH anführt, beweisen überhaupt
nichts, da man seinen beiden erstgenannten Beweisen beipflichten muss, um nur
„geneigt" zu sein, dieselben der Zeit Physkons zuzuschreiben.

Aber auch in der abweichenden Datierung der Schriften des Eupolemus,
Aristobul, Artapanus können wir WILLRICH nicht folgen.

[4] Leider ist mir ein Artikel im Expositor: Allen W. C.: On te meaning of
προσήλυτος in the Septuagint (1894 oct. p. 264—275) unzugänglich geblieben.

sie das Wort גר wiedergiebt. Meist übersetzt sie es mit προσήλυτος, aber, wie schon[1] zu bemerken war, nicht immer. Die Abweichungen von der gewöhnlichen Uebersetzung lassen sich ohne weiteres begreifen, wenn προσήλυτος für die Uebersetzer schon terminus technicus gewesen wäre, der es in späterer Zeit nachweislich war. Wo z. B. die Rede ist vom Aufenthalte des Volkes oder einzelner Glieder desselben in fremdem Lande (Gen 15 13 Dt 23 7 [8] Gen 23 4 Ex 2 22 18 3), ist es selbstverständlich, dass προσήλυτος vermieden blieb, ebenso, wo im Urtexte die Israeliten Gerim im Verhältnis zu Gott genannt werden (ψ 39 [38] 13 119 [118] 19 I Chron 29 15). Auf Gott, der wie ein Fremdling im Lande sei (Jer 14 8 [9]), passt dann προσήλυτος erst recht nicht. Aber auch die beiden anderen Stellen, wo anstatt des προσήλυτος πάροικος steht, sind wohl verständlich: Dt 14 21 und II Sam 1 13. An ersterer Stelle heisst es, der Gér in Israel dürfe das Unreine essen; das bezeichnet für die Zeit der Entstehung der LXX allerdings notwendig den unbekehrten Fremdling, nicht den Proselyten; denn für diesen gilt gleiches Recht wie für den Israeliten. II Sam 1 13 wird der Amalekiter, dessen Sohn Saul getötet haben soll, ebenfalls πάροικος genannt; ich vermute, es habe dabei die Absicht mitgespielt, lieber einen Fremden als den Sohn eines Proselyten Hand an den Gesalbten Jahwes anlegen zu lassen. Wenn endlich Hi 31 32 sich rühmt, der Fremde habe nicht draussen übernachten müssen, so wundert es uns auch hier nicht, wenn גר nicht mit προσήλυτος, sondern mit ξένος wiedergegeben wird. Es wäre nun aber ein voreiliger Schluss, daraus die Konsequenz ziehen zu wollen, προσήλυτος sei für die Uebersetzer tatsächlich schon t. t. gewesen. Dass es nicht der Fall war, beweist schlagend Ex 22 20 [21] 23 9 Lev 19 34 Dt 10 19, wo die Israeliten in Aegypten doch auch Proselyten genannt werden. Es beweist es ferner der Umstand, dass, wo es gelegentlich dem Uebersetzer darauf ankommt zu betonen, es handle sich um den Proselyten im späteren Sinne, er den Ausdruck γειώρας gebraucht (Ex 12 19). GEIGER[2] behauptet daher, erst allmählich habe sich die Begriffsumwandlung, die mit גר vor sich gegangen sei, auch auf den gleichbedeutenden griechischen Ausdruck προσήλυτος übertragen. Er hat damit jedenfalls Recht, nur lässt sich, so viel ich sehe, etwas näheres nicht aufstellen und auch zwischen der Uebersetzung des Pentateuchs einerseits und der der Propheten und Hagiographen andererseits in dieser Beziehung kaum ein Unterschied konstatieren, wie er meint. Beispielsweise findet sich γειώρας zur Bezeichnung des richtigen Proselyten noch einmal Jes 14 1, einer zweifellos sehr späten Stelle[3],

---

[1] s. p. 159. [2] l. c. p. 354. [3] DUHM, z. St.

als ob auch damals noch προσήλυτος als terminus technicus noch nicht so konsolidiert gewesen wäre, dass man es ohne weiteres als solchen hätte brauchen können.

Schon der Bericht nun, der uns als aus der Feder des königlichen Hofbeamten Aristeas[1] geflossen über die Art der Entstehung der griechischen Bibelübersetzung überliefert ist, ist lehrreich genug nach dem Inhalt wie schon nach der Form. Aristeas giebt sich selber, wie auch seinen Bruder Philokrates, den Adressaten des Briefes, als Zeusverehrer aus. Man schreibt also unter heidnischem Pseudonym; das bedeutet aber, dass man gegen ein Urteil vonseiten Fremder nicht nur nicht gleichgültig ist, sondern vielmehr so viel Wert darauf legt, dass man sich nicht scheut es künstlich zu produzieren. Und ferner, wenn Schreiber und Empfänger des Briefes Fremde sind, dann ist auch der Kreis der Leser, für den seine Veröffentlichung bestimmt ist, unmittelbar unter den Fremden zu suchen. Das bedeutet aber, dass man auf Fremde einwirken will; in welcher Weise, das muss sich aus dem Inhalt ergeben. Wenn die Bibelübersetzung ins Werk gesetzt wird auf die Anregung hin, die der Bibliothekar Demetrius Phalereus König Ptolemäus II. Philadelphus giebt, so ist damit anerkannt, dass dieselbe einem eigenen Bedürfniss der Fremden entspringt; sie haben ein Interesse daran, das Gesetz der Juden wenigstens kennen zu lernen. Nun aber ist das Resultat dieser Uebersetzung wie auch schon aller Unterhandlungen zwischen dem ägyptischen Hofe und den Juden, welche zum Zwecke ihres Zustandekommens vorangehen mussten, seitens der Fremden eine rückhaltlose Anerkennung der Vortrefflichkeit des jüdischen Gesetzes und des jüdischen Volkes überhaupt. Dieses lernt Aristeas als Gesandter des Ptolemäus an Eleazar kennen mit all seinen Vorzügen; jenes lässt sich der König selber vorlesen „καὶ λίαν ἐξεθαύμασε τὴν τοῦ νομοθέτου διάνοιαν καὶ πρὸς τὸν Δημήτριον εἶπε· πῶς τηλικούτων συντετελεσμένων οὐδεὶς ἐπεβάλετο τῶν ἱστορικῶν ἢ

---

[1] s. MERX, Archiv für wissenschaftl. Erforschung des A. T. Bd. I; ganz unrichtig aber möchte er das entscheidende ἡμεῖς (sc. προσονομάζοντες ἑτέρως Ζῆνα ἢ Δία) in ὑμεῖς korrigieren (l. c. p. 251). Zur Datierung vgl. SCHÜRER, Gesch. d. jüd. Volkes im Zeitalter J. Chr. II p. 821f. WILLRICH (p. 33ff.) meint ihm wieder in allen Punkten widersprechen zu können. Aber es herrscht bei ihm eine unglaubliche Verwirrung. Aristeas ist „handgreiflich jerusalemisch gesinnt" (p. 166); an der Bibelübersetzung aber haben die Leontopolitaner den „Löwenanteil" (p. 167). Also wird der „jerusalemisch gesinnte" Aristeas der Anwalt und Hauptverteidiger einer Arbeit, an der die Leontopolitaner „den Löwenanteil" haben! Man sollte darnach wirklich nicht denken, dass zwischen Jerusalemern und Leontopolitanern die feindliche Spannung bestand, die für WILLRICH Grundtatsache ist.

ποιητῶν ἐπιμνησθῆναι" [1]; wie herrlich muss ein solches Gesetz sein, das selbst einem Ptolemäus Philadelphus so bewundernswert erschien, ja, zu dessen Verbreitung zu helfen er weder Mühe noch Aufwand an Kosten und Pracht hat fehlen lassen! Das muss genügen, in den Lesern der Erzählung den Wunsch zu wecken, sie möchten dasselbe doch auch kennen lernen; und wenn ihnen versichert wird, dass diese Ueber-setzung eine authentische sei, also nicht ihnen zu Gefallen schön-färberisch entstellt, so muss ihre Zuneigung zum jüdischen Volke selber nur noch wachsen.

Den Aristeasbericht selbst werden wir zwar mit der Sage, die er wiedergiebt, nicht unmittelbar identifizieren. An der Sage selber aber dürfte so viel wahr sein, dass der Ursprung der griechischen Bibel nicht allein auf das unmittelbare Bedürfnis der jüdischen Gemeinde für sich selbst zurückgeht, welche das Hebräische nicht mehr verstanden hätte, sondern auf den Wunsch, sich der heidnischen Umgebung gegenüber zu legitimieren als im Besitze eines Buches stehend, das auch Griechen lesen dürfen und vor dem sie sogar Achtung bekommen sollen. Denn wir wollen die Rücksichten nicht ganz übersehen, die man auf heidnische Leser nimmt, zumal auf die Hohen. Das Wort ארנבת (Lev 11 6 Dt 14 7) übersetzt man nicht mit dem gewöhnlichen λαγώς oder λαγός (= Hase), sondern mit δασύπους, „um nicht schreiben zu müssen, Lagos gehöre unter die Unreinen" [2], denn man stand ja unter der Herrschaft der Lagiden. Man vermeidet auch, wo es sich um ein Reittier handelt, das Wort Esel, um nicht Anstoss zu erregen; denn nur die Niedrigsten in Aegypten ritten auf Eseln [3]. Gleiche Bedenken mögen zur Ausscheidung der Anthropopathismen in der Bezeichnung Gottes das ihre mit beigetragen haben. Der wichtige Schritt, der uns also in der Uebertragung der hebräischen Bibel ins Griechische getan scheint, ist, dass man sich der Anerken-nung der umgebenden Welt nicht verschliesst, sondern viel-mehr anfängt sie nachzusuchen. Wir vergessen nicht, dass zwischen einem Mehr oder Weniger der Anerkennung, um die man sich bemüht, die Grenzen fliessende sind. So geht man jüdischerseits

---

[1] l. c. p. 308. — Die Bewunderung für den Judengott wird sogar zurückdatiert in die Zeit des Königs Uaphres, der Salomo zur Uebernahme der Regierung be-glückwünscht, die er bekommen habe „παρὰ χρηστοῦ ἀνδρὸς καὶ δεδοκιμασμένου ὑπὸ τηλικούτου θεοῦ" (Eupolemus, angeblich: „περὶ τῆς Ἡλίου προφητείας," welches aber offenbar gehört zu: „περὶ τῶν ἐν τῇ Ἰουδαίᾳ βασιλέων". [SCHÜRER, l. c. II p. 732]); bei Euseb. Praep. evang. IX 32 1.

[2] HAUSRATH, Neutest. Zeitgesch. [1] II p. 129.

[3] GEIGER, D. Judentum u. s. Geschichte (I) p. 78.

schon bald dazu über: Nicht blos sollen die Fremden zu Achtung und Bewunderung des jüdischen Gesetzes geführt werden, sondern weiter dahin, dass sie einsehen lernen, was sie selber an Kultur besitzen, sei im Grunde nur geborgt von den Juden.

Erwähnt sei vorerst Cleodemus oder Malchus (2. Jh. v. Chr.), dessen sagenhafte Genealogien offenbar dem Bestreben entspringen, die Möglichkeit schon älterer kultureller Wechselbeziehungen zwischen Israeliten und Fremden zu veranschaulichen. Abraham hat von Qetura viele Söhne, von denen drei namentlich aufgeführt werden: Ἀφέρ, Ἀσούρ, Ἀφράν. Von Assur ist Assyrien, von den beiden anderen die Stadt Aphra und das Land Afrika benannt. Herkules vermählt sich mit Aphras Tochter u. s. w. [1] Aehnlich erscheint im Gedichte des Samaritaners Theodotus über die Geschichte Sichems als Stammvater dieser Stadt ein Sikimius, Sohn des Hermes[2]. Unter solchen Umständen fällt es diesen hellenistischen Juden nicht schwer, an einen lebhaften Austausch der geistigen Güter zu glauben, den sie sich aber so vorstellen, dass die Juden ausschliesslich die Gebenden, die Fremden nur die Empfangenden seien. Dahin gehört der Philosoph Aristobul (c. 170—150), der sich in direkter Anrede mit seinem Werke an Ptolemaeus Philometor wendet[3]. Von ihm sagt Clemens Alexandrinus[4]: Ἀριστοβούλῳ ... βιβλία πεπόνηται ἱκανά, δι' ὧν ἀποδείκνυσι τὴν περιπατητικὴν φιλοσοφίαν ἔκ τε τοῦ κατὰ Μωυσέα νόμου καὶ τῶν ἄλλων ἠρτῆσθαι προφητῶν". Aristobul sagt denn auch, dass Philosophen und Dichter von Moses den Impuls empfangen hätten[5], und nennt insonderheit Plato, Pythagoras und Sokrates, Homer und Hesiod als von ihm abhängig[6]. Möglich ist dies für ihn darum, weil die Geschichte des Auszuges und des Einzuges,

---

[1] Euseb., praepar. evang. IX 20 4 = Jos. Ant. I 15.

[2] Euseb., l. c. IX 22 1.

[3] l. c. VIII 10 1ff. XIII 12 2. Das ausdrückliche Zeugnis des Clemens Alexandrinus, dem Aristobuls Schriften vorgelegen haben: „ἐν τῷ πρώτῳ τῶν πρὸς τὸν Φιλομήτορα" (Strom. I 22 150, vgl. Eus., praep. ev. IX 6 8, Chron. ed. Schoene II 124) wiegt uns schwerer als die Gegengründe WILLRICHS, der Aristobuls Figur für „erfunden" hält, „um den verhassten Onias aus der Nähe Philometors zu verdrängen" (p. 167).

[4] Strom. V 14 97.

[5] Ὧν εἰσιν οἱ προειρημένοι φιλόσοφοι καὶ πλείονες ἕτεροι καὶ ποιηταὶ παρ' αὐτοῦ μεγάλας ἀφορμὰς εἰληφότες (Euseb. l. c. VIII 10 3).

[6] Φανερὸν ὅτι κατηκολούθησεν ὁ Πλάτων τῇ καθ' ἡμᾶς νομοθεσίᾳ, καὶ φανερός ἐστι περιειργασμένος ἕκαστα τῶν ἐν αὐτῇ (Eus. l. c. XIII 12 1); δοκοῦσι δέ μοι περιειργασμένοι πάντα, κατηκολουθηκέναι τούτῳ Πυθαγόρας τε καὶ Σωκράτης καὶ Πλάτων λέγοντες .... (l. c. XIII 12 3); διασαφεῖ δὲ καὶ Ὅμηρος καὶ Ἡσίοδος, μετειληφότες ἐκ τῶν ἡμετέρων βιβλίων .... (l. c. XIII 12 16).

sowie die Gesetzgebung schon lange vor Demetrius Phalereus ins Griechische übertragen worden sei [1]. Dagegen geschieht nach anderen die
Vermittelung auf mündlichem Wege. Nach Eupolemus [2] — er ist
freilich, wenn identisch mit dem I Makk 8 17 (= II Makk 4 11) erwähnten, palästinensischer Jude — hat Moses [3] als der erste Weise den
Juden die Schrift überliefert, welche durch Vermittelung der Phönicier
an die Griechen gekommen wäre. Weiter hinauf geht Artapanus
in seiner Schrift „περὶ Ἰουδαίων". Zwar zeigt gerade das grössere Frag-
ment, das uns erhalten ist [4], Moses als Begründer der ägyptischen
Kultur [5] (= Musäus der Griechen); auf ihn werden selbst der Ibis- und
der Apiskult zurückgeführt [6]; erwähnt sei ferner, dass die Aethiopier
von Mose die Beschneidung sollen angenommen haben, obgleich er
gegen sie in feindlicher Absicht zu Felde zog [7]. Indessen hat nach Artapanus Moses in diesen kulturellen Bestrebungen schon seine Vorgänger gehabt, so Joseph, der sich um die Verteilung und Bebauung
des Landes verdient gemacht hat [8]. Endlich schreibt er schon Abraham

---

[1] l. c. XIII 12 1.

[2] „περὶ τῶν ἐν τῇ Ἰουδαίᾳ βασιλέων" (wahrscheinlich 158/157 vor Chr.; vgl.
SCHÜRER, l. c. H p. 733).

[3] Εὐπόλεμος δέ φησι τὸν Μωσῆν πρῶτον σοφὸν γενέσθαι καὶ γράμματα παραδοῦναι τοῖς Ἰουδαίοις πρῶτον, παρὰ δὲ Ἰουδαίων Φοίνικας παραλαβεῖν, Ἕλληνας δὲ
παρὰ Φοινίκων, νόμους τε πρῶτον γράψαι Μωσῆν τοῖς Ἰουδαίοις (Eus. l. c. IX 26).

[4] l. c. IX 27.

[5] Γενέσθαι δὲ τὸν Μώσον τοῦτον Ὀρφέως διδάσκαλον, ἀνδρωθέντα δ'αὐτὸν
πολλὰ τοῖς ἀνθρώποις εὔχρηστα παραδοῦναι. Καὶ γὰρ πλοῖα καὶ μηχανὰς πρὸς τὰς
λιθοθεσίας καὶ τὰ Αἰγύπτια ὅπλα καὶ τὰ ὄργανα τὰ ὑδρευτικὰ καὶ πολεμικὰ καὶ τὴν
φιλοσοφίαν ἐξευρεῖν· ἔτι δὲ τὴν πόλιν εἰς λς΄ νομοὺς διελεῖν καὶ ἑκάστῳ τῶν νομῶν
ἀποτάξαι τὸν θεὸν σεφθήσεσθαι, τά τε ἱερὰ γράμματα τοῖς ἱερεῦσιν· εἶναι δὲ καὶ
αἰλούρους καὶ κύνας καὶ ἴβεις· ἀπονεῖμαι δὲ καὶ τοῖς ἱερεῦσιν ἐξαίρετον χώραν ...
Διὰ ταῦτα οὖν τὸν Μώσον ὑπὸ τῶν ὄχλων ἀγαπηθῆναι καὶ ὑπὸ τῶν ἱερέων ἰσοθέου
τιμῆς καταξιωθέντα προσαγορευθῆναι Ἑρμῆν διὰ τὴν τῶν ἱερῶν γραμμάτων ἑρμηνείαν
(l. c. IX 27 1—3).

[6] Τοὺς οὖν περὶ τὸν Μώσον διὰ τὸ μέγεθος τῆς στρατιᾶς πόλιν ἐν τούτῳ κτίσαι
τῷ τόπῳ καὶ τὴν ἴβιν ἐν αὐτῇ καθιερῶσαι, διὰ τὸ ταύτην τὰ βλάπτοντα ζῶα τοὺς
ἀνθρώπους ἀναιρεῖν, προσαγορεῦσαι δὲ αὐτὴν Ἑρμοῦ πόλιν (l. c. IX 27 4). Τὸν δὲ (sc.
Χενεφρῆν) ἐλθόντα μετὰ Μώσου εἰς Μέμφιν πυθέσθαι παρ' αὐτοῦ εἴ τι ἄλλο ἐστὶν
εὔχρηστον τοῖς ἀνθρώποις· τὸν δὲ φάναι γένος τῶν βοῶν διὰ τὸ τὴν γῆν ὑπὸ τούτων
ἀροῦσθαι. Τὸν δὲ Χενεφρῆν προσαγορεύσαντα ταῦρον Ἄπιν, κελεῦσαι ἱερὸν αὐτοῦ τοὺς
ὄχλους καθιδρύσασθαι, καὶ τὰ ζῶα τὰ καθιερωθέντα ὑπὸ τοῦ Μωσου κελεύειν ἐκεῖ
φέροντας θάπτειν (l. c. IX 27 5f.).

[7] Οὕτω δὴ τοὺς Αἰθίοπας, καίπερ ὄντας πολεμίους, στέρξαι τὸν Μώσον, ὥςτε καὶ
τὴν περιτομὴν τῶν αἰδοίων παρ' ἐκείνου μαθεῖν· οὐ μόνον δὲ τούτους, ἀλλὰ καὶ τοὺς
ἱερεῖς ἅπαντας (l. c. IX 27 5).

[8] Τοῦτον πρῶτον τήν τε γῆν διελεῖν καὶ ὅροις διασημήνασθαι καὶ τὴν πολλὴν
χερσευομένην γεωργήσιμον ἀποτελέσαι καί τινας τῶν ἀρουρῶν τοῖς ἱερεῦσιν ἀποκληρω-

zu, er habe den ägyptischen König Pharetones [1] die Astrologie gelehrt [2].
Aehnlich lässt ein samaritanischer Anonymus [3] den Abraham zuerst die
Phönicier, dann die Aegypter [4] Astrologie lehren [5].

In diesen Versuchen jüdischer Schriftsteller, den Heiden zu zeigen,
dass sie ihre höchsten Güter der Kultur schon von Juden übernommen
haben, was implicite die Aufforderung enthält, sich dem höchsten Gut
der Juden, ihrer Religion, nicht zu verschliessen, muss besonders auffällig bleiben die Zurückführung des ägyptischen Tierdienstes auf Moses,
wie sie sich bei Artapanus findet; dass die Rede davon ist, diese Tiere
würden blos geweiht (scil. Gotte), tut es noch nicht. „Immerhin haben
wir es auch so noch mit einem jüdischen Schriftsteller zu tun, dem der
Glanz und die Ehre des jüdischen Namens mehr am Herzen lag als die
Reinheit der Gottesverehrung" [6]; denn in ihm mit DÄHNE [7] einen heidnischen dem Jüdischen sich zuneigenden Synkretisten sehen zu wollen,
geht nicht an.   So viel aber können wir gerade von ihm lernen, dass
man gelegentlich (wenigstens in Alexandrien) den Fremden gegenüber
ziemlich „elastisch" war, wo man sich Hoffnung machen konnte, sie auf
solche Weise anzuziehen. Wenn sie nur dazu gebracht werden konnten,
dem Vorzug des jüdischen Gottesglaubens die Ehre zu geben, sah man
über das Bedenkliche der Mittel hinweg; so konnte man also selbst im
Tierdienst einen vernünftigen Grund entdecken: Ibis und Apis geniessen Verehrung, weil sie für gewisse Dinge dem Menschen nützliche
Tiere sind. Von diesem Standpunkte aus liess sich dann aber erst recht

---

σαι. Τοῦτον δὲ καὶ μέτρα εὑρεῖν καὶ μεγάλως αὐτὸν ὑπὸ τῶν Αἰγυπτίων διὰ ταῦτα ἀγαπηθῆναι (l. c. IX 23 2).

   [1] Schürer II p. 735: Pharethothes.

   [2] Τοῦτον (sc. Ἀβράμον) δὲ φησι πανοικίᾳ (sic) ἐλθεῖν εἰς Αἴγυπτον πρὸς τὸν
τῶν Αἰγυπτίων βασιλέα Φαρεθώνην καὶ τὴν ἀστρολογίαν αὐτὸν διδάξαι (l. c. IX 18 2).

   [3] Von Alexander Polyhistor fälschlich = Eupolemus.

   [4] Vgl. Jos. Ant. I 8 2.

   [5] Kürzeres Excerpt (vgl. Schürer II p. 738f.): Τὸν δὲ Ἀβράμον τὴν ἀστρο-
λογικὴν ἐπιστήμην παιδευθέντα, πρῶτον μὲν ἐλθεῖν εἰς Φοινίκην καὶ τοὺς Φοίνικας
ἀστρολογίαν διδάξαι, ὕστερον δὲ εἰς Αἴγυπτον παραγενέσθαι (l. c. IX 18 3); längeres
Excerpt: Τοῦτον ... εἰς Φοινίκην ἐλθόντα κατοικῆσαι καὶ τροπὰς ἡλίου καὶ σελήνης
καὶ τὰ ἄλλα πάντα διδάξαντα τοὺς Φοίνικας, εὐαρεστῆσαι τῷ βασιλεῖ αὐτῶν (l.c.IX 17 2);
συζήσαντα δὲ τὸν Ἀβραὰμ ἐν Ἡλιουπόλει τοῖς Αἰγυπτίων ἱερεῦσι (vgl. Jos. Ant. I 8 1),
πολλὰ μεταδιδάξαι αὐτοὺς καὶ τὴν ἀστρολογίαν καὶ τὰ λοιπὰ τοῦτον αὐτοῖς εἰσηγή-
σασθαι, φάμενον Βαβυλωνίους ταῦτα καὶ αὐτὸν εὑρηκέναι, τὴν δὲ εὕρεσιν αὐτῶν εἰς
Ἐνὼχ ἀναπέμπειν, καὶ τοῦτον εὑρηκέναι πρῶτον τὴν ἀστρολογίαν ... ὃν πάντα δι’ ἀγ-
γέλων θεοῦ γνῶναι (l. c. IX 17 5 f.); beachte noch: Ἕλληνας δὲ λέγειν τὸν Ἀτλάντα
εὑρηκέναι ἀστρολογίαν · εἶναι δὲ τὸν Ἀτλάντα τὸν αὐτὸν καὶ Ἐνώχ (l. c. IX 17 8).

   [6] Schürer l. c. II p. 736.

   [7] Geschichtl. Darstellung der jüdisch-alexandrinischen Religionsphilosophie
II p. 202 f.

erweisen, dass es allein vernünftig sei, den Einen Gott des Himmels zu verehren, weil von ihm alles Gut der Menschen stamme. Indem dieser Gesichtspunkt der leitende wurde, musste natürlich für gewöhnlich der Götzendienst der entgegengesetzten Beurteilung unterliegen als bei Artapanus. Seine Thorheit und Unvernunft darzustellen ist denn auch ein beliebtes Thema der alexandrinischen Litteratur, und gewisse Produkte derselben dienen ausschliesslich diesem Zweck, so die Geschichte vom Bel und vom Drachen und der Brief Jeremiae. Nur dass sie wohl ursprünglich, namentlich letzterer, geschrieben sind, um die eigenen Volksgenossen vor dem Götzendienste zurückzuhalten; aber hier brauchte man zwischen jüdischen und heidnischen Lesern keinen Unterschied zu machen, sobald man einmal angefangen hatte, auf solche auszugehen. Es heisst einfach: „Besser der Mensch, der gerecht ist, und keine Götzen hat; denn er wird fern sein von Schande" (Brief Jeremiae V. 72).

Wie weit man selber in der Aufnahme von Fremdem verhältnismässig frühe schon gieng, zeigt die blosse litterarische Form einiger Schriftsteller, so die epische Philos des Aelteren in seiner Beschreibung Jerusalems und noch mehr die dramatische der „ἐξαγωγή" Ezechiels, am sprechendsten aber das dritte Buch der Sibyllinen (V. 97—807), welches unter Ptolemaeus VII (145—117) c. 140 entstanden ist. Hier ist wie schon in den gefälschten Versen griechischer Dichter aus dem dritten Jahrhundert absichtlich die heidnische Form gewählt, um zu Heiden zu sprechen. Der Verfasser will Proselyten machen und redet zu diesem Zwecke gleichsam in der eigenen Sprache derer, die er zu gewinnen sucht; (beachte z. B. die Umbildung von Sem, Ham und Japhet in Kronos, Titan und Japetos III 110 ff.). Die Täuschung ist auch eine so wohl geglückte, dass sie selbst Virgil (Ecloge IV) verborgen bleibt. Nun aber sollen die Heiden zur Erkenntnis gebracht werden, dass über alle Welt teils schon gegenwärtig, teils und erst recht zukünftig Unglück bestimmt sei, während das Glück nur dem Einen Volke der Juden beschieden ist, wie es denn von jeher sich als das Geschlecht „der gerechtesten Menschen" (III 219) vor allen anderen ausgezeichnet hat; denn es war blos bedacht auf Gerechtigkeit und Tugend (III 234), während der anderen Menschen Streben auf die Erforschung nutzloser Dinge gieng (221—233). Und selbst, was ihr Verstand Glänzendstes hervorgebracht hat, war nur ein uneingestandenes, bei den Juden gemachtes Anlehen: Homer hat sich der Worte und der Verse der jüdischen Sibylle bemächtigt (424). Also ist sich der Verfasser bewusst, gegenüber der falschen oder betrügerisch angemassten Weltweisheit die wahre Philosophie zu vertreten. Religion

ist ihm die rechte (im Gesetz geoffenbarte) Weltanschauung und sittliche Lebensführung; (die Geschichte ist für ihn in den Hintergrund
getreten); darum kann er den Anspruch erheben, dass alle zur Anerkennung derselben gelangen können; und die Wendung der messianischen Zeit schafft den Zwang der Tatsachen, unter welchem dieselbe
zustande kommt. Wenn für Israel zuerst die Friedenszeit anbricht,

> „Werden alsdann die Inseln und alle die Städte
> Sagen, wie sehr der unsterbliche Gott lieb hat jene Männer" (710 f.) [1].

714: „Aber die Erde, die Mutter des All, bebt in jenen Tagen,
715: Und in Gesängen dann fliesst vom Munde die liebliche Rede:
Auf und fallt allesamt auf die Erde und lasset uns anflehn
Den unsterblichen König, Gott den Grössten und Höchsten.
Lasset zum Tempel uns senden, denn er allein ist der Herrscher,
Lasset uns all' das Gesetz des höchsten Gottes erwägen,
720: Denn das gerechteste ist's von allen hienieden auf Erden;
Wir aber hatten vom Weg der Unsterblichkeit irrig entfernt uns.

725: Auf, lasst unter dem Volk des Herrn uns fallen auf's Antlitz,
Lasst durch Hymnen erfreun überall Gott, unsern Erzeuger.

771: Und von der sämtlichen Erde wird man Geschenke und Rauchwerk
Tragen zum Hause des mächtigen Gottes; es wird auch kein andres
Haus zu erfragen mehr sein bei den Menschen, die leben in Zukunft,
Ausser was Gott zu ehren verliehn den gläubigen Männern."
(Vgl. 564 f. 616 f.)

Aber damit geht der Verfasser im Grunde über seine Vorgänger
nicht hinaus, welche für die messianische Zeit den Anschluss von
Heiden geweissagt hatten; nur dass hier gerade dieses Moment der
messianischen Hoffnung, wonach Gott die Menschen der ganzen Erde
nach Einem Gesetz regieren wird (756 ff.), mit besonderer Vorliebe betont wird. Aber freilich, es begnügt sich auch der Verfasser damit
nicht, sondern schon für die Gegenwart spricht er die Aufforderung
zum Anschluss aus; denn für ihn ist es gerade des gegenwärtigen
Volkes Aufgabe „allen Sterblichen als Führer des Lebens" zu dienen
(195);

> „ · · erhöht vom Unsterblichen werden sie selbst die Propheten
> Und zu den Sterblichen all werden grosse Freude sie bringen" (582 f.).

---

[1] Nach Friedliebs Uebersetzung (ed. 1852).

Damit macht er nun vollen Ernst; sein zuversichtliches Selbstbewusstsein mochte ja erhöht werden durch den aufsteigenden Glanz des palästinensischen Judentums unter Simon, dessen Erfolge zu grossen Hoffnungen zu berechtigen schienen (194). Das Ziel der Propaganda, das er sich steckt, findet seinen vollen Ausdruck in Versen wie den folgenden:

547: „Und warum bringest du[1] nur den Toten vergebliche Gaben,
 Opferst den Götzen? Wer hat den Irrtum gelegt in die Seele
 Dir, um dieses zu tun und den grossen Gott zu verlassen?
550: Allvaters Namen verehr', und nie sei dir er verborgen“,
oder:
624: „Aber, Sterblicher, du, o Verschmitzter, arglistigen Sinnes!
625: Zögere nicht, kehr' um, der du irrst, und versöhne die Gottheit.
 Bringe Gott dar Hekatomben von Stieren und erstgeborenen
 Lämmern und Ziegen in den im Kreis sich drehenden Zeiten.
 Söhne ihn aus, den unsterblichen Gott, dass er sich möge erbarmen;
 Denn er allein ist Gott, und ausser ihm giebt's keinen andern.
630: Und die Gerechtigkeit halte in Ehren und kränke Niemanden,
 Denn dies befiehlt der unsterbliche Gott den elenden Menschen.
 Aber gedenk zu vermeiden den Zorn des erhabenen Gottes.“
oder endlich:
761: „Aber nun eilt meine Lehren aufzubewahren im Herzen,
 Fliehet den gottlosen Dienst der Götzen, dem Lebenden diene.
 Hüte vor Ehebruch dich und dem unreinen Lager des Mannes[2],
 Und das eigne Geschlecht der Kinder zieh auf, nicht ermord' es,
765: Denn der Unsterbliche wird ihnen zürnen, wenn einer sündigt.“

An den Anfang unseres dritten Buches der Sibyllinen gehören zweifellos auch die von Theophilus[3] uns überlieferten beiden Fragmente (38 + 49 Verse)[4], die wir am Eingang der ganzen Sammlung gedruckt zu finden pflegen. Ihre Tendenz liegt auf der Hand: Gegenüber der Thorheit des Götzendienstes wird mit allem Nachdruck zur Verehrung des einzig wahren Gottes aufgefordert:

 „Schämet euch doch als Gott zu verehren Katzen und Schlangen“ (2. Fragm. V. 22); dagegen
 „Ihn, den alleinigen Gott, verehrt als Herrscher des Weltalls“; (1. Fragm. V. 15)[5].

---

[1] scil. Hellas.
[2] Vgl. das noch anzuführende Verbot der Hurerei in den sog. noachitischen Geboten.   [3] ad Autol. II 36.
[4] Schürer II p. 799: zusammen 84 V.!
[5] Nahe mit diesen beiden Fragmenten ist verwandt III 1—35.

In die Nähe bringen wir den jüdischen Berichterstatter, den STRABO [1] benützt hat: „Moses lehrte die Aegypter, dass sie nicht richtig dachten, indem sie die Gottheit den Tieren ähnlich gestalteten; auch nicht die Lybier und nicht einmal die Hellenen, die sie in menschlicher Gestalt abbildeten; denn das Eine allein sei Gott, das uns alle und Erde und Meer umfasst, das wir Himmel und Welt und Natur der Dinge nennen. Welcher Vernünftige aber möchte es wagen, davon ein Bild zu machen, das einem unserer Dinge ähnlich sei? Vielmehr aufgeben müsse man alle Anfertigung von Bildern, und einen würdigen Tempel ihm weihend, ihn ohne Bild verehren".

Die sibyllinische Litteratur hat auch in der Folgezeit ihren Charakter treu bewahrt; als Beispiel mag wenigstens eine Stelle des vierten Buches hier schon angeführt sein, das c. 80 n. Chr. entstanden zu sein scheint und im Gegensatz zur Mehrzahl der älteren Kritiker mit FRIEDLIEB, EWALD, HILGENFELD und SCHÜRER doch wohl einem jüdischen Verfasser zuzuschreiben ist:

161: „Elende Sterbliche, fasset doch Reue, zu vielfachem Zorne
Treibet nicht Gott den Mächtigen an, vielmehr lasset fahren
Schwerter und Stöhnen und Mord der Männer und stolzes Betragen
Und in quellenden Strömen waschet die ganze Gestalt ab
165: Und gen Himmel erhebt die Hände und bittet Verzeihung
Für das frühere Tun; durch Gottesfurcht heilet die bittre
Gottlosigkeit; dann wird Gott andre Gesinnung verteilen
Und nicht vernichten; der Zorn wird wieder sich legen, wenn ihr nur
Treffliche Gottesfurcht übt, ihr alle zumal in dem Herzen."

Im zweiten Buche der Sibyllinen (V. 55—149) ist ein Teil des sogenannten Phokylideischen Gedichtes (V. 5—79) eingeschoben [2]. Dasselbe, ein weiteres Produkt der Pseudepigraphik unter heidnischem Namen, ist für uns insofern besonders interessant, als es in seiner Aufnahme pentateuchischer Vorschriften alle spezifisch jüdischen sorgfältig umgeht, vor allem jegliche Polemik gegen Götzendienst, davon aber abgesehen gerade den Standpunkt der sogenannten „noachitischen Gebote" inne hält, das heisst derjenigen, welche nach jüdischer Auffassung der ganzen ausserisraelitischen Menschheit gelten sollen. Dagegen erhebt nun zwar GEIGER [3] Widerspruch. Er sagt: „Diese Scheidung zwischen noachitischen und ausschliesslich jüdischen Geboten,

---

[1] XVI 2 35.

[2] Vgl. dazu BERNAYS, Ges. Abhandlungen I p. 192—261.

[3] Berührung der Bibel und des Judentums mit dem klass. Altertum u. dessen Ausläufern. (Jüd. Zeitschrift für Wissenschaft u. Leben IV p. 53 f.)

welche eine spätere straffer nationale palästinensische Richtung macht, auch den Alexandrinern beizulegen, hat man kein Recht; vielmehr ist gerade die von ihnen angebahnte Verschmelzung ihre und zwar bewusste welthistorische Tat, die dem Christentum den Weg vorbereitet hat". Aber ein Grundsatz a priori, der zudem ihm ganz allein feststeht, genügt nicht dazu, eine These zu bekämpfen, für welche tatsächliche Beweise angeführt werden können. Wir nennen die Verse 145 139 147 f. (das ist nach BERNAYS die ursprüngliche Ordnung), die wir etwa so wiedergeben möchten:

„Mässig bewahre dein Herz, dich enthaltend alles Befleckten;
Lass auf dem Markte nicht Speise gefallenen Viehes dir geben,
Noch geniesse vom Fleisch, das Tiere erjagt; den behenden
Hunden gieb's; denn Tiere verzehren von Tieren die Reste[1]."

Noch viel unverhüllter, aber gerade dadurch sich als Glosse einer späteren Hand kundgebend, spräche Vers 32:

„αἷμα δὲ μὴ φαγέειν, εἰδωλοθύτων ἀπέχεσθαι" (vgl. Act 15 29).

Auch ohne diesen ist ganz deutlich, dass der jüdische Verfasser heidnischen Lesern wenigstens so viel ans Herz legen möchte, als man jüdischerseits der ausserjüdischen Menschheit ohne weiteres glaubte zumuten zu dürfen. Er hofft vielleicht auf diese Weise die Möglichkeit anzubahnen eines künftigen noch engeren Anschlusses derselben. Interessant sind in dieser Beziehung V. 39—41:

„Gleichgeachtet unter den Bürgern seien die Fremden,
Müssen wir unstät alle ja doch die Fremde befahren,
Und nicht bietet die Heimat sicheren Boden den Menschen[2]."

Beachtenswert ist hier nämlich vor allem, dass die Begründung, welche das pentateuchische Gesetz aus der Erfahrung der eigenen Geschicke des Volkes ableitete, auf eine allgemein menschliche Erfahrung ausgedehnt wird. Wir hören hier den Juden sprechen, der selber gelernt hat, wie einem in der Fremde zu Mute ist, und wie man die Ungleichheit der Stellung empfindet. Er hat daraus aber wirklich auch gelernt. Der letzte Rest von jüdischem Partikularismus ist in

---

[1] ἔγκρατες ἦτορ ἔχειν, τῶν λοβητῶν δ' ἀπέχεσθαι
μὴ κτήνους θνητοῖο βορὴν κατὰ λίτραν ἕλῃαι ·(eig. μέτρον st. λίτραν. B.)
μηδέ τι θηρόβορον δαίσῃ κρέας, ἀργίποσιν δὲ
λείψανα λεῖπε κυσίν · θηρῶν ἄπο θῆρες ἔδονται.
[2] ἔστωσαν δ' ὁμότιμοι ἐπήλυδες ἐν πολιήταις ·
πάντες γὰρ ξενίης πειρώμεθα τῆς πολυσπλάγκτου,
χώρη δ' οὔ τι βέβαιον ἔχει πέδον ἀνθρώποισιν.

diesen Worten verstummt: da ist weder Grieche noch Jude. Kein
Wunder, wenn er auch der Milderung des Verhältnisses von Herrn zu
Sklaven das Wort redet. V. 223—227:

„Nimm vom Sklaven auch Rat an, wenn er dir freundlich gesinnt ist"
(V. 227).

Die von ihm vorgetragene Moral ähnelt überhaupt der christlichen
so sehr, dass gegen ihren jüdischen Ursprung, wie mir scheint freilich
unhaltbare, Bedenken erhoben worden sind (HARNACK); auf die Verwandtschaft von Διδαχή Kap. 1—5 mit unserem Gedicht hat USENER[1]
hingedeutet.

Auch eine Weisheitsschrift liefert uns die alexandrinische Litteratur, und sie ist für uns um so belehrender, als wir an ihr recht deutlich den Abstand von den oben besprochenen Weisheitsbüchern des
palästinensischen Schrifttums ersehen können. Den Verfasser der
Weisheit zeichnet vor demjenigen der Proverbien und vor Jesus Sirach von vornherein aus, dass er selber schon eine grosse Zahl fremder Bildungselemente in sich aufgenommen hat; dahin gehört u. A.,
dass seine Beschreibung der Weisheit, die er in ihrer alles durch-
dringenden Wirksamkeit in der Welt mit dem Geiste Gottes oder auch
mit seinem Worte (16 12) kombiniert, auf stoischen Einfluss hinweist
(1 7 8 1 5 7 27 12 1 15 11). Bringt ihn schon die Aufnahme von griechischer Philosophie den Griechen näher, so dient speziell der eben an-
gedeutete Gedanke dazu, dass er den Fremden auf halbem Wege ent-
gegenkommt; er anerkennt willig in jedermann einen Funken des
göttlichen Geisthauches; daher sich bei ihm der Gedanke von der un-
verletzlichen Würde des Menschen findet, selbst wo dieser einem ver-
fluchten Geschlechte (12 11) entstammt. Gott verschont auch der
Kanaaniter, die er doch hasst (12 3), weil sie Menschen sind (ὡς
ἀνθρώπων 12 8). Er zieht auch die Konsequenz: Gottes Beispiel lehrt,
dass der Gerechte „φιλάνθρωπος" sein soll (12 19); daher erscheint ihm
die Strafe der Sodomiten und Aegypter wohl gerechtfertigt wegen
ihres beiderseitigen Fremdenhasses (19 13ff.). Entsprechend ist auch
das Subjekt der Religion nicht der Israelit, sondern der Mensch
schlechthin (7 1ff. 14).

Trotzdem bleibt der Verfasser der Weisheit guter Jude; denn die
Weisheit ist ihm schliesslich die wahre Religion. Bei aller sonstigen
Vollkommenheit ist man ohne sie für nichts zu achten (9 6 vgl. auch
V. 18); damit ist aber wieder der Vorzug Israels deutlich zum Aus-
druck gebracht; denn Israel ist das Volk der wahren Religion, „Gottes

---

[1] Vgl. die Vorrede zu BERNAYS, Ges. Abhandlungen I.

Sohn" (18 13 vgl. ferner 19 22 3 8 18 8). Der Verfasser wird denn auch
nicht müde, die Thorheit des Götzendienstes an den Tag zu legen
(13—15); und zwar berücksichtigt er seiner Situation entsprechend
fast ausschliesslich die Aegypter, um am Faden der Geschichte die
Wechselbeziehungen zwischen Aegyptern und Israeliten nachzuweisen,
wie diese durch ihren wahren Gottesdienst ebenso verherrlicht worden
seien als jene der falsche zu Schanden gebracht habe (Kap. 10—12
16—19). Und selbst wo über beide Teile Leiden gemeinsam ergieng,
zeigt sich ein Unterschied darin, dass Gott die einen als Vater ermahnt und prüft, dem anzugehören sie, auch falls sie sündigen, sich
bewusst sind, die anderen als strenger König verurteilt und peinigt
(11 10); die verschiedene innere Stellung zu gleichartigem äusseren Un-
gemach weist übrigens einen grossen Fortschritt auf gegenüber einer
früheren Betrachtungsweise, nach welcher das Leiden als blosses Unglück erschien und man sich nur fragte, warum es die Gerechten
gleicherweise treffe wie die Gottlosen. Die jüdische Religion löst sich
mit solchen Gedanken von den äusseren Bedingungen der Wirklichkeit ab und befindet sich in einem Prozess der Vergeistigung; es ist
um so auffallender, dass gerade die hier berührte Verschiedenheit
äusserlich, d. h. national begrenzt wird. Aber es stösst sich schon mit
dem zu Anfang Bemerkten, dass für den Verfasser der Weisheit die
Menschheit sich schliesslich doch in diesen Gegensatz von Israelit und
Nichtisraelit zerlegt. Es fragt sich, ob gar keine Vermittelung zu finden
ist, und es dürfte sich hierzu die Stelle 18 4 eignen: „Jene freilich
hatten es verdient, des Lichtes beraubt und in der Finsternis gehalten
zu werden, weil sie deine Söhne in Fesseln gehalten, durch welche das
unvergängliche Licht des Gesetzes der Welt sollte gegeben werden".
Hier bricht der Gedanke durch, dass die Juden an den Fremden einen
weltgeschichtlichen Beruf zu erfüllen haben; und dem kommt der
andere Gedanke entgegen, dass Gott den Fremden bei all ihrer Ver-
kehrtheit Raum zur Busse übrig gelassen habe (τόπος μετανοίας 12 10,
δοὺς χρόνον καὶ τόπον, δι' ὧν ἀπαλλαγῶσι τῆς κακίας 12 20); er übersieht
geradezu ihre Sünden zum Zweck der Besserung (μετάνοια 11 23 [24]);
denn auf Gottes Seite ist der letzte Grund seiner Stellung den Menschen gegenüber neben seiner Allmacht, die durch keine Rücksicht
beschränkt ist (11 21 [22]ff. 12 16), seine Liebe (11 24 [25]): „Denn du
liebest alles, was da ist, und verabscheuest nichts, was du gemacht;
denn wenn du hasstest, so hättest du nichts geschaffen"; vgl. dazu
auch 1 14: „Er hat ja alles zum Sein geschaffen, und heilsam ist alles,
was in der Welt entstanden ist, und es liegt darin kein Gift des Ver-
derbens, noch hat die Unterwelt ihr Reich auf Erden". Und auf Seiten

des Menschen kommt dazu die Freiheit der Willensbestimmung. War
der Götzendienst derselben ein selbstverschuldeter strafwürdiger Abfall vom wahren Gott (3 10[1] 10 3 5 11 15 12 24 14 12 21 27 30 16 1 9), dessen
Zustandekommen sich der Verfasser sogar anschaulich zu machen sucht
(14 15—20), so ist die notwendige Konsequenz, dass auch der Rückweg
diesen selben Menschen offen stehen muss. Die Stelle 13 9 macht dies
ganz deutlich: „Vermochten sie so weit in der Einsicht zu kommen,
dass sie die Welt erforschen können, warum fanden sie nicht eher den
Gebieter derselben?" Also ist die ausserisraelitische Menschheit für
den Verfasser trotz ihrer gottentfremdeten (15 19) Vergangenheit nicht
lediglich eine massa perditionis, vielmehr das Objekt, an welchem Israel
seine Missionsaufgabe zu erfüllen hat. Der heidnische Götzendienst
ist blos etwas Zwischenhineingekommenes: wie die Götzen nicht von
jeher waren, so werden sie auch nicht immer sein (14 13).

Aber wir dürfen einen Schritt weiter gehen. Der Verfasser sucht
selber diese Missionsaufgabe zu verwirklichen. Wenn er sein Buch beginnt mit einer Aufforderung an die Richter der Erde (οἱ κρίνοντες τὴν γῆν),
Gerechtigkeit zu lieben (1 1), und sich Gehör erbittet von den Königen
und Richtern der Enden der Erde (6 1 9 21 25), weil sie Gott für ihre Stellung Rechenschaft schuldig seien (6 3 f.), so dürfen wir ihn ohne Zweifel
beim Worte nehmen und mehr darin finden als blos „eine zur schrift-
stellerischen Einkleidung gehörige Apostrophe", wie Grimm[2] will, der
die Leser des Buches lediglich innerhalb des Judentums suchen möchte.
Es scheint mir kaum zweifelhaft, dass dieselben nach der Intention
des Verfassers über den Kreis der eigenen Volksgenossen hinausliegen
sollten; die Charakteristik derer, die bekämpft werden (Kap. 2), passt
auf Heiden nicht weniger als auf abtrünnige Juden, wenn wir uns
nur erinnern wollen, dass für den Verfasser die Götzendiener eben
überhaupt Abgefallene sind. Der andere Grund, den Grimm für seine
Meinung ins Feld führt, dass nämlich (Kap. 10ff.) die alttestamentlichen Personen nie mit Namen genannt, sondern nach ihren aus dem
A. T. bekannten Eigenschaften, Taten und Schicksalen gekennzeichnet
würden, hat mehr für sich; indessen konnte füglich der Verfasser die
Helden der angeführten Taten anonym lassen, da ja doch ihre Namen
heidnischen Lesern unbekannt gewesen wären; (eine Analogie zu dieser
anonymen Geschichte der Vorfahren findet sich bei Philo: de praemiis et poenit. §§ 10. 11). Blieben sie übrigens anonym, so konnten
bei dem einen oder anderen vielleicht Helden der eigenen Sage von

---

[1] Ich beziehe diesen Vers auf die Fremden, nicht die jüd. Stammesgenossen
(gegen Grimm, Komment.).

[2] Einleitung zum Komment. p. 27.

Bertholet, Stellung.   18

den Fremden substituiert werden; jedenfalls ist es schwer verständlich, wie die weitläufige Polemik gegen den Götzendienst auf jüdische Leser gemünzt sein soll; denn wenn auch Philo (de poenit. § 2) über Apostaten des Judentumes klagt (τοὺς τῶν ἱερῶν νόμων ἀποστάντας), so werden wir uns darunter doch kaum solche vorzustellen haben, die zu niedrigen Arten der Gottesverehrung übergegangen wären, wie sie im Buche der Weisheit teilweise bekämpft werden. Es ist vielmehr wohl eher an solche aus höheren Ständen zu denken, die um äusserer Vorteile willen zum Heidentum übertraten, wie z. B. jener Tiberius Alexander, jüdischer Landpfleger nach Fadus, Sohn des Alabarchen Alexander zu Alexandria und Neffe Philos[1]. Entsprechend umgekehrt richtet sich nun auch der Verfasser der Weisheit an die Gewaltigen, an seine heidnischen Kollegen, da er selber unter königlicher Maske spricht, wie ihn überhaupt ein aristokratischer Zug charakterisiert. Nicht die Geringen begehrt er an sich zu ziehen; mit diesen wird es überhaupt nicht so streng genommen; es wird ihnen verziehen aus Erbarmen (6 6). Dagegen die Hohen sucht er zu gewinnen. Das wird historisch wohl begründet sein: die höheren, gebildeten und aufgeklärten Kreise mochten dem jüdischen Monotheismus mehr Verständnis und Sympathie entgegenbringen als das gemeine Volk, dessen Aberglaube im Tierdienst grössere Befriedigung fand, und von dem man viel zu leiden hatte[2]. Kaum genau aber lässt sich die Frage beantworten, bis zu welchem Punkte der Verfasser der Weisheit die Leser, an die er sich wendet, bringen möchte; er will sie zur Weisheit führen, d. h. zur Anerkennung des allein wahren Gottes, der allein Weisheit zu geben vermag (8 21). „Von Gott wissen ist vollkommene Gerechtigkeit." Ferner ist die Bedingung, Weisheit zu erlangen, dass die Seele nicht κακότεχνος und der Leib nicht καταχρέος sei; dies beides, Abkehr vom Götzendienst zur Anerkennung des Gottes der Israeliten und sittliche Reinigung, verlangt er also offenbar von den Heiden (vgl. 1 1: a) liebet Gerechtigkeit, b) denket über den Herrn, suchet ihn). Weiter einzudringen gestatten uns seine Worte nicht. Aber ob er sich darum einen Anschluss an das Judentum hätte denken können ohne die volle Uebernahme des Gesetzes, — das möchten wir nicht zu schliessen wagen.

Nach alledem ist für Philo schon stark vorgebaut gewesen; was wir bei seinen Vorgängern nur mehr oder weniger angedeutet fanden, liegt hier deutlich ausgeprägt vor uns. „Wie er selbst Beides ist, Jude und Grieche, so will er auch nach beiden Seiten hin wirken, die Juden

---

[1] Jos. Ant. XX 5 2.   [2] B. J. II 18 7. Philo adv. Flaccum.

zu Griechen machen und die Griechen zu Juden[1]." SCHÜRERS Meinung, wonach Philo „bald für heidnische, bald für jüdische Leser"[2] schreibt, verdient gewiss den Vorzug vor O. HOLTZMANNS[3] Urteil: „Es ist kaum richtig, wenn man glaubt, Philos Hauptwerke seien an die gebildete Heidenwelt gerichtet; sie sind vor allem an Juden gerichtet, die das Gesetz inmitten einer heidnisch denkenden Welt erfüllen und hochhalten sollen". Das gilt doch höchstens von seinem grossen allegorischen Kommentar zur Genesis; und doch ist gerade hier zu sagen: Wenn er Geschichte in Psychologie umdeutet und die Gestalten, die jener angehören oder angehören wollen, als Seelenzustände zu fassen versucht, so ist Subjekt seiner Aussage eben die menschliche Seele schlechthin, und für den Unterschied von Jude und Nichtjude bleibt kein Raum. Als Beispiel führe ich blos an, was Philo zu Gen 17 2 bemerkt[4]: „ὑπερβολὴ δὲ εὐεργεσίας τοῦτό ἐστι, μὴ εἶναι θεοῦ καὶ ψυχῆς μέσον, ὅτι μὴ τὴν παρθένον χάριτα"; die χάρις ist aber „ἣν μέσην ἔθηκεν ὁ θεὸς ἑαυτοῦ τοῦ ὀρέγοντος καὶ ἀνθρώπου λαμβάνοντος"; diese unbedingte Anerkennung des Wertes der menschlichen Einzelseele ist jeder partikularistischen Beschränkung ledig.

Dass Philo für seine Person viel Fremdes in sich aufgenommen hat, braucht nicht erst erwähnt zu werden; — es geschah unbewusst[5] —, jedenfalls ist ihm die Fremde schon zur Heimat geworden („ἡμετέρα Ἀλεξάνδρεια")[6]. Von hier aus begreift sich das Wort, das aus dem Munde eines alten palästinensischen Juden unmöglich wäre: „Ἰουδαίους γὰρ χώρα μία διὰ πολυανθρωπίαν οὐ χωρεῖ. Ἧς αἰτίας ἕνεκα τὰς πλείστας καὶ εὐδαιμονεστάτας τῶν ἐν Εὐρώπῃ καὶ Ἀσίᾳ κατά τε νήσους καὶ ἠπείρους ἐκνέμονται, μητρόπολιν μὲν τὴν Ἱερόπολιν ἡγούμενοι, καθ᾽ ἣν ἵδρυται ὁ τοῦ ὑψίστου θεοῦ νεὼς ἅγιος· ἃς δ᾽ ἔλαχον ἐκ πατέρων καὶ πάππων καὶ προπάππων καὶ τῶν ἔτι ἄνω προγόνων οἰκεῖν ἕκαστοι, πατρίδας νομίζοντες, ἐν αἷς ἐγεννήθησαν καὶ ἐτράφησαν"[7]. Wie einst der Siracide, so kennt auch er den Gewinn vom Reisen in fremdem Lande: „πολλοὶ γοῦν ἀποδημίαις ἐσωφρονίσθησαν"[8].

Man wäre demnach versucht, wenn man dem Worte κοσμοπολίτης bei Philo öfter begegnet[9], den Sinn damit zu verbinden, den dieses

---

[1] SCHÜRER, l. c. II p. 872.   [2] l. c. p. 765.   [3] l. c. p. 551.

[4] De mutat. nominum § 6 (MANGEY I 586; Richter III 167).

[5] DÄHNE, l. c. I p. 39.

[6] De legat. ad. Caium M. II 567 Ri. VI 106.

[7] In Flaccum § 7 M. II 524 Ri. VI 47.

[8] De praem. et poenit. M. II 411 Ri. V 222.

[9] De mundi opif. M. I 1 Ri. I 5; ebenda M. I 34 Ri. I 46f.; de gigant. M. I 271 Ri. II 62; de confus. ling. M. I 420 Ri. II 271; vita Moys. I M. II 106 Ri. IV 147; vgl. auch vita Moys. II M. II 142 Ri. IV 195: κόσμου πολιτεία.

Wort heute unter uns hat, d. h. einen Gegensatz zu jüdischem Nationalgefühl darin zu sehen (so z. B. RITTER)[1]; dann wäre für Philo nach
stoischer Art „weder Jude ,noch Hellene". Indessen zeigt genaueres
Zusehen, dass es für ihn weniger ein politischer als ein physischer oder
metaphysischer Begriff ist; man vergleiche namentlich die erste der angeführten Stellen: „ὡς καὶ τοῦ κόσμου τῷ νόμῳ καὶ τοῦ νόμου τῷ κόσμῳ
συνᾴδοντος, καὶ τοῦ νομίμου ἀνδρὸς εὐθὺς (= zugleich[2]) ὄντος κοσμοπολί-
του, πρὸς τὸ βούλημα τῆς φύσεως τὰς πράξεις ἀπευθύνοντος, καθ' ἣν καὶ ὁ
σύμπας κόσμος διοικεῖται". Hiernach bezeichnet Philo mit κοσμοπολίτης
den Menschen, dessen Tun im Einklang mit dem die Welt durchwalten-
den Naturgesetze ist. Aber auch so bleibt dieser Begriff für uns von
Wichtigkeit; er zeigt, wie sehr Philo durchdrungen ist vom Gedanken
der Einheit 'der Welt, sie ist Ein οἶκος[3] oder Eine πόλις[4], eine μεγαλόπο-
λις[5]; daher regiert in ihr nur Ein θεῖος νόμος und Eine πολιτεία[6]: ὁ τῆς
φύσεως ὀρθὸς λόγος, wie er sie mit einem platonischen Ausdrucke bezeichnet[7]. Damit geht Hand in Hand der Gedanke der Einheit des
Menschengeschlechtes: „omnes nos homines cognati sumus fratres-
que secundum supremae cognationis relationem sibi invicem adhae-
rentes; unius enim et eiusdem matris naturae rationalis sortem assecuti
sumus"[8]. Philo erinnert daher daran, dass die Abstammung von einem
anderen Volke keine Schuld begründe[9]. Die Konsequenz, die er daraus
zieht, ist das Gebot allgemeiner Menschenliebe, die er wiederholt
empfiehlt, hat er doch περὶ φιλανθρωπίας einen besonderen Traktat geschrieben, wo er sie gleich zu Anfang preist als εὐσεβείας συγγενεστάτη
καὶ ἀδελφὴ καὶ δίδυμος[10]. Er rühmt sie als besondere Tugend Abrahams

---

[1] Gesch. d. Philosophie IV p. 421.

[2] MÜLLER, Des Juden Philo Buch von der Weltschöpfung p. 120.

[3] De mundi opif. M. I 34 Ri. I 46 f.

[4] De monarch. I M. II 213 Ri. IV 286 u. die vorige Stelle.

[5] De Josepho M. II 46 Ri. IV 66; de monarch. I M. 217 Ri. IV 290.

[6] Loc. citatis; ferner vita Moys. II M. II 142 Ri. IV 195.

[7] Loc. citatis; M. I 34 Ri. I 46 f.; vgl. auch Fragm. M. H 655 Ri. VI 212: ὡς
γὰρ ὁ τόπος περιεκτικὸς σωμάτων ἐστὶ καὶ καταφυγή, οὕτως καὶ ὁ θεῖος λόγος περιέχει
τὰ ὅλα καὶ πεπλήρωκεν.

[8] Quaest. in Gen. II § 60; Ri. VI 355; vgl. ferner de execr. M. H 435
Ri. V 255: θεοῦ τῷ γένει τῶν ἀνθρώπων ἐξαίρετον παρασχομένου καὶ μεγίστην δωρεὰν
τὴν πρὸς τὸν αὐτοῦ λόγον συγγένειαν, ἀφ' οὗ καθάπερ ἀρχετύπου γέγονεν ὁ ἀνθρώπειος
νοῦς; ferner de decal. M. II 187 Ri. IV 255: οἱ ... ὁμοίᾳ συγγενείᾳ κέχρηνται μίαν
ἐπιγραψάμενοι μητέρα τὴν κοινὴν ἁπάντων φύσιν; endlich: de vict. offer. M. II 256
Ri. IV 347: τοὺς φύσει συγγενεῖς καὶ ἀπὸ τῶν αὐτῶν στοιχείων σπαρέντας.

[9] De caritate M. II 400 Ri. V 207: τὸ ἀλλογενές, ὅπερ ἐστὶν ἀναίτιον. Ὅσα
γὰρ μήτε κακία μήτε ἀπὸ κακιῶν, ἔξω παντὸς ἐγκλήματος ἵσταται.

[10] l. c. M. II 383 Ri. V 185.

("καὶ πρὸς τοὺς ἀλλοτρίους")[1], zumal im Gegensatz zur ägyptischen Fremdenfeindschaft[2], sonst als besondere Requisite des Gesetzgebers[3]. Ihre Spezialform ist die Milde gegen Feinde[4] wie gegen Sklaven[5]. Sie entspricht übrigens nur der Güte, die Gott gegen alle walten lässt, auch gegen die weniger Vollkommenen ("πᾶσι καὶ τοῖς μὴ τελείοις"), um sie zu Busse und Tugend anzuspornen und seinen Reichtum kundzutun[6]. Dies letztere führt uns schon dazu über, dass die letzten Heilszwecke Gottes über ein bestimmtes Volk, wie das der Juden, hinausliegen müssen, wie dies übrigens selbstverständlich ist, sobald mit dem Gedanken der Einheit des Menschengeschlechtes wirklich Ernst gemacht wird. Eine Erklärung wird uns an die Hand gegeben durch den oben schon vorgefundenen Begriff des νόμος, der hier als Forderung an den Menschen herantritt — das ist ächt jüdisch —; aber es ist eben nicht das geschriebene Gesetz, sondern das ihm vorangehende und über ihm stehende Naturgesetz: "νόμος δὲ ἀψευδὴς ὁ ὀρθὸς λόγος, οὐχ ὑπὸ τοῦ δεῖνος ἢ τοῦ δεῖνος θνητοῦ φθαρτὸς ἐν χαρτιδίοις ἢ στήλαις ἄψυχος ἀψύχοις, ἀλλ' ὑπ' ἀθανάτου φύσεως ἄφθαρτος ἐν ἀθανάτῳ διανοίᾳ τυπωθείς"[7]. Zu zeigen, dass das Gesetz naturgemäss, d. h. in der Natur des Menschen (wie überhaupt der Welt) begründet und ihr entsprechend sei, daran liegt Philo besonders viel, wie schon die Anlage seines grossen Werkes zeigt mit der Weltschöpfung an der Spitze[8] und der Geschichte der Patriarchen[9] als der Repräsentanten der ungeschriebenen Gesetze an zweiter Stelle vor der Gesetzgebung. Es können also auch die nach dem Gesetze leben, die das geschriebene nicht kennen, indem sie sich

---

[1] De Abrah. M. II 30 ff. Ri. IV 44 ff.   [2] l. c. M. II 16 Ri. IV 26.

[3] De vita Moys. II 136 Ri. IV 187; de decal. M. II 187 Ri. IV 255; de vict. off. M. II 256 Ri. IV 347.

[4] Z. B. de caritate M. II 393 f. Ri. V 197 ff.

[5] l. c. M. II 395 f. Ri. V 200 f.; de septen. M. II 287 Ri. V 31 f.; de spec. leg. M. II 322 f. Ri. V 94 f.: θεράποντες τύχῃ μὲν ἐλάττονι κέχρηνται, φύσεως δὲ τῆς αὐτῆς μεταποιοῦνται τοῖς δεσπόταις.

[6] Leg. allegor. I M. I 50 Ri. I 68; vgl. auch de plantat. M. I 342 f. Ri. II 162.

[7] Quod omnis probus liber M. II 452 Ri. V 279; vgl. auch l. c. M. II 455 Ri. V 282; ähnlich, wenn auch etwas ungleich de justitia M. II 361 Ri. V 150.

[8] Vgl. namentlich die oben (p. 276) citierte Stelle M. I 1 Ri. I 5.

[9] Οἱ γὰρ ἔμψυχοι καὶ λογικοὶ νόμοι ἄνδρες ἐκεῖνοι γεγόνασιν, οὓς δυοῖν χάριν ἐσέμνυνεν· ἑνὸς μὲν, βουλόμενος ἐπιδεῖξαι, ὅτι τὰ τεθειμένα διατάγματα τῆς φύσεως οὐκ ἀπάδει· δευτέρου δὲ, ὅτι οὐ πολὺς πόνος τοῖς θέλουσι κατὰ τοὺς κειμένους νόμους ζῆν, ὁπότε καὶ ἀγράφῳ τῇ νομοθεσίᾳ, πρίν τι τὴν ἀρχὴν ἀναγραφῆναι τῶν ἐν μέρει, ῥᾳδίως καὶ εὐπετῶς ἐχρήσαντο οἱ πρῶτοι (de Abr. M. II 2 Ri. IV 5); ebenso sagt er von Abraham zu Gen 26₅: "οὐ γράμμασιν ἀναδιδαχθείς, ἀλλ' ἀγράφῳ τῇ φύσει σπουδάσας ὑγιαινούσαις καὶ ἀνόσοις ὁρμαῖς ἐπακολουθῆσαι ... νόμος αὐτὸς ὢν καὶ θεσμὸς ἄγραφος". (De Abr. M. II 40 Ri. IV 57 f.)

selbst ein Gesetz sind (vgl. Röm 2 14). Es fragt sich, wie sich zu
diesem Gesetz dann das mosaische verhält; es kommt also erst hinten-
nach, ein Niederschlag von dem, was in der Welt schon in lebendigem
Flusse war. Das ist ganz unzweideutig ausgesprochen in den Worten[1]:
„ὡς δεόντως ἄν τινα φάναι τοὺς τιθέντας νόμους μηδὲν ἄλλ᾽ ἢ ὑπομνήματα
εἶναι βίου τῶν παλαιῶν, ἀρχαιολογοῦντας ἔργα καὶ λόγους οἷς ἐχρήσαντο".
Und wie das Leben dieser παλαιοί nach dem Obigen selber ein natur-
und weltgesetzmässiges war, so muss auch seine Kodifizierung irgendwie
ein Spiegelbild der Gesetzmässigkeit der Natur und der Welt sein[2]; oder
nach etwas anderer Vorstellung ist sie wie die Gesetzesverfassung eines
jeden Volkes eine „προςθήκη τοῦ τῆς φύσεως ὀρθοῦ λόγου"[3]. Das für
uns Wichtige ist jedenfalls, dass nach solchen Vorstellungen
das mosaische Gesetz blos eine Ausdrucksform ist für einen
letztlich unaussprechlichen und unbeschreiblichen Inhalt,
die Hülle, die nicht selber das Wesentliche ist; (diesem Bewusstsein verdankt natürlich Philos Allegorie teilweise ihren Ursprung).
Dann aber ist es auch nicht alles, dass man nach dem Buchstaben eines
geschriebenen Gesetzes tue, damit man selig werde. Der Weg, der
nach Philo zur Gottheit führt, ist überhaupt der der Erkenntnis und
der Philosophie[4], wenn auch im letzten Grunde das göttliche Wesen
zu hoch steht, um von menschlichem Erkenntnisvermögen erfasst werden zu können. Von hier aus begreift sich durchaus natürlich, dass er
von dem, der sich die fünf Grundideen der Schöpfung einprägt: 1. es
giebt eine Gottheit, 2. Gott ist Einer, 3. die Welt ist geschaffen, 4. die
Welt ist Eine, 5. Gott sorgt für die Welt — behauptet, er werde ein
seliges und glückliches Leben haben, das durch die Dogmen der Fröm-

---

[1] De Abr. M. II 2 Ri. IV 5.
[2] Vgl. de vita Moys. II M. II 142 Ri. IV 195: νομίσας (sc. M.) αὐτὴν (sc. νομο-
θεσίαν) κρείττονα καὶ θειοτέραν ἢ ὥςτε κύκλῳ τινὶ τῶν ἐπὶ γῆς ὁρισθῆναι, τῆς μεγα-
λοπόλεως τὴν γένεσιν εἰσηγήσατο, τοὺς νόμους ἐμφερεστάτην εἰκόνα τῆς τοῦ κόσμου
πολιτείας, ἡγησάμενος εἶναι; vgl. auch de vita Moys. I M. II 106 Ri. IV 147: κοσμοπολίτης γάρ ἐστιν· ἧς χάριν αἰτίας οὐδεμιᾷ τῶν κατὰ τὴν οἰκουμένην πόλεων ἐνε-
γράφη, δεόντως οὐ μέρος χώρας ἀλλ᾽ ὅλον τὸν κόσμον κλῆρον λαβών. Andererseits
muss auch alle Welt vom Gesetze hören: τότε γὰρ ἀπ᾽ οὐρανοῦ φωνὴ σάλπιγγος ἐξή-
χησεν, ἣν εἰκὸς ἄχρι τῶν τοῦ παντὸς φθάσαι περάτων, ἵνα καὶ τοὺς μὴ παρόντας ἡ
ποιὰ* ἐπίστρεψις λογισαμένους, ὅπερ εἰκός, ὅτι τὰ οὕτω μεγάλα μεγάλων ἀποτελεσμάτων
ἐστὶ σημεῖα (de septen. M. II 295 Ri. V 43); vgl. dazu GFRÖRER (Philo) I 491 f., der
in dieser Stelle den Ursprung der jüdischen Idee von der grossen Weltposaune
des Gerichtstages findet.
[3] De Jos. M. II 46 Ri. IV 67.
[4] Τὴν βασιλικὴν ταύτην ὁδόν, ἣν ἀληθῆ καὶ γνήσιον ἔφαμεν εἶναι φιλοσοφίαν
(de poster. Cain. M. I 244 Ri. II 27); οἱ δὲ ἐπιστήμῃ κεχρημένοι τοῦ ἑνὸς υἱοὶ θεοῦ
προσαγορεύονται δεόντως (de confus. lingu. M. I 426 Ri. II 279).

migkeit und Göttlichkeit gekennzeichnet sei[1]. „Bedenklich"[2] ist dieser
Satz allerdings, wenn man daran den Massstab „besonderer Beziehung
Gottes zu Israel" anlegt; er ist aber vielmehr gerade darum bemerkenswert, weil er eine Bedingung nennt, die von jedermann erfüllt werden
kann ohne Rücksicht auf die Nationalität. Wir dürfen uns darum nicht
verwundern, wenn Philo von Gerechten und Guten auch unter Hellenen
und Barbaren, unter letzteren sogar von „πολυανθρωπότατα στίφη"[3] solcher, spricht. Plato[4] nennt er „ἱερώτατον"[5], und ein andermal redet er
von „Parmenides, Empedocles, Zeno, Cleanthes aliique divi homines ac
velut verus quidam proprieque sacer coetus"[6]. Wenn man ferner durch
die von Philo verlangte Erkenntnis vor allem zur Loslösung von der
Sinnlichkeit gelangt, so ist auch dies ein Stück, daran sich „das Heidentum auch als jüdisches Proselytentum als an dem Fleische von seinem
Fleische freut"[7]; und darauf baut geradezu Philo seine Einteilung des
Menschengeschlechts: „ὥςτε διττὸν εἶναι γένος ἀνθρώπων, τὸ μὲν θείῳ
πνεύματι καὶ λογισμῷ βιούντων, τὸ δὲ αἵματι καὶ σαρκὸς ἡδονῇ ζώντων"[8].
Darnach zerfällt das Menschengeschlecht nicht mehr in Juden und
Nichtjuden.

Aber freilich dem Sinne Philos mehr gemäss ist sicher jene Dreiteilung, die er macht: „οἱ μὲν γῆς, οἱ δὲ οὐρανοῦ, οἱ δὲ θεοῦ γεγόνασιν ἄνθρωποι"[9]. Die Charakteristik der Erdenmenschen entspricht genau derjenigen der zweiten Kategorie in der oberen Stelle; was dort der ersten
Kategorie angehört, das zerlegt sich für ihn wiederum in zwei, von
denen die eine weit höher steht. Die Himmelsmenschen sind die, welche
sich um Wissen und Erkenntnis bemühen, weil der νοῦς das Himmlische
in uns ist; „θεοῦ δὲ ἄνθρωποι ἱερεῖς καὶ προφῆται, οἵτινες οὐκ ἠξίωσαν πολιτείας τῆς παρὰ τῷ κόσμῳ τυχεῖν καὶ κοσμοπολῖται γενέσθαι· τὸ δὲ αἰσθητὸν
πᾶν ὑπερκύψαντες εἰς τὸν νοητὸν κόσμον μετανέστησαν, καὶ ἐκεῖθι ᾤκησαν
ἐγγραφέντες ἀφθάρτων ἀσωμάτων ἰδεῶν πολιτείᾳ"[10]. Nun ist wohl zu beachten, dass Abraham aus einem „Himmelsmenschen" ein „Gott-
mensch" wird im Augenblicke der Bundesschliessung Gottes mit ihm[10];
so wird die Reminiscenz an die Erwählungsgeschichte des Patriarchen

---

[1] De opif. mundi M. I 42 Ri. I 56.   [2] HOLTZMANN l. c. p. 533.
[3] Quod omn. prob. liber M. II 456 Ri. V 284 f.
[4] Vgl.: „ἢ Πλάτων φιλωνίζει ἢ Φίλων πλατωνίζει" Hieron. de V. J. XI (ed.
BERNOULLI: Z. 37—40, vgl. dazu s. Buch: der Schriftstellerkatalog des Hier. p. 267).
[5] So ist zu lesen st. der emendierenden Konjektur: λιγυρώτατον, quod omn.
prob. liber M. II 447 Ri. V 272.
[6] De provid. II § 48 Ri. VIII 69.   [7] HOLTZMANN l. c. p. 534.
[8] Quis rer. div. her. M. I 481 Ri. III 15.
[9] De gigant. M. I 271 Ri. II 62.   [10] ibidem.

umgedeutet[1], und insofern bedeutet auch die Abstammung Israels von den Patriarchen schon einen Vorzug. Dazu kommt, dass die Bezeichnung ἱερεῖς καὶ προφῆται gerade diejenige ist, womit Philo die Juden bezeichnet[2]. Hier tritt der Vorrang des Judenvolkes doch recht deutlich zu Tage; sie stehen selber über den Besseren der Menschen als die Besten. Damit zeigt sich Philo noch als ächten Israeliten; und diese Betonung des Vorzuges findet sich noch an vielen Stellen. Ganz im Sinne des späteren rabbinischen Judentums schon ist es, wenn er bestimmt: Sklavenjäger sollen, wenn sie mit Israeliten handeln, getötet werden, wenn mit Fremden, so habe das Gericht zu entscheiden[3]; im übrigen würde ein Blick in Philos historische Schriften genügen[4]. Dahin gehört namentlich auch das Zukunftsgemälde in seiner Schrift de praem. et poen. Endlich wird er nicht müde, den Vorzug Mosis vor allen anderen Gesetzgebern hervorzuheben[5]; hat er doch schon in seiner Jugend seine Lehrer, die von überallher gekommen waren, bald übertroffen[6]; dementsprechend lässt denn auch Philo, wie seine Vorgänger es schon getan, die griechischen Philosophen aus Mose schöpfen, so Zeno[7] und Heraklit[8]. Für die damalige Stimmung der Juden ist eine Stelle[9] bemerkenswert, in der sich etwas davon ausspricht, wie einzigartig man sich unter den Fremden fühlte: „σχεδὸν δὲ καὶ τὸ σύμπαν Ἰουδαίων ἔθνος ὀρφανοῦ λόγον ἔχει συγκρινόμενον τοῖς ἁπανταχῇ πᾶσι. Τὰ μὲν γάρ, ὁπότε μὴ θεήλατοι κατασκήπτοιεν συμφοραί, διὰ τὰς ἐν τοῖς ἔθνεσιν ἐπιμιξίας οὐκ ἀπορεῖ βοηθῶν, κοινοπραγοῦντα· τῷ δ' ἥκιστά τις συναγωνίζεται

---

[1] Vgl. de creat. princ. M. II 366 Ri. V 159; de nobilit. M. II 420 Ri. V 262 f.; de execrat. M. II 436 Ri. V 256; de caritate M. II 388 Ri. V 190.

[2] De Abr. M. II 15 Ri. IV 24: ἐθνῶν τὸ θεοφιλέστατον, ὃ μοι δοκεῖ τὴν ὑπὲρ ἅπαντος ἀνθρώπων γένους ἱερωσύνην καὶ προφητείαν λαχεῖν; auch vit. Moys. I M. II 104 Ri. IV 146.   [3] HOLTZMANN l. c. p. 544.

[4] Vgl. ausserdem de caritate M. II 388 Ri. V 190: εὐπατρίδαι καὶ εὐγενεῖς τὴν ἀνωτάτω τεταγμένοι τάξιν; de praem. et poen. M. II 426 Ri. V 242: ἐπιβήσεται πᾶσιν ἔθνεσιν, ὥσπερ κεφαλὴ σώματι τοῦ περιφαίνεσθαι χάριν, οὐχ ὑπὲρ εὐδοξίας μᾶλλον ἢ τῆς τῶν ὁρώντων ὠφελείας; l. c. M. II 428 Ri. V 245; de plantat. M. I 337 f. Ri. II 155 f.: θεοῦ ἐξαίρετος κλῆρος; de creat. princ. M. II 366 Ri. V 159: τοῦ σύμπαντος ἀνθρώπων γένους ἀπαρχή.

[5] De mundi opif. M. I 1 Ri. I 4; de vita Moys. II.

[6] Vita Moys. I M. II 83 f. Ri. IV 119.

[7] Quod omn. probus l. M. II 454 Ri. V 281.

[8] Leg. alleg. I M. I 65 Ri. I 88; quis rer. div. h. M. I 503 Ri. III 47; vgl. überh. vita Moys. II M. II 137 f. Ri. IV 189 f.; θαυμάζομεν τῶν φιλοσόφων τοὺς λέγοντας τὴν ἀρετὴν ἀπάθειαν εἶναι; Ἰδοῦ γὰρ Μωῦσῆς χορηγὸς ἀνεύρηται τοῦ σοφοῦ τούτου δόγματος (de mutat. nom. M. I 603 Ri. III 190); de jud. M. II 345 Ri. V 127: ἔνιοι νομοθετῶν μεταγράψαντες ἐκ τῶν ἱερωτάτων Μωῦσέως στηλῶν.

[9] De creat. princip. M. II 365 f. Ri. V 159.

νόμοις ἐξαιρέτοις χρωμένῳ, σεμνοὶ δ᾽ εἰσὶν ἐξ ἀνάγκης, ἅτε πρὸς τὴν ἄκραν ἀρετὴν ἀλείφοντες. Τὸ δὲ σεμνὸν αὐστηρόν. Τοῦτο δὲ ὁ πολὺς ὅμιλος τῶν ἀνθρώπων ἀποστρέφεται διὰ τὴν ἡδονῆς ἀποδοχήν". (Beiläufig lernen wir aus dieser Stelle, was wir auch sonst schon zu bemerken Gelegenheit hatten, dass offenbar die Fremden, die sich etwa an die Juden anschlossen, nicht dem grossen Haufen, sondern viel eher den oberen Ständen angehörten.)

An diese Betonung der Andersartigkeit und des Vorzuges des Judenvolkes knüpfen sich nun aber zwei für uns bedeutungsvolle Gedanken. Erstlich begründet gerade der Vorzug der Juden in Philos Augen ihre grössere Verantwortlichkeit vor den anderen Menschen: sie stammen von edlem Geschlechte; wohl, aber sie sollen es in der Tat beweisen, sonst machen sie sich blos grösserer Strafe schuldig[1]; einen ähnlichen Gedanken hatte einst Amos ausgesprochen (3 2). Zweitens nun aber zeigt schon die Bezeichnung, womit Philo dem Vorzug der Juden Ausdruck giebt, dass derselbe sich einem höheren Zwecke dienstbar zu machen hat. Als Priester und Propheten sind die Juden hineingestellt in den Zusammenhang des einheitlichen Menschengeschlechtes, um in dessen Mitte eine besondere Aufgabe zu erfüllen: sie haben für die gesamte Menschheit zu beten und zu opfern[2]. Eben dahin gehört

---

[1] Μὴ μέντοι νομίσας τις ἀγαθὸν εἶναι τέλειον τὴν εὐγένειαν, ὀλιγωρείτω καλῶν πράξεων, λογιζόμενος ὅτι μείζονος ὀργῆς ἄξιος τυγχάνειν ἐστὶν ὁ γεννηθεὶς μὲν ἐκ τῶν ἀρίστων, αἰσχύνην δ᾽ ἐπιφέρων τοῖς γεννήσασι διὰ τὴν τῶν τρόπων κακίαν. Ἔχων γὰρ οἰκεῖα παραδείγματα καλοκἀγαθίας ἃ μιμήσεται, καὶ μηδὲν ἀποματτόμενος εἰς ὑγιαίνοντος βίου κατόρθωσιν, ἐπίληπτος (de creat. princ. M. II 366 Ri. V 159); vgl. auch vita Moys. III M. II 176 Ri. IV 241: τὴν προγονικὴν εὐγένειαν καθαιροῦντες.

[2] Ἔμελλεν ἐξ ἁπάντων τῶν ἄλλων ἱερᾶσθαι, τὰς ὑπὲρ τοῦ γένους τῶν ἀνθρώπων ἁπάντων ἀεὶ ποιησόμενον εὐχὰς ὑπέρ τε κακῶν ἀποτροπῆς καὶ μετουσίας ἀγαθῶν (vit. Moys. I M. II 104 Ri. IV 146); τῶν θυσιῶν αἱ μὲν εἰσὶν ὑπὲρ ἅπαντος τοῦ ἔθνους, εἰ δὲ δεῖ τὸ ἀληθὲς εἰπεῖν, ὑπὲρ ἅπαντος ἀνθρώπων γένους (de vict. M. II 238 unten [GFRÖRER, l. c. I 488 citiert fälschlich die Mitte] Ri. IV 323). Am deutlichsten spricht de monarchia II: βούλεται γὰρ τὸν ἀρχιερέα πρῶτον μὲν εἰκόνα τοῦ παντὸς (sc. ἡ τῆς ἱερᾶς ἐσθῆτος κατασκευὴ = μίμημα τοῦ παντὸς l. c.) ἔχειν ἐμφανῆ περὶ ἑαυτόν, ἵν᾽ ἐκ τῆς συνεχοῦς θέας ἄξιον παρέχῃ τὸν ἴδιον βίον τῆς τῶν ὅλων φύσεως, ἔπειτα ὅπως ἐν ταῖς ἱερουργίαις συλλειτουργῇ πᾶς ὁ κόσμος αὐτῷ. Πρεπωδέστατον δὲ τὸν ἱερωμένον τῷ τοῦ κόσμου πατρὶ καὶ τὸν υἱὸν ἐπάγεσθαι πρὸς θεραπείαν τοῦ γεγεννηκότος. Ἔστι δὲ καὶ τρίτον τῆς ἱερᾶς ἐσθῆτος σύμβολον ἀναγκαῖον μὴ ἡσυχασθῆναι. Τῶν μὲν γὰρ ἄλλων οἱ ἱερεῖς ὑπὲρ οἰκείων καὶ φίλων καὶ πολιτῶν αὐτὸ μόνον εἰώθασι τάς τε εὐχὰς καὶ θυσίας ἐπιτελεῖν. Ὁ δὲ τῶν Ἰουδαίων ἀρχιερεὺς οὐ μόνον ὑπὲρ ἅπαντος ἀνθρώπων γένους, ἀλλὰ καὶ ὑπὲρ τῶν τῆς φύσεως μερῶν, γῆς, ὕδατος ἀέρος καὶ πυρὸς τάς τε εὐχὰς καὶ τὰς εὐχαριστίας ποιεῖται, τὸν κόσμον, ὑπέρ ἐστι ταῖς ἀληθείαις πατρίδα εἶναι ἑαυτοῦ νομίζων, ὑπὲρ ἧς ἱκεσίαις καὶ λιταῖς εἴωθεν ἐξευμενίζειν τὸν ἡγεμόνα ποτνιώμενος τῆς ἐπιεικοῦς καὶ ἵλεω φύσεως αὐτοῦ μεταδιδόναι τῷ γενομένῳ. (M. II 227 Ri. IV 304 f.)

die Deutung der zwölf Edelsteine auf der Brust des Hohenpriesters nicht
mehr auf die zwölf Stämme, sondern auf den Tierkreis [1]. So sehr wird
die Welt in ihrem weitesten Umfange gefasst, und, soweit Menschen
wohnen, also die Verpflichtung ausgesprochen, sie zur Verehrung des
Schöpfers heranzuziehen; das ist ein Missionsgedanke in grossem
Styl, wie er so nachdrücklich noch nie ausgesprochen worden war. Man
soll Propaganda treiben, und das am offenen Tage. Philo polemisiert [2]
gegen die geheime Mission der orphischen Kulte. Die notwendige Kehrseite der Propaganda ist auch hier der Glaube an die freie Willensbestimmung des Menschen [3]. Unter dieser Voraussetzung weist Philo
wiederholt auf die Thorheit des Götzendienstes hin und speziell des
ägyptischen Tierdienstes, wie namentlich auch des Atheismus [4] — er
hat offenbar wieder Gebildete vor Augen —, in dem er einen Quell aller
Bosheit entdeckt, und lädt zum Monotheismus [5] ein, der wiederum
allein das naturgemässe sei (kosmologischer Beweis) [6]. Diesen Gottesdienst nun preist er als des Menschen grösste Lust [7].

Es läge nahe bei dieser Betonung, dass man nur Einem Gotte
dienen soll, den Gottesdienst in einer mehr allgemeinen Weise der

---

[1] l. c. M. II 225 f. Ri. IV 302; vgl. de vita Moys. III M. II 155 Ri. IV 212 f.;
siehe auch sap. Salom. 18 24.

[2] De vict. offerent. M. II 260 Ri. IV 353 f.: Τί γάρ, εἰ καλὰ ταῦτ' ἐστίν, ὦ
μύσται, καὶ συμφέροντα, συγκλεισάμενοι ἑαυτοὺς ἐν σκότῳ βαθεῖ τρεῖς ἢ τέτταρας μόνους
ὠφελεῖτε, παρὸν ἅπαντας ἀνθρώπους ἐν ἀγορῇ μέσῃ τὰ τῆς ὠφελείας προςθέντας,
ἵνα πᾶσιν ἀδεῶς ἐξῇ βελτίονος καὶ εὐτυχεστέρου κοινωνῆσαι βίου; ..... τοῖς δὲ τὰ
κοινωφελῆ δρῶσιν ἔστω παρρησία καὶ μεθ' ἡμέραν διὰ μέσης ἴτωσαν ἀγορᾶς ἐντευξό-
μενοι πολυανθρώποις ὁμίλοις, ἡλίῳ καθαρῷ τὸν ἴδιον βίον ἀνταυγάζοντες καὶ διὰ τῶν
κυριωτάτων αἰσθήσεων τοὺς συλλόγους ὀνήσοντες, ὁρῶντας μὲν ὧν ἥδιστόν ἐστι καὶ
καταπληκτικώτατον ὄψις, ἀκούοντας δὲ καὶ ἑστιωμένους λόγους ποτίμων, οἳ καὶ τὰς
διανοίας τῶν μὴ σφόδρα ἀμούσων εἰώθασιν εὐφραίνειν.

[3] Εἰργάσατο γὰρ αὐτὸν ἄφετον καὶ ἐλεύθερον, ἑκουσίοις καὶ προαιρετικαῖς χρη-
σάμενον ταῖς ἐνεργείαις, πρὸς τήνδε τὴν χρείαν, ἵνα ἐπιστάμενος ἀγαθά τε καὶ κακὰ
καὶ καλῶν καὶ αἰσχρῶν λαμβάνων ἔννοιαν, καὶ δικαίοις καὶ ἀδίκοις καὶ ὅλως τοῖς
ἀπ' ἀρετῆς καὶ κακίας καθαρῶς ἐπιβάλλων, αἱρέσει μὲν τῶν ἀμεινόνων, φυγῇ δὲ τῶν
ἐναντίων χρῆται: mit Citat von Dt 30 15: quod Deus sit immutabilis M. I 279 f. Ri. II
75 f.; vgl. de plantat. M. I 336 Ri. II 153 f.

[4] De decal. M. II 196 Ri. IV 265; de mon. I M. II 216 Ri. IV 290; de victim.
offerent. M. II 262 Ri. IV 356: τί γὰρ μάθημα κάλλιον ἐπιστήμης τοῦ ὄντως ὄντος
θεοῦ; l. c. M. II 264 Ri. IV 359: Ὄντως γὰρ οἱ μὲν ἄθεοι (so ist wohl st. ἄθλιοι
zu lesen) τὰς ψυχὰς τεθνᾶσιν, οἱ δὲ [τὸ bei Ri.] τὴν παρὰ τῷ ὄντι θεῷ τεταγμένοι
τάξιν ἀθάνατον βίον ζῶσιν; vgl. de decal. M. II 193 f. Ri. IV 262 f.: μηδεὶς οὖν τῶν
ἐχόντων ψυχὴν ἀψύχῳ τινὶ προσκυνείτω.

[5] De mon. M. II 214 Ri. IV 287.   [6] l. c. M. II 216 f. Ri. IV 290.

[7] De Cherub. M. I 158 Ri. I 224: Τὸ γὰρ δουλεύειν θεῷ μέγιστον αὔχημα καὶ
οὐ μόνον ἐλευθερίας ἀλλὰ καὶ πλούτου καὶ ἀρχῆς καὶ πάντων ὅσα τὸ θνητὸν γένος
ἀσπάζεται τιμιώτερον; ähnlich de somniis II M. I 672 Ri. III 287.

Gottesverehrung und in Moralismus aufgehen lassen zu wollen. Wir würden aber damit für Philo nicht das Richtige treffen; er ist auch in diesem Punkte Jude und konservativ; im Gegensatz zu Juden, die schon so weit giengen, dem Gesetze blos eine allegorische Bedeutung zuzuschreiben[1], spricht er sich ganz unzweideutig darüber aus, dass Gesetz und Ceremonien beizubehalten seien; denn wenn sie gleich blos σῶμα, nicht ψυχή sind, so bleibt ihnen doch ihre Geltung, weil dieses σῶμα eben die adäquate Verkörperungsform der ψυχή darstellt[2]. „Wenn man aufmerkt“, sagt er[3], „werden die Gesetze der anderen, wie man finden wird, durch tausenderlei Vorwände erschüttert;..... nur Mosis Gesetze blieben fest, unerschütterlich, unzerstörbar, als wären sie mit dem Siegel der Natur selbst bezeichnet, ununterbrochen von dem Tage an, da sie geschrieben sind, bis jetzt, und werden auf alle Ewigkeit zuversichtlich bestehen, ohne zu sterben, so lange Sonne und Mond und der ganze Himmel und Erde besteht“. Für die ungetrübte Reinheit der Gesetzeserfüllung zeigt er sich sogar stark interessiert. In der Josephsgeschichte verfehlt er denn auch nicht hervorzuheben, dass man bei der Mahlzeit in Josephs Hause die Gesetzesvorschriften genau gewahrt habe[4]. Insbesondere verteidigt er mit alten und neuen Gründen die Beschneidung, ohne die er sich einen „Judengenossen“ offenbar gar nicht denken kann; dieser Forderung kommt freilich, was etwa Fremde betrifft, die den Anschluss suchen mochten, der Umstand entgegen, dass die Beschneidung in Aegypten selber auch üblich war, wie er selbst erwähnt[5]. Es ist ihm auch sonst wichtig, auf den Konsensus hinzuweisen; so betreffs des Sabbaths und des Fastens. Er sagt[6]: „Das ist noch mehr zu verwundern, dass augenscheinlich nicht allein die Juden, sondern sozusagen alle anderen, und am meisten die, welche sich die Tugend angelegen sein lassen, sich zu ihrer (sc. der Gesetze) Annahme und Verehrung geweiht haben. Sie erlangten dadurch vornehmliche Ehre, die keinem anderen zu Teil wird. Ein Beweis ist: weder in Griechenland noch unter den Barbaren giebt es sozusagen einen Staat, der die Gesetze eines anderen ehrte; kaum hält sich einer für immer an seine eigenen Gesetze,

---

[1] De migr. Abrah. M. I 450 Ri. II 311 f.

[2] Ὥσπερ οὖν σώματος, ἐπειδὴ ψυχῆς ἐστιν οἶκος, προνοητέον, οὕτω καὶ τῶν ῥητῶν νόμων ἐπιμελητέον. Φυλαττομένων γὰρ τούτων ἀριδηλότερον καὶ ἐκεῖνα γνωρισθήσεται ὧν εἰσιν οὗτοι σύμβολα, πρὸς τῷ καὶ τὰς ἀπὸ τῶν πολλῶν μέμψεις καὶ κατηγορίας ἀποδιδράσκειν. (De migrat. Abrah. M. I 451 Ri. II 312 f.)

[3] De vita Moys. II M. II 136 Ri. IV 188.

[4] De Josepho M. II 69 f. Ri. IV 99 f.

[5] De circumcisione M. II 210 ff. Ri. IV 282 ff.

[6] De vita Moys. II M. II 137. Ri. IV 189 f.

sondern verändert sie je nach Zeit und Umständen. Die Athener ver-
werfen die Sitten und Satzungen der Lacedämonier und die Lacedämonier der Athener .... aber nicht so unser Gesetz. Denn alle zieht es
an sich und bestimmt es, Barbaren, Hellenen, Leute vom Festland und
von den Inseln, Völker vom Aufgang und vom Untergang, Europa,
Asien, die ganze Welt von einem Ende zum anderen". Gebunden vom
Wortlaut des Gesetzes will auch Philo im Anschluss an Dt 17 15 nichts
von einem fremden Regenten wissen[1]. Aber auch die Heiraten mit
Fremden sind von ihm verpönt[2] aus Angst, sie möchten zum Abfall
von der ererbten Religion wenigstens für die Kinder führen; er ist denn
auch voller Bewunderung für Pinehas Eifer[3].

Sofern aber diese Gefahr nicht hindernd dazwischen tritt, befür-
wortet er geradezu in beredten Ausdrücken die fremden Ehen (d. h.
doch wohl mit fremden Religionsgenossen oder Proselyten), damit die
Bande der Verwandtschaft sich möglichst erweitern[4]. Unter den fremden Zuzüglern, die sich den aus Aegypten ausziehenden Israeliten angeschlossen haben sollen (Ex 12 38 Num 11 4)[5], stellt er sich dementsprechend Söhne vor aus Ehen von Israeliten mit Aegypterinnen, wobei sie für die Religion des Vaters gewonnen worden wären[6]. Kaum
irgendwo zeigt sich deutlicher als hier innerhalb weniger Zeilen über
diesen Punkt, wie die entgegengesetzten Seiten in Kollision mit einander geraten, ein Festhalten am Alten, das man von den Vätern ererbt
hat, und ein sich Erschliessen an die Welt, in der man gross geworden
ist. Charakteristisch in ähnlicher Beziehung ist auch die Umdeutung
der Gesetze aus dem Physischen ins Moralische, die vom Ausschluss
aus der Gemeinde handeln: „τόπος γὰρ οὗτος, εἰ καί τις ἄλλος, ἐπιδέχεται
ἀλληγορίαν, φιλοσόφου θεωρίας ὢν ἀνάπλεως"[7]. Ist er dort begründet
durch die Abstammung oder die physische Beschaffenheit des Menschen, so hier durch den religiös-philosophischen Widerspruch der Betreffenden[8]. Allen anderen stehen die Thore zum Eintritt ins Juden-

---

[1] De creat. princ. M. H 362 Ri. V 154.
[2] De spec. leg. M. II 304 Ri. V 69.   [3] De mon. I M. II 220 Ri. IV 295.
[4] Τί δὲ τὰς πρὸς τοὺς ἄλλους ἀνθρώπους κοινωνίας καὶ ἐπιμιξίας ἐπέχειν, εἰς
βραχὺ χωρίον τὸ ἑκάστης οἰκίας συνωθοῦντας, μέγα καὶ λαμπρὸν ἔργον ἐκτείνεσθαι
καὶ χεῖσθαι δυνάμενον εἰς ἠπείρους καὶ νήσους καὶ τὴν οἰκουμένην πᾶσαν; Αἱ γὰρ τῶν
ὀθνείων ἐπιγαμίαι καινὰς ἀπεργάζονται συγγενείας τῶν ἀφ' αἵματος οὐκ ἀποδεούσας.
(De spec. leg. M. II 303 Ri V 68 f.)
[5] s. oben p. 8.
[6] De vita Moys. I M. II 104 Ri. IV 145.
[7] De vict. offer. M. II 261 Ri. IV 355.
[8] Vgl. de spec. leg. M. II 333 Ri V 109: ἀκάθαρτος γὰρ κυρίως ὁ ἄδικος καὶ
ἀσεβής.

tum weit geöffnet; und soweit nun Fremde sich zum Anschluss an dasselbe wirklich entschliessen, sollen sie rückhaltlos mit offenen Armen aufgenommen und es soll ihnen nicht allein Gleichberechtigung zu Teil werden, sondern besondere Achtung und Liebe als Ersatz für das, was sie durch ihren Uebertritt haben daran geben müssen. In diesen Gedanken gipfeln die Ausführungen Philos, in denen er sich ex professo mit den Fremden resp. Proselyten beschäftigt.

Es verdienen die hauptsächlichsten hier wohl in extenso angeführt zu werden. Es handelt sich um die folgenden Stellen:

1. de vita Moys. I M. II 86 Ri. IV 122,
2. de monarch. I M. II 219 f. Ri. IV 293 f.,
3. de vict. offerent. M. II 258 Ri. IV 350 f.,
4. de septenario M. II 290 f. Ri. V 36 f.,
5. de creat. princ. M. II 365 Ri. V 158 f.,
6. de caritate M. II 392 f. Ri. V 196 f.,
7. de poenitentia M. II 405 f. Ri. V 215 f.,
8. de execrat. M. II 433 Ri. V. 252 f.,
9. Fragm. ad Ex 22 20 [21] M. II 677 Ri. VI 241 f.

Sie lauten nach möglichst wörtlicher Uebersetzung:

1. Denn ξένοι waren die Juden, da ihre Führer aus Hunger nach Aegypten übersiedelten, und gewissermassen als Schutzflehende (ἱκέται) hingeflohen zu einem heiligen Asyl und zur Treue des Königs und zum Erbarmen der Einwohner. Denn die ξένοι sollen nach meinem Urteil eingeschrieben werden als Schutzflehende bei denen, die sie aufnehmen; als μέτοικοι aber zu dem, dass sie ἱκέται sind, und φίλοι, die sich bemühen um Gleichberechtigung in der Stadt und den Bürgern schon nahe kommen und sich von den Autochthonen wenig unterscheiden. Diese nun, die ihre Heimat verlassen, kamen nach Aegypten, darin in Sicherheit zu wohnen, wie in einem zweiten Vaterlande; da knechtete sie der Landesherr und unterwarf sie, als hätte er sie nach dem Kriegsrecht zu Gefangenen gemacht oder sie gekauft von Herren, deren hausgeborene Sklaven sie gewesen, und hielt sie für Knechte, die doch nicht allein frei waren, sondern ξένοι und ἱκέται und μέτοικοι, ohne Furcht und Scheu vor dem freien, gastlichen, schutzfreundlichen (ἱκέσιος) und den Herd beschützenden (ἐφέστιος) Gott, der solcher Hüter ist.

2. Und alle Gleichgearteten (ὁμοιοτρόπους), ob sie nun von Anfang so geboren oder durch Uebertritt (μεταβάλλεσθαι) zur besseren Ordnung besser geworden seien, nimmt er zu Gnaden auf, die einen, weil sie ihre edle Art nicht verleugnet, die Anderen, weil sie zu edler Art sich umzuwandeln auf sich genommen haben. Diese aber nennt er Proselyten von ihrem Hinzukommen zur neuen und gottgeliebten Verfassung, welche die erdichteten Mythen verachten und sich an die unvermischte Wahrheit halten. Indem er nun allen ἐπηλύται Gleichberechtigung erteilt und ihnen in Gnaden alles schenkt, was auch den Eingeborenen, giebt er den Stammgeborenen die Mahnung, sie nicht allein in Ehren zu halten, sondern auch in besonderer Liebe und ausnehmendem Wohlwollen. Und warum sollte er nicht? Haben sie doch, sagt er, Vaterland und Freundschaft und Verwandte verlassen wegen Tugend und Heiligkeit, so sollen

sie nicht ausgeschlossen sein von anderen Städten und Häusern und Freunden, sondern es sollen ihnen Zufluchtsstätten offen stehen, ihnen, die zur εὐσέβεια übergehen. Denn der wirksamste Liebestrank und ein unlösbares Band liebenden Wohlwollens ist die Verehrung des einen Gottes. Er verordnet aber weiter, so sehr er den ἐπηλύται Gleichheit in Gesetz und Abgaben gewährt, die die Nichtigkeit ihres von Vätern und Vorvätern überkommenen Dünkels erkannt haben, man solle gegen die nicht mit frechem Munde reden und mit ungezügelter Zunge lästern, welche Andere für Götter halten, damit nicht auch sie in der Aufregung Unerlaubtes aussprechen gegen den wahrhaft Seienden. Denn weil sie den Unterschied nicht kennen, da sie von Kind auf die Lüge als Wahrheit haben kennen lernen und mit ihr zusammen aufgewachsen sind, werden sie sündigen.

3. Aber der solche Tugend und solche Kraft besitzt, übt Barmherzigkeit und Mitleid an denen, die in Noth der Hülfe bedürftig sind, und verschmäht es nicht ein Richter den προσήλυτοι und Wittwen und Waisen zu sein, sondern indem sein Blick Könige und Tyrannen und Gewaltige hintansetzt, würdigt er die Niedrigkeit der Genannten seiner Fürsorge, der ἐπηλύται aus folgendem Grund: Da sie die väterlichen Sitten verlassen haben, darin sie auferzogen worden sind, die voll Lügengebilde und Dunst waren, und haben die Wahrheit aufrichtig liebgewonnen, sind sie zur εὐσέβεια übergetreten. Da sie nun rechtmässig Schutzflehende und Verehrer des wahren Gottes sind, haben sie billigerweise Anteil an der Fürsorge, die ihnen gebührt, und haben als Frucht ihrer Zuflucht zu Gott seine Hülfe gefunden.

4. Die Häuser in der Stadt gehören, bis das 50. Jahr vorüber ist, den Verkäufern; nach diesem Jahre aber werden sie endgültig den Käufern zugesprochen, ohne dass der Erlass des 50. Jahres die Käufer irgendwie schädigte. Der Grund ist nämlich, dass er den ἐπηλύται daselbst Gelegenheit geben wollte fester Niederlassung. Denn da sie keinen Anteil am Lande haben, weil sie nicht in die Zahl der Kleruchien aufgenommen sind, gestattete ihnen das Gesetz den Besitz von Häusern aus Fürsorge, dass die, welche bei den Gesetzen Schutz und Zuflucht gesucht hätten, nicht dahin und dorthin ziehen müssten. Denn als das Land durch das Loos verteilt wurde, wurden die Städte nicht nach Stämmen verteilt; aber sie waren auch nicht von Anfang an gebaut, da die Ansiedler auf den Höfen auf dem Lande ihren Aufenthalt nahmen. Von diesen machten sich später auf und kamen zusammen, da, wie natürlich, in der langen Zeit das Gemeinschaftsgefühl und die Menschenliebe Fortschritte machten, bauten Häuser zusammen und Städte, daran sie auch, wie ich sagte, den ἐπηλύται Anteil gaben, damit sie nicht überall zu kurz kämen, auf dem Lande und in den Städten.

5. Gott schafft Recht ohne Ansehen der Person dem ἐπηλύτης und der Wittwe und Waise; jenem, weil er sich den Umgang mit seinen Geschlechtsgenossen, die man doch gewöhnlich allein zu Helfern hat, verschlossen hat, da er zur Wahrheit übertrat und zur Verehrung des einen Verehrungswürdigen von den erdichteten Mythen und der Vielherrschaft, welche Eltern, Grossväter, Vorfahren und Blutsverwandte dessen, der diesen schönen Schritt tat, verehrten.

6. Nachdem er Gesetze gegeben die Volksgenossen betreffend, glaubt er, es seien auch die ἐπηλύται aller Fürsorge wert zu achten, da sie ihr blutsverwandtes Geschlecht und das Vaterland und die Sitten und die heiligen Gottestempel und Ansehen und Ehre verlassen und den Schritt zur guten Ueberlieferung getan haben, von den erdichteten Mythen zur Macht der Wahrheit und zur Verehrung des einen und wahrhaft seienden Gottes. Er befiehlt aber den Leuten seines Volkes

die ἐπήλυδες zu lieben, nicht allein als Freunde und Verwandte, sondern auch wie sich selbst und mit Leib und Seele nach Kräften die gemeinsamen Interessen zu fördern, aber auch nach der Seite des Gemüts, über dasselbe sich betrübend und sich freuend, also dass es in verschiedenen Teilen ein lebendiges Ganze zu sein scheint, da das Gemeinschaftsgefühl es verbindet und zu gemeinsamen Wachstum bringt. Nicht möchte ich noch sagen von Essen und Trinken und Gewandung und allem anderen, das das Gesetz den ἐπηλ." von den Eingeborenen giebt. Denn dies alles folgt billigerweise aus dem Wohlwollen dessen, der für den ἐπηλ." Erbarmen und Liebe hat.

Indem er ferner die von Natur schon sich ausbreitende Liebe ausdehnt und befördert, giebt er auch Anordnung in Betreff der Metöken; er verordnet, dass die, welche zeitweise flüchtig geworden sind, denen, die sie aufgenommen haben, einige Ehre erweisen sollen; wenn sie ihnen wohlgetan und sie gastfreundlich empfangen haben, alle; wenn sie ihnen aber ausser der Aufnahme nichts gewährt haben, eine mässigere. Denn in einer Stadt eine Unterkunft finden, auf die man kein Anrecht hat, ja nur fremden Grund und Boden betreten, ist nach ihm eine hinreichende Gabe für die, welche nicht im eigenen Lande wohnen können. Er aber geht über die Grenzen der Güte noch hinaus und meint, sie sollten auch denen, die ihnen übel getan, unter denen, die sie in der Fremde aufnahmen, das Böse nicht nachtragen, da sie, wenn auch nicht die Taten, doch wenigstens den Namen haben der allgemeinen Menschenliebe. Er sagt ausdrücklich: Du sollst einen Aegypter nicht verabscheuen. Und doch, was gab es für ein Unrecht, das die Aegypter dem Volke nicht angetan hätten, Neues mit Altem verbindend in immer erneuten Anschlägen bis zur Rohheit? Aber trotzdem, da sie sie anfangs aufnahmen, ohne ihnen die Städte zu verschliessen, und ihnen das Land bei ihrem Eingang nicht verwehrten, sagt er: sie sollen als Privileg für ihre Aufnahme das Recht des Bündnisses haben. Und wenn einige von ihnen übertreten wollten unter die jüdische Verfassung, so soll man sie nicht als Kinder von Feinden abweisen, ohne ihnen die Gemeinschaft zu ermöglichen, sondern sie so aufnehmen, dass man sie im dritten Gliede in die Gemeinde erwähle und ihnen Anteil gebe an den göttlichen Verheissungen, an welche die Autochthonen und Vornehmen das priesterliche Anrecht haben.

7. Alle nun, welche den Vater und Schöpfer des Alls, wenn auch nicht von Anfang zu verehren wert hielten, sondern erst später, indem sie statt der Verehrung der Vielherrschaft die der μοναρχία anfiengen, hat man als die besten Freunde und die nächsten Verwandten aufzunehmen, da sie das Grösste, was zur Freundschaft und zu vertrautem Umgang dient, leisten, nämlich die gottgeliebte Lebensart, und man muss sich auch mit ihnen zusammen freuen, ists ja doch als wären sie, die zuvor blind waren, wieder sehend geworden, da sie nach dem tiefsten Dunkel das hellste Licht erschauten.

Denn es werden alsobald die ἐπήλυδες verständig, mässig, schamhaft, milde, gütig, menschenliebend, ehrfürchtig, gerecht, wohlgemut, die Wahrheit liebend, stärker an Besitz und Lust. Umgekehrt kann man sehen, dass die, welche von dem heiligen Gesetze abfallen . . . . .

8. Der ἔπηλυς wird ob seines Glückes hoch erhaben in Ansehen stehen, bewundert und selig gepriesen ob den zwei grössten Vorzügen, dass er zu Gott hinzugetreten ist und als eigentümlichen Lohn die sichere Stellung im Himmel bekommen hat, die unaussprechlich ist; aber der vom edlen Geschlecht Entstammte, der das Gepräge seines Adels verachtet hat, wird zu unterst in die Hölle

hinabgestossen werden und in tiefe Finsternis versetzt, damit alle Menschen, welche diese Beispiele sehen, weise werden und lernen, dass Gott die Tugend, die aus der Feindseligkeit entsprossen ist, gerne annimmt, dass er die Wurzel fahren lässt, dagegen den eingesetzten Seitensprössling aufnimmt, weil er zahm wurde und sich umwandte, dass er gute Frucht trug (vgl. Rm 11 ₁₇ ff.).

9. Zu Ex 22 ₂₀ [₂₁]: Aufs deutlichste zeigt er, dass Proselyt ist, nicht wer beschnitten ist an der Vorhaut, sondern an den Lüsten und Begierden und den anderen Leidenschaften der Seele. Denn in Aegypten war das Geschlecht der Hebräer nicht beschnitten, gedrängt von allerlei Drangsalen der Grausamkeit der Einwohner gegen die Fremden, und lebte mit Mässigung und Ausdauer, und zwar nicht mehr gezwungen als aus freiem Willen, weil es seine Zuflucht genommen zu dem rettenden Gotte, der aus der Verlegenheit und Ratlosigkeit heraus seine helfende Macht sandte und die Schutzflehenden erlöste. Darum fügt er hinzu: denn ihr wisst, wie einem προσηλ." zu Mute ist. Wie aber ist einem προσηλ." zu Mute? Entfernung von der Meinung, es gebe Götter, Angewöhnung der Verehrung des einen Gottes und Vaters des Alls. Zweitens nennen einige ἐπήλυδες die ξένοι. ξένοι sind auch die, welche zur Wahrheit ihre Zuflucht genommen haben, ebenso wie die, welche in Aegypten Fremdlinge waren; denn diese waren ἐπήλυδες χώρας, jene sind es auch der Gesetze und Sitten; als gemeinsamer Name für beide aber wird ἐπηλ." bezeichnet."

Aus diesen oben genannten Stellen möchten wir nun insonderheit auf folgendes hinweisen:

1. Die beiden Bezeichnungen προσήλυτοι und ἐπήλυδες werden promiscue gebraucht (z. B. sub 2 und 9), nur dass ἔπηλυς der weitere Begriff ist, sofern es auch Bezeichnung der ξένοι sein kann (sub 9). Darnach sind zu unterscheiden die ἐπήλυδες χώρας und die ἐπ' νομίμων καὶ ἐθῶν; dieser Unterschied scheint sich zu decken mit dem späteren mischnischen zwischen גֵּר und גֵּר תּוֹשָׁב, oder dem späteren rabbinischen: גֵּר הַצֶּדֶק und גֵּר הַשַּׁעַר (sofern dies letztere richtig verstanden wird: „ein in den Thoren oder im Lande Israels wohnender Fremder"¹ = dem einfachen גֵּר im A. T.); der gewöhnliche Ausdruck Philos für diesen letzteren ist aber μέτοικος. Dieser Begriff hat im Gegensatz zu προσήλυτος (resp. ἔπηλυς im engeren Sinn) nicht religiöse Bedeutung. μέτοικος ist der Landesfremde (ξένος), der aus irgend einem Grunde, oft als Flüchtling, unter Juden (resp. einem ihm fremden Volke) eine Unterkunft suchen muss, ohne dass er zu ihrer Religion übertritt; er hat ihnen blos die gebührende Ehre zu erweisen, je nach dem Masse des Entgegenkommens, das er von ihrer Seite zu geniessen hat; streng genommen haben diese ihrer Pflicht genug getan, wenn sie nur den Metöken die Erlaubnis nicht entziehen, sich auf ihrem Grund und Boden aufzuhalten; faktisch werden diese immer nach mehr (politischem) Rechte streben, und nach Philos Meinung soll man sich gegen

¹ SCHÜRER, l. c. II p. 568.

sie nicht zu spröde verhalten. Dagegen haben auch sie kein grösseres Besitzrecht, als dass sie es zum Besitz eines eigenen Hauses in der Stadt bringen können (sub 4).

2. Die Definition der προσήλυτοι (sub 2) scheint darauf hinzuweisen, dass die Proselyten unter die vollständige Herrschaft des jüdischen Gesetzes gestellt wurden (sofern dasselbe für Diasporajuden selber galt); denn dies ist die „gottgeliebte πολιτεία"; dasselbe besagt offenbar der Ausdruck „ϑεοφιλὲς ἦϑος" (sub 7), und zum Ueberfluss setzt die Stelle sub 9 ohne weiteres voraus, dass der προσήλυτος = ὁ περιτμηϑεὶς τὴν ἀκροβυστίαν sei (vgl. sub 2: ἰσονομία).

3. Eben dafür spricht auch, dass, wie Philo deutlich durchblicken lässt, der Uebertritt zum Judentum für die Proselyten den vollständigen Bruch mit ihrer ganzen Vergangenheit, insbesondere mit ihren eigenen Angehörigen bedeutete (vgl. nament. sub 5); hätte es sich blos darum gehandelt, etwa den Monotheismus als Lebensanschauung auf sich zu nehmen, so bliebe dies geradezu unverständlich.

4. Die Proselyten werden den vollbürtigen Juden wesentlich gleichgestellt (ἅπασιν ἐπηλύταις χαρισάμενος ὅσα καὶ τοῖς αὐτό-χϑοσι, sub 2; ἰσοτιμία, ἰσοτέλεια l. c.), aber doch nicht ganz: entscheidend dafür ist 6): erst in dritter Generation sollen auch hier noch die Proselyten in die eigentliche ἐκκλησία aufgenommen werden. Worin der Unterschied bis dahin besteht, lässt sich nicht genau ersehen; es liegt auf der Hand, anzunehmen, dass alles, was als besondere Ehre galt, den neu Uebergetretenen verschlossen war. Auch später war es ja rabbinische Bestimmung[1], es sollte kein Proselyt zu einem Amte (Synedrium etc.) zugelassen werden. So sollten beispielsweise auch die ins athenische Bürgerrecht aufgenommenen Fremden niemals weder Archonten noch Priester werden können[2]. (Sollte der Ausdruck μετα-διδόναι ϑείων λόγων andeuten, dass es sich dabei auch um den Dienst am Wort in der Synagoge handelte?)

5. Der Weg der Bekehrung ist offenbar die Predigt, dass es mit der πολύϑεος δόξα nichts sei, dass es nur μυϑικὰ πλάσματα seien, und dass es darum gelte sich zur μοναρχία zu wenden (sub 9). Jedenfalls hat man angefangen in Wort und Tat unter der Welt, in der man lebt, eine Propaganda zu treiben, die das helle Tageslicht nicht mehr scheut (vgl. oben p. 282).

Aber je weiter das Judentum Philos der Welt die Thore zum Eintritt öffnet, um so mehr „Welt" muss es in sich selber aufnehmen.

---

[1] Jeb. 45b, Kidd. 76b; vgl. Sanhedrin IV 2 und SCHÜRER II p. 152 Anm. 479.
[2] FUSTEL DE COULANGES, l. c. p. 249; vgl. oben p. 173.

Es sei nur hingewiesen auf die ganze Darstellung Josephs als Typus des „vir civilis" zum Beweis, wie sehr man von der Unumgänglichkeit der Berührung mit der Welt durchdrungen war trotz allen Mahnungen, sich von der Sinnlichkeit loszumachen; ohne solche Berührungen war es nicht möglich das Judentum weltfähig zu machen. Wie sehr auch ein solches Judentum uns erweicht und abgeblasst und sogar in völliger Auflösung erscheinen muss, es liegt darin im Gegensatz zu kleinlichem Partikularismus und übertriebenem Eigendünkel, wie er auf jüdischem Boden mächtig genug aufgewachsen ist, ein grosser Zug, und am sympathischsten dürfte uns Philo in dem Worte erscheinen, in dem er seine ganze Stellung zu den Fremden recht eigentlich zusammenfasst[1]: „Das will der heiligste Prophet durch seine ganze Gesetzgebung hauptsächlich bewirken: Eintracht, Gemeinschaft, Gleichheit der Gesinnung, Austausch der Charaktere, wodurch Häuser und Städte, Völker und Länder, ja das ganze Menschengeschlecht zur höchsten Glückseligkeit gelangen sollte. Aber bis jetzt sind das fromme Wünsche. Es wird aber, wie ich überzeugt bin, untrüglichste Tatsache werden, indem Gott, wie den jährlichen Früchteertrag, so an Tugend das gewährt, was uns noch daran fehlt, die wir die Sehnsucht darnach fast seit der ersten Kindheit in uns tragen".

Wir haben uns bei Philo so lange aufgehalten, weil wir in ihm den getreuen Repräsentanten des gesamten hellenistischen Judentums zur Zeit Christi sehen. Er steht offenbar nicht allein; das Ansehen, das er unter den alexandrinischen Juden genoss, die wichtige Gesandtschaft an den Kaiser, zu deren Sprecher sie ihn machten, lässt uns vermuten, dass er in Wort und Schrift ihre Sache vertrat und ihr Anwalt war und seine jüdischen Leser in seinen Büchern eigene Gedanken reproduziert fanden. An Widerspruch wird es zwar im eigenen Kreise der Diaspora nicht gefehlt haben; es ist charakteristisch genug, wenn etwas von dieser entgegengesetzten Anschauung sogar in eine dem jüdischen Alexandrinismus entstammende Schrift den Weg gefunden hat. Zu Ende des Aristeasbriefes wird nämlich erzählt, wie ein gewisser Theopompos dafür, dass er die jüdischen Gesetzgeber in seine Profangeschichte hineinverwoben habe, mit 30 tägigem Wahnsinn und der Tragödiendichter Theodektes, weil er etwas aus diesen Gesetzen auf die Bühne brachte, mit Blindheit bestraft worden sei, bis er durch Ausscheidung der biblischen Stoffe wieder die Gunst des Himmels erlangt habe. Nur bleibt freilich fraglich, in wiefern dies zu Philos Zeit auch noch geschrieben worden

---

[1] De caritate M. II 395 Ri. V 200 (übersetzt nach Holtzmann, l. c. p. 548).

wäre; hätten die Namen eines Theopompos und Theodektes für griechische Leser einen besseren Klang gehabt, so ist viel wahrscheinlicher, dass man es jüdischerseits versucht hätte auch in ihre Werke
wie in diejenigen anderer biblische Stoffe einzuschmuggeln; denn es
war Mode geworden, sich den Partikularismus abzugewöhnen.

In die unmittelbare Nähe Philos möchten wir den Josephus
rücken. Dass wir ihn unter die Rubrik der hellenistischen Juden
einreihen, bedarf vermutlich keiner besonderen Rechtfertigung; denn
wenn er von Geburt Palästinenser ist, so zeigt er uns höchstens, dass
das hellenistische Judentum auch auf palästinensischem
Boden seine Triebe entfaltet hat. Auch darüber ist nicht Streit,
wo der Kreis der Leser zu suchen sei, den Josephus im Auge hat.
Der Standpunkt, auf dem er steht, ist durchaus der kosmopolitische.
Einige Beispiele mögen dies illustrieren. Von Joseph sagt er, er habe
nicht blos den Landeseinwohnern offenen Markt gehalten, sondern auch
den Fremden stand frei zu kaufen; „denn er hielt dafür, dass alle
Menschen, weil unter sich verwandt, von denen, denen es gut gehe,
Handreichung empfangen sollten[1]“. Worin einst die israelitischen
Weiber, wie wir gesehen[2], die ägyptischen einfach betrogen, indem
sie sich von ihnen silberne und goldene Geräte und Mäntel geben liessen
(Ex 3 22), das lässt Josephus[3] geschehen sein „κατὰ γειτνιακὴν πρὸς αὐτοὺς
συνήθειαν“. Bei Gelegenheit der Einsetzung Aarons ins Hohepriestertum berichtet er von der wunderbaren Eigenschaft des Sardonyx auf
der Schulter des Hohenpriesters, indem, wenn Gott beim Gottesdienst
zugegen gewesen sei, der rechte so wunderbar geleuchtet habe, dass
nicht nur die Israeliten, sondern auch die Fremden (ξένοι), die gerade
dabei gewesen wären, es gesehen hätten. Ebenso soll die Benennung,
welche die Griechen dem Brustblatt seines Kleides (ἐσσήνης) geben,
nämlich λόγιον, ein Beweis dafür sein, sie könnten dem Wunder nicht
widersprechen, dass vor einem glücklichen Kriege die 12 Steine darauf
zu leuchten pflegten[4]. Endlich übersehe man nicht die charakteristische Umdeutung des Gebotes Ex 22 27: אלהים לא תקלל. Josephus
sagt[5]: „βλασφημείτω μηδεὶς θεοὺς, οὓς πόλεις ἄλλαι νομίζουσι“; und dazu
vergleiche man die andere Stelle[6]: „Ich möchte anderer Leute Gebräuche nicht lange untersuchen; denn unsere Gewohnheit ist, die
unseren zu bewahren und fremde nicht anzuklagen; und ausdrücklich
hat unser Gesetzgeber geboten, auch die bei anderen den Namen
Gottes tragen, nicht zu verspotten und zu verlästern“. Darin liegt

---

[1] Ant. II 6 1.   [2] s. oben p. 11f.
[3] Ant. II 14 6.   [4] Ant. III 8 9.
[5] Ant. IV 8 10.   [6] c. Ap. II 33.

ausgesprochen die Anerkennung der Existenzberechtigung jeder selbständigen Religion; aber das erscheint bei Josephus doch mehr nur
als captatio benevolentiae, um bei seinen griechischen Lesern ein
weiteres zu erreichen. „Es giebt ja kein Volk, das immer die gleichen Sitten hätte; je nach der Stadt wird es einen grossen Unterschied geben; die Gerechtigkeit aber wird allen Menschen von grösster
Nutzanwendung sein, Hellenen und Barbaren; und diese halten unsere
Gesetze am allerhöchsten und machen uns so, wo wir sie in ihrer
Reinheit befolgen wollen, gegen alle wohlwollend und freundlich;
darum dürfen wir auch ein gleiches von ihnen verlangen, und not-
wendigerweise darf man den Unterschied in der Lebensart nicht für
das halten, was uns von einander entfremdet, sondern sofern sie uns
zum guten und schönen treibt, gilt es den gemeinsamen Boden eines
freundlichen Entgegenkommens zu finden; denn das ist allen Menschen gemein und einzig imstande ein sicheres menschliches Leben zu
schaffen“ [1]. Josephus will seinen Lesern das Judentum mund-
gerecht machen und zum allermindesten ihnen für dasselbe Bewunderung abgewinnen. Das ist recht eigentlich der Zweck seiner Schrift
gegen Apion: „Die Griechen würden sich verwundern, wenn einer das
jüdische Gesetz zu ihnen brächte oder ihnen nur sagte, er habe irgendwo ausserhalb der bekannten Erde Menschen getroffen, die eine so
hehre Vorstellung von Gott hätten [2]“. Ja, er geht weiter: „Ich darf
wohl getrost behaupten“, sagt er, „wir seien den anderen die An-
führer (εἰςηγητάς) geworden, im grössten und besten, was sie haben [3]“.
Moses nennt er: „νουμηνίᾳ συνέσει τε τοὺς πώποτ᾽ ἀνθρώπους ὑπερβαλών [4]“.
Darnach erscheint auch hier wieder die Behauptung [5], dass z. B.
Pythagoras von seinen Lehren von den Juden übernommen habe.

Vor allem aber ist es Josephus darum zu tun, den Vorwurf zurückzuweisen der Fremdenfeindlichkeit des Judentums [6]. „Sie nehmen die nicht auf, die eine andere Meinung von Gott
haben ... und wollen nicht in Gemeinschaft stehen mit denen, die
einer anderen Lebensgewohnheit pflegen“, so wirft z. B. Apollonius
Molon den Juden vor [7]: „Aber das tun nicht allein wir“, fährt Josephus
fort [7], „alle halten es so (κοινὸν δὲ πάντων), nicht nur die Hellenen,
sondern auch die verständigsten unter den Hellenen“; und nachdem
er dies mit dem extremen Beispiel der Lacedämonier belegt hat, sagt

---

[1] Ant. XVI 6 8. [2] c. Ap. II 31.
[3] c. Ap. II 41. [4] Ant. IV 8 49.
[5] c. Ap. I 22: πολλὰ τῶν παρὰ Ἰουδαίοις νομίμων εἰς τὴν αὑτοῦ μετενεγκεῖν
φιλοσοφίαν.
[6] c. Ap. II 14: „μισανθρώπους“. [7] c. Ap. II 36.

er: „Jene könnte man leicht der Intoleranz zeihen. Wir aber wollen nicht, dass man fremden Sitten nacheifere; doch die, die an den unseren Teil nehmen wollen, nehmen wir mit Freuden auf; und das wäre doch, meine ich, ein Zeichen der Menschenfreundlichkeit und Hochherzigkeit". Diese Fremdenfreundlichkeit betont denn auch Josephus wiederholt. Der Juden Gesetze sind nicht „ἐπὶ μισανθρωπίαν, ἀλλ' ἐπὶ τὴν τῶν ὄντων κοινωνίαν παρακαλοῦντες"[1], vgl. auch[2]: „er (Apion) hat einfach unseren Eid erlogen, als schwören wir bei Gott, der Himmel und Erde und Meer geschaffen, keinem Fremden (ἀλλοφύλῳ) wohlgesinnt zu sein, am allerwenigsten einem Griechen. Tatsächlich hat gerade das Gesetz die Stellung zu den Fremden im entgegengesetzten Sinne geordnet". Das Sabbathjahr soll gehalten werden zum Genuss von „ὁμοφύλων καὶ τῶν ἀλλοτριοχώρων"[3]; die, welche über Feld gehen, sollen sich sättigen dürfen, „κἂν ἐγχώριοι τυγχάνωσι κἂν ξένοι[4]". Ferner sagt er: „Es verlohnt sich zu sehen, wie der Gesetzgeber seine freundliche Gesinnung gegen die Fremden (ἀλλόφυλοι) kundgegeben hat; es zeigt sich nämlich, dass er aufs allerbeste dafür gesorgt habe, damit wir ebensowenig unseren angestammten Besitz schädigten als denen, die an unserem Besitztum Teil nehmen sollten, Missgunst in den Weg stellten. Denn alle, welche sich zum Leben unter unseren Gesetzen beugen wollten, nimmt er freundlich auf in der Ueberzeugung, die Zusammengehörigkeit beruhe nicht allein auf Geschlecht und Herkommen, sondern auch auf der Lebensführung, die man sich wählt. Wer dagegen nur beiläufig zu uns komme, der sollte nach seiner Meinung nicht auf unsere Sitte eingehen müssen"[5]. Ebenso endlich fügt Josephus[6] zur Bitte Salomos: „Ich flehe, dass nicht allein den Hebräern von dir diese Hülfe gewährt sei, sondern wo auch von den Enden der Erde einige kommen und woher es sei, dass sie sich an dich wenden und um irgend ein Gut flehen, höre auf ihre Bitte und gieb sie ihnen" — die Worte hinzu: „οὕτως γὰρ ἂν μάθοιεν πάντες, ὅτι σὺ μὲν αὐτὸς ἐβουλήθης παρ' ἡμῖν κατασκευασθῆναί σοι τὸν οἶκον, ἡμεῖς δ' οὐκ ἀπάνθρωποι τὴν φύσιν ἐσμέν, οὐ δ' ἀλλοτρίως πρὸς τοὺς οὐχ ὁμοφύλους ἔχομεν, ἀλλὰ πᾶσι κοινὴν τὴν ἀπὸ σοῦ βοήθειαν καὶ τὴν τῶν ἀγαθῶν ὄνησιν ὑπάρχειν ἐθελήσαμεν".

Sehen wir dergestalt Josephus beflissen, die Vorzüglichkeit des eigenen Gesetzes ins hellste Licht zu stellen und dabei namentlich

---

[1] c. Ap. II 41. [2] c. Ap. II 10.
[3] Ant. III 12 3.
[4] Ant. IV 8 21; vgl. bei der Herbstlese: ἀφιγμένους ἀλλαχόθεν ἀνθρώπους ξενίων l. c.
[5] c. Ap. II 28. [6] Ant. VIII 4 3; vgl. oben p. 127 f.

seine fremdenfreundlichen Seiten in den Vordergrund zu rücken, so
lässt sich seine eigene Meinung leicht durchschauen, auch wenn er sie
uns nicht ausdrücklich sagte: Es solle Einen Tempel geben, der allen
Menschen gemeinsam sei, des Einen Gottes, weil Gott allen Menschen
gemeinsam sei[1]. Wer dabei nachzugeben hätte, ist von vornherein
klar. „Warum sollten wir uns um anderer Gesetze bemühen, sehen
wir doch, dass sie bei denen, die sie gegeben, nicht einmal gehalten
werden?[2]" „Und wenn wir selber die Vorzüglichkeit all unserer Gesetze nicht kennten, so würden wir schon durch die Menge Leute dazu
getrieben, die sich befleissen hoch davon zu denken[3]." Josephus führt
eine Reihe von Zeugnissen an, auf die wir sogleich kommen werden,
dass jüdische Sitte und jüdisches Gesetz über das Volk der Juden hinaus Anerkennung gefunden hat. Und dieser letztere Umstand muss
wohl mit in Betracht gezogen werden bei einer richtigen Würdigung
seiner eigenen Stellung. Er steht mit einem Worte auf der vollen
Höhe des Universalismus der jüdischen Religion: sie ist ihm
die absolute Wahrheit: „εὐσέβεια ἀληθεστάτη"[4]. Er definiert sie kurz-
weg als „κοσμικὴ θρησκεία"[5]. Nicht zwar, dass er direkt darauf
ausgeht, Proselyten zu machen, wenn er auch die Bekehrung
des Izates mit besonderem Wohlbehagen erzählt[6] und selber seinen
Aufenthalt in Rom dazu zu benützen weiss, sich bei Neros Gemahlin
Poppäa einzudrängen, um eine Gunst für jüdische Priester zu er-
wirken[7]. Es ist lediglich jüdische Entstellung der Tatsachen, wenn
GRÄTZ[8] sagt: „Ganz dasselbe, was Paulus mit seinem Sturm- und
Drangapostolat erzielen wollte, die Heidenwelt zu Abrahams Kind-
schaft heranziehen, erstrebte Josephus mit ruhiger litterarischer Arbeit und ohne Zuhilfenahme von Mystik!" Es ist vielmehr ein Gedanke, den Josephus wiederholt[9] ausspricht: „Wenn jemand darüber
anders denken will, dem mag seine Meinung unangetastet bleiben".
Und gegen das Ende seiner Schrift gegen Apion sagt er sogar[10], er
hätte sich keineswegs vorgenommen, das, was andere besässen, herab-
zusetzen, um ihr (der Juden) Eigentum mit Lobsprüchen zu erheben.
Aber unzweifelhaft sind alle Voraussetzungen der Proselytenmacherei bei ihm vorhanden.

---

[1] c. Ap. II 23.   [2] c. Ap. II 37.   [3] c. Ap. II 39.
[4] c. Ap. II 41.   [5] B. J. IV 5 2.
[6] Ant. XX 2—4 B. J. II 19 2 IV 9 11 V 2 2 3 3 4 2 6 1 VI 6 3 4.
[7] Vita Kap. 3.
[8] Die jüd. Proselyten im Römerreiche unter den Kaisern Domitian, Nerva,
Trajan, Hadrian, Jahresbericht des jüd.-theol. Seminars, Breslau 1884, p. 27.
[9] z. B. Ant. X 11 7.   [10] c. Ap. II 40.

Zum Judentume anziehen musste die ausserjüdische Welt der starke Glaube an einen Gott, die Sittenstrenge des Gesetzes im Leben und die Hoffnung auf ein goldenes Zeitalter. Denn sicher hat RENAN[1] Recht, wenn er sagt, dass, was den Reiz des Judentumes ausgemacht habe, nicht in seinen Riten habe bestehen können, die prinzipiell von denen der anderen Religionen nicht verschieden gewesen seien, sondern in seiner theologischen Einfachheit. Dabei gab es freilich noch eine bessere Proselytenpredigt als das geschriebene Wort, und diese war natürlich das Leben, wo es unbescholten war. Es wollte schon etwas heissen, wenn ein Augustus sprüchwörtlich sagen konnte: „Strenger hält kein Jude sein Fasten"[2]!

Aber nun drängt sich die Hauptfrage auf: In wiefern wurde Propaganda gemacht nicht allein im Wort, sondern auch in der Tat? resp. In wieweit gab es Proselyten? Hier ist der Ort, zunächst über die Verfassung der Diasporagemeinden ein Wort zu sagen, sofern dieselbe die Proselytenmacherei ermöglicht oder sogar begünstigt hat.

Es war von ganz besonderer Wichtigkeit, dass die Judengemeinden in der Diaspora eine relative Freiheit und Selbständigkeit der Bewegung genossen. Angeblich[3] hatte schon Alexander der Grosse den Juden, die er nach Alexandrien zog, gleiches Recht mit den Macedoniern erteilt. Er gab damit nur das erste Beispiel, dem fortan Ptolemäer und Seleuciden wie im Wetteifer folgten, sie unter einzelnen günstigen Bedingungen in griechischen Städten anzusiedeln. Unter römischer Herrschaft ergieng es den Diasporajuden nicht ungünstiger. Infolge staatlicher Duldung war es ihnen ermöglicht, sich überall, wo sie in einiger Anzahl beisammenwohnten, als religiöse Gemeinden zu organisieren und damit in die Kategorie der religiösen Genossenschaften für auswärtige Kulte einzutreten[4]. Die Form war die der freien Vereinigungen (collegia im weitesten Sinne des Wortes), die gänzlich auf die freien Beiträge ihrer Mitglieder angewiesen waren. Dafür überliess man ihnen die eigene Vermögensverwaltung. Im übrigen waren die wichtigsten speciellen Rechte und Privilegien, welche ihnen gesetzlich zugesichert waren, das einer gewissen eigenen Jurisdiktion gegen ihre Mitglieder und der freien Ausübung ihres Kultes[5]. Der allen

---

[1] St. Paul p. 65. [2] SUETON, Octav. 76.
[3] Jos. c. Ap. II 4. Vielleicht dass eine Reminiscenz daran Sap. Salom. 19 15 (16) vorliegt: τῶν αὐτῶν μετεχηκότας δικαίων.
[4] SCHÜRER, Die Gemeindeverfassung der Juden in Rom in der Kaiserzeit 1879 p. 9.
[5] l. c. p. 10.

seine fremdenfreundlichen Seiten in den Vordergrund zu rücken, so
lässt sich seine eigene Meinung leicht durchschauen, auch wenn er sie
uns nicht ausdrücklich sagte: Es solle Einen Tempel geben, der allen
Menschen gemeinsam sei, des Einen Gottes, weil Gott allen Menschen
gemeinsam sei[1]. Wer dabei nachzugeben hätte, ist von vornherein
klar. „Warum sollten wir uns um andere Gesetze bemühen, sehen
wir doch, dass sie bei denen, die sie gegeb'n, nicht einmal gehalten
werden?"[2] „Und wenn wir selber die Vorzüglichkeit all unserer Gesetze nicht kennten, so würden wir schon durch die Menge Leute dazu
getrieben, die sich befleissen hoch davon zu denken'."[3] Josephus führt
eine Reihe von Zeugnissen an, auf die wir gleich kommen werden,
dass jüdische Sitte und jüdisches Gesetz über das Volk der Juden hinaus Anerkennung gefunden hat. Und dies letztere Umstand muss
wohl mit in Betracht gezogen werden bei der richtigen Würdigung
seiner eigenen Stellung. Er steht mit einem Worte auf der vollen
Höhe des Universalismus der jüdischen Religion: sie ist ihm
die absolute Wahrheit: „εὐσέβεια ἀληθεστάτη"[4]. Er definiert sie kurz-
weg als „κοσμικὴ θρησκεία"[5]. Nicht zwar, dass er direkt darauf
ausgeht, Proselyten zu machen, wen er auch die Bekehrung
des Izates mit besonderem Wohlbehagen zählt[6] und selber seinen
Aufenthalt in Rom dazu zu benützen weiss sich bei Neros Gemahlin
Poppäa einzudrängen, um eine Gunst für jüdische Priester zu er-
wirken[7]. Es ist lediglich jüdische Entstellung der Tatsachen, wenn
GRÄTZ[8] sagt: „Ganz dasselbe, was Paulu mit seinem Sturm- und
Drangapostolat erzielen wollte, die Heidewelt zu Abrahams Kind-
schaft heranziehen, erstrebte Josephus mit ruhiger litterarischer Arbeit und ohne Zuhilfenahme von Mystik!" Es ist vielmehr ein Gedanke, den Josephus wiederholt[9] ausspricht „Wenn jemand darüber
anders denken will, dem mag seine Meinung unangetastet bleiben".
Und gegen das Ende seiner Schrift gegen Apion sagt er sogar[10], er
hätte sich keineswegs vorgenommen, das, was andere besässen, herab-
zusetzen, um ihr (der Juden) Eigentum mit Lobsprüchen zu erheben.
Aber unzweifelhaft sind alle Voraussetzungen der Proselytenmacherei bei ihm vorhanden.

---

[1] c. Ap. II 23.   [2] c. Ap. II 37.   [3] c. Ap. II 39.
[4] c. Ap. II 41.   [5] B. J. IV 5 2.
[6] Ant. XX 2—4 B. J. II 19 2 IV 9 11 V 2 3 4 6 1 VI 6 3 4.
[7] Vita Kap. 3.
[8] Die jüd. Proselyten im Römerreiche unter den Kaisern Domitian, Nerva,
Trajan, Hadrian, Jahresbericht des jüd.-theol. Semars, Breslau 1884, p. 27.
[9] z. B. Ant. X 11 7.   [10] c. Ap. II 40.

Zum Judentu: einziehen musste die ausserjüdische Welt
der starke Glaube an e n Gott, die Sittenstrenge des Gesetzes im
Leben und die Hoffn g auf ein goldenes Zeitalter. Denn sicher hat
RENAN[1] Recht, we n er sagt, dass, was den Reiz des Judentumes
ausgemacht habe, m 't i seinen Riten habe bestehen können, die
prinzipiell von denen d anderen Religionen nicht verschieden gewesen seien, sond rn in einer theologischen Einfachheit. Dabei gab
es freilich noch eine be ere Proselytenpredigt als das geschriebene
Wort, und diese war n irlich das Leben, wo es unbescholten war.
Es wollte schon etwas he sen, wenn ein Augustus sprüchwörtlich sagen
konnte: „Strenger hält k n Jude sein Fasten"[2]!

Aber nun drängt sih die Hauptfrage auf: In wiefern wurde
Propaganda gema ht nicht allein im Wort, sondern auch in
der Tat? resp. In wie it gab es Proselyten? Hier ist der Ort,
zunächst über die Ve f sung der Diasporagemeinden ein Wort
zu sagen, sofern di Ih ie Proselytenmacherei ermöglicht oder soga
begünstigt hat.

Es war von gan b nderer Wichtigkeit, dass die Judengemeinden in der Diaspora e relative Freiheit und Selbständigkeit der
Bewegung genossen. A eblich[3] hatte schon Alexander der Grosse
den Juden, die er nac Alexandrien zog, gleiches Recht mit den
Macedoniern erteilt. Er ab damit nur das erste Beispiel, dem fortan
Ptolemäer und Seleucide wie im Wetteifer folgten, sie unter einzelnen
günstigen Bedingungen griechischen Städten anzusiedeln. Unter
römischer Herrschait erging es den Diasporajuden nicht ungünstiger.
Infolge staatlicher Duld g war es ihnen ermöglicht, sich überall, wo
sie in einiger Anzahl be mmenwohnten, als religiöse Gemeinden zu
organisieren und damit in ie Kategorie der religiösen Genossenschaften
für auswärtige Kulte einutreten[4]. Die Form war die der freien Vereinigungen (collegia im eitesten Sinne des Wortes), die gänzlich auf
die freien Beiträge ihre Mitglieder angewiesen waren. Dafür überliess man ihnen die eige Vermögensverwaltung. Im übrigen waren
die wichtigsten speciellerRechte und Privilegien, welche ihnen gesetzlich zugesichert waren, es einer gewissen eigenen Jurisdiktion gegen
ihre Mitglieder und d i reien Ausübung ihres Kultes[5]. Der allen

---

[1] St. Paul p. 65.

[2]   76.

[3] Jos. c. Ap. II 4. Viell ht das   Re
vorliegt: τῶν αὐτῶν μετεχγηκό διν

[4] SCHÜRER, Die Gemei er
1879 p. 9.

[5] l. c. p. 10.

gemeinsame Mittelpunkt für die letztere waren ihre Synagogen,
deren es oft in einer Stadt mehrere gab. Nichts hinderte die Juden,
dieselben auch Fremden zu öffnen. Wenn in Rom eine nach Augustus,
eine andere nach dessen Freund Agrippa benannt war, so ist dies
eine Konnivenz gegen das heidnische Herrscherhaus, welche schon
gegen den Ausschluss von Heiden überhaupt zeugen könnte. In der Tat
ist kaum ein Zweifel, dass die Synagogen auch Nichtjuden versammelte.
Nur an Jüdinnen oder förmlich zum Judentum Uebergetretene werden
wir z. B. nicht denken, wenn nach Ovid[1] die Schönheiten der Stadt in
der Synagoge gesucht werden sollen. Am deutlichsten aber spricht
Act 13 44. Paulus hat in der Synagoge zu Antiochien in Pisidien mit
seiner Predigt so grosses Aufsehen erregt, dass am folgenden Sabbath
„fast die ganze Stadt“ sich versammelte, das Herrnwort zu hören.
Wir werden kaum annehmen wollen, es sei „fast die ganze Stadt“
jüdisch oder bekehrt gewesen. Nicht minder beweist die Tat jener
dorischen Jünglinge, die angeblich aus ὁσιότης den Zugang in die
Synagoge erhalten, darin aber ein Kaiserbild aufstellen, dass dieselbe
Fremden offen stand[2]. Es hat vieles für sich, I Kor 14 16, den Ort
des Idioten in der christlichen Versammlung auf jüdische Einrichtung
zurückzuführen[3], so dass Gläubige und Ungläubige getrennt gesessen
hätten. Nur wo das eingeräumte Recht missbraucht wurde, stand in
der Macht der Juden, von der Synagoge auch auszuschliessen (ἀπο-
συνάγωγος Joh 9 22 12 42 16 2). Ueber Zeitbestimmungen, wann sich
dies alles ausgebildet hat, sind wir völlig im Dunkeln[4]; doch möchten
wir annehmen, dass, wo sich eine feste Gemeinde in der Diaspora
konstituiert hat, die Gründung eines Versammlungsortes und die Erweiterung desselben auch für Nichtjuden nicht allzu lange habe auf
sich warten lassen.

Neben diesem Privileg ungestörter Religionsübung lagen die beiden anderen genannten günstig genug, dass der Anschluss an die
Juden begehrenswert erscheinen konnte. Selbst Christen sahen darin
in Zeiten der Verfolgung ihren Vorteil[5].

Die Notizen über Heiden, die sich dem Judentum in irgend einer
Form angliederten, führen uns frühestens in die letzten vorchristlichen

---

[1] Ars amat. 1 75.   [2] Ant. XIX 6 3.
[3] HAUSRATH, Neutest. Zeitgesch.[1] II p. 119.
[4] Die Behauptungen WILLRICHS, zur Zeit des Euergetes I. habe es in Aegypten
ebensowenig Synagogen gegeben wie sonst irgendwo (l. c. p. 151) und, dass unter
Epiphanes Synagogen existierten, sei nicht anzunehmen (l. c. p. 152) — gehören
zur Zahl derer, für die er uns jeglichen Beweis schuldig bleibt, die er aber
trotzdem zuversichtlich aufstellt.   [5] Euseb. h. e. VI 12 1.

Zeiten. Eines flüchtigen Ueberblickes wenigstens müssen wir sie würdigen, wenn wir auch durchaus keinen Anspruch auf Vollständigkeit erheben wollen.

Wir wenden uns zuerst nach Alexandrien, wo wir bei der regen litterarischen Produktion, die wir zur Gewinnung von Heiden sich entwickeln sahen, am ehesten einen grösseren Anhang von Proselyten erwarten möchten. Ein indirektes Zeugnis für das tatsächliche Vorhandensein von Proselyten darf darin gefunden werden, dass Philo sie mit so viel Nachdruck in seinen Ausführungen berücksichtigt; und wenn er uns sagt[1], in Aegypten hätten zu seiner Zeit eine Million Juden gelebt, und $^2/_5$ Alexandrias seien jüdisch gewesen, so wird diese Angabe jedenfalls glaubhafter unter der Annahme, die ursprüngliche Gemeinde verdanke ihre Erweiterung teilweise dem Zuwachs von Proselyten.

Nur darf man wiederum nicht zu weit gehen. NIEBUHR[2] meinte, der grössere Teil der damaligen alexandrinischen Juden seien Proselyten gewesen; denn es sei unmöglich, dass die zu Apions Zeit so zahlreichen Juden von der kleinen aus dem Exil zurückgekehrten Kolonie hätten abstammen können. MÜLLER[3] hat ihm dagegen eingeworfen: Proselyten konnten schon darum die Mehrzahl der Juden nicht sein, da jene von diesen nie besonders geachtet waren. Dieser Einwurf ist nichtig; denn Philo spricht gerade dagegen, und es handelt sich blos um Proselyten auf alexandrinischem nicht palästinensischem Gebiet. Aber NIEBUHR ist doch im Unrecht; er hat die Rechnung ohne den Wirt gemacht. Auf meine Frage: „Wie viel Einwohner hatte ein Bezirk vor 300 Jahren, wenn er in einem gegebenen Jahre eine Million Einwohner zählt?" ist mir von einem Fachmanne die Lösung eingegeben worden: 91 588[4]. Zur Zeit des Ptolemaeus Philadelphus (283—247) gab es nach des Josephus Zeugnis[5] schon 110—120 000 Juden in Alexandrien; das würde dazu nicht zu schlecht passen. In Polen ist in 60 Jahren (von 1820—1880) die Zahl der Juden von 280 000 auf 816 000 gestiegen, sie hat sich also fast verdreifacht[6]; in Ungarn in 90 Jahren (1780—1870) von 75 000 auf

---

[1] In Flaccum § 6 M. II 523 Ri. VI 47.

[2] Röm. Gesch.[4] Bd. I p. 7. Alte Gesch. III 544.

[3] Des Fl. Josephus Schrift gegen Apion.

[4] Angenommen ist dabei eine Vermehrung der Bevölkerung von 8 %, was einen mittleren Prozentsatz darstellt. Die jährliche Bevölkerungszunahme an Geburtsüberschuss weist auf: in Europa (im Durchschnitt der letzten 25 Jahre) von 0,18 % (Frankreich) bis 1,45 % (Russland); Schweiz: 0,53 %, Deutschland: 0,96 % (Prof. HICKMANNS geographisch-statistischer Taschenatlas No. 17). In Deutschland ist von 1870—80 die jüdische Bevölkerung von 448 800 auf 572 900 gestiegen (Antisemitenkatechismus, eine Zusammenstellung des wichtigsten Materials zum Verständnis der Judenfrage, Leipzig 1893 p. 239), was 2,7 % jährlicher Bevölkerungszunahme ausmacht; man ersieht daraus, wie unsicher der oben angenommene Prozentsatz ist.

[5] Ant. XII 2 1 3 c. Ap. II 4.

[6] Ich entnehme diese Angaben dem Antisemitenkatechismus p. 237—239.

552000, also mehr als versiebenfacht, von Berlin nicht zu reden, wo sie in
110 Jahren (1780—1890) sich mehr als verzweiundzwanzigfacht hat. Ich bin weit
davon entfernt, auf diese Zahlen irgend eine Hypothese bauen zu wollen; dazu
ist ihr Wert viel zu relativ; indessen dürften sie wenigstens zu einiger Vorsicht
mahnen in Behauptungen wie derjenigen NIEBUHRS.

Es fehlt nun aber auch nicht an einem direkten Zeugnis. Josephus[1] führt als Worte Strabos an: „Es findet sich nicht leicht ein
Ort in der Welt, der dieses Volk (sc. die Juden) nicht aufgenommen
hätte und nicht unter dem Einfluss seiner Macht stünde. So ist es
gekommen, dass Aegypten und Cyrene, da sie ja unter gleicher Herrschaft standen, und viel andere Völker sich angespornt fühlten, die
Satzungen der Juden genau zu halten und so in der Beobachtung der
angestammten Gesetze der Juden mit ihnen gross geworden sind".
Strabo redet nicht allein von Aegypten, wo man jüdische Gesetze
angenommen habe. Das führt uns auf einige andere Notizen des Josephus, die in ebenso allgemeinem Tone gehalten sind. Er sagt:
„Unsere Gesetze haben sich auch bei allen anderen Menschen erprobt
und unter ihnen immer mehr die eifrige Beschäftigung mit ihnen hervorgerufen; denn zuerst haben die Philosophen bei den Hellenen zwar
dem Anscheine nach ihre väterlichen Gebräuche bewahrt, in der Tat
und in der Philosophie aber sind sie jenen gefolgt, indem sie sich
gleiche Vorstellungen von Gott machten und die Einfachheit des Lebens
und gegenseitige Gemeinschaft lehrten. Ja, schon ganze Völker haben
seit längerer Zeit viel Eifer auf unsere Religion verwandt, und es giebt
keine Hellenenstadt mehr, wo es sei, und keine der Barbaren, noch
ein Volk, wo nicht die Sitte des siebenten Tages, an dem wir ruhen,
hingedrungen wäre, und das Fasten und Lichteranzünden[2] und viele
unserer Speiseverbote gehalten würden. Man sucht auch unserer freundlichen Gesinnung gegen einander, unserer Freigebigkeit, Arbeitsam-
keit und Standhaftigkeit in unseren Nöten nachzufolgen. Und was am
meisten zu verwundern ist: Ohne alle Vorspiegelung von Genuss und
ohne Köder hat es das Gesetz durch sich selbst vermocht. Und wie
Gott in der ganzen Welt durchgedrungen ist, so ist auch unser Gesetz zu allen Menschen gekommen. Ein jeder, der nur sein Vaterland und sein Haus ansehen will, wird meinen Worten den Glauben
nicht versagen"[3]. Endlich[4]: „Von den Hellenen sind wir mehr lokal

---

[1] Ant. XIV 7 2.

[2] „Offenbar ist die Sitte gemeint, vor Anbruch des Sabbaths Lichter anzu-
zünden, um nicht während desselben veranlasst zu sein, gegen das Gebot des
Feueranzündens (Ex 35 3) zu handeln" (SCHÜRER l. c. II p. 559 Anm. 271).

[3] c. Ap. II 39.

[4] c. Ap. II 10; vgl. I 22: „Es war auch in den Städten unser Volk schon

als durch Sitten verschieden, so dass unsererseits keine Feindschaft gegen sie besteht noch Eifersucht; im Gegenteil, viele von ihnen sind Willens geworden zu unseren Gesetzen überzutreten". Nach diesen Worten muss wirklich etwas daran gewesen sein, dass jüdische Sitten sich auf weitere Kreise verbreiteten; freilich spricht Josephus nicht so, dass wir gleich an eigentliche Proselyten denken möchten; vielmehr handelt es sich offenbar um Einzelheiten, die sich der heidnische Synkretismus seiner Zeit zu eigen gemacht hat. Wenn Josephus namentlich der Sitte des siebenten Tages gedenkt, so kommen damit die Zeugnisse heidnischer Skribenten überein. Persius verhöhnt seine Mitbürger, die „an beschnittenem Sabbath erbleichen", d. h. sich abergläubisch scheuen am jüdischen Sabbath etwas vorzunehmen[1]. Juvenal[2] sagt:

„Sed pater in causa, cui septima quaeque fuit lux
Ignava et partem vitae non attigit ullam."

Auch Ovid[3] spielt daran an:

„Quaque die redeunt, rebus minus apta gerendis
Culta Palaestino septima festa Syro."

Endlich Horaz[4]:   „meliore
Tempore dicam; hodie tricesima sabbata: vin' tu
Curtis Judaeis oppedere?"

Auch die von Josephus angeführte Verbreitung des jüdischen Fastens lässt sich belegen mit einem Berichte Senecas[5], er sei auf Anregung des Philosophen Sotion hin Vegetarianer geworden, habe aber bald wieder animalische Nahrung zu sich genommen, um nicht in den Verdacht zu geraten, ein Anhänger der verhassten Juden zu sein; Seneca[6] macht auch eine leise Anspielung auf das Lichteranzünden. Auf die Uebernahme solch einzelner Sitten dürfte sich auch am ehe-

---

längst nicht unbekannt, und viele der Sitten sind schon auf einige übergegangen und wurden von manchen der Nacheiferung gewürdigt."

[1] Sat. V 184, (cit. z. B. bei SCHNECKENBURGER, Vorlesungen über neutest. Zeitgesch. p. 68; HOLTZMANN-WEBER, Gesch. d. Volkes Isr. II p. 267).

[2] Sat. XIV 105 f.

[3] Cit. bei HAUSRATH, neutest. Zeitgesch. 1872 II p. 124.

[4] Sat. I 9 68—72 („unus multorum").

[5] Ep. 18 5 (cit. bei HASENCLEVER, Christl. Proselyten der höheren Stände im 1. Jh. Jahrb. f. prot. Theol. 1882 p. 52); vgl. zum Fasten auch Hor. Sat. II 3 288 ff.

[6] Ep. 95 47 „accendere aliquem lucernas sabbatis prohibeamus", vgl. PERSIUS, Sat. V 179 ff. (bei SCHÜRER l. c. II p. 560 Anm. 271).

sten sein bekanntes Wort[1] beziehen: „Cum interim usque eo scele-
ratissimae gentis consuetudo convaluit, ut per omnes iam terras re-
cepta sit; victi victoribus leges dederunt. . . . Hi tamen causas ritus
sui noverunt; maior pars populi facit quod cur faciat ignorat". Dazu
sind zu vergleichen die Worte des Rutilius Numatianus[2] drei Jahrhunderte später:

> „Atque utinam numquam Judaea subacta fuisset
>   Pompei bellis imperiisque Titi!
> Latius excisae pestis contagia serpunt
>   Victoresque suos natio victa premit."

Auch Tertullian[3] kennt noch Heiden, die neben der Verehrung
ihrer heidnischen Götter sich einzelnen jüdischen Satzungen zugewendet
haben.

Aber weiter reichten noch die Erfolge des Judentums.
Auch jetzt noch kam es wohl vor, dass es mit Sklaven oder Sklavinnen
in die Häuser einzog. Die Kaiserin Julia hatte eine jüdische Dienerin
Akme[4]; der Grundstock der jüdischen Gemeinde in Rom scheint ja
überhaupt aus ehemaligen Sklaven bestanden zu haben, die hernach
freigelassen wurden[5]. Gerade in Rom muss der Boden für das Proselytentum besonders fruchtbar gewesen sein; zuweilen mochte ihn auch
die nackte Schurkerei geldsüchtiger Juden auszubeuten verstehen[6].
Bei solcher Gelegenheit brach einmal der Zorn des Kaisers Tiberius
über die Juden aus (19 p. Chr.). Ihre Ausweisung, die er befahl, berichtet Sueton[7] mit den Worten: . . . „reliquos gentis eiusdem vel
similia sectantes urbe submovit sub poena perpetuae servitutis nisi
obtemperassent". Unter diesen Parteigängern denken wir entschieden
an richtige Proselyten. Ebenso finden wir solche in einer par-
allelen Stelle des Dio Cassius[8]: „ὑφ' ἧς [ἀθεότητος] καὶ ἄλλοι ἐς τὰ τῶν
Ἰουδαίων ἤθη ἐξοκέλλοντες πολλοὶ κατεδικάσθησαν, καὶ οἱ μὲν ἀπέθανον,
οἱ δὲ τῶν γοῦν οὐσιῶν ἐστερήθησαν". Es scheint, dass in Rom sich das
Judentum den Weg bis in die oberen Stände gebahnt hat. Dass es
Neros Gemahlin Poppäa durch Josephus nahetrat, hat schon Erwähnung gefunden[9]. Wenn sie dann später bei ihrem Gemahl für die

---

[1] De superstitione in Augustin de civ. Dei VI 11.
[2] Cit. bei BERNAYS, Ges. Abhdlgn. II p. 72 Anm.
[3] Ad nationes I 13 (bei SCHÜRER II p. 559 Anm. 271).
[4] Ant. XVII 5 7 1 (vgl. auch XVIII 6 4) B. J. I 32 6.
[5] Philo ad Caj. § 23 M. II 568 Ri. VI 107, vgl. die Synagoge der Libertiner
Act. 6 9.
[6] Ant. XVIII 3 5.   [7] Tiber. c. 36.
[8] l. LXVII (bei MEIER, Judaica p. 58 f.)   [9] s. oben p. 294.

Juden Fürbitte einlegt[1] und Josephus sie ϑεοσεβής[2] nennt, so steht sie
selber dem Judentum wenigstens nicht zu fern. Vielleicht war auch dies
gerade der Grund, weshalb ihre Leiche nicht verbrannt, sondern nach
der Weise der ausländischen Könige mit Wohlgerüchen einbalsamiert
und in der Grabstätte der Julier beigesetzt wurde[3]. Jene Veturia
Paula, „mater synagogarum", die nach ihrer Grabinschrift[4] 76jährig
bei ihrem Uebertritte war und in der Gemeinde unter dem Namen
Sarah noch 16 Jahre lebte, hat allem Anschein nach römischem
Adelsgeschlechte angehört[5]. Eine andere Grabinschrift, die 1862 in
Rom entdeckt wurde, teilt GEIGER[6] mit: „Mannacius sorori Chrysidi
dulcissime (sic) Proselyti". Von weiteren Epitaphien wird in anderem
Zusammenhange die Rede sein. Auch Pomponia Graecina war wohl
jüdische Proselytin[7]; dagegen wird Flavius Clemens kaum hierher
gehören[8]. Für Proselyten in Antiochien zeugt Josephus[9]: „ἀεί τε
προσαγόμενοι ταῖς ϑρησκείαις πολὺ πλῆϑος Ἑλλήνων καὶ ἐκείνους τρόπῳ τινὶ
μοῖραν αὐτῶν πεποίηντο"; mit Namen kennen wir aus Antiochien den
Proselyten Nicolaus (Act 6 5). In Damaskus waren sogar die meisten
Frauen übergetreten (ὑπηγμένας τῇ Ἰουδαϊκῇ ϑρησκείᾳ)[10]. Act 2 10 ist
προσήλυτοι Apposition zu allen vorher genannten Völkern, so dass es

---

[1] Ant. XX 8 11.   [2] l. c.

[3] Tac. Ann. XVI 6; vgl. FRIEDLÄNDER, Darstellungen aus der Sittengeschichte
Roms[5] (1881) I p. 451.

[4] Corp. Inscript. Graec. No. 9905 (HASENCLEVER l. c.); ORELLI, Inscr. lat.
No. 2522 (SCHÜRER l. c. II p. 561 Anm. 276).

[5] HASENCLEVER, l. c. Mit ihr wäre GRÄTZ geneigt (Gesch. d. Juden[2] Bd. IV
p. 111 f.) jene Veruzia oder Belurith zu identifizieren, von der die rabbin. Tradition
erzählt, dass sie mit ihrem ganzen Gefolge zum Judentum übergieng. Aber
einige Sklaven hätten die Proselytentaufe vor ihrer Gebieterin empfangen und
dadurch auf R. Gamaliels Ausspruch hin die Freiheit, weil ihre Herrin in jenem
Augenblick noch im Stande des Heidentums gewesen wäre und ihr Anrecht hiermit auf die eben Juden gewordenen Sklaven verloren hätte. Sie sei selber in
der hl. Schrift so gut unterrichtet gewesen, dass sie sich mit R. Gamaliel über
einige Widersprüche in derselben unterhielt. (Rosch ha-Schanah 17 b bei GRÄTZ,
l. c.); allerdings entscheidet sich GRÄTZ später (Jahresbericht p. 25) wieder gegen
die Identität jener Veturia mit dieser Beluria.

[6] Jüd. Zeitschrift f. Wissenschaft und Leben III p. 134, aus: Nuove epigrafi
giudaiche di Vigna Randanini 1862 p. 15.   [7] HASENCLEVER l. c. p. 47 ff.

[8] Trotz GRÄTZ (Gesch. l. c. p. 112). Im Jahresbericht (p. 30) geht er sogar
so weit, zu behaupten, Mt 23 15 (er nennt fälschlich 25 15) „verrate das Faktum,
das wir anderweitig kennen, dass Schriftgelehrte eine Seefahrt gemacht haben,
um Flavius Clemens zum Proselyten zu machen". „Daher", fährt er fort, „der
schlecht verhehlte Aerger, dass diese Acquisition der Synagoge und nicht der
Kirche zugefallen ist" !!

[9] B. J. VII 3 3.   [10] B. J. II 20 2.

sten sein bekanntes Wort[1] beziehen: „Cum iarum usque eo scele-
ratissimae gentis consuetudo convaluit, ut per omnes iam terras re-
cepta sit; victi victoribus leges dederunt. . . . Ii tamen causas ritus
sui noverunt; maior pars populi facit quod cur sciat ignorat". Dazu
sind zu vergleichen die Worte des Rutilius Nmatianus[2] drei Jahrhunderte später:

> „Atque utinam numquam Judaea sta ta fuisset
> Pompei bellis imperiisque Titi!
> Latius excisae pestis contagia serpu,
> Victoresque suos natio victa preit.‟

Auch Tertullian[3] kennt noch Heiden, die neben der Verehrung
ihrer heidnischen Götter sich einzelnen jüdischen Satzungen zugewendet
haben.

Aber weiter reichten noch die Erfolge des Judentums.
Auch jetzt noch kam es wohl vor, dass es mit Sklaven oder Sklavinnen
in die Häuser einzog. Die Kaiserin Julia hatte eine jüdische Dienerin
Akme[4]; der Grundstock der jüdischen Gemeinde in Rom scheint ja
überhaupt aus ehemaligen Sklaven bestanden zu haben, die hernach
freigelassen wurden[5]. Gerade in Rom muss der Boden für das Proselytentum besonders fruchtbar gewesen sein; zuweilen mochte ihn auch
die nackte Schurkerei geldsüchtiger Juden auszubeuten verstehen[6].
Bei solcher Gelegenheit brach einmal der Zorn des Kaisers Tiberius
über die Juden aus (19 p. Chr.). Ihre Ausweisung, die er befahl, berichtet Sueton[7] mit den Worten: . . . „reliquos gentis eiusdem vel
similia sectantes urbe submovit sub poena perpetuae servitutis nisi
obtemperassent". Unter diesen Parteigängern denken wir entschieden
an richtige Proselyten. Ebenso finden wir solche in einer par-
allelen Stelle des Dio Cassius[8]: „ὑφ' ἧς [ἀϑεότος] καὶ ἄλλοι ἐς τὰ τῶν
Ἰουδαίων ἤϑη ἐξοκέλλοντες πολλοὶ κατεδικάσϑησα καὶ οἱ μὲν ἀπέϑανον,
οἱ δὲ τῶν γοῦν οὐσιῶν ἐστερήϑησαν". Es scheint dass in Rom sich das
Judentum den Weg bis in die oberen Stände erbahnt hat. Dass es
Neros Gemahlin Poppäa durch Josephus naetrat. hat schon Erwähnung gefunden[9]. Wenn sie dann später bei ihrem Gemahl für die

---

[1] De superstitione in Augustin de civ. Dei VI 11.
[2] Cit. bei BERNAYS, Ges. Abhdlgn. II p. 72 Anm.
[3] Ad nationes I 13 (bei SCHÜRER II p. 559 Anm. 21).
[4] Ant. XVII 5 7 1 (vgl. auch XVIII 6 4) B. J. I 1 6.
[5] Philo ad Caj. § 23 M. II 568 Ri. VI 107, vgl. d Synagoge der Lib
Act. 6 9.
[6] Ant. XVIII 3 5.   [7] Tiber. c. 36.
[8] l. LXVII (bei MEIER, Judaica p. 58 f.)   [9] s. oben p. 2

Juden Fürbitte en[...] [...] d Josephus sie θεοσεβής[2] nennt, so steht sie selber dem Judentum w[...] gstens nicht zu fern. Vielleicht war auch dies gerade der Grund, w[...] h [...] ihre Leiche nicht verbrannt, sondern nach der Weise der aus[...] li[...] en Könige mit Wohlgerüchen einbalsamiert und in der Grab[...][...][...] r Julier beigesetzt wurde[3]. Jene Veturia Paula, „mater syn[...] m", die nach ihrer Grabinschrift[4] 76jährig bei ihrem Uebertritt[...] [...] und in der Gemeinde unter dem Namen Sarah noch 16 J. [...] te, hat allem Anschein nach römischem Adelsgeschlechte an[...] h t[5]. Eine andere Grabinschrift, die 1862 in Rom entdeckt wurd[...] te GEIGER[6] mit: „Mannacius sorori Chrysidi dulcissime (sic) Pros[...] t Von weiteren Epitaphien wird in anderem Zusammenhange d[...] Re[...] sein. Auch Pomponia Graecina war wohl jüdische Proselytin[...]; d egen wird Flavius Clemens kaum hierher gehören[6]. Für Pros[...] [...] in Antiochien zeugt Josephus[9]: „ἀεί τε προσαγόμενοι ταῖς [...] πολὺ πλῆθος Ἑλλήνων καὶ ἐκείνους τρόπῳ τινὶ μοῖραν αὐτῶν πεποίην[...]; it Namen kennen wir aus Antiochien den Proselyten Nicolaus (Ac[...]). In Damaskus waren sogar die meisten Frauen übergetreten [...] μένας τῇ Ἰουδαϊκῇ θρησκείᾳ)[10]. Act 2 10 ist προσήλυτοι Apposition zu allen vorher genannten Völkern, so dass es

---

[1] Ant. XX 8 [...]. [2] l. c.

[3] Tac. Ann. XVI 6 [...] g FRIEDLÄNDER, Darstellungen aus der Sittengeschichte Roms[5] (1881) I p. 451.

[4] Corp. Inscript. [...] [...] No. 9905 (HASENCLEVER l. c.); ORELLI, Inscr. lat. No. 2522 (SCHÜRER l. c. II p. 51 Anm. 276).

[5] HASENCLEVER, l. c. N ihr wäre GRÄTZ geneigt (Gesch. d. Juden[2] Bd. IV p. 111 f.) jene Veruzia od[...] I urith zu identifizieren, von der die rabbin. Tradition erzählt, dass sie mit i. rei ganzen Gefolge zum Judentum übergieng. Aber einige Sklaven hätten die Proselytentaufe vor ihrer Gebieterin empfangen und dadurch auf R. Gamaliels A spruch hin die Freiheit, weil ihre Herrin in jenem Augenblick noch im Stau[...] es Heidentums gewesen wäre und ihr Anrecht hiermit auf die eben Juden gewordenen Sklaven verloren hätte. Sie sei selber in der hl. Schrift so gut unt r htet gewesen, dass sie sich mit R. Gamaliel über einige Widersprüche in ders[...] en unterhielt. (Rosch ha-Schanah 17 b bei GRÄTZ, l. c.); allerdings entscheidet[...] h GRÄTZ später (Jahresbericht p. 25) wieder gegen die Identität jener Veturia n[...] dieser Beluria.

[6] Jüd. Zeitschrift f. Wi nschaft und Leben III p. 134, aus: Nuove epigrafi giudaiche di Vigna Randanir 862 p. 15. [7] HASENCLEVER l. c. p. 47 ff.

[8] Trotz GRÄTZ (Gesch. [...] p. 112). J[...] Jahresbericht (p. 30) geht er sogar so weit, zu behaupten, Mt 2 15 (er ne[...] [...] 2[...] [...]a Faktum, das wir anderweitig kennen [...] Sc[...] [...]aben, um Flavius Clemens zum P [...] schlecht verhehlte Aerge[...] Kirche zugefallen ist" !!

[9] B. J. VII 3 s.

scheint, es habe, wo es nur Juden gab, auch Proselyten gegeben. Eine Anspielung auf Proselyten wird auch die Apokalypse Baruch enthalten 41 4: „alios autem iterum vidi, qui reliquerunt vanitatem suam et confugerunt sub alas tuas", und 42 5: „eorum qui antea nescierunt et postea noverunt vitam et commisti sunt semini populorum, quod se segregavit . . ." [1] (vgl. 51 7). Proselyt soll auch der Lahme in Lystra gewesen sein [2]. Ein berühmter um die Mitte des ersten oder zu Anfang des zweiten Jahrhunderts war Onkelos (eigentlich Aquilas עקילם הגר), auf den die rabbinische Tradition mit Stolz die Worte anwendete: Gott hat Japhet mit einer schönen Sprache begabt und jetzt wird sie in den Zelten Sems weilen [3]. Auch Theodotion wird von Irenäus [4] und Epiphanius [5] als jüdischer Proselyt bezeichnet.

Fassen wir zusammen, so ist das Resultat dieses Abschnittes die volle Bestätigung der schon lange erkannten Tatsache: **Das hellenistische Judentum zeigt uns** (und besonders auf litterarischem Boden an die Gebildeten sich wendend [6]) **in aufsteigender Linie den Versuch, Propaganda für seine Religion zu machen. Dem entspricht heidnischerseits teilweise die Annahme einzelner jüdischer Bräuche, teilweise der tatsächliche Anschluss an das Judentum. Wir merken aber gleich an, dass auf Seiten der Juden bei aller Weltoffenheit die Tendenz unbestreitbar ist, diesen Anschluss so gut als möglich an den Buchstaben des Gesetzes zu binden.** (Vgl. namentlich das p. 283 f. über Philo Bemerkte, sowie überhaupt die Rolle, welche in seinem System der Begriff der „πολιτεία" spielt.)

---

[1] Vgl. KNEUCKER, d. Buch Baruch p. 195.

[2] Nach der durch D vertretenen Tradition (JÜLICHER, Einleitg. ins N.T.p.271).

[3] Megilla 9 b bei GRÄTZ, (Gesch. p. 112); vgl. Euseb, Demonstr. evang. VII 1 32: „προσήλυτος δὲ ὁ Ἀκύλας ἦν, οὐ φύσει Ἰουδαῖος"; doch s. auch BLEEK, Einleitung ins A. T. [5] p. 537.

[4] III 21 1: „ὡς Θεοδωτίων . . . καὶ Ἀκύλας . . . . . ἀμφότεροι Ἰουδαῖοι προσήλυτοι".

[5] De mensuris et ponderibus, §§ 14—15.

[6] Ein gewisser Kontrast gegen das aufkeimende Christentum, das in der grossen Mehrzahl anfangs die unteren Klassen gewinnt, ist allerdings kaum zu leugnen (I Kor 1 26). Aber er ist wahrlich nicht darnach, dass GRÄTZ sich seiner so sehr hätte rühmen sollen (Jahresbericht p. 37 f.) !

Achter Abschnitt.

Schluss.

Das Verhältnis des palästinensischen und des hellenistischen Judentums zum werdenden Christentum.

———

Die Geschichte des Judentums auf palästinensischem und auf hellenistischem Boden, die wir in den beiden letzten Abschnitten verfolgt haben, verläuft äusserlich allerdings sehr verschieden. Bei aller Verschiedenheit aber beachten wir, und das ist, worauf es uns zunächst ankommt, — wie viel Elemente hier wie dort auf den Universalismus hinstrebten. Hier wie dort ist man sogar, wie wir sahen, dazu fortgeschritten, direkt Proselyten zu machen. Warum ist es unter solchen Umständen dem Judentum nicht gelungen, Weltreligion zu werden, resp. was sind seine Schranken im Unterschiede zum Christentum, dass dieses es erst dazu gebracht hat, sich die Welt zu erobern, während im Judentum die Exklusivität zum Siege kam?

Wir möchten eine vorläufige Antwort an die Spitze stellen, die zu begründen und zu präzisieren der Zweck dieses ganzen Abschnittes sein soll; — zwischen den Zeilen stand sie schon in den beiden vorangehenden Abschnitten zu lesen: — Das Judentum hat es nicht über sich vermocht, mit der Auffassung der Religion als einer Verfassung zu brechen: Das war ein Erbe seit den Tagen des Deuteronomiums. Und damit hängt ein Zweites innerlich zusammen: Es hat den Juden nicht gelingen wollen, die Physis durch das Ethos zu überwinden: Das war noch eine Erbschaft aus dem alten Israelitismus[1]. Das Ideal der jüdischen Verfassung ist ein reines und heiliges Volk. Aber seine Reinheit und Heiligkeit ist nun eben lediglich physisch gedacht. Das lässt sich mit leichter Mühe nach verschiedenen Seiten hin zeigen. Wir möchten zunächst blos auf fünf Punkte aufmerksam

———

[1] STADE, Gesch. Isr. II p. 268.

machen, in denen die Stellung der Juden zu den Fremden zum Ausdruck kommt:

1. Reinheit des Landes,.
2. Reinheit von Handel und Wandel,
3. Reinheit der Ehe,
4. Reinheit des Tempels,
5. Reinheit des Opfers und der Feste.

1. Reinheit des Landes. Einst hatte sich Johann Hyrkan um
die Juden verdient gemacht, indem er von den Römern das Verbot
erwirkte, dass den königlichen Truppen kein Pass gegeben werde
weder durch der Juden noch ihrer Untertanen Land[1]. Das galt nämlich als schwere Verunreinigung desselben, zumal wenn die Fahnen
Bilder trugen, und wie tragisch die Gesetzestreuen die Sache nahmen,
hat Pilatus nachmals erfahren müssen[2] und der syrische Legat Vitellius[3] auf seinem Marsche gegen Aretas sich nicht ungesagt sein lassen.
Es sticht, dem entsprechend, aus den Psalmen Salomos ein Zug ganz
besonders hervor, der, wenn auch früher schon vorhanden, nie so entschieden ausgesprochen worden war: die Reinigung des Landes
und des Volkes von den Fremden (Ps. Salom. 17 25f. 29 33 36 41 51
18 6): „Er durchschaut sie, dass sie nur Söhne ihres Gottes sind; er
verteilt sie nach Stämmen über das Land, und weder Beisass noch
Fremdling darf ferner bei ihnen wohnen" (17 30f.). Was bisher auf
Jerusalem beschränkt war, erscheint hier erweitert inbezug auf das
ganze Land. Eine solche Stelle ist recht eigentlich der Schlüssel zum
Verständnis einer dogmatischen Korrektur, wie wir sie Jes 16 4 finden.
Moab ist geschlagen, und seine Flüchtlinge sind im fremden Lande
des Schutzes bedürftig. Nun heisst es in der Anrede an die Tochter
Zion: „Mögen als Fremdlinge wohnen (יָגוּרוּ) bei dir die Versprengten
Moabs (נִדְחֵי מוֹאָב), sei ihnen ein Versteck vor dem Verwüster"; so wenigstens übersetzt LXX den Anfang (παροικήσουσί σοι οἱ φυγάδες Μωάβ);
ebenso Syr. Aber dass die Versprengten Moabs[4] unter Israel wohnen
sollten, erregte Anstoss; man trennte Moab von נדחי und punktierte

---

[1] Ant. XIII 9 2.
[2] XVIII 3 1 B. J. II 9 2 s.   [3] XVIII 5 s.
[4] Es kommt dazu eine besondere Abneigung gegen Moab. „Während die
Elohim anderer Völker von den LXX als Götter, ϑεοί, sowohl im Pentateuch als
in den übrigen biblischen Büchern bezeichnet werden, geben dieselben nur die
Elohim Moabs als nichtige Bilder, εἴδωλα, wieder, (so zweimal Num 25 2 I Reg
11 2 7 8 33) ein Wort, das der griechische Uebersetzer sonst nur für אלילים oder
הבלים gebraucht; auch von Moabs Heiligtum מקדש zu sprechen, ist dem Ver-
tenten zuwider, und wo dies im Original Jes 16 12 vorkommt, übersetzt er χειρο-
ποίητα" (GEIGER, l. c. p. 301).

dieses als „meine Versprengten", wodurch der massorethische Text in
Unordnung geraten ist[1]. Diese Angst, mit Fremden im heiligen Lande
zusammenwohnen zu sollen, hat, wenn ich recht sehe, einen realen
Grund; ich möchte hinweisen auf eine Bemerkung, die Josephus an
eine Geschichte aus der von uns besprochenen Zeit knüpft. Er sagt,
die Parther hätten die Sitte, ihre σεβάσματα nicht nur bei sich in den
Häusern zu haben, sondern auf Reisen mitzunehmen; so tut es auch
die Frau jenes parthischen Strategen, in die sich Aniläus verliebt hat[2].
Unwillkürlich erinnern wir uns der Rahel mit ihren Teraphim; wir
könnten auch an das Ephod denken, das seinen Besitzer überallhin
begleitet — kurz, es ist die alte Anschauung noch, dass der Fremde,
wohin er kommt, sozusagen etwas von seiner Gottheit mit sich bringt,
und nicht blos ideell, sondern eben auch realiter; das Land aber kann
nicht mehr als einen Gott ertragen, mit dem es verwachsen ist. Jedenfalls wird diese Ausschliessung der Fremden künftighin zum unver-
änderlichen Dogma. „Gleich wie ihr in dieser Welt abgesondert gewohnt und durchaus nichts von Heiden genossen habt, so werde ich
euch in der Zukunft abgesondert wohnen lassen, und keiner der Heiden soll etwas von euch mehr geniessen. Unter euch wird niemand
wohnen, der dem Götzen dient — dadurch wird Jakobs Sünde gesühnt
werden"[3] (vgl. Jes 27 9). Und der Niederschlag findet sich in den ge-
setzlichen Bestimmungen: „Man darf dem Heiden im Lande Israel
keine Häuser noch weniger Felder vermieten; in Syrien darf man
ihnen Häuser vermieten, aber nicht Felder; im Ausland darf man
ihnen Häuser verkaufen und Felder vermieten; so sagt R. MEIR.
R. JOSE sagt: Im Lande Israel darf man ihnen Häuser vermieten, aber
keine Felder. In Syrien darf man ihnen Häuser verkaufen und Aecker
vermieten; im Ausland darf man ihnen beides verkaufen. Auch da, wo
die Gelehrten erlauben ihnen Häuser zu vermieten, heisst das nicht
zu einem Wohnhause, weil der Heide seine Götzen hineinstellen wird
und die Schrift sagt: Du sollst keinen Greuel in dein Haus bringen"[4].
Diese Tendenz hat auch ein profaner Schriftsteller deutlich erkannt.
Dio Cassius[5] sagt: „Als Hadrian zu Jerusalem eine eigene Stadt an
Stelle der zerstörten gründete, welche er Aelia Capitolina nannte, und
an der Stelle des Tempels ihres Gottes einen anderen Tempel für Zeus
errichtete, da erhob sich ein grosser und langwieriger Krieg; denn die
Juden hielten es für einen Greuel, dass Fremde in ihrer Stadt sich

---

[1] l. c. p. 300.   [2] Ant. XVIII 9 5.
[3] Sifre 135a (bei WEBER p. 367).
[4] Aboda Sara I Mischna X (deutsch von EWALD p. 153).
[5] LXIX 12.

ansiedelten und fremde Heiligtümer in ihr gegründet wurden". Die Kehrseite davon ist die stets wiederkehrende Erwartung der Samm-lung aller Glaubensgenossen ins Mutterland, die dem Judentum so tief in Fleisch und Blut eingesenkt ist, dass sie selbst noch von einem Philo [1] kräftig ausgesprochen wird, bei dem doch die jüdische Religion mehr als bei irgend einem anderen Juden „entlokalisiert" erscheint. Der Islam ist hier in das Erbe des Judentums eingetreten. Omar ordnete die Vertreibung aller Andersgläubigen aus Arabien an, weil auf den Prophet der Spruch zurückgeführt wurde: „Es sollen nicht neben einander zwei Religionen auf der Insel der Araber bestehen" [2].

2. Reinheit von Handel und Wandel. Der Hauptvorwurf, der seitens der Heiden gegen die Juden ganz allgemein [3] erhoben wurde, ist der der „ἀμιξία", d. h. sie wollten mit keinem Menschen Gemeinschaft pflegen; ja sie meinten es überhaupt mit niemandem gut. Wofür die Spartaner berüchtigt waren, weil bei ihnen der dauernde Aufenthalt oder wenigstens die Niederlassung Fremder nicht gestattet war, die „ξενηλασία", das wurde auch den Juden Schuld gegeben [4], und ξενηλασία eignete sonst nach des Eratosthenes Wort den Barbaren [5]. So weit sogar verstieg man sich in diesem Vorwurfe, dass man davon zu erzählen wusste [6], wie Antiochus im Tempel zu Jerusalem einen Griechen gefunden habe, den die Juden gemästet hätten, um ihn her-nach zu schlachten und bei seinen Eingeweiden zu schwören, sie wollten die Griechen immer hassen. Diese und andere [7] Geschichten, die sich ungefähr auf derselben Höhe bewegen, geben unmittelbar den Ein-druck wieder, den das Verhalten der Juden auf Fremde bewirkt hat,

---

[1] De execrationibus § 8 f. M. II 435 f. Ri. V 255 f.

[2] KREMER, Kulturgeschichte des Orients I p. 100.

[3] So Manetho und Lysimachus (c. Ap. I 26 34); schon die Ratgeber des Antioch. Sid. weisen hin auf „τὴν πρὸς ἄλλους αὐτῶν τῆς διαίτης ἀμιξίαν" (Ant. XIII 8 ᵃ); vgl. Tacit. Hist. V 5: „separati epulis, discreti cubilibus .... alienarum concubitu abstinent"; l. c.: „adversus omnes alios hostile odium". Diod. Sic. Eclog. 34 ₁: μόνους γὰρ ἀπάντων ἐθνῶν ἀκοινωνήτους εἶναι τῆς πρὸς ἄλλο ἔθνος συμμιξίας καὶ πολεμίους ὑπολαμβάνειν πάντας .... τὸ μηδενὶ ἄλλῳ ἔθνει τραπέζης κοινωνεῖν τὸ παράπαν μηδ᾽εὐνοεῖν. Ferner in Justins Auszug aus Trogus Pompejus C 36 ₂₁₅: caverunt, ne cum peregrinis communicarent. Philostratus Vita Apoll. T. C 5 ₁₁: οἱ μὲν βίον ἄμικτον εὑρόντες καὶ οἷς μήτε κοινὴ πρὸς ἀνθρώπους τράπεζα μήτε σπονδαὶ μήτε εὐχαὶ μήτε θυσίαι, πλέον ἀφεστᾶσιν ἡμῶν ἢ Σοῦσα καὶ Βάκτρα καὶ ὑπὲρ ταῦτα Ἰνδοί. (cit. bei MEIER, Judaica p. 20).

[4] Diod. Sic. Ecl. XI (l. c. p. 20): Διὰ γὰρ τὴν ἰδίαν ξενηλασίαν ἀπάνθρωπόν τινα καὶ μισόξενον βίον εἰσηγήσατο.

[5] Φησὶ δὲ Ἐρατοσθένης κοινὸν μὲν εἶναι τοῖς βαρβάροις πᾶσιν ἔθος τὴν ξενη-λασίαν (Strabo XVII 1 p. 440).

[6] c. Ap. II 8.   [7] c. Ap. II 7 I 26 ff.

und es entsprechen ihnen durchaus die Taten, in denen sich von Zeit zu Zeit die Stimmung gegen sie Luft machte, so in Alexandrien[1], in Babylon[2], in Cäsarea[3] u. s. w. Wo man die Juden nicht fürchtete, da verabscheute[4] man sie oder man hasste[5] sie. Es zeigt dies alles nur, wie spröde und abweisend sie sich im ganzen müssen betragen haben. Man erinnert sich dabei gerne der anschaulichen Worte Juvenals[6]: .

„Romanas autem soliti contemnere leges
Judaicum ediscunt et servant et metuunt ius,
Tradidit arcana quodcumque volumine Moses:
Non mostrare vias eadem nisi sacra colenti
Quaesitum ad fontem solos deducere verpos.“

Und wirklich entsprach den Tatsachen die Theorie. „Man lädt einen Heiden nicht zu Tisch; denn wer es tut, verursacht seinen Kindern die Strafe des Exils[7].“ Man setzt sich noch viel weniger an seinen Tisch. Bei den Essenern stehen die Jüngeren so viel unter den Aelteren, dass wenn sie mit ihnen in Berührung kommen sollten, diese sich waschen, „gleich als wären sie durch einen Fremden (ἀλλο-φύλῳ) besudelt worden“[8] (vgl. Joh 18 28). Und nun im Handel: „Drei Tage vor den Festen der Heiden ist es nicht erlaubt, mit ihnen Geschäfte zu machen, weder von ihnen etwas zu leihen noch ihnen etwas auszuleihen, ihnen weder Darlehen zu machen, noch von ihnen Geld zu entlehnen, ihnen weder eine Zahlung zu leisten noch von ihnen Zahlung einzuziehen[9]. Nach R. Ismael gilt dies drei Tage sowohl vor als nach den Festen der Heiden[10], und nach strengster Anschauung soll man überhaupt kein gemeinsames Geschäft mit ihnen machen, um nicht in die Lage zu kommen, sie bei ihrem Gott schwören zu lassen“[11]. Folgende Gegenstände sind immer verboten den Heiden zu verkaufen: אִיצְטְרוֹבְּלִין (= schuppige längliche Baumfrüchte wie Tannzapfen), בְּנוֹת שׁוּחַ (= weisse Feigen), פְטוֹטְרוֹתֵיהֶן (= Stiele, an denen Früchte hängen), Weihrauch und ein weisser Hahn. R. Meir (מֵאִיר) sagt, man dürfe ihnen auch nicht דְּקַל טָב (= gute Datteln), חָצָב (Dattelsaft) und auch keine וּקְלִיבָם (Niklasdatteln) verkaufen“[12]; „nirgends darf man ihnen verkaufen grosses Vieh, Kälber oder Eselsfüllen, sie mögen unbeschädigt sein oder zerbrochene Füsse haben“[13]; umgekehrt heisst

---

[1] B. J. II 18 7 8. [2] Ant. XVIII 9 8 f. [3] Ant. XX 8 7.
[4] „Despectissima pars servientium, taeterrima gens“. (Tac. Hist. V 8.)
[5] B. J. II 18 5. [6] Sat. XIV 100—104. [7] Sanhedrin 63 b.
[8] Jos. B. J. II 8 10. [9] Aboda sara übers. von F. C. Ewald p. 3.
[10] l. c. p. 51. [11] Weber, l. c. p. 70.
[12] Aboda sara l. c. p. 98 f. [13] l. c. p. 105.

es: „Folgende Gegenstände sind von den Heiden anzunehmen verboten und zwar sogar jeder Genuss davon: der Wein, der Essig, welcher aus Wein verfertigt wurde, hadrianische Scherben und Tierhäute, aus denen das Herz zum Opfer gerissen wurde . . . von Traubenkörnern und Hülsen der Häute ist sogar der Nutzen untersagt . . . Fischlacke und Käse aus Beth-Oneike, der von Heiden gemacht worden ist, sind nach R. Meir verboten, selbst der Nutzen davon"[1] . . . u. s. w. (vgl. Tob 1 10f.): Diese Bestimmungen gehen noch weit über das hinaus, dass Marc Aurel den Verkauf von Eisen und Waffen an Fremde verbietet[2], oder die Kaiser Gratian, Valentinian und Theodosius ihren Untertanen nicht gestatten, in fremden Ländern, mit denen keine Verträge geschlossen waren, Markt abzuhalten, „quod non convenit, scrutarentur arcana"[3].

Die Scheidung der Juden von den Fremden erstreckt sich aber auch auf das Gebiet des geistigen Lebens. Israel besucht die heidnischen Theater nicht[4] und soll sich mit den Geisteswerken der Heiden überhaupt nicht beschäftigen[5]. Zur Zeit des Titus- oder richtiger Quietuskrieges wurde verboten, dass jemand seinen Sohn griechischen Unterricht nehmen lasse[6]; die mischnische Vorschrift lautet dahin: Wenn man griechische Weisheit studiere, so solle es geschehen in der Zeit der Dämmerung, zwischen Tag und Nacht; denn Tag und Nacht soll die Thora nicht von Israel weichen[7]. Kurz „es giebt für das jüdisch-religiöse Bewusstsein zwischen Judentum und Heidentum kein mittleres Gebiet des Natürlichen und rein Humanen, auf welchem beide sich berühren könnten, wo sie beide gemeinsames Interesse haben, gemeinsame Arbeit tun und gemeinsame Frucht ernten könnten; dies ist ausgeschlossen durch die Unreinheit des Heidentums in physischer wie in ethischer Beziehung"[8].

3. Reinheit der Ehe. Dass man von Ehen mit Fremden nichts wissen wollte, ist schon nach dem Gesagten selbstverständlich. Das Buch der Jubiläen zeigt uns, wie strenge man in den Kreisen, denen es entsprungen ist[9], darüber dachte. „Wenn ein Mann in Israel seine Tochter oder Schwester irgend einem Manne vom Samen der Heiden geben will oder gegeben hat, soll er des Todes sterben und man soll ihn mit Steinen steinigen; denn er hat eine Sünde und Schande an

---

[1] l. c. p. 210 f.
[2] L. 2 Cod. „Quae res exportari non debeant". (Pappafava l. c. p. 12.)
[3] L. 2. 4, Cod. de comm. et mercat. (Pappafava l. c. p. 11.)
[4] Echa rabba 36 c 38 b (Weber p. 71).
[5] Mechilta 70 b (Weber p. 59).   [6] Sota IX 14.
[7] Pesikta 46 a (Weber p. 70).   [8] Weber l. c.   [9] s. ob. p. 251.

Israel begangen. Und das Weib soll man mit Feuer verbrennen, weil
sie den Namen des Hauses ihres Vaters verunreinigt hat, und sie soll
ausgerottet werden aus Israel (Jub 30). Das wird erläutert am Beispiel der Sichemsgeschichte (Gen 34); darnach haben die Söhne Jakobs
gesprochen: Wir wollen unsere Töchter (sic) keinen unbeschnittenen
Männern geben; denn es ist eine Schmach für uns und Israel" (l. c.).
Auch der alte Tobith spricht zu seinem Sohne: „Hüte dich, Kind, vor
aller Hurerei und nimm vor allem ein Weib vom Samen deiner Väter!
Nimm kein fremdes Weib, das nicht aus dem Stamme deines Vaters
ist; denn wir sind Kinder von Propheten: Noah, Abraham, Isaak,
Jakob unsere Väter vor Alters —, bedenke, Kind, dass sie alle Weiber
von ihren Brüdern nahmen und wurden in ihren Kindern gesegnet,
und ihr Same soll das Land besitzen, und nun, Kind, liebe deine
Brüder und ziehe dich nicht hoffärtig von deinen Brüdern zurück und
von den Söhnen und Töchtern deines Volkes, um aus ihnen kein Weib
zu nehmen" (4 12f. vgl. 1 9 3 10 6 12 15 7 13, auch 5 11 13). Wir sahen
schon[1], dass gelegentlich selbst Philo auf Mischehen sehr schlecht zu
sprechen ist. Recht charakteristisch ist eine Bemerkung im Buche
der Jubiläen. Er, der Sohn Judas „hasste" sein Weib Thamar und
lag nicht bei ihr, weil seine Mutter von den Töchtern Kanaans war
und er sich ein Weib von der Verwandtschaft seiner Mutter nehmen
wollte, aber sein Vater Juda erlaubte es ihm nicht (Jub 41). Dass
Mose eine Kuschitin zum Weibe genommen habe (Num 12 1), ist undenkbar. Diese Späteren mussten darüber ein ähnliches Unbehagen empfinden wie die katholische Kirche über die Tatsache, dass ihr Apostel-
fürst und erster Bischof verheiratet war. Eine jüngere Haggada verfällt
denn auf die seltsame Erklärung כּוּשִׁית heisse „sehr schön"[2]. Ganz
entsprechend ist es, wenn man aus Judas Weib Suah (Gen 38 2), der
Tochter eines אִישׁ כְּנַעֲנִי, die „Tochter eines Kaufmannes" machte[3]. Für
gewöhnlich aber half man sich anders. Dass die frommen Väter zuweilen fremde Frauen genommen hatten, liess sich nicht ableugnen.
Nach den Jubiläen hat beispielsweise nicht blos neben Juda Simeon
eine Kanaanitin und Joseph eine Aegypterin, sondern Levi eine Aramäerin und Naphthali eine Mesopotamierin (34 Schl.), wofür das Zeugnis der Bibel fehlt. Und auch Thamar, das schon genannte Weib
Ers, erscheint als Aramäerin. Die Lösung kann keine andere sein,

---

[1] s. oben p. 284.   [2] GEIGER, Urschrift p. 199.

[3] Pesachim 50 (bei WEBER l. c. p. 54), vgl. GEIGER, Urschrift p. 361. Vielleicht
leitete LXX eine ähnliche Tendenz, wenn sie in gleichem Zusammenhang aus
Judas adullamitischem „Freunde" Chira (Gen 38 12 20: רֵעֵהוּ), seinen „Hirten" (רֹעֵהוּ)
gemacht haben (GEIGER, l. c.).

als dass diese Frauen sämtlich als Bekehrte vorgestellt werden. Durch
diese Auskunft werden ja auch ein Simson, ein Salomo u. s. w. rein
gewaschen. So wurde es auch möglich in das Geschlechtsregister Mt 1
die Rahab unbedenklich aufzunehmen. Anders konnte von Mischehen
nicht die Rede sein, und die Geschichte, die wir bei Josephus [1] lesen,
von den Anläufen der Juden gegen Aniläus in Babylonien, der sich
mit der Frau eines parthischen Strategen verheiratete und ihr nicht
wehrte, ihrem heidnischen Götzendienst nachzuhangen, zeigt uns recht
anschaulich, wie wenig sie selbst für die Grossen in diesem Punkte eine
Ausnahme zu machen gewillt waren. Sogar die Herodäer hüteten
sich wohl, von der Regel abzuweichen, wie uns verschiedene Beispiele
zeigen. Sylläus, Statthalter des arabischen Königs Obedas, hielt um
die Hand der Salome, der Schwester des Herodes, an. Sie selber war
mit der Heirat einverstanden; Herodes hätte sie politisch von Nutzen
sein können; weil aber Sylläus erklärte, er würde von den Arabern ge-
steinigt werden, falls er das Judentum annehmen müsste, unterblieb die
Heirat [2]. Drusilla, die Tochter Agrippas I., war von ihrem Vater dem
Epiphanes, Sohn des Antiochus von Commagene, versprochen worden [3];
die Bedingung war auch hier Uebertritt zur jüdischen Religion; denn
als Epiphanes sich dazu nicht verstehen wollte, kam Drusilla an Aziz,
König der Emeser, der sich beschneiden liess [4]. Sie verliess ihn freilich später, um den Landpfleger Felix zu heiraten; indessen wurde
ihr dies als ein grober Abfall vom Gesetz nicht verziehen [5]. Ihre
Schwester, die oben erwähnte Berenice wusste nach dem Tode ihres
ersten Mannes, des Herodes von Chalcis, um unliebsamem Gerede zu
entgehen, Polemon, den König von Cilicien, zur Annahme der Beschneidung zu bewegen, wessen er sich, ihrem Gelde zu Liebe, nicht
weigerte. Sie hielt freilich die Treue nicht besser als ihre Schwester,
und Polemons Judentum war von nicht längerem Bestand als seine
Ehe [6]. Nach diesem ist wohl anzunehmen, dass jener cyprische Grosse,
namens Timius, (wenn er überhaupt nicht schon Jude war), die Alexandra, die Tochter Phasaels und der Salampso nur unter der Bedingung der Annahme der jüdischen Religion zur Frau erhielt [7]. Wenn
also KEIL [8] behauptet: „Dass von einem Heiden, der eine Israelitin
heiraten wollte, nebst den allgemeinen Bedingungen der Naturalisation
auch die Annahme der Beschneidung gefordert worden sei" [9], lasse sich

[1] Ant. XVIII 9 5.   [2] XVI 7 6.   [3] XIX 9 1.
[4] XX 7 1.   [5] XX 7 2.   [6] XX 7 3.
[7] XVIII 5 4.
[8] Handbuch d. bibl. Archäologie II p. 51 f.
[9] So SAALSCHÜTZ l. c. p. 786.

aus mosaischen Gesetzen nicht begründen, so steht jedenfalls wenigstens die gegenteilige Praxis im ersten vorchristlichen Jahrhundert fest und giebt höchstwahrscheinlich nur die Meinung von P wieder. RENAN [1] macht die Beobachtung, dass, während man viele (?) Beispiele habe, wo Jüdinnen an Heiden verheiratet werden, man kein einziges kenne, dass ein Jude mit einer Heidin verheiratet gewesen sei. Die Herodäer werden sich dieser Praxis erst recht nicht entzogen haben. Einzig von den Nachkommen Alexanders [2] und der Jotape, Tochter des Antiochus von Commagene, sagt Josephus [3], sie hätten die jüdischen Gebräuche bald gegen die griechischen eingetauscht.

4. **Reinheit des Tempels.** Soll schon das heilige Land nicht von Fremden betreten werden, so erst recht nicht der Tempel. Um seiner Profanation durch Unberufene vorzubeugen, wurde denn beim Umbau durch Herodes an der steinernen Brustwehr zwischen äusserem und innerem Vorhof jeweilen in gewisser Entfernung auf Säulen eine Inschrift in griechischer und lateinischer Sprache angebracht, worin der Eintritt in den inneren Vorhof unter Androhung der Todesstrafe allen Fremden untersagt wurde. Durch die Auffindung der betreffenden Inschrift, die im Hofe der Medrese Clermont-Ganneau im Mai 1871 gelang [4], sind wir in den Besitz des ursprünglichen Wortlautes gelangt: „μηθένα ἀλλογενῆ εἰσπορεύεσθαι ἐντὸς τοῦ περὶ τὸ ἱερὸν τρυφάκτου καὶ περιβόλου· ὃς δ᾽ ἂν ληφθῇ ἑαυτῷ αἴτιος ἔσται διὰ τὸ ἐξακολουθεῖν θάνατος".

Verglichen mit dem Texte des Josephus [5] findet sich eine Differenz orthographischer Art: Josephus schreibt δρυφάκτου, die Inschrift hat τρυφάκτου; ferner gilt nach Josephus das Verbot dem ἀλλόφυλος und ἀλλοεθνής, nach der Inschrift dem ἀλλογενής. „Ce serait peut-être aller trop loin", bemerkt dazu CL.-GANNEAU [6], „que de vouloir admettre que l' accès du temple était interdit non seulement aux étrangers païens, mais même aux étrangers non païens, aux prosélytes, c'est-à-dire de faire de cette prohibition non seulement une question de foi mais encore une question de race." In der Tat möchten wir hier keinen Unterschied statuieren, sondern den abweichenden Wortlaut nur auf mangelhafte Erinnerung des Josephus zurückführen. Viel wichtiger ist die Entscheidung über den wirklichen Sinn des Verbotes. Es stehen einander nämlich zwei verschiedene Erklärungen entgegen, und für die endgiltige Entscheidung vertröstet sich CL.-GANNEAU

---

[1] SAINT PAUL p. 68.

[2] Urenkels Alexanders und der Glaphyra.

[3] Ant. XVIII 5 4.

[4] Vgl. PIPER: Ueber den kirchengeschichtlichen Gewinn von Inschriften (vornehmlich des christl. Altertums). Jahrb. f. deutsche Theol. 1876 (XXI).

[5] Ant. XV 11 5 B. J. V 5 2.

[6] Revue archéologique XXIII p. 232.

nur auf die Zukunft, wo vielleicht noch der lateinische Wortlaut aufgefunden
wird. Er übersetzt nämlich[1] die letzten Worte: „serait cause (litt.: coupable,
responsable envers lui-même) que la mort s'ensuivrait pour lui". DERENBOURG[2]:
„serait coupable envers lui-même parce que la mort serait la conséquence de
son action". Der Unterschied tritt erst klar zu Tage, wenn dieser hinzufügt, der
Tod erfolge nämlich „à la suite des foudres de la colère céleste ou des fureurs
d'une indignation populaire"; und weiter: „juridiquement une sentence de mort
n'était prescrite nulle part"[3]. CL.-GANNEAU spricht dagegen von einer „exécution
réelle soit expéditive et sommaire dans un transport de fanatisme populaire, soit
précédée d'une condamnation légale et entourée des formes juridiques usuelles,
nullement une disposition purement comminatoire"[4]. Es handelt sich im einen
Falle sozusagen um die moralische, im anderen um die juridische Schuld; diese
würde den gerichtlichen Tod, jene den übernatürlichen oder aber die Lynchjustiz
begründen. Der knappe Ausdruck des Josephus[5]: „θανατικῆς ἀπειλουμένης τῆς
ζημίας" beweist weder für noch gegen, noch weniger: „τῆς εἰσόδου προσηκούσης
τοῖς ἐγγένεσι"[6]; auch eine Stelle aus Philo[7] ist noch nicht entscheidend: „περι-
τοττέρα δὲ καὶ ἐξαίρετός ἐστιν αὐτοῖς ἅπασιν ἡ περὶ τὸ ἱερὸν σπουδή. Τεκμήριον δὲ
μέγιστον θάνατος ἀπαραίτητος ὥρισται κατὰ τῶν εἰς τοὺς ἐντὸς περιβόλους παρ-
ελθόντων — δέχονται γὰρ εἰς τοὺς ἐξωτέρω τοὺς πανταχόθεν πάντας — τῶν οὐχ ὁμο-
εθνῶν"; freilich scheinen mir diese Worte eher für die erstere Entscheidung
(juridische Todesdrohung) zu sprechen; aber es ist DERENBOURG nicht zu verargen,
wenn er gerade das Gegenteil darin findet. Zuzugeben ist, dass die Paulus-
geschichte (Act 21 28 f.) ohne Schwierigkeit zu seinen Gunsten gedeutet werden
kann; weil Gott nicht selber gleich drein fahre, so tue es die fanatische Menge;
um Trophimus, der nach der anderen Auffassung der einzig Schuldige wäre
kümmere sie sich gar nicht mehr; zwingend ist aber auch diese Erklärung nicht.
Andererseits hat jedenfalls CL.-GANNEAU ein Argument für sich, wenn er auf das
„λήφθη" Nachdruck legt[8]; wir nehmen hinzu, dass an den Eingängen des inneren
Vorhofes eigene Wachposten standen, um die Beobachtung des Verbotes aufrecht
zu erhalten[9]. Es ist auch nicht recht abzusehen, warum man es so verhüllt hätte,
dass ein göttliches Strafgericht den Uebertreter ereilen werde, wenn man ihn
doch abschrecken wollte. Aber entscheidend scheint nun auch mir eine andere
Stelle des Josephus[10] zu sein, wo er sagt, dass vor dieser kategorischen Strafe
selbst das römische Bürgerrecht nicht schütze; darnach dürfte es schwer halten,
die Todesandrohung anders als juridisch auffassen zu wollen. MOMMSEN[11] macht
es sogar wahrscheinlich, dass die an dem Gitter des Vorhofes angebrachten War-
nungstafeln von der römischen Regierung errichtet wurden. Auch so noch wurde
freilich in der Folge der freie Zutritt, den Fremde hatten, zu verräterischen
Zwecken von ihnen ausgebeutet[12]. Als einst die Samariter an einem Passahfest

---

[1] l. c. p. 220; auch angeführt von DERENBOURG: Journal asiatique (6. série)
t. XX (1872) p. 179.

[2] l. c. p. 184.   [3] l. c. p. 187.

[4] Revue arch. l. c. p. 290.   [5] Ant. XV 11 5.

[6] XIX 7 4.   [7] Leg. ad Cai. § 31 M. II 577. Ri. VI 118.

[8] l. c. p. 293.   [9] Philo, de praemiis sacerdot. § 6.

[10] B. J. VI 2 4.

[11] V 513 n. 1; vgl. WELLHAUSEN, Gesch. p. 299 Anm. 1.

[12] Ant. XX 8 5.

Nachts in die Tempelvorhöfe eindrangen und Totengebeine darin ausstreuten, wurden sie gänzlich vom Tempel ausgeschlossen [1].

5. Die Reinheit des Opfers und der Feste. Dass wenn alles getan wird, um den Tempel nicht zu profanieren, auch die Reinheit der Opfer ein Hauptanliegen ist, ist nur selbstverständlich. Doch werden gerade hier Fremden die weitgehendsten Konzessionen gemacht. Denn für Huldigungen, die Jahwe von ihnen dargebracht wurden, waren die Israeliten nichts weniger als unzugänglich; im Gegenteil. Alles, was man Jahwe tat, das tat man dem geringsten einem unter ihnen selbst. Aber die Fremden sollten dabei in respektvoller Ferne stehen bleiben und durch reinere Hände ausführen lassen, wozu sie selber zu unrein waren; „τοὺς μὲν τιμητικῶς ἔχοντας ἀλλοφύλους αὐτῶν οὐχ ἧττον τῶν ἰδίων ἀποδέχονται πολιτῶν" [2]. Wurde dies eingehalten, so hielt man sich selber für geehrt, wenn Fremde des Tempels gedenken wollten; das geht durch die ganze spätere jüdische Geschichte hindurch [3].

Schon Serubbabel und Josua sollen nach Josephus [4] den Samaritern, die am Tempelbau mithelfen wollten, geantwortet haben, sie könnten ihnen zwar diese Erlaubnis nicht geben; anbeten aber dürften sie, und darin allein hätten sie, wenn sie wollten, das gleiche Recht wie alle Menschen, die zum Heiligtume kämen, Gott zu verehren. Für den persischen König und seine Söhne soll nach königlicher Anordnung im Tempel gebetet werden (Esr 6 10). Nach dem Baruchbriefe (1 10 f.) werden schon die jerusalemischen Juden von ihren Brüdern in der Gefangenschaft aufgefordert, ein Gleiches für Nebukadrezar und Belsazar zu tun, dass ihre Tage sein mögen „wie die Tage des Himmels auf Erden". Dass Alexander für sich opfern liess, hat bereits oben [5] Erwähnung gefunden. Ptolemäus II., Lagi Sohn, kommt wenigstens unter dem Schein, opfern zu wollen, nach Jerusalem und wird eben darum gut aufgenommen [6]. Pseudo-Aristeas [7] will von zwanzig goldenen und dreissig silbernen Schalen, fünf Krügen und einem kunstvoll gearbeiteten goldenen Tisch wissen als Weihgeschenken, die Ptolemäus II. nach Jerusalem sandte, als er sich vom Hohenpriester Männer zur Uebersetzung des A. T. ins Griechische erbat. Es geschehen dafür seitens der Juden für ihn und seine Familie Opfer [8]. Als Ptolemäus III. Euergetes ganz Syrien mit Gewalt eingenommen hat, opfert er nicht den Göttern von Aegypten Dankopfer für den Sieg, sondern er kommt nach Jerusalem und vollzieht „nach unserer Weise" viele Opfer für Gott und schenkt des Sieges würdige Weihgeschenke [9]. Nach II Makk 3 35 hätte Heliodor zum Beschluss seines Tempelbesuches Gott geopfert; dasselbe tut Antiochus Eupator (II Makk 13 23), während für Demetrius I. die Juden selber

---

[1] Ant. XVIII 2 2.

[2] Philo, de legat. ad Caj. § 31, Mangey II 577 Ri. VI 118.

[3] Die historische Glaubwürdigkeit der anzuführenden Beispiele haben wir an dieser Stelle nicht zu untersuchen.

[4] Ant. XI 4 3.   [5] p. 199.

[6] Ant. XII 1.   [7] MERX, Archiv I p. 262—269.

[8] Ant. XII 2 c.   [9] c. Ap. II 5.

im Tempel Opfer darbringen (I Makk 7 ₃₃). Antiochus VII. schickt, während er
Jerusalem belagert, zum Opfer am Laubhüttenfest Stiere mit vergoldeten Hörnern und goldene und silberne Trinkgefässe mit allerlei Gewürz angefüllt[1]. Später
schenkt Sosius dem Tempel eine goldene Krone[2]; des Agrippa Hekatombe und
seine Weihgeschenke an den Tempel werden vom Volke gut aufgenommen[3], sowie
auch das Opfer des judenfreundlichen Vitellius[4]. Augustus und seine Gemahlin
stiften Weinkrüge[5]; überhaupt „haben die römischen Kaiser den Tempel allezeit
geehrt und geziert"[6]; und Josephus erwähnt gesondert die „Weihgeschenke der
Römer"[7]. Die von den Zeloten nach Jerusalem berufenen Idumäer beklagen sich,
als sie nicht gleich Einlass in die Stadt erhalten, aufs Allerbitterste, dass ihnen,
den Geschlechtsverwandten, die Stadt verschlossen bleibe, die zum Gottesdienst
allen Fremden (ἀλλοφύλοις) offen stehe[8]. An demselben Orte spricht Josephus
auch von dem „allen Hellenen und Barbaren ehrwürdigen Altar", und anderswo[9]
nennt er den Tempel: „ὁ ὑπὸ τῆς οἰκουμένης προςκυνούμενος χῶρος καὶ τοῖς ἀπὸ
περάτων γῆς ἀλλοφύλοις ἀκοῇ τετιμημένος". Auf Simon ben Gamaliel wird der
Ausspruch zurückgeführt: sieben Verordnungen erliess einst die hohe Behörde;
eine davon lautet: Wenn ein Heide vom Auslande her ein Brandopfer sendet
und die dazu gehörigen Giessopfer hinzugefügt hat, so werden diese mit angenommen. Wenn er aber dies unterlassen hat, so werden dieselben vom Tempelschatze hinzugetan[10]. Uebrigens wissen wir aus dem N. T., dass Fremde nach
Jerusalem anzubeten kamen (Joh 12 ₂₀ Act 8 ₂₇). Die Weigerung, keine Gaben und
Opfer mehr von Fremden anzunehmen und verbunden damit die Abstellung des
Opfers für den Kaiser wurde bekanntlich geradezu die Kriegserklärung an die
Römer[11]. Gerade die Schwierigkeiten, unter denen sich dies in Jerusalem durchsetzte, zeigen, wie wenig man im allgemeinen den Opfern der Fremden abgeneigt
war. Josephus sieht sich zur Komposition einer ganzen Rede veranlasst, in der
er die Obersten der Stadt und Hohenpriester und Pharisäer das gute Recht derselben verteidigen lässt. Ihre Vorfahren hätten ja zum grössten Teil den Tempel
geschmückt mit Weihgeschenken Fremder und hätten immer die Gaben auswärtiger Völker angenommen (und: „ὅςων ἐθνῶν δῶρα"!)[12], auch nicht allein
fremde Opfer nicht verboten (denn das sei gottlos), sondern Weihgeschenke, die
bis auf den heutigen Tag vor aller Augen übrig seien, am Heiligtume aufgestellt
Nun wollten sie (sc. die Partei Eleasars) einen fremden gottesdienstlichen Brauch
einführen und liefen Gefahr, die Stadt der Gottlosigkeit wegen in Verruf zu
bringen, wenn bei den Juden allein kein Fremder weder opfern noch anbeten
dürfe. Wenn einer über einen einzelnen Privatmann dieses Gesetz verhängen
wollte, der würde sich beklagen als über eine gesetzliche Unfreundlichkeit.....
Es stehe aber zu befürchten, dass, wenn sie die Opfer für die Römer und den
Kaiser abschaffen wollten, sie an ihrem eigenen Opfer verhindert würden und
die Stadt der Herrschaft verlustig gehe, wo sie nicht bald Vernunft annähmen
und die Opfer wieder zuliessen und den Frevel wieder gut machten, ehe die

---

[1] Ant. XIII 8 ₂.   [2] XIV 16 ₄.
[3] XVI 2 ₁, Philo leg. ad Caj. § 37.   [4] XVIII 5 ₃.
[5] B. J. V 13 ₆, Philo leg. ad Caj. § 23.
[6] B. J. V 13 ₆.   [7] B. J. IV 3 ₁₀.
[8] B. J. IV 4 ₄ vgl. V 1 ₃.   [9] B. J. IV 4 ₃ vgl. II Makk 3 ₂ 5 ₁₆.
[10] Bei JOST, Gesch. des Judentums und seiner Sekten I p. 447.
[11] B. J. II 17 ₂.   [12] B. J. V 9 ₄.

Kunde davon zu denen dringe, an welchen sie damit gefrevelt hätten[1] (vgl. noch Ass. Moys. 12 6).

So tief war also der Brauch gewurzelt, der Fremden den Opferdienst nicht verschloss. Aber wehe ihnen, wo sie die Schranken, die ihnen dabei gezogen waren, zu überschreiten versuchten! Wir wissen, wie sich pharisäischem Urteil das Unterfangen des Pompejus darstellte[2]. Keiner hat vor ihm oder nach ihm ein Gleiches ungestraft tun dürfen (Heliodor im II, angeblich Ptolemäus IV. Philopator im III. Makkabäerbuch: „von Gott geschlagen"), und nach der Invasion des Antiochus Epiphanes hatte es einer solennen Tempelreinigung bedurft (I Makk 4 36ff), wie sie auch in Rom unumgänglich war, wenn die Tempel verunreinigt worden waren[3].

Wie beim Opfer, so suchte man natürlich bei den Festen die Reinheit zu wahren. Ich begnüge mich mit einem Beispiel, das ich dem Buche der Jubiläen entnehme. Es ist die Rede davon, dass Abraham zum ersten Male das Laubhüttenfest feiert, er und alle, welche in seinem Hause waren, „und", wird hinzugefügt, „kein Fremder war mit ihm und kein Bastard" (Kap. 16)! Für die Feier des Passah vgl. Jos. B. J. VI 9 3[4].

· Diese Ausführungen mögen genügen uns zu zeigen, dass es mit dem Reinheitsideal der jüdischen Verfassung in der Tat die oben behauptete Bewandtnis habe. Es ist nicht ethisch gedacht, sondern lediglich physisch. Wir glauben im folgenden den Beweis erbringen zu können, dass dieses selbe Ideal der Reinheit auch auf die Fremden übertragen wird, die man gewinnen will. Wir kommen nicht ohne einige Umwege zum Ziel.

Dass Proselyten gemacht wurden, haben wir gesehen. „Es ist ein grosser Blick über sich hinaus, über die eigene Schranke hinweg, ein Streben, das kundgiebt, dass die Idee im Judentum mächtiger ist als das Gefäss, in dem sie zuerst eingehüllt ist. Es ist, als tönte überall das Wort der alten Lehrer: Zerbrich das Gefäss und wahre den köstlichen Inhalt, ihn, der nicht umschlossen werden kann durch das sinnliche Gefäss"[5]. Diese Worte sind zum Teil richtig; zum Teil, denn mit dem Zerbrechen des Gefässes ist es nicht weit her gewesen. Das ist gerade der Punkt, wo sich in Bezug auf das Wie der Proselyten die Differenz erhebt.

---

[1] B. J. II 17 3.   [2] s. oben p. 244.   [3] T. Liv. V 50.

[4] ... „οὔτε τοῖς ἄλλως μεμιασμένοις ἐξῆν τῆσδε τῆς θυσίας μεταλαμβάνειν· ἀλλ' οὐδὲ τοῖς ἀλλοφύλοις, ὅσοι κατὰ θρησκείαν παρῆσαν." Vgl. oben p. 172.

[5] A. Geiger, Das Judentum und s. Geschichte I p. 26.

im Tempel Opfer darbringen (1 Makk 7 ss). Antiochus II. schickt, während er Jerusalem belagert, zum Opfer am Laubhüttenfest Stiere mit vergoldeten Hörnern und goldene und silberne Trinkgefässe mit allerlei Gewürz angefüllt[1]. Später schenkt Sosius dem Tempel eine goldene Krone[2]; des Agrippa Hekatombe und seine Weihgeschenke an den Tempel werden vom Volke aufgenommen[3], sowie auch das Opfer des judenfreundlichen Vitellius[4]. Augustus und seine Gemahlin stiften Weinkrüge[5]; überhaupt „haben die römischen Kaiser den Tempel allzeit geehrt und geziert"[6]; und Josephus erwähnt gesondert die „Weihgeschenke der Römer"[7]. Die von den Zeloten nach Jerusalem berufenen Idumäer beklagen sich, als sie nicht gleich Einlass in die Stadt erhalten, aufs erbitterste, dass ihnen, den Geschlechtsverwandten, die Stadt verschlossen bleibe, die zum Gottesdienst allen Fremden (ἀλλοφύλοις) offen stehe[8]. An demselben Orte spricht Josephus auch von dem „allen Hellenen und Barbaren ehrwürdigen Altar", und anderswo[9] nennt er den Tempel: „ὁ ὑπὸ τῆς οἰκουμένης προςκυνούμενος γῶρος καὶ τοῖς ἀπὸ περάτων τῆς ἀλλοφύλοις ἀκοὴ τετιμημένος". Auf Simon ben ..... amalia[?] wird der Ausspruch zurückgeführt: sieben Verordnungen erliess einst die hohe Behörde; eine davon lautet: Wenn ein Heide vom Auslande h[?] ein Brandopfer sendet und die dazu gehörigen Giessopfer hinzugefügt hat, so werden diese mit angenommen. Wenn er aber dies unterlassen hat, so werden dieselben vom Tempelschatze hinzugetan[10]. Uebrigens wissen wir aus dem N. T., dass Fremde nach Jerusalem anzubeten kamen (Joh 12 ss Act 8 sr). Die Weigerung, keine Gaben und Opfer mehr von Fremden anzunehmen und verbunden damit die Abstellung des Opfers für den Kaiser wurde bekanntlich geradezu die Kriegserklärung an die Römer[11]. Gerade die Schwierigkeiten, unter denen sie dies in Jerusalem durchsetzte, zeigen, wie wenig man im allgemeinen den Opfern der Fremden abgeneigt war. Josephus sieht sich zur Komposition einer ganzen Rede veranlasst, in der er die Obersten der Stadt und Hohenpriester und Pharisäer das gute Recht derselben verteidigen lässt. Ihre Vorfahren hätten ja zum grössten Teil den Tempel geschmückt mit Weihgeschenken Fremder und hätten immer die Gaben auswärtiger Völker angenommen (und: „ὅταν ἐθνῶν ἐᾶι"!)[12], auch nicht allein fremde Opfer nicht verboten (denn das sei gottlos), sondern Weihgeschenke, die bis auf den heutigen Tag vor aller Augen übrig seien im Heiligtume aufgestellt. Nun wollten sie (sc. die Partei Eleasars) einen fremden gottesdienstlichen Brauch einführen und liefen Gefahr, die Stadt der Gottlosigkeit wegen in Verruf zu bringen, wenn bei den Juden allein kein Fremder oder opfern noch anbeten dürfe. Wenn einer über einen einzelnen Privatmann dieses Gesetz verhängen wollte, der würde sich beklagen als über eine gesetzliche Unfreundlichkeit. ... Es stehe aber zu befürchten, dass, wenn sie die Opfer für die Römer und den Kaiser abschaffen wollten, sie an ihrem eigenen Opfer verhindert würden und die Stadt der Herrschaft verlustig gehe, wo sie nicht bald Vernunft annähmen und die Opfer wieder zuliessen und den Frevel wieder gut machten, ehe die

---

[1] Ant. XIII 8 s.
[2] XIV 3 4.
[3] XVI 2 1, Philo leg. ad Caj. § 37.
[4] XVIII 5 s.
[5] B. J. V 13 6, Philo leg. ad Caj. § 23.
[6] B. J. V 13 6.
[7] B. J. V 3 10.
[8] B. J. IV 4 4 vgl. V 1 s.
[9] B. J. V 4 s vgl. II Makk 3 s 5 ss.
[10] Bei Jost, Gesch. des Judentums und seiner Sekten I p. 447.
[11] B. J. II 17 s.
[12] B. J. II 9 4.

Kunde davon zu d[...] an welchen sie damit gefrevelt hätten[1] (vgl. noch Ass. Moys. 12 a).

So tief war a[...] Brauch gewurzelt, der Fremden den Opferdienst nicht verschl[...] aher wehe ihnen, wo sie die Schranken, die ihnen dabei geзор[...] , zu überschreiten versuchten! Wir wissen, wie sich pharisäische[...] das Unterfangen des Pompejus darstellte[2]. Keiner hat vor ih[...] nach ihm ein Gleiches ungestraft tun dürfen (Heliodor im II., a[...]h Ptolemäus IV. Philopator im III. Makkabäerbuch: „von G[...] schlagen"), und nach der Invasion des Antiochus Epiphan[...] t s einer solennen Tempelreinigung bedurft (I Makk 4 ×ff), wi[...] auch in Rom unumgänglich war, wenn die Tempel verunreini[...] n waren[3].

Wie beim Opf[...] s suchte man natürlich bei den Festen die Reinheit zu wahren. I[...] begnüge mich mit einem Beispiel, das ich dem Buche der Jul[...] entnehme. Es ist die Rede davon, dass Abraham zum erste[...] le das Laubhüttenfest feiert, er und alle, welche in seinem Hau[...]ren, „und", wird hinzugefügt, „kein Fremder war mit ihm und k[...]n astard" (Kap. 16)! Für die Feier des Passah vgl. Jos. B. J. VI 9 [...].

Diese Ausführur en mögen genügen uns zu zeigen, dass es mit dem Reinh[...]t deal der jüdischen Verfassung in der Tat die oben beh[...]ptte Bewandtnis habe. Es ist nicht ethisch gedacht, sondern ledi[...]i physisch. Wir glauben im folgenden den Beweis erbring[...] zu können, dass dieses selbe Ideal der Reinheit auch a[...]f die Fremden übertragen wird, die man gewinnen will. [...]ir kommen nicht ohne einige Umwege zum Ziel.

Dass Proselyten [...]cht wurden, haben wir gesehen. „Es ist ein grosser Blick über sich naus, über die eigene Schranke hinweg, ein Streben, das kundgiebt, ass die Idee im Judentum mächtiger ist als das Gefäss, in dem sie zerst eingehüllt ist. Es ist, als tönte überall das Wort der alten Lehr[...]: Zerbrich das Gefäss und wahre den köstlichen Inhalt, ihn, der icht umschlossen werden kann durch das sinnliche Gefäss"[5]. Die[...] Worte sind zum Teil richtig; zum Teil, denn mit dem Zerbrech[...] des Gefässes ist es nicht weit her gewesen. Das ist gerade der P[...]t, wo sich in Bezug auf das Wie der Proselyten die Differenz erh[...]t.

---

[1] B. J. II 17 s.

[4] [...] „οὔτε τοῖς ἄλ[...] ἀλλ' οὐδὲ τοῖς ἀλλοφύλοι[...]

im Tempel Opfer darbringen (1 Makk 7 ₄₃). Antiochus VII. schickt, während er
Jerusalem belagert, zum Opfer am Laubhüttenfest Stiere mit vergoldeten Hörnern und goldene und silberne Trinkgefässe mit allerlei Gewürz angefüllt[1]. Später
schenkt Sosius dem Tempel eine goldene Krone; des Agrippa Hekatombe und
seine Weihgeschenke an den Tempel werden vom Volke gut aufgenommen[3], sowie
auch das Opfer des judenfreundlichen Vitellius, Augustus und seine Gemahlin
stiften Weinkrüge[5]; überhaupt „haben die römischen Kaiser den Tempel allezeit
geehrt und geziert"[6]; und Josephus erwähnt gesondert die „Weihgeschenke der
Römer"[7]. Die von den Zeloten nach Jerusalem gerufenen Idumäer beklagen sich,
als sie nicht gleich Einlass in die Stadt erhalten, aufs Allerbitterste, dass ihnen,
den Geschlechtsverwandten, die Stadt verschlossen bleibe, die zum Gottesdienst
allen Fremden (ἀλλοφύλοις) offen stehe[9]. An demselben Orte spricht Josephus
auch von dem „allen Hellenen und Barbaren ehrwürdigen Altar", und anderswo[9]
nennt er den Tempel: „ὁ ὑπὸ τῆς οἰκουμένης κεκοινωμένος χῶρος καὶ τοῖς ἀπὸ
περάτων γῆς ἀλλοφύλοις ἀκοῇ τετιμημένος". A Simon ben Gamaliel wird der
Ausspruch zurückgeführt: sieben Verordnungen erliess einst die hohe Behörde;
eine davon lautet: Wenn ein Heide vom Auslande her ein Brandopfer sendet
und die dazu gehörigen Giessopfer hinzugefügt hat, so werden diese mit angenommen. Wenn er aber dies unterlassen hat, so werden dieselben vom Tempelschatze hinzugetan[10]. Uebrigens wissen wir aus dem N. T., dass Fremde nach
Jerusalem anzubeten kamen (Joh 12 ₂₀ Act 8 ₂₇). Die Weigerung, keine Gaben und
Opfer mehr von Fremden anzunehmen und verbunden damit die Abstellung des
Opfers für den Kaiser wurde bekanntlich geradezu die Kriegserklärung an die
Römer[11]. Gerade die Schwierigkeiten, unter denen sich dies in Jerusalem durchsetzte, zeigen, wie wenig man im allgemeinen dem Opfern der Fremden abgeneigt
war. Josephus sieht sich zur Komposition einer ganzen Rede veranlasst, in der
er die Obersten der Stadt und Hohenpriester und Pharisäer das gute Recht derselben verteidigen lässt. Ihre Vorfahren hätten zum grössten Teil den Tempel
geschmückt mit Weihgeschenken Fremder und hätten immer die Gaben auswärtiger Völker angenommen (und: „ὅσων ἰδὼν ἱερα"!)[12], auch nicht allein
fremde Opfer nicht verboten (denn das sei gottlos), sondern Weihgeschenke, die
bis auf den heutigen Tag vor aller Augen übrig seien, am Heiligtume aufgestellt.
Nun wollten sie (sc. die Partei Eleasars) einen neuen gottesdienstlichen Brauch
einführen und liefen Gefahr, die Stadt der Gottlosigkeit wegen in Verruf zu
bringen, wenn bei den Juden allein kein Fremder weder opfern noch anbeten
dürfe. Wenn einer über einen einzelnen Privatmann dieses Gesetz verhängen
wollte, der würde sich beklagen als über eine gesetzliche Unfreundlichkeit.....
Es stehe aber zu befürchten, dass, wenn sie die Opfer für die Römer und den
Kaiser abschaffen wollten, sie an ihrem eigenen Opfer verhindert würden und
die Stadt der Herrschaft verlustig gehe, wo sie nicht bald Vernunft annähmen
und die Opfer wieder zuliessen und den Frevel wieder gut machten, ehe die

---

[1] Ant. XIII 8 ₂.
[3] XVI 2 ₁, Philo leg. ad Caj. § 37.
[5] B. J. V 13 ₆, Philo leg. ad Caj. § 23.
[6] B. J. V 13 ₆.
[8] B. J. IV 4 ₄ vgl. V 1 ₃.
[10] Bei Jost, Gesch. des Judentums und sei
[11] B. J. II 17 ₂.

[4] XIV 16 ₄.
[7] XVIII 5 ₃.

B. J. IV

Kunde davon zu denen dringe, an welchen sie damit gefrevelt hätten[1] (vgl. noch Ass. Moys. 12 s).

So tief war also der Brauch gewurzelt, der Fremden den Opfer-dienst nicht verschloss. Aber wehe ihnen, wo sie die Schranken, die ihnen dabei gezogen waren, zu überschreiten versuchten! Wir wissen, wie sich pharisäischem Urteil das Unterfangen des Pompejus darstellte[2]. Keiner hat vor ihm od   ein Gleiches ungestraft tun dürfen (Heliodor im II, ange   näus IV. Philopator im III. Mak-kabäerbuch: „von Gott geschlagen“), und nach der Invasion des An-tiochus Epiphanes hatte es einer solennen Tempelreinigung bedurft (I Makk 4 s ff), wie sie auch in Rom unumgänglich war, wenn die Tempel verunreinigt worden wären[3].

Wie beim Opfer, so sucht man natürlich bei den Festen die Reinheit zu wahren. Ich begnüge mich mit einem Beispiel, das ich dem Buche der Jubiläen entnehme. Es ist die Rede davon, dass Abraham zum ersten Male das Laubhüttenfest feiert, er und alle welche in seinem Hause waren, „und“, wird hinzugefügt, „kein Frem-der war mit ihm und kein Bastard“ (Kap. 16)! Für die Feier des Passah vgl. Jos. B. J. VI 9 s[4].

Diese Ausführungen mögen genügen uns zu zeigen, dass es mit dem Reinheitsideal der jüdischen Verfassung in der Tat die oben behauptete Bewandtnis habe. Es ist nicht ethisch gedacht, sondern lediglich physisch. Wir glauben im folgenden den Beweis erbringen zu können, dass dieses selbe Ideal der Reinheit auch auf die Fremden übertragen wird, die man gewinnen will. Wir kommen nicht ohne einige Umwege zum Ziel.

Dass Proselyten gemacht wurden, haben wir gesehen. „Es ist ein grosser Blick über sich hinaus, über die eigene Schranke hinweg, ein Streben, das kundgiebt, dass die Idee im Judentum mächtiger ist als das Gefäss, in dem sie zuerst eingehüllt ist. Es ist, als tönte ihnen das Wort der alten Lehrer: Zerbrich das Gefäss und wahre den köst-lichen Inhalt, ihn, der nicht umschlossen werden kann durch sinnliche Gefäss“[5]. Diese Worte sind zum Teil richtig; zum [24). denn mit dem Zerbrechen des Gefässes ist es nicht weit her ge[Das ist gerade der P   sich in Bezug auf das Wie   h in der
selyten die Diffe   zum An-
„weil sie
über gött-

Wir gehen aus von zwei Beispielen: Izates[1], Sohn des Mono-
bazus und der Helena, wird am Hofe des Abennerigos, wo er vor
dem Neide seiner Brüder geborgen aufwächst, mit einem jüdischen
Kaufmann namens Ananias bekannt, der ihn für das Judentum zu
begeistern weiss, nachdem er schon die Frauen des Königs dafür gewonnen hat. Als der Thron Adiabenes erledigt wird, nimmt ihn Izates,
der Thronfolger, mit in seine Heimat, und da er hier seine Mutter
dem Judentum schon ergeben findet, reift in ihm der Entschluss zum
förmlichen Uebertritt. Er ist sogar bereit, sich der Beschneidung zu
unterwerfen, weil das zu einem rechten Juden gehöre. Für einige Zeit
vermag seine Mutter ihn davon zurückzuhalten; aber er redet auch zu
Ananias von seinem Plan; doch der giebt ihm aus Furcht, wie Josephus sagt, die Sache möchte für ihn selber als ihren letzten Urheber
unangenehme Folgen haben, die bemerkenswerte Antwort, er könne
auch ohne Beschneidung die Gottheit verehren, wenn er nur überhaupt
fleissig auf die Erfüllung der jüdischen Gesetze bedacht sei. Das sei
wichtiger (κυριώτερον) als die Beschneidung. Gott werde es ihm auch
zu Gute halten, weil er es gezwungen und aus Furcht vor seinen Untertanen nicht tue. Aber dabei beruhigt sich Izates nicht; und des Ananias Meinung ist auch keineswegs die aller seiner Religionsgenossen.
Ein Jude aus Galiläa, namens Eleasar, strenger im Gesetz, trifft den
König eben, wie er in Mose liest. Da hält er ihm die folgende Stand-
rede: „Du vergissest auf gröblichste Weise die Gesetze und verunehrst
Gott dadurch; denn es gilt nicht allein sie lesen, sondern auch tun,
was sie gebieten. Wie lange willst du unbeschnitten bleiben? Aber
hast du bis jetzt das Gesetz darüber noch nicht gelesen —, damit du
wissest, was Gottlosigkeit ist, lies es jetzt". Unverzüglich lässt der
König die Beschneidung an sich vornehmen und ruft seine Mutter
und Ananias zu Zeugen einer geschehenen Tat. Beiläufig ist nicht
schwer zwischen den Zeilen zu lesen, dass für Josephus, so sehr es
seinem Eigendünkel schmeichelt, dass ein fremder König das Judentum mitsamt der Beschneidung auf sich nimmt, sachlich das Recht
auf Seiten des Ananias liegt. Die andere Geschichte[2] spielt in Tarichäa: „Damals", erzählt Josephus, „kamen zu mir zwei Grosse von
denen, die unter königlicher Gewalt standen, aus dem Lande der
Trachoniter mit Rossen und Waffen und Geld, das sie brachten.
Während nun die Juden sie zur Beschneidung zwingen wollten, wenn
sie bei ihnen zu weilen gedächten, liess ich ihnen nicht Gewalt ge-

---

[1] Vgl. Ant. XX 2—4 B. J. II 19 2 IV 9 11 V 2 2 3 3 4 2 6 1 VI 6 3 4.
[2] Vita c. 23.

schehen, indem ich erklärte, es müsse jeder nach seinem eigenen Wohlgefallen Gott verehren, nicht gezwungenerweise; so sollten auch diese,
die um ihrer Sicherheit willen zu uns geflohen seien, nicht sich bekehren (μετανοεῖν) müssen. Als sich die Menge davon überzeugen liess,
verschaffte ich den Ankömmlingen alles reichlich, was zur gewohnten
Lebensweise von Nöten war". Aber nun geht die Geschichte zu Ende[1]
ganz ähnlich wie die des Izates: „Wiederum stachelten einige die
Menge auf mit der Behauptung, die königlichen Grossen, die zu mir
gekommen seien, dürften nicht am Leben bleiben, da sie nicht zu
ihren Sitten übertreten wollten[2], während sie doch zu ihrer eigenen
Rettung gekommen seien". Und das Volk lässt sich davon überzeugen
und geht in dem sonst fremdenfreundlichen[3] Tarichäa mit Handgreif-
lichkeiten so weit, dass Josephus nichts anderes übrig bleibt, als die
Betreffenden wieder von sich zu lassen.

Die Bedeutung dieser Geschichten erschöpft sich für uns nicht
darin, dass sie uns über des Josephus eigene Stellung orientieren.
Vielmehr lernen wir im allgemeinen aus ihnen das folgende: In der
Aufnahme von Fremden treten zwei entgegengesetzte Auffassungen zu Tage. Halten wir uns zuerst an die erste Geschichte, so vertritt Ananias die eine, Eleasar die andere. Jener
reflektiert ungefähr so: Es giebt im Gesetze ein Doppeltes, ein Wich-
tigeres, sein sittlicher Gehalt, und ein Unwichtigeres, seine ceremonielle
Ausprägung. Nahe mit ihm verwandt ist der jüdische Berichterstatter Strabos, für den die Beschneidung nicht in die Zeit der
ersten Vollkommenheit der Juden fällt, so wenig als die Speiseverbote.
Diese gehören vielmehr der Periode des Abfalls an, da man sich unter
die Führerschaft abergläubischer Menschen begab[4]. Eben hierher gehört auch die ganze Reihe von Diasporajuden, in deren Schrift-
stellerei wir die spezifisch jüdischen ceremonialgesetzlichen Vorschriften
hinter den allgemeineren ethischen in unzweifelhafter Weise zurück-
treten sahen. Unmittelbar mit diesem Gedankenkreise berührt sich
der Täufer. Darauf kommt es an, dass man „Frucht schaffe würdig
der Busse", nicht auf die Beschneidung, mit der man sich rühmt,
man sei von der Nachkommenschaft Abrahams. „Gott kann aus diesen
Steinen dem Abraham Kinder erwecken" (Mt 3 8 f. Lc 3 8). Auf unsere

---

[1] l. c. c. 31.   [2] „μεταβῆναι εἰς τὰ παρ᾽ αὐτοῖς ἔθη".
[3] πόλις φιλοξενωτάτη Vita 29 B. J. III 10 4 5 10.
[4] Strabo XVI ed. Falcon. p. 1081 ff., Casaub. 523 ff.; vgl. die gefälschten
Verse in Philemon (bei Clem. Alex. Strom. V 14 119—120 = Euseb. Praep. evang. XIII
13 45—46 Menander zugeschrieben) über die untergeordnete Bedeutung der Opfer.
(Schürer II p. 815 No. 7.)

Frage übertragen, heisst das: Gilt es Fremde zu gewinnen, so genügt, sie zur Befolgung jenes ersteren, des sittlichen Gehaltes des Gesetzes heranzuziehen, wo das zweite sich nicht ohne Mühe von ihnen verlangen lässt. Es ist ein abgeblasstes Judentum, aber zur Verbreitung ungleich mehr geeignet. „Ces simples et bons coeurs voulaient le salut du monde et y sacrifiaient tout le reste" [1]. Nicht gegen diese Leute hat Jesus seine Angriffe gerichtet; sie kamen auch dem Bedürfnis der Zeit mehr entgegen. Aber sie sind in der Minorität geblieben; und das ist nicht zu verwundern; sie waren eigentlich Juden und waren es doch nicht mehr ganz; und die Geschichte hat kaum einmal den Halben Recht gegeben, wie sie denn auch selber nur für seltene Augenblicke eine Mittelstrasse innehält und sonst von Extrem zu Extrem sich fortbewegt.

„Une génération de fanatiques priva le judaïsme de sa récompense et l'empêcha de cueillir la moisson qu'il avait préparée" [2]. Diese Richtung will den zu Bekehrenden mit dem Inhalte auch die Form aufzwingen, die ganze schwere Last des Gesetzes. Wir sahen ja, wie Eleasar und jene Tarichäer, die das Volk gegen die unbeschnittenen Fremden aufwiegeln, die Erfüllung des Buchstabens auch seitens Fremder fordern. Es ist die korrekter jüdische Denkart; in beiden Geschichten trägt sie den Sieg davon. Offenbar ist es die Meinung der Majorität. Auch in der Umgebung des Izates wird Eleasar nicht so isoliert gestanden haben, wie es nach Josephus scheinen möchte. Josephus hat überhaupt, wie ich glaube, die Person des Izates darin nicht richtig gezeichnet, dass er ihm persönlich von vornherein den Wunsch, beschnitten zu sein, zuschreibt, weil man ohne Beschneidung kein rechter Jude sein könne. Es lässt sich kaum denken, dass Izates selber keine Ruhe gehabt haben soll, bis er sich der unangenehmen Verpflichtung unterzog, vielmehr haben ihm wohl Juden des Geistes eines Eleasar keine Ruhe gelassen und ihm ihre Notwendigkeit zugeflüstert, bis Eleasar das entscheidende Wort scharf ausgesprochen hat. Unwillkürlich fällt einem dabei das Wort des Horaz [3] ein ·

... „ac veluti te
Judaei cogemus in hanc concedere turbam."

Die Darstellung mag sich bei Josephus etwas umgestaltet haben, weil er selber den eigenen Dissens vom Tun jener Juden strengerer Observanz nicht zu scharf zum Ausdruck bringen wollte. An Leute von

---

[1] RENAN, St. Paul p. 61.   [2] RENAN, Les Apôtres p. 260.
[3] Sat. I 4 142 f.

der Art eines Eleasar mag, nach HOLTZMANN[1], Paulus gedacht haben, wenn er Phil 3 2 von κακοὶ ἐργάται spricht.

Die so Bekehrten, die sich in ihrem Neophyteneifer im Gesetz nicht genug tun können, nennt Jesus wohl mit Fug und Recht zwiefach ärger als die Pharisäer (Mt 23 15). Dafür nur ein Beispiel[2]. Der Proselyt Aquila war von Hause aus sehr reich. Einst teilte er mit seinen Brüdern, die Heiden blieben, das Erbe: da sich darunter auch wertvolle Götterstatuen befanden, liess er sich für seinen Anteil daran ein Aequivalent geben und warf dieses ins Meer, um nicht vom Götzentum irgend einen Nutzen zu ziehen! Von Männern, die so dachten, wird auch noch die Stelle Justins gelten[3]. „Οἱ δὲ προσήλυτοι οὐ μόνον οὐ πιστεύουσιν ἀλλὰ διπλότερον ὑμῶν βλασφημοῦσιν εἰς τὸ ὄνομα αὐτοῦ καὶ ἡμᾶς τοὺς εἰς ἐκεῖνον πιστεύοντας καὶ φονεύειν καὶ αἰκίζειν βούλονται· κατὰ πάντα γὰρ ὑμῖν ἐξομοιοῦσθαι σπεύδουσι". Diese Leute haben auch wohl zum wenigsten dem Christentum Anhänger geliefert; sie hatten das Unglück, „Fertige" zu sein, als es ihnen nahe gebracht wurde. Die Kreise, in denen es Boden fasste, waren vielmehr die „Werdenden", die sich zum Judentum hingezogen gefühlt hatten, ohne es doch offiziell zu übernehmen, zu einem Judentume, wie jene Minorität es ihnen anbieten wollte[4]. So wird das Wort HAVETS[5] zu verstehen sein: „Je ne sais s'il y est entré du vivant de Paul un seul païen, je veux dire un homme qui ne connût pas déjà, avant d'y entrer, le Judaïsme et la Bible".

Der Gegensatz zwischen der strengeren und der milderen Anschauung deckt sich aber nicht etwa mit dem zwischen palästinensischem und hellenistischem Judentum; er hat sich bis in die Kreise der Schriftgelehrten selber eingedrängt; er knüpft sich an die Namen Hillels und Schamais. Wenn Hillel sagt: „Kein Ungebildeter scheut sich leicht vor Sünde, kein Gemeiner (עַם הָאָרֶץ) ist fromm"[6], so ist dies der getreue Ausdruck seines pharisäischen Standpunktes, und eigentlich

---

[1] Vgl. LIPSIUS im Handkomment z. St.

[2] Tosefta Demaï VI 13, Jerus. das. 26d; (bei GRÄTZ, Jahresbericht p. 24).

[3] Dial. c. Tryph. C. 122 (p. 350E).

[4] NEANDER, (K.-Gesch. I 1 p. 89) meint das Richtige, wenn er auch noch in der alten Terminologie befangen ist: Die Proselyten des Thores neigten eher zum Anschluss an das Christentum, weil sie weniger schon zu haben glaubten, „weil sie noch kein geschlossenes Religionssystem hatten, nach neuem Unterricht über göttliche Dinge begierig waren".

[5] Le Christianisme T. IV p. 102.

[6] Vgl. EWALD, Jb. der bibl. Wiss. X 1859/60: Ueber Hillel u. s. Rabbinenschule p. 76.

würden wir bei ihm keine grosse Fremdenfreundlichkeit erwarten; aber,
selber milden Charakters, ist er vor allem von der erziehenden Macht
des Gesetzes tief durchdrungen. Im Gegensatz zu den Schamaiten,
welche behaupten, man solle zum Unterricht nur Leute zulassen, die
intelligent, bescheiden, von guter Familie und reich seien, lassen im
Gegenteil die Hilleliten alle Welt zu, weil, wie sie sagten, viele Sünder
in Israel, sobald sie einmal im Gesetze unterrichtet worden seien,
fromm, religiös und ehrbar geworden seien[1]. Und Hillels ganzes Wesen
ist gekennzeichnet mit dem einen Worte, das ihm in Pirke Aboth[2]
beigelegt ist: אוֹהֵב אֶת־הַבְּרִיוֹת וּמְקָרְבָן לַתּוֹרָה, „liebe die Geschöpfe und
leite sie zum Gesetz". Dagegen könnten wir leicht aus dem Worte,
das ebendaselbst[3] Schamai zugeschrieben wird, falsche Schlüsse ziehen
wollen. Er soll nämlich gesagt haben: וֶהֱוֵה מְקַבֵּל אֶת־כָּל הָאָדָם בְּסֵבֶר פָּנִים
יָפוֹת, „nimm jedermann beständig mit der Miene freundlichen Gesichtes
auf". Seine Praxis aber entspricht diesem Wahlspruche nicht ganz;
es wird nämlich berichtet[4]: Es geht einer am Gotteshause vorüber und
hört einen Schriftgelehrten Ex 28 4 aufsagen; er fragt, für wen die
Kleider seien; auf die Antwort, sie seien für den Hohenpriester, kommt
er zu Schamai und verlangt in das Judentum einzutreten unter der
Bedingung, dass er Hoherpriester werde. Schamai weist ihn barsch ab;
er geht zu Hillel; der sagt ihm: Stellt man jemand zum König auf,
ausser wer die Satzungen des Königtums kennt? Gehe, lerne diese.
Er unterrichtet ihn und liest mit ihm das Gesetz. Sobald sie nun zu
den Worten kommen: Der Fremde, der zu nahe kommt, werde getötet,
fragt der Schüler, auf wen sich diese Stelle beziehe. Hillel sagt ihm,
sie gehe sogar auf David. Um so viel mehr bezog der Proselyt sie
nun auf sich selbst und dachte, was Israel sein müsse, dessen Glieder
Söhne Gottes genannt seien (Dt 14 1), und von denen es mitten aus
der Liebe heraus, womit Gott sie liebe, heisse: mein erstgeborener
Sohn ist Israel (Ex 4 22), dass über sie geschrieben stehe: der Fremde,
der zu nahe kommt, werde getötet! Und er gieng zu Hillel, ihm zu-
rufend: Sanftmütiger Hillel, mögen kommen dir alle Segen auf dein
Haupt, dass du mich unter die Flügel der göttlichen Herrlichkeit gebracht hast. — Ein anderer kommt zu Schamai und verspricht, er
wolle eintreten unter der Bedingung, dass er den Inhalt des Judentums erfahre, während er auf einem Fusse stehen könne. Schamai
weist ihn barsch ab. Hillel spricht: Mein Sohn, vernimm das Wesen

---

[1] Derenbourg, Hist. de la Palestine p. 190.
[2] 1 12.   [3] 1 15.
[4] Schabbath fol. 31 a l. 25 ff., vgl. Geiger, D. Judentum u. seine Geschichte I
p. 97, Ewald, l. c. p. 70—72.

des Judentums: Was dir missfällt, das tue den anderen nicht, das ist Grund und Wurzel des Judentums; das andere seine Erklärung: Gehe hin und lerne es. Und der Mann war gewonnen. — Ein Dritter kommt zu Schamai und will eintreten unter der Bedingung, dass er sich mit dem Geschriebenen begnüge und die Ueberlieferung nicht anzunehmen habe. Er weist ihn barsch ab. Hillel dagegen lehrt ihn zuerst die Reihenfolge der Buchstaben am ersten Tage, am zweiten die Buchstaben in einer ganz anderen Reihenfolge. Darüber interpelliert ihn der Schüler. Siehe, erwiderte Hillel, du hast gestern meiner Anordnung getraut, leiste mir weiter Folge für das, was nicht niedergeschrieben ist, aber sich als notwendig entwickelt. — Die Männer wurden Jünger, begegneten sich und sprachen: Siehe, die Härte des Schamai hätte uns fast entfernt aus dem Judentum, die Sanftmut des Hillel hat uns freundlich eingeführt. — Eine weitere Differenz ist auch die folgende: Ist der Proselyt נולד מחול, d. h. so geboren, dass die Beschneidung überflüssig ist, so verlangen die Schamaiten doch noch eine Operation, während die Hilleliten sie ihm schenken[1]. Es ist also klar, dass Schamai unbedingt an der Unbeugsamkeit des Gesetzesbuchstabens festhält; Hillel löst gewiss auch nicht ein Titelchen vom Gesetz; aber mit seiner persönlichen Milde legt er einen anderen Geist hinein. „Auch auf die Heiden im weiteren Umfange wirkte nicht leicht einer wohltuender als er, und keiner hat wohl bis zur Zerstörung Jerusalems das Proselytenwesen so erfolgreich gefördert, daher in jenen Zeiten das ganz kurze Tatwort גיר = zum Proselyten machen sich neu bildete"[2]. Der milde Geist Hillels hat auch noch nachgewirkt. Namentlich stellt man neben Hillel Gamaliel, der sein Enkel sein soll; und Gamaliels Sohn, der nachmalige Synedrialpräsident Simon, pflegte zu sagen: „Wenn ein Heide kommt in den Bund einzutreten, so reiche man ihm die Hand, um ihn unter die Fittige der Gottheit zu bringen"[3]. Auch in Pirke Aboth klingen die Sprüche verschiedener Rabbinen wie ein Echo des Hillelschen. R. Ismael sagte[4]: „Nimm jeglichen Menschen mit Freuden auf". Ben Soma[5]: „Wer ist verehrungswürdig? der die Menschheit ehrt". Ben Asai[6]: „Verachte keinen Menschen ... denn jeder Mensch hat seine Zeit". R. Meir[7]: „Sei sanftmütig gegen alle Menschen". R. Mathja ben Cheresch[8]: „Komme allen Menschen mit dem Grusse zuvor". Umgekehrt giengen aus schamaitischer Schule jedenfalls die Gegner des Paulus hervor, deren Ten-

---

[1] DERENBOURG, l. c. p. 229, vgl. 273 f. [2] EWALD, l. c. p. 79.
[3] HAUSRATH, l. c. H p. 116. [4] 3 16.
[5] 4 1. [6] 4 3.
[7] 4 12. [8] 4 20.

denzen uns bekannt sind; und immer mehr neigte sich der Sieg auf diese Seite, wenn auch noch später die Thalmudisten die Milde Hillels empfahlen[1]. Die Schamaiten hatten für sich die Konsequenz des pharisäischen Prinzipes. Zu Differenzen kam es unter solchen Umständen wiederholt. Von einer solchen hören wir z. B. bei folgender Gelegenheit: Am Tage der Zeugnissammlung trat ein Heide von ammonitischer Abstammung vor die Versammlung mit der Frage, ob er gesetzlich als Proselyt aufgenommen werden dürfe. R. Gamaliel II. hatte ihn nach dem Wortlaut des schriftlichen Gesetzes abgewiesen; der anwesende Lehrkreis verhandelte die Frage mit Wärme, und R. Gamaliel bemühte sich mit seiner Ansicht durchzudringen. R. Josua aber machte geltend, dass der Wortlaut des Gesetzes nicht mehr auf die damalige Zeitlage anwendbar sei, indem es Ammoniter im alten Sinne nicht mehr gebe, da durch die Einfälle vorderasiatischer Eroberer alle Völkerschaften vermischt und bis zur Unkenntlichkeit verwischt worden seien[2]. In praxi hatte R. Akiba die Sache entschieden, indem er unter seinen Jüngern neben einem ägyptischen Proselyten Menjamin einen ammonitischen hatte namens Juda[3]. Später suchten die Rabbinen um den Widerspruch zwischen Dt 23 und dem Büchlein Ruth so herumzukommen, dass sie die Ausschliessung von Moabitern und Ammonitern auf die Männer beschränkten, den Frauen dagegen den Eintritt gestatteten[4]. Wenn aber in Bezug auf das Passah gerade die Schule Schamais sich gegen die Proselyten entgegenkommender zeigte[5], so dürfen wir uns die Differenz zwischen beiden Schulen in Bezug auf die Fremden jedenfalls nicht zu tiefgreifend denken. Es ist gesagt worden: „Bei der Bekehrungsgeschichte des Izates scheint Eleasar aus der schamaitischen, Ananias aus der hillelschen Schule zu stammen"[6]. Der erste Teil mag richtig sein; ich glaube nicht, dass der zweite sich aufrecht halten lässt. Das erste Wort, das wir von Hillel angeführt haben, das uns einen Mann in ächt pharisäischem Fahrwasser zeigte, sollte davor warnen, seine Stellung zu radikal fassen zu wollen; er vertritt persönlich einen milden Standpunkt, aber durchaus nicht prinzipielle Laxheit; und seine Schüler folgen ihm darin nach. Es ist mir nicht zweifelhaft, dass für ihn ein Unbeschnittener kein Jude war.

Das führt uns aber zu einer wichtigen Frage, die uns schon durch

---

[1] Schabbath fol. 30b (cit. bei DANZ, l. c.).

[2] Jadaim IV 4.

[3] Tosifta Kiduschin c. 5 (beide Stellen cit. bei GRÄTZ, Gesch. IV[2] p. 40f.).

[4] M. Jebamoth 8 s; Sifre zu Dt 23 4; vgl. GEIGER, Urschrift p. 299, WEBER, l. c. p. 107.

[5] Pesachim VIII 8.   [6] DERENBOURG, l. c. p. 227.

die Izatesgeschichte nahe gelegt worden ist: War die Beschneidung für Proselyten gefordert? Die widerspruchslose Antwort auf diese Frage war bis vor einigen Jahren ein Ja und Nein; ein Ja, wenn es die גֵּרֵי הַצֶּדֶק, ein Nein, wenn es die גֵּרֵי הַשַּׁעַר betraf. Von diesen, den „Proselyten des Thores“, sagt man, sei nicht mehr verlangt worden als die Beobachtung der sieben noachitischen Gebote (שֶׁבַע מִצְוֹת בְּנֵי נֹחַ). Zum Vergleich hat man etwa erinnert an das Auftreten der Jesuiten in Indien, die nur so viel von den zu Bekehrenden verlangen und ihnen überliefern, als ihnen unumgänglich notwendig scheint[1]. Nachweisbar sind die noachitischen Gebote erst in der Gemara[2]. Es sind folgende: 1. דִּינִין: Gehorsam gegen die Ohrigkeit. 2. בִּרְכַּת הַשֵּׁם: Heilighaltung des Namens Gottes (Lev 24 16). 3. עֲבוֹדָה זָרָה: Vermeidung des Götzendienstes (Lev 20 2). 4. גִּלוּי עֲרָיוֹת: Verbot der Unzucht (Lev 18 26). 5. שׁוֹפִיכוּת דָּמִים: Verbot des Mordes (Gen 9 6). 6. גָּזֵל: Verbot des Raubens. 7. אֵבֶר מִן הֶחַי: Verbot des Genusses rohen Fleisches lebender Tiere (Gen 9 6). — Die Gebote 1—6 sollen schon Adam mitgeteilt worden sein, das siebente dagegen erst Noah[3]. Diese Proselyten des Thores sollen den σεβόμενοι oder φοβούμενοι der Apostelgeschichte entsprechen.

Die Proselyten der Gerechtigkeit dagegen, die sich völlig in die jüdische Gemeinde hätten aufnehmen lassen, d. h. sich zur Annahme des mündlichen wie des schriftlichen Gesetzes verpflichteten[4], seien bei ihrem Uebertritt zu dreierlei angehalten worden[5]:

1. Zur Beschneidung (מִילָה; „das Siegel Abrahams oder das Siegel des heiligen Bundes“ [6]).

2. Zur Taufe (טְבִילָה) vor drei Zeugen zur levitischen Reinigung von der heidnischen Unreinheit.

3. Zum Opfer (קָרְבָּן) auch הַרְצָאַת דָּמִים, gnädige Aufnahme von Blut vgl. Lev 14 10—14 21f.); es besteht in einem Zugvieh, zwei Turteltauben oder zwei jungen Tauben. In Ermangelung des Tempels sollen Proselyten eine Geldsumme zum Ankauf des pflichtmässigen Opfers bei Seite legen für den Fall, dass der Tempel wieder hergestellt werde[7].

---

[1] So DEYLING, Observ. sacr. II p. 462—469. De σεβομένοις τ. θεόν.

[2] Sanhedrin VII f. 56 b (s. ZEZSCHWITZ, System d. christl. Katechetik I p. 214).

[3] Maimonides de regibus (bei ZEZSCHWITZ, l. c.).

[4] Schabbath 31a, Sifre 145a (cit. bei WEBER, l. c. p. 98).

[5] Kerithoth f. 9 1 (bei DE WETTE, Lehrb. d. hebr.-jüd. Archäol.[3] p. 349). Maimonides Hilc. Issure Bia XIII 1.

[6] Schemoth rabba c. 19 (WEBER p. 75).

[7] Kerithoth 8b f.

Im Anschluss an die zweite Forderung ist ein langer und leidenschaftlicher Streit ausgebrochen, dessen Interesse sich nur aus den dogmatischen Motiven verstehen lässt, denen er seine Entstehung verdankt, in welchem Verhältnis nämlich die Proselytentaufe zur johanneischen und christlichen stehe. War jene eine Vorgängerin dieser, so sah man darin eine Gefährdung der himmlischen Mission der johanneischen, die man in Mt 21 25 Lc 3 2 7 30 Joh 1 33 begründet fand. Dazu kam, dass man gegen ihre Ursprünglichkeit aus dem Schweigen der biblischen Berichte sowie des Philo und Josephus ein Argument glaubte erheben zu können. Erwähnung findet die Proselytentaufe nämlich erst in der Gemara; der Zusatz zu Mt 23 15 in der äthiopischen Bibelübersetzung: ut baptizetis ist nichts beweisend. Man wies endlich darauf hin, dass die prophetische Erwartung die Taufe erst dem Messias reserviere (ψ 29 10 [sic] Ez 36 25 Sach 13 1). Andererseits lässt es sich doch schwer verständlich machen, wie die Juden die Proselytentaufe erst von den Christen sollten übernommen haben, wenn sich doch mit aller Deutlichkeit die Tendenz bei ihnen verfolgen lässt der zunehmenden Abweisung alles dessen, was auch nur den Schein christlicher Observanz hatte ZEZSCHWITZ[1] führt aus späterer Zeit (aus dem babylonischen Thalmud) an, dass man sogar von der alten Sitte der Verlesung der 10 Gebote beim täglichen Gottesdienst überall absah, weil die gleiche Sitte bei den Christen herrsche! Wie hätte sich unter solchen Umständen die Taufe, auf die mit der Zeit sogar das Hauptgewicht fiel[2], je einbürgern können, wenn sie nicht, wie überall vorausgesetzt wird, älteren Datums war? Auch das Schweigen der biblischen Berichte, sowie des Philo und Josephus ist nicht gravierend, da sie an keiner Stelle davon reden mussten, und wird sogar durch das βεβαμμένου im vielbesprochenen Zeugnis Arrians[3] und das „imbuuntur" des Tacitus[4] einigermassen aufgewogen, und mehr als dies, wenn das vierte Buch der sibyllinischen Orakel, wo V. 164 die Taufe des sich bekehrenden Heiden fordert, wirklich jüdischen Ursprungs ist[5]. Ferner setzt das jerusalemische Thargum zu Ex 12 44 als Bedingung der Teilnahme des heidnischen Sklaven am Passah neben die Beschneidung das Tauchbad[6]; jedenfalls scheint I Kor 10 2 den jüdischen Ursprung der Taufe vorauszusetzen, und das Volk strömt zu Johannes, um sich taufen zu lassen, als wäre dies nichts Ungewöhnliches (Mt 3 6); auch rechtet man mit Johannes nicht darüber, dass er tauft, sondern dass er es ist, der tauft. Ganz abgesehen davon aber liegt es in der Natur der Sache, wie mehr und mehr allgemein anerkannt wird, dass, wo von Juden, die sich verunreinigt haben, ein Reinigungsbad verlangt wird (vgl. Ex 19 10 29 4 30 19 Lev 8 6 15 13 Ez 16 9 Judith 12 7 9), Heiden, die von Haus aus unrein sind (Gal 2 15), einem solchen unterworfen werden müssen (vgl. noch II Reg 5 10). Und zumeist handelte es sich ja doch um Frauen; was blieb dann für sie übrig, da für sie der erste Ritus überhaupt nicht in Betracht kam? das Opfer allein tat es gewiss nicht; es galt eine Ceremonie an ihrer

---

[1] l. c. p. 219: Tract. Berachoth fol. 12a, Tamid fol. 32b.

[2] De baptizato qui circumcisus non est, totus mundus non dissentit, quod conducat; sed dissentiunt tantum de circumciso, qui non est baptizatus. (DANZ, l. c. p. 256.)

[3] Dissert. Epicteti II 9: "Οταν δ' ἀναλάβῃ τὸ πάθος τοῦ βεβαμμένου καὶ ἡρημένου, τότε καὶ ἔστι τῷ ὄντι καὶ καλεῖται 'Ιουδαῖος (erste Hälfte des 2. Jahrh.).

[4] Hist. V 5: nec quidquam prius imbuuntur quam contemnere deos ...

[5] Vgl. oben p. 269.

[6] In HERZOGS Realencyclopädie[2], Artikel: Proselyten; vgl. oben p. 254.

eigenen Person. So neigt man gegenwärtig mehr der Annahme der Ursprünglichkeit der Proselytentaufe zu, nur dass man noch um den Namen feilscht. Nicht eine Taufe soll es sein, sondern ein Lustrationsakt, wobei blos schwer zu sagen ist, worin sie sich von einander unterscheiden sollen. Auch die Anwesenheit von Zeugen tut es nicht; denn ohne Zeugen kann ein Initiationsakt zum Eintritt in das Judentum überhaupt nicht gültig sein. Wir geben also den Unterschied von Taufe und Reinigungsbad völlig preis und folgen der Meinung, dass ein Taufakt irgend welcher Art, mag sich dabei das Ceremoniell im Einzelnen auch erst nach und nach ausgebildet haben, schon in vorchristlicher Zeit conditio sine qua non für Proselyten der Gerechtigkeit war.

Aber nun diese ganze Unterscheidung von Proselyten der Gerechtigkeit und Proselyten des Thores, die bis vor einigen Jahren allgemein anerkannt war, ist gänzlich erschüttert worden durch die Bemerkung SCHÜRERS (nachdem derselbe in der ersten Auflage seines Buches ihr selber noch gefolgt war), dass nämlich der Ausdruck גר השער seines Wissens zum erstenmale sich nachweisen lasse bei R. Bechai im 13. Jahrhundert in seinem Kad hakkemach [1]. Dass aber der damit gleichwertige frühere Ausdruck der mischnischen Litteratur גר תושב identisch sei mit jener Klasse von Proselyten zweiter Ordnung, den σεβόμενοι, wie man meint, hat er illusorisch gemacht durch den Nachweis, dass גר ת׳ selber nichts anderes bezeichnet als den Fremden, den Nichtjuden, der sich in jüdischem Gebiet aufhält, also (hinzuzufügen ist: im grossen und ganzen) wesentlich das gleiche, was im A. T. unter Ger verstanden wird [2]. Aus der ursprünglichen Identität von גר ת׳ und גר geht ganz folgerichtig hervor, dass nach rabbinischer Tradition der Ger Toschab in Jerusalem nicht wohnen darf [3]: es soll einfach kein Fremdling darin wohnen. Wir haben auch bei Philo [4] nichts anderes gefunden, als dass dem גר ת׳ der ἔπηλυς χώρας oder μέτοικος entsprechend ist; גר תושב ist also zunächst nicht Bezeichnung eines religiösen Verhältnisses und hat mit dem Proselytenwesen überhaupt nichts zu tun. Auf ihn werden aber nun doch nach mischnischer Tradition die sieben noachitischen Gebote bezogen. Sie enthalten, wie SCHÜRER [5] unzweifelhaft richtig gesehen hat, die Gebote, welche nach jüdischer Meinung für die ganze ausser-

---

[1] s. BUXTORF, Lex. chald. et rabbin. col. 410; dazu SCHÜRER, l. c. II p. 568 Anm. 295.

[2] SCHÜRER, l. c. II p. 567f.; das Bedürfnis der Unterscheidung beider Ausdrücke stellt sich ein, sobald der eine davon (גר) entschieden t. t. = Proselyt geworden ist.

[3] SLEVOGT, Dissertatio de Proselytis Judaeorum, in Ugolini, Thesaurus Antiquitatum sacr. t. XXII p. 846: Maimon part. 3 יד Hilc. בית בחירה c. 7 n. 14.

[4] s. oben p. 288.   [5] l. c. II p. 568f.

israelitische Menschheit gelten sollen. Wir haben bemerkt[1], wie schon
der Priesterkodex das Postulat aufstellt, dass zu einem Minimum wenigstens von Gesetzeserfüllung auch die nichtisraelitische Menschheit verpflichtet sei. Jenes Minimum bestimmt er als Verbot des Blutver-
giessens und Blutgeniessens. Die Unterscheidung sieben noachitischer
Gebote ist nur die Ausbildung des ursprünglichen Gedankens, wie sie
sich ganz allmählich muss vollzogen haben. Es ist mir nicht zweifelhaft, dass die Fixierung gerade der sieben nicht viel früher sein kann,
als die Zeit ihrer Aufzeichnung in der Mischna; denn Act 15 29 wird
wiederspiegeln, was damals wenigstens die allgemein anerkannten noachitischen Gebote waren; bekanntlich sind es ihrer nur vier. Es ist
noch ganz deutlich, wie sie aus dem ursprünglichen hervorgegangen
sind: das Blut als Sitz der Seele ist Eigentum Gottes[2]; daher soll
es nicht: 1. den Götzen gegeben werden (Verbot des Götzendienstes);
2. in irgend einer Weise genossen werden (Verbot des Blutes und des
Erstickten); 3. durch unnatürliche Vermischung verunreinigt werden
(Verbot der Hurerei). Apk 2 14 20 wird wenigstens 1. und 3. aufgeführt
(φαγεῖν εἰδωλόθυτα καὶ πορνεῦσαι).

Von hier aus dürfte das Aposteldekret in eine etwas neue Beleuchtung rücken. Bisher nämlich betrachtete man die Sache so: Von Jerusalem aus wird die Beschneidung als conditio sine qua non verlangt und durch
Emissäre diese Forderung in die neuen Gemeinden hinausgetragen. Das heisst:
man muss ganzer Proselyt, man muss Jude werden, um Christ werden zu können.
Paulus widersetzt sich dieser Zumutung: ein Heide kann direkt zum Christentum
übergehen. Auf dem Apostelkonzil kommt man sich gegenseitig entgegen, und
es geht nun auf des Jacobus Antrag hin ein Vermittlungsvorschlag durch: nicht
ganzer Proselyt muss man werden, aber auch nicht darf man Nichtisraelit bleiben;
so viel wenigstens soll den zum Christentum übertretenden Heiden auferlegt
werden, als man von Proselyten zweiter Ordnung verlangt. Daraus zieht LIPSIUS
nun folgerichtig den Schluss[3]: „Die Anerkennung des Paulus und seiner Heiden-
mission durch die Säulenapostel schliesst also keineswegs die seiner Gleichberechtigung mit ihnen und der Heiden mit den Juden im Messiasreiche ein, sondern
beruht gerade auf der Voraussetzung einer geringeren Stellung in der Messiasgemeinde . . . . Die Konsequenz dieses Zugeständnisses, dass die unbeschnittenen
Heidenchristen nun freilich auch zur neuen Messiasgemeinde sich nur verhalten, wie
zum Volke Israel (scil. wie Proselyten des Thores), verstand sich für die Urapostel,
auch ohne ausdrücklich zur Sprache zu kommen, von selbst.“ Das widerspricht
allerdings Gal 2 in allen Stücken. Eine Harmonisierung damit bringt auch unsere
Auffassung nicht und geht keineswegs darauf aus; aber sie zeigt von selbst eine
wesentliche Annäherung. Den zum Christentum sich bekehrenden Heiden werden
Proselytengebote überhaupt nicht aufgeladen, sondern nur das verlangen geborene

---

[1] s. oben p. 175.
[2] Vgl. LIPSIUS, Artikel: Apostelconvent in SCHENKEL, B.-Lex. I p. 194—207.
[3] l. c. p. 203 f.

Juden von ihnen, was nach ihrer Auffassung überhaupt jeder tun sollte, der nur Anspruch darauf erheben will, Mensch zu sein (בן נח) und sich seiner gottebenbildlichen Würde bewusst ist. So betrachtet erscheint das Aposteldekret als weit grösseres, für den Standpunkt seiner Urheber denkbar grösstes Entgegenkommen gegen Paulus; er hat tatsächlich gesiegt; auf die eigene Forderung, dass man auf dem Wege des Judentums zum Christenthum gelangen müsse, verzichten die Urapostel. Es genügt Mensch zu sein, (natürlich so wie sie diesen Begriff verstanden), um Christ werden zu können; das heisst aber: die Urapostel sind Christen; denn das ist der Universalismus des Christentums.

Aber nun möchten wir die Frage erheben: Lässt sich die Uebertragung der noachitischen Gebote, die ursprünglich also allen Nichtisraeliten gelten sollten, speziell auf den Ger Toschab, d. h. auf den in Israel sich aufhaltenden Fremden, nachweisen vor ihrer schriftlichen Aufzeichnung in der Mischna? Wir wagen nicht, diese Frage zu bejahen. Wir stellen zunächst neben einander ein Wort der rabbinischen Ueberlieferung und eines des Josephus. Die erstere sagt: „Wer die noachitischen Gebote nicht hält, soll getötet werden[1]; man darf einen solchen, auch wenn er blos (Geschäfte halber) durchreist, nicht im Lande dulden"[2]. Josephus[3] sagt: „Wer nur beiläufig zu uns komme, der sollte nach seiner (Mosis) Meinung nicht auf unsere Sitten eingehen müssen". Mag jene rabbinische Tradition entstanden sein, wann sie will, der Ausspruch des Josephus, der ihr schnurstracks zuwiderläuft, beweist, dass er von ihr noch keine Ahnung hat. Aber wenigstens für die, die im Lande dauernd wohnen, möchte man, mindestens in der Theorie, die noachitischen Gebote geltend machen, so auch SCHÜRER[4]. Aber auch dem widerspricht Josephus durchaus, und in einer Geschichte, wo er unbedingt Glauben beanspruchen darf, je weniger sie nach seinem eigenen Sinn verläuft. Für die, welche bleibend unter Juden wohnen wollen, verlangen nach korrekt jüdischer Meinung die noachitischen Gebote wiederum zu wenig; wir denken nämlich an die oben[5] erwähnte Geschichte von Tarichäa. Die Juden wollen die beiden Fremden zur Beschneidung zwingen, „wenn sie bei ihnen bleiben wollten". Und als Josephus durchsetzt, dass die Beschneidung unterblieb, reizten einige die Menge an, die Fremden dürften nicht im Lande bleiben, „da sie nicht zu ihren Sitten übertreten wollten;" und sie tragen den Sieg davon. Es findet sich also auch hier nicht die leiseste Bekanntschaft

---

[1] Maimonides, Hilc. מלכים c. 8 n. 9; Hilc. מילה c. 1 n. 6 (bei SLEVOGT, l. c. p. 841).

[2] Maimon. De idololatria c. 10 n. 6 (bei SLEVOGT, l. c. p. 842).

[3] c. Ap. II 28.   [4] l. c. II p. 569.

[5] p. 316 f.; Jos. Vita C. 23. 31.

mit dem, was Spätere unter dem Titel der Proselyten des Thores resp.
גר ת″ kennen. Und die rabbinische Tradition selber schwankt anfangs
noch in der Bestimmung dessen, was eigentlich ein Ger Toschab sei.
R. MEIR sagt: Ein Beisassfremder ist jeder, der dem Götzendienste
entsagt; andere dagegen behaupten, er müsse wenigstens zu allen noachitischen Geboten sich verpflichten, und wieder andere sagen, dass
er zur Uebung aller Gebote mit alleiniger Ausnahme des Genusses
von Gefallenem, welche ihm das mosaische Gesetz ausdrücklich gestattet, sich verpflichtet haben müsse[1]. Das genügt wiederum, zu
zeigen, dass גר תושב erst später in einen religiösen Begriff um-
gemünzt wurde (indem auf ihn die noachitischen Gebote
übertragen wurden).

Ziehen wir daraus die Konsequenz und machen damit Ernst, dass
der Ger Toschab für die Zeit, von der wir reden, mit Proselyt nichts
zu tun habe, so fragt sich weiter: Dürfen wir überhaupt noch
von verschiedenen Klassen von Proselyten reden? SCHÜRER[2]
hält den Unterschied von σεβόμενοι und προσήλυτοι noch aufrecht, und,
so viel ich sehe, erhebt sich dagegen kein Widerspruch, ausser dass
ihn REUSS[3] ganz gelegentlich, „wenigstens für die damaligen Kreise“,
„zweifelhaft“ nennt. Die Frage verdient ein näheres Eingehen. Wir
glauben behaupten zu dürfen: Für die damaligen Juden gab es nur
Proselyten (גרים) schlechthin, die offiziell Proselyten waren: wer nicht
so Proselyt war, war heidnisch. Zum Erweis dieser Behauptung (also
φοβούμενοι, σεβόμενοι = προσήλυτοι) möchten wir auf folgende Punkte aufmerksam machen:

---

[1] Aboda sara 64b; vgl. GRÜNEBAUM, l. c. 1871, p. 165.

[2] l. c. II p. 566f.: „Von diesen φοβούμενοι oder σεβόμενοι τὸν θεόν sind nun zu
unterscheiden die eigentlichen גרים oder προσήλυτοι“. Etwas anders drückte er
sich aus im Art. Proselyten in RIEHMS Handwörterbuch 1884: „Dass unter den
Proselyten die einen das Gesetz strenger, die anderen weniger streng beobach-
teten, wird richtig sein; allein zu einer bestimmten Scheidung in zwei Kategorien
fehlt jeder Anhaltspunkt; es wird vielmehr eine mannigfache Stufenreihe vom
strengsten bis zum laxesten gegeben haben“. Und noch weiter geht er, wie ich
nachträglich (bei einer letzten Revision der Citate) sehe, in der zweiten Auflage
des genannten Handwörterbuches (1894). Hier spricht er sogar die Identität
von „Gottesfürchtigen“ und „Judengenossen“ wirklich aus; aber er sagt von den
ersteren doch noch: „Es ist auch wahrscheinlich, dass sie ihrer Mehrzahl nach nicht
das ganze mosaische Gesetz in seiner vollen Strenge beobachtet haben“. Im angeführten Citat ersetzt er den mittleren Satz durch den anderen: „Diejenigen, welche
sich zur vollen Gesetzesbeobachtung verpflichteten, wurden in den Verband der
jüdischen Gemeinde aufgenommen; die anderen bildeten nur einen Anhang zu ihnen;
sie besuchten den Gottesdienst, ohne aber zum Gemeindeverband zu gehören“.

[3] Gesch. d. hl. Schriften A. T.[2] 1890 § 557.

1. Wo wir in unserer bisherigen Untersuchung auf (wirkliche) Proselyten gestossen sind, hat uns nichts veranlasst, einen Unterschied zwischen einem Mehr oder Minder des Anschlusses zu statuieren.

2. Philo[1] kennt in religiöser Beziehung lediglich eine Kategorie: προσήλυτοι resp. ἐπήλυδες νομίμων καὶ ἐθῶν.

3. In Josephus beweist aufs Schärfste, wie oben[2] nachgewiesen, die Tarichäageschichte das Entweder-oder; entweder Beschneidung und damit völliger Uebertritt zu den Juden — oder man steht gänzlich ausserhalb ihres Kreises und darf nicht einmal mit ihnen wohnen. Aber noch eine andere Stelle sei angeführt[3]. Er spricht davon, man solle sich über den Reichtum des Tempels nicht wundern, „πάντων τῶν κατὰ τὴν οἰκουμένην Ἰουδαίων καὶ σεβομένων τὸν θεόν, ἔτι δὲ καὶ τῶν ἀπὸ τῆς Ἀσίας καὶ τῆς Εὐρώπης εἰς αὐτὸ συμφερόντων ἐκ πολλῶν πάνυ χρόνων". Er unterscheidet also unter den Gebern drei Klassen: An erster Stelle nennt er selbstverständlich Juden, an letzter Leute aus Asien und Europa, die er nicht näher kennzeichnet; es waren ohne Zweifel mehr zufällige Geber, die aus irgend einem oder anderen Grunde durch Jerusalem gekommen waren und dabei dem Judentum eine Sympathiebezeugung erwiesen; dazwischen stehen die σεβόμενοι τ. θ. Sollen sie etwa eine Art Proselyten zweiter Ordnung bezeichnen? aber wenn man eine solche statuieren will, dann passt darauf doch viel eher die in dritter Linie genannte Kategorie; es bleibt kaum ein Zweifel: diese σεβόμενοι an zweiter Stelle sind richtige Proselyten. Uebrigens bilden des Tacitus[4] Worte wie das Komplement dazu: „pessimus quisque, spretis religionibus patriis, tributa et stipes illuc congerebant".

4. Wir müssen aber namentlich auf den Sprachgebrauch der Apostelgeschichte achten. σεβ. τ. θ. werden genannt die Purpurkrämerin Lydia in Thyatira (16 14) und Justus in Korinth (18 7). Daraus lässt sich noch nichts schliessen; denn an sich könnten beide ebensowohl ganze als halbe Proselyten sein. σεβόμ. ohne τ. θεόν findet sich Act 13 50 17 4 17. Es heisst an der ersten Stelle, die Juden hätten die „gottesfürchtigen" vornehmen Frauen gegen Paulus und Barnabas aufgewiegelt. Wir bleiben bei der Annahme, σεβόμενοι seien blos Proselyten zweiter Ordnung; aber dann dürfen wir uns billig wundern, dass sich die Juden gerade an sie und nicht an die rechtmässigen Proselyten wenden, über die sie doch mehr Macht haben mussten. SCHÜRER[5] sagt: „Man wird nicht irren, wenn man die Zahl der [richtigen] προσήλυτοι um beträchtlich geringer anschlägt, als die der σεβό-

[1] s. oben p. 288. [2] p. 316 f. 327.
[3] Ant. XIV 7 2. [4] Hist. V 5.
[5] l. c. II p. 567.

μενοι". Wir könnten diesen Satz allenfalls zur Erklärung heranziehen und in der grösseren Zahl Proselyten zweiter Ordnung den Grund sehen, warum sich die Juden, an diese wandten. Wir lassen den Entscheid über die σεβόμενοι also noch offen. 17 4 und 17 werden die σεβόμενοι neben den Juden als Zuhörer des Paulus in der Synagoge genannt. Wir nehmen damit gleich zusammen 13 16, wo Paulus seine Rede in der Synagoge im pisidischen Antiochien mit den Worten eröffnet: „ἄνδρες 'Ισρ. καὶ οἱ φοβούμενοι τὸν θεόν" und 13 26, wo er in eben derselben seine Zuhörer betitelt: „ἄνδρες ἀδελφοί, υἱοὶ γένους 'Αβρ., καὶ οἱ ἐν ὑμῖν[1] φοβούμενοι τ. θεόν". Diese letztere Stelle ist besonders instruktiv: Er nennt alle seine Zuhörer Brüder; (wir dürfen dabei nicht ausser Acht lassen, dass es sich um den Paulus der Apostelgeschichte handelt); unter diesen Begriff subsumiert er zweierlei: 1. die, welche von Geburt Juden sind, 2. die Affiliierten. Diese letzteren nennt er: οἱ ἐν ὑμῖν φοβούμενοι; „ἐν ὑμῖν" ist die Uebersetzung des hebräischen בתוככם (Ex 12 49 Lev 16 29 17 12 18 26); so wenig es dort zwei Klassen von Affiliierten gab, so wenig ist es hier der Fall; denn wo blieben dann die rechtmässigen Proselyten? Sub 1 sind sie nicht mit eingeschlossen; denn gerade vom Geschlechte Abrahams sind sie nicht; sie können nicht anders als unter den φοβούμενοι τ. θ. verstanden sein, deren Anschluss so nahe ist, dass sie eben als Brüder betrachtet werden. Damit ist auch über die drei anderen Stellen entschieden: die Frage kehrt jedesmal wieder: Wo blieben die Proselyten erster Ordnung, wenn sie nicht selber unter den σεβόμενοι begriffen sind? Es lässt sich nicht einsehen, worin die Gegenüberstellung von 'Ισρ. — σεβόμενοι (φοβούμενοι) verschieden sein sollte von 'Ιουδαῖοι — προσήλυτοι (2 10) und demnach προσήλυτος etwas anderes bedeuten sollte als σεβόμενος (resp. φοβ. 16 14 18 7); gerade die Zusammenstellung σεβομένων προσηλύτων (13 43) zeigt zur Genüge, dass es sich zwischen beiden nicht um ein Entweder-oder handeln kann. Bezeichnet beides dasselbe, dann lässt sich die Zweckmässigkeit der Zusammenstellung allerdings auch nicht dartun; es könnte sogar der Verdacht aufkommen, dass eine Glosse in den Text eingedrungen ist oder die Ausdrücke zweier Vorlagen kombiniert sind wie im δευτεροπρώτῳ (Lc 6 1). Aber selbst diese Annahmen sind überflüssig, da das Partizip sehr wohl einmal in seiner ursprünglichen verbalen Bedeutung gebraucht werden konnte, die der Gebrauch desselben als terminus technicus eben nicht verdrängt hat, so wenig es uns beifällt in LXX unter den φοβούμενοι τὸν θεόν immer Proselyten verstehen zu wollen (wie ψ 115 11 118 4 135 20). Was dort

---

[1] ἐν ὑμῖν ist zu lesen, nicht ἐν ἡμῖν.

selbstverständlich ist, soll es in der Apostelgeschichte nicht sein? Immer wieder erscheint Cornelius als Proselyt des Thores im alten Sinne; und doch zeigt die Verbindung, er sei „fromm und gottesfürchtig" gewesen (10 ₂: εὐσεβής. κ. φοβ. τ. ϑ.) oder „gerecht und gottesfürchtig" (10 ₂₂ δίκαιος κ. φοβ. τ. ϑ.) ganz deutlich, dass „gottesfürchtig" hier keineswegs terminus technicus ist, und er also bei der Proselytenfrage gänzlich ausser Spiel zu lassen ist. Es verschlägt nichts dagegen, dass von seinem Fasten und Beten und Almosengeben an die Juden die Rede ist. Der Hauptmann von Kapernaum baut den Juden eine Synagoge und ist doch Heide, nicht wert, dass ein Jude unter sein Dach eintrete (Lc 7 ₅f.). Und die ganze weitere Darstellung Act 10, zumal V. ₂₈ lehrt bestimmt, dass Cornelius Heide („ἀλλοφύλῳ") ist, und dass er also dem Judentum und seinem Monotheismus nur Sympathie entgegengebracht hat. 10 ₇ εὐσεβής als Epitheton des ihm dienenden Soldaten will nicht mehr besagen, als dass der fromme (V. ₂) Hauptmann auch fromme Diener hat; nichts berechtigt, darin eine weitere Bezeichnung für Proselyten zu finden. Gänzlich verkehrt aber ist es, eine solche in εὐλαβής entdecken zu wollen: es hätten den Stephanus Proselyten begraben[1] (Act 8 ₂), wo denn der Vermutung freier Spielraum gelassen wird, Stephanus sei selber ein solcher gewesen. SLEVOGT[2] meint geradezu zu wissen, es sei eine Bezeichnung von „Proselyten der Gerechtigkeit". Ebenso gut könnte dann der greise Symeon („δίκαιος καὶ εὐλαβής" Lc 2 ₂₅) Proselyt der Gerechtigkeit gewesen sein! aber das sagt SLEVOGT nicht. Ihren Ursprung schöpft diese Meinung in der falschen Exegese von Act 2 ₅[3], wo doch ganz deutlich von geborenen Juden die Rede ist, die aus religiösem Eifer (εὐλαβεῖς) aus der Diaspora nach Jerusalem zurückgekehrt sind, um bleibend da zu wohnen. Alles in allem zeigt uns also der Sprachgebrauch der Apostelgeschichte, dass σεβόμενοι und φοβούμενοι einerseits und προσήλυτοι andererseits promiscue gebraucht werden[4].

5. Für Paulus sind Judentum und Beschneidung unzertrennlich; auch die ganze Proselytenmacherei der Juden ist nach ihm ein Dringen auf Beschneidung (Gal 6 ₁₃). Die Beschneidung aber verpflichtet ihrerseits zur Uebernahme des ganzen Gesetzes (Gal 5 ₃); ein anderes Proselytentum kennt er nicht.

---

[1] RENAN, Les Apôtres 1866 p. 145. [2] l. c. p. 845. [3] s. ob. p. 209.

[4] Apok 11 ₁₈ 19 ₅ sind überhaupt wegzulassen; an sich könnte man versucht sein, daselbst bei den φοβούμενοι an die term. techn. zu denken, zumal wegen des Zusatzes οἱ μικροὶ καὶ οἱ μεγάλοι, der durchaus an ψ 115 ₁₃ (s. oben p. 181) erinnert, wo es sich tatsächlich um Proselyten handelt; aber was 11 ₁₈ noch zulässig wäre, entscheidet 19 ₅ durchaus negativ, indem φοβ. Apposition zu πάντες οἱ δοῦλοι αὐτοῦ ist.

6. Ein wichtiges Argument liefern uns die römischen Inschriften; folgende zwei werden von BERNAYS[1] mitgeteilt:

a) Aur · Sot · Et · Aur
Stephanus · Aur ·
Soteriae · Matri · pien
tissimae · Religioni [sic]
Judeicae · Metuenti ·
F. P.[2] [= filii posuerunt]

b) Aemilio · Va
[l]enti · eq · ro
mano · metu
₀ nti · Q · An XV
Mes · III Die XXIII[3]

Daraus geht hervor: metuens ist terminus technicus und, wie auf der Hand liegt, die Uebersetzung von φοβούμενος; bezeichnen aber muss es offenbar den richtigen Proselyten des Judentums; denn so natürlich es ist, dass er als solcher auf seiner Grabinschrift gekennzeichnet wird, so unnatürlich wäre es, dass er metuens genannt würde, wenn dies nur einen halben Proselyten bezeichnete. Die Identität metuens = Proselyt muss so bekannt gewesen sein, dass Juvenal wohl absichtlich darauf anspielt[4]:

„Quidam sortiti metuentem sabbata patrem
Nil praeter nubes et coeli numen adorant
Nec distare putant humana carne suillam
Qua pater abstinuit . . . . .
. . . . .
Judaicum ediscunt et servant ac metuunt jus[5].‟

7. Ganz entsprechend verhält es sich mit der griechischen Inschrift eines auf dem Palatin gefundenen Spottkruzifixes:

ΑΛΕΞΑΜΕΝΟΣ ΣΕΒΕΤΕ (= σέβεται) ΘΕΟΝ[6];

σεβόμενος muss auch hier gleich sein προσήλυτος.

8. Auch die hebräische Uebersetzung von σεβόμενοι und φοβούμενοι (oder richtiger das Original, davon σεβ. und φοβ. selber nur Uebersetzung sind, vgl. ψ 115 11 118 4 135 20[7]) dient nicht weniger zur Bezeichnung von Proselyten schlechthin, auch in nachchristlicher Zeit; nur dass wegen der Scheu, die man vor dem Gottesnamen trug, der Ausdruck lautet: ‏ירא שמים‎. Mit diesen Worten: „das sind die den Himmel fürchtenden‟, wird nämlich in der Mechiltha die Klasse derjenigen umschrieben, von denen es Jes 44 5 heisst: „Jener empfängt den

---

[1] Ges. Abhdlgn. II p. 71—80: D. Gottesfürchtigen bei Juvenal.
[2] l. c. p. 74 = Corp. inscr. lat. Vol. V 1 No. 88 p. 18.
[3] l. c. p. 80 = ephemeris epigr. IV p. 291 No. 838.
[4] Vgl. BERNAYS, l c. p. 73.   [5] Sat. XIV 96 ff.
[6] cit. bei BERNAYS, l. c. p. 77.   [7] s. oben p. 181.

Zunamen Israel"[1]. ירא שמים heisst aber auch der römische Senator[2], über dessen ächtes Proselytentum die folgende Geschichte kaum einen Zweifel übrig lässt: Um einen kaiserlichen Beschluss, dass alle Juden in den Rom unterworfenen Ländern binnen 30 Tagen vertilgt werden sollten, zu hintertreiben, begeben sich vier der angesehensten Juden nach Rom. Da bereden sie sich mit einem jüdisch gesinnten Senator, dessen Frau, die ebenfalls gottesfürchtig war, ihm riet, sich für die Juden zu opfern. Er solle nämlich das Gift, das er wie alle römischen Grossen in einem Siegelringe stets bei sich zu tragen pflegte, um sich vor dem schmählichen Tod einer blutdürstigen Laune des Kaisers zu schützen, einschlürfen, damit durch seinen plötzlichen Tod der Senatsbeschluss zur Vertilgung der Juden rückgängig gemacht werde. Es sei nämlich Brauch gewesen, einen Senatsbeschluss nicht auszuführen, wenn einer der Senatoren eines plötzlichen Todes gestorben sei. Jener jüdisch gesinnte Senator sei auf den Rat seiner Frau eingegangen und habe sich durch Gift das Leben genommen, aber vor dem Tode an sich selbst die Beschneidung vorgenommen, um als Jude zu sterben[3].

9. Zum Erweis einer Zweiteilung der Proselyten hat man auch schon Justin anführen wollen. Wir lesen nämlich bei ihm folgende Worte[4]: „ταῦτα (scil. Jes 49 6) ὑμεῖς μὲν εἰς τὸν γηόραν καὶ τοὺς προσηλύτους εἰρῆσθαι νομίζετε"; γηόρας sollte nun „Proselyt der Gerechtigkeit", προσήλυτος „Proselyt des Thores" bezeichnen[5]. Das schlägt aber Justins eigener Meinung ins Gesicht; er sagt nämlich selber etwas weiter[6]: „οὐδὲν γὰρ χρήζουσιν οἱ προσήλυτοι διαθήκης, εἰ ἑνὸς καὶ τοῦ αὐτοῦ πᾶσι τοῖς περιτεμνομένοις κειμένου νόμου, περὶ ἐκείνων οὕτως ἡ γραφὴ λέγει· Jes 14 1"; nun aber giebt gerade hier LXX גר mit γηόρας wieder; für Justin selber also besteht zwischen γηόρας und προσήλυτος kein Unterschied[7]; somit kennt auch er nur eine Klasse von Proselyten.

10. In der rabbinischen Litteratur hat sich selber noch das Bewusstsein davon erhalten, dass es Proselyten zweiter Ordnung tatsächlich nie gegeben hat. Es heisst[8], man habe den Ger Toschab nur

---

[1] Mech. zu Ex 22 20 (cit. BERNAYS, l. c. p. 78).

[2] Debarim rabba c. 2 = Jalkut ψ 47 10 (cit. l. c. p. 78f.).

[3] Aus M. Erubin IV 2 Maas 'zer scheni IV 9 (mitgeteilt von GRÄTZ, Gesch. IV [2] p. 121f.).

[4] Dialog. c. Tryph. C. 122 (p. 350 D.).

[5] So ANDREAS GALLANDIUS.   [6] l. c. C. 123 (p. 351 D.).

[7] So auch HESYCHIUS: γειώρας explicat „γείτονας ἐξ ἄλλου γένους, καλουμένους τῷ Ἰσραὴλ προσηλύτους". Theodoret in Jes 14 1: „γειώρας τῇ Ἑλλάδι φωνῇ ὁ προσήλυτος ἑρμηνεύεται".

[8] Maimon p. 1 lib. יד in Hilc. מילה c. 1 n. 6; ebenso in Hilc. עבים c. 10 n. 6 (bei SLEVOGT, l. c. p. 840f.) Erachin 29a (in HERZOGS Realencyclop.[2], l. c., wo der

aufgenommen, so lange die Jobeljahre gefeiert worden seien; es heisst
aber auch, seit Ruben, Gad und Manasse ins Exil geführt worden
seien, hätten die Jobeljahre aufgehört[1]! Der Schluss daraus braucht
nicht erst gezogen zu werden; ebenso hat man nicht vergessen, dass
die noachitischen Gebote überhaupt nie gehalten worden sind[2].

Wir glauben also behaupten zu dürfen: Die Juden (zur
Zeit des entstehenden Christentums) anerkennen nur Eine
Kategorie von Proselyten; wer zu dieser nicht gehört, ist
ein Heide, und es darf in keinerlei Weise mit ihm Verkehr
gepflogen werden (Act 10 28). Das schliesst nicht aus, dass viele
Heiden sich von einzelnen jüdischen Gebräuchen angezogen fühlen
mochten und sie auf sich nahmen. Das hat uns eine ganze Reihe
von Zeugnissen aus Josephus und lateinischen und griechischen Profan-
schriftstellern, die oben[3] anzuführen waren, schon bezeugt; und die
Geschichte des Cornelius bestätigt es uns; aber gerade sie zeigt uns:
Ohne den besonderen Befehl Gottes würde sich ein Mann wie Petrus
nie und nimmer dazu verstanden haben, zu ihm hineinzugehen und
mit ihm zu essen. Für den richtigen Juden blieb er eben nach wie
vor der Gleiche auch trotz seinen Gebeten und trotz seinem Fasten
und trotz seinen Almosen. Mochten jene Heiden sogar nach Jerusalem kommen, um anzubeten, vom Passah z. B. blieben sie natürlich
ausgeschlossen[4]. Das Wichtige ist: es blieb für die Einzelnen
das Mehr oder Minder ihres Anschlusses Privatsache. Vielleicht meint Sueton[5] gerade solche Leute, wenn er von solchen
spricht, „qui improfessi judaicam viverent vitam“, (falls diese Worte
nicht auf Christen gehen). Diese Leute bekennen sich nicht offen zur
Religion, deren Sitten sie gewissermassen zu ihrem Privatgebrauch
adoptiert haben, d. h. sie sind nicht offiziell Proselyten. Zu diesem
letzteren gehörte offenbar nicht weniger als der völlige Uebertritt.
Wir beachten z. B. die Definition des Josephus[6]: „νομίμοις προσελη-
λυθείαν τοῖς Ἰουδαϊκοῖς“, wie sie denn auch die Grundlage für alle
späteren geworden ist, so des Theodoret: „προσηλύτους δὲ ἐκάλουν τοὺς
ἐκ τῶν ἐθνῶν προσιόντας καὶ τὴν νομικὴν πολιτείαν ἀσπαζομένους“; des

---

Verfasser nicht versäumt, aus dieser Stelle den Schluss zu ziehen: „Wieder ein
Beweis, dass der Inhalt des pentateuchischen Priestercodexes nicht so wie man
meint auf die nachexilischen Verhältnisse zugeschnitten ist!“ Der Verfasser des
Artikels [in erster Auflage von LEYRER] ist DELITZSCH.

[1] Maimon. Hilc. שטמה ויובל c. 10 n. 8 (SLEVOGT l. c.).

[2] Wajjikra rabba c. 13 (bei WEBER, l. c. p. 254).

[3] p. 298—300.

[4] Jos. B. J. VI 9 3 s. oben p. 315 Anm. 4.

[5] Domit. 12.   [6] Ant. XVIII 3 5.

Suidas [1]: „οἱ ἐξ ἐθνῶν προσεληλυθότες καὶ κατὰ νόμον ποθήσαντες πολιτεύεσθαι“. Scheinbar spricht die Izatesgeschichte gegen die aufgestellte Behauptung; aber bei näherem Zusehen bestätigt sie dieselbe doch gerade. Für seine Person stand Izates selbstverständlich frei, vom Judentum so viel anzunehmen als er wollte; ein Proselyt wurde er darum noch nicht. Folgte er dem Ananias, so blieb es für ihn bei einer religiösen, wir möchten fast sagen philosophischen, Liebhaberei; es hinderte ihn auch nichts, davon wieder abzustehen, wenn sie ihm zu beschwerlich wurde. Josephus [2] sagt beispielsweise, dass von den Griechen, die willens geworden waren, die jüdischen Gesetze anzunehmen, einige dabei geblieben seien, andere aber, die nicht imstande waren auszuhalten (τὴν καρτερίαν οὐχ ὑπομείναντες), wieder abgefallen seien. Aber Ananias war kein Vertreter des offiziellen Judentums; und sollte es für Izates mehr sein als eben nur persönliche Liebhaberei, sollte er wirklich Proselyt werden, so war die Beschneidung und damit die Annahme des ganzen Gesetzes für ihn unumgänglich. Nur unter dieser Bedingung ist das orthodoxe und offizielle Judentum geneigt, ihn als rechten Juden (βεβαίως Ἰουδαῖος [3]) anzuerkennen [4]. Eines zwar vergessen wir dabei nicht. War das Judentum der Diaspora für sich selber weniger streng im Gesetz als das pharisäisch-palästinensische, so wird es auch von seinen Proselyten nicht verlangt haben, was die pharisäisch-palästinensischen Emissäre von ihnen verlangten, — und das wird die Erfolge der Proselytenmacherei quantitativ sehr gebessert und qualitativ nicht sonderlich verschlechtert haben; der Grundsatz aber leidet dabei nicht: Gesetz wurde für die Proselyten, was für die Juden selber Gesetz war. Und auch so noch seien einzelne Ausnahmen zugestanden; denn es wird seine Richtigkeit haben, dass „der jüdische Bekehrungseifer sich mit dem Erreichbaren begnügte“ [5]. Bei solcher Sachlage mochte man oft im Unklaren sein, wo bei Einem persönliche Liebhaberei für jüdische Gebräuche aufhörte und offizielles Proselytentum begann. Josephus [6] erzählt aus den Judenverfolgungen in Syrien: „Wenn man meinte mit den Juden fertig zu sein, hatte man die Judengenossen im Verdacht (τοὺς ἰουδαΐζοντας), und keiner wagte, sie ohne weiteres zu töten wegen ihrer schwankenden Haltung, und bei ihrer Zwitterstellung fürchtete

---

[1] Ich citiere nach der Ausgabe von God. Bernhardy II 2, col. 469. Andere (z. B. de Wette [3], l. c. p. 348) lesen: κατὰ τοὺς θεσύς πολιτευόμενοι νόμους“.

[2] c. Ap. II 10.   [3] Ant. XX 2 4.

[4] Vgl. noch Grätz, Jahresbericht p. 19.

[5] Schürer, l. c. II p. 565.

[6] B. J. II 18 2.

man sie doch, als gehörten sie bestimmt dem fremden Volke an". Und
noch Commodian [1] spricht von den

„inter utrumque viventes
Inter utrumque putans dubie vivendo cavere
Nudatus a lege decrepitus luxu procedis?
Quid in synagoga decurris ad Pharisaeos,
Ut tibi misericors fiat quem denegas ultro?
Exis inde foris, iterum tu fana requiris."

Das einzig Ausschlaggebende, das zwischen inoffiziellen Freunden
des Judentums und offiziellen Proselyten unterschied, war also die Beschneidung; denn diese wird nicht leicht einer aus Privatliebhaberei
auf sich genommen haben! Sie war auch vor der heidnischen Behörde das Kriterium. Sueton erzählt in der schon angeführten Stelle[2]
bei Anlass der jüdischen Kopfsteuer unter Domitian, der sich viele
durch Verleugnung ihrer religiösen Zugehörigkeit zu entziehen suchten,
er erinnere sich noch aus seiner Knabenzeit, wie man einen 90jährigen
Greis untersucht habe, ob er beschnitten sei. Der römische Eparch
Metilius kann sein Leben auch nur erkaufen um den Preis „μέχρι περι-
τομῆς ἰουδαΐσειν"[3], was ohne Zweifel heisst: das Judentum bis und
mit der Beschneidung annehmen; das war nämlich für die Juden das
einzig sichere Kennzeichen, dass es ihm mit seinem Versprechen, Proselyt werden zu wollen, wirklich ernst sei und er nach überstandener
Not nicht gleich wieder abfallen werde.

Kommen wir nach diesen Ausführungen zu unserer ursprünglichen Frage[4] zurück, ob für die Proselyten die Beschneidung von den Juden gefordert worden sei, so werden
wir sie jetzt mit einem rückhaltlosen Ja beantworten. Auch
Tacitus[5] sagt einfach: „transgressi in morem eorum idem usurpant"
(scil. circumcidere genitalia). Wir finden darin auch gleich den Schlüssel, warum unter den Proselyten das weibliche Element so sehr vor-
wiegt — abgesehen von der grösseren religiösen Empfänglichkeit, welche
die Frauen überhaupt auszeichnet. Wenn dennoch Männer sich dazu
verstanden (vgl. das „mox et praeputia ponunt" Juvenals[6]), so mochte
sie in manchen Fällen ein bestimmter Vorteil locken, eine Heirat oder
vielleicht die Befreiung vom Kriegsdienste, für die sie das Opfer nicht
zu gross bedünkte. Wir müssen aber sicherlich auch — und das mag

[1] Instruct. (cit. z. B. bei NEANDER, K.-Gesch. I 1 p. 90).
[2] Domit. 12.   [3] Jos. B. J. II 17 10.
[4] s. oben p. 323.   [5] Hist. V 5.
[6] Sat. XIV 99.

für die Juden wiederum eine Entschuldigung sein — mit in Anschlag bringen, was auf Rechnung der Zeit kommt, in der zu Ehren der Gottheit die verschiedensten Kulte sich überboten in der „ἀφειδία σώματος"; es scheint durch diese Zeit übersättigter Kultur ein ähnlicher Zug zu gehen wie durch diejenige, in der Mi 6 6 geschrieben worden ist.

Wird für die Proselyten also die Beschneidung von den Juden gefordert, so meinen wir den Beweis erbracht zu haben, den wir suchten, dass das oben bestimmte Ideal der Reinheit auch auf die Fremden übertragen wird, welche man gewinnen will. Das ist eine sehr wichtige Erkenntnis; denn sie zeigt, dass in der Tat die Juden mit der Auffassung der Religion als einer Verfassung nicht zu brechen vermochten. Ja, wir dürfen sogar noch um einen Schritt weiter gehen. Wenn das Zeichen der Verfassung die Beschneidung ist, so ist nicht zu vergessen, dass diese ursprünglich „Stammeszeichen"[1] war. Es waren für die Hebräer wie für die Araber die Begriffe „barbarisch" und „unbeschnitten" zusammengefallen[2]. Man mochte die Beschneidung lange religiös umdeuten wollen, tatsächlich blieb, wenn man sie zum Zeichen der Verfassung erhob, das Volk, dem diese Verfassung einzig gelten konnte, ein physisch und national beschränktes, es blieb Israel. So wirkte in seiner Verfassung noch die Schranke des Blutes nach. „Die Juden haben eben nie recht von der Erde und von dem Volke abzusehen gewagt"[3]. Es lässt sich unschwer zeigen, wie selbst den Aufgeklärtesten unter ihnen noch diese Religionsauffassung in Fleisch und Blut steckt.

Man darf hier den Gegensatz von palästinensischem und hellenistischem Judentum nicht überspannen. Es sind zwei Aeste vom gleichen Stamm, nur dass auf den einen ein wenig Griechentum gepfropft ist. Wir wollen nicht vergessen, dass Josephus gelegentlich von den „πάτρια ἔθη" spricht, vom „unsterblichen"[4] Gesetze, und Philo von der gottgeliebten πολιτεία, unter die sich, mit seiner ganzen Vergangenheit brechend, begeben muss, wer zum Judentum übertreten will[5], dass in dieser πολιτεία ferner für Philo die Beschneidung ein Hauptartikel ist[6] u. s. w. Ueber das alles dürfen uns andere Aussprüche, die allerdings ziemlich verschieden lauten, nicht hinweg-

---

[1] STADE, Gesch. Isr. I[1] p. 423.
[2] WELLHAUSEN, Skizzen III p. 215 (Nachtrag zu p. 154).
[3] Ders. Isr. u. jüd. Gesch. p. 254.
[4] c. Ap. II 38.   [5] s. oben p. 289 Nr. 2 u. 3. 302.
[6] s. oben p. 283.

täuschen. SIEGFRIED[1] hat sehr richtig gesagt: Jene Apologeten des Judentums vermieden es meist klüglich, die klänlichen und seltsamen rituellen Gebräuche, welche diese Religion forderte, mitzuteilen. Das, möchte man hoffen, würde sich später finden, Erst der Zucker und dann die Pille. Auf diese Art hoffte man, wie es vielleicht gelingen, die Heidenwelt das Judentum überschlucken zu machen". Es hiengen also selbst diese Aufgeklärtesten im Grunde a Buchstaben und am System. So wenig vermochte, um im Bilde GREKS[2] zu bleiben, der Inhalt das Gefäss zu sprengen. Auf die Beschneidung kam es an, die mit Händen gemacht war, alle niveralistischen Elementen zum Trotz, die das Judentu n sich beschloss. Es waren die Keime zum Christentum, in welchem weder Beschneidung noch Vorhaut etwas galten (Gal 5) und auch Jude und Hellene oder selbst Barbar keinen Unterschied mehr machte (Kol 3 11), da Gott selbst aus den Steinen dem Abraham Kinder erwecken konnte (Mt 3 9 Lc 3 8). Disparat wie im Judentum die Elemente vorhanden gewesen waren, hatten sie immer nur wie vorasweisend darauf hindeuten können, dass sie einst vielleicht lebensfähig würden und es werden müssten, wenn erst die Person erstehe, die sie als Ein Ganzes aus sich heraus würde geboren werden lassen. Das war das Werk Christi[3]. Im Christentum aber haben sich diese Elemente alle gesammelt, und es ist, als hätte es sie alle in sich absorbiert.

---

[1] Prophetische Missionsgedanken und jüdische Missonsbestrebungen. Jahrb. f. prot. Theol. 1890 (XVI) p. 447.

[2] s. oben p. 315.

[3] Es liegt ausserhalb des Rahmens dieser Arbeit auf die Frage einzugehen nach dem „Universalismus" des Christentums. Sie wie nach den obigen Ausführungen enge zusammengehören mit der anderen, resp. inwiefern dasselbe mit der Auffassung der Religion als einer Verfassung bestimmt. Eph 2 12 ist die Rede davon, dass die Heiden in ihrem heidnischen Zustand ferngeblieben sind von der „πολιτεία τοῦ Ἰσραήλ". Welche Stelle nimmt dieser Begriff in der urchristlichen Verkündigung ein? (Vgl. Phil 1 27 3 20 Act 23 1.) Wenn Euseb die Christen behandelt als ein Volk, das gleich den anderen Völkern ist, indem es seine Dynastie, seine Kriegsgeschichte, seine Aufrührer und seine berühmten Männer hat (vgl. OVERBECK, Ueber die Anfänge der Kirchengeschichtsschreibung 1892, p. 42. 47. 60. 64), wäre zu untersuchen, wie weit die Wurzeln dieser Auffassung zurückreichen (vgl. Röm 9 25f. 11 II Kor 6 16 Tit 2 14 Hbr 8 10 I Ptr 2 9f. Ap 21 3). Dabei müsste man auf die Frage zurückgehen, ob sich nicht gerade im Centralbegriff der „βασιλεία" mitspielt. Es wäre aber dann wol zu sagen, dass die Verfassung dieser βασιλεία (im Gegensatz zur jüdischen) nicht mehr physisch, sondern ethisch gedacht ist (vgl. z. B. Mt 23 20 Lc 11 20) indem Jesus das Gesetz innere des Menschen, in sein Herz hineinführt (5 6). In diesem seinem religiösen Verhältnis zu Gott, dem himmlischen Vater, ist seine ganze ung in dem in Frage stehenden Punkt von vornrein für uns gegeben. —

Es ist kein Zweifel, dass nichts das Judentum exklusiver gemacht hat, als gerade das Christentum. Das Judentum dieser ersten nachchristlichen Zeit stellt demnach nicht mehr Bedingungen dar, denen das Christentum seine Entstehung verdankt,
sondern den Gegensatz, unter dem es seinen Gang in die Welt antritt. Das nachchristliche Judentum ist gegen das Fremde in jeder
Beziehung abgeschlossener, schroffer und abweisender geworden.

Ein flüchtiger Blick auf seine Stellung zu den Fremden mag unsere

Dazu noch einige Andeutungen. Das Korrelat zum Vater im Himmel ist der Mensch
schlechthin (Mt 16 ; … … Hilfsbedürftigkeit, alle, die mühselig und beladen
sind (Mt 11 28). Wer … … Willen dieses Vaters im Himmel tat, wurde Jesu
Bruder und Schwester … Mutter (Mt 12 50 Mc 3 35); darum wurde für ihn der
Nächste auch der Samariter (Lc 10 30 ff., vgl. Mt 5 46). Es ist aber hinzuzufügen:
Jesu eigene Stellung war … in diesem Punkte nicht von Anfang an fertig; sie
ist geworden mit seinem eigenen Werden. Zum Bewusstsein wurde ihm dies gebracht namentlich durch die liche Erfahrungen, die er in seinem Wirken machte.
„Solchen Glauben hab … in Israel nicht gefunden" (Mt 8 10 Lc 7 9 17 18; vgl.
Mt 10 14 11 21 ff. 12 41 f. Lc 10 f. 11 31 ff). Insbesondere möchten wir an seine Begegnung mit der Syrophoinikerin denken (Mc 7 24 ff. Mt 15 21 ff.); wir glauben
geradezu behaupten zu dürfen dass hier der Punkt in seinem Leben liegt, wo
sich in seinem Bewusstsein der Uebergang in seinem Beruf vom Volk (so noch
Mt 10 6) an die Welt vollzie und zwar nicht ohne inneren Kampf, wie deutlich
ersichtlich ist aus Mt 15 21. Es müsste mit in Betracht gezogen werden das
Aufkeimen bezw. die Entwicklung des eigenen Messiasbewusstseins mit der Aufnahme von Gedanken des prophetischen Universalismus (namentlich Deuterojesajas).
So erschaut er seinen Jesu Beruf darin, das Salz der Erde (Mt 5 13) und das
Licht der Welt zu sein (Mt 5, vgl. Lc 2 32); und das Ende des Weltlaufes wird
werden, dass Viele von Aufgang und von Niedergang kommen und zu Tische sitzen
werden mit Abraham, Isaak und Jakob im Himmelreiche, während Söhne des
Reiches hinausgestossen werden in die äussere Finsternis (Mt 8 11f. Lc 13 28). Und
je tiefer der Widerspruch die eigenen Volksgenossen Jesum dem Todesleiden entgegenführt, um so völlig verlassen die nationalen Züge, vgl. die Gleichnisse der
Arbeiter im Weinberg (Mt 20 f.), der zwei Söhne (21 28 ff.), des königlichen Mahles
(22 1 ff. Lc 14 16 ff.[?]), die Endapokalypse (Mt 24 22: πᾶσα σάρξ; 24 30: πᾶσαι αἱ φυλαί;
25 32: πάντα τὰ ἔθνη), und zu Leiden wird ein Leiden „für Viele" (Mt 26 28).
Das ist auch noch die richtige Erkenntnis von Joh 12, wo das Auftreten der
Griechen (V. 20) die Veranlassung wird zur κρίσις, darin Jesus sich die Notwendigkeit des Todesleidens innerlich aneignet (V. 24f.).

Was sich in Jesu auf dem Wege unmittelbaren Erlebens, inneren und äusseren, vollzogen hat, hat Paulus — freilich auf Grund eigenster Erfahrung —
theologisch nachgearbeitet und begriffsmässig formuliert: Wer nur glaubt, wird
gerettet. In dieser höheren Einheit sind alle Unterschiede aufgehoben (Röm 1 16f
2 9 14f. 28ff. 3 29 4 10ff. 9 6ff. 31. 10 12 I Kor 1 24 7 19 12 13 Gal 3 26 28 5 6 Kol 2 11 13
3 11). Und Paulus hat selber wusst nach dieser Formel gelebt (Röm 1 5 14 15 16ff.
Gal 1 16 5 2 11 6 15f. Kol 2 16); das ist sein grosses Werk; aber er ist auch in diesem
Punkte, dünkt uns, nicht über seinem Meister.

täuschen. SIEGFRIED[1] hat sehr richtig gesagt: „Jene Apologeten des
Judentums vermieden es meist klüglich, die kleinlichen und seltsamen
rituellen Gebräuche, welche diese Religion forderte, mitzuteilen. Das,
mochte man hoffen, würde sich später finden. Erst der Zucker und
dann die Pille. Auf diese Art hoffte man, wird es vielleicht gelingen,
die Heidenwelt das Judentum überschlucken zu machen". Es biengen
also selbst diese Aufgeklärtesten im Grunde am Buchstaben und am
System. So wenig vermochte, um im Bilde GEIGERS[2] zu bleiben, der
Inhalt das Gefäss zu sprengen. Auf die Beschneidung kam es
an, die mit Händen gemacht war, allen universalistischen
Elementen zum Trotz, die das Judentum in sich beschloss.
Es waren die Keime zum Christentum, in welchem weder Beschneidung noch Vorhaut etwas galten (Gal 5 6) und auch Jude und
Hellene oder selbst Barbar keinen Unterschied mehr machte (Kol 3 11),
da Gott selbst aus den Steinen dem Abraham Kinder erwecken konnte
(Mt 3 9 Lc 3 8). Disparat wie im Judentum diese Elemente vorhanden
gewesen waren, hatten sie immer nur wie vorausweisend darauf hindeuten können, dass sie einst vielleicht lebensfähig würden und es
werden müssten, wenn erst die Person erstehe, die sie als Ein
Ganzes aus sich heraus würde geboren werden lassen. Das war das
Werk Christi[3]. Im Christentum aber haben sich diese Elemente
alle gesammelt, und es ist, als hätte es sie alle in sich absorbiert.

---

[1] Prophetische Missionsgedanken und jüdische Missionsbestrebungen. Jahrb.
f. prot. Theol. 1890 (XVI) p. 447.

[2] s. oben p. 315.

[3] Es liegt ausserhalb des Rahmens dieser Arbeit, auf die Frage einzugehen
nach dem „Universalismus" des Christentums. Sie würde nach den obigen Ausführungen enge zusammengehören mit der anderen, ob resp. inwiefern dasselbe
mit der Auffassung der Religion als einer Verfassung bricht. Eph 2 12 ist die Rede
davon, dass die Heiden in ihrem heidnischen Zustande ferngeblieben sind von
der „πολιτεία τοῦ Ἰσραήλ". Welche Stelle nimmt dieser Begriff in der urchristlichen Verkündigung ein? (Vgl. Phil 1 27 3 20 Act 23 1.) Wenn Euseb die Christen
behandelt als ein Volk, das gleich den anderen Völkern ist, indem es seine
Dynastie, seine Kriegsgeschichte, seine Aufrührer und seine berühmten Männer
hat (vgl. OVERBECK, Ueber die Anfänge der Kirchengeschichtsschreibung 1892,
p. 42· 47. 60. 64), wäre zu untersuchen, wie weit die Wurzeln dieser Auffassung
zurückreichen (vgl. Röm 9 25f. 11 2 II Kor 6 16 Tit 2 14 Hebr 8 10 I Ptr 2 9f. Ap 21 3).
Dabei müsste man auf die Frage zurückgehen, ob sie nicht gerade im Centralbegriff der „βασιλεία" mitspielt. Es wäre aber dann wohl zu sagen, dass die Verfassung dieser βασιλεία (im Gegensatz zur jüdischen) nicht mehr physisch, sondern
rein ethisch gedacht ist (vgl. z. B. Mt 23 23 Lc 11 39ff.), indem Jesus das Gesetz
ns Innere des Menschen, in sein Herz hineinführt (Mt 5 8). In diesem seinem
eigenen religiösen Verhältnis zu Gott, dem himmlischen Vater, ist seine ganze
Stellung in dem in Frage stehenden Punkt von vornherein für uns gegeben. —

Es ist kein Zweifel, dass nichts das Judentum exklusiver gemacht hat, als gerade das Christentum. Das Judentum dieser ersten nachchristlichen Zeit stellt demnach nicht mehr Bedingungen dar, denen das Christentum seine Entstehung verdankt, sondern den Gegensatz, unter dem es seinen Gang in die Welt antritt. Das nachchristliche Judentum ist gegen das Fremde in jeder Beziehung abgeschlossener, schroffer und abweisender geworden.

Ein flüchtiger Blick auf seine Stellung zu den Fremden mag unsere

---

Dazu noch einige Andeutungen. Das Korrelat zum Vater im Himmel ist der Mensch schlechthin (Mt 16 26) in seiner Hilfsbedürftigkeit, alle, die mühselig und beladen sind (Mt 11 28). Wer nur den Willen dieses Vaters im Himmel tat, wurde Jesu Bruder und Schwester und Mutter (Mt 12 50 Mc 3 35); darum wurde für ihn der Nächste auch der Samariter (Lc 10 30ff., vgl. Mt 5 46). Es ist aber hinzuzufügen: Jesu eigene Stellung war auch in diesem Punkte nicht von Anfang an fertig; sie ist geworden mit seinem eigenen Werden. Zum Bewusstsein wurde ihm dies gebracht namentlich durch persönliche Erfahrungen, die er in seinem Wirken machte. „Solchen Glauben habe ich in Israel nicht gefunden" (Mt 8 10 Lc 7 9 17 18; vgl. Mt 10 15 11 21ff. 12 41f. Lc 10 13ff. 11 31ff). Insbesondere möchten wir an seine Begegnung mit der Syrophönicierin denken (Mc 7 24ff. Mt 15 21ff.); wir glauben geradezu behaupten zu dürfen, dass hier der Punkt in seinem Leben liegt, wo sich in seinem Bewusstsein der Uebergang in seinem Beruf vom Volk (so noch Mt 10 5) an die Welt vollzieht, und zwar nicht ohne inneren Kampf, wie deutlich ersichtlich ist aus Mt 15 23 24 26. Es müsste mit in Betracht gezogen werden das Aufkeimen bezw. die Entwickelung des eigenen Messiasbewusstseins mit der Aufnahme von Gedanken des prophetischen Universalismus (namentlich Deuterojesajas). So erschaut er seiner Jünger Beruf darin, das Salz der Erde (Mt 5 13) und das Licht der Welt zu sein (Mt 5 14, vgl. Lc 2 32); und das Ende des Weltlaufes wird werden, dass Viele von Aufgang und von Niedergang kommen und zu Tische sitzen werden mit Abraham, Isaak und Jakob im Himmelreiche, während Söhne des Reiches hinausgestossen werden in die äussere Finsternis (Mt 8 11f. Lc 13 28). Und je tiefer der Widerspruch der eigenen Volksgenossen Jesum dem Todesleiden entgegenführt, um so völliger verblassen die nationalen Züge, vgl. die Gleichnisse der Arbeiter im Weinberg (Mt 20 1ff.), der zwei Söhne (21 28ff.), des königlichen Mahles (22 1ff. Lc 14 16ff.[?]), die Endapokalypse (Mt 24 22: πᾶσα σάρξ; 24 30: πᾶσαι αἱ φυλαί; 25 32: πάντα τὰ ἔθνη), und Jesu Leiden wird ein Leiden „für Viele" (Mt 26 28). Das ist auch noch die richtige Erkenntnis von Joh 12, wo das Auftreten der Griechen (V. 20) die Veranlassung wird zur κρίσις, darin Jesus sich die Notwendigkeit des Todesleidens innerlich aneignet (V. 24f.).

Was sich in Jesu auf dem Wege unmittelbaren Erlebens, inneren und äusseren, vollzogen hat, hat Paulus — freilich auf Grund eigenster Erfahrung — theologisch nachgearbeitet und begriffsmässig formuliert: Wer nur glaubt, wird gerettet. In dieser höheren Einheit sind alle Unterschiede aufgehoben (Röm 1 16f 2 9 14f. 25ff. 3 29 4 10ff. 9 6ff. 24ff. 10 12 I Kor 1 24 7 19 12 13 Gal 3 26 28 5 6 Kol 2 11 13 3 11). Und Paulus hat selber bewusst nach dieser Formel gelebt (Röm 1 5 14 15 16ff. Gal 1 16 5 2 11 6 15f. Kol 2 16); das ist sein grosses Werk; aber er ist auch in diesem Punkte, dünkt uns, nicht über seinem Meister.

Untersuchung abschliessen, indem er zugleich imstande ist, die bisherigen Ergebnisse dieses Abschnittes noch schärfer hervortreten zu lassen. Sehen wir zunächst auf die nachfolgende Beurteilung der Gerim.

Zwar fehlt es nicht ganz an günstigen Urteilen, die hin und wieder über sie auftauchen. Es heisst z. B., die Proselyten stünden in gewisser Beziehung höher als die Israeliten; denn diese seien am Sinai gewesen und hätten mit eigenen Ohren Donner, Blitz und Drommetenschall gehört; jene aber hätten nichts von alledem erfahren und seien doch zum Glauben gekommen[1]. Später wurde der üblich gewordene Ausdruck גרים קשים auch dahin gewendet, er sei gesagt zur Beschämung nicht der Proselyten, sondern der Israeliten, sofern jene Familie und Vaterland verlassen hätten, um sich unter die göttliche Majestät zu begeben[2]. Aber diese Worte klingen zu moralisierend, als dass man ihnen wirklich empfundene Wahrheit abfühlen könnte. Im übrigen werden die Proselyten namentlich der heidnischen Aussenwelt gegenüber ausgespielt. Es heisst einmal, den Proselyten, die aus der Heidenwelt herankämen, gebühre das Verdienst, dass die Heiden überhaupt, welche die Ausrottung verdient hätten, gerettet würden[3]. Umgekehrt sind sie den Heiden zur Verdammung. Von Simon, dem bekannten Sohne Gamaliels, wird die folgende Geschichte erzählt[4]: „Einmal war ich auf einer Wanderung; da drängte sich ein Heide an mich heran und sprach zu mir: Ihr saget, den Völkern seien sieben Propheten[5] geschickt worden, welche sie erfolglos ermahnten; daher sie in die Hölle kommen. — Ich: Allerdings. — Gut, sagte er; aber seit jener Zeit ist doch kein weiterer Prophet erschienen, um uns zu verwarnen. — Darauf ich: Unsere Weisen lehren, wenn ein Heide kommt, um in den Bund einzutreten, reiche man ihm die Hand, um ihn unter die Fittige der Schechinah zu bringen; seitdem sind die bekehrten Heiden die warnenden Propheten, sie haben also keine Ausrede!“ Und folgerichtig spricht R. Chananja[6], wenn in der Zukunft der Heilige alle Völker der Welt richten werde, so werde er die Proselyten bringen und angesichts derselben zu den Nationen sagen: „Warum habt ihr mich verlassen und Götzendienst getrieben?“

Aber diesen Stellen stehen in grosser Mehrzahl andere gegenüber, in welchen sich das starke Misstrauen offenbart, mit dem man

---

[1] Tanchuma zu Bereschith lech lecha (BUXTORF, Lex. col. 410 f.).
[2] Kad hakkemach fol. 19 (BUXTORF, l. c.).
[3] Bereschith rabba c. 28.
[4] Mitgeteilt z. B. von JOST, Gesch. d. Judentums u. s. Sekten I p. 447.
[5] Nach Baba bathra 15 b: Bileam, Peor, Hiob u. s. vier Freunde.
[6] Pesiktha rabbetha 61 zu Sach 10 8 (s. WEBER, l. c. p. 379).

im ganzen die Proselyten doch immer scheint betrachtet zu haben. Schon ihre Annahme wird nicht leichter, sondern schwerer gemacht. Der Anschluss sollte ja nicht nur obenhin geschehen[1]! Wenn einer mit der Bitte um Aufnahme kommt, so soll man zu ihm sprechen: Was hast du gesehen, dass du Jude werden willst? Man soll genau erforschen, ob es geschieht wegen des Reichtums oder wegen der Würde, die er beanspruchen kann, oder aus Furcht, dass er sich unter die jüdische Religion bergen will. Ist es ein Mann, so soll man in Erfahrung bringen, ob er seinen Blick auf eine jüdische Jungfrau gerichtet habe; ist es eine Jungfrau, ob sie den Blick auf einen jüdischen Jüngling gerichtet habe. Dann soll man dem Petenten die ganze Schwere des jüdischen Gesetzesjoches und die elenden Umstände, unter denen sich Israel befinde, vorhalten. Will dann einer bei seinem Entschlusse nicht beharren, so ziehe es seines Weges. In den Tagen des Messias soll man überhaupt keine Fremdlinge aufnehmen, so wenig wie es in den Tagen Davids und Salomos geschehen sei[2]; damals nämlich habe man keine aufgenommen, weil sie doch nur aus weltlichen Gründen, aus Furcht oder wegen des Glanzes, in dem die Juden damals standen, übergetreten wären[3]. Man fängt an, genau zu unterscheiden zwischen Proselyten und Proselyten, je nach den Motiven, die sie zum Uebertritt veranlasst haben sollen. Es giebt nämlich nach rabbinischer Einteilung[4] Proselyten des königlichen Tisches (גרי שלחן מלכים), Löwenproselyten (גרי אריות) und Estherproselyten (גרי אסתר); die ersten scheinen genannt zu sein nach denen, die mit Rücksicht auf die kleinen jüdischen Höfe sich dem Judentum akkomodierten, und suchen also den Anschluss, von äusserem Glanze gelockt, der sie erwartet. Die zweiten haben den Namen von den fremden Kolonisten im samaritanischen Gebiet (II Reg 17 24ff), die, um der Löwenplage zu entgehen, jüdische Bräuche annahmen. Die dritten werden Juden, wie einst in den Tagen Esthers geschehen, aus Furcht vor gleichem Schicksal mit den Heiden; als ein Beispiel dieser Klasse wird immer Metilius angeführt. Das Entstehen solch minutiöser Distinktionen ist nur ein Beweis des wachsenden Misstrauens der Juden gegen die Proselyten überhaupt. Und nun ist ja schon lehrreich, dass an ihnen zeitlebens ein Name hängen geblieben ist, eben der Name גר resp. גֵּרָה, und für den Sohn eines Prose-

---

[1] Jebamoth c. 4 fol. 47a l. 32, Maimon Hilc. אסורי ביאה c. 13 § 14f. (cit. bei Carpzov, Apparatus historico-criticus Antiquitatum s. codicis p. 43).

[2] Jebam. 24b. [3] Slevogt, l. c. p. 824.

[4] Vgl. Jebam. 24b, z. B. bei Weber, l. c. p. 75. Es werden an dieser Stelle auch noch גרי חלומות angeführt, Proselyten, die sich durch Träume zum Anschluss an Israel bewegen liessen.

Untersuchung abschliessen, indem er zugleichimstande ist, die bisherigen Ergebnisse dieses Abschnittes noch schärfer hervortreten zu lassen. Sehen wir zunächst auf die nachfolgende Beurteilung der Gerim.

Zwar fehlt es nicht ganz an günstien Urteilen, die hin und wieder über sie auftauchen. Es heisst z. ., die Proselyten stünden in gewisser Beziehung höher als die Israëlten; denn diese seien am Sinai gewesen und hätten mit eigenen Ohren Donner, Blitz und Drommetenschall gehört; jene aber hätten nicht von alledem erfahren und seien doch zum Glauben gekommen[1]. Später wurde der üblich gewordene Ausdruck גרים קם auch dahin gewendet, er sei gesagt zur Beschämung nicht der Proselyten, sondern der Israelten, sofern jene Familie und Vaterland verlassen hätten, um ch unter die göttliche Majestät zu begeben[2]. Aber diese Worte klingen zu moralisierend, als dass man ihnen wirklich empfundene Wahrheit abfühlen könnte. Im übrigen werden die Proselyten namentlich er heidnischen Aussenwelt gegenüber ausgespielt. Es heisst einmal, en Proselyten, die aus der Heidenwelt herankämen, gebühre das Verdienst, dass die Heiden überhaupt, welche die Ausrottung verdient hätten, gerettet würden[3]. Umgekehrt sind sie den Heiden zur Verdammung. Von Simon, dem bekannten Sohne Gamaliels, wird die folgene Geschichte erzählt[4]: „Einmal war ich auf einer Wanderung; da drngte sich ein Heide an mich heran und sprach zu mir: Ihr saget, da Völkern seien sieben Propheten[5] geschickt worden, welche sie erfolglos ermahnten; daher sie in die Hölle kommen. — Ich: Allerdings.— Gut, sagte er; aber seit jener Zeit ist doch kein weiterer Prophet erschienen, um uns zu verwarnen. Darauf ich: Unsere Weisen ihren, wenn ein Heide kommt, um in den Bund einzutreten, reiche man ihm die Hand, um ihn unter die Fittige der Schechinah zu bringn: seitdem sind die bekehrten Heiden die warnenden Propheten, sie haben also keine Ausrede!“ Und folgerichtig spricht R. Chananja, wenn in der Zukunft der Heilige alle Völker der Welt richten werde, so werde er die Proselyten bringen und angesichts derselben zu den Nationen sagen: W.. habt ihr mich verlassen und Götzendienst getrieben?“

Aber diesen Stellen stehen in grosser Mehzahl an in welchen sich das starke Misstrauen ..

---

[1] Tanchuma zu Bereschith lech lecha (Bu..
[2] Kad hakkemach fol. 19 (BUXTORF, l.
[3] Bereschith rabba c. 28.
[4] Mitgeteilt z. B. von JOST, Gesch..
[5] Nach Baba bathra 15b: Bile..
[6] Pesiktha rabbetha 61 zu S..

im ganzen die Pro... ... en doch immer scheint betrachtet zu
haben. Schon ihre A... n me wird nicht leichter, sondern schwerer gemacht. Der Anschlu... ... lte ja nicht nur obenhin geschehen[1]! Wenn
einer mit der Bitte um A... nahme kommt, so soll man zu ihm sprechen:
Was hast du ge... ... d... du Jude werden willst? Man soll genau
erforschen, ob es g... ... l wegen des Reichtums oder wegen der Würde,
die er beanspruchen k... , oder aus Furcht, dass er sich unter die
jüdische Religion be... n ill. Ist es ein Mann, so soll man in Erfahrung bringen, ob r ... i... Blick auf eine jüdische Jungfrau gerichtet
habe; ist es eine Jun... r... ob sie den Blick auf einen jüdischen Jüngling gerichtet hab... Da soll man dem Petenten die ganze Schwere
des jüdischen Gese... ... o... es und die elenden Umstände, unter denen
sich Israel befinde... ... a... n. Will dann einer bei seinem Entschlusse
nicht beharren, so zi... ... seines Weges. In den Tagen des Messias
soll man überhaupt k... in Fremdlinge aufnehmen, so wenig wie es in
den Tagen Davids un... S... mos geschehen sei[2]; damals nämlich habe
man keine aufgenomm... n weil sie doch nur aus weltlichen Gründen,
aus Furcht oder w... ... d... Glanzes, in dem die Juden damals standen,
übergetreten wären[3]. M... fängt an, genau zu unterscheiden zwischen
Proselyten und Pro... lyte... je nach den Motiven, die sie zum Uebertritt veranlasst hab... n... ll... Es giebt nämlich nach rabbinischer Einteilung[4] Proselyten d... ... niglichen Tisches (גרי שלחן מלכים), Löwenproselyten (... ... אריות) u... d... stherproselyten (גרי אסתר); die ersten scheinen genannt zu sein na... h... nen... die mit Rücksicht auf die kleinen jüdischen Höfe sich d... m... Judntum akkomodierten, und suchen also den
Anschluss, von äusserem Glanze gelockt, der sie erwartet. Die zweiten
haben den Namen von ... n... fremden Kolonisten im samaritanischen
Gebiet (II Reg 17... ff... ... d... um der Löwenplage zu entgehen, jüdische
Bräuche annahmen. Die ... ritten werden Juden, wie einst in den Tagen
Esthers geschehen... au... F... cht vor gleichem Schicksal mit den Heiden;
ein Beispiel dieser Kl... e wird immer Metilius angeführt. Das Ent-
... n solch minutiöser D... tinktionen ist nur ein Beweis des wachsen-
... Misstr... ... ... J... de gegen die Proselyten überhaupt. Und nun
... ja sc... ... ... an ihnen zeitlebens ein Name hängen ge-
... leben i... ... Nam... גר... resp. גרה, und für den Sohn eines Prose-

---

... 32, Maimon Hilc. אסורי ביאה c. 13 § 14 f. (cit. bei
... iticus Antiquitatum s. codicis p. 43).

[3] SLEVOGT, l. c. p. 824.

... ei WEBER, l. c. p. 75. Es werden an dieser Stelle
Proselyten, die sich durch Träume zum Anschluss

‚en בן גר resp. בן גרה[1]. Nur für die Aussenstehenden galt, was Dio Cassius sagt, dass Juden nicht nur die Genossen eines Volkes hiessen, sondern auch „ὅσοι τὰ νόμιμα αὐτῶν καίπερ ἀλλοεθνεῖς ὄντες ζηλοῦσιν"[2]. In den Augen der Juden selber haftete, wie der Name zeigt, am Ger immer noch etwas von dem, was er gewesen war. Man vergass seinen Ursprung nicht, wenn man auch wollte, dass man, ihn zu schonen, zehn Generationen lang in seiner Gegenwart nichts Böses von den Heiden sagen sollte[3]. Dem geborenen Israeliten, dem מיוחס, stand er eben nicht gleich; vor allem hat er keinen Stammbaum aufzuweisen, keine Väter, die einst am Sinai gestanden, und kein Verdienst derselben[4]. In der Rangliste der Stufenfolge ist der Priester dem Leviten, der Levit dem Israeliten, der Israelit dem Mamser, der Mamser dem Nathin, der Nathin dem Ger vorzuziehen, „denn jener ist mit uns gross geworden, dieser dagegen nicht"[5]. Man traut darum auch dem Proselyten so wenig, dass die rabbinische Regel lautet: „Hüte dich bis zur zehnten Generation vor Proselyten"[6]. Insbesondere soll man den „Sklaven Kanaans" bis zur sechzehnten Generation misstrauen[7], einmal ist sogar die Rede von der vierundzwanzigsten[8]. Namentlich fürchtete man wiederum ihren Abfall. Schon die Sünde des goldenen Kalbes und der Lustgräber legt ihnen die rabbinische Tradition zur Last[9] und behauptet weiter[10], es heisse darum Ex 32 4 nicht: Siehe, das sind „unsere", sondern: Siehe, das sind „deine" Götter. Gedacht sei eben daran, dass die Proselyten, welche Moses zum Anschluss zu bringen hoffte, Israel verführten. Daher hiessen sie auch 32 7: „Volk Mosis" und nicht „Volk Gottes". Erst recht aber werden die Proselyten abfallen, wenn Gog und Magog aufstehen[11]. Damit aber geben sie Israel selber das schlechte Beispiel und reissen viele Israeliten hinter ihren bösen Werken nach[12]; denn

---

[1] Waren beide Eltern Proselyten, so hiess der Sohn בוגג, Pirke Aboth V.

[2] Hist. Rom XXXVII 17.

[3] Sanhedrin 94 a, Baba mezia IV 10.

[4] Bammidbar rabba c. 8 (WEBER, l. c. 76. 282).

[5] Horajoth c. 3f. 13 a l. 29 (bei DANZ, l. c.).

[6] Casaubonus adv. Baronium p. 27 bei GOODWIN, Moses et Aaron § 7 (in CARPZOV, l. c.).

[7] J. Horajoth III 9.

[8] Jalkuth super Ruth f. 163 d (bei CARPZOV, l. c. p. 51).

[9] Schemoth rabba sect. 42 fol. 98 col. 3; Maim. Hilc. Issure Bia c. 13 § 18; Wajjikra rabba c. 27.

[10] Schemoth rabba 42, vgl. R. Mose Alschech ad Ex XXXII fol. 146 col. 4 lin. 4 (bei DANZ, l. c.).

[11] Aboda sara 3 b.

[12] Tosifta ad Jebam. Raschi ad Jebam. f. 47 b l. 15, Maim. Hilc. Issure Bia c. 13 § 18 (DANZ).

sie sind selber nachlässig in der Gesetzesbeobachtung[1]. Von ihnen kann
auch nichts Gutes kommen. Wie sie selber entsprossen sind מטפה פסולה
„ex gutta (seminis) sordida“, so sind sie eine Wurzel, die Gift und
Wermuth trägt (Dt 29 17), und ihre Kinder sind zumeist grundschlecht.
„Denn aus Maacha, welche David zur Jüdin machte, gieng Absalom
hervor, der seinen Vater zu töten suchte und öffentlich mit dessen
Weibern buhlte“[2]. Es spricht für sich selbst, dass in den aramäischen
Dialekten גור zur Bedeutung „ehebrechen“ gelangt ist! Darum sind es
auch die Gerim, die den Messias aufhalten[3]. In Summa: „Es ist eine
gemeine Redensart, dass sie den Israeliten beschwerlich (קשים) und
eine Art Aussatz sind“[4]. Daher bleiben sie ihnen auch untergeordnet. Nie und nimmer ist es denkbar, dass der angestammte
Israelit auf der Erde stehe, während der Proselyt in den höchsten
Himmel erhoben wird[5]. R. Akiba wollte eine Gemeinde von Proselyten nicht als Gemeinde gelten lassen[6], und höchst bezeichnend ist
die Zuteilung von Jes 56 9 zu der vorangehenden Haphtare; sie bedeutet nämlich, dass die künftigen Proselyten unter dem Bilde wilder
Tiere betrachtet werden[7]. Es dürfen auch Hohepriester und Priester
keine Proselytinnen zum Weibe nehmen[8], der letztere eine Tochter
von Proselyten nur dann, wenn ihre Mutter aus Israel ist; und das bis
in das zehnte Glied[9]! Umgekehrt dürfen Proselyten Personen heiraten,
die unter der Würde geborener Juden stehen.   „Der Proselyt ist der
Baumwolle zu vergleichen, die du ebenso mit Wolle wie mit Flachs
zusammenspinnen kannst“, d. h. er darf sowohl eine Frau, die in Blutschande erzeugt ist (ממזרת, im Gegensatz zu Dt 23 3), als auch eine
Priestertochter heiraten[10].

Der Unterschied zwischen Proselyten und geborenen Israeliten
reicht bis in die Strafgerichtsbarkeit hinein. Wenn Einer unbeabsichtigt einen Israeliten tötet, der büsst mit dem Tode; ein Israelit, der einen Proselyten, auch absichtlich, tötet, nicht[11]. Es verhält
sich gleich, wenn die rechtliche Bestimmung, dass jemand, der aus Fahr-

---

[1] Nidda VII 3.
[2] Kad hakkemach, fol. 18 c. 4 (bei BUXTORF, l. c. col. 410).
[3] Nidda fol. 13 b l. 13.
[4] Jebam. fol. 47b l. 15; Kidduschim fol. 70 b l. antipenult; Nidda fol. 13 b
l. 15; Maim. Hilc. Iss. Bia c. 13 § 18 (DANZ).
[5] J. Chag. I 76a: יציבא בארעא וגיורא בשמי שמיא (LEVY, Neuhebr. u. chald.
Wb. s. voc. גיור).
[6] GRÜNEBAUM, l. c. 1870 p. 50f.   [7] s. DUHM, Komment. z. St.
[8] Jebamoth VI 5.   [9] Bikkurim I 5.
[10] J. Kiddusch. III 64c (bei LEVY, Neuhebr. und chald. Wb. l. c.).
[11] Maimon. Hilc. רוצח c. 5 § 4; c. 2 § 10 (bei DANZ).

בן גרה resp. בן גרה [1]. Nur für die Aussenstehenden galt, was Dio
ius sagt, dass Juden nicht nur die Genossen eines Volkes hiessen,
ern auch „ὅσοι τὰ νόμιμα αὐτῶν καίπερ ἀλλοεθνεῖς ὄντες ζηλοῦσιν"[2].
den Augen der Juden selber haftete, wie der Name zeigt, am Ger
ner noch etwas von dem, was er gewesen war. Man vergass seinen
sprung nicht, wenn man auch wollte, dass man ihn zu schonen, zehn
nerationen lang in seiner Gegenwart nichts Böses von den Heiden
gen sollte[3]. Dem geborenen Israeliten, dem ..., stand er eben
cht gleich; vor ... er keinen Stammbaum aufzuweisen, keine
... Ahnen, und kein Verdienst derselben[4]. In
äter, die eins ...olge ist der Priester den Leviten, der Levit
er Rangli... .aelit dem Mamser, der Mamser dem Nathin, der
em Isr... zuziehen, „denn jener ist nicht aus gross geworden,
athi... ..."[5]. Man traut darum auch den Proselyten so wenig,
ies... ...e Regel lautet: „Hüte dich bis zur zehnten Generation
a... ..". Insbesondere soll man den „Sklaven Kanaans" bis zur
... eneration misstrauen[7], einmal ist es von der Rede von der
...igsten[8]. Namentlich fürchtete man bei ihnen ihren Abfall.
Sünde des goldenen Kalbes und der ...sträber legt ihnen
sche Tradition zur Last[9] und behauptet weiter[10], es heisse
32 ... nicht: Siehe, das sind „unsere" sondern Siehe, das
...ne" Götter. Gedacht sei eben daran dass die Proselyten,
Moses zum Anschluss zu bringen hofft, Israel verführten.
r hiessen sie auch 32 ...: „Volk Mosis" und nicht „Volk Gottes".
. recht aber werden die Proselyten abfallen von Gog und Magog
stehen[11]. Damit aber geben sie Israel selber das schlechte Beispiel
nd reissen viele Israeliten hinter ihren bösen Werken nach[12]; denn

---

1 Waren beide Eltern Proselyten, so hiess der Sohn בדב, Pirke Aboth V.

2 Hist. Rom XXXVII 17.

3 Sanhedrin 94 a, Baba mezia IV 10.

4 Bammidbar rabba c. 8 (WEBER, l. c. 76. 282).

5 Horajoth c. 3f. 13a l. 29 (bei DANZ, l. c.).

6 Casaubonus adv. Baronium p. 27 bei GOODWIN et Aaron § 7 (in
CARPZOV, l. c.).

7 J. Horajoth III 9.

8 Jalkuth super Ruth f. 163d (bei CARPZOV, l. c. 51).

9 Schemoth rabba sect. 42 fol. 98 col. 3; Maim. Ile. Isure Bia c. 13 § 18;
Wajjikra rabba c. 27.

10 Schemoth rabba 42, vgl. R. Mose Alschech ad Ex XXXII fol. 146 col. 4
lin. 4 (bei DANZ, l. c.).

11 Aboda sara 3b.

12 Tosifta ad Jebam. Raschi ad Jebam. f. 47 b 115. Maim. Hilk. Isure Bia
c. 13 § 18 (DANZ).

sie sind selber nachlässig in d Gesetzesbeobachtung[1]. Von ihnen kann auch nichts Gutes kommen Sie sie selber entsprossen sind מטפה מסולה „ex gutta (seminis) sordida" so sind sie eine Wurzel, die Gift und Wermuth trägt (Dt 29 17), un ihre Kinder sind zumeist grundschlecht. „Denn aus Maacha, welche David zur Jüdin machte, gieng Absalom hervor, der seinen Vater zu töten suchte und öffentlich mit dessen Weibern buhlte"[2]. Es spricht für sich selbst, dass in den aramäischen Dialekten גיר zur Bedeutung „hobrechen" gelangt ist! Darum sind es auch die Gerim, die den Messias aufhalten[3]. In Summa: „Es ist eine gemeine Redensart, dass sie den Israeliten beschwerlich (קשים) und eine Art Aussatz sind"[4]. Aber bleiben sie ihnen auch untergeordnet. Nie und nimmer ist es denkbar, dass der angestammte Israelit auf der Erde stehe während der Proselyt in den höchsten Himmel erhoben wird[5]. R. Akiba wollte eine Gemeinde von Proselyten nicht als Gemeinde gelten lassen[6], und höchst bezeichnend ist die Zuteilung von Jes 54 1 der vorangehenden Haphtare; sie bedeutet nämlich, dass die künftigen Proselyten unter dem Bilde wilder Tiere betrachtet werden[7]. Es dürfen auch Hohepriester und Priester keine Proselytinnen zum Wbe nehmen[8], der letztere eine Tochter von Proselyten nur dann, wenn ihre Mutter aus Israel ist; und das bis in das zehnte Glied[9]! Umgekehrt dürfen Proselyten Personen heiraten, die unter der Würde geborener Juden stehen. „Der Proselyt ist der Baumwolle zu vergleichen, wo du ebenso mit Wolle wie mit Flachs zusammenspinnen kannst", d i. er darf sowohl eine Frau, die in Blutschande erzeugt ist (ממזרה, im Gegensatz zu Dt 23 3), als auch eine Priestertochter heiraten[10].

Der Unterschied zwischen Proselyten und geborenen Israeliten reicht bis in die Strafgerichtsbarkeit hinein. Wenn Einer unbeabsichtigt einen Israeliten tötet, der büsst mit dem Tode; ein Israelit, der einen Proselyten, auch absichtlich, tötet, nicht[11]. Es verhält sich gleich, wenn die rechtliche Bestimmung, dass jemand, der aus Fahr-

---

[1] Nidda VII 3.

[2] Kad hakkemach, fol. 1א c. (bei BUXTORF, l. c. col. 410).

[3] Nidda fol. 13 b l. 13.

[4] Jebam. fol. 47 b l. 15; Kiduschim fol. 70 b l. antipenult; Nidda fol. 13 b l. 15; Maim. Hilc. Iss. Bia c. 13 §8 (DANZ).

[5] J. Chag. I 76 a: יציבא בארעא וגיורא שבי שמיא (LEVY, Neuhebr. u. chald. Wb. s. voc. גיור).

[6] GRÜNEBAUM, l. c. 1870 p. 5f.   [7] s. DUHM, Komment. z. St.

[8] Jebamoth VI 5.   [9] Bikkurim I 5.

[10] J. Kiddusch. III 64 c (bei LEVY, Neuhebr. und chald. Wb. l. c.).

[11] Maimon. Hilc. רוצח c. 5 §; c. 2 § 10 (bei DANZ).

lyten גר בן resp. בן גרה [1]. Nur für die Aussenstehenden galt, was Dio
Cassius sagt, dass Juden nicht nur die Genossen eines Volkes hiessen,
sondern auch „ὅσοι τὰ νόμιμα αὐτῶν καίπερ ἀλλοεθνεῖς ὄντες ζηλοῦσιν“ [2].
In den Augen der Juden selber haftete, wie der Name zeigt, am Ger
immer noch etwas von dem, was er gewesen war. Man vergass seinen
Ursprung nicht, wenn man auch wollte, dass man, ihn zu schonen, zehn
Generationen lang in seiner Gegenwart nichts Böses von den Heiden
sagen sollte [3]. Dem geborenen Israeliten, dem מיוחס, stand er eben
nicht gleich; vor allem hat er keinen Stammbaum aufzuweisen, keine
Väter, die einst am Sinai gestanden, und kein Verdienst derselben [4]. In
der Rangliste der Stufenfolge ist der Priester dem Leviten, der Levit
dem Israeliten, der Israelit dem Mamser, der Mamser dem Nathin, der
Nathin dem Ger vorzuziehen, „denn jener ist mit uns gross geworden,
dieser dagegen nicht“ [5]. Man traut darum auch dem Proselyten so wenig,
dass die rabbinische Regel lautet: „Hüte dich bis zur zehnten Generation
vor Proselyten“ [6]. Insbesondere soll man den „Sklaven Kanaans“ bis zur
sechzehnten Generation misstrauen [7], einmal ist sogar die Rede von der
vierundzwanzigsten [8]. Namentlich fürchtete man wiederum ihren Abfall.
Schon die Sünde des goldenen Kalbes und der Lustgräber legt ihnen
die rabbinische Tradition zur Last [9] und behauptet weiter [10], es heisse
darum Ex 32 4 nicht: Siehe, das sind „unsere“, sondern: Siehe, das
sind „deine“ Götter. Gedacht sei eben daran, dass die Proselyten,
welche Moses zum Anschluss zu bringen hoffte, Israel verführten.
Daher hiessen sie auch 32 7: „Volk Mosis“ und nicht „Volk Gottes“.
Erst recht aber werden die Proselyten abfallen, wenn Gog und Magog
aufstehen [11]. Damit aber geben sie Israel selber das schlechte Beispiel
und reissen viele Israeliten hinter ihren bösen Werken nach [12]; denn

---

[1] Waren beide Eltern Proselyten, so hiess der Sohn בגבג, Pirke Aboth V.
[2] Hist. Rom XXXVII 17.
[3] Sanhedrin 94 a, Baba mezia IV 10.
[4] Bammidbar rabba c. 8 (WEBER, l. c. 76. 282).
[5] Horajoth c. 3 f. 13 a l. 29 (bei DANZ, l. c.).
[6] Casaubonus adv. Baronium p. 27 bei GOODWIN, Moses et Aaron § 7 (in
CARPZOV, l. c.).
[7] J. Horajoth III 9.
[8] Jalkuth super Ruth f. 163 d (bei CARPZOV, l. c. p. 51).
[9] Schemoth rabba sect. 42 fol. 98 col. 3; Maim. Hilc. Issure Bia c. 13 § 18;
Wajjikra rabba c. 27.
[10] Schemoth rabba 42, vgl. R. Mose Alschech ad Ex XXXII fol. 146 col. 4
lin. 4 (bei DANZ, l. c.).
[11] Aboda sara 3 b.
[12] Tosifta ad Jebam. Raschi ad Jebam. f. 47 b l. 15, Maim. Hilc. Issure Bia
c. 13 § 18 (DANZ).

sie sind selber nachlässig in der Gesetzesbeobachtung[1]. Von ihnen kann auch nichts Gutes kommen. Wie sie selber entsprossen sind מטפה פסולה „ex gutta (seminis) sordida“, so sind sie eine Wurzel, die Gift und Wermuth trägt (Dt 29 17), und ihre Kinder sind zumeist grundschlecht. „Denn aus Maacha, welche David zur Jüdin machte, gieng Absalom hervor, der seinen Vater zu töten suchte und öffentlich mit dessen Weibern buhlte“[2]. Es spricht für sich selbst, dass in den aramäischen Dialekten גור zur Bedeutung „ehebrechen“ gelangt ist! Darum sind es auch die Gerim, die den Messias aufhalten[3]. In Summa: „Es ist eine gemeine Redensart, dass sie den Israeliten beschwerlich (קשים) und eine Art Aussatz sind“[4]. Daher bleiben sie ihnen auch untergeordnet. Nie und nimmer ist es denkbar, dass der angestammte Israelit auf der Erde stehe, während der Proselyt in den höchsten Himmel erhoben wird[5]. R. Akiba wollte eine Gemeinde von Proselyten nicht als Gemeinde gelten lassen[6], und höchst bezeichnend ist die Zuteilung von Jes 56 9 zu der vorangehenden Haphtare; sie bedeutet nämlich, dass die künftigen Proselyten unter dem Bilde wilder Tiere betrachtet werden[7]. Es dürfen auch Hohepriester und Priester keine Proselytinnen zum Weibe nehmen[8], der letztere eine Tochter von Proselyten nur dann, wenn ihre Mutter aus Israel ist; und das bis in das zehnte Glied[9]! Umgekehrt dürfen Proselyten Personen heiraten, die unter der Würde geborener Juden stehen. „Der Proselyt ist der Baumwolle zu vergleichen, die du ebenso mit Wolle wie mit Flachs zusammenspinnen kannst“, d. h. er darf sowohl eine Frau, die in Blutschande erzeugt ist (ממזרת, im Gegensatz zu Dt 23 3), als auch eine Priestertochter heiraten[10].

Der Unterschied zwischen Proselyten und geborenen Israeliten reicht bis in die Strafgerichtsbarkeit hinein. Wenn Einer unbeabsichtigt einen Israeliten tötet, der büsst mit dem Tode; ein Israelit, der einen Proselyten, auch absichtlich, tötet, nicht[11]. Es verhält sich gleich, wenn die rechtliche Bestimmung, dass jemand, der aus Fahr-

---

[1] Nidda VII 3.

[2] Kad hakkemach, fol. 18 c. 4 (bei Buxtorf, l. c. col. 410).

[3] Nidda fol. 13 b l. 13.

[4] Jebam. fol. 47 b l. 15; Kidduschim fol. 70 b l. antipenult; Nidda fol. 13 b l. 15; Maim. Hilc. Iss. Bia c. 13 § 18 (Danz).

[5] J. Chag. I 76 a: יציבא בארעא וגיורא בשמי שמיא (Levy, Neuhebr. u. chald. Wb. s. voc. גיור).

[6] Grünebaum, l. c. 1870 p. 50 f.   [7] s. Duhm, Komment. z. St.

[8] Jebamoth VI 5.   [9] Bikkurim I 5.

[10] J. Kiddusch. III 64 c (bei Levy, Neuhebr. und chald. Wb. l. c.).

[11] Maimon. Hilc. רוצח c. 5 § 4; c. 2 § 10 (bei Danz).

lyten בן גר resp. בן גרה [1]. Nur für die Außenstehenden galt, was Dio Cassius sagt, dass Juden nicht nur die Genossen eines Volkes hiessen, sondern auch „ὅσοι τὰ νόμιμα αὐτῶν καίπερἀλλοεθνεῖς ὄντες ζηλοῦσιν"[2]. In den Augen der Juden selber haftete, wie der Name zeigt, am Ger immer noch etwas von dem, was er gewesen war. Man vergass seinen Ursprung nicht, wenn man auch wollte, dass man, ihn zu schonen, zehn Generationen lang in seiner Gegenwart nichts Böses von den Heiden sagen sollte[3]. Dem geborenen Israeliten dem כשר, stand er eben nicht gleich; vor allem hat er keinen Stammbaum aufzuweisen, keine Väter, die einst am Sinai gestanden, und kein Verdienst derselben[4]. In der Rangliste der Stufenfolge ist der Priester dem Leviten, der Levit dem Israeliten, der Israelit dem Mamser, er Mamser dem Nathin, der Nathin dem Ger vorzuziehen, „denn jener ist mit uns gross geworden, dieser dagegen nicht"[5]. Man traut darum noch dem Proselyten so wenig, dass die rabbinische Regel lautet: „Hüte dich bis zur zehnten Generation vor Proselyten"[6]. Insbesondere soll man den „Sklaven Kanaans" bis zur sechzehnten Generation misstrauen[7], einmal ist sogar die Rede von der vierundzwanzigsten[8]. Namentlich fürchtete man wiederum ihren Abfall. Schon die Sünde des goldenen Kalbes und der Lustgräber legt ihnen die rabbinische Tradition zur Last[9] und behauptet weiter[10], es heisse darum Ex 32,4 nicht: Siehe, das sind „unsere", sondern: Siehe, das sind „deine" Götter. Gedacht sei eben daran, dass die Proselyten, welche Moses zum Anschluss zu bringen hoffte, Israel verführten. Daher hiessen sie auch 32,7: „Volk Mosis" und nicht „Volk Gottes". Erst recht aber werden die Proselyten abfallen, wenn Gog und Magog aufstehen[11]. Damit aber geben sie Israel über das schlechte Beispiel und reissen viele Israeliten hinter ihren bösen Werken nach[12]; denn

---

[1] Waren beide Eltern Proselyten, so hiess der Sohn בןבב, Pirke Aboth V.

[2] Hist. Rom XXXVII 17.

[3] Sanhedrin 94a, Baba mezia IV 10.

[4] Bammidbar rabba c. 8 (WEBER, l. c. 76. 29).

[5] Horajoth c. 3f. 13a L 29 (bei DANZ, l. c.).

[6] Casaubonus adv. Baronium p. 27 bei GODWIN, Moses et Aaron § 7 (in CARPZOV, l. c.).

[7] J. Horajoth III 9.

[8] Jalkuth super Ruth f. 163d (bei CARPZOV, c. p. 51).

[9] Schemoth rabba sect. 42 fol. 98 col. 3; Mm. Hilc. Issure Bia c. 13 § 18; Wajjikra rabba c. 27.

[10] Schemoth rabba 42, vgl. R. Mose Alschech ad Ex XXXII fol. 146 col. lin. 4 (bei DANZ, l. c.).

[11] Aboda sara 3b.

[12] Tosifta ad Jebam. Raschi ad Jebam. f. 4b l. 15, Maim. Hilc. c. 13 § 18 (DANZ).

sie sind selber nachlässig in (Gesetzesbeobachtung[1]. Von ihnen kann
auch nichts Gutes kommen. ie sie selber entsprossen sind מטפה פסולה
„ex gutta (seminis) sordula so sind sie eine Wurzel, die Gift und
Wermuth trägt (Dt 29 17). u ihre Kinder sind zumeist grundschlecht.
„Denn aus Maacha, welche David zur Jüdin machte, gieng Absalom
hervor, der seinen Vater z töten suchte und öffentlich mit dessen
Weibern buhlte"[2]. Es sp ic für sich selbst, dass in den aramäischen
Dialekten גיר zur Bedeutung ehebrechen" gelangt ist! Darum sind es
auch die Gerim, die den Me as aufhalten[3]. In Summa: „Es ist eine
gemeine Redensart, dass si den Israeliten beschwerlich (קשים) und
eine Art Aussatz sind"[4]. aher bleiben sie ihnen auch untergeordnet. Nie und nimmer st es denkbar, dass der angestammte
Israelit auf der Erde st he während der Proselyt in den höchsten
Himmel erhoben wird[5]. R Akiha wollte eine Gemeinde von Proselyten nicht als Gemeinde g en lassen[6], und höchst bezeichnend ist
die Zuteilung von Jes 56 i der vorangehenden Haphtare; sie bedeutet nämlich, dass die kü tigen Proselyten unter dem Bilde wilder
Tiere betrachtet werden[7]. dürfen auch Hohepriester und Priester
keine Proselytinnen zum W be nehmen[8], der letztere eine Tochter
von Proselyten nur dann, we i ihre Mutter aus Israel ist; und das bis
in das zehnte Glied[9]! Umge hrt dürfen Proselyten Personen heiraten,
die unter der Würde geboren r Juden stehen. „Der Proselyt ist der
Baumwolle zu vergleichen, e du ebenso mit Wolle wie mit Flachs
zusammenspinnen kannst", d h. er darf sowohl eine Frau, die in Blutschande erzeugt ist (ממזרת, n Gegensatz zu Dt 23 3), als auch eine
Priestertochter heiraten[10]

Der Unterschied zwischen Proselyten und geborenen Israeliten
reicht bis in die Strafger htsbarkeit hinein. Wenn Einer unbeabsichtigt einen Israeliten tötet, der büsst mit dem Tode; ein Israelit, der einen Proselyten, ach absichtlich, tötet, nicht[11]. Es verhält
sich gleich, wenn die rechtli l Bestimmung, dass jemand, der aus Fahr-

---

[1] Nidda VII 3.
[2] Kad hakkemach, fol. 18 c (bei BUXTORF. l. c. col. 410)
[3] Nidda fol. 13 b l. 13.

lässigkeit eine Frau schlägt, so dass ihr das Kind abgeht, Schaden-
ersatz zu leisten hat, auf die Proselyten nicht Bezug haben soll[1].

Fassen wir zusammen, so werden wir sagen: Der Grundsatz
der Gleichstellung von Proselyten und Israeliten ist doch
ganz wesentlich einzuschränken. Es gieng, wie es überall zu
gehen pflegt: Die Natur überwog über die Theorie. Es war später
auch im Islam nicht anders: Die Neubekehrten sollten nach seinen
Grundsätzen ganz dieselben Rechte geniessen wie die Vollblutaraber;
doch waren diese zu stolz und herrschsüchtig, um diesen theoreti-
schen Forderungen in der praktischen Anwendung nicht grosse Hin-
dernisse in den Weg zu legen[2]. Diese Parallele ist lehrreich. Vom
Blut haben auch die Juden nicht absehen können; auch hier
also die Ueberordnung der „Physis" über das „Ethos". Es bleibt
dabei: nur Israel galt im Grunde die jüdische Religionsverfassung.
Wir können uns des Eindruckes nicht erwehren, wenn wir
das Judentum den Proselyten immer wieder zurückhalten
sehen, was ihnen von Rechtswegen gehörte, es sei ihrer
eigentlich nie recht froh geworden. Es sieht fast darnach aus,
als hätte es im Innersten ein schlechtes Gewissen gehabt, Proselyten
überhaupt zu machen. Der richtigste Ausdruck seiner Stimmung gegen
sie scheint mir im Worte zu liegen: „Man soll den Proselyten mit der
linken Hand wegstossen, mit der rechten annehmen"[3].

Nun aber kann man sich jüdischerseits, der eigenen Religionsauffassung getreu, bei aller Verkürzung der Proselyten, wo sie gleichberechtigt sein sollten, diese doch nicht anders denken, als dass sie
sich ganz unter die eigene religiöse Verfassung beugen. Das hat ein
Weiteres zur Folge, worauf wohl zu achten ist. Die Uebergetretenen konnten nämlich kein Mittelglied bilden zwischen Juden
und Nichtjuden; im Gegenteil, sie halfen nur dazu mit, die Kluft zu
erweitern und die Gegensätze zu verschärfen. Ihr Beitritt zum Judentum bedeutete nicht weniger als den radikalen Bruch mit der ihnen
angestammten Lebensweise[4]. Nicht umsonst knüpft unmittelbar an
die Erwähnung ihrer Beschneidung Tacitus[5] die Worte: „nec quidquam prius imbuuntur quam contemnere deos, exuere patriam, pa-
rentes, liberos, fratres vilia habere". Das ist in der Tat nur die Kehr-

---

[1] Baba kamma V 4 (z. B. bei SCHÜRER II 574).
[2] KREMER, l. c. II p. 154 ff.
[3] Mechiltha 66 a (bei WEBER, l. c. p. 75).
[4] Vgl. oben p. 289 No. 3; dazu Bammidbar rabba 8; Schemoth rabba 19 (bei
WEBER, l. c. p. 73).
[5] Hist. V 5.

seite der rabbinischen Lehre, dass der Bekehrte eine neue Kreatur geworden sei בקטון שנולד דמה[1], wie ein neugeborenes Kind, für den auch seine sonstige Verwandtschaft aufgehört habe und gestorben sei[2], so dass er selbst Schwester oder Mutter sollte heiraten dürfen (vgl. I Kor 5 1). Symbolisiert war die Veränderung, die mit der Person des Bekehrten vor sich gehen sollte, schon durch die Namensänderung. Der erste Proselyt, der mit Namen aufgeführt wird, soll Jethro gewesen sein. יתרו aber hiess er erst nach seinem Uebertritt, vorher יתר[3]. Der Name bezeichnet für den Juden das Wesen: Verschiedene Namen, verschiedene Wesen. Wer demnach nicht unter der jüdischen Verfassung steht, gehört für den Juden nicht zur gleichen Kategorie Mensch wie der, der sich unter sie gebeugt hat. Das Gesetz, welches gerade die Bedingungen hätte schaffen sollen, nach welchen die Menschen in innere Gemeinschaft hätten treten und sich in ihrem höchsten Streben berühren können, hat also nur die unübersteigliche Scheidemauer zwischen sie hineingebaut. Das führt uns zum letzten Punkt, zu der Stellung des nachchristlichen Judentums zur Heidenwelt.

Es fehlt auch hier nicht an einzelnen minder exklusiven Kundgebungen. Noch kann Paulus die Juden der Blinden Wegleiter und das Licht in der Finsternis nennen (Rm 2 19). Es heisst in der Tat auch wohl einmal, dass Israels Opfer eine Sühnung für die Sünden der Heiden seien oder dass alle Geschlechter des Erdbodens nicht blos erhalten, sondern auch gesegnet würden um Israels willen[4]. Dass nämlich Israel den Völkern der Welt die Gottheit Jahwes zu bezeugen[5] oder gar Proselyten zu machen hat[6], das erscheint zuweilen auch als der Grund seiner Zerstreuung unter die Heiden[7]. Und es gilt gelegentlich als ein besonderes Zeichen göttlichen Wohlgefallens an Israel, wenn durch Gottes Fügung viele von den Heiden hinzukommen[8]. Wenn nämlich Israel Gottes Willen tut, so sieht Gott, ob nicht Gerechte unter den Heiden sind, wie Jethro, Rahab u. s. w., und macht, dass sie an Israel sich anschliessen[9]. Endlich erinnert man sich immer noch der Zukunftshoffnung, dass die Heiden vom Messias

---

[1] Bei DEYLING, l. c.   [2] LIGHTFOOT ad Luc. IX 60.

[3] Schemoth rabba (cit. bei SELDEN, De iure naturali et gentium l. II c. 2 p. 144).

[4] Sueca 55; Bereschith rabba c. 66; Jebamoth 50 (bei WEBER, l. c. p. 73).

[5] Wajjikra rabba 6.

[6] Bammidbar rabba 10 (beide bei WEBER p. 74).

[7] Pesachim 73 Joma (bei WEBER l. c.).

[8] Schir rabba 21 c (bei WEBER l. c.).

[9] Koheleth rabba 72 c (bei WEBER, l. c.).

angezogen werden und sich durch ihn zur Busse leiten lassen; ja, es
Juden werden in Cirkus und Theater die Heiden das Gesetz lehren.

Aber auch hier sind die **fremdenfreundlichen Stellen** ga
entschieden in der Minorität. Wie sich der Jude in Handel u
Wandel von der nichtisraelitischen Welt abschliesst, wie er „nicht Lu t
und Gefallen hat an ihren lieblichen und schönen Gütern"[2], das t
schon oben[3] ausgeführt worden. Mehr und mehr verliert Israel es
Bewusstsein, an die Heidenwelt einen Beruf zu haben. Es ist höc t
bezeichnend, dass im Zukunftsbild von Schemone Esre, das zwischen
70 und 100 entstanden sein dürfte, ein Zug fehlt, die Bekehrung er
Heiden und ihre Huldigung in Jerusalem. Hatte man sich, wie obe
gezeigt, Opfer von ihnen noch so gerne gefallen lassen, so begin s
jetzt die Distinktionen, was für Opfer von ihnen anzunehmen und vs
für welche von ihnen abzuweisen seien[4]. Aber nichts verrät de -
licher den Umschwung als die nachfolgende Beurteilung, welche s
Rabbinen der alexandrinischen Uebersetzung angedeihen liessen: We s
es verboten sei, das Gesetz auf die Haut unreiner Tiere zu schreib ,
so sei es zehnfach verboten, dasselbe in der Sprache der Heiden s
verunreinigen. Sie betrachteten daher den **Tag des Bibelfestes,** s
dem die Juden Alexandrias nach der Pharosinsel wallfahrteten, s
nach der Sage die Dolmetscher ihre 70 Zellen gehabt hatten, als l -
glückstag gleich dem, an dem das goldene Kalb in der Wüste s
gebetet wurde, und setzten ihn als Fasttag an[6]; und ist es schon s
viel, dass die Heiden die Schrift in der Uebersetzung haben, so sol s
sie erst recht nicht in den Besitz der mündlichen Lehre kommen. I r
Gedanke der Rabbinen ist recht eigentlich der: es sollen die Jud s
ihre Perlen nicht vor die Säue werfen[7]. Die Heiden sind n s
ihrer Meinung in der Tat unfähig zur richtigen Würdigung des (-
setzes; denn Gott hatte ja allen Völkern die Thora angeboten; alr
sie nahmen sie nicht an, bis Israel kam[8]. Jetzt ist sie den Heide
verboten, gerade weil sie Israel anvertraut ist wie ein Weib ihre
Manne[9]. Die Berührung mit ihr wäre also für sie eine Art „geistiga
Ehebruches". Deshalb wird auch das Thorastudium den Heiden s
künftigen Gericht keineswegs zugute gerechnet[10]. Wird darum der Jue

---

[1] Aboda sara fol. 24a l. 36; vgl. WEBER p. 368f.
[2] Pesikta 144b.   [3] s. p. 307f.   [4] s. p. 313ff.
[5] Schekalim I 5 VII 6, Sebachim IV 5, Menachoth V 3 5 6 VI 1 IX 8.
[6] Soferim I 7 (bei GRÄTZ III 429); vgl. Philo, Vita Moys. II M. II 139f.
[7] Vgl. Schir rabba 11a (bei WEBER p. 59).
[8] Pesikta 186a (l. c. p. 56).   [9] Schemoth rabba 33 (l. c. p. 59).
[10] Pesikta 188b (l. c.).

v n leiden über die Thora befragt, und giebt er ihm Bescheid auf
.: Fragen und Zweifel, so tut er es doch nicht, ohne seine Rede
r t inem geheimen Fluch gegen den Heiden einzuleiten[1]. Da mag
r n die Zukunftshoffnung, die übrigens mehr und mehr verblasst,
r r item nicht die Kluft zu überbrücken, welche in der Gegenwart
i en beiden besteht. „Es ist eben ein Unterschied zu machen":
רבׄלׄ wird, wo eines anderen Volkes und der Juden gleichzeitig
r r nung geschieht, gewöhnlich hinzugesetzt, als sei es für die Juden
eine Beleidigung mit anderen Völkern überhaupt nur zusammen genannt zu werden[2]. Daher sind auch die sittlichen Verpflichtungen gegen Fremde wesentlich andere. Eine Ausnahme
findet sich blos, wo es sich um die selbstverständlichsten Gebote der
Humanität handelt. Es sollen die Armen der Nokhrim (Nichtisraeliten) mit den Armen Israels ernährt, ihre Kranken mit denen Israels
besucht, ihre Toten gleichzeitig (nicht: an gleicher Stelle) mit denen
Israels begraben werden[3]. Aber auch hier noch wird die zu Tage
tretende Weitherzigkeit beschränkt durch ihre Motivierung: מפני דרכי
שלום „wegen der Wege des Friedens", d. h. um ein friedliches Verhältnis zu den Heiden zu unterhalten. Auch an dem folgenden Gebot hat das eigene Interesse der Juden seinen Anteil: Wenn auf
jemanden ein Bau stürzt und es ist zweifelhaft, ob er darunter ist
oder nicht, ob er lebt oder tot ist, ob er ein Nichtisraelit oder ein
Israelit ist, so darf man den Schutthaufen über den Sabbath aus dem
Weg räumen[4]. Im übrigen aber gilt, dass man den Heiden nicht
aus Todesgefahr retten[5], ihm überhaupt keine Wohlthat gewähren, ja
nicht einmal einen Rat geben darf[6]. Im Gegenteil, es findet sich beispielsweise der Grundsatz, dass der Handelsverkehr mit dem Heiden
gestattet ist, sofern ihm daraus nicht Vorteil, sondern Schaden erwächst[7]; man giebt ihm dies aber nicht zu merken. „Wir finden, dass
die Gleissnerei (Heuchelei) auf eine Weise erlaubt ist, so dass der
Mensch sich gegen einen Gottlosen höflich stelle und ihn ehre, auch
vor ihm aufstehe und zu ihm sage, dass er ihn liebe. Dieses finden
wir, dass es zugelassen sei, wenn er desselben von Nöten hat und sich

Bereschith rabba c. 11 (l. c. p. 71).

Eisenmenger, Entdecktes Judentum, hrsgeg. von Schieferl 1893, p. 306.

Barajtha Gittin 61a (in Stracks Anzeige von Mielziners, Introduction to
the Taud. Theol. Litt.-Ztg. 1894 [No. 25] p. 637), vgl. Nasir 30 (Weber p. 71).

Joma VIII 7 (Schürer, l. c. II p. 399).

„Judenspiegel", Ges. 50. (bei G. Marx, Jüdisches Fremdenrecht, antisemit.
Polemen- und jüd. Apologetik 1886 p. 13).

Baba bathra 2 (Weber p. 71). [7] Aboda sara 13a b (l. c. p. 70).

angezogen werden und sich durch ihn zur Busse leiten lassen; ja, die Juden werden in Cirkus und Theater die Heiden das Gesetz lehren[1].

Aber auch hier sind die .fremdenfreundlichen Stellen ganz entschieden in der Minorität. Wie sich der Jude in Handel und Wandel von der nichtisraelitischen Welt abschliesst, wie er „nicht Lust und Gefallen hat an ihren lieblichen und schönen Gütern“[2], das ist schon oben[3] ausgeführt worden. Mehr und mehr verliert Israel das Bewusstsein, an die Heidenwelt einen Beruf zu haben. Es ist höchst bezeichnend, dass im Zukunftsbild von Schemone Esre, das zwischen 70 und 100 entstanden sein dürfte, ein Zug fehlt, die Bekehrung der Heiden und ihre Huldigung in Jerusalem. Hatte man sich, wie oben[4] gezeigt, Opfer von ihnen noch so gerne gefallen lassen, so beginnen jetzt die Distinktionen, was für Opfer von ihnen anzunehmen und was für welche von ihnen abzuweisen seien[5]. Aber nichts verrät deutlicher den Umschwung als die nachfolgende Beurteilung, welche die Rabbinen der alexandrinischen Uebersetzung angedeihen liessen: Wenn es verboten sei, das Gesetz auf die Haut unreiner Tiere zu schreiben, so sei es zehnfach verboten, dasselbe in der Sprache der Heiden zu verunreinigen. Sie betrachteten daher den Tag des Bibelfestes, an dem die Juden Alexandrias nach der Pharosinsel wallfahrteten, wo nach der Sage die Dolmetscher ihre 70 Zellen gehabt hatten, als Unglückstag gleich dem, an dem das goldene Kalb in der Wüste angebetet wurde, und setzten ihn als Fasttag an[6]; und ist es schon zu viel, dass die Heiden die Schrift in der Uebersetzung haben, so sollen sie erst recht nicht in den Besitz der mündlichen Lehre kommen. Der Gedanke der Rabbinen ist recht eigentlich der: es sollen die Juden ihre Perlen nicht vor die Säue werfen[7]. Die Heiden sind nach ihrer Meinung in der Tat unfähig zur richtigen Würdigung des Gesetzes; denn Gott hatte ja allen Völkern die Thora angeboten; aber sie nahmen sie nicht an, bis Israel kam[8]. Jetzt ist sie den Heiden verboten, gerade weil sie Israel anvertraut ist wie ein Weib ihrem Manne[9]. Die Berührung mit ihr wäre also für sie eine Art „geistigen Ehebruches“. Deshalb wird auch das Thorastudium den Heiden im künftigen Gericht keineswegs zugute gerechnet[10]. Wird darum der Jude

---

[1] Aboda sara fol. 24a l. 36; vgl. WEBER p. 368f.
[2] Pesikta 144b.   [3] s. p. 307f.   [4] s. p. 313ff.
[5] Schekalim I 5 VII 6, Sebachim IV 5, Menachoth V 3 5 6 VI 1 IX 8.
[6] Soferim I 7 (bei GRÄTZ III 429); vgl. Philo, Vita Moys. II M. II 139f.
[7] Vgl. Schir rabba 11a (bei WEBER p. 59).
[8] Pesikta 186a (l. c. p. 56).   [9] Schemoth rabba 33 (l. c. p. 59).
[10] Pesikta 188b (l. c.).

vom Heiden über die Thora befragt, und giebt er ihm Bescheid auf seine Fragen und Zweifel, so tut er es doch nicht, ohne seine Rede mit einem geheimen Fluch gegen den Heiden einzuleiten[1]. Da mag denn die Zukunftshoffnung, die übrigens mehr und mehr verblasst, bei weitem nicht die Kluft zu überbrücken, welche in der Gegenwart zwischen beiden besteht. „Es ist eben ein Unterschied zu machen": „להבדיל" wird, wo eines anderen Volkes und der Juden gleichzeitig Erwähnung geschieht, gewöhnlich hinzugesetzt, als sei es für die Juden eine Beleidigung mit anderen Völkern überhaupt nur zusammen genannt zu werden[2]. Daher sind auch die sittlichen Verpflichtungen gegen Fremde wesentlich andere. Eine Ausnahme findet sich blos, wo es sich um die selbstverständlichsten Gebote der Humanität handelt. Es sollen die Armen der Nokhrim (Nichtisraeliten) mit den Armen Israels ernährt, ihre Kranken mit denen Israels besucht, ihre Toten gleichzeitig (nicht: an gleicher Stelle) mit denen Israels begraben werden[3]. Aber auch hier noch wird die zu Tage tretende Weitherzigkeit beschränkt durch ihre Motivierung: מפני דרכי שלום „wegen der Wege des Friedens", d. h. um ein friedliches Verhältnis zu den Heiden zu unterhalten. Auch an dem folgenden Gebot hat das eigene Interesse der Juden seinen Anteil: Wenn auf jemanden ein Bau stürzt und es ist zweifelhaft, ob er darunter ist oder nicht, ob er lebt oder tot ist, ob er ein Nichtisraelit oder ein Israelit ist, so darf man den Schutthaufen über den Sabbath aus dem Wege räumen[4]. Im übrigen aber gilt, dass man den Heiden nicht aus Todesgefahr retten[5], ihm überhaupt keine Wohlthat gewähren, ja nicht einmal einen Rat geben darf[6]. Im Gegenteil, es findet sich beispielsweise der Grundsatz, dass der Handelsverkehr mit dem Heiden gestattet ist, sofern ihm daraus nicht Vorteil, sondern Schaden erwächst[7]; man giebt ihm dies aber nicht zu merken. „Wir finden, dass die Gleissnerei (Heuchelei) auf eine Weise erlaubt ist, so dass der Mensch sich gegen einen Gottlosen höflich stelle und ihn ehre, auch vor ihm aufstehe und zu ihm sage, dass er ihn liebe. Dieses finden wir, dass es zugelassen sei, wenn er desselben von Nöten hat und sich

---

[1] Bereschith rabba c. 11 (l. c. p. 71).

[2] EISENMENGER, Entdecktes Judentum, hrsgeg. von SCHIEFERL 1893, p. 306.

[3] Barajtha Gittin 61 a (in STRACKS Anzeige von MIELZINERS, Introduction to the Talmud. Theol. Litt.-Ztg. 1894 [No. 25] p. 637), vgl. Nasir 30 (WEBER p. 71).

[4] Joma VIII 7 (SCHÜRER, l. c. II p. 399).

[5] „Judenspiegel", Ges. 50. (bei G. MARX, Jüdisches Fremdenrecht, antisemit. Polemik und jüd. Apologetik 1886 p. 13).

[6] Baba bathra 2 (WEBER p. 71).   [7] Aboda sara 13 a b (l. c. p. 70).

angezogen werden und sich durch ihn zur Busse leiten lassen; ja,
Juden werden in Cirkus und Theater die Heiden das Gesetz lehren.

Aber auch hier sind die fremdenfreundlichen Stellen ganz
entschieden in der Minorität. Wie sich der Jude in Handel und
Wandel von der nichtisraelitischen Welt abschliesst, wie er „nicht Lust
und Gefallen hat an ihren lieblichen unschönen Gütern"[2], das ist
schon oben[3] ausgeführt worden. Mehr und mehr verliert Israel das
Bewusstsein, an die Heidenwelt einen Beruf zu haben. Es ist höchst
bezeichnend, dass im Zukunftsbild von Simone Esre, das zwischen
70 und 100 entstanden sein dürfte, ein Zug fehlt, die Bekehrung der
Heiden und ihre Huldigung in Jerusalem. Hatte man sich, wie oben
gezeigt, Opfer von ihnen noch so gerne gefallen lassen, so beginnen
jetzt die Distinktionen, was für Opfer von ihnen anzunehmen und was
für welche von ihnen abzuweisen seien[5] Aber nichts verrät deutlicher den Umschwung als die nachfolgende Beurteilung, welche die
Rabbinen der alexandrinischen Uebersetzung angedeihen liessen: Wenn
es verboten sei, das Gesetz auf die Haut unreiner Tiere zu schreiben,
so sei es zehnfach verboten, dasselbe in er Sprache der Heiden zu
verunreinigen. Sie betrachteten daher den Tag des Bibelfestes, an
dem die Juden Alexandrias nach der Pharosinsel wallfahrteten, wo
nach der Sage die Dolmetscher ihre 70 Zellen gehabt hatten, als Unglückstag gleich dem, an dem das goldne Kalb in der Wüste angebetet wurde, und setzten ihn als Fasttag an[6]: und ist es schon zu
viel, dass die Heiden die Schrift in der Uebersetzung haben, so sollen
sie erst recht nicht in den Besitz der mündlichen Lehre kommen. Der
Gedanke der Rabbinen ist recht eigentlicher: es sollen die Juden
ihre Perlen nicht vor die Säue werfen[7]. Die Heiden sind nach
ihrer Meinung in der Tat unfähig zur richtigen Würdigung des Gesetzes; denn Gott hatte ja allen Völkern die Thora angeboten; aber
sie nahmen sie nicht an, bis Israel kam. Jetzt ist sie den Heiden
verboten, gerade weil sie Israel anvertraut ist wie ein Weib ihrem
Manne[9]. Die Berührung mit ihr wäre als für sie eine Art „geistigen
Ehebruches". Deshalb wird auch das Thorastudium den Heiden im
künftigen Gericht keineswegs zugute gerechnet[10]. Wird darum der Jude

---

[1] Aboda sara fol. 24a l. 36; vgl. WEBER p. 88 f.
[2] Pesikta 144b.   [3] s. p. 307f.   [4] s. p. 313 ff.
[5] Schekalim I 5 VII 6, Sebachim IV 5, Macchoth V 3 5 6 VI 1 IX 2.
[6] Soferim I 7 (bei GRÄTZ III 429); vgl. Phil. Vita Moys. II.M. II 139.
[7] Vgl. Schir rabba 11a (bei WEBER p. 59).
[8] Pesikta 186a (l. c. p. 56).   [9] Schemoth rabba
[10] Pesikta 188b (l. c.).

vom Heiden über die Thora ..., und giebt er ihm
seine Fragen und Zweifel, so ... er es doch nicht, ...
mit einem geheimen Fluch gegen den Heiden ...
denn die Zukunftshoffnung, ... übrigens mehr und ...
bei weitem nicht die Kluft zu überbrücken, welche ...
zwischen beiden besteht. „Es ... eben ein Unterschied
„להבדיל" wird, wo eines anderen Volkes und der Jud...
Erwähnung geschieht, gewöhnlich hinzugesetzt, ...
eine Beleidigung mit anderen Völkern überhaupt ...
nannt zu werden. Daher ... auch die sittlichen ...
tungen gegen Fremde wesentlich anders. ...
findet sich blos, wo es sich um die selbstverständlich...
Humanität handelt. Es sollen die Armen der Völker
liten) mit den Armen Israels ernährt, ihre Kranken ...
besucht, ihre Toten gleichzeitig (nicht: an gleicher ...
Israels begraben werden. Aber auch hier noch wird
tretende Weitherzigkeit beschränkt durch ihre Motive
שלום „wegen der Wege des Friedens", d. h. um ein ...
hältnis zu den Heiden zu unterhalten. Auch an dem ...
bot hat das eigene Interesse der Juden seinen An...
jemanden ein Bau stürzt und es ist zweifelhaft, ob ...
oder nicht, ob er lebt oder ... ist, ob er ein Nicht...
Israelit ist, so darf man den Schutthaufen über den ...
Wege räumen. Im übrigen aber gilt, dass man den ...
aus Todesgefahr retten, ihm überhaupt keine Wohltha...
nicht einmal einen Rat geben darf. Im Gegenteil, es ...
spielsweise der Grundsatz, dass der Handelsverkehr ...
gestattet ist, sofern ihm daraus nicht Vorteil, sonder...
wächst; man giebt ihm dies aber nicht zu merken. „W...
die Gleissnerei (Heuchelei) auf eine Weise erlaubt, ...
Mensch sich gegen einen Gottlosen höflich stelle und ...
vor ihm aufstehe und zu ihm sage, dass er ihn liebe...
wir, dass es zugelassen sei, wenn er desselben von Nö...

---

¹ Bereschith rabba c. 11 (..., 71).

vor ihm fürchtet[1]." Es besteht überhaupt gegen Fremde ein anderes
Recht als gegen die eigenen: Hat ein Dieb einen Nichtisraeliten be-
stohlen, so wird er nicht verkauft, selbst wenn er nicht genug hat, den
Wert des Gestohlenen auszuzahlen[2].

Diese letzten Beispiele sind wieder höchst lehrreich. Sie erinnern
uns nämlich ganz auffällig an das, was wir zu Anfang unserer Untersuchung[3] auszuführen suchten darüber, dass der vorchristliche Mensch
sich gegen den Fremden nicht der gleichen sittlichen Verpflichtungen
bewusst sei wie gegen die eigenen Leute, in einem Worte, dass er
sich ihm gegenüber eigentlich im Kriegszustande befinde. Eine über
1000jährige Entwickelung liegt zwischen Anfangspunkt und Endpunkt;
aber durch alle Zwischenstufen hindurch mündet sie wieder in das zurück, was ihr Beginn gewesen war. Israel ist, so sehr es zeitweise
den Anschein erhielt, als wolle seine Religion die ganze Welt erobern,
durch die Geschichte hindurch gegangen als ein Volk und ist es geblieben in der grössten physischen Beschränkung, die diesem Begriffe
nur eignen kann. Ja, so durchgreifend ist dieses zähe[4] Festhalten an
der Physis, dass sich gelegentlich sogar der primitiv antike Gesichtspunkt wieder geltend machen kann, wonach einem die zum Stamm gehörigen Tiere näher stehen als stammfremde Menschen[5]. „Auch den
Haustieren gegenüber hat der Israelit Pflichten, dem Götzendiener
gegenüber nicht." „Der Jude kann verpflichtet werden, am Sabbath
seinen Hunden Futter zu geben, während es ihm nicht erlaubt ist, an
diesem Tage, um einen Götzendiener damit zu speisen, mehr zu kochen
als für seinen Haushalt notwendig ist"[6]! Das bestätigt denn in der Tat
und verschärft die Antwort auf die Frage, der unser ganzer Abschnitt
gewidmet ist. Warum ist das Judentum nicht Weltreligion
geworden wie das Christentum? Zusammenfassend werden wir
sagen: Für Israel war Religion = Verfassung, und das Volk,
für welches das jüdische Gesetz diese Verfassung war, blieb
Israel. „Creavit enim [Dominus] orbem terrarum propter plebem

---

[1] R. Bechai, Kad hakkemach p. 30 Abs. 1 in EISENMENGER, l. c. p. 316 unter
weiteren Stellen entsprechenden Inhaltes.

[2] Maimon. Geneba III 13 b (bei ANDRÉ l. c. p. 28).

[3] s. oben p. 9 ff.

[4] Was die Zähigkeit der Volksnatur anbelangt, so macht IHERING (Geist d.
röm. Rechts I p. 312 f.) darauf aufmerksam, dass gerade die aus einer Mischung
nationaler Elemente entstandenen Völker sich durch nachhaltigere Kraft auszeichnen,
wie öfter bemerkt worden sei. Er versucht dafür a. a. O. auch eine Erklärung
zu geben.

[5] s. oben p. 14 u. Anm. p. 4; vgl. p. 47. 53.

[6] G. MARX, l. c. p. 11 (Ges. 15 des „Judenspiegels").

suam" [1]. Mit vollstem Rechte hat LEROY-BEAULIEU über die Juden das Wort gesprochen: „La loi leur donnait ainsi l'esprit de clan" [2].

Es ist, verglichen mit so manchen vielverheissenden Ansätzen zum Universalismus, ein kläglicher Ausgang. Aber es steht uns nicht an, darüber das Urteil zu sprechen. Denn auch so war dafür gesorgt, dass das Judentum seinen Beruf an die Welt nicht verfehlte: „In der Tat kann die ganze Entwickelung, die im Heraustreten des Christentums aus dem Judentum gipfelt, in der Formel zusammengefasst werden, dass das altheilige Volk mit dem tiefliegendsten Gottesbewusstsein, wie es bisher von der Voraussetzung ausgegangen war, dass die Welt um Israels willen da sei, an der harten Tatsache, wonach dennoch die Heiden herrschen über Israel, den erstgeborenen Sohn Gottes, sich zerarbeiten und aufreiben musste, bis endlich in der messianischen Gemeinde, die aus seinem Schosse hervorging, der die ganze Welt in eine kreisende Bewegung setzende Gedanke geboren und zum Entschluss gereift war, Israel im Gegenteil um der Welt willen da sein zu lassen" [3].

---

[1] Assumptio Moys. 1 12.
[2] Israël chez les Nations, Paris 1894 p. 153.
[3] HOLTZMANN, Art. Heidentum in SCHENKELS Bibellex. II p. 635.

Stellenregister.

Lev *c.* 155.
21 *s* f. 88.
22 *so* 136 f. 138. 172. *so* f.
171. *so* 154. *so so* 156.
so 152. 160. 174. *so—so*
170. *so so* 174.
23 *s so* f. *so* 149. *so* 152.
174. *so so so* ff. *so* f. 149.
so 171 f.
24 *so* f. 147. *so* 152. 160.
168. 323. *so* 152. 160.
167.
25 158. 160. 162 f. *s*
159. 174. *so* 152. 159 f.
166. 168. *so—so* 166. *so*
152. 159. 161. *so* 161.
so f. 163. *so—so* 162. *so*
156. 159. 163. 167.
so—so 162. *so* 63. 159.
167. 173. *so* 152. 158 f.
173. *so—so* 164. *so* 165.
so 156.
Num 1 *so* 80. *so* 156.
3 *s so so* 156.
9 *s—so* 152. *so* 34. 152.
168 ff.
10 *so* 7.
11 *s* 8. 284.
12 *s* 60. 81. 309.
15 152 f. *so* f. 160. *so* 152.
so f. 170 f. *so* 152. 168.
so 152. 167. *so* 152.
170 f. *so* 152. 160. 167.
171. *so* 152. 160. 171.
220.
17 *s* 156.
18 *s* 156.
19 153. *so* 102. 152. 160.
so—so 169.
20 *so* 22.
22 92.
23 *s* 7. 84. *so* 102.
24 *so* f. 81.
25 *s—s* 81. 84. *s* 304. *s* ff.
147. *so—so* 149.
26 *so* 156.
31 *s—so* 149.
32 *so* f. 49.
33 *so—so* 153.
35 *so* 152 f. 159 f. 171. *so*
153. 168.
Dt 1 *s—so* 88. *so* 35.
2 *s* 113.
4 *s—s* 87. *so* 67. 113. 190.
so so 87. *so* 113.
5 *so* 102. *so* 87.
6 *so* f. 79.
7 *s* ff. 89. *s* 87 f. *s* 87. *so*
so ff. 89. *so* 5. *so* f. 89.
8 *so* 87.
9 *s* 11 *so* 87.

Dt 10 *so* 113. *so* 87. *so* f. 102.
so 263.
11 *so* 89.
12 *s* 87.
14 *s* 320. *s* 88. *s* 87. *s*
262. *so* 2. 14. 22. 44.
82. 101—103. 155. 159.
260. *so* f. 102 f.
15 162 f. *so* f. *s* 89. *s—so*
102. *so* 163. *so* ff. 56.
16 *so* f. *so* f. 101. *so* 171.
17 *s* 87. *so* 40. 284.
18 *s* 2. 51. 157 f. *so* 89.
21 *so—so* 55. 59. 89. *so* 88.
22 *s* *s* 14. *so* 88.
23 *s—s* 142—144. 146.
153. 322. *s* 343. *s* 159.
260. *s* f. 144 f. *s* 178.
so f. 54. *so* 13. *so* 89.
24 *s* 88. *so—so* 102. *so* 32.
102. 156. *so* 35. 102 f.
so 103. *so—so* 102. *so*
103.
25 *s* 14. *s* 156. *so—so* 29.
26 *so* 101 *so* f. 102. *so* f. 87.
27 *so* 35. 102.
28 *s* 87. *so* 237. *so* 89. *so* f.
33. 163. *so* 168.
29 *s* ff. 104. *so* 51. *so* 164.
343. *so* 2. *so* 190. *so*
168.
·30 *so* 282.
31 *so* 104. 171. *so* 2.
32 *s* 203. *s* 113. 116. *so*
156. *so* 190. *so* 188.
33 *s* 16. *so* f. 73.
Jos 4 *s* *s* 24.
5 *s* f. *s—s* *s* f. 63. *s* 14.
6 *so* 5.
7 *so* 4.
8 *so* 168. *so* 170.
9 *so* 46. *so* 45. *so* 48. 51.
11 *s* *s* 84. *so* 5. *so* 7.
13 *so* 6.
15 *so* 189. *so* 5.
16 *so* 5.
17 *so* 6. *so* *so* ff. 49.
18 *so* 45.
20 153. *s* 31. *s* 152. 171.
22 *so* 149. *so* 67. *so* 184.
23 *so* 89.
24 *so* 79. *so* 66.
Jdc 1 *s* 10. *s* 10. 95. *so* 6.
so 5. *so* 6. *so* 49. *so* 5.
so f. *so* *so* *so* 6.
2 *so* *so* 5.
3 *s—s* *s—s* 5. *s* f. 64.
4 *so* 57. *so* ff. 25.
5 *s* f. 16. *s* 3. *so* 7. *so* 9.
so 7. *so* *so* ff. 9. *so* 59.
so 9.

Jdc 8 *so* 58.
9 *s* 10. *s* *s* 58. *so* 58. 58.
so f. 70.
10 *so* 84.
11 *so* ff. 62. *so* 67. *so* 4.
13 23.
14 57. 81. *s* 10. 67. *so* 57.
15 *so* 10.
16 *so* ff. 58. *so* ff. 70.
17 *s* *s* 2. 51. 158. *s—so*
31.
19 23. *s* 2. 51. 158. *so* 23.
so *so* 167. *so* ff. 26.
21 *so* ff. 59.
I Sam 1 *so* 55.
4 *s* f. 95.
6 *s* 183.
7 *s* 84.
9 *s* 70. *s* 56. *so* 23. *so* 70.
so *so* 73. *so* ff. 70.
11 *s* 10.
13 *so* ff. 43.
14 *s* 10. *so* 19. 40.
15 *s* 7. *s* 29. *so* 29. 88. *so*
10.
16 *s* 72.
17 *so* *so* 10.
18 *so* 60. *so* 10.
20 *s* *so* ff. *so* 72. *so* 21. 72.
21 *s* 72. *s* 19. *so—so* 24.
22 *s* 21. *s* 21. 95. *s* 21. *s*
so ff. 19.
25 *s* ff. 71. *so* 60.
26 *s* 39. *so* 13. 87. 67. 78.
27 *s* *so—so* 11.
28 *s* *s* 38.
29 38. *s* 11.
30 11. *so* 53. *so* 95. *so* 29.
so 7. 9. 11. *so* 7. 11.
31 *so* f. *s* 10.
II Sam 1 *s—so* 29 f. *so* 1. 29.
63. 260. *so* f. 69. *so* 11. 60.
so 10.
3 *s* 60.
4 *s* *s* 5. 32. 45. 47 f. *so*
29 f.
5 5. *so* 42. *so* 188. *so* 42.
6 *so* f. 74. *so* 40.
7 *so* 87 f.
8 *s* 10. *so* 89.
9 *so* 56.
10 *s* *s* 53. *s* 89. *so* 92.
11 *s* 40. *s* 61. *s* 40.
12 *s* 22 f. *so* 10.
13 *so* *so* 18.
15 *so* ff. 89. *so* f. 1.
16 *s* *s* 56.
17 *so* 60. *so* 39. *so* 4.
18 *s* 21 *so* 39.
19 *s* 55.
20 *s* *so* 89.

Stellenregister.

Gen 1 14 154. 27f. 176.
2 4bff. 78. 7 117. 24 57f.
4 14 9. 13. 67. 16 13.
6 1 78. 12 176.
7 4 78.
9 1ff. 176. 4—6 175. 190.
  5 176. 6 323. 9ff. 176.
  23 77. 26 81. 198. 27 76.
  198.
10 23 189.
11 7 78.
12 11. 3 77. 98. 6 81. 10
  13. 11ff. 62. 16 53. 19
  33. 62.
13 7 81.
14 14 55f. 18 189.
15 2f. 56. 3 55f. 225. 10
  46. 13 152f. 159f. 260.
16 1 2 6 7 54. 9 324. 11 54.
  12 81. 13 54.
17 154. 2 275. 8 160. 12ff.
  23 27 154.
18 22f. 18 78. 19 87. 23ff.
  115.
19 22f. 2 24. 4ff. 26. 9 44.
  14 81. 31ff. 142.
20 1ff. 62. 7 84. 11 15. 12
  17 84.
21 10 55. 226. 20 95.
22 84. 18 78. 21 189.
23 160. 4 152f. 159f. 260.
  16 22.
24 22f. 2 56. 3 54. 78. 81.
  4 67. 5f. 58. 7 12 54.
  15ff. 23. 22 23. 27 54. 35
  53. 37 81. 40 42 48 52 56
  59 61 54. 67 57.
25 2 189. 6 55. 23 27 33 81.
26 11. 1 13. 4 78. 5 277.
  7ff. 62. 26ff. 46. 34 147f.
  34f. 148.
27 29 37 40 81. 46 148.
28 1 2 148. 4 160. 6 8 9
  148. 15 78.
29 10ff. 23. 14 24. 15 32.
  18 62. 19 67. 24 54. 27
  62. 29 54.
30 3 4 9 54. 37ff. 11. 43 53.

Gen 31 4ff. 62. 7 34. 15 12.
  19ff. 84. 39 40 34.
32 14 23.
34 63f. 148. 309. 3 63.
  5 148. 7 63. 11 64. 11f.
  63. 13 14 16 148. 19 63.
  22 148. 25 26 63. 27 148.
  30f. 63. 31 64.
35 2 4 84.
36 2f. 148. 7 159. 11 189.
  20 24 148. 27 7.
37 12 25 3. 28 3. 53. 36 3.
38 2 65. 309. 5 43. 12 65.
  309. 12f. 71. 20 65. 309.
39 2 78. 4 56. 5 78.
40 20 53.
41 38ff. 56. 45 61. 50ff. 58.
42 9 24. 18 15. 27 24.
43 23. 11 16. 23. 21 24. 32
  14. 71.
46 4 78. 95. 10 147. 34 14.
47 3ff. 48. 4 13. 7 10 176.
  13ff. 49. 29f. 86.
48 5 58. 20 78.
49 5—7 64. 14f. 6.
50 3 7 11 61. 25 86.
Ex 1 11 48. 19 84.
2 10 61. 15 13. 16 20 23. 21
  62. 22 2. 159. 260.
3 1 62. 22 11. 157. 291.
4 18 62. 22 320. 24 24. 25f.
  64.
5 2 95.
6 4 160. 15 147.
8 22 14. 22ff. 67.
9 18 78.
10 13 78. 26 174.
11 2f. 11. 3 95. 7 78.
12 172. 4 172. 15—20 152.
  19 152. 160. 169. 260.
  32 95. 98. 35f. 11. 38 8.
  284 43 155. 172. 48—50
  152. 44 154. 163. 173.
  324. 45 32. 159. 48 170.
  172. 48 49 152. 155.
  169. 49 160. 167. 330.
15 14ff. 95.
17 14 16 29.

Ex 18 3 2. 159. 260. 11 7. 95.
  98. 13—27 7. 88.
19 10 324. 10ff. 72.
20—24 81.
20 10 14. 32. 34f. 44. 69.
  102. 24f. 82.
21 162f. 2f. 54. 4 55. 6
  163. 7—11 55. 8 2 22.
  14 15. 20 54. 21 53f. 26f.
  54. 32 53.
22 2 161. 20 48. 103. 260.
  285. 288. 20ff. 34f. 22
  74. 24 102. 27 291. 30
  155.
23 5 14. 9 34f. 48. 103.
  260. 11 102. 11f. 14. 12
  32. 34f. 55. 69. 102.
  19 14. 82. 29 5. 68.
24 6 47. 7 87. 8 47.
26 16 33.
28 4 320.
29 4 324. 33 156.
30 9 156. 18 324. 33 156.
31 13ff. 149. 154.
32 4 7 342. 32f. 80.
34 81. 15f. 63. 82. 26 14.
  82.
35 3 298.
Lev 8 6 324.
10 1 156.
11 6 262.
14 10—14 21f. 323.
15 13 324.
16 153. 29 152. 160. 330.
  29—31 169.
17 8 152. 160. 8f. 169. 10
  152. 160. 10—12 169. 12
  152. 330. 13 152. 160.
  169. 15 152. 160. 15f.
  155. 169.
18 24 153. 26 152. 160.
  168. 323. 330.
19 9f. 174. 10 152. 13 174.
  18 168. 26—31 153. 27f.
  88. 33 152. 174. 34 152.
  174. 260.
20 2 152. 160. 323. 2ff.
  169. 6 23 153. 26 168.

II Sam 21 28. ₇ ₈ ₉ff. 47.
  ₆ 74. ₈ 60.
  23 ₂₄ 61. ₂₆ ₂₇ 39.
  24 5. 65. ₉ 65. ₂₄ 65.
I Reg 1 ₆ 39. ₉f. 73. ₁₀ ₂₆
  39. ₄₁ 73. ₄₄ 39. ₄₆f. 15.
  2 ₂₆ff. 15. ₂₆f. 54.
  3 ₁₉ 56.
  5 ₁₁ 189. ₂₀ 41. ₂₁ 180. ₂₆
  4. ₂₇ 48. ₂₆f. 180.
  7 ₁₀ff. 43. ₁₄ 64.
  8 ₆ 128. ₄₁ff. 2. 76. 128.
  170. 293.
  9 ₁₁f. 48. ₁₀ 5. ₂₁f. 48. ₂₂
  180. ₂₇f. 43. ₂₈ 16.
  10 ₆ 3. ₁₁ 16. ₁₁f. 43. ₁₄ 8.
  ₂₂ 43. ₂₆ 40. ₂₆f. 41.
  11 ₁ 60. ₈ 304. ₆ 60. ₇
  304. ₇f. 75. ₈ 60. 304.
  ₁₇ 13. ₂₆ 304. ₂₆ 13.
  12 ₁₁ 48.
  14 ₂₁ 60. ₂₁ 67.
  15 ₂ 67.
  16 ₆f. 56. ₂₁ 60. ₂₆ 76.
  17 23. ₁ 156f. ₂ff. 91.
  19 ₁₆ 92.
  20 ₂₂ ₂₆ 95. ₂₄ 16. 41. 43.
  75.
  21 ₆ 33. ₁₁ 157.
  22 ₄₆ 16
II Reg 1 92. ₂₆ 157. ₁₆ 159.
  3 ₆ff. 183. ₂₇ 67.
  4 ₁ 164.
  5 ₁ff. 92. ₁₀ 324. ₁₇ 75.
  93. ₁₈ 93.
  7 ₁ 43.
  8 ₁ 31. ₁ff. 18. ₇ff. ₁₁ff.
  92.
  9 ₂₆ 157.
  11 ₄ ₁₆ 39.
  12 ₆ 22.
  16 ₆ 17. 19. ₁₆ff. 18. 76.
  17 ₆ 53. ₄ 17. ₂₆ff. 68.
  123. 341. ₂₇f. 69. 98.
  ₄₁ 68. 128.
  18 ₁₉ ₂₆ ₂₇ 40.
  19 ₂ 40. ₂₂ 24. ₂₄ 156.
  20 ₁₃ 41.
  23 ₂ 87. ₃ 103. ₆ 85. ₁₃.
  75. ₂₁ 87.
Jes 1 ₇ 156. ₁₆ 118. ₂₆ 97.
  ₂₆f. 84.
  2 113. ₂—₄ 93. 97—99.
  113. 119. 229. ₄ 99. ₆
  84. 85. ₇—₉ 84. ₈ 84.
  98. ₁₁ ₁₇ 85. 99.
  3 68. ₁₄ 118.
  4 ₃ 80.
  5 ₂₆ff. 96.
  6 ₁₀ 99.
  7 ₁ 52. ₃ 43. ₇ ₁₆ ₁₈f. ₂₀ 96.

Jes 8 ₇ ₁₆ 96. ₂₆ 3.
  9 ₆ ₆ 100. ₉ 84. ₂₆f.
  68.
  10 ₆ 18. 84. ₆—₈ 96.
  ₁₆ 80. ₂₆ 94.
  11 ₆ff. 99. ₁₆ 97. 16
  13 107. 117.
  14 107. 117. ₁ 255. 30.
  333. ₈ 240. ₁₆ 85 ₂₆
  96f. ₂₆f. 96. ₂₆
  197f.
  16 ₆ 304. ₆ 4. ₁₇ 30 ₁₆
  156.
  17 ₁—₆ 96. ₁₆ 18. 84. ₃₆.
  ₁₇ ₁₄ 96.
  18 ₇ 24. ₈ 97. ₈ 96. ₉ 1.
  19 ₆f. 295. ₁₃—₂₄ 297.
  ₂₆ 182. 296.
  20 ₁—₆ 85. 96.
  21 ₁—₁₆ 169. ₁₁f. 12 ₁₆
  8. ₁₆f. 22. ₁₆
  22 ₆ 96. ₁₆ 40.
  ₁₄ 83. 40.
  23 41. ₇ 41. ₈ 2. 41 ₂₆f.
  240.
  24 ₆ 190.
  25 ₁—₆ 237. ₃ 156. 57.
  ₆ 156. ₆f 239. ₈ 2.
  26 ₆f. ₉ 237. ₁₁ ₁₃ 22 ₁
  239. ₁₆ 215. ₂₁ 190
  27 ₉—₆ 229. ₆ 164. ₂₆1
  305.
  28 ₁₁ 96. 107. ₁₆ 18 94.
  ₁₆ ₂₁ 96.
  29 ₁ 156. ₆ff. 97. ₁₆ 41.
  30 ₁—₆ 85. ₁₆ 96.
  96. ₁₆ 187. ₂₇ 1
  97. ₃₁ 96.
  31 ₆ 84. ₈ 85. ₉ 97
  ₆ 97.
  32 ₃f. ₁₄ ₁₆ 99. ₂₆ 84
  33 ₁₄ 185. 215. ₂₁ 23 ₂₄
  215.
  34 234. ₃ 234.
  36 ₃ 43. ₆ 40. ₉ 53. 40.
  ₂₆f. 43. ₂₆ff. 18. 40.
  37 ₇ 40. ₁₃ 94. ₂₆ 18 ₂₆
  190. ₂₄ 24.
  39 ₆ 41. ₆ff. 24.
  40 ₆f. ₁₅ ₁₇ ₁₉ff. ₂₆ ₂₆ 18.
  41 ₂ ₄ 117. ₆ 118. ₈ 20.
  ₁₇ 107. ₁₆ 117. ₂₆ 17 f.
  42 ₁—₄ 119. ₃ 117. 19.
  ₁₆ 117f. ₁₆—₁₃ 12 ₁₇
  118. ₁₆ 119. ₂₆ 107.
  ₂₄ 117.
  43 ₁ 120 ₂ 121. ₃f. 19. ₆
  257. ₆—₁₁ 119. ₁₂ 56.
  ₁₆ 120f. ₁₆ 120. ₂₆ 20 f.
  44 ₃ 118. 332. ₆ff. 18.
  ₂₆ 117. 123.

  ₂₆ 45 ₃ff. 117. ₆f. ₁₂
  ₂₆ 117. ₁₄ 121. ₁₆ 117.
  ₂₆ 118. ₂₆f. 119.
  46 ₆f. 118. ₁₁ 117
  47 ₆ 117. 120f.
  48 ₂₂ ₂₆ 117. ₂₆ 118.
  49 ₃—₆ 119. ₆ 118. 333.
  ₇ 118. ₂₆f. 120. ₂₆ 118.
  50 ₆ 164. ₆—₆ 119.
  51 ₆f. 118. ₆ 119. ₇ 121.
  52 ₆ 121. ₁ff. 120. 124.
  ₁₁ 121.
  52 ₂₆—33. ₂₆ 119.
  53 ₆ 164. ₆ 120. ₆ 85.
  54 ₉ 120.
  55 ₆ 107.
  ₃—₆ 132f. ₆ff. 143.
  103. ₉ 343.
  ₆ 129. ₆ 129. 134. ₆—₆
  129. ₁₆ 129 134.
  ₆ 149. ₇ 135.
  ₁₆ 134. ₂₆ 135.
  60 ₆f. ₆ ₆ff. 135. ₆
  170. ₆f. ₁₆ ₂₆ 135.
  61 ₆ 135. ₆f. 135. ₆ 135.
  257. ₁₁ 135.
  62 ₆ 135. 237. ₆ 237. ₇ ₇
  135. ₆ 129. 134.
  134. 137.
  63 ₆ff. 134. ₁₁ 140.
  64 ₆ 134.
  65 ₆ 129. ₆ 134 ₁₆ ₆f. ₇ ₆
  129. ₂₂ 129. 134. 190.
  ₂₆f. 134.
  66 ₆ 134. ₃ff. 129. ₆ 137.
  ₆ 129. ₁₆ 132. ₁₆
  134. ₁₇ 129. 134. ₁₇. ₂₆
  135. ₂₆ 134.
Jer 1 ₆ ₂₆ 116.
  2 ₁ 118. ₃ 86. ₄ 17. ₂₆f.
  115. ₁₃ 67. 116. ₂₆ 156.
  ₂₆ 17. ₂₆f. 86.
  ₂₆ 156. ₂₆f. 99. 116.
  4 ₆ 78. 116. ₄ 115.
  ₁ 115. ₆ 156. ₆ 116.
  ₆ 116. ₁₆ 181. ₂₆f. 115.
  ₂₆ 3. 86.
  7 ₆ 87. ₆ 116. ₂₆ 115.
  8 ₆ 115. ₈ 87.
  9 ₁ 24. ₂₆ 115.
  10 ₂₆ 86. 188.
  11 ₂₆ 115.
  12 ₆ 115. ₁₃f. 116.
  14 ₆ 44. 260. ₉ 159. 260.
  ₁₃ 115.
  16 ₆ 86. ₁₂ 115. ₂₆ 116.
  190.
  17 ₂₆ 115.
  18 ₁₄ ₂₆ 115.
  20 ₂₆ 115.
  21 ₆ 86.

Namen- und Sachregister.

Die Derivate von Orts- und Ländernamen sind unter diesen zu suchen,
z. B. Römer, römisch unter Rom etc.

Aaron 81. 156. 181. 202. 216f. 223. 291.
Abba Saul 254.
Abdera 258.
Abd' Es'mun 50.
Abed Nego 214.
Abel 92.
Abennerigo 316.
Abgaben 255.
Abigail 60.
Abimelekh (Philister) 11. 15. 46. 61. 84.
— (Sohn Gideons) 5. 58. 66.
Abraham 4. 11. 13. 15. 55f. 61f. 77f. 81. 84. 153f. 159. 180. 189. 202. 210. 224f. 232. 263ff. 276. 279. 294. 309. 315. 317. 323. 330. 338f.
Absalom' (Sohn Davids) 13. 39.
— (Vater Jonathans) 228.
Abschliessung 14. 16. 107. 109. 125f. 135. 152. 174. 187f. 213f. 251. 339.
Absonderung 7. 80f. 84. 88. 141. 147. 150.
Abtalion 254.
Achior 235.
Achis 11. 24. 32. 37f.
Achsib 6.
Achuzzat 46.
Ackerbau 43. 202.
Ada 148.
Adam 323.
Adama 9. 78.
Adiabene 253. 255. 316.
Adonis 18.
Adoption 58. 72.
Adriel 59.
Adullam 65. 309.
Aegypten 3. 8. 11f. 14. 16f. 18. 34. 41. 45. 48f.

54. 56. 58. 60f. 63. 78. 83ff. 94f. 103. 109. 115f. 120f. 136. 143ff. 147. 160. 162. 165. 172ff. 180. 183. 193f. 199. 205. 207. 210. 212. 220. 225ff. 236. 252. 255. 257. 259ff. 264f. 269. 271f. 277. 282ff. 287f. 291. 296ff. 309. 313. 322. 368.
Aelia Capitolina 305.
Aeneas 230.
Aeneis 72.
Aethiopien 4. 60. 81. 85. 95. 121. 264. 324.
Afrika 121. 263.
Agrippa (Freund d. Augustus) 247. 296. 314.
— I. 248. 310.
— II. 247.
Agur 189.
Ahab 60. 76. 157.
Ahas 17f. 76.
Ahasja 92.
Ahimelekh 39.
Ahitophel 61.
Ahlab 6.
Ajalon 6.
Akiba 253f. 322. 343.
Akko 3. 6.
Akme 300.
Akra 216. 229.
Alabarch 274.
Alexamenos 332.
Alexander (Alabarch) 274.
— Balas 223ff.
— der Grosse 196—199. 258. 295. 313.
— Jannäus 188. 230. 236. 239ff.
— Polyhistor 265.
— Zabinas 236.
— Sohn Jasons 230.
— „ Dorothei 230.

Alexander, Sohn Theodori 230.
— Vater d. Apollonius 230.
— Sohn des Herodes 247. 311.
— Urenkel des vorigen 311.
Alexandra (Hasmon.) 230. 240.
— (Tochter Phasaels) 310.
Alexandria 206. 208. 258. 265. 270ff. 274f. 290. 297. 307. 346.
Alexandriner (Synagoge) 252.
Alkimus 217ff. 223. 236.
Allgemeinmenschliches 189. 192.
ἀλλόφυλοι 10. 143. 172. 236. 293. 307. 311. 314f. 331.
Altar 15. 18. 75. 210. 212. 231. 241. 244. 214.
'âmâh 55.
Amalek 1. 7. 11. 29. 32. 69. 260.
Amazia 183.
ἀμιξία 306.
Ammian Marcell. 245.
Ammon 3. 4. 10. 17. 39. 60. 74. 76. 136. 141ff. 151. 183f. 202. 206. 210. 235. 322.
Ammonius 238.
Amon (Gott) 66. 199.
— (König) 18.
Amoriter 108. 179.
Amos 69. 82f. 93ff. 100. 281.
Amulete 216.
Amynthas 230.
'Anah 148.
Ananias (ägypt. Jude) 236.

Berichtigungen und Nachträge.

1. P. 72 Zeile 15 v. o. ist I Sam 20 6 29 zu korrigieren in I Sam 20 6 29.
2. Zu den p. 75 angeführten Beispielen eigenen Kultes fremder Nieder-
gelassener an einem Orte könnte noch hinzugefügt werden, dass bereits
im Jahre 333 v. Chr. Kaufleute aus Citium durch Beschluss der Athener
die Erlaubnis erhielten im Piraeus, wo übrigens schon die Aegypter
einen Isistempel besassen, der Aphrodite ein Heiligtum zu bauen (Corp.
Inscr. Attic. II 1 n. 168 cit. bei SCHÜRER, l. c. II p. 521).
3. P. 76 Z. 14 v. o. ist st. Vererher zu lesen Verehrer.
4. P. 84 Z. 6 v. u. ist st. Kulur zu lesen Kultur.
5. P. 160 Z. 13 v. u. ist Lev 25 25 in Lev 25 23 zu korrigieren.
6. Im Ueberblick über des Herodes Hofgesinde (p. 247) ist auch der Name
Ptolemaeus aufgeführt; es wäre aber beizufügen, dass zwei verschiedene
Träger desselben zu unterscheiden sind (vgl. SCHÜRER, l. c. I p. 325,
Anm. 80).
7. P. 250 Z. 14 v. o. ist Hen 46 10 zu korrigieren in Hen 48 10.
8. Zur Ausschliesslichkeit der Pharisäer in Bezug auf Tischgemeinschaft
(p. 251) ist zu vergleichen, was p. 71 davon gesagt ist, dass die, welche
ursprünglich zusammen essen, nur die Angehörigen eines und desselben
Geschlechtes oder Clans sind. Wir haben es hier nämlich wieder mit
einem der augenfälligsten Beispiele zu tun, wie wenig der richtige Jude
es über sich vermochte, von der „Physis" loszukommen.

Lightning Source UK Ltd.
Milton Keynes UK
UKHW022223140219
337291UK00006B/331/P